2025 교육공무원
인사실무편람

경기도교육청

　『2025 교육공무원인사실무편람(초등·유아)』 발간을 위해 애써주신 모든 분께 감사 드리며, 오늘도 학교 현장에서 교육과 학생 성장에 헌신하고 있는 모든 교육공무원 여러분께 존경과 감사의 인사를 전합니다.

　'미래교육의 중심, 새로운 경기교육'은 인성과 역량을 갖춘 미래인재를 키우고자 학교를 교육의 중심에 두고 경기공유학교와 경기온라인학교의 든든한 공교육 플랫폼을 구축하고 있습니다. 이를 바탕으로 학생 맞춤형 교육을 실현하고, 미래를 선도하는 경기교육을 이루기 위해서는 무엇보다 합리적인 교원인사가 전제되어야 하며, 교육의 본질에 집중할 수 있는 미래지향적 인사제도를 구현하는 것이 중요합니다.

　교원인사와 관련한 각종 법규는 시대의 흐름에 따라 지속적으로 변화하고 있습니다. 이에 경기도교육청은 담당자의 정확한 인사업무 처리를 돕기 위해 최신 지침과 법령 등 개정된 내용을 반영한 『2025 교육공무원인사실무편람(초등·유아)』을 발간했습니다.

　본 편람은 업무 추진의 용이성과 꼭 필요한 정보를 적기에 제공하기 위해 학교와 교육지원청에서 수시로 처리하는 교원인사 실무 내용을 중심으로 구성했습니다. 교육법과 교원 정원, 임용, 휴직 및 복직, 복무, 평정, 징계, 승급 및 호봉획정, 나이스 인사관리, 구비서류 및 서식 등을 다양하게 수록해 담당자의 내용 이해를 돕기 위해 힘썼습니다.

　새롭게 개정한 편람을 적극 활용해 선생님은 교원인사에 대한 유용한 정보를 얻고, 인사 담당자에게는 효율적인 업무처리 방향을 안내해 모두에게 신뢰받는 교원인사 업무를 진행할 수 있기를 기대합니다. 경기도교육청은 공정하고 합리적인 인사정책 추진을 위해 앞으로도 꾸준히 노력하겠습니다.

2025. 3.

경기도교육감 임 태 희

일러두기

"인사는 투명성·객관성·공정성을 담보하여 그 결과가 예측 가능하여야 한다."

- 이 편람은 2025년 3월 21일을 기준으로 작성되었으므로, 업무에 실제로 적용할 때에는 개정된 현행 법령(전문) 또는 최신 공문 확인이 반드시 필요합니다.

- 법령의 변경, 문구 해석에 있어서 상위 지침 등에 반하는 경우, 집필 내용의 명백한 오류 등으로 인하여 업무 담당자가 잘못된 업무 처리를 하였다면 그 책임이 본 편람으로 인한 것임을 주장하는 근거가 될 수 없습니다.

- 수록된 서식은 단지 용례에 불과하며 업무 성격, 별도의 지침이나 지시, 법규에 따라 변경되거나 변경하여 사용할 수 있습니다. 그러나 업무 담당자가 임의로 변경하여 사용할 경우에는 명확한 사유나 근거가 뒷받침되어야 할 것입니다.

- 이 편람에서는 경기도교육청 교원인사정책과에서 주관·생산·처리하는 초등·유아 교원의 인사 업무와 관련된 내용만을 다루고자 했으나 그 외의 업무와 관련된 내용이 포함되어 있을 수 있습니다. 이 경우 해당 부서의 지침을 따르는 것을 원칙으로 합니다.

- 공문 및 서식에 예로든 항목 내용 및 인적사항은 업무 수행자의 이해를 돕기 위해 집필자가 가공하여 임의로 삽입한 것입니다.

- 한글 사용을 원칙으로 하되, 통용되는 영문 약어는 그대로 실었고 뜻이 모호한 어휘는 한자를 병기하였습니다.

CONTENTS

제1장 교육법과 교원 정원

1. 교육법규의 정의와 체계 …………………………………… 3
2. 경기도교육감 행정권한 위임에 관한 조례 및 규칙 ……… 7
3. 교직원의 구분 및 임무 …………………………………… 11
4. 교원 정원 ………………………………………………… 12
5. 교감의 시기별 인사 관련 주요 업무 …………………… 16

제2장 교원의 임용

1. 임용 일반 ………………………………………………… 21
2. 신규 채용 ………………………………………………… 25
3. 보직교사 임용 …………………………………………… 29
4. 교장임기제 ……………………………………………… 34
5. 교장공모제 ……………………………………………… 38
6. 전직·전보 ………………………………………………… 41
7. 면직과 퇴직 ……………………………………………… 54

제3장 휴직 및 복직

1. 휴·복직 제도의 개요 …………………………………… 79
2. 휴직 종류별 업무처리 요령 …………………………… 88
3. 휴·복직 관련 기안문 용례 …………………………… 190
4. 휴·복직 NEIS 임용 발령 처리 ………………………… 210

제4장 복무

1. 복무 일반 ……………………………………………… 217
2. 겸임·직무대리·영리업무 금지·외부강의 …………… 243
3. 교원휴가업무 ………………………………………… 291

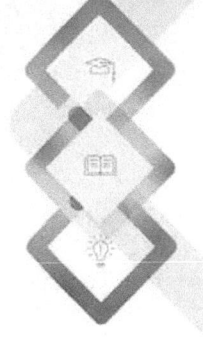

제 5 장 평정 업무

1. 승진 일반 ········· 333
2. 경력평정 ········· 337
3. 근무성적평정 ········· 343
4. 연수성적평정 ········· 354
5. 가산점평정 ········· 361
6. 승진후보자 명부 작성 ········· 378

제 6 장 징계 및 직위해제

1. 징계 ········· 385
2. 직위해제 ········· 445

제 7 장 호봉획정 및 승급

1. 호봉 개요 ········· 459
2. 초임호봉 획정 ········· 461
3. 정기 승급 ········· 482
4. 호봉 재획정 ········· 490
5. 호봉 정정 ········· 503
6. 호봉 업무의 서식 및 용례 ········· 504
7. 교육공무원 등의 경력 환산율표 적용 기준 ········· 511
8. 교육공무원 호봉 관련 FAQ ········· 521

제 8 장 NEIS 교원인사관리

1. NEIS 인사기록 관리 ········· 527
2. NEIS 교원인사 임용발령 ········· 534
3. NEIS 교원인사 권한부여 ········· 545
4. 발령대장 ········· 554

2025 교육공무원 인사실무편람

초등·유아

GYEONGGIDO OFFICE OF EDUCATION

제1장

교육법과 교원 정원

1. 교육법규의 정의와 체계 ··· 3
2. 경기도교육감 행정권한 위임에 관한 조례 및 규칙 ········· 7
3. 교직원의 구분 및 임무 ··· 11
4. 교원 정원 ··· 12
5. 교감의 시기별 인사 관련 주요 업무 ································ 16

미래교육의 중심 새로운 경기교육
GYEONGGIDO OFFICE OF EDUCATION

1 교육법규의 정의와 체계

가. 교육법규란

'교육에 관한 사항을 규정하고 있는 모든 법령'을 의미한다.

나. 교육법규의 체계

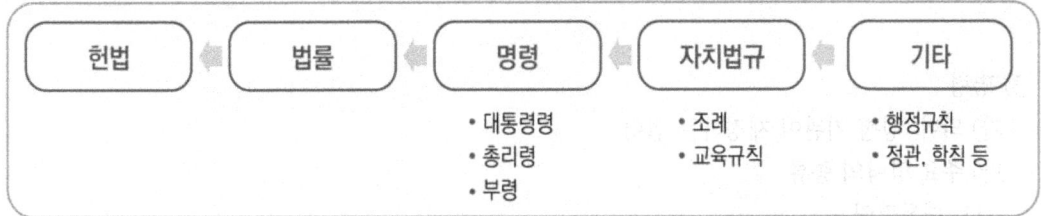

※ 법률 상충 시 상위법 우선의 원칙, 신법 우선의 원칙, 특별법 우선의 원칙이 적용된다.
  - 상위법 우선의 원칙: 상위법에 위배되는 하위법은 무효
  - 신법 우선의 원칙: 신법과 구법이 상충되는 경우 신법을 적용
  - 특별법 우선의 원칙: 일반법과 특별법이 상충되는 경우 특별법을 적용
※ 사안에 따라 학칙, 학교법인 정관, 행정규칙도 법규성을 지닌다.

다. 교육 관련 법규의 개요

1) 헌법
   가) 의미: 국가 기관의 조직 및 작용에 대한 기본적 원칙과 국민의 기본적 권리·의무 등을 규정한 근본 법규의 총체
   나) 특징: 다른 법률이나 명령으로 변경할 수 없는 국가 최고의 법규
   다) 교육 관련 주요 내용(헌법 제31조)
      ⊚ 교육의 권리 및 의무, 균등교육, 의무교육, 평생교육
      ⊚ 교육의 자주성·전문성·정치적 중립성 및 교육제도의 법률주의 조항 명문화

2) 법률
가) 의미: 광의의 의미로 '법'과 같은 말로 성문법과 불문법을 포함하나, 협의의 의미로 국회의 의결을 거쳐 제정된 법 형식을 말함.
나) 교육 관련 주요 법률

- 국가공무원법
- 유아교육법, 초·중등교육법
- 사립학교법, 고등교육법
- 공직자윤리법, 평생교육법
- 지방교육자치에 관한 법률 등
- 교육기본법
- 교육공무원법
- 장애인 등에 대한 특수교육법
- 학교급식법, 학교보건법

3) 명령
가) 의미: 행정 기관이 제정하는 법령
나) 주요 명령의 종류

(1) 대통령령
- 초·중등교육법 시행령
- 교육공무원임용령
- 교육공무원승진규정
- 교원 등의 연수에 관한 규정 등
- 공무원보수규정
- 교육공무원 징계령
- 국가공무원 복무규정

(2) 총리령
- 어린이 식생활안전관리 특별법 시행규칙
- 법제업무 운영규정 시행규칙

(3) 교육부령
- 교육공무원 인사기록 및 인사사무 처리규칙
- 교육공무원 임용후보자 선정경쟁시험 규칙
- 교원 등의 연수에 관한 규정 시행규칙 등

4) 자치 법규
가) 의미: 지방자치단체의 장(교육규칙 등은 교육감)이 법령의 범위 내에서 그 권한에 관해 제정한 규정
나) 주요 자치 법규의 종류
(1) 조례: 경기도교육청 학교 학부모회 설치·운영에 관한 조례 등
(2) 규칙: 경기도교원자격검정위원회 규칙 등
(3) 규정: 보직교사명칭에 관한 규정, 경기도교육청 전결규정 등

5) 행정규칙
    가) 정의: 행정기관이 그 하급기관이나 소속직원에 대하여 일정한 사항을 지시하기 위하여 발하는 행정 명령
    나) 행정규칙의 종류(사무관리규정 제7조)
        (1) 훈령: 교육공무원인사관리규정 등 장기간 권한의 행사를 위하여 지시하는 명령
        (2) 예규: 반복되는 행정사무의 처리기준을 시달하는 명령
        (3) 지시: 상급기관이 하급기관에 개별적이고 구체적으로 발하는 명령
        (4) 고시: 법령의 규정에 의거 일정 사항을 일반에게 알리는 문서

라. 교육공무원 인사 관련 법규

연번	법령명	법령종류
1	교육공무원법	법률
2	국가공무원법	법률
3	교원의 지위 향상 및 교육활동 보호를 위한 특별법	법률
4	공무원연금법	법률
5	근로기준법	법률
6	기간제 및 단기간근로자 보호 등에 관한 법률	법률
7	부정청탁 및 금품등 수수의 금지에 관한 법률	법률
8	상훈법	법률
9	성폭력범죄의 처벌 등에 관한 특례법	법률
10	아동·청소년의 성보호에 관한 법률	법률
11	유아교육법	법률
12	지방공무원법	법률
13	초·중등교육법	법률
14	공무원 행동강령	대통령령
15	교육공무원 임용령	대통령령
16	공무원임용령	대통령령
17	교육공무원 징계령	대통령령
18	교육공무원 승진규정	대통령령
19	국가공무원 복무규정	대통령령
20	공무원 보수규정	대통령령
21	공무원수당 등에 관한 규정	대통령령
22	교원소청에 관한 규정	대통령령
23	교육공무원 인사위원회 규정	대통령령
24	교원 등의 연수에 관한 규정	대통령령
25	교원의 지위 향상 및 교육활동 보호를 위한 특별법 시행령	대통령령
26	국가공무원 명예퇴직수당 등 지급 규정	대통령령
27	기간제 및 단시간근로자 보호 등에 관한 법률 시행령	대통령령
28	모범공무원 규정	대통령령
29	부정청탁 및 금품등 수수의 금지에 관한 법률 시행령	대통령령
30	상훈법 시행령	대통령령

연번	법령명	법령종류
31	아동복지법 시행령	대통령령
32	정부 표창 규정	대통령령
33	초·중등교육법 시행령	대통령령
34	국가공무원 복무규칙	총리령
35	공무원 징계령 시행규칙	총리령
36	교육공무원 인사관리기록 및 인사사무 처리 규칙	교육부령
37	교육공무원 임용후보자 선정경쟁시험규칙	교육부령
38	교원 등의 연수에 관한 규정 시행규칙	교육부령
39	교사임용후보자명부작성규칙	교육부령
40	교육공무원 징계양정 등에 관한 규칙	교육부령
41	지방교육행정기관 및 공립의 각급학교에 두는 국가공무원의 정원에 관한 규정 시행규칙	교육부령
42	초·중등교육법 시행규칙	교육부령
43	수석교사의 재심사에 관한 규칙	교육부령
44	공무원 비위사건 처리규정	대통령훈령
45	비위면직(파면·해임)자 공직 재임용 제한에 관한 규정	총리훈령
46	교육공무원 인사관리규정	교육부훈령
47	교육공무원 명예퇴직수당 지급에 관한 특례규정	교육부훈령
48	교원능력개발평가 실시에 관한 훈령	교육부훈령
49	연구대회 관리에 관한 훈령	교육부훈령
50	교장·원장 임기제 실시 업무처리지침	교육부훈령
51	국가공무원 복무·징계 관련 예규	인사혁신처예규
52	교원휴가에 관한 예규	교육부예규
53	교육공무원 호봉획정시 경력환산율표의 적용 등에 관한 예규	교육부예규
54	경기도교육청 공무원 행동강령	자치법규
55	경기도교육감 소속 공무원 공무국외여행 규정	자치법규
56	경기도교육감 행정권한 위임에 관한 규칙	자치법규
57	경기도교육감 행정권한 위임에 관한 조례	자치법규
58	경기도교육·학예에 관한 표창 및 지원 조례	자치법규
59	경기도교육청 교육공무원 연수휴직을 위한 연수기관 지정에 관한 규칙	자치법규

학칙, 정관 그리고 법령 검색

1) 학칙 제정의 근거: 초·중등교육법 제8조, 고등교육법 제6조
2) 학교 법인 정관의 근거: 사립학교법 제10조(사립학교 운영 및 교직원의 신분 등 관련)
3) 교육 관련 주요 법령검색
   가) 국가법령정보센터(http://www.law.go.kr/): 법령, 판례, 행정규칙, 자치법규 등 검색
   나) 경기도교육청 법무행정서비스(http://law.goe.go.kr/)
      : 자치법규, 입법예고, 행정심판 및 소청심사 결정례, 고문변호사 등 검색

2 경기도교육감 행정권한 위임에 관한 조례 및 규칙

가. 「경기도교육감 행정권한 위임에 관한 조례」(경기도조례 제8257호, 2025.1.17., 일부개정)

제6조(교육장에게 위임하는 사항) 교육감은 다음 각 호의 권한을 교육장에게 위임한다.
1. 공립·사립의 유치원·초등학교·중학교·고등공민학교 및 이에 준하는 각종학교의 운영·관리에 관한 지도·감독
2. 제1호의 각급 학교의 교수학습활동 및 진로지도, 강사확보·관리 등 교육과정 운영지도
3. 교육장 소관 인사위원회 위원 임명 또는 위촉에 관한 사항
4. 공립의 유치원·초등학교·중학교·고등공민학교·고등학교·고등기술학교 및 이에 준하는 각종학교(이하 "고등학교 이하 공립학교"라 한다) 및 공립특수학교 6급 이하 지방공무원의 정원 조정
5. 소속 교육지원청(교육장 소관 직속기관 포함), 고등학교 이하 공립학교 및 공립특수학교 6급 이하 지방공무원의 관내전보·겸임·파견·휴직·직위해제·의원면직·정년퇴직·복직·보직임용·시보해제·업무대행자 지정 및 해제
5의2. 소속 교육전문직원(장학관 제외)의 근무부서 지정
7. 교육지원청(교육장 소관 직속기관 포함), 고등학교 이하 공립학교 및 공립특수학교 6급 이하 지방공무원의 대우공무원 선발
8. 소속 지방공무원의 정기승급과 호봉 재획정
9. 소속 지방공무원(교육장 제외)의 겸직허가
10. 소속 공무원의 공무국외여행 허가에 관한 사항
11. 교육지원청(교육장 소관 직속기관 포함), 고등학교 이하 공립학교 및 공립특수학교 공무원의 재해부조금과 사망조위금 결정·지급
12. 다음 각 목에 해당하는 기관에 소속된 공무원의 공무원증 발급
    가. 교육지원청
    나. 교육장 소관 직속기관
    다. 고등학교 이하 공립학교 및 공립 특수학교
13. 사립의 유치원·초등학교·중학교·고등공민학교·고등학교·고등기술학교 및 이에 준하는 각종학교(이하 "고등학교 이하 사립학교"라 한다) 및 사립특수학교 교원의 임용보고 수리, 연수·상훈·복무에 관한 지도·감독, 징계·해직요구
13의2. 고등학교 이하 사립학교 및 사립특수학교 사무직원의 임용보고 수리, 정·현원관리·연수·상훈·복무에 관한 지도·감독, 징계·해직요구
14. 초·중학교 과정 학교형태 평생교육시설의 등록·폐쇄, 행정처분 및 지도·감독(학력인정 포함)
18. 제1호의 각급 학교의 체육특기자 선발 및 전·입학관리

19. 고등학교 이하 공립학교 및 공립특수학교의 설립·폐지
20. 고등학교 이하 사립학교 및 사립특수학교의 설립·폐지 인가
22. 공립·사립의 유치원·초등학교·중학교·고등공민학교·고등학교·고등기술학교 및 이에 준하는 각종 학교(이하 "고등학교 이하 각급학교"라 한다) 및 특수학교 학교운영위원회 운영에 관한 사항
23. 「학교시설사업 촉진법」에 따른 고등학교 이하 각급 학교 및 특수학교 학교시설사업 시행. 다만, 학교설립에 따른 학교신축사업은 제외한다.
24. 「초·중등교육법」제65조 및 「유아교육법」제32조에 따른 무인가 학교의 단속과 폐쇄명령
25. 「학교건강검사규칙」제5조의2에 따른 고등학교 이하 각급 학교 및 특수학교의 학생건강검진기관 1개 선정 승인과 검진기관에 의한 출장검진 승인
26. 고등학교 이하 각급 학교 및 특수학교 학부모에 대한 연수·상담 및 학부모회 운영에 관한 사항
27. 유치원·초·중학교 특수교육대상자 선정 및 학교배치
28. 유치원 취학 권역 설정, 초등학교 통학구역 설정, 중학교 학군(구) 설정 및 학생배정
29. 고등학교 이하 각급 학교 및 특수학교의 예산안의 편성·집행, 수업료, 입학금 등의 재정 운영·관리에 관한 지도·감독
30. 문해교육프로그램 설치·지정·운영과 예산 지원, 설치·지정기관의 취소 및 폐쇄, 문해교육심사위원회 운영, 문해교육프로그램 이수자의 학력인정, 문해교육프로그램 이수자의 문해수준 측정을 위한 평가 실시, 문해교육프로그램 운영기관 평가에 관한 사항
31. 고등학교 이하 각급 학교 및 특수학교의 시설공사 집행과 시설유지관리에 관한 지도·감독. 다만, 학교설립에 따른 학교신축사업 집행은 제외한다.
32. 민간투자유치방식 학교의 운영·평가에 관한 사항
33. 일반고등학교, 특성화고등학교, 산업수요 맞춤형 고등학교 및 특수학교의 교육과정 운영 및 장학에 관한 사항
34. 고등학교 및 특수학교의 학생생활교육 운영에 관한 사항
35. 교육지원청(교육장 소관 직속기관 포함), 고등학교 이하 공립학교 및 공립특수학교 6급 이하 지방공무원의 경징계 또는 경징계 관련 징계부가금
36. 고등학교 이하 각급 학교 및 특수학교, 평생교육시설의 감사에 관한 사항
37. 고등학교 및 특수학교의 학교운동부·학교 감염병과 학생건강관리·급식·학교환경위생 등 학생 안전 및 건강에 관한 사항
38. 고등학교 및 특수학교의 정보화에 관한 사항
39. 고등학교 및 특수학교의 보안(정보보안 포함)과 개인정보보호에 관한 사항
40. 공립고등학교 및 공립특수학교의 지방공무원 복무관리에 관한 사항
41. 공립고등학교 및 공립특수학교의 공무원 보수지급에 관한 사항
42. 고등학교의 학교폭력, 가정폭력, 교육환경변경, 교육활동침해 전·편입학에 관한 사항
43. 학업중단 학생 교육지원에 관한 사항

제7조(학교장에게 위임하는 사항) 교육감은 다음 각 호의 권한을 학교장에게 위임한다.
1. 소속 지방공무원의 정기승급과 호봉 재획정
2. 소속 지방공무원의 겸직 허가
3. 장학생 선발추천과 장학금 지급
4. 교육실습생 배정 동의와 운영 지도
7. 취학 의무 불이행자에 대한 과태료 부과와 징수에 관한 사항
8. 소속 공무원의 공무국외여행 허가에 관한 사항(교장 제외)

제8조(직속기관장에게 위임하는 사항) 교육감은 다음 각 호의 권한을 직속기관장에게 위임한다.
1. 소속 지방공무원의 정기승급과 호봉 재획정
2. 소속 지방공무원(기관장 제외)의 겸직허가
3. 소속 6급 이하 지방공무원의 근무부서 지정과 보직임용
3의2. 소속 교육전문직원(교육연구관 제외)의 근무부서 지정
5. 소속 공무원의 공무국외여행 허가에 관한 사항(기관장 제외)

나. 「경기도교육감 행정권한 위임에 관한 규칙」(경기도교육규칙 제903호, 2021.11.4., 타법개정)

제6조(교육장에게 재위임하는 사항) 교육감은 다음 각 호의 권한을 교육장에게 재위임한다.
1. 공립의 유치원·초등학교·중학교·고등공민학교·고등학교·고등기술학교 및 이에 준하는 각종학교("이하 고등학교 이하 공립학교"라 한다) 및 공립특수학교 교원(교장·원장 제외)의 겸임 및 면직. 다만, 순회교사 겸임 및 부설학교 겸임은 제외한다.
2. 고등학교 이하 공립학교 및 공립특수학교 교원(교장·원장 제외)의 관내전보와 근무지 지정
3. 고등학교 이하 공립학교 및 공립특수학교 교원(교장·원장 제외)의 휴직·복직 및 직위해제. 다만, 질병·육아·가사의 휴직과 복직은 제외한다.
4. 고등학교 이하 공립학교 및 공립특수학교 교장·원장의 신설학교 사무취급 겸임발령 및 겸직허가. 다만, 공립고등학교 및 공립특수학교 교장의 겸직허가는 제외한다.
5. 교육지원청(교육장 소관 직속기관 포함) 교육공무원의 겸직허가, 정기승급 및 호봉 (재)획정
5의2. 고등학교 이하 공립학교 및 공립특수학교 교원의 정기승급 및 호봉(재)획정
6. 학교법인이 아닌 비영리법인(공익법인을 포함한다)의 정관 변경허가, 해산신고의 수리, 그 밖의 지도·감독. 다만, 사단법인 학교안전공제회는 제외한다.
7. 사립의 유치원·초등학교·중학교·고등공민학교 및 이에 준하는 각종학교를 설치·경영하는 학교법인의 「사립학교법」에 따른 다음 각 목에 관한 사항
   가. 설립허가
   나. 해산 및 합병인가
   다. 정관변경 보고의 접수 및 시정·변경 명령
   라. 해산명령 및 청문

8. 공립·사립의 유치원·초등학교·중학교·고등공민학교 및 이에 준하는 각종학교의 교육용품 용도 확인
9. 삭제
10. 고등학교 이하 공립학교 및 공립특수학교의 교사 신축·증축·개축과 교지·체육장 및 실습지 증감보고
11. 삭제
12. 사립유치원의 「사립학교교직원 연금법」 3조제1항제3호에 따른 적용대상 학교 및 학교경영기관의 지정
13. 교육지원청에 속하는 국유재산의 관리, 사용·수익허가 또는 대부
14. 고등학교 이하 공립학교 및 공립특수학교와 그 외 소속 교육기관(교육행정기관, 교육연구기관, 교육 연수·수련기관, 도서관, 교원·학생복지후생기관 등)에 속하는 국유재산의 관리, 사용·수익허가, 대부에 관한 사무의 지도·감독
15. 교육지원청(교육장 소관 직속기관 포함) 교육공무원의 공무국외출장 허가에 관한 사항
16. 고등학교 이하 공립학교 및 공립특수학교 교장·원장의 공무국외출장 허가에 관한 사항

제7조(학교장에게 재위임하는 사항) 교육감은 다음 각 호의 권한을 학교장에게 재위임한다.
1. 보직교사의 임용
2. 기간제 교원의 임용
3. 소속 교원의 겸직허가(교장·원장 제외)
4. 부설학교 교직원 겸무에 관한 사항
5. 삭제
6. 소속 교원의 질병·육아·가사의 휴직과 복직(교장·원장 제외)
7. 소속 교사의 순회교사 겸임발령
8. 해당 학교에 속하는 국유재산의 관리, 사용·수익허가 또는 대부
9. 소속 교원의 공무국외출장 허가에 관한 사항(교장·원장 제외)

제8조(직속기관장에게 재위임하는 사항) 교육감은 다음 각 호의 권한을 직속기관장에게 재위임한다.
1. 소속 교육공무원의 겸직 허가(기관장 제외)
2. 소속 교육공무원의 정기승급과 호봉 재획정
3. 소속 교육공무원(부장·과장 제외)의 근무 부서 지정
4. 해당 기관에 속하는 국유재산의 관리, 사용·수익허가 또는 대부
5. 소속 교육공무원의 공무국외출장 허가에 관한 사항(기관장 제외)

3 교직원의 구분 및 임무

가. 교직원의 구분 (초·중등교육법 제19조, 제19조의2)

① 학교에는 다음 각 호의 교원을 둔다.
  1. 초등학교·중학교·고등학교·고등공민학교·고등기술학교 및 특수학교에는 교장·교감·수석교사 및 교사를 둔다. 다만, 학생 수가 100명 이하인 학교나 학급 수가 5학급 이하인 학교 중 대통령령으로 정하는 규모 이하의 학교에는 교감을 두지 아니할 수 있다.
  2. 각종학교에는 제1호에 준하여 필요한 교원을 둔다.
② 학교에는 교원 외에 학교 운영에 필요한 행정직원 등 직원을 둔다.
③ 학교에는 원활한 학교 운영을 위하여 교사 중 교무(校務)를 분담하는 보직교사를 둘 수 있다.
④ 학교에 두는 교원과 직원(이하 "교직원"이라 한다)의 정원에 필요한 사항은 대통령령으로 정하고, 학교급별 구체적인 배치기준은 제6조에 따른 지도·감독기관(이하 "관할청"이라 한다)이 정하며, 교육부장관은 교원의 정원에 관한 사항을 매년 국회에 보고하여야 한다.
⑤ 학교에 전문상담교사를 두거나 시·도 교육행정기관에 「교육공무원법」 제22조의2에 따라 전문상담순회교사를 둔다.
⑥ 전문상담순회교사의 정원·배치 기준 등에 필요한 사항은 대통령령으로 정한다.

나. 교직원의 임무 (초·중등교육법 제20조)

① 교장은 교무를 총괄하고, 민원처리를 책임지며, 소속 교직원을 지도·감독하고, 학생을 교육한다. 〈개정 2023.9.27.〉
② 교감은 교장을 보좌하여 교무를 관리하고 학생을 교육하며, 교장이 부득이한 사유로 직무를 수행할 수 없을 때에는 교장의 직무를 대행한다. 다만, 교감이 없는 학교에서는 교장이 미리 지명한 교사(수석교사를 포함한다)가 교장의 직무를 대행한다.
③ 수석교사는 교사의 교수·연구 활동을 지원하며, 학생을 교육한다.
④ 교사는 법령에서 정하는 바에 따라 학생을 교육한다.
⑤ 행정직원 등 직원은 법령에서 정하는 바에 따라 학교의 행정사무와 그 밖의 사무를 담당한다.

4 교원 정원

가. 교원 정원의 개념

> 업무포털 접속 → 나이스 → 교원인사 → 인사기록 → 기능별명부 → 기관별 교원현황에서 조회

1) 정원: 중앙정부가 규정에 따라 시·도교육청에 배정한 교원수
   - 정원분에 대한 인건비는 국가에서 지급되며 정원의 범위 내에서 교원 수급운영이 원칙
   • 초등: (학급수+교과전담수+관리자+특수+비교과 교사(보건, 영양, 사서, 상담 등)) - (정원외기간제 수)
2) 현원: 정원 중 현재 직무에 종사하고 있는 정규 인원
3) 계약제교원: 정년이 보장된 정규 교원을 제외한 계약에 의해 임용되는 비정규직 교원의 총칭
   가) 기간제교원: 1개월 이상 후임자 보충이 불가피한 경우 학교장이 계약에 의해 1년 이내로 임용하는 비정규직 인원
   • 정원내 기간제 교원: 정원에 포함되는 정규교사가 휴직, 휴가 등의 사유로 인해 결원이 발생하여 운영되는 기간제교원
   • 정원외 기간제 교원: 배정받은 정원이 부족하여 도교육청으로부터 배정받아 채용한 계약직 교원 (학교와 교육지원청에서 현황 파악이 매우 중요함)
   나) 시간강사: 1개월 미만의 후임자 보충이 불가피한 경우 학교장이 시간 단위 급여 지급을 전제로 채용하는 비정규직 인원

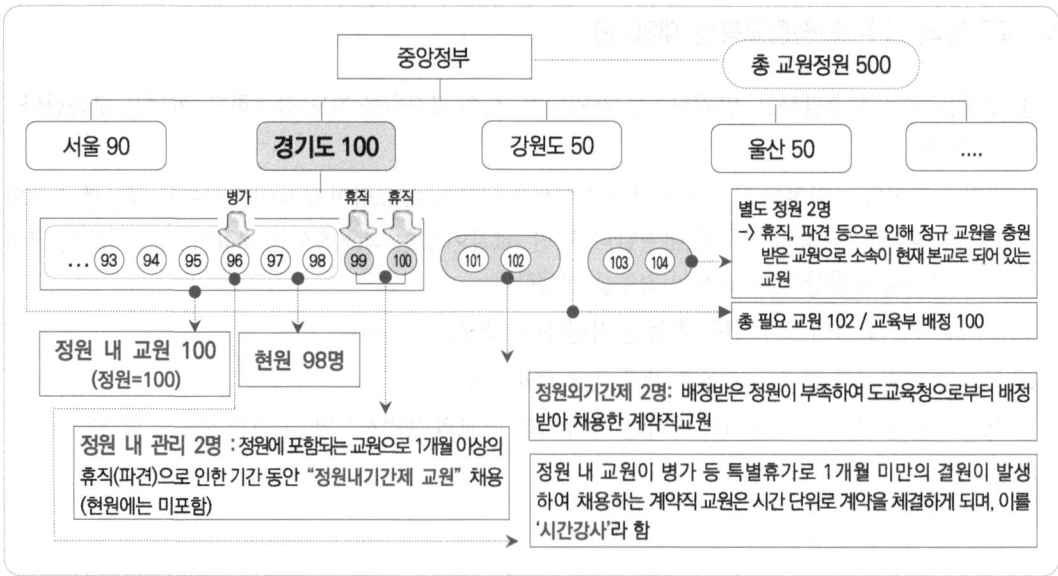

나. 초등학교 교원의 배치 기준

※ 교원 배치 기준은 매년 정원 수급 상황에 따라 달라질 수 있음

1) 교장: 학교장은 전 학교에 배치한다. 단, 초·중·고 통합학교는 예외로 한다.

2) 교감
   가) 6학급 이상의 전 학교에 교감 1명을 배치한다.
   나) 5학급 이하인 학교는 교감을 두지 아니할 수 있다. 다만, 교감을 배치하는 경우 수업을 담당하여야 한다.
   다) 43학급(특별학급 포함, 특수학급 제외) 이상의 학교에는 교감 1인을 추가 배치할 수 있다.
   라) 학기 중에 학급 증가로 인해 43학급 이상이 되는 학교 또는 복수교감 학교의 교감 1인이 학기 중 전보하였을 경우 다음 년도에 43학급 미만이 예상되는 학교는 교감 1인을 추가 배치하지 아니할 수 있다.
   마) 초·중·고 통합학교나 분교장에는 교감을 배치하지 아니할 수 있다.
   바) 6학급 이상 분교장이 해당부서로부터 도심형 분교장으로 지정된 경우 분교장에 교감 1인을 배치할 수 있다.

3) 교사
   가) 각 학급마다 학급 담임교사 1인을 배치한다.
   나) 교과전담 교사는 경기도 교과전담 배치 기준에 의해 배치한다.
   • 학급수 별 배치 기준
      - 35학급 미만교(1~6학년 학급 수 기준)

1~6학년 학급수	1~2	3~6	7~11	12~17	18~23	24~28	29~34
배치인원	0	1	2	3	4	5	6

   - 35학급 이상교(3~6학년 학급 수 기준)

3~6학년 학급수	1~2	3~4	5~8	9~12	13~16	17~20	21~24	25~28
배치인원	0	1	2	3	4	5	6	7
3~6학년 학급수	29~32	33~36	37~40	41~44	45~48	49~52	53~59	
배치인원	8	9	10	11	12	13	14	

   ※ 학급 수 산정 시 특수학급 및 특별학급은 포함하지 않는다.
   ※ 학급 수별 교과전담 배치 기준 외에 정원 수급 상황에 따라 교감 미배치교 등의 경우 1인을 추가 배치할 수 있다.

   다) 경기도교육청 유관기관에 학생 교육 등을 수행하는 경우 파견교사를 배치할 수 있다.

다. 교원 정원의 증감(결충원)

1) 결원: 정규교사가 휴직, 면직, 퇴직, 기타의 사유가 발생하여 정원에서 빠지는 것. 결원이 발생한 경우 결원사유에 따라 정규교원 충원여부가 결정됨
2) 충원: 결원발생 학교에 새로운 정규교원을 배정하는 것
3) 결충원 현황 제출
   가) 정기인사 관련 교사 결충원: 정기인사(3.1.자 정기전보, 9.1.자 정기전보) 시 모든 학교 대상 결충원 현황 제출 요구(12월, 7월). 결충원 현황이 정기전보 발령에 반영됨으로 철저한 검토 필요(복직자, 별도정원 등 학교에 소속된 모든 교원에 대한 면밀한 파악이 요구되며, 특히 3.1. 결충원에서는 학급편성에 따른 학급증설 및 감축 여부 확인 중요함)
   나) 수시 교사 결충원: 정기인사 이외의 시기에 휴직, 면직, 학급증설 등으로 인해 결원이 발생할 경우 충원 요청
      - 수시 결충원의 경우 교육지원청 인사장학사와 충원 가능 여부 사전 협의 필요
4) 충원 요청 및 교사 충원 과정

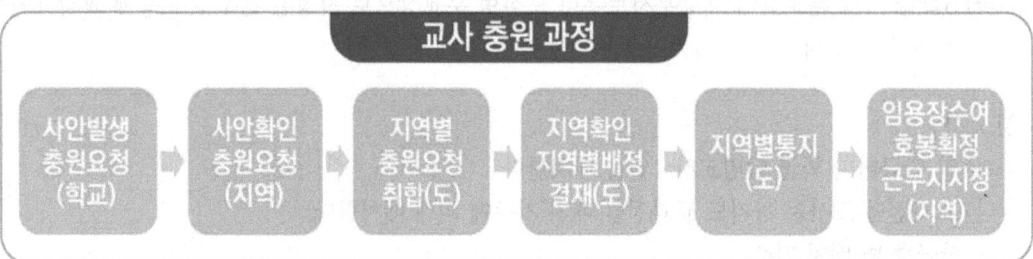

가) 초등 충원 요청 공문(예시)

(기 관 명)

수신자   경기도00교육지원청(초등교육지원과장)
(경 유)
제 목   교육공무원(초등학교 교사) 사망 보고 및 이에 따른 충원 요청

  교육공무원 인사기록 및 인사사무 처리 규칙 제20조의 규정에 의하여 아래와 같이 교육공무원의 사망을 보고하며, 그 후임을 충원 요청합니다.

소속	직위(급)	성 명	생년월일	사망일자	사망사유	비고	전산입력여부
○○초	초등학교 교사	○○○	19**.○.○.	20**. 9. .	병사(위암)	충원요청	입력예정

이상 1명.
붙임 충원요청서 1부. 끝.

나) 충원 요청서 작성 서류
   ⊙ 공문서(충원을 요청하는 시행 공문)   ⊙ 충원 요청서(학급증설, 사망 등)
   ⊙ 학급 증감에 따른 관련 공문(교육지원청 학생배치담당)

다) 충원요청서 양식

충원 요청서

아래와 같이 교원의 충원을 요청합니다.

요청일 : 2000. 00. 00.   작성자 : ○○초등학교 교감 ○○○

1. 학급증설로 인한 충원 요청(계 4명)

지역명	학교명	현재학급수	현 교원 현황				학년별 학급수 증가 현황(모든 학년 표시, 특수학급 제외, 특별학급 포함)																			충원요청수			비고
			담임원원수	교과전담	기도기타	정규	계	1학년			2학년			3학년			4학년			5학년			6학년			계			학급증설	교과전담	충원요청계	
								학생수	기존	증설	학생수	기존	증설	학생수	기존	증설	학생수	기존	증설	학생수	기존	증설	학생수	기존	증설	학생수	기존	증설				
예시	○○초	11	11	2	2	13	69	3	29.0	65	2	1	32.5	46	2	-	29.0	53	2	1	26.5	32	1	1	32.0	24	1	-	24.0	11	3	-	3	1	4	정원외기간제요청 신규교사충원요청
													학급 신증설로 인한 충원 요청 인원의 총 계																	3	1	4	

2. 기타 요인에 의한 충원 요청(계 2명)

지역명	학교명	성명	생년월일	요인구분	사유	사유발생일 또는 기간	비고(특기사항)
예시	○○초	홍길동	1991.00.00	교육공무원법 제44조1항2호	병역휴직	20○○. 3. 1. ~ 20○○. 2. 28.	정원외기간제요청
예시	○○초	이순신	1980.00.00	교육공무원법 제44조1항7호	육아휴직	20○○. 3. 1. ~ 20○○. 2. 28.	신규교사충원요청

- 충원이 가능한 결원사유
  ① 학급증설   ② 정년퇴직, 명예퇴직, 면직, 사망   ③ 타시도교환 전출(교환)
  ④ 교감승진, 교육전문직원 전직   ⑤ 파견기간이 1년 이상인 경우   ⑥ 1년 이상 휴직
  ※ 출산휴가와 연계하여 육아휴직이 단절기간 없이 이어질 경우 휴가기간을 휴직기간으로 보고 충원 가능
    (단, 교육청과 협의하여 신규임용후보자 배정이 어려울 경우 계약제 교원 채용)

라. 교원정원 관련 자료 제출

구분	정기인사 결충원	1차 보고	정기인사 결충원	2차 보고
기준일	3.1.	4.1.	9.1.	9.1.
제출	12월	4월	7월	9월

가) 교원수 편성 현황

초등학교별 교원수 편성 현황(초등교사)

기준일 :   소속 ○○초 (직인)   교감 홍길동 (인)

나이스→교원인사→인사기록→기능별명부→기관별 교원현황에서 조회하여 파악된 초등교사만 반영됨

구분	지역	학교명	학급수(특수학급 제외)			정원 및 현원													휴직, 연수, 파견중인 초등정규교사수									미충원에 의한 계약제 교원 (정원외)
			일반학급	특별학급	계	관리자		학급담임(특수 제외)				교과전담							대체로 기간제 교사 출원된 경우 (정원내)					대체로 정규교사 충원된 경우(별도정원)				
						교장①	교감②	정규교사	기간제교사	소계	경기도배임기준	일반	원로교사	수석교사	체험발명	교감미배치	예비학급	기간제교사	소계	정원 Σ①~④	현원 ⑥~⑤	육아휴직	기타휴직	퇴직면직	연수파견	휴가	육아휴직	기타휴직	퇴직면직	연수파견	
1	용인	○○초	20	0	20	1	1	19	1	20	4	3	0	1	0	0	0	1	5	27	25	2	0	0	0		0					0

※ 정원: (교장+교감+학급수+교과전담수)-정원외 기간제수
※ 현원: 정원-대체기간제교사수(휴가로 인한 계약제 교원 미포함)
※ 미충원에 의한 계약제 교원(정원외 기간제): 정규교원을 배치받지 못해 계약한 계약제 교원

5 교감의 시기별 인사 관련 주요 업무

시기	교(원)감	처리 방법	비고
수시 업무	• 휴직자 실태 파악: 휴직 기간 중 6월마다 • 휴직 및 복직 처리, 교육지원청 보고: 사안 발생 15일 이전 • 계약제 교원 자격변동자(1정자격 취득자) 호봉 재획정: 교원자격증 발급일 다음달 1일 • 계약제 교원 임용 및 임용 만료 후 퇴직 처리 • 교원 수 및 학급, 학생 수 현황 보고: 분기별	• 휴직자 실태 보고서 • 업무관리시스템 • NEIS 교원인사/호봉 • NEIS 교원인사/계약제교원 • 인력풀등재시스템	
3월	• 보직교사 및 보직구분 설정 • 보직교사 및 담임교사 임용발령(NEIS처리) • 다면평가 정량평가 지표 및 평정기준(안) 마련 • 발령대장 정리(전보, 휴복직, 보직교사, 통합학급 담당 등) • 본 학급 수 편성 결과 • 인사관련 위원회 규정 정비 및 조직 • 계약제교원 NEIS 입력 • 상반기 교장교감 인사 기초자료 제출	• NEIS 교원인사/기능별교원명부/임용발령 • 발령대장 • 업무관리시스템	
4월	• 스승의 날 표창 인사자문위원회 개최 및 표창 상신		
5월	• 상반기 인사기록 추기 신청 • 명예퇴직 신청 • 하반기 교장공모제 신청 및 공모 추진		
6월	• 관리직 전보 및 정원 자료 작성 • 휴직자 실태보고서 결재 • 교장공모제 1차 심사 추진		
7월	• 방학 중 교원 복무 신청 및 점검 • 하반기 교원 결충원 현황 파악	• 업무관리시스템	
8월	• 2학기 휴복직자 업무 처리 및 교육지원청 보고	• 업무관리시스템	
9월	• 9.1.자 전출입 교사 보직구분 설정 • 보직교사 및 담임교사 임용발령(NEIS처리) • 하반기 교장교감 인사 기초자료 제출	• NEIS 교원인사/기능별교원명부 • 업무관리시스템	
10월	• 하반기 인사기록 추기 신청 • 학교 폭력 예방 및 해결 유공 교원 가산점 대상자 선정 • 초빙교사 운영 실적 보고서 제출 • 시도교류 전보내신서 작성 • 학교별 학교만기자, 구역만기자 관리(유예 가능 여부 확인) • 명예퇴직 신청		
11월	• 정책연구학교 유공교원 명부 작성 • 초빙교사제 희망교 신청(학교운영위원회 심의) • 전반기 교장공모제 신청 및 공모 추진 • 다면평가 및 근무성적평정 업무		
12월	• 전보 내신서 작성(관외, 관내) • 초빙교사 공고 및 임용 심사 • 교장(감) 승진 및 자격연수 대상자 평정 서류 제출 • 방학 중 교원 복무 처리 및 점검 • 다면평가 및 근무성적평정 • 휴직자 실태보고서 결재	• NEIS 교원인사 / 전보	
1월	• 학급 편성 결과에 따른 3. 1.자 교원 결충원 현황 작성 • 1학년 신입생에 따른 학급 편성 현황 작성 • 연가 가산대상자 생성	• NEIS 교원인사/전보 • 업무관리시스템 • NEIS 복무	
2월	• 복직 동시 내신자(관내·외) 복직 처리 • 신학년도 인사업무 추진(보직교사 및 학년 학급담임) • 인사관련 위원회 규정 정비 및 조직 • 계약제 교원 채용	• 업무관리시스템	

나) NEIS 교원 현황 확인
  ⊙ 업무포털 접속 → 나이스 → 교원인사 → 인사기록 → 기능별명부 → **기관별 교원현황**에서 조회
  ⊙ 업무포털 접속 → 나이스 → 교원인사 → 인사기록 → 기능별명부 → **교원현원부** 조회
  (교원전보 등 전임교 및 현임교 발령일 조회가 필요한 경우)

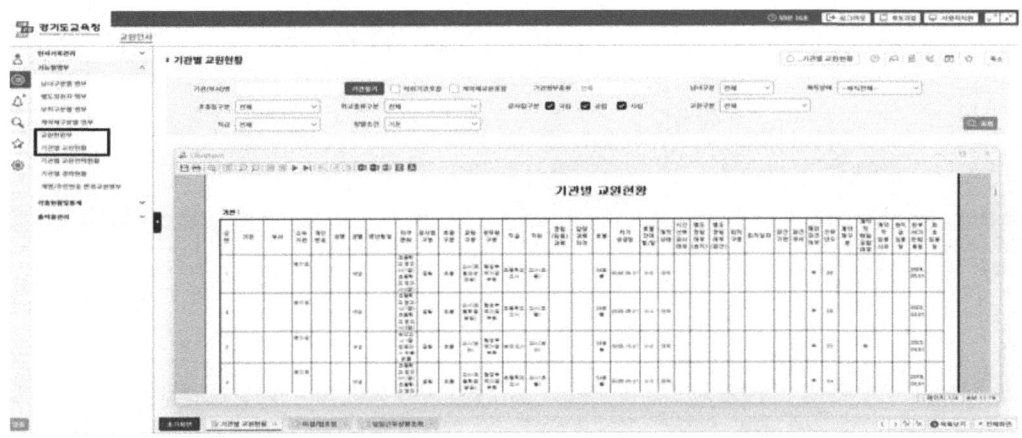

- **정원외 기간제 교사 현황파악**
 ① 정원외 기간제교사에 대한 이해
  - 배정받은 정원이 부족하여 도교육청으로부터 배정받아 채용한 계약직 교원
 ② 정원외 기간제의 발생사유
  - 3.1.자 정기 인사발령 시 정규교사 충원을 받지 못하고 기간제 교사를 1년 채용하는 경우
  - 학기 중 학급증설, 신설학교 등에 정규교사 충원을 받지 못하고 기간제 교사를 채용하는 경우
  - 9.1.자 면직, 퇴직, 승진 등에 정규교사 충원을 받지 못하고 기간제 교사를 채용하는 경우
  - 학기중 정규교사가 휴직, 휴가 등으로 채용된 기간제 교사는 정원내 기간제 교사
 ③ 정원외 기간제 교원 입력방법
  - 교원구분에 "기간제교사" 기간제 고용 근거에 **정원외** 선택 하면 편성현황에 자동 반영됨

연번	지역	학교명	교원명	교원구분	학년	반	교과전담과목	현재근무중	기간제고용근거	기간제활용총	별도정원관리	시작일(0000-00-00)	종료일(0000-00-00)	오류검토내용
합계			22	22	20	5	2	20	1	2	0	3	3	
19	용인	OO초	홍길동19	초등교사	6			O						정상
20	용인	OO초	홍길동20	초등교사	6			O						정상
21	용인	OO초	홍길동21	초등교사	6			O						정상
22	용인	OO초	이순신	기간제교사			교과전담	체육	O	정원외			-03-01	-02-28	정상

학년도 초등학교별 교원수 편성 현황(초등교사)																													
기준일 :													소속	OO초 (직인)				교감	홍길동 (인)										
나이스→교원인사→인사기록→기능별명부→기관별 교원현황에서 조회하여 파악된 초등교사만 반영됨																													
구분	지역	학교수(특수학급 제외)			관리자		정원 및 현원									현원⑥	잉여⑤(⑥-⑤)	휴직, 연수, 파견중인 초등정규교사수								미출원에의한계약제교원(정원파)
		학교명	일반학급	특수학급	계	교장①	교감②	정규교사③	기간제교사④	교과전담							소계⑤		대체로 기간제 교사 출원일 경우(정원내)				대체로 정규교사 출원일 경우(별도정원)				
										경기도배치운	일반교과	원로교사	수석교사	체험학습	교감미발령	예비학급	기간제교사⑦			육아휴직	기타휴직	퇴직면직	연수파견	휴가	육아휴직	기타휴직	퇴직면직	연수파견	
1	용인	OO초	20	0	20	1	1	19	1	20	4	3	0	1	0	0	0	2	6	28	25	2	0	0	0	0	0	0	0	1
	자동	자동	자동	자동	자동	자동	자동	자동	자동	자동	자동	자동	자동	자동	자동	자동	자동	자동	자동	자동	자동	자동	자동	자동	자동	자동	자동	자동	자동	자동

2025 교육공무원 인사실무편람

초등 유아

GYEONGGIDO OFFICE OF EDUCATION

제2장

교원의 임용

1. 임용 일반 …………………………………………………… 21
2. 신규 채용 …………………………………………………… 25
3. 보직교사 임용 ……………………………………………… 29
4. 교장임기제 ………………………………………………… 34
5. 교장공모제 ………………………………………………… 38
6. 전직·전보 …………………………………………………… 41
7. 면직과 퇴직 ………………………………………………… 54

미래교육의 중심 새로운 경기교육
GYEONGGIDO OFFICE OF EDUCATION

1 임용 일반

가. 공무원의 구분

1) 국가공무원
   가) 교육공무원은 경력직공무원 중 특정직공무원에 해당 (국가공무원법 제2조)
      - 경력직공무원: 실적과 자격에 따라 임용되고 그 신분이 보장되며 평생 동안(근무 기간을 정하여 임용하는 공무원의 경우에는 그 기간 동안을 말한다) 공무원으로 근무할 것이 예정되는 공무원
      - 특정직공무원: 법관, 검사, 외무공무원, 경찰공무원, 소방공무원, **교육공무원**, 군인, 군무원, 헌법재판소 헌법연구관, 국가정보원의 직원, 경호공무원과 특수 분야의 업무를 담당하는 공무원으로서 다른 법률에서 특정직공무원으로 지정하는 공무원
   나) 교육공무원의 범위 (교육공무원법 제2조)
      - 교육기관에 근무하는 교원 및 조교
      - 교육행정기관에 근무하는 장학관 및 장학사
      - 교육기관, 교육행정기관 또는 교육연구기관에 근무하는 교육연구관 및 교육연구사

2) 지방공무원
   가) 지방자치단체의 공무원(지방공무원법 제2조)
      - 교육감 소속 교육전문직원은 경력직공무원 중 특정직 공무원에 해당

나. 임용의 정의(교육공무원법 제2조제6항)

교육공무원법에서 "임용"이란 신규채용, 승진, 승급, 전직, 전보, 겸임, 파견, 강임, 휴직, 직위해제, 정직, 복직, 면직, 해임 및 파면을 말함

다. 임용의 종류

1) 신분의 발생: 신규채용 및 경력경쟁채용(교육공무원법 제11조, 제12조)
2) 신분의 변경: 승진, 승급, 전직, 전보, 겸임, 파견, 강임, 휴직, 직위해제, 정직, 복직
3) 신분의 소멸: 당연퇴직, 명예퇴직, 정년퇴직, 의원면직, 직권면직, 해임, 파면

라. 임용 시기(교육공무원임용령 제5조, 제6조)

1) 임용장이나 임용통지서에 적힌 일자(교육공무원임용령 제5조)
   - 사망으로 인한 면직은 사망한 다음 날에 면직하는 것으로 봄
   - 임용일자까지 그 임용장 또는 임용통지서가 임용될 사람에게 도달할 수 있도록 발령해야 함

2) 임용일자를 소급해서는 안 되나 다음의 경우는 예외임(교육공무원임용령 제6조)
- ⊙ 재직 중 현저한 공적이 있는 사람이 공무로 인하여 사망하였을 때에 사망 전일을 임용일자로 추서하는 경우 (※ 재직 중 사망한 경우 사망일의 전날, 퇴직 후 사망한 경우 퇴직일의 전날)
- ⊙ 휴직기간 만료일 또는 휴직사유 소멸일을 임용일자로 직권면직시키는 경우

마. 임용의 원칙(교육공무원법 제10조)

1) 자격, 재교육성적, 근무성적, 그 밖에 실제 증명되는 능력에 의하여 함
2) 교원으로서의 자격을 갖추고 임용을 원하는 모든 사람에게 능력에 따른 균등한 임용의 기회가 보장되어야 함

바. 채용의 제한(교육공무원법 제10조의3)

금품수수 행위·시험문제 유출 및 성적조작 등 학생성적 관련 비위 행위·학생에 대한 신체적 폭력 행위로 인하여 파면·해임되거나 금고 이상의 형을 선고 받은 사람(집행 유예의 형을 선고받은 후 그 집행유예기간이 경과한 사람을 포함)은 교원으로 채용할 수 없음

사. 공무원 임용의 결격 사유(국가공무원법 제33조, 교육공무원법 제10조의4, 교육공무원임용령 제11조의4, 공직선거법 제266조)

1) 국가공무원법상 결격 사유(국가공무원법 제33조)
- ⊙ 피성년후견인
- ⊙ 파산선고를 받고 복권되지 아니한 자
- ⊙ 금고 이상의 실형을 선고받고 그 집행이 끝나거나(집행이 끝난 것으로 보는 경우를 포함한다) 집행이 면제된 날부터 5년이 지나지 아니한 자
- ⊙ 금고 이상의 형의 집행유예를 선고받고 그 유예기간이 끝난 날부터 2년이 지나지 아니한 자
- ⊙ 금고 이상의 형의 선고유예를 받은 경우에 그 선고유예 기간 중에 있는 자
- ⊙ 법원의 판결 또는 다른 법률에 따라 자격이 상실되거나 정지된 자
- ⊙ 공무원으로 재직기간 중 직무와 관련하여 「형법」 제355조 및 제356조에 규정된 죄를 범한 자로서 300만원 이상의 벌금형을 선고받고 그 형이 확정된 후 2년이 지나지 아니한 자
- ⊙ 다음 각 목의 어느 하나에 해당하는 죄를 범한 사람으로서 100만원 이상의 벌금형을 선고받고 그 형이 확정된 후 3년이 지나지 아니한 사람
  - • 「성폭력범죄의 처벌 등에 관한 특례법」 제2조에 따른 성폭력범죄
  - • 「정보통신망 이용촉진 및 정보보호 등에 관한 법률」 제74조제1항제2호 및 제3호에 규정된 죄
  - • 「스토킹범죄의 처벌 등에 관한 법률」 제2조제2호에 따른 스토킹범죄

⊙ 미성년자에 대하여 「성폭력범죄의 처벌 등에 관한 특례법」 제2조에 따른 성폭력범죄 또는 「아동·청소년의 성보호에 관한 법률」 제2조제2호에 따른 아동·청소년대상 성범죄를 범한 사람으로서 다음 각 목의 어느 하나에 해당하는 날부터 20년이 지나지 아니한 사람
- 금고 이상의 실형을 선고받고 그 집행이 끝나거나(집행이 끝난 것으로 보는 경우를 포함한다) 집행이 면제된 날
- 금고 이상의 형의 집행유예를 선고받고 그 집행유예가 확정된 날
- 벌금 이하의 형을 선고받고 그 형이 확정된 날
- 치료감호를 선고받고 그 집행이 끝나거나 집행이 면제된 날
- 징계로 파면처분 또는 해임처분을 받은 날

⊙ 징계로 파면처분을 받은 때부터 5년이 지나지 아니한 자
⊙ 징계로 해임처분을 받은 때부터 3년이 지나지 아니한 자

2) 교육공무원법상 결격 사유(교육공무원법 제10조의4)
⊙ 국가공무원법 제33조 각 호의 어느 하나에 해당하는 사람
⊙ 미성년자에 대한 다음 각 목의 어느 하나에 해당하는 행위로 파면·해임되거나 형 또는 치료감호를 선고받아 그 형 또는 치료감호가 확정된 사람(집행유예를 선고받은 후 그 집행유예기간이 지난 사람을 포함한다)
- 「성폭력범죄의 처벌 등에 관한 특례법」 제2조에 따른 성폭력범죄 행위
- 「아동·청소년의 성보호에 관한 법률」 제2조제2호에 따른 아동·청소년대상 성범죄 행위

⊙ 성인에 대한 「성폭력범죄의 처벌 등에 관한 특례법」 제2조에 따른 성폭력범죄 행위로 파면·해임되거나 100만원 이상의 벌금형이나 그 이상의 형 또는 치료감호를 선고받아 그 형 또는 치료감호가 확정된 사람(집행유예를 선고받은 후 그 집행유예기간이 지난 사람을 포함한다)
⊙ 마약·대마 또는 향정신성의약품 중독자

3) 임용시험 부정행위자(교육공무원임용령 제11조의 4)
⊙ 교육공무원 임용시험에 있어서 부정한 행위를 한 자에 대하여는 당해 시험을 정지 또는 무효로 하고, 그 처분이 있은 날부터 2년간 이 영에 의한 시험에 응시할 수 없음
⊙ 다른 법령에 의한 국가공무원 또는 지방공무원의 임용시험에 있어서 부정한 행위를 하여 당해 시험에의 응시자격이 정지 중에 있는 자는 그 기간 중 이 영에 의한 시험에 응시할 수 없음

4) 공직선거법 위반자(공직선거법 제266조)
「공직선거법」 제230조부터 제234조까지, 제237조부터 제255조까지, 제256조제1항부터 제3항까지, 제257조부터 제259조까지의 죄(당내경선과 관련한 죄는 제외) 또는 「정치자금법」 제49조(선거비용관련 위반행위에 관한 벌칙)의 죄를 범함으로 인하여
- 징역형의 선고를 받은 자로서 집행을 받지 아니하기로 확정된 후 또는 형의 집행이 종료되거나 면제된 후 10년이 경과되지 아니한 자
- 형의 집행유예의 선고를 받은 자로서 그 형이 확정된 후 10년이 경과되지 아니한 자
- 100만원 이상의 벌금형의 선고를 받은 자로서 그 형이 확정된 후 5년이 경과되지 아니한 자

아. 인사 발령(교육공무원 인사기록 및 인사사무 처리규칙 제17조~20조)

1) 임용권자는 교육공무원으로 신규채용되거나 승진 또는 전보(기관 간의 전출·전입을 포함)되는 교육공무원에게 임명장이나 임용장을 수여함(소속기관의 장이 대리 수여할 수 있음)
2) 교원의 전보 시에는 인사발령 통지서를 주는 것으로 임용장의 수여를 갈음할 수 있음
3) 전보, 강임, 면직, 징계, 직위해제, 휴직, 복직, 호봉 재획정, 승급, 전출, 전입의 발령 및 각종 위원회의 위원으로 임용, 위촉 또는 해임, 위촉 해제하는 경우 소속 기관의 장은 인사발령 통지서를 교부함
4) 교육공무원에 대한 인사발령 사항을 기록하기 위하여 발령 대장을 갖추고 보관하여야 함
5) 전보, 승급, 국내연수, 국외연수, 국외출장, 포상, 사망, 징계처분, 직위해제, 휴직, 복직, 겸임 및 파견 근무의 사유가 발생하였을 때에는 소속 기관의 장은 발령일 또는 그 사유가 발생한 날부터 7일 이내에 임용권자에게 보고하여야 함

교육공무원 임용의 근거

- 국가공무원법: 임용의 원칙(제26조), 결원 보충 방법(제27조), 신규채용(제28조), 파견근무(제32조의4), 결격 사유(제33조), 휴직·파견 등의 결원보충(제43조) 등
- 교육공무원법: 자격(제6조~제9조), 임용의 원칙(제10조), 채용의 제한(제10조의3), 결격사유(제10조의4), 교사의 신규채용 등(제11조), 경력경쟁채용 등(제12조), 승진(제13조), 보직 등 관리의 원칙(제17조), 겸임(제18조), 전직 등의 제한(제21조), 교장 등의 임용(제29조의 2), 공모에 따른 교장 임용 등(제29조의3), 초빙교원(제31조), 기간제교원(제32조) 등
- 교육공무원임용령: 임용권의 위임(제3조), 결원의 적기보충(제4조), 임용시기(제5조), 임용시기의 특례(제6조), 보직 등 관리의 원칙(제7조), 겸임(제7조의2), 파견근무(제7조의 3), 교사의 신규채용(제9조), 경력경쟁채용 등의 요건(제9조의2), 교장 등의 임용(제9조의5), 원로교사의 우대 등(제9조의6), 수석교사의 우대(제9조의8), 공모 교장 등의 임용·평가 등(제12조의5), 공모 교장의 자격 기준 등(제12조의 6), 초빙교사의 임용 요청 등(제12조의7), 기간제교원의 임용(제13조), 전직등의 제한(제13조의2), 인사교류(제13조의3), 승진임용방법(제14조), 특별승진임용(제15조), 승진임용의 제한(제16조), 시간선택제 전환교사의 지정(제19조의5) 등
- 교육공무원인사관리규정: 신규임용교사의 배치(제3조), 교원의 교육전문직원으로의 전직(제14조), 교원·교육전문직원간의 전직(제16조), 전직 등의 제한(제17조)
- 교육공무원 인사기록 및 인사사무 처리규칙
- 교사임용후보자명부 작성 규칙
- 공무원 채용 신체검사 규정
- 교육공무원 승진규정
- 경기도교육감 행정권한 위임에 관한 규칙 및 조례
- 경기도교육공무원인사관리세부기준(유치원, 초등)

2 신규 채용

가. 처리과정 및 절차

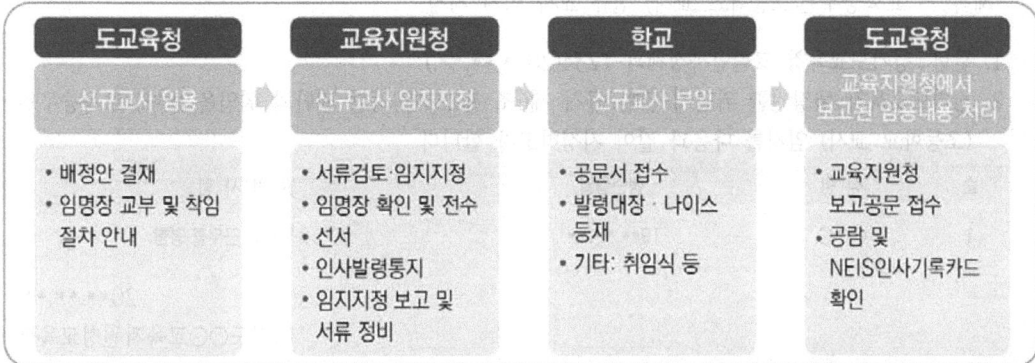

※ 학교: 성범죄 경력 조회 및 아동학대 관련 범죄 전력 조회

나. 구비 서류

1) 신규 채용 교사 구비 서류(교육공무원 인사기록 및 인사사무 처리 규칙 제11조 제1항 별표 4)

① 인사기록카드 1부 ② 최종학력증명서 1부
③ 경력증명서 1부 ④ 가족관계증명서 각 1부
⑤ 「공무원 채용 신체검사 규정」 제3조에 따른 신체검사 실시 의료기관 발급 채용신체검사서 1부
⑥ 교원자격증 사본 1부
⑦ 호봉획정표 1부
⑧ 사진(명함판 상반신 탈모 3매)
⑨ 병적증명서(제1국민역 및 실역미필보충역) 또는 병적사항 기록 주민등록 초본 1부
   (다만, 장애인 채용자 중 신체검사 불합격자는 장애인교원채용심의결과 통지문으로 갈음)

2) 신규 채용 교사 임용에 따른 처리서류(교육공무원 인사기록 및 인사사무 처리 규칙 제12조, 제20조)

① 인사기안
   • 내부결재 • 학교장에게 통지 • 교육감에게 보고
② 교육공무원 전력조회(제10조, 별지 제4호 서식)
③ 교육공무원 전력 조회 통보(제10조, 별지 제5호 서식)
④ 호봉 획정표(제16조 관련, 별지 제17호 서식)
⑤ 임명장(제17조 별지 제20호 서식)
⑥ 선서문(제10조의2〔별표2〕)
⑦ 발령대장(제19조 별지 제24호 서식)

※ 신규채용 시 전력조회 대상자: 전직공무원이나 정부관리 기업체 또는 기타 공공기관에서 근무한 경력을 가진 자
※ 신규교사 발령 후 신규교사 서류는 학교에서 보관함.

다. 서식 및 용례

1) 인사기안
   가) 내부결재(교육지원청)

제목 교육공무원(초등학교 교사) 신규 교사 임지 지정

1. 관련: 경기도교육청 교원인사정책과-1234(20**.**.**.)
2. 경기도교육감 행정권한 위임에 관한 규칙 제6조 제2호에 의한 권한의 위임을 받아, 교육공무원(초등학교 교사) 임지를 다음과 같이 지정하고자 합니다.

순	성 명	생년월일	발 령 사 항
1	○○○	19**.**.**.	○○초등학교 근무를 명함.

20**.**.**.
경기도○○교육지원청교육장

끝.

나) 통지안(교육지원청 → 학교)

제목 교육공무원(초등학교 교사) 신규 교사 인사발령 알림

다음과 같이 발령되었으므로 알려드립니다.

순	성 명	생년월일	발 령 사 항
1	○○○	19**.**.**.	○○초등학교 근무를 명함.

20**.**.**.
경기도○○교육지원청교육장

끝.

다) 보고안(교육지원청 → 도교육청)

제목 교육공무원(초등학교 교사) 신규교사 임지 지정 보고

1. 관련: 경기도교육청 교원인사정책과-1234(20**.**.**.)
2. 「교육공무원 인사기록 및 인사사무 처리 규칙」 제20조에 따라 아래와 같이 교육공무원(초등학교 교사)의 임지 지정을 보고합니다.

연번	직위	성 명	신임교	발령일자	임용사유	전산입력여부
1	교사	○○○	○○초등학교	20**.**.**	신규임용	입력예정

끝.

●● 인사발령통지서 - 신규교사　　　■ 교육공무원 인사기록 및 인사사무 처리 규칙 [별지 제22호서식] 〈개정 2013.11.13〉

인사발령통지서

　　　　　　　　　　　　　　　초등학교 교사

　　　　　　　　　　　　　　　　홍 길 동

○○초등학교 근무를 명함.

20 년　월　일(발령일)

경기도○○교육지원청교육장

위와 같이 발령되었음을 알려 드립니다.

20 년　월　일(내부결재일)

경기도○○교육지원청교육장(직인)

●● 선서문 - 신규교사　　　　　　　　　　■ 교육공무원 인사기록 및 인사사무 처리 규칙 [별표 2] 〈개정 2013.11.13〉

선 서 문

선 서

나는 대한민국 공무원으로서 헌법과 법령을 준수하고, 국가를 수호하며, 국민에 대한 봉사자로서의 임무를 성실히 수행할 것을 엄숙히 선서합니다.

년　　월　　일

직위　초등학교 교사　　　　(성명)　　　　　㊞

190mm×268mm

인쇄용지(특급)210g/m²

• 본인 성명은 자필로 하며, '㊞'은 서명 또는 날인

3 보직교사 임용

가. 처리 과정 및 절차

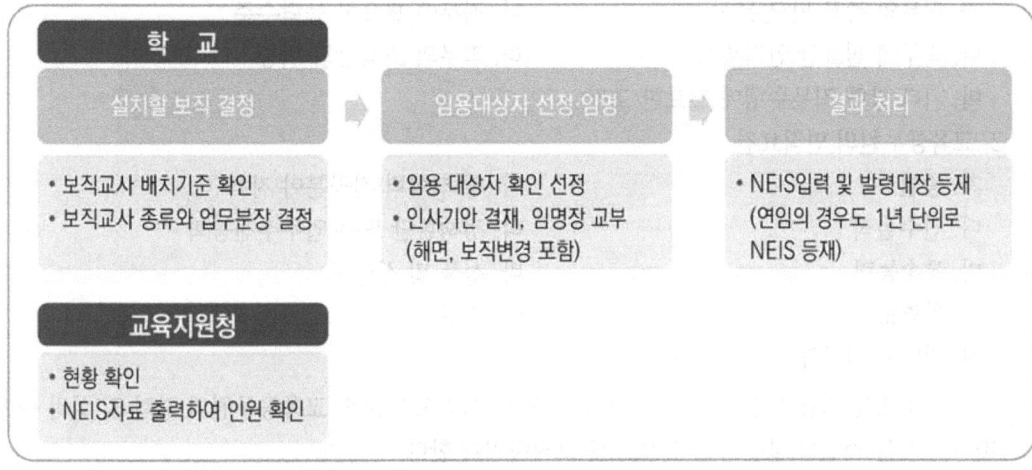

※ 보직교사 임면사항은 관할청에 보고하지 않음

나. 처리할 서류

① 인사기안(내부결재)　　② 임명장　　③ 발령대장(나이스 입력)

다. 유·초등 보직교사 배치 기준(경기도교육청 교원인사과-2260(2022.10.14.), 유아교육과-7766(2024.5.30.))

초 등 학 교		유치원		비고
학 급 수	보직교사수	학 급 수	보직교사수	
11학급 이하	3	3학급	1	※ 경기도는 보직교사 명칭을 부장교사로 정함
12~17	5	4~5	2	
18~23	7			
24~29	9	6~11	3	
30~35	10	12~17	5	
36학급 이상	12			
5학급 이하의 분교장	1	18~23	7	
43학급 이상 학교 중 복수교감 미배치교	+1 가능	24~29	9	

※ 보직교사 배치를 위한 학급 수 산정 시에는 특수·특별학급(재택학급 포함)의 수를 포함한다.

라. 보직관리의 기준(교육공무원임용령 제7조)

① 임용권자 또는 임용제청권자는 소속 교육공무원을 보직함에 있어 다음 각 호에 의한 직위의 직무 요건과 소속 교육공무원의 인적 요건을 고려하여 임용하여야 한다.
  1. 직위의 직무 요건
     가. 직무의 종류 및 전문성   나. 직무에 필요한 능력수준
     다. 직무에 필요한 인격특성   라. 직무의 조직상의 비중
     마. 기타 당해 직무수행에 필요한 조건
  2. 교육공무원의 인적요건
     가. 종별   나. 경력·학력·전공분야·자격
     다. 연수실적   라. 정책판단 또는 업무추진능력
     마. 통솔능력   바. 성품 및 신망도
     사. 청렴도   아. 건강
     자. 기타 특기사항
② 임용권자 또는 임용제청권자는 직무의 곤란성 및 책임도와 소속 교육공무원의 경력 및 실적 등에 따라 능력을 적절히 발전시킬 수 있도록 보직하여야 한다.
③ 국외연수·국내위탁교육 등 특별연수를 받았거나 6월 이상의 연수를 받은 교육공무원은 특별한 사정이 없는 한 그 연수 내용과 관련되는 직위에 보직하여야 한다.
④ 교육공무원은 그 소지한 자격 또는 자격증과 관련되는 직위에 보직하여야 한다.

마. 서식 및 용례

1) 인사기안
   가) 내부결재(학교)

제목	보직교사 임면								
「경기도교육감 행정권한 위임에 관한 규칙」 제7조 제1호에 따라 본교 보직교사를 아래와 같이 임면하고자 합니다.									
구분	소속	직위(급)	성명	성별	소지자격	발령일자	발령사항	발령권자	비고
해면	○○초등학교	교사	○○○	남	초1정	20••.03.01.	보직교사(○○부장)를 면함.	○○초등학교장	
임명	○○초등학교	교사	○○○	남	초1정	20••.03.01.	보직교사(○○부장)에 임함. (기간: 20••.••.••~20••.••.••)	○○초등학교장	
보직변경	○○초등학교	교사	○○○	여	초1정	20••.03.01.	보직교사(○○부장)를 면하고 보직교사(○○부장)에 보함. (기간: 20••.••.••~20••.••.••)	○○초등학교장	
이상 ○명. 끝.									

●● 임명장 - 보직교사

■ 교육공무원 인사기록 및 인사사무 처리 규칙 [별지 제20호 서식]

임 명 장

○○초등학교 근무
교 사   ○ ○ ○

보직교사(부장)에 임함.

20 년   월   일

경기도교육감 행정권한 위임에 관한
규칙 제7조 제1호에 의한

권한의 위임을 받아*

(   )초등학교장

240mm×340mm
(백상지210mg/m²)

• '권한의 위임을 받아'는 주서 또는 적색 고무인 사용(흑백 인쇄 시 검정색 가능)

바. 보직교사 및 담임교사 NEIS 발령

사. 발령대장 처리 방법

1) 개 요

  교육공무원 인사기록 및 인사사무 처리규칙 제6조의2에 따라 임용권자나 임용제청권자는 제4조, 제5조에 따른 인사기록자료를 교육정보시스템(NEIS)으로 작성·유지·보관할 수 있으며, NEIS로 작성·유지·보관된 발령대장에서 확인되지 않는 경우에 아래의 인사서류로 관리한다.

2) 관계규정(교육공무원 인사기록 및 인사사무처리규칙 제19조)

  가) 임용권자 또는 임용제청권자는 소속 교육공무원에 대한 인사발령사항을 기록하기 위하여 발령대장[별지 제24호 서식]을 갖추고, 보관하여야 한다. 다만, 승급발령의 경우 그 발령인원이 많으면 기록을 생략할 수 있다.
  나) 제1항의 규정에 의한 발령대장은 필요하다고 인정할 때에는 직위별 또는 발령의 내용별로 구분하여 작성할 수 있으며 임용제청권자가 작성하는 발령대장에 있어서는 이외에 임용권자별로 작성할 수 있다.

●● 발령대장

■ 교육공무원 인사기록 및 인사사무 처리 규칙 [별지 제24호 서식]

발령대장

① 발령일자	② 소속	③ 직위(급)	④ 성명	⑤ 발령사항	⑥ 발령권자	⑦ 발령근거	⑧ 기재자 날인	⑨ 확인자 날인	비고

3) 발령대장 기재요령

  ① 발령일자: 교육공무원 인사발령에 따른 발령 년, 월, 일을 일자 순으로 기재한다.
  ② 소속: 당해 교육공무원의 근무부서가 소속된 직제상의 최초 단위기관명이나 학교명을 기재한다.
  ③ 직위: 교육공무원 직제에 의한 직위명을 기재한다.
  ④ 성명: 한글로 기재한다.
  ⑤ 발령사항: 교육공무원 인사발령에 의한 발령사항을 기재한다.(인사발령 기재예문 참조)
  ⑥ 발령권자: 교육공무원 인사발령에 따른 발령권자를 기재한다.
  ⑦ 발령근거: 교육공무원 인사발령 시행문의 문서번호 및 시행 년, 월, 일을 기재한다.
  ⑧ 기재자 날인: 발령대장 기록 책임자가 날인한다.
  ⑨ 확인자 날인: 발령대장의 결재권자가 기재사항 확인 후 날인한다.
  ⑩ 비고: 기재사항의 정정 등 특기사항이나 참고할 사항을 기입한다.

4) 발령대장 기재 예시

① 발령 일자	② 소속	③ 직위 (급)	④ 성명	⑤ 발령사항	⑥ 발령 권자	⑦ 발령 근거	⑧ 기재자 날인	⑨ 확인자 날인	비고
20••. ••. ••.	○○ 초등 학교	초등 학교 교사	○○○	보직교사(교무기획부장)에 임함 (20••.3.1.~20••.2.28.)	○○ 초등 학교장	○○초-123 (20••.••.••.)	인	인	
20••. ••. ••.	○○ 초등 학교	초등 학교 교사	○○○	교과전담교사(영어과)에 명함 (20••.3.1.~20••.2.28.)	○○ 초등 학교장	○○초-123 (20••.••.••.)	인	인	
20••. ••. ••.	○○ 초등 학교	초등 학교 교사	○○○	6학년 담임교사에 명함 (20••.3.1.~20••.2.28.)	○○ 초등 학교장	○○초-123 (20••.••.••.)	인	인	
20••. ••. ••.	○○ 초등 학교	초등 기간제 교사	○○○	초등계약제 기간제 교사를 명함 (임용)14호봉 (20••.3.1.~20••.2.28.)	○○ 초등 학교장	○○초-123 (20••.••.••.)	인	인	

4 교장임기제

가. 교장 임용 절차

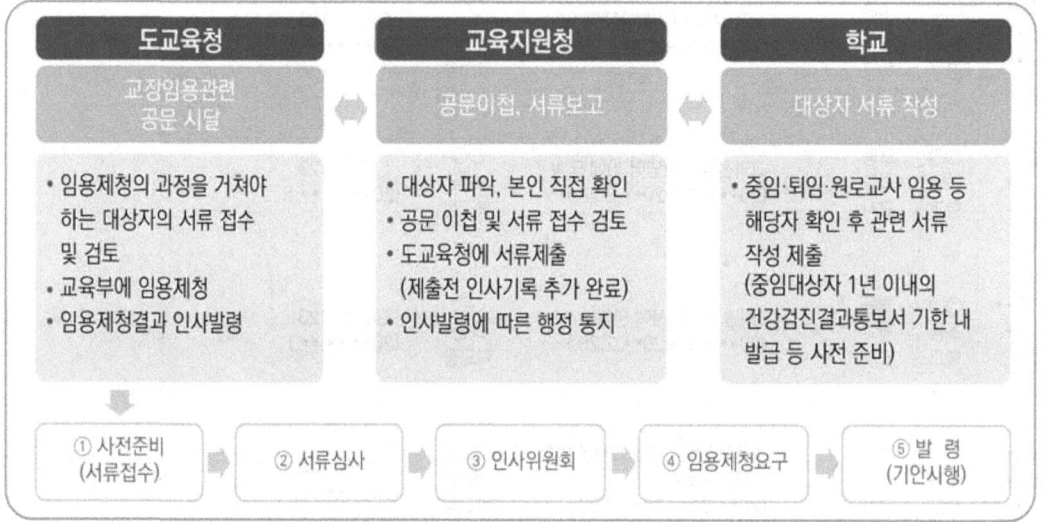

나. 구비 서류

> 당해 시행되는 도교육청 공문, 행정 명령에서 시달되는 내용 참조

다. 교장의 임용(교육공무원법 제29조의2)

① 교장은 교육부장관의 제청으로 대통령이 임용한다.
② 교장의 임기는 4년으로 한다.
③ 교장은 한 번만 중임할 수 있다. 다만, 제29조의3에 따라 교장으로 재직 하는 횟수는 이에 포함하지 아니한다.
④ 임용권자 또는 임용제청권자는 교장으로 1차 임기를 마친 사람에 대해서는 제47조에 따른 정년까지 남은 기간이 4년 미만인 경우에도 특별한 결격사유가 없으면 제3항에 따라 교장으로 다시 임용하거나 임용제청할 수 있다.
⑤ 교장의 임기가 학기 중에 끝나는 경우 임기가 끝나는 날이 3월에서 8월 사이에 있으면 8월 31일을, 9월에서 다음 해 2월 사이에 있으면 다음 해 2월 말일을 임기 만료일로 한다.

⑥ 제47조에 따른 정년 전에 임기가 끝나는 교장으로서 교사로 근무할 것을 희망하는 사람(교사 자격증을 가진 사람만 해당한다)은 수업 담당 능력과 건강 등을 고려하여 교사로 임용할 수 있다.
⑦ 제6항에 따라 임용된 교사는 대통령령으로 정하는 바에 따라 원로교사로 우대하여야 한다.
⑧ 제29조의3에 따라 임용된 공모 교장을 제외한 교장은 임기 중에 전보될 수 있으며, 교장의 전보는 교육부장관이 한다.
⑨ 제4항에 따른 교장의 재임용과 제6항에 따른 교사의 임용에 필요한 세부 사항은 교육부장관이 정한다.

라. 교장 중임 절차(교육공무원인사관리규정 제31조, 교장·원장임기제실시업무처리지침 2014.4.25.)

1) 인사위원회 심의
   교육감은 1차임기가 만료되는 교장에 대하여 인사위원회에 중임 여부의 심의를 요청하고 인사위원회는 다음 사항에 관하여 개인별로 특별한 결격사유의 유무를 심의하여 정함.

   (1) 교장직무를 수행할 수 있는 신체·정신상 건강상태: 국민건강보험법 시행령 제25조제4항에 의한 건강진단 결과를 활용할 수 있음.
   (2) 교장으로서의 학교관리능력상 결함의 유무 : 학교경영실적 등의 자료를 활용할 수 있음.
   (3) 기타 교장의 직무수행이 곤란한 사유의 유무
   (4) 교원의 4대 주요 비위(금품·향응수수, 상습폭행, 성폭행, 성적조작) 관련 여부
      ※ 4대 주요 비위로 인해 징계를 받은 자는 중임심사에서 제외함.
      ※ 이상 (1), (2), (3), (4)에 대한 심의결과 부적격하다고 판정할 경우에는 이를 입증할 수 있는 명백하고 타당성 있는 근거가 제시되어야 함.
      ※ 교장임용 제청기준 강화방안 [교육부, 2014.2.21.]
       - 교장 임용(초임, 중임)시 금품수수, 인사비위 및 학교운영관련 비위 등으로 징계를 받은 자일 경우 징계기록 말소기간 미경과자는 임용제청 배제(단, 4대 비위 관련자는 징계기록 말소기간과 관계없이 초임, 중임 모두 배제)
   (5) 2022. 1. 1.부터 음주운전(음주측정 불응 포함)으로 1회 이상 적발되고, 징계의결 요구·처분을 받은 교원, 교육전문직원 등

   〈유의 사항〉 "달라지는 교원 인사·복무 주요 사항 안내"('21.6.25.) 참고
   - 2022. 1. 1. 前 음주운전으로 적발되고, 이를 이유로 징계의결 요구 및 처분을 받은 자는 징계기록 말소 후 교장 임용 가능

2) 교육감의 교장임용서류 제출
   ⊙ 인사기록카드 사본 1부   ⊙ 임용제청조사서 1부   ⊙ 임용제청서 1부

3) 교육부장관의 임용제청으로 대통령이 임명

마. 교장 중임 등에 관한 심의사항 누가기록카드 작성

1) 작성 대상자
   - 1차 임기 중에 있는 교장으로서 교장중임 또는 원로교사 임용 심의대상이 되는 자
   - 2차 임기 중에 있는 교장으로서 정년 전에 임기가 만료되는 자
   - 1차 임기를 마친 교육전문직원 또는 파견근무자(1차 임기를 마치지 않은 희망자 포함)
   ※ 1차 임기 중에 있는 자로서 임기 전에 정년이 만료되는 자 제외

2) 작성 시기: 교육지원청에서 매년 10월말일자로 기재

3) 전보된 교장: 전보된 교육지원청으로 송부

교장임용 관련 법령

■ 교장 등의 임용(교육공무원임용령 제9조의5)
① 교장이나 원장으로 1차 임기를 마친 사람에 대해서는 법 제47조에 따른 정년까지 남은 기간이 4년 미만인 경우에도 특별한 결격사유가 없으면 교장이나 원장으로 다시 임용할 수 있다.
② 교장이나 원장으로 그 임기를 마친 사람이 법 제29조의2제5항에 따라 교사로 임용되기를 원하는 경우에는 특별한 결격사유가 없으면 교사로 임용할 수 있다.
③ 제1항과 제2항에 따른 교장·원장 및 교사의 임용에 필요한 사항은 교육부장관이 정한다.

■ 원로교사의 우대 등(교육공무원임용령 제9조의6)
① 법 제29조의2제6항에서 "원로교사"란 제9조의5제2항에 따라 임용된 교사를 말한다.
② 제1항에 따른 원로교사에 대해서는 다음 각 호의 우대를 하여야 한다.
  1. 수업시간의 경감
  2. 당직 근무의 면제
  3. 명예퇴직 대상자 선정 시 우선 고려
  4. 그 밖에 교내·원내의 각종 행사 등에서의 우대
③ 제1항에 따른 원로교사는 소속 학교 또는 유치원의 장이 요청하는 경우에는 다음 각 호의 업무를 수행할 수 있다.
  1. 신규임용된 교사에 대한 상담
  2. 교내·원내의 장학지도
  3. 그 밖에 학교 또는 유치원 운영에 필요한 자문에 대한 조언

■ 교장·원장임기제실시업무처리지침(교육부훈령 제88호, 2014.4.25.)
1) 교장임기의 표시방법
① 교장을 신규로 임명하거나 중임할 때에는 4년의 범위 안에서 임기를 정하여 임명함.
② 교장의 임명장 및 인사기록카드에는 다음 예와 같이 임기를 기재할 것.
  예1) 4년 만기로 임용하는 경우
    임기: 2021. 9. 1.부터 2025. 8. 31.까지
  예2) 임기(4년만기) 만료일이 62세 정년일을 경과하게 되는 경우
    임기: (임용일)부터 (정년이 속하는 학기의 말일)까지
  예3) 임기(4년만기) 만료일이 학기 도중에 만료되는 경우
    임기: (임용일)부터 (임기만료일이 속하는 학기의 말일)까지

교장임용 관련 법령

2) 임기 만료된 교장의 원로교사 임용
  ① 교사임용희망서 제출: 임기가 만료되는 교장이 교사로 임용되기를 희망할 경우에는 임기만료 60일 전까지 임용권자에게 "교사임용희망서"를 제출하여야 함
  ② 인사위원회 심의: 임기가 만료되는 교장이 교사임용희망서를 제출하면 교육감은 이를 인사위원회에 교사임용여부의 심의를 요청하고, 인사위원회는 다음 사항에 관하여 개인별로 특별한 결격사유의 유무를 정함
    (1) 교사로서 정신·신체상의 건강상태 : 국민건강보험법 시행령 제25조제4항에 의한 건강진단결과를 활용할 수 있음.
    (2) 기타 수업을 담당할 수 없는 사유의 유무
      ※ (1), (2)에 대한 심의결과 부적격하다고 판정할 경우에는 이를 입증할 수 있는 명백하고 타당성 있는 근거가 제시되어야 함.
  ③ 원로교사로 임용 및 우대 : 교육공무원임용령 제9조의5 내지 제9조의6 참조

3) 교장임기 중의 전보: 교육상 필요하다고 인정될 때에는 교장임기 중에도 다른 학교로 전보가 가능하나 이 경우 전보된 학교에서는 임기의 잔임 기간 동안 근무가능

4) 교장의 교육전문직원 전직 임용 및 공모교장 임용
  ① 교장임기 중에 교육전문직원으로 전직임용 하고자 할 때에는 반드시 임용예정부서를 사전에 알리고 본인의 동의를 얻어서 임용할 것.
    ※ 교장임기 중에 교육전문직원으로 전직될 경우에는 교장의 잔임 기간이 자동적으로 소멸되는 것임을 유의할 것.
  ② 교장임기 중에 공모교장으로 임용되는 경우 그 이전의 교장 임기 가운데 남은 기간은 자동 소멸됨.

 memo

5 교장공모제

> 이 내용은 「2025.3.1.자 임용 공립학교 교장공모제 시행 계획」을 요약한 것으로 구체적인 사항은 당해 시행되는 계획을 참조하기 바람

가. 실시대상교: 공립학교에 재직 중인 교장의 정년퇴직, 임기만료(중임·공모)등으로 학교장 후임 발령이 필요한 학교

나. 지정규모: 교장결원(정년퇴직, 중임만료)이 발생하는 학교 수의 2/3범위 내에서 실시학교 지정

다. 신청절차

① 교육지원청 연수 → ② 학교구성원 의견수렴 → ③ 학운위 심의 → ④ 지정 신청 →
⑤ 교장공모학교 지정 추천위원회 심의 → ⑥ 실시학교 지정 통보

라. 교장공모 유형별 자격 요건

유형	추진근거	자격 기준	대상학교
초빙형	교육공무원법 제29조의3 제1항	• 교장자격증 소지자(경기도교육청 소속 교육공무원)	일반학교
내부형	교육공무원법 제29조의3제2항	• 교장자격증 소지자(경기도교육청 소속 교육공무원) • 초중등학교 교육경력 15년 이상인 교육공무원 또는 경기도교육청 관할 사립학교 교원 (교장자격증 미소지자) - 교장자격증 미소지자 공모 가능 학교로 정한 경우 가능 (내부형의 50% 범위)	자율학교 자율형공립고
개방형	교육공무원임용령 제12조의6제1항	• 교장자격증 소지자(교육공무원) • 해당학교 교육과정에 관련된 기관 또는 단체에서 3년 이상 종사한 경력이 있는 자(교장자격 미소지자) - 교장자격증 소지 유무 관계없이 공모 가능	자율학교로 지정된 특성화중·고 특목고 예·체능계고 자율형공립고

※ 유치원은 초빙형, 초등은 초빙형 또는 내부형에 해당함.

마. 심사

1) 심사주관 및 구성

구분	심사	구성방법
학교심사	학교 공모교장심사위원회	• 학교운영위원회 주관
교육청심사	교육(지원)청 공모교장심사위원회	• 초·중학교: 교육지원청 • 고등학교: 도교육청

2) 학교심사 절차

서류심사, 심층면접	학교경영계획 설명회
학교 공모교장심사위원회	학부모, 교직원 참여

⇨ 교육(지원)청에 3배수 추천

바. 공모교장의 임용권자

공모교장의 임용권(공모교장으로 임명하는 임용권 제외)은 국립학교는 교육부장관, 국립학교 중 국립대학 부설학교는 대학의 장, 공립학교는 교육감에게 있음

사. 공모교장의 임기

1) 공모교장으로 재직하는 횟수는 교장 중임제한의 횟수에 포함하지 아니함(교육공무원법 제29조의2 제3항, 제29조의3제5항)
2) 교장으로 근무 중인 자가 공모교장으로 임용되는 경우, 공모교장 임용 이전의 교장 임기 잔여기간은 소멸됨
3) 공모교장은 임기 중 인사조치 되는 경우를 제외하고는 전보할 수 없음

아. 공모교장의 임기 중 인사조치

1) 공모교장이 당해 학교에 계속 근무할 수 없는 객관적이고 명백한 사유가 있는 때에는 학교운영위원회가 심의를 거쳐 공모교장 임용권자에게 공모교장의 직을 해제하는 인사조치를 요청하거나, 공모교장 임용권자 직권으로 본인의 소명 절차 및 인사위원회 심의를 거쳐 공모교장의 직을 해제할 수 있음

2) 공모교장이 임기 중 일신상의 사정 등으로 직무수행이 어려워 학교운영위원회에 '인사조치 심의 요청'을 하였을 때에는 학교운영위원회는 심의를 거쳐 공모교장 임용권자에게 공모교장의 직을 면하는 인사조치를 요청할 수 있음

3) 공모교장으로 임명된 자는 재임기간 동안 다른 직위로 전직할 수 없음

4) 공모교장의 징계는 「국가공무원법」, 「교육공무원법」, 「교육공무원 징계령」 등 징계관련 규정을 적용

5) 재임 중 해제된 교장에 대한 사후처리
  ① 당연퇴직(교육공무원법 제43조의2에 해당 하는 경우 또는 사망한 경우), 직권면직, 명예퇴직, 징계면직되는 경우 별도의 신분보장 조치는 없음
  ② 의원면직의 경우, '임기만료 후 사후처리'와 동일하게 처리

6) 교장의 궐위(재임 중 면직, 징계 등)로 직무를 수행할 수 없는 상황이 발생한 경우, 교육감은 해당 학교에 대하여 공모제 적용 취소 조치

자. 임기 만료된 공모교장의 인사

1) 공모교장의 임기가 끝난 경우(공모교장 임기 만료 전에 해제한 경우 포함) 공모교장에 임용될 당시의 직위로 복귀하여야 함. 다만, 공모교장 임용 당시 교감 또는 교감경력이 있는 교육전문직원은 공모교장 평가결과 등에 따라 교장임용심사위원회의 심사를 거쳐 교장으로 승진 임용할 수 있음
   ※ 단, 교장중임을 마치고 공모교장으로 임용된 후 정년 전에 교장 임기가 만료(공모교장 임기 만료 전에 직을 면한 경우 포함)된 경우에는 교장으로 임용될 수 없으며, 동 교원이 교사로 근무할 것을 희망하는 경우 교육공무원법 제29조의2 제5항 및 제6항에 의한 원로교사로 임용될 수 있음
2) 공모교장 임기가 끝난 경우, 다른 학교의 공모교장으로 재임용 가능

차. 공모교장의 평가

1) 평가 대상은 초·중·고 공립학교 공모교장으로 함
2) 평가 시기(임용 기간 중 2회 평가)
   ① 중간평가는 2년차(임기시작 18~24개월차)에 실시하고,
   ② 최종평가는 4년차(임기시작 36~42개월차)에 실시함
      ※ 단, 임기가 3년 미만으로 임용된 교장은 1회만 실시할 수 있음
3) 평가의 내용은 직무수행능력 및 성과, 적격성 등을 평가함
4) 공모교장의 중간·최종 평가는 별도의 계획에 의거 실시

6 전직·전보

 전직

가. 전직과 승진의 구분

1) 전직: 교육공무원의 종류와 자격을 달리하는 임용(교육공무원법 제2조제8항)
   - 교사, 교감(원감), 교장(원장) ↔ 교육전문직원(장학사(관), 교육연구사(관))
   - 교육연구사 ↔ 장학사, 교육연구관 ↔ 장학관
   - 유치원 교원 ↔ 초등학교 교원 ↔ 중등학교 교원 ↔ 특수학교 교원

2) 승진: 같은 종류의 직무에 종사하는 바로 아래 직급의 사람 중에서 대통령령이 정하는 바에 따라 경력평정·재교육성적·근무성적 및 그 밖에 실제 증명되는 능력에 의하여 행하는 임용 (교육공무원법 제13조)
   - 교사 → 교감(원감) → 교장(원장)
   - 장학사 → 장학관
   - 교육연구사 → 교육연구관

나. 교원의 교육전문직원으로의 전직(교육공무원 인사관리규정 제14조)

1) 장학관·교육연구관으로의 전직임용에 관한 사항은 임용권자가 정한다. 다만, 교육전문직원을 거치지 않은 교원이 장학관·교육연구관으로의 전직 임용시에는 공개경쟁시험(교장 및 원장 제외)을 거쳐 선발하되, 직무수행에 필요한 역량과 자질을 검증할 수 있는 방법 등이 포함되어야 함
2) 장학사·교육연구사로의 최초 전직임용은 각 교육기관·교육행정기관 또는 교육연구기관의 추천을 받아 공개경쟁시험을 거쳐 임용함
3) 공개경쟁시험은 기본소양에 관한 평가와 역량평가를 포함하여야 하며, 기본소양평가는 객관식 필기 평가 이외의 방법으로 실시하여야 하고, 시·도교육청은 평가의 일부 및 전부를 소속 기관에 위임 또는 전문기관에 위탁하여 실시할 수 있음
4) 임용권자는 제2호의 전직임용을 위한 평가위원회를 구성하여야 하며, 평가위원의 2분의 1이상은 해당 교육청 소속 교직원이 아닌 사람을 외부위원으로 위촉하여야 하고, 평가위원회의 운영에 관하여 필요한 사항은 임용권자가 정함
5) 교육부와 그 소속기관에 근무하는 장학사·교육연구사로의 전직임용은 정규교원으로서 실제 근무한 경력이 5년 이상인 자를 대상으로 공개경쟁시험에 의함을 원칙으로 하고, 공개경쟁시험은 소속기관 또는 전문기관에 위임·위탁할 수 있다. 다만, 임용권자가 능력있는 교육전문직원 확보를 위하여 특히 필요하다고 인정하는 경우에는 교육부와 그 소속기관에 일정기간 파견근무한 자를 별도 전형에 의해 임용할 수 있음

6) 교육전문직원이 교원으로 전직하여 2년이상 근속한 경우 교육전문직원으로 재전직할 수 있다. 다만, 시·도교육청의 과장(교육지원청 과장, 직속기관 부장 이상 포함) 직위 이상 장학관 및 교육연구관으로의 재전직은 그러하지 아니하며, 교육부와 그 소속기관의 교육전문직원의 경우는 교육부장관이 정하는 바에 따름

7) 교육전문직원으로의 전직을 위한 임용요건과 위의 각호에 규정한 내용 이외의 사항은 임용권자가 정함
   (가) 교장을 교육전문직원으로 전직시키고자 할 때에는 본인의 동의를 얻어야 함
   (나) 교사를 장학사·교육연구사로 전직 임용할 경우, 특별한 사유가 없는 한 전직임용에 필요한 직무연수를 이수시켜야 함

> **2025학년도 경기도교육공무원 인사관리세부기준(유치원, 초등)**
>
> **제6조(교원의 전직)** ① 초등학교 교원이 유치원 교원자격증 또는 특수학교 교원자격증을 소지하거나, 유치원 또는 특수학교(학급) 교원이 초등학교 교원자격증을 소지하였을 때에는 교원 수급 형편에 따라 학교장 및 교육장의 내신에 의하여 자격증과 관련 있는 직위로 전직 임용할 수 있다.
> ② 교원을 교육전문직원으로 전직 임용하고자 할 때에는 교육관이 투철하고 교육에 대한 자질과 능력이 탁월하다고 인정되는 자로서, 교원을 장학사교육연구사로 전직 임용하고자 할 때에는 별도의 교육전문직원임용전형기준에 의하여 임용하고, 장학관교육연구관으로의 전직 임용에 관한 사항은 임용권자가 정한다. 다만, 교(원)장을 교육전문직원으로 전직시키고자 할 때에는 본인의 동의를 얻어야 하며, 교육전문직원 경력자는 전형 규정에 의하지 않고 임용할 수 있다.

다. 교육전문직원의 교원으로의 전직(교육공무원 인사관리규정 제15조)

1) 교육전문직원이 교원으로 전직할 때에는 교원에서 교육전문직원으로 전직할 당시의 직위로 전직하여야 한다. 다만, 교사에서 교육전문직원으로 전직한 경우 5년 이상, 교감에서 교육전문직원으로 전직한 경우 2년이상 근속한 자는 임용권자가 정하는 기준에 따라 교감 또는 교장으로 전직할 수 있음

2) 교육경력 10년 이상이고 교육전문직원으로 10년 이상 근속한 자는 제1항의 규정에 불구하고 전직될 직위에 제한을 받지 아니함

> **예시**
>
> ① 장학(연구)사 → 교감 → 장학(연구)사 → 장학(연구)관(○)
>   교감(×), 교장(×)
> ② 장학(연구)사 → 교감 → 장학(연구)관(○)
> ③ 장학(연구)관 → 교장 → 장학(연구)관 → 교장(×)
> ④ 장학(연구)사 → 교감 → 과장직위이상 장학(연구)관 → 교장(○)
> ⑤ 장학(연구)사 → 교감 → 장학(연구)관 → 과장직위이상 장학(연구)관 → 교장(○)
> ※ 유치원의 경우 교감을 원감으로, 교장을 원장으로 적용

2025학년도 경기도교육공무원 인사관리세부기준(유치원, 초등)

제7조(교육전문직원의 전직) ① 교육전문직원이 교원으로 전직할 때에는 교육전문직원 이전의 직위로 전직하여야 한다. 다만, 다음 각 호에 해당하는 자는 교(원)장 또는 교(원)감의 직위로 전직할 수 있다.
  1. 교(원)감 경력이 있고 교(원)장 자격증 소지자로서 교육전문직원으로 2년 이상 계속 재직자이고, 교육·교육행정·교육연구경력 22년 이상인 자는 교(원)장으로 전직할 수 있다.
  2. 교사가 교육전문직원으로 임용되어 교(원)감 자격증을 취득한 경우 교육전문직원 경력 5년 이상 근속한 자이고, 교육·교육행정·교육연구경력 20년 이상인 재직자는 교(원)감으로 전직할 수 있다.
② 교육전문직원(장학사, 교육연구사)은 동일 직급에서 근속 10년 이내에 전직하여야 하며, 동일 직급에서 2개 이상의 상위자격을 취득할 수 없다.
③ 경기도교육청의 국장, 과장, 장학관, 교육지원청의 국(과)장 및 직속기관의 교육연구관은 당해 직위에서 3년 이내, 직속기관장과 지역교육장의 경우에는 2년 이내에 전직하여야 한다. 단, 교육감이 교육행정상 필요하다고 판단할 경우 경기도지방교육전문직원인사위원회의 심의를 거쳐 연장시킬 수 있다.

💡 전직과 관련된 법령

- **전직 등의 제한(교육공무원법 제21조)**

  ① 교육공무원의 임용권자 또는 임용제청권자는 다음 각 호의 경우를 제외하고는 소속 교육공무원이 그 직위에 임용된 날부터 1년 이내에 다른 직위에 임용하거나 근무지를 변경하는 인사조치를 하여서는 아니 된다.
    1. 기구의 개편이나 직제의 개정·폐지 또는 정원의 변경이 있는 경우
    2. 해당 교육공무원의 승진 또는 강임으로 인한 경우
    3. 그 밖에 대통령령으로 정하는 특별한 사유가 있는 경우
  ② 제1항에도 불구하고 교육공무원의 임용권자 또는 임용제청권자는 교육공무원법 제29조의3에 따라 임용된 공모 교장·원장에 대하여는 징계처분을 받은 경우 등 교장·원장으로서 직무를 수행하기 어려운 대통령령으로 정하는 중대한 사유에 해당하는 경우를 제외하고는 임기 중 다른 직위에 임용하거나 근무지를 변경하는 인사조치를 하여서는 아니 된다.

- **전직 등의 제한(교육공무원임용령 제13조의2)**

  ① 법 제21조제1항제3호에서 "그 밖에 대통령령으로 정하는 특별한 사유가 있는 경우"란 다음 각 호의 어느 하나에 해당하는 경우를 말한다.
    1. 전보권자 또는 전보제청권자를 달리하는 기관간에 전보하는 경우
    2. 임용예정직위에 관련된 특수한 연수를 받았거나 임용예정직위에 상응한 근무 또는 연구실적이 있는 자를 당해 직위에 보직하는 경우
    3. 징계처분을 받은 경우
    4. 형사사건에 관련된 혐의가 있는 경우
    5. 교육공무원을 배우자 또는 직계존속이 거주하는 시·군·자치구 지역의 기관으로 전보하는 경우
    6. 임신 중인 교육공무원 또는 출산 후 1년이 지나지 않은 교육공무원의 모성보호, 육아 등을 위하여 필요한 경우
    7. 당해 직위나 근무지에 계속하여 근무하는 것이 교육상 심히 부적당하다고 인정되는 사유로서 교육부장관이 정하는 경우

- **전직 등의 제한(교육공무원 인사관리규정 제17조)**

  교육공무원 임용령 제13조의2제1항제7호의 "교육부장관이 정하는 경우"라 함은 다음 각 호의 1에 해당하는 경우를 말한다.
    1. 직위해제 후 복직된 자
    2. 감사결과 인사조치 지시된 자
    3. 직무수행능력이 부족하거나 근무성적이 극히 불량한 자 또는 근무태도가 심히 불성실한 자
    4. 신체·정신상의 장애로 장기요양을 요하는 자
    ※ 기타 경기도교육청 소속 교육공무원의 전직은 경기도교육공무원인사관리세부기준(초등) 제6조 내지 제7조 참고

 2025 교육공무원 인사실무편람

타시·군 전보(관외전보)

가. 처리 과정 및 절차

도·교육지원청	학교	교육지원청	도교육청	교육지원청
전보계획안내	내신서작성제출	내신서작성제출	배치·발령통지	발령 통지 및 인사기록정리
• 도 전보계획안내 • 교육지원청 시행	• 계획검토·직원교육 • NEIS내신서 접수 (NEIS 기록정비 확인) • 전보내신서류 결재, 제출	• 내신 서류 접수, 검토, 결재 후 제출 (필요시 NEIS 반송) • NEIS전보 확정처리	• 내신 서류 접수, 검토 • 내신순위명부 작성 • 전보 범위 확정 • 전보발령 및 통지서교부 (담당자회의)	• 통지공문접수, 시행 • 발령통지서 전달 • 전입교사 임지지정 • 전출자서류 송부 • 임지지정 보고 • NEIS 이관 • 발령대장 등 정리

나. 서식 및 용례

1) 임지지정 인사 기안
   가) 내부결재(교육지원청)

제목　　교육공무원(초등학교 교사 또는 교감) 임지 지정

1. 관련: 경기도교육청 교원인사정책과-1234(20**.**.**.)
2. 경기도교육감 행정권한 위임에 관한 규칙 제6조 제2호에 의한 권한의 위임을 받아, 교육공무원(초등학교 교사) 임지를 다음과 같이 지정하고자 합니다.

번	전임지	직	성 명	발령 사항
1	○○초등학교	교사	○○○	○○초등학교 근무를 명함.

20**.**.**.
경기도○○교육지원청교육장

끝.

나) 통지안(교육지원청 → 학교)

제목	교육공무원(초등학교 교사 또는 교감) 인사 발령 알림

다음(또는 붙임)과 같이 발령되었으므로 알려드립니다.

번	전임지	직	성 명	발령 사항
1	○○초등학교	교사	○○○	○○초등학교 근무를 명함.

20**.**.**.
경기도○○교육지원청교육장

끝.

다) 보고안(교육지원청 → 도교육청)

제목	교육공무원(초등학교 교사 또는 교감) 임지 지정 보고

1. 관련: 경기도교육청 교원인사정책과-1234(20**.**.**.)
2. 「교육공무원 인사기록 및 인사사무 처리 규칙」 제20조에 따라 아래와 같이 교육공무원(초등학교 교사)의 임지 지정을 보고합니다.

연번	직위	성 명	전임교	신임교	전보 발령일자	전보사유	전산입력 여부
1	교사	○○○	○○초등학교	○○초등학교	20**.**.**	일반전보	입력 예정

끝.

2) 기타(인사서류 송부): 교원의 인사기록은 NEIS로 관리되므로 관외 전출 시 전출자의 인사서류 송부 공문 시행은 생략함

※ 이 편람에 수록되지 아니한 서식은 당해 연도에 시행되는 공문서 및 행정 명령, NEIS 전보업무매뉴얼에 따름

관내전보

가. 처리 과정 및 절차

교육지원청	학교	교육지원청	학교	도교육청
전보계획안내	내신서작성제출	인사발령과 발령내용 처리	발령 후속처리	보고공문처리
• 인사세부원칙 사전 정비 (6개월 전) • 담당자 회의	• 계획검토·교원 연수 • NEIS내신서 접수 (NEIS 기록정비 확인) • 전보내신서류 결재, 제출 • 학교유예 심의	• 구역유예, 장기근무자, 비정기 전보 등 심의 • 전보자순위명부 작성 • 전보규모확정, 발령 • 인사기록 정비 • 도교육청에 결과보고	• 발령통지서 교부 • 발령대장 정리 • 전출자 서류 송부	• 공문접수, 공람, 결재 • NEIS 정비 확산 • 파견교사 관리 • 관련업무 상담, 전보 특이자 관리 등

※ 매년 개정·공포되므로, 변경되는 내용은 인사관리세부원칙을 참조할 것

나. 서식 및 용례

1) 내부결재(교육지원청)

제목   교육공무원(초등학교 교사) 관내전보 발령

1. 관련: 경기도교육청 교원인사정책과-1234(20**.**.**.)
2. 경기도교육감 행정권한 위임에 관한 규칙 제6조 제2호에 의한 권한의 위임을 받아, 교육공무원(초등학교 교사) 관내 전보를 다음(또는 붙임)과 같이 발령하고자 합니다.

순	전임지	직	성 명	발령 사항
1	○○초등학교	교사	○○○	○○초등학교 근무를 명함.

20**.**.**.
경기도○○교육지원청교육장

끝.

2) 통지안(교육지원청 → 관내 학교)

| 제목 | 교육공무원(초등학교 교사 또는 교감) 관내 인사발령 알림 |

다음과 같이 발령되었으므로 알려드립니다.

순	전임지	직	성 명	발령 사항
1	○○초등학교	교사	○○○	○○초등학교 근무를 명함.

20**.**.**.
경기도○○교육지원청교육장

끝.

3) 보고안(교감 전보 내용만 보고, 교육지원청 → 도교육청)

| 제목 | 교육공무원(초등학교 교감)의 관내전보 내용 보고 |

1. 관련: 경기도○○교육지원청 교육과-1234(20**.**.**.)
2. 「교육공무원 인사기록 및 인사사무 처리규칙」 제20조에 따라 교육공무원(초등학교 교감)의 관내전보 사항을 다음(또는 붙임)과 같이 보고합니다.

순	직위(급)	성명	생년월일	전임교	신임교	발령일자	전보사유	전산입력 여부
1	교감	○○○	****.**.**.	○○초등학교	○○초등학교	20**.03.01.	관내 만기	입력 예정

이상 ○명. 끝.

* 원감, 교감 등을 구분하여 별도 공문으로 시행

인사발령통지서 - 전보발령

인 사 발 령 통 지 서

수원 ○○초등학교

교사   ○○○

○○초등학교 근무를 명함.

20 년   월   일(발령일)

경기도○○교육지원청교육장

위와 같이 발령되었음을 알려 드립니다.

20 년   월   일(내부결재일)

경기도○○교육지원청교육장(직인)

●● 전보내신포기원

전 보 내 신 포 기 원

소   속 :

직   위 :

성   명 :

생 년 월 일 :

위 본인은 20**. **. **.자로 전보하고자 [관외(경기도○○교육지원청) 또는 ○○초등학교] 전출 내신서를 제출하였으나, 금번 [○○○ 사정]으로 본 전보 내신 포기원을 제출하오니 청허하여 주시기 바랍니다.

20 년 월 일

위 본인 교사　　　　　　(인) (서명 또는 날인)

확 인 교감　　　　　　(인) (서명 또는 날인)

○ ○ 초 등 학 교 장　 (직 인)

경 기 도 교 육 감 [경 기 도 ○ ○ 교 육 지 원 청 교 육 장] 귀 하

* 본인 성명과 서명은 자필로 함

인사위원회 및 교원인사자문위원회 운영

가. 처리 과정 및 절차

학교	교육지원청	교육지원청인사위원회
교원인사자문위원회 운영	인사위원회 심의 의뢰 및 결과 처리	위원회 개최·결과 통보
• 교원인사자문위원회 규정 검토·수정 • 교육지원청 인사위원회 심의 요청 사항 등 의견 제출	• 위원회 운영세칙 검토·수정 위원 위촉 • 인사위원회 심의 의뢰 (교육장→위원장) • 심의 결과 통보 (교육장→학교장)	• 인사위원회 소집, 개최 • 회의록 작성, 결재 • 위원회 결과보고, 결재 (위원장→교육장)

나. 관련 서류

① 교육공무원 인사위원회 설치 및 운영 세칙
② 인사위원회 조직(내부결재) 및 위촉장 교부
③ 인사위원회 회부안(내부결재): 교육장 결재
④ 인사위원회 개최 계획안(내부결재): 인사위원회 위원장 결재
⑤ 인사위원회 개최 통보안(내부결재): 인사위원회 위원장 결재
⑥ 인사위원회 회의록
⑦ 인사위원회 개최 결과 통보안: 교육장 결재, 해당 학교장에 통보

💡 memo

다. 서식 및 용례

1) 교육공무원 인사위원회 설치 및 운영 세칙(예시)

경기도○○교육지원청 교육공무원 인사위원회 설치 및 운영 세칙

제1조 (목적) 이 규정은 경기도○○교육지원청 교육공무원 인사에 관한 중요 사항을 심의하기 위하여 경기도○○교육지원청 교육공무원 인사위원회(이하 "인사위원회"라 한다)를 설치한다.

제2조 (구성)
① 인사위원회는 위원장과 위원 9명 이내로 구성한다.
② 위원장은 교육국(과)장이 되고 위원은 소속공무원과 지역사회의 외부인사 3인 이상을 교육장이 임명 또는 위촉한다.
③ 인사위원회의 사무를 처리하기 위하여 간사 또는 서기 각 1인을 두며 위원장이 소속공무원 중에서 임명한다.

제3조 (회의 소집) 인사위원회의 회의는 필요시 위원장이 이를 소집한다.

제4조 (의사 및 의결 정족수) 인사위원회는 위원장을 포함한 재적위원 2/3이상의 출석으로 개회하고 출석위원 2/3이상의 찬성으로 의결한다.

제5조 (심의사항) 인사위원회는 다음 사항을 심의한다.
1. 교육공무원 인사지침의 제정·개정·폐지 사항
2. 교육공무원 인사지침의 운영에 관한 사항
3. 교육공무원 승진·전직 및 전보에 관한 사항
4. 기타 인사위원회의 심의를 필요로 하는 사항

부 칙

이 세칙은 발령한 날로부터 시행한다.

---

2) 인사위원회 회의록(예시)

제 ○ 차 인사위원회 회의록

1. 일시 및 장소: 20○○. ○○. ○○. 14:00 ~ 16:00, 초등교육지원과 소회의실
2. 참석자: 위원장 ○○○, 위원 - ○○○, ○○○, ○○○, ○○○, ○○○
3. 안 건: 인사관리 세부원칙 개정(안) 심의
4. 회의내용
   • 간 사: 인사위원회 위원 9명 중 8명이 참석, 성원이 되었음을 보고하다.
   • 위원장: 성원이 되었으므로 인사관리 세부원칙 개정(안)에 대한 심의를 위한 제○차 인사위원회 개회를 선언하다.
   • 간 사: 전 회 인사위원회 회의록을 읽고 이상 없음을 위원으로부터 승인받다.
   • 간 사: ……………… 등 제안내용을 설명하다.
   • 위원장: 간사의 설명 내용 중 질문 또는 심의를 요하는 조항이 있으면 의견을 제시할 것을 요구하다.
   • 위원 ○○○: ……………을 질문하다.
   • 간 사: 위원 ○○○의 질문에 ……………을 설명하다.

~ 중   략 ~

   • 위원장: 제○개정안에 이의가 없으므로 원안대로 가결하고 제○조를 신설하며, 제○조 제○항을 수정 보완하도록 결정되었으니, 시행에 착오 없도록 할 것을 당부하고 폐회를 선언하다.

20 . .
위원장 ㉘   위 원 ㉘   위 원 ㉘   위 원 ㉘   위 원 ㉘

교육행정기관의 인사위원회 운영과 관련된 법령

- **교육행정기관의 인사위원회 설치(교육공무원 인사관리규정 제27조)**

    시·도교육청과 시·군 및 자치구를 관할 구역으로 하는 교육청 소속 교육공무원의 인사에 관한 중요 사항을 심의하게 하기 위하여 인사위원회를 둔다.

- **조직(교육공무원 인사관리규정 제28조)**

    ① 인사위원회는 위원장을 포함한 7명 이상 9명 이하의 위원으로 구성하며, 시·도교육청의 위원장은 부교육감, 교육지원청의 위원장은 직제상 교육장의 다음순위인 사람이 된다.
    ② 위원은 인사행정에 관하여 식견이 풍부한 소속공무원과 지역인사 중에서 시·도교육감 또는 교육장이 임명 또는 위촉하되, 소속 교원 또는 인사행정전문가, 법률전문가, 교원이 추천하는 인사 등 외부인사는 위원장을 포함한 위원 수의 2분의 1 이상이어야 한다. 단, 외부인사에는 당해 지역을 생활근거지로 하는 학부모 1인 이상이 포함되어야 한다.
    ③ 제2항에 따라 위촉된 외부위원의 임기는 2년으로 하되, 한 번만 연임할 수 있다.
    ④ 인사위원회의 사무를 처리하기 위하여 간사와 서기 각 1인을 두며, 위원장이 소속 공무원 중에서 임명한다.

- **회의 소집(교육공무원 인사관리규정 제29조)**

    인사위원회 회의는 위원장이 이를 소집한다.

- **의사 및 의결정족수(교육공무원 인사관리규정 제30조)**

    인사위원회는 위원장을 포함한 재적위원 3분의 2이상의 출석으로 개회하고 출석의원 과반수의 찬성으로 의결한다.

- **심의 사항(교육공무원 인사관리규정 제31조)**

    ① 인사위원회의 심의 사항은 다음과 같다.
    1. 교육공무원의 인사에 관한 규정의 제정 및 개폐
    2. 교육공무원의 승진·전직 및 전보 등 인사에 관한 기본계획
    3. 임용령 제9조의5의 규정에 의한 교장·원장 중임 및 원로교사의 임용에 관한 사항
    4. 교육공무원명예퇴직수당지급대상자의 선정에 관한 사항
    5. 임용령 제13조의2제1항제2호 또는 제4호 규정에 의한 전직 또는 전보
    6. 보직 장학관·보직 교육연구관, 초빙교원의 임용에 관한 사항
    7. 교장·원장 임용 적격자 선정을 위한 교장·원장임용심사위원회의 구성 및 운영에 관한 사항
    8. 수석교사의 재심사에 관한 사항
    9. 그 밖에 교육공무원의 인사에 관한 중요한 사항

- **회의결과의 공개(교육공무원 인사관리규정 제32조)**

    인사위원회의 회의결과의 공개에 관한 사항은 인사위원회의 결정에 따른다.

- **운영 세칙(교육공무원 인사관리규정 제33조)**

    인사위원회 운영에 관하여 필요한 사항은 시·도교육감 또는 교육장이 정한다.
    경기도○○교육지원청 교육공무원 인사위원회 설치 및 운영 세칙(교육지원청 내부결재로 성립)

교원인사자문위원회

■ 단위학교별 교원인사자문위원회 관련 법령(교육공무원 인사관리규정 제34조, 제35조)
  • 임용권자는 합리적이고 민주적인 인사행정을 구현하기 위해 단위학교별 교원인사자문위원회를 설치할 수 있다.
  • 각급학교에 설치하는 단위학교별 교원 인사자문위원회의 운영에 관하여 필요한 사항은 임용권자가 정한다.

■ 교원인사자문위원회 설치 및 구성

관련 근거	• 「교육공무원인사관리규정」 제34조, 제35조 • 임용권자는 합리적이고 민주적인 인사행정을 구현하기 위해 단위학교별 교원인사자문위원회를 설치 • 단위학교별 교원인사자문위원회의 운영에 관하여 필요한 사항은 임용권자가 결정
구성	• 교감을 위원장, 교사 위원은 학교 규모 및 여건을 고려하여 구성 • 위원의 임기는 3월부터 다음 해 2월 말까지
기능 및 심의사항	• 인사자문위원회 규정 제정 및 개정 • 학급 담임 배정 및 보직교사 임명에 관한 사항 • 교무분장 조직에 관한 사항 • 연수 및 상훈 등에 관한 사항 • 기타 인사 관련 사항
회의 소집	• 학교장이 자문을 요청한 경우 • 위원장이 필요하다고 소집을 요청한 경우 • 기타 필요한 경우 • 회의결과는 공개를 원칙(위원회의 결정에 따라 비공개 가능)
결과 처리	• 학교장은 학교경영에 무리가 없다고 판단될 경우에는 회의 결과를 적극 수용 • 자문 결과를 수용할 수 없는 객관적인 이유가 있는 경우에는 그 이유를 위원에게 설명

※ 자문위원회는 의결기구가 아니고 심의기구임

7 면직과 퇴직

의원면직, 당연퇴직 및 직권면직

가. 처리 과정 및 절차

학교	교육지원청	도교육청
면직 내신	교사, 교감면직 발령 및 결과 처리	교장 면직 처리 및 보고 사항 처리
• 서류접수 및 검토 • 내신 기안 및 시행문 발송	• 학교장 시행문 접수, 결재 • 구비서류 타당성 검토 • **비위사실 여부 확인 (감사원, 검찰, 경찰, 감사부서) 의원면직사유확인서 작성** • 면직 발령 기안 및 결재 • 면직 발령 보고 및 통지 (교육감, 학교) • 인사기록, 발령대장 정리 보(이)관 • **연금신청(본인→ 교육지원청 연금담당)** • 공무원증 회수 • 의원면직자(4월, 10월말) 포상추천 ※ **교장면직은 도교육청에서 처리**	• 교육장 시행문 접수, 결재 • 교장의 경우 면직 처리 • 충원 계획 수립 시행 (학교장 면직 시 임용제청) • NEIS 인사기록카드, 발령 대장 정리 및 확인

나. 관련 서류

1) 공통 구비 서류

① 면직내신 공문 (교사·교감 : 학교장, 교장: 교육장)
② 서약서 1부
③ 면직발령 기안   ④ 인사발령 통지서

2) 면직 종별 구비 서류

■ 의원면직: ① 사직원 1부   ② 서약서   ③ 의원면직 사유 확인서 1부
■ 당연퇴직: 법원 판결문 사본 1부
■ 직권면직: ① 징계위원회 의견(동의)서   ② 진단서 1부
          ③ 직권면직 처분 사유 설명서 또는 직권면직 사유를 증빙할 수 있는 서류(국가공무원법제70조제2항 근거) 1부

다. 서식 및 용례

1) 면직 내신 공문 예시(학교 → 교육지원청)

제목	교육공무원(초등학교 교사, 교감) 사직원 제출

1. 관련: 교육공무원 인사기록 및 인사사무 처리 규칙 제5조제1항제22호
2. 본교 근무 초등학교 교사(교감) ○○○이 ○○상의 사유로 인하여 사직하고자 다음과 같이 사직원을 제출합니다.

소속	직	성명	면직발령예정일	면직 사유	청간전보 신청여부
○○초	○○	○○○	20••.••.••.		○, ×

붙임 1. 사직원 1부 (교장은 2부).
　　　2. 서약서 1부. 끝.

memo

2) 서식

■■● 사직원

사 직 원

금번 가정사정(이민)으로 인하여 ○○○○년 ○○월 ○○일 자로 사직하고자 하오니 청허하여 주시기 바랍니다.

20 . . .

○○초등학교 근무

초등학교 교사(교감)   ○ ○ ○   (인)

경 기 도 ○ ○ 교 육 지 원 청 교 육 장   귀 하

※ 모든 내용을 A4 종 1매 자필로 작성하여 제출

●● 서약서

서 약 서

소 속 :

직 :

성 명 :

본인은 공무원 재직 중 업무상 지득한 기밀과 경기도교육청 및 산하 기관의 보안 사항을 퇴직 후에도 누설하지 않을 것이며, 이를 위반할 때에는 보안 관리 규정에 의한 어떤 처벌도 감수할 것을 서약합니다.

서약자 : ○ ○ ○ (인)

경 기 도 교 육 감 귀 하

※ A4 (종)로 작성, 본인 성명과 서명은 자필로 하여 제출

■● 의원면직사유확인서

의원면직 사유 확인서

소 속 :

직 급 :

성 명 :

주민등록번호 :

상기자가 의원면직을 신청함에 있어 다음 사항을 확인합니다.

확 인 내 용	해 당 여 부	비 고
• 비위와 관련하여 형사사건으로 기소 중인지의 여부		
• 징계위원회에 중징계의결 요구중인지의 여부		
• 감사원, 검찰, 경찰 및 그 밖의 수사기관에서 비위와 관련하여 조사 또는 수사 중인지의 여부		
• 행정기관의 감사부서 등에서 비위와 관련하여 내부감사 또는 조사가 진행 중인지의 여부		
• 면직 신청 사유 :		

20 . .

확인자 소속) 경기도○○교육지원청   직) 교육장   성명)   (인) (직인)

※ 공무원 비위사건 처리규정 제5조와 제6조(대통령훈령 제430호, 2020.12.31)에 의하여 임용권자 또는 임용제청권자가 비위여부 확인

※ 비위사실 여부 확인 공문 수신자: 감사원장(사회복지감사국 제5과장), 지방검찰청○○지청(사건과장), 해당 경찰서장(수사과장), 교육청 감사담당부서의 장

5) 면직발령 기안

가) 내부결재(교육지원청)

제목   교육공무원(초등학교 교사) 의원면직

1. 관련: ○○초등학교-1234(20**.**.**.)
2. 「경기도교육감 행정권한 위임에 관한 규칙」 제6조 제1호에 의한 권한의 위임을 받아, 교육공무원(초등학교 교사)을 다음과 같이 면직 발령하고자 합니다.

소속	직	성 명	발령 사항	발령일	비고
○○초등학교	교사	○○○	원에 의하여 그 직을 면함.	20**.**.**.	

이상 1명.
붙임 1. 사직원 1부.
      2. 서약서 1부.
      3. 의원면직 사유 확인서 1부.
      4. 비위사실 확인 회보 공문 사본 각 1부. 끝.

※ 발령문안
 ◦ 당연퇴직: "국가공무원법 제69조의 규정(또는 교육공무원법 제43조의2의 규정)"에 의하여
              ○년 ○월 ○일자로 당연퇴직
 ◦ 직권면직: "국가공무원법 제70조 제1항 제( )호의 규정에 의하여 그 직을 면함"

나) 통지안(교육지원청 → 해당 학교)

제목   교육공무원(초등학교 교사) 의원면직

다음과 같이 발령되었으므로 알려드립니다.

소속	직	성 명	발령 사항	발령일	비고
○○초등학교	교사	○○○	원에 의하여 그 직을 면함.	20**.**.**.	

이상 1명. 끝.

다) 면직발령 보고(교육지원청 → 도교육청)

경기도○○교육지원청

수신자   경기도교육감(교원인사정책과장)
(경유)
제 목   교육공무원(초등학교 교사) 면직 발령 보고

1. 관련: 경기도○○교육지원청 교육과-0000(20**.**.**)
2. 「교육공무원 인사기록 및 인사사무 처리규칙」 제20조에 따라 교육공무원(초등학교 교사)의 면직 발령사항을 다음과 같이 보고 합니다.

소속	직	성 명	생년월일	발령일	사유
○○초등학교	초등교사	○○○	19**.**.**	20**.**.**.	의원면직 (타시도 임용)

끝.

● ● 인사발령통지서 - 의원면직

인사발령통지서

수원 OO초등학교

교사　OOO

원에 의하여 그 직을 면함.

20 년   월   일(발령일)

경기도OO교육지원청교육장

위와 같이 발령되었음을 알려 드립니다.

20 년   월   일(내부결재일)

경기도OO교육지원청교육장(직인)

●● 직권면직 시 면직처분 사유 설명서

[별지 제23호 서식]

(   ) 처 분 사 유 설 명 서

① 소 속	② 직 위(급)	③ 성 명

④ 주문	
⑤ 이유	별도 붙임과 같음

위와 같이 처분하였음을 통지합니다.

20 년   월   일

처 분 권 자

경기도○○교육지원청교육장

○ ○ ○   귀 하

※ 참고: 이 처분에 불복할 때에는 교원인 경우에는 「교원의 지위 향상 및 교육활동 보호를 위한 특별법」 제9조제1항에 따라 교원징계재심위원회에 재심을 청구할 수 있으며, 교원이 아닌 교육공무원인 경우에는 「국가공무원법」 제76조 제1항에 따라 소청심사위원회에 소청을 청구할 수 있습니다.

면·퇴직과 관련된 법령

■ **당연퇴직 사유(국가공무원법 제69조, 교육공무원법 제43조의2)**

  ① 국가공무원법 제33조(결격사유) 해당자
  - 피성년후견인
  - 파산선고를 받고 복권되지 아니한 자
  - 금고 이상의 실형을 선고받고 그 집행이 끝나거나(집행이 끝난 것으로 보는 경우를 포함한다) 집행이 면제된 날부터 5년이 지나지 아니한 자
  - 금고 이상의 형의 집행유예를 선고받고 그 유예기간이 끝난 날부터 2년이 지나지 아니한 자
  - 금고 이상의 형의 선고유예를 받은 경우에 그 선고유예 기간 중에 있는 자
  - 법원의 판결 또는 다른 법률에 따라 자격이 상실되거나 정지된 자
  - 공무원으로 재직기간 중 직무와 관련하여 「형법」 제355조 및 제356조에 규정된 죄를 범한 자로서 300만원 이상의 벌금형을 선고받고 그 형이 확정된 후 2년이 지나지 아니한 자
  - 다음 각 목의 어느 하나에 해당하는 죄를 범한 사람으로서 100만원 이상의 벌금형을 선고받고 그 형이 확정된 후 3년이 지나지 아니한 사람
    - 「성폭력범죄의 처벌 등에 관한 특례법」 제2조에 따른 성폭력범죄
    - 「정보통신망 이용촉진 및 정보보호 등에 관한 법률」 제74조제1항제2호 및 제3호에 규정된 죄
    - 「스토킹범죄의 처벌 등에 관한 법률」 제2조제2호에 따른 스토킹범죄
  - 미성년자에 대하여 「성폭력범죄의 처벌 등에 관한 특례법」 제2조에 따른 성폭력범죄 또는 「아동·청소년의 성보호에 관한 법률」 제2조제2호에 따른 아동·청소년대상 성범죄를 범한 사람으로서 다음 각 목의 어느 하나에 해당하는 날부터 20년이 지나지 아니한 사람
    - 금고 이상의 실형을 선고받고 그 집행이 끝나거나(집행이 끝난 것으로 보는 경우를 포함한다) 집행이 면제된 날
    - 금고 이상의 형의 집행유예를 선고받고 그 집행유예가 확정된 날
    - 벌금 이하의 형을 선고받고 그 형이 확정된 날
    - 치료감호를 선고받고 그 집행이 끝나거나 집행이 면제된 날
    - 징계로 파면처분 또는 해임처분을 받은 날
  - 징계로 파면처분을 받은 때부터 5년이 지나지 아니한 자
  - 징계로 해임처분을 받은 때부터 3년이 지나지 아니한 자
  ※ 제33조제2호는 파산선고를 받은 사람으로서 「채무자 회생 및 파산에 관한 법률」에 따라 신청기한 내에 면책신청을 하지 아니하였거나 면책불허가 결정 또는 면책 취소가 확정된 경우만 해당하고, 제33조제5호는 「형법」 제129조부터 제132조까지(수뢰, 사전수뢰, 제삼자뇌물제공, 수뢰후부정처사, 사후수뢰, 알선수뢰), 「성폭력범죄의 처벌 등에 관한 특례법」 제2조, 「정보통신망 이용촉진 및 정보보호 등에 관한 법률」 제74조제1항제2호·제3호, 「스토킹범죄의 처벌 등에 관한 법률」 제2조제2호, 「아동·청소년의 성보호에 관한 법률」 제2조제2호 및 직무와 관련하여 「형법」 제355조 또는 제356조에 규정된 죄(횡령, 배임, 업무상의 횡령과 배임)를 범한 사람으로서 금고 이상의 형의 선고유예를 받은 경우만 해당

■ **직권면직(국가공무원법 제70조)**

  ① 임용권자는 공무원이 다음 각 호의 어느 하나에 해당하면 직권으로 면직시킬 수 있다.
  1. ~ 2. 삭제 〈1991.5.31.〉
  3. 직제와 정원의 개폐 또는 예산의 감소 등에 따라 폐직(廢職) 또는 과원(過員)이 되었을 때
  4. 휴직 기간이 끝나거나 휴직 사유가 소멸된 후에도 직무에 복귀하지 아니하거나 직무를 감당할 수 없을 때
  5. 제73조의3제3항에 따라 대기 명령을 받은 자가 그 기간에 능력 또는 근무성적의 향상을 기대하기 어렵다고 인정된 때
  7. 병역판정검사·입영 또는 소집의 명령을 받고 정당한 사유 없이 이를 기피하거나 군복무를 위하여 휴직 중에 있는 자가 군복무 중 군무(軍務)를 이탈하였을 때
  8. 해당 직급·직위에서 직무를 수행하는데 필요한 자격증의 효력이 없어지거나 면허가 취소되어 담당 직무를 수행할 수 없게 된 때

면·퇴직과 관련된 법령

② 임용권자는 제1항 제3호로부터 제8호까지의 규정에 따라 면직시킬 경우에는 미리 관할 징계위원회의 의견을 들어야 한다. 다만, 제1항 제5호에 따라 면직시킬 경우에는 징계위원회의 동의를 받아야 한다.
③ 임용권자나 임용제청권자는 제1항제3호에 따라 소속 공무원을 면직시킬 때에는 임용 형태, 업무 실적, 직무수행 능력, 징계 처분 사실 등을 고려하여 면직 기준을 정하여야 한다.
④ 제3항에 따른 면직 기준을 정하거나 제1항제3호에 따라 면직 대상자를 결정할 때에는 임용권자 또는 임용제청권자(임용권자나 임용제청권자가 분명하지 아니하면 중앙인사관장기관의 장을 말한다)별로 심사위원회를 구성하여 그 심사위원회의 심의·의결을 거쳐야 한다.
⑤ 제4항에 따른 심사위원회의 위원장은 임용권자 또는 임용제청권자가 되며, 위원은 면직 대상자보다 상위 계급자 또는 고위공무원단에 속하는 일반직공무원 중에서 위원장이 지명하는 5명 이상 7명 이하로 구성하되, 면직 대상자의 상위 계급자 또는 고위공무원단에 속하는 일반직공무원을 우선하여 지명하여야 한다. 다만, 상위 계급자 또는 고위공무원단에 속하는 일반직공무원이 부족하면 4명 이내로 구성할 수 있다.
⑥ 제1항 제4호에 따른 직권 면직일은 휴직 기간이 끝난 날 또는 휴직 사유가 소멸한 날로 한다.

■ 의원면직 제한(공무원비위사건 처리규정 제5조. 대통령훈령 제441호, 2021.12.30.)

> 임용권자 또는 임용제청권자는 의원면직을 신청한 공무원이 다음 각호의 어느 하나에 해당하는 때에는 의원면직을 허용하여서는 아니된다. 다만, 제2호, 제3호 및 제4호의 경우에는 그 비위의 정도가 「공무원 징계령」 제1조의3제1호에서 규정한 중징계에 해당한다고 판단되는 경우로 한정한다.
>
> 1. 징계위원회에 중징계의결 요구 중인 경우
> 2. 비위와 관련하여 형사사건으로 기소 중인 경우
> 3. 감사원 및 검찰·경찰 등 그 밖의 수사기관(이하 "조사 및 수사기관"이라 한다)에서 비위와 관련하여 조사 또는 수사 중인 경우
> 4. 각급 행정기관의 감사 담당 부서 등에서 비위와 관련하여 내부 감사 또는 조사가 진행 중인 경우

 memo

◉ 명예퇴직

가. 처리 과정 및 절차

학교	교육지원청	도교육청
명예퇴직수당지급신청	신청서 검토·추천, 발령 통지	심사·결정 및 발령
• 명예퇴직 수당지급 신청 시행 공무 접수, 결재 • 신청대상자 구비서류 검토 • 시행문 작성, 발송	• 신청대상자 및 서류 확인 (연령, 경력, 상벌사항 대조 등) • 부신서 내용 검토, 시행문 작성, 발송 • 정·명퇴 및 의원면직자 포상 추천 • 교사·교감 퇴직 발령 (서약서 사직원 징구) (교장은 도교육청으로 이첩) • 명예퇴직 발령보고(7일 이내) 및 통지 • NEIS 인사기록정리 보(이)관, 대장정리 • 공무원증 회수 등	• 대상 서류 접수 및 검토 • 명예퇴직 수당지급 대상자 심사, 결정 • 발령 및 포상 추천 (교감 특별승진자 포함) • NEIS 인사기록 정비 확인 및 제 장부 정리

나. 제출 서류

① 명예퇴직수당 신청자 명부 1부
② 명예퇴직수당 지급신청서 1부(자필로 기재하고 서명)
③ 명예퇴직원 1부(자필로 기재하고 서명)
④ 서약서 1부(자필 서명)
⑤ 개인정보 수집·활용 동의서 1부(자필 서명)
⑥ NEIS 인사기록카드(전체) 출력물(단면인쇄, 2쪽 모아찍기) 1부(원본대조필)
⑦ (공립학교 교원) 공무원연금내역서 1부(원본대조필)
   (사립학교 교원) 연금법적용확인서 1부(원본대조필)
⑧ (사립학교 교원) 정관 1부(원본대조필), 교장은 교사 임용(또는 중임) 의결서 포함
⑨ 호봉획정표 1부(퇴직일 기준)
⑩ 특별승진 공적 요약서 1부
⑪ 특별승진 임용심사용 공적조서 1부
⑫ 명예퇴직 요건 심사서 1부(교육지원청)

다. 신청 자격(지급대상)

- 교육공무원으로 재직기간이 20년 이상이고, 정년퇴직일부터 최소한 1년 전에 스스로 퇴직하는 사람으로 한다. 다만, 이 영이나 다른 법령에 따라 명예퇴직수당(이를 갈음하는 공로퇴직수당·명예전역수당 등을 포함한다. 이하 같다)을 이미 지급받은 사실이 있는 사람은 제외한다. 「국가공무원 명예퇴직수당 등 지급 규정」 [대통령령 제34084호, 2023. 12. 29., 일부개정]
- 근속기간은 공무원연금법상의 재직기간에 따라 퇴직예정일을 기준으로 계산하며, 정년 잔여기간은 퇴직일이 속하는 다음 달의 1일을 기준으로 계산함.

라. 공무원연금법상의 재직기간

1) 재직기간의 계산
    - 공무원의 재직기간은 공무원으로 임명된 날이 속하는 달로부터 퇴직한 날의 전날 또는 사망한 날이 속하는 달까지의 연월수로 계산한다.
    - 퇴직한 공무원·군인 또는 사립학교교직원(「공무원연금법」, 「군인연금법」 또는 「사립학교교직원연금법」을 적용받지 아니하였던 사람은 제외한다)이 공무원으로 임용된 경우 본인이 원하는 바에 따라 종전의 연금법에 따른 재직기간 또는 복무기간을 재직기간에 합산할 수 있다.
    - 공무원으로 임용되기 전의 「병역법」에 따른 현역병 또는 지원에 의하지 아니하고 임용된 부사관의 복무기간(방위소집·상근예비역소집·보충역소집 또는 대체역소집에 의하여 복무한 기간 중 대통령령으로 정하는 복무기간을 포함한다)은 본인이 원하는 바에 따라 재직기간에 산입할 수 있다.
    - 상기 두 번째, 세 번째 사항에 따른 재직기간 또는 복무기간과 법률 제3586호 공무원연금법개정법률 부칙 제7조제2항의 규정에 따른 재직기간은 퇴직수당을 지급할 때에는 재직기간에 합산하거나 산입하지 아니한다.
        ※ 법률 제3586호 공무원연금법개정법률 부칙 제7조제2항

        > ② 1948년 8월 15일부터 1959년 12월 31일 사이에 공무원(군인연금법 제2조의 규정에 의한 군인을 포함한다)으로 재직한 기간과 1975년 1월 1일(지방잡급직원은 1976년 1월 1일)부터 1980년 6월 30일 사이에 잡급직원으로 재직한 기간 및 1973년 11월 29일부터 1980년 6월 30일 사이에 전문직원으로 재직한 기간이 있는 공무원은 공단의 승인을 얻어 당해 기간을 재직기간에 산입할 수 있다. 이 경우 산입되는 군복무기간의 계산에 관하여는 군인연금법 제16조의 규정을 준용한다.

    - 다음의 사유로 인한 휴직을 제외한 휴직기간, 직위해제기간, 정직기간 및 강등에 따라 직무에 종사하지 못한 기간은 그 기간의 2분의 1을 각각 뺀다.
        ① 공무상 부상 또는 질병으로 인한 휴직
        ② 「병역법」에 따른 병역복무를 마치기 위한 휴직
        ③ 국제기구, 외국기관, 재외교육기관(「재외국민의 교육지원 등에 관한 법률」 제2조제2호의 재외교육기관을 말한다), 국내외의 대학·연구기관, 다른 국가기관 또는 민간기업, 그 밖의 기관에 임시채용됨에 따른 휴직

④ 「교육공무원법」 제44조제1항제11호에 따른 노동조합 전임 휴직
⑤ 자녀의 양육 또는 여성공무원의 임신이나 출산으로 인한 휴직
⑥ 그 밖의 법률에 따른 의무를 수행하기 위한 휴직

2) 재직기간의 합산
- 재직기간 또는 복무기간을 합산 받으려는 사람은 재직기간 합산신청서를 공단에 제출하여야 한다.
- 위에 따라 재직기간 합산신청을 하여 합산을 인정받은 사람은 퇴직 당시에 받은 퇴직급여액[「공무원연금법」 제65조(「사립학교교직원연금법」 제42조에서 준용하는 경우를 포함한다) 또는 「군인연금법」 제38조에 따라 급여액에 제한을 받았을 때에는 그 제한이 없는 경우에 받았어야 할 급여액으로 한다]에 대통령령으로 정하는 이자를 가산하여 공단에 반납하여야 한다. 다만, 재직기간 합산을 인정받은 사람이 퇴직연금·조기퇴직연금 또는 퇴역연금의 수급자인 경우에는 연금인 급여는 반납하지 아니한다.
- 상기 두 번째 사항에 따라 반납하여야 할 퇴직급여액과 이자(이하 "반납금"이라 한다)는 대통령령이 정하는 바에 따라 분할하여 내도록 할 수 있다. 이 경우 대통령령으로 정하는 이자를 가산한다.
- 공단은 재직기간 합산을 인정받은 사람이 합산이 인정된 재직기간의 전부 또는 일부의 합산 제외를 신청하거나 반납금을 6개월 이상 체납한 경우 합산 제외를 신청한 기간 또는 합산 승인된 재직기간에서 이미 낸 반납금에 상당하는 재직기간을 공제한 기간을 합산에서 제외할 수 있다.
- 임용 전 복무기간의 산입방법: 복무기간을 산입받으려는 사람은 복무기간 산입신청서를 공단에 제출하여야 한다.

마. 지급제외대상

- 재정결함보조금을 지원하지 않는 사립학교 교원
- 명예퇴직수당 지급 신청기간 개시일 현재 다음 각 호의 어느 하나에 해당되는 사람은 명예퇴직수당 지급대상에서 제외한다. (「국가공무원 명예퇴직수당 등 지급 규정」 제3조)
  ① 수사기관의 수사 결과가 통보되어 징계의결을 요구하여야 하는 사람, 징계처분 요구 중인 사람, 징계의결 요구 중인 사람 또는 징계처분으로 승진임용 제한 기간 중에 있는 사람
  ② 형사사건으로 기소 중인 사람
  ③ 감사원 등 감사기관과 검찰·경찰 등 수사기관에서 비위조사 중 또는 수사 중인 사람
  ④ 정부기능이 이관되면서 그 이관되는 기능을 수행하는 기관의 소속 직원이 되기 위하여 퇴직하기로 예정된 사람
  ⑤ 「국가공무원법」 제2조 및 「지방공무원법」 제2조에 따른 경력직공무원(임기제공무원은 제외한다) 및 특수경력직공무원 중 정무직공무원(선거로 임용되는 정무직공무원은 제외한다)이 되기 위하여 퇴직하기로 예정된 사람
  ⑥ 다른 법령 등에 따라 명예퇴직수당이나 이를 갈음하는 공로퇴직수당 등을 지급받은 사실이 있는 사람
  ⑦ 수당지급 신청 후 승진 등으로 수당지급대상 공무원 외의 공무원으로 신분이 변동된 사람
  ⑧ 기타 위 각 항목에 준하는 사유로 명예퇴직수당을 지급하기에 부적격하다고 인정되는 사람

바. 명예퇴직수당 지급대상자 결정의 취소

◉ 중앙행정기관의 장은 명예퇴직수당 지급대상자로 결정된 사람에게 명예퇴직수당 지급신청기간 이후부터 명예퇴직일까지의 기간 중에 제3조제3항의 각 호에 해당하는 사유가 발생한 경우에는 지체 없이 명예퇴직수당 지급대상자 결정을 취소하여야 한다.(「국가공무원 명예퇴직수당 등 지급 규정」 제9조)

사. 형벌사실의 확인

◉ 지급중앙행정기관의 장은 명예퇴직수당을 지급받은 사람이 「국가공무원법」 제74조의2제3항 제1호·제1호의2 및 제1호의3에 해당되는지를 매년 6월 30일과 12월 31일을 기준으로 확인하여야 하고, 같은 규정에 해당하는 사람에 대하여 환수에 필요한 조치를 한 후 그 결과를 확인 기준일부터 30일 이내에 인사혁신처장에게 통보하여야 한다.(「국가공무원 명예퇴직수당 등 지급 규정」 제9조의5)
  ※ 「국가공무원법」 제74조의2제3항제1호. 재직 중의 사유로 금고 이상의 형을 받은 경우
  ※ 「국가공무원법」 제74조의2제3항제1호의2. 재직 중에 「형법」 제129조부터 제132조까지에 규정된 죄를 범하여 금고 이상의 형의 선고유예를 받은 경우
  ※ 「국가공무원법」 제74조의2제3항제1호의3. 재직 중에 직무와 관련하여 「형법」 제355조 또는 제356조에 규정된 죄를 범하여 300만원 이상의 벌금형을 선고받고 그 형이 확정되거나 금고 이상의 형의 선고유예를 받은 경우

아. 명예퇴직수당 지급액 산정표 (「국가공무원 명예퇴직수당 등 지급 규정」 제4조 관련)

정년잔여기간별 대상자	산 정 기 준
① 1년 이상 5년 이내인 사람	퇴직 당시(국가공무원법 제40조의4 제1항 제4호의 규정에 따라 특별 승진하는 사람의 경우에는 특별승진 직전을 말한다. 이하 같다.) 월봉급액(봉급표상 봉급액의 68퍼센트)의 반액×정년잔여월수
② 5년 초과 10년 이내인 사람	퇴직 당시 월봉급액(봉급표상 봉급액의 68퍼센트)의 반액×[60 + (정년잔여월수 - 60)/2]
③ 10년 초과인 사람	정년잔여기간이 10년인 사람의 금액과 동일한 금액 (10년을 초과하는 정년잔여기간에 대하여는 수당을 지급하지 아니한다.)

자. 공무원 본인 사망(뇌사) 시 명예퇴직 심사 대상 구분

◉ 공무원 본인 사망 시 명예퇴직수당 지급심사 대상 구분
  - 인정: ① 공무원 본인 사망 전에 공무원 본인의 자필로 기재된 신청서를 소속기관에 제출
         ② 공무원 본인의 자필 기재가 불가할 경우 사망 전에 본인의 직접적 의사(육성녹음 등) 입증자료를 첨부, 본인과 대리인 명의로 소속기관에 제출
  - 제외: ① 공무원 사망 후 신청서를 소속기관에 제출
         ② 공무원 사망 전 명예퇴직을 신청하였으나 본인의 자필 기재 또는 직접적 의사 입증자료 없이 배우자 등이 대필 또는 대리인 명의로 제출(본인의 직접적 의사 입증 불가)

명예퇴직과 관련된 법령

- 「교육공무원법」 제36조, 「국가공무원법」 제74조의2
  교육공무원으로 20년 이상 근속한 사람이 정년 전에 스스로 퇴직하는 경우에는 예산의 범위에서 명예퇴직수당을 지급할 수 있다.
- 「국가공무원 명예퇴직수당 등 지급 규정」 [시행 2023. 12. 29.] [대통령령 제34084호, 2023. 12. 29., 일부개정]

차. 서식 및 용례

1) 명예퇴직수당 지급 신청 공문(학교 → 교육지원청 → 도교육청)

제목   20○○년 ○월말 교육공무원(초등학교 교사) 명예퇴직수당 지급 신청

1. 관련: ○○○-1234(20**. **. **.)
2. 20**년 *월말 명예퇴직 예정 교사의 명예퇴직수당을 다음과 같이 신청합니다.

소속	직위(급)	성 명	생년월일	재직기간	근무상황	비고
○○초등학교	교사	○○○	****. **. **.	○○년 ○○개월	휴직	20**. 3. 1.~ 20**. 2. 28. 육아휴직

　이상 ○명.

　붙임 1. 교육공무원 명예퇴직수당 지급신청서 1부.
　　　　2. 명예퇴직원 1부.
　　　　3. 서약서 1부.
　　　　4. 명예퇴직 요건 심사서 1부(교육지원청 → 도교육청의 경우).
　　　　5. 개인정보 수집 활용 동의서 1부.
　　　　6. 특별승진 임용심사용 공적조서 1부.
　　　　7. 호봉획정표 1부.
　　　　8. NEIS 인사기록카드 1부.
　　　　9. 공무원연금내역서(또는 사립 연금법적용확인서) 1부.
　　　　10. 사립 교원은 정관[교장은 교사 임용(또는 중임) 의결서 포함] 1부.
　　　　11. 명예퇴직수당 신청자 명부 1부.
　　　　12. 특별승진 공적 요약서 1부. 끝.

2) 명예퇴직 발령 기안(교육지원청 내부결재)

제목   명예퇴직에 따른 교육공무원(초등학교 교사) 면직 발령

1. 관련: 경기도교육청 교원인사정책과-○○○○(20**. **. **.)
2. 「경기도교육감 행정권한 위임에 관한 규칙」 제6조제1호에 의한 권한의 위임을 받아, 교육공무원(초등학교 교사)을 다음과 같이 면직 발령하고자 합니다.

소속	직	성 명	발령 사항	발령일	비고
○○초등학교	교사	○○○	교육공무원법 제36조에 따라 그 직을 면함	20**. **. **.	

이상 1명. 끝.

3) 명예퇴직 발령 통지안(교육지원청 → 학교)

제목   교육공무원(초등학교 교사) 인사 발령 알림

다음과 같이 발령되었으므로 알려드립니다.

소속	직	성 명	발령 사항	발령일	비고
○○초등학교	교사	○○○	교육공무원법 제36조에 따라 그 직을 면함	20**. **. **.	

이상 1명. 끝.

◎ 정년퇴직

가. 처리 과정 및 절차

학교	교육지원청	도교육청
대상자 서류 제출	퇴직발령 및 통지·보고	교장의 정년퇴직 발령

• 정년퇴직 서류 제출 공문 접수, 결재
• 신청대상자 구비서류 검토
• 시행문 작성, 발송
	• 신청대상자 및 서류 (생년월일) 확인
	  - 관내 누락자 존재 여부 확인
	• 교사·수석교사·교감 퇴직 발령
	  (서약서 징구)
	  (교장은 도교육청으로 이첩)
	• NEIS 인사기록정리 보(이)관, 대장정리
	• 공무원증 회수 등
		• 대상 서류 접수 및 검토
		• 발령 및 포상 추천
		• NEIS 인사기록 정비 확인 및 제 장부 정리

나. 관련 서류

① 서약서 1부(교장의 경우 도교육청으로 제출)
② 주민등록초본 1통

다. 서식 및 용례

1) 정년퇴직 보고공문(학교→교육지원청)

제목   교육공무원(초등학교 교사) 정년퇴직에 따른 서류 제출

1. 관련: 교육공무원법 제47조(정년)
2. 20○○.○.○○.자 교육공무원(초등학교 교사) 정년퇴직에 따른 관련 서류를 다음과 같이 제출합니다.
  가. 제출현황: ○명
  나. 세부내용

소속	직위(급)	성명 (생년월일)	사유	비고
○○ 초등학교	교사	○○○(●●●●.●●.●●.)	정년	

이상 1명.

붙임 1. 서약서 1부.
      2. 주민등록초본 1부. 끝.

---

2) 정년퇴직 발령 내부결재안(교육지원청)

제목   정년퇴직에 따른 교육공무원(초등학교 교사) 면직 발령

 경기도교육감 행정권한 위임에 관한 규칙 제6조 제1호에 의한 권한의 위임을 받아, 교육공무원(초등학교 교사)을 다음과 같이 면직 발령하고자 합니다.

소속	직위(급)	성명 (생년월일)	발령 년월일	발령사항	사유	비고
○○ 초등학교	교사	○○○ (●●●●.●●.●●.)	20●●.●●.●●.	교육공무원법제47조의 규정에 의거 20●●년 ●●월 ●●일자로 정년퇴직	정년	

이상 1명.

붙임 1. 서약서 1부.
      2. 주민등록초본 1부. 끝.

3) 정년퇴직 발령 통지안(교육지원청 → 학교)

제목		교육공무원(초등학교 교사) 인사 발령 알림					
다음과 같이 발령되었으므로 알려드립니다.							
소속	직위(급)	성명 (생년월일)	발령 년월일	발령사항		사유	비고
○○ 초등학교	교사	○○○ (****.**.**.)	20**.**.**.	교육공무원법제47조의 규정에 의거 20**년 **월 **일자로 정년퇴직		정년	
이상 1명. 끝.							

💡 memo

● 인사발령통지서 - 정년퇴직

인 사 발 령 통 지 서

수원 ○○초등학교

교사 ○ ○ ○

교육공무원법 제47조의 규정에 의하여
그 직을 면함(정년퇴직).

20 년 월 일(발령일)

경기도○○교육지원청교육장

위와 같이 발령되었음을 알려 드립니다.

20 년 월 일(내부결재일)

경기도○○교육지원청교육장(직인)

정년퇴직과 관련된 법령

- **정년(교육공무원법 제47조)**

  ① 교육공무원의 정년은 62세로 한다. 다만,「고등교육법」제14조에 따른 교원인 교육공무원의 정년은 65세로 한다.
  ② 교육공무원(임기가 있는 교육공무원을 포함한다.)은 그 정년이 달한 날이 3월에서 8월 사이에 있을 경우에는 8월 31일에, 9월부터 다음 2월 사이에 있을 경우에는 다음해 2월 말일에 각각 당연히 퇴직된다.

사망처리

가. 처리 과정 및 절차

학교	교육지원청	도교육청
사망 보고	결과 처리 및 충원 요청	보고안 처리, 교원 충원
• 사망보고서 작성, 교육지원청에 보고 • 연금 신청 (유가족→교육지원청 해당부서)	• 사망보고공문 접수, 사망 후 7일 이내 도교육청에 보고 • 인사기록카드 정리 및 보관(이관) • 발령대장, NEIS 정리 • 포상추천 : 퇴직한 날이 속하는 학기말	• 시행문 접수, 결재 • 발령대장, 현원대장 정리 • 교장 인사 기록 정리 • 포상: 퇴직한 날이 속하는 학기말

나. 관련 서류

① 사망 진단서 1부   ② 사망 경위서 1부

사망 처리와 관련된 법령

- **임용 시기(교육공무원임용령 제5조)**

  ① 교육공무원은 임용장 또는 임용 통지서에 기재된 일자에 임용된 것으로 본다. 다만, 사망으로 인한 면직은 사망한 다음날에 면직된 것으로 본다.

다. 서식 및 용례

1) 사망 보고안(학교 → 교육지원청 → 도교육청)

제목　　교육공무원(초등학교 교사) 사망 보고

교육공무원 인사기록 및 인사사무 처리 규칙 제20조의 규정에 의하여 교육공무원의 사망을 다음과 같이 보고합니다.

소 속	직위(급)	성명	생년월일	사망일자	사유	비 고
○○ 초등학교	교사	○○○	●●●●.●●.●●.	●●●●.●●.●●.	※ 교통사고로 사망 ※ 위암으로 사망	

이상 1명.

붙임　1. 사망 진단서 1부.
　　　2. 사망 경위서 1부.　끝.

memo

2) 사망 경위서(예시)

사 망 경 위 서

사망자인적사항	소 속		직위	교사	최초임용년월일	****.**.**.
	성 명		성별	남/여	생년월일	****.**.**.
	주 소					
	가족사항	처, 자 ○명				
	사망 일시	20**. **.**. ** : **		사망 장소	○○병원(서울)	

사 망 경 위(6하원칙에 의거)

상기 교사 ○○○은 20○○년 ○월 ○일 ○시경 위궤양 소견으로 서울 소재 ○○병원에 입원, 정밀 검진 결과 위암으로 판명되어 20○○년 ○월 ○일부터 질병휴직 상태에서 동 병원에 입원 치료를 받아오던 중, 20○○년 ○월 ○일 ○시 ○분 경 가족들이 지켜보는 가운데 사망하였으며, 사망 사실은 붙임의 진단서와 같음.

20○○ . ○○. ○○.

작성자 직 교감 성명 ○○○ ㊞
확인자 직 교장 성명 ○○○ ㊞

경 기 도 ○ ○ 교 육 지 원 청 교 육 장 귀 하

2025 교육공무원 인사실무편람

초등 유아

GYEONGGIDO OFFICE OF EDUCATION

제3장

휴직 및 복직

1. 휴·복직 제도의 개요 ·· 79
2. 휴직 종류별 업무처리 요령 ································ 88
3. 휴·복직 관련 기안문 용례 ································· 190
4. 휴·복직 NEIS 임용 발령 처리 ···························· 210

미래교육의 중심 새로운 경기교육
GYEONGGIDO OFFICE OF EDUCATION

휴·복직 제도의 개요

가. 근 거

1) 교육공무원법 제44조(휴직), 제45조(휴직기간 등)
2) 교육공무원임용령 제19조의 2(육아휴직), 제19조의 3(고용휴직), 제19조의 4(가족돌봄휴직)
3) 국가공무원법 제43조(휴직·파견 등의 결원보충 등), 제73조(휴직의 효력)
4) 공무원보수규정 제28조(휴직기간 중의 봉급 감액), 공무원수당 등에 관한 규정 제11조의 3(육아휴직 수당)
5) 교육공무원승진규정 제11조(경력의 기간계산)
6) 교원의 노동조합설립 및 운영 등에 관한 법률 제5조(노동조합 전임자의 지위)
7) 교육공무원 인사관리규정 제24조(휴직의 결정), 제25조(휴직기간 연장), 제26조(휴직자 실태 파악)

나. 휴직의 종류

1) 직권휴직(교육공무원법 제44조제1항, 제45조제1항, 공무원보수규정 제28조제1항)

종류	근거	요건	기간	승진 평정 경력 및 승급	결원 보충	보수 지급	수당
질병휴직 (88쪽)	제1호	신체상·정신상의 장애로 장기요양이 필요할 때	• 1년 이내(부득이한 경우 1년 연장) • 「공무원재해보상법」에 따른 공무상 부상 또는 질병으로 인한 휴직 기간은 3년 이내로 하되, 2년의 범위에서 연장 가능	• 경력평정 미산입 (단, 공무상 질병인 경우 산입) • 승급제한 (단, 공무상 질병인 경우 포함)	6월이상 휴직 시 결원 보충 가능	• 1년이하 : 7할 • 1년초과 2년이하 : 5할 • 공무상 질병 : 전액지급	수당 규정에 의해 지급
병역휴직 (98쪽)	제2호	「병역법」에 따른 병역 복무를 위하여 징집되거나 소집된 경우	복무기간	• 경력평정 산입 • 승급인정	6월이상 휴직 시 결원 보충 가능	지급 안함	지급 안함
생사불명휴직 (104쪽)	제3호	천재지변·전시·사변, 그 밖의 사유로 생사나 소재를 알 수 없게 된 경우	3개월 이내	• 경력평정 미산입 • 승급제한	결원보충 불가	지급 안함	지급 안함
법정의무수행 휴직 (105쪽)	제4호	그 밖에 법률에 따른 의무를 수행하기 위하여 직무를 이탈하게 된 경우	복무기간	• 경력평정 산입 • 승급인정	6월이상 휴직 시 결원 보충 가능	지급 안함	지급 안함
노조전임자 휴직 (176쪽)	제11호	교원노동조합 전임자로 종사하게 된 경우	전임기간	• 경력평정 산입 • 승급인정	6월이상 휴직 시 결원 보충 가능	지급 안함	지급 안함

2) 청원휴직(교육공무원법 제44조제1항, 제45조제1항, 공무원보수규정 제28조제1항)

종류	근거	요건	기간	승진 평정 경력 및 승급	결원 보충	보수 지급	수당
유학휴직 (107쪽)	제5호	학위취득을 목적으로 해외유학을 하거나 외국에서 1년 이상 연구·연수하게 된 경우	3년 이내 (학위취득의 경우 3년 범위에서 연장 가능)	• 경력평정 5할 산입 • 승급인정	6월이상 휴직 시 결원 보충 가능	5할 지급	수당 규정에 의해 지급
고용휴직 (123쪽)	제6호	재외교육기관(한국학교)에서 전임으로 고용계약을 한 경우	고용기간	• 경력평정 산입 (비상근인 경우 5할 산입) • 승급인정 (비상근인 경우 5할 산입)	6월이상 휴직 시 결원 보충 가능	지급 안함	지급 안함
육아휴직 (131쪽)	제7호	8세 이하 또는 초등학교 2학년 이하의 자녀를 양육하기 위하여 필요하거나, 여성 교육공무원이 임신 또는 출산하게 된 경우	자녀 1명에 대하여 3년 이내(분할 사용 가능)	• 경력평정 산입 • 승급인정 1년이내 (셋째자녀 이후 전 기간 인정)	6월이상 휴직 시 결원 보충 가능 (출산휴가와 육아휴직을 연속하여 6월 이상 사용하는 경우에는 결원 보충 가능)	지급 안함	133쪽 참고
입양휴직 (136쪽)	제7호의 2	19세 미만 아동을 입양하는 경우(제7호에 따른 육아휴직 대상이 되는 아동 제외)	입양자녀 1명에 대하여 6개월 이내	• 경력평정 산입 • 승급인정	6월이상 휴직 시 결원 보충 가능	지급 안함	지급 안함
불임·난임 휴직 (136쪽)	제7호의 3	불임·난임으로 인하여 장기간의 치료가 필요한 경우	1년 이내 (부득이한 경우 1년 연장)	• 경력평정 미산입 • 승급제한	6월이상 휴직 시 결원 보충 가능	• 1년이하 : 7할 • 1년초과 2년이하 : 5할	수당 규정에 의해 지급
연수휴직 (149쪽)	제8호	교육부장관 또는 교육감이 지정하는 국내 연구기관이나 교육기관 등에서 연수하게 된 경우	3년 이내	• 경력평정 5할 산입 • 승급제한 (단, 학위 취득 시 승급 인정)	6월이상 휴직 시 결원 보충 가능	지급 안함	지급 안함
가족돌봄 휴직 (158쪽)	제9호	조부모, 부모(배우자 부모), 배우자, 자녀, 손자녀를 부양하거나 돌보기 위하여 필요한 경우	1년 이내 (재직기간 중 총 3년 초과 불가)	• 경력평정 미산입 • 승급제한	6월이상 휴직 시 결원 보충 가능	지급 안함	지급 안함
동반휴직 (167쪽)	제10호	배우자가 국외근무를 하거나 제5호에 해당하게 된 경우	3년 이내 (3년의 범위에서 연장 가능) 총 휴직 기간은 배우자의 국외근무, 해외유학·연구 또는 연수기간을 초과할 수 없음	• 경력평정 미산입 • 승급제한	6월이상 휴직 시 결원 보충 가능	지급 안함	지급 안함
자율연수 휴직 (181쪽)	제12호	「공무원연금법」제25조에 따른 재직기간이 10년 이상인 교원이 자기개발을 위한 학습, 연구 등을 하게 된 경우	1년 이내(학기단위 허가) 교원으로 재직하는 기간 중 1회	• 경력평정 미산입 • 승급제한	6월이상 휴직 시 결원 보충 가능	지급 안함	지급 안함

※ 결원 보충은 교육과정 운영, 교원수급, 소요 예산, 휴직목적의 적합성, 복직후 교육발전 기여 가능성 등을 종합적으로 고려하여 결정

다. 휴직의 효력과 보수규정

1) 휴직의 효력(국가공무원법 제73조)
   가) 휴직중인 공무원은 신분은 보유하나 직무에는 종사하지 못함
   나) 휴직 기간 중 그 사유가 없어지면 30일 이내에 임용권자 또는 임용제청권자에게 신고하여야 하며, 임용권자는 지체 없이 복직을 명하여야 함
   다) 휴직 기간이 끝난 공무원이 30일 이내에 복귀 신고를 하면 당연히 복직됨
2) 휴직기간 중의 봉급 감액(공무원보수규정 제28조)
   가) 신체상·정신상의 장애로 인한 휴직, 불임·난임 휴직(단, 공무상 질병인 경우: 봉급의 전액 지급)
      (1) 휴직기간이 1년 이하인 경우: 봉급의 70% 지급
      (2) 휴직기간이 1년 초과 2년 이하인 경우: 봉급의 50% 지급
   나) 해외유학 또는 1년 이상 국외연수 휴직: 봉급의 50% 지급 가능
   다)「공무원보수규정」제28조 제3항에 근거해「국가공무원법」제47조 제3항에 따라 휴직 목적과 달리 휴직을 한 경우에는 가), 나)에 따라 받은 봉급에 해당하는 금액을 징수
   라) 가), 나)에 규정되지 않은 휴직의 경우에는 봉급을 지급하지 아니함

라. 휴직의 절차

1) 직권휴직

2) 청원휴직

마. 휴직의 효력 및 복직(국가공무원법 제73조)

1) 휴직의 효력
   가) 휴직중인 공무원은 신분은 보유하나 직무에는 종사하지 못함
   나) 휴직중이라도 공무원의 신분은 보유하므로 신분상의 의무(외국정부의 영예수허, 겸직금지, 집단행위의 금지, 정치운동의 금지, 비밀엄수 등)를 위반하였을 때는 징계처분의 대상이 됨
   다) 휴직 중에 정년이 도래한 자는 정년퇴직이 가능하며, 명예퇴직 요건에 해당되면 명예퇴직 신청도 가능함. 또한, 국가공무원법 제70조의 사유에 해당될 때에는 직권면직 처분도 가능함. 이 경우 별도의 복직 절차 없이 바로 퇴직 또는 면직처분할 수 있음.(유학휴직, 고용휴직 등 휴직기간이 호봉승급 특례로 인정되는 경우 복직 절차를 거쳐 호봉 재획정 후 면직하여 퇴직금 산정 시 손실이 없도록 함)

2) 복직
   가) 휴직사유 소멸 시 30일 이내 신고하면 지체 없이 복직조치
   나) 휴직기간 만료 시 30일 이내 복귀 신고하면 당연복직

   > ※ 휴직 후 복직 시기와 관련하여 휴직자는 휴직기간이 종료하거나 사유가 소멸되면 즉시 복귀 신청을 하여야 함. 「국가공무원법」 제73조제2항 및 제3항에서 적시하고 있는 "30일 이내 복귀"라 함은 휴직 복귀자의 신분관계를 명확히 하기 위한 규정일 뿐이며, 고의로 30일을 늦추어서 신고를 해도 된다는 내용이 아님. 예치 않은 사고 등 부득이한 사유로 복직 신고를 할 수 없는 경우와 같이 불가피하게 즉시 복귀가 어려운 경우로 엄격하게 제한하여 적용하여야 함

   ※ 휴직자는 휴직기간이 종료되거나, 휴직 중 사유가 소멸되면(질병휴직 중 완치, 불임·난임질병휴직 중 임신, 병역휴직 중 조기귀가, 해외유학휴직 중 학업중단 등) 즉시 복귀신청 하여야 함
   ※ 임용권자는 휴직기간 중 그 사유가 없어지면, 휴직중인 공무원의 복직신고가 없더라도 지체 없이 복직을 명하여야 함
   ※ 휴직기간 만료로 복귀신고 후 복직 발령일까지 소요되는 기간은 휴직기간으로 봄

3) 휴직사유 소멸자의 복직 절차
   가) 발령기준일: 복직원(휴직사유 소멸시 30일 이내 제출)을 받은 날로부터 지체 없이 발령 조치 (제대일·복직원 제출일을 기준한 소급 발령 불가)
   나) 휴직기간: 국가공무원법 제73조 제2항 및 제3항에 의한 복직 발령일까지는 교육공무원법 제45조의 휴직기간으로 봄
   다) 휴직기간이 만료되지 않았더라도 휴직사유가 소멸되었을 경우 직무에 복귀할 수 있으며, 이 경우 임용권자는 휴직사유의 소멸을 객관적으로 입증할 만한 증빙서류 제출을 요구할 수 있음
   라) 휴직기간이 만료 또는 휴직사유가 소멸된 후에도 직무에 복귀하지 아니하거나 직무를 감당할 수 없을 경우 휴직기간 만료일 또는 휴직사유 소멸일을 임용일자로 소급하여 직권면직 시킬 수 있음 (국가공무원법 제70조 제1항 제4호, 교육공무원임용령 제6조 제2호)

바. 결원 보충(국가공무원법 제43조, 교육공무원법 제53조, 교육공무원임용령 제7조의4)

1) 의의
   가) 휴직·파견 등으로 인한 업무 공백 방지
   나) 기관별 정원 관리 원칙(조직 관계 법령상)의 예외 인정
2) 인정구분
   가) 질병, 병역, 법정의무수행, 해외유학, 국제기구·외국기관 등 임시고용, 육아, 불임·난임, 연구·교육기관 연수, 가족돌봄, 동반, 노조전임, 자율연수휴직 등으로 6개월 이상 휴직하는 경우와 파견기간이 1년 이상인 당해공무원의 휴직·파견일로부터 결원보충 인정
   나) 출산휴가와 연계하여 3개월 이상 육아휴직하는 경우에는 출산휴가일로부터 결원 보충 가능
   다) 별도의 결원보충 승인은 필요 없음
3) 별도 정원의 소멸
   가) 휴직자의 복귀 후, 당해 직급에 최초로 결원이 발생한 때 별도정원 소멸
   나) 휴직자가 복귀 신고를 한 때에는 그 직급(위)에 결원이 없더라도 휴직자는 반드시 복직시켜야 함
   다) 현원이 정원보다 초과된 때는 과원으로 처리하는 것이 아니라, 그 초과된 현원에 상당하는 숫자만큼을 별도정원으로 관리하여야 함
   라) 별도정원은 당해 직급(위)의 정원이 증가되거나 또 다른 휴직자의 발생, 면직 또는 퇴직의 발생 등으로 인하여 당해 직급(위)의 정원과 현원이 최초로 같아질 때 소멸됨

사. 휴직 업무 처리 시 유의사항

1) 교육공무원 인사관리규정(교육부훈령 제402호, 2022.3.1.) 제24조(휴직의 결정) 임용권자는 교육공무원법 제44조제1항제5호 내지 제10호의 규정에 의한 휴직을 허가함에 있어 교육과정 운영, 교원수급, 소요 예산, 휴직목적의 적합성, 복직후 교육발전 기여 가능성 등을 종합적으로 고려한 자체 심사기준을 마련하여 휴직 여부를 결정할 수 있음(경기도교육청 교육공무원 청원휴직 심사기준)
2) 본인의 청원에 의하여 휴직을 허가하는 유학휴직, 고용휴직, 연수휴직, 동반휴직 등에 대하여 최소한 휴직기간(예 : ○개월 이상)에 대한 기준은 없으나, 이를 이유로 하여 단기간의 휴직(예 : 6개월 간의 고용휴직 등)을 신청하였을 때는 그 기간 동안에 휴직의 목적 달성 가능성 여부 또는 휴직의 목적 적합성 등을 면밀히 검토하여 처리하여야 함
3) 모든 휴직은 학생의 학습권 보호와 안정적인 학교운영, 학교의 특수성을 고려하여 학기단위로 기간을 정하여 휴직하도록 권장하고, 휴직에 따른 기간제교사 임용도 학기단위로 임용하여 별도정원에 의한 정규교사 임용이 용이하도록 운영
4) 휴직사유의 소멸 또는 휴직기간이 만료된 후 다른 사유로 계속 휴직하고자 할 경우에는 당초의 휴직에 대하여 복직신고를 함과 동시에 다른 사유로의 휴직신청을 하도록 함
5) 휴직 중에 있는 자가 교육공무원법 제45조에 규정된 휴직기간 범위 내에서 휴직기간을 연장하고자 할 때에는 휴직기간 만료일 15일 전까지 신청하여야 함(교육공무원 인사관리규정 제25조)

6) 휴직 중에 있는 자는 휴직기간 중 아래 서식을 첨부하여 매 반기별(6월 30일, 12월 31일)로 소재지, 연락처, 휴직사유의 계속여부 등을 소속기관의 장에게 보고하여야 함. 다만, 보고시점이 휴직시작 후 1개월 이내인 경우에는 보고를 생략한다. 휴직자의 소속기관의 장은 휴직자의 실태를 항상 파악하고 그 결과 및 보고서를 관리하여야 함 (교육공무원 인사관리규정 제26조, 2022.3.1.시행)

휴직자 실태 보고서(제26조 관련)

1. 소 속	○○○○○○
2. 직 위(급)	○○○
3. 성 명(생년월일)	홍 길 동 (1981년 1월 1일생)
4. 휴직종류	질병휴직/ 육아휴직/ 유학휴직/ 가족돌봄휴직 등
5. 휴직기간	2025.03.01. ~ 2026.08.31. (1년6월)
6. 주소(소재지)	
7. 연락처	
8. 휴직 사유 계속 여부	□ 계속됨, □ 계속되지 않음 ※ (계속되지 않을 시) 휴직기간 만료일 이전 휴직사유 소멸 또는 변경 등에 관한 사항을 기재
9. 기타	

년 　월 　일
휴직자 성명　　　　(인)
(소 속 기 관 장) 　귀하

7) 휴직기간이 끝나거나 휴직사유가 소멸된 후에도 직무에 복귀하지 아니하거나 직무를 감당할 수 없을 때는 직권면직 처분함 (국가공무원법 제70조)

> ※ 휴직 전 휴직사유 소멸에 대한 안내
> - 병역휴직 – 소집해제, 귀가조치
> - 육아휴직 – 유산, 유아사망, 출산
> - 고용휴직 – 고용해제
> - 유학휴직 – 학업중단(휴학포함), 학위조기취득, 대학(원) 변경, 전공과목 변경 등
> - 동반휴직 – 본인귀국, 배우자귀국, 배우자의 유학휴직 사유 소멸, 배우자의 근무지 또는 근무처 변경 등
> - 국내연수휴직 – 학업중단(휴학포함)
> - 불임·난임휴직 – 임신, 치료중단
> - 가족돌봄휴직 – 돌봄대상자 사망 등 유고

8) 교육공무원법 제44조 제1항 제7호(육아휴직) 또는 제10호(동반휴직)의 사유로 인하여 2년 이상 휴직한 교원은 복직하려면 대통령령이 정하는 바에 따라 연수를 받아야 함(교육공무원법 제45조 제3항)
9) 임용 후 소급발령처리 방지를 위해 휴·복직 시행일 최소 7일 이전에 발령 내용을 즉시 보고하여야 함
10) 육아휴직 후 복직자에 대한 처리 등에 있어 임의의 판단이 아닌 규정과 지침에 따라 처리

11) 육아휴직과 출산휴가, 질병휴직과 병가 등 휴직과 휴가의 개념에 유의하여 명확히 처리
12) 휴직 중에는 직무에는 종사하지 않으나 공무원 신분은 유지되는 것이므로 품위유지 의무를 다하여야 함 (국가공무원법 제63조)

아. 휴·복직 처리 과정 및 절차

1) 질병·육아·가족돌봄휴직의 처리

경기도교육감 행정권한 위임에 관한 규칙(2009.5.1. 개정) 제7조 제6호에 의거 2009년 9월 1일부로 학교장에게 재위임된 사항임

요약: 휴직원(복직원, 휴직연장원)과 증빙서류를 갖추어 학교장 내부결재를 통해 휴·복직 발령 후 교육지원청에 보고

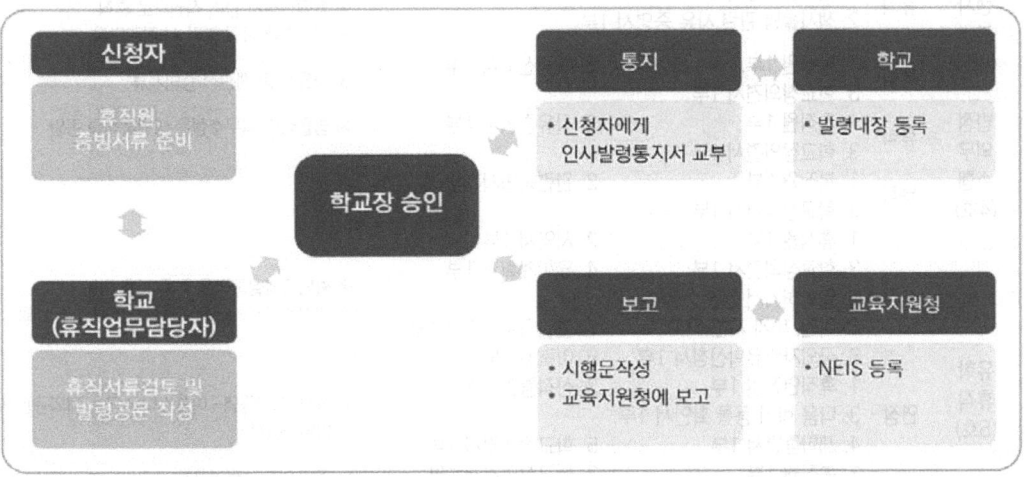

2) 질병·육아·가족돌봄휴직 이외 휴직의 처리

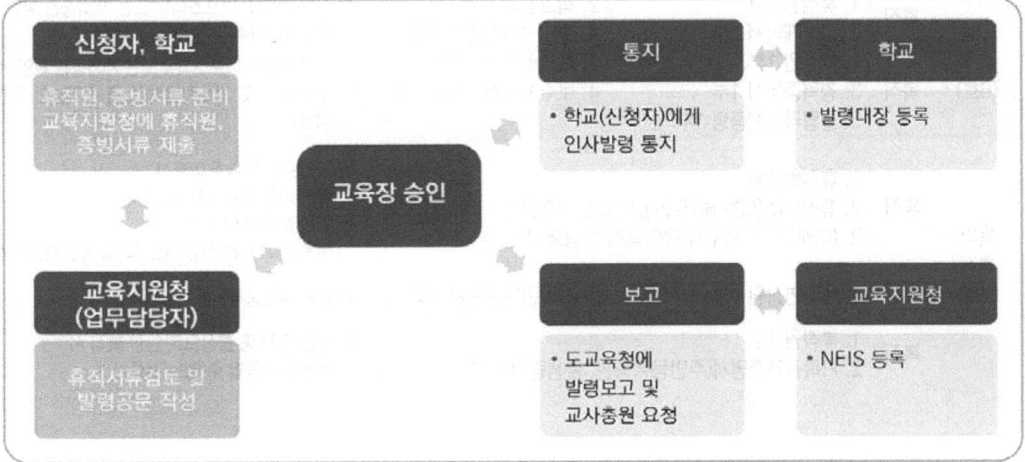

자. 휴·복직 제출 서류

사유	구분	제 출 서 류	참 고 사 항
질병 휴직 (1호)	휴직	1. 휴직원 1부　　2. 진단서 1부	※ 진단서는 의료보험 적용 병·의원이나 한의원 발행 ※ 진단서에 치료 예정 기간 명시 필요 ※「의료법」시행규칙에 따른 진단서 기재사항이 모두 기재된 의사 소견서 가능
	연장	1. 휴직연장원 1부　　2. 진단서 1부	
	복직	1. 복직원 1부　　2. 진단서 1부	※ 진단서에 '정상적인 근무 가능함'을 포함
병역 휴직 (2호)	휴직	1. 휴직원 1부　　2. 입영증명서 1부 3. 학교장의견서 1부	※ 사후 입대증명, 군복무확인서 첨부 가능
	복직	1. 복직원 1부.　　2. 전역증명서 1부 3. 학교장의견서 1부	※ 전역(소집해제)증, 주민등록초본 등 ※ 군무이탈자 : 직권면직 가능 ※ 귀향자 지체 없이 복직
생사 불명 (3호)	휴직	1. 학교장의견서 1부 2. 생사불명 관련 사유 증명서 1부	※ 인지 또는 실종신고일 ※ 휴직신청서 없이 직권으로 휴직 ※ 3월 이내 복귀 불가 시 직권면직
	복직	1. 복직원 1부.　　2. 복귀신고서 1부 3. 학교장의견서 1부	※ 사유서 등 객관적 증빙서류
법정 의무 수행 (4호)	휴직	1. 휴직원 1부　　2. 사유증명서 1부 3. 학교장의견서 1부	※ 법률상의 의무수행은 병역휴직과 동일
	복직	1. 복직원 1부　　2. 관련증빙서 1부 3. 학교장의견서 1부	
유학 휴직 (5호)	휴직	1. 휴직원 1부　　2. 서약서 1부 3. 학교장의견서 1부　　4. 유학계획서 1부 5. 입학허가서 원본 1부 6. 여권, 비자 사본 1부　7. 출입국사실증명 1부 8. 국외자비유학신청서 1부　9. 이력서 1부	※ 출입국사실증명은 추후 제출 가능 ※ 입학허가서-아포스티유 또는 재외공관 확인
	연장	1. 휴직연장원 1부　　2. 성적증명서 1부 3. 다음 학기 등록 확인서 1부. 4. 재학증명서 1부　　5. 학교장의견서 1부	※ 성적, 재학증명- 아포스티유 또는 재외공관 확인, 번역공증본
	복직	1. 복직원 1부.　　2. 학교장의견서 1부 3. 학위증, 연수·연구기관의 수료증, 또는 연구확인서 1부 4. 유학·연수·연구결과보고서 1부 5. 출입국사실증명 1부	※ 증빙서류는 번역공증 ※ 학위, 수료증, 학적증명 -아포스티유 또는 재외공관 확인 ※ 학위 미취득시-학적증명
고용 휴직 (6호)	휴직	1. 휴직원 1부　　2. 학교장의견서 1부 3. 고용계약서 1부　　4. 출입국사실증명 1부	※ 고용계약서: 아포스티유 또는 재외공관 확인 - 주당수업시수 및 보수지급예정액 명시
	복직	1. 복직원 1부.　　2. 학교장의견서 1부 3. 경력증명서 1부　　4. 보수지급확인증명 1부 5. 출입국사실증명 1부	※ 경력증명서: 아포스티유 또는 재외공관 확인, 주당수업시수 및 보수지급액이 명시(가능한 월별로 작성)
육아 휴직 (7호)	휴직	1. 휴직원 1부 2. 휴직사유 입증서류(주민등록등본, 가족관계증명서 등) 1부 3. (아빠의 달) 배우자 육아휴직 발령통지서 1부	※ 임신으로 인한 육아휴직 : 출산 예정일이 기재된 진단서 ※ 아빠의 달 육아휴직 : 배우자의 육아휴직을 객관적으로 증빙 가능한 서류
	연장	1. 휴직연장원 1부　　2. 가족관계증명서 1부	※ 또는 주민등록등본
	복직	1. 복직원 1부 2. 가족관계증명서(주민등록등본, 출생증명서) 1부	※ 산전 휴직 중 출산으로 인한 복직 시 : 출산을 입증할 수 있는 서류

제3장 휴직 및 복직

사유	구분	제출서류	참고사항
입양 휴직 (7호의2)	휴직	1. 휴직원 1부　　2. 입양관계 증명서 1부	※ 또는 입양 사실을 증명할 수 있는 서류
	연장	1. 휴직연장원 1부　2. 가족관계증명서 1부	※ 또는 주민등록등본
	복직	1. 복직원 1부 2. 가족관계증명서(주민등록등본) 1부	
불임· 난임 휴직 (7호의3)	휴직	1. 휴직원 1부　　2. 진단서 1부	※ 모자보건법 제11조의 3에 따른 불임·난임시술 기관에서 발급한 진단서 ※ 임신육아종합포털 아이사랑 -임신-난임-정부 지정 난임시술기관에서 확인 가능
	연장	1. 휴직연장원 1부　2. 진단서 1부	
	복직	1. 복직원 1부 2. 진료확인서(또는 통원확인서) 1부	※ 휴직 사유 소멸 시: 임신 증빙 진단서 ※ 휴직 기간 만료 시: 진료확인서 또는 통원확인서
연수 휴직 (8호)	휴직	1. 휴직원 1부　　2. 학교장의견서 1부 3. 교육기관의 입학허가서(연수 확인서) 1부	※ 재학증명 또는 합격증명서도 가능
	연장	1. 휴직연장원 1부　2. 재학증명서 1부 3. 학교장의견서 1부	
	복직	1. 복직원 1부　　2. 학위증명서 1부 3. 학교장의견서 1부	※ 학위 미취득시 수료 증명
가족 돌봄 휴직 (9호)	휴직	1. 휴직원 1부　　2. 가족관계증명서 1부 3. 주민등록등본 1부 4. 돌봄(휴직)이 필요한 사유를 증빙할 수 있는 자료 1부	※ 가족 대상자의 관계 입증 서류 ※ 1년 이상일 경우는 복직 후 재휴직
	연장	1. 휴직연장원 1부　2. 가족관계증명서 1부 3. 주민등록등본 1부 4. 돌봄(휴직)이 필요한 사유를 증빙할 수 있는 자료 1부	
	복직	1. 복직원 1부　　2. 가족관계증명서 1부 3. 주민등록등본 1부	
동반 휴직 (10호)	휴직	1. 휴직원 1부　　2. 학교장의견서 1부 3. 배우자의 해외근무확인서 (입학허가서) 1부 4. 가족관계증명서(주민등록등본) 1부 5. 출입국사실증명(본인, 배우자) 각1부	※ 재직 증명, 유학 증명, 인사발령 통지서 등 아포스티유 또는 재외공관 확인 ※ 영문서류: 번역공증본
	연장	1. 휴직연장원 1부　2. 학교장의견서 1부 3. 재직/재학증명 1부　4. 주민등록등본 1부	
	복직	1. 복직원 1부　　2. 학교장의견서 1부 3. 출입국사실증명(본인, 배우자) 1부	※ 복직 시 본인 및 배우자의 휴직 기간 중 출입국 기록 확인
노조 전임자 휴직 (11호)	휴직	1. 휴직원 1부　　2. 학교장의견서 1부 3. 노조전임자 허가 공문 사본 1부	※ 교육부의 허가 공문 사본
	복직	1. 복직원 1부.　　2. 학교장의견서 1부	
자율 연수 휴직 (12호)	휴직	1. 휴직원 1부　　2. 학교장의견서 1부 3. 자율연수계획서 1부 4. 공무원연금법상 재직기간 확인서류 1부.	※ 공무원연금가입내역서 ▶ 공무원연금공단 　(https://www.geps.or.kr) 연금복지포털 접속 ▶ 민원서류발급-민원서류발급온라인신청 　- 공무원연금가입내역서-연금법상재직기간 　　(퇴직급여재직기간) 확인
	연장	1. 휴직연장원 1부　2. 학교장의견서 1부 3. 자율연수계획서 1부	
	복직	1. 복직원 1부.　　2. 학교장의견서 1부	

2 휴직 종류별 업무처리 요령

가. 질병휴직

1) 근거: 교육공무원법 제44조 제1항 제1호, 동법 제45조 제1항 제1호
2) 휴직사유: 신체상·정신상의 장애로 장기요양이 필요할 때
3) 휴직의 요건
   가) 휴직 대상 : 남·여 교육공무원
   나) 신체·정신상의 장애의 범위 : 합병성·단일성 또는 공무로 인한 것인지에 불문하고 직무수행에 상당한 지장을 줄 수 있는 신체·정신적인 장애는 모두 해당됨
4) 휴직의 기간·연장·재휴직 등
   가) 휴직기간: 휴직기간은 1년 이내로 하되, 부득이한 경우 1년의 범위에서 연장할 수 있음. 다만, 「공무원재해보상법」에 따른 공무상 부상 또는 질병으로 인한 휴직기간은 3년 이내로 하되, 의학적 소견 등을 고려하여 대통령령으로 정하는 바에 따라 2년의 범위에서 연장할 수 있음
   나) 휴직의 신청, 휴직기간의 연장 및 재휴직
      (1) 일반적으로 질병휴직 시 그 기간은 요양에 실제로 필요한 기간이 되어야 함. 따라서 진단서에 나타난 요양기간이나 본인이 제출한 휴직원에서 정한 기간을 초과하였다 하더라도 휴직자가 요양이 더 필요하다는 객관적 증빙서류를 제출하였을 경우에는 총2년의 범위 안에서 휴직의 연장이 가능함
      (2) 휴직기간(총2년)을 초과하지 않는 범위내에서 휴직기간을 연장하거나, 복직하였다가 재휴직도 할 수 있음. 다만, 복직시에는 휴직사유의 소멸여부를 파악하여 방학기간에 복직하였다가 다시 휴직을 반복하는 사례를 방지하여야 함
      (3) 휴직기간(총2년)이 만료된 후에도 직무를 정상적으로 감당할 수 없을 경우, 국가공무원법 제70조 제1항 제4호의 규정에 의하여 직권면직 처분을 할 수 있음
         • 본인의 원에 의하지 않은 휴직 또는 면직 처분을 할 경우에는 처분의 사유를 기재한 설명서를 교부하여야 함
         • 그 처분에 불복이 있는 교육공무원은 그 설명서를 받은 날부터 30일 이내에 교원소청심사위원회에 재심을 청구할 수 있으며, 이 경우 면직처분에 대하여는 교원소청심사위원회의 최종 결정이 있을 때까지 후임자를 보충하지 못함
      (4) 휴직기간(총2년)이 만료된 후 복직하여 정상근무 중에 동일질병이 재발하는 경우
         • 복직후의 근무가 완전하고 정상적인 상태로서 상당기간 지속되었다면, 그 재발된 질병의 정도, 요양기간, 요양 후 정상적인 근무수행 여부 등을 종합적으로 판단하여 새로운 휴직을 부여할 수 있음
         • 다만, 복직후의 근무상태가 불완전하고 비정상적인 상태여서 직무를 감당하지 못할 만한 지장이 있다고 판단될 때에는 직권면직함이 타당하다고 사료됨(총무처 인기 12107-45, 1996.1.25.)

다) 휴직의 횟수

휴직의 횟수에는 제한이 없으나 동일질병으로 1년이내, 부득이한 경우 총2년의 범위에서 연장(공무상 질병휴직은 3년, 2년의 범위에서 연장 가능)할 수 있음. 단, 당해 교육공무원의 질병 정도와 요양기간 등을 엄격히 판단하여 휴직기간 만료 후에도 정상적으로 직무를 감당하지 못할 것이 명백한 경우, 직권면직 조치하여 동일한 사유로 휴직이 계속 반복되지 않도록 함이 타당하다고 사료됨(총무처 인제 200-1489, 1972.8.5.)

5) 휴직 신청 서류

가) 휴직 신청서: 소속, 직, 성명, 휴직사유, 휴직기간 등을 명시(직권으로 휴직을 명할 경우에는 제출받을 필요는 없으나, 본인의 원에 의할 경우에는 필요한 서류를 징구할 수 있음)

나) 휴직사유 입증서류(「공무원임용령」 제57조의7 제1항)

(1) 「공무원 재해보상법」 제24조에 따른 요양기관에서 발행한 진단서

(「의료법」 제17조에 의하여 교부된 의사의 진단서로서 의료보험이 적용되는 병·의원 또는 한의원에서 발행하는 진단서)

(2) 그 밖에 휴직사유를 증명할 수 있는 자료 : 의사 소견서 등에 「의료법」 시행규칙 제9조에 따른 진단서 기재사항이 모두 기재된 경우

의료법 시행 규칙(보건복지부령 제1096호, 2025.3.11.)

제9조(진단서의 기재 사항) ① 법 제17조제1항에 따라 의사·치과의사 또는 한의사가 발급하는 진단서에는 별지 제5호의2서식에 따라 다음 각 호의 사항을 적고 서명날인하여야 한다.
1. 환자의 성명, 주민등록번호 및 주소. 다만, 환자가 「위기 임신 및 보호출산 지원과 아동 보호에 관한 특별법」 제2조 제3호에 따른 비식별화된 가명(이하 "가명"이라 한다) 또는 「사회보장급여의 이용·제공 및 수급권자 발굴에 관한 법률」 제7조의2제1항에 따른 전산관리번호(이하 "전산관리번호"라 한다)를 부여받은 경우에는 성명 대신 가명을 적거나 주민등록번호 대신 전산관리번호를 적을 수 있고, 주소를 적지 않을 수 있다.
2. 병명 및 「통계법」 제22조제1항 전단에 따른 한국표준질병·사인 분류에 따른 질병분류기호(이하 "질병분류기호"라 한다)
3. 발병 연월일 및 진단 연월일
4. 치료 내용 및 향후 치료에 대한 소견
5. 입원·퇴원 연월일
6. 의료기관의 명칭·주소, 진찰한 의사·치과의사 또는 한의사(부득이한 사유로 다른 의사 등이 발급하는 경우에는 발급한 의사 등을 말한다)의 성명·면허자격·면허번호
② 질병의 원인이 상해(傷害)로 인한 것인 경우에는 별지 제5호의3서식에 따라 제1항 각 호의 사항 외에 다음 각 호의 사항을 적어야 한다. 〈개정 2012. 4. 27., 2015. 12. 23.〉
1. 상해의 원인 또는 추정되는 상해의 원인
2. 상해의 부위 및 정도
3. 입원의 필요 여부
4. 외과적 수술 여부
5. 합병증의 발생 가능 여부
6. 통상 활동의 가능 여부
7. 식사의 가능 여부
8. 상해에 대한 소견
9. 치료기간
③ 제1항의 병명 기재는 「통계법」 제22조제1항 전단에 따라 고시된 한국표준질병·사인 분류에 따른다.
④ 진단서에는 연도별로 그 종류에 따라 일련번호를 붙이고 진단서를 발급한 경우에는 그 부본(副本)을 갖추어 두어야 한다.

6) 복직 절차
   가) 휴직자가 휴직기간 중 그 사유가 소멸되거나 더 이상의 휴직이 불필요한 경우, 임용권자에게 이를 신고(복직원 제출)하여야 하며, 임용권자는 지체 없이 복직을 명함
   나) 휴직자가 휴직기간의 만료로 30일 이내에 복귀신고를 한 때에는 당연 복직됨. 이 경우 복직일까지는 휴직기간으로 봄
   다) 질병휴직 기간 중이라도 본인이 질병이 완쾌되었다는 증빙서류(진단서 등)와 함께 복직원을 제출하면 임용권자는 이를 근거로 정상적인 직무수행 가능 여부를 판단하여 복직 여부를 결정

7) 공무상 질병휴직
   가) 근거: 「교육공무원법」 제44조(휴직) 제1항제1호, 제45조제1항제1호 단서
   나) 기간: 3년 범위 내에서 가능
   다) 대상
      (1) 「공무원 재해보상법 시행령」 제28조에 따른 공무상 요양 승인이나 같은 영 제32조에 따른 재요양 승인을 받은 경우
      (2) 「산업재해보상보험법」 제40조에 따른 요양급여 결정이나 같은 법 제51조에 따른 재요양 결정을 받은 경우
   라) 기간연장 및 재휴직
      공무상 요양 승인·재요양 승인 등이 지속 중이어야만 공무상 질병휴직을 새로 명하거나 연장 가능
      (1) 공무상 요양 승인 등을 받은 기간이 종료된 경우, 동일한 사유로 공무상 질병휴직을 새로 명하거나 휴직 기간 연장 불가
      (2) 단, '21.12.9 당시 공무상질병휴직 중인 공무원은 승인 또는 결정을 받은 공무상요양기간이나 요양급여 지급이 끝난 후에도 같은 사유로 질병·부상이 계속되는 경우 진단서를 통해 공무상 질병휴직 연장 가능

   ☞ 공무상 요양 승인이나 요양 급여 결정이 끝난 후에도 정상적인 근무가 어렵다고 판단되는 경우 일반 질병휴직 활용 가능, 이때 새로운 일반 질병휴직 2년이 부여되는 것은 아니며, 2년 중 공무상질병휴직으로 활용한 기간을 제외한 잔여기간 활용

   마) 소급 적용(공무원임용령 제 57조의7 제6항)
      (1) 질병휴직 중인 공무원이 공무상 요양 등 승인 결정 통보를 받은 경우, 당초 질병휴직을 취소하고 그 발령일로 소급하여 공무상질병휴직을 명할 수 있음
      (2) 질병휴직 기간이 끝난 공무원이 공무상 요양 등 승인 결정 통보를 받은 경우, 당초의 질병휴직 명령을 공무상 질병휴직 명령으로 변경 가능
   바) 공무상 질병휴직 제도의 운영상 유의 사항(「공무원임용령」 제57조의7)
      (1) 「교육공무원법」 제44조제1항제1호에 의한 공무상 질병휴직을 명할 수 있는 경우는 「공무원 재해보상법 시행령」 제28조에 따른 공무상 요양 승인이나 같은 영 제32조에 따른 재요양 승인(이하 "공무상요양·재요양승인"이라 한다)을 받은 경우와 「산업재해보상보험법」 제40조에 따른 요양급여 결정이나 같은 법 제51조에 따른 재요양 결정(이하 "요양급여·재요양결정"이라 한다)을 받은 경우로 한정

(2) 공무상요양·재요양승인이나 요양급여·재요양결정을 받은 기간(연장된 요양기간을 포함한다)이 끝난 후에는 그 사유와 같은 사유로 공무상 질병휴직을 새로 명하거나 그 휴직기간의 연장을 명할 수 없음

(3) 질병휴직 중에 있는 공무원이나 그 휴직기간이 끝난 공무원이 공무상 질병휴직 요건에 해당하게 된 경우에는 당초의 질병휴직을 취소하고, 그 발령일을 소급하여 공무상 질병휴직을 명하거나 당초의 질병휴직 명령을 공무상 질병휴직 명령으로 변경 가능

8) 병가 및 연가와의 관계
  가) 일반질병휴직
   - 일반병가(60일) → 법정연가사용 가능 → 일반질병휴직(1년, 1년 연장)
  나) 공무상 질병휴직
   - 공무상병가(180일) → 일반병가(60일) → 법정 연가 사용 가능 → 공무상 질병휴직(3년 이내)
   ※ 병가·연가 소진 여부와 상관없이 임용권자의 명령에 따라 질병휴직도 가능함

9) 기타
  가) 휴직기간의 재직경력 인정 여부
   (1) 경력 평정: 미산입(공무상 질병인 경우 산입)
   (2) 호봉 승급: 호봉 승급 기간에서 제외(공무상질병인 경우는 포함)
  나) 결원 보충: 6개월 이상 휴직 시 결원보충 가능
  다) 보수
   (1) 봉급
    - 일반질병: 1년 이하 - 봉급액의 70퍼센트 지급
              1년 초과 2년 이하 - 봉급액의 50퍼센트 지급
    - 공무상질병 : 봉급 전액 지급
   (2) 수당
   〈일반질병휴직〉
    - 정근수당: 휴직1월에 대하여 '수당액 × 1/6' 감액 지급
    - 정근수당가산금, 가족수당, 자녀학비보조수당은 '수당액 × 0.3(1년초과 2년 이하의 기간은 0.5)' 감액 지급
    - 시간외근무수당: 월중에 휴직발령을 받거나 복직을 할 경우 시간외근무 수당은 실제 근무한 실적에 따라 지급
    - 정액급식비, 교통보조비, 가계지원비, 직급보조비는 지급하지 않음. 다만, 월중에 휴직발령을 받거나 복직을 할 경우 실제 근무한 일수에 따라 일할 계산하여 지급
    - 명절휴가비: 지급기준일(설날, 추석) 현재 휴직중인 경우 지급하지 아니함
   〈공무상 질병휴직〉
    - 시간외근무수당을 제외한 수당 등 전액 지급

라) 질병휴직위원회의 역할
　(1) 공무상질병휴직 3년 초과 시, 2년 범위에서 연장에 대한 자문
　(2) 특별장학 또는 감사결과 등에 따른 질병휴직에 대한 자문
　(3) 질병휴직 기간이 끝난 교육공무원의 직권면직 대상 여부에 대한 자문
　(4) 기타 질병휴직과 관련한 전문적인 판단에 대한 자문
　　(질병휴직에 관한 일반적인 사항은 「질병·육아·가족돌봄·복직처리지침」에 의거 하여 적용)

Q&A 질병휴직관련 질의, 회신

질의
- 휴직기간이 만료된 후 복직하여 정상근무 중에 동일질병이 재발하는 경우에는 어떻게 처리되나?

회신
- 복직후의 근무가 완전하고 정상적인 상태로서 상당기간 지속되었다면 그 재발된 질병의 정도, 요양기간, 요양 후 정상적인 근무수행 여부 등을 종합적으로 판단하여 새로운 휴직을 부여할 수 있음. 다만, 복직후의 근무상태가 불완전하고 비정상적인 상태여서 직무를 감당하지 못할 만한 지장이 있다고 판단될 때에는 직권면직함이 타당하다고 사료됨.

질의
- 1년간 질병휴직 후 근무 중에 병원 진료(정기적인 검사 및 진료)를 위해 병가를 사용할 수 있는가?

회신
- 휴직 조치후의 복직은 질병·부상의 완쾌 등 휴직사유의 소멸시 가능하므로 휴직기간 만료시 동일사유로 연속하여 일반 병가를 허가할 수 없음.
　다만, 휴직기간(1년)이 끝난 후 복직하여 정상 근무 중 동일질병 또는 부상이 재발된 때에는 복직 후의 근무가 정상적인 상태로 상당기간 지속된 경우에만 일반 병가를 허가할 수 있음.(교육과학기술부홈페이지, 질의응답사례, 2002.5.3.)

질의
- 질병휴직 중 해외체류가 가능한가?

회신
- 질병휴직 중 해외체류와 관련하여 공무원임용령 제57조의5에 따라 임용권자는 법제71조에 근거하여 휴직중인 공무원이 휴직기간 중 휴직사유와 달리 휴직목적 달성에 현저히 위배되는 행위를 하는 경우 복직을 명할 수 있도록 규정하고 있음. 질병치료를 위해 해외체류하는 것은 가능한 것으로 판단되지만 질병휴직 중 해외체류가 휴직사유에 반하는 지 여부는 소속기관의 임용권자가 판단할 사항이므로 해외 체류 시 질병치료 여부(추후 공증 받은 진단서, 치료기록 제출 필요), 해외체류 기간, 체류목적, 체류지 등에 대한 내용을 토대로 임용권자의 판단을 받아야 하는 것이 타당하다고 사료됨.

질의
- 3년간 공무상질병휴직을 한 이후에도 완치되지 않은 경우, 동일한 사유로 새로운 질병휴직이 가능한가?

회신
- 동일한 질병에 대해 공무상질병휴직과 일반질병휴직이 각각 별개로 부여되는 것이 아니라, 질병휴직은 최대 2년 이내로 하되 질병·부상이 공무수행과 관련된 것일 때에는 최대 3년의 범위에서 가능함. 따라서 3년간 공무상질병휴직을 한 이후에 동일한 질병에 대해 추가로 질병휴직 사용 불가(교육부 교원정책과-4410(2022.6.17.))
　※ 공무상질병휴직은 3년 후 의학적 소견 등을 고려하여 대통령령으로 정하는 바에 따라 2년의 범위에서 연장할 수 있음 (「교육공무원법」제45조제1항제1호 개정, 2023.4.19.)

●● 질병휴직 – 휴직원

휴 직 원

　금번 (질병내용 기재)질병으로 인하여 20**년 **월 **일부터 20**년 **월 **일까지 (**개월간) 휴직하고자 증빙서류를 제출하오니 허가하여 주시기 바랍니다.

〈휴직 관련 안내 사항〉
1. 교육공무원법 및 국가공무원 복무규정을 준수하여야 합니다.
2. 휴직 중 매 반기별(6월30일, 12월 31일)로 소재지, 연락처, 휴직사유의 계속 여부를 휴직자 실태보고서에 기재하여 학교장에게 보고해야 합니다.
3. 질병휴직 중 휴직 사유에 위배되지 않도록 유의하시기 바랍니다.
　- 예) 학위 취득을 위한 대학원 입학, 치료 목적 외의 해외 체류, 영리업무 등
4. 휴직기간 만료 및 휴직 사유 소멸(완치 등) 시 즉시 복직해야 하고, 복직 시 원소속교로 복직되지 않을 수 있습니다.

20**년 **월 **일

소　　속 : ○○초등학교
직　　위 : 교사
성　　명 : ○○○ (인)

○○초등학교장 귀하

■● 질병휴직 – 휴직연장원

휴 직 연 장 원

(질병내용 기재)질병으로 인하여 20**년 **월 **일부터 20**년 **월 **일까지 (**개월간) 휴직 중인바 (질병내용 기재)질병으로 인하여 20**년 **월 **일부터 20**년 **월 **일까지 (**개월간) 휴직을 연장하고자 증빙서류를 제출하오니 허가하여 주시기 바랍니다.

〈휴직 관련 안내 사항〉
1. 교육공무원법 및 국가공무원 복무규정을 준수하여야 합니다.
2. 휴직 중 매 반기별(6월30일, 12월 31일)로 소재지, 연락처, 휴직사유의 계속 여부를 휴직자 실태 보고서에 기재하여 학교장에게 보고해야 합니다.
3. 질병휴직 중 휴직 사유에 위배되지 않도록 유의하시기 바랍니다.
 - 예) 학위 취득을 위한 대학원 입학, 치료 목적 외의 해외 체류, 영리업무 등
4. 휴직기간 만료 및 휴직 사유 소멸(완치 등) 시 즉시 복직해야 하고, 복직 시 원소속교로 복직되지 않을 수 있습니다.

20**년 **월 **일

소　　속 : ○○초등학교
직　　위 : 교사
성　　명 : ○○○ (인)

○○초등학교장 귀하

●● 질병휴직 – 복직원

복 직 원

(질병내용 기재)질병으로 인하여 20**년 **월 **일부터 20**년 **월 **일까지 (**개월간) 휴직한바 완치되었기*(치료되어 정상적인 근무가 가능하기)*에 증빙서류를 제출하오니 복직을 허가하여 주시기 바랍니다.

20**년 **월 **일

소   속 : ○○초등학교

직   위 : 교사

성   명 : ○○○ (인)

○○초등학교장 귀하

●● 질병휴직 – 복직원(타교 복직 요청인 경우)

복 직 원

(질병내용 기재)질병으로 인하여 20**년 **월 **일부터 20**년 **월 **일까지 (**개월간) 휴직한바 완치되었기(치료되어 정상적인 근무가 가능하기)에 증빙서류를 제출하오니 복직을 허가하여 주시기 바랍니다.

20**년 **월 **일

소　　속 : ○○초등학교
직　　위 : 교사
성　　명 : ○○○ (인)

경기도○○교육지원청교육장 귀하

●● 질병휴직 – 학교장의견서(타교 복직 요청인 경우)

학교장 의견서

소　　속 : ○○초등학교

직　　위 : 교사

성　　명 : ○○○ (인)

　본교의 상기교사는 (질병명 기재)질병으로 20**년 **월 **일부터 20**년 **월 **일까지 (**개월간) 휴직하였던 바 그 복직 사유가 타당하다고 사료되오니 허락하여 주시기 바랍니다.

20**년 **월 **일

○○초등학교장 (직인)

경기도○○교육지원청교육장 귀하

나. 병역휴직

1) 근거: 교육공무원법 제44조 제1항 제2호, 동법 제45조 제1항 제2호
2) 휴직사유: 「병역법」에 따른 병역 복무를 위하여 징집 되거나 소집된 경우
3) 휴직의 요건
    가) 휴직 대상: 남자 교육공무원
    나) "징집 되거나 소집된 경우"의 의미(병역법 제2조)
        (1) 현역장교, 부사관 또는 병(전투경찰대원·교정시설경비교도 포함)으로 복무하게 된 때(다만, 사관학교·단기사관학교 및 국군간호사관학교의 무관후보생이 된 때와 본인의 지원에 의하여 하사관후보생이 된 때는 제외함)
        (2) 제1국민역이 아닌 사관후보생 및 본인의 지원에 의하지 아니한 하사관 후보생이 된 때
        (3) 상근예비역 또는 보충역으로 복무하게 된 때
            - 병역의무를 수행하는 것으로 족하고 구체적인 병역의무의 종류를 가릴 것은 아니므로, 단기복무부사관으로 지원입대 하거나 사병으로 근무 중 단기복무 부사관으로 복무하더라도 병역법상 의무수행을 위한 것이라면 당연히 휴직사유에 포함됨
        (4) 단기복무부사관으로 지원입대한 자가 본인의 의사에 반하여 군인사법 제7조 제1항 제7호의 규정에 의한 의무복무기간인 4년을 초과하여 복무하고 제대한 경우에도 그 초과근무기간이 병역법 제19조의 규정에 의하여 조정한 기간의 범위 내라면 정당한 입대휴직이며, 복직처리도 가능
4) 휴직기간 및 횟수
    가) 법정휴직기간: 복무기간이 끝날 때까지
        (1) 복무기간이라 함은 병역법 제18조 및 제30조와 군인사법 제7조의 규정에 의한 의무복무기간을 말함
        (2) 각급학교의 재학생으로서 재학 시 군인사법 제62조의 규정에 의한 군장학생으로 선발되어 장학금을 지급받고 졸업 후 장교 또는 하사관으로 복무하게 되었을 경우, 본인의 의무복무기간(단기복무장교인 경우 3년)에 군장학금을 지급받고 학업을 이수한 기간에 해당되는 기간을 가산한 기간을 의무복무기간(현역입영통지서를 받은 날로부터 해당 의무복무기간이 완료되는 날까지)으로 봄
    나) 휴직발령 기준일 및 입영 준비 기간의 처리
        (1) 군입대를 위하여 휴직원을 제출한 교육공무원에 대하여는 입영일자로 휴직 발령하고 그 후 입대증명서 또는 군복무확인서를 제출토록 하여 이를 보완함
        (2) 입영 준비 기간의 처리: 연가 사용
    다) 휴직의 횟수: 병역의무를 필하기 위한 휴직은 그 성격상 1회로 한정하나, 병역법 제47조 제2항[1]의 규정에 의하여 귀가처리 되어 복직을 한 후, 동법 동조 제3항의 규정에 의하여 재입영을 할 때에는 다시 휴직을 명하여야 함

---

[1] 입영부대의 장은 입영신체검사의 결과 병력동원소집 복무에 적합하지 아니하거나 질병 또는 심신장애로 15일 이상의 치유기간이 필요하다고 인정되는 사람에 대하여는 신체등급 또는 치유기간을 명시하여 귀가시킬 수 있다. 〈개정 2016.5.29.〉

5) 휴직 신청 서류
  가) 휴직 신청서: 소속, 직, 성명, 휴직사유 등을 명시
  나) 휴직사유 입증서류
    (1) 병역법 제6조에 의한 병역의무부과통지서(반드시 첨부해야 하는 서류는 아님)
    (2) 먼저 휴직처분을 하고 사후에 입대증명서 또는 군복무확인서를 첨부하여도 됨
6) 복직 절차
  가) 귀가 처리된 자의 처리: 병역법 제47조 제2항의 규정에 의하여 귀가 처리된 자에 대하여는 휴직사유가 소멸된 것으로 보아 지체 없이 복직을 명해야 하며 귀향조치 확인증빙서류를 첨부해야 함(총무처인제 203-1752)
  나) 휴직자가 휴직기간의 만료 후 30일 이내에 복귀신고를 한 때에는 당연 복직됨. 이 경우 복직일까지는 휴직기간으로 봄
  다) 군복무를 위하여 휴직 중에 있는 자가 군복무 중 군무를 이탈하였을 때는 직권으로 면직시킬 수 있음(국가공무원법 제70조 제1항 제7호)
7) 기타
  가) 휴직기간의 재직경력 인정여부
    (1) 경력평정: 산입
    (2) 호봉승급: 호봉승급기간에 포함
  나) 결원보충: 6개월 이상 휴직 시 별도정원에 의한 결원보충
  다) 보수
    (1) 봉급: 지급안함. 단, 공무원보수규정 제24조의 규정에 의해 2년 이상 근속한 공무원이 휴직할 경우 그 달의 봉급 전액을 지급하고 2년 미만 근무한 자는 휴직일을 기준으로 일할계산하여 지급
    (2) 수당: 지급 안함. 단, 휴직한 날이 속하는 달의 수당은 일할 계산하여 지급.

> **Q&A 병역휴직관련 질의, 회신**
>
> **[질의]**
> - 교육공무원이 징집영장을 받음으로써 입대를 위한 휴직 발령을 받고 입소하였으나 훈련소에서 신체검사 결과 불합격으로 귀가 조치된 교사의 신분처리는?
>
> **[회신]**
> - 병역의무를 필하기 위한 휴직자가 불합격이나 징집면제 조치를 받고 되돌아 왔을 경우에 이는 휴직사유가 소멸되는 것이므로 임용권자는 지체 없이 복직 발령하여야 함.(「교육공무원 인사실무」, 2003. 12. 교육과학기술부)
>   ☞ 병역휴직 시 귀가조치 되는 경우 휴직사유 소멸로 복직해야 함을 반드시 안내
>
> **[질의]**
> - 교육공무원이 복무 중 병역의무를 이행하기 위하여 지원 입대하는 경우 휴직 처리할 수 있는가?
>
> **[회신]**
> - 복무 중 직업군인이 되기 위하여 지원 입대하는 것이 아니라 병역의무를 미리 이행하기 위하여 장교나 직업군인이 아닌 사병으로 지원 입대하는 경우에는 병역법 제75조의 규정에 의하여 휴직처리하고 퇴영과 동시에 복직할 수 있음. (「교육공무원 인사실무」, 2003. 12. 교육과학기술부)

■● 병역휴직 - 휴직원

휴 직 원

금번 병역의무 이행으로 20**년 **월 **일부터 20**년 **월 **일까지 (**개월간) 휴직하고자 (입영통지서)를 붙여 제출하오니 허가하여 주시기 바랍니다.

<휴직 관련 안내 사항>
1. 교육공무원법 및 국가공무원 복무규정을 준수하여야 합니다.
2. 휴직 중 매 반기별(6월30일, 12월 31일)로 소재지, 연락처, 휴직사유의 계속 여부를 휴직자 실태 보고서에 기재하여 학교장에게 보고해야 합니다.
3. 병역휴직 중 휴직 사유에 위배(소멸)되지 않도록 유의하시기 바랍니다.
 - 예) 귀가조치 및 의가사전역 등 조기전역 미신고, 군무이탈, 미신고 겸직업무 등
4. 휴직기간 만료 및 휴직 사유 소멸(소집해제, 귀가조치, 의가사전역, 복무기간 조기 만료 등) 시 즉시 복직 해야 하고, 복직 시 원소속교로 복직되지 않을 수 있습니다.

20**년 **월 **일

소　　속 : ○○초등학교

직　　위 : 교사

성　　명 : ○○○ (인)

경기도○○교육지원청교육장 귀하

●● 병역휴직 - 학교장 의견서(휴직)

학교장 의견서

소　　속 : ○○초등학교
직　　위 : 교사
성　　명 : ○○○ (인)

　위 교사는 병역의무 이행으로 20**년 **월 **일부터 20**년 **월 **일까지 (**개월간) 휴직하고자 하여 사유를 검토한 바 그 사유가 타당하다고 사료되오니 허락하여 주시기 바랍니다.

20**년 **월 **일

○○초등학교장 (직인)

경기도○○교육지원청교육장 귀하

■● 병역휴직 - 복직원

복 직 원

병역의무 이행으로 20**년 **월 **일부터 20**년 **월 **일까지 (**개월간) 휴직되었던 바 복무기간이 만료되었기에 증빙서를 붙여 제출하오니 허가하여 주시기 바랍니다.

20**년 **월 **일

소　　속 : ○○초등학교
직　　위 : 교사
성　　명 : ○○○ (인)

경기도○○교육지원청교육장 귀하

●● 병역휴직 - 학교장 의견서(복직)

학교장 의견서

소　　속 : ○○초등학교

직　　위 : 교사

성　　명 : ○○○ (인)

　위 교사는 병역의무 이행으로 20**년 **월 **일부터 20**년 **월 **일까지 (**개월간) 휴직하였던 바 복무기간이 만료되어 그 복직 사유가 타당하다고 사료되오니 허락하여 주시기 바랍니다.

20**년 **월 **일

○○초등학교장 (직인)

경기도○○교육지원청교육장 귀하

다. 생사불명휴직

1) 근거: 교육공무원법 제44조 제1항 제3호, 동법 제45조 제1항 제3호
2) 휴직사유: 천재지변이나 전시·사변 또는 그 밖의 사유로 인하여 생사나 소재를 알 수 없게 된 경우
3) 휴직의 요건
  가) 휴직 대상: 남·여 교육공무원
  나) 생사 또는 소재 불명의 의미: 당해 교육공무원의 생사여부와 소재가 모두 불명할 것을 요구하지 않고 어느 한 쪽만 알 수 없어도 휴직처리 하여야 함
4) 휴직기간 및 횟수
  가) 법정휴직기간: 3개월 이내
  나) 휴직 발령 기준일: 당해 교육공무원의 생사 또는 소재가 불명한 것을 인지하였을 때 또는 실종신고가 된 것을 안 날
  다) 휴직의 횟수: 휴직의 횟수에는 제한이 없음
5) 휴직 신청 서류
  가) 휴직 신청서: 휴직 신청서 없이 직권으로 휴직을 명함
  나) 휴직사유 입증서류: 당해 교육공무원이 생·사 또는 소재지가 불명하다는 것을 객관적으로 증명할 수 있는 서류
6) 복직 절차
  가) 휴직처리 후 3개월 이내에 본인이 복귀신고를 할 경우 지체 없이 복직을 명하여야 함
  나) 휴직기간이 끝난 후에도 직무에 복귀를 하지 아니할 경우에는 국가공무원법 제70조 제1항 제4호의 규정에 의하여 직권으로 면직시킬 수 있음
7) 기타
  가) 휴직기간의 재직경력 인정여부
    (1) 경력평정: 미산입
    (2) 호봉승급: 승급기간에 미산입
  나) 결원보충: 결원보충 불가
  다) 보수
    (1) 봉급: 지급안함. 단, 휴직한 날이 속하는 달의 봉급은 일할 계산하여 지급
    (2) 수당: 지급안함. 단, 휴직한 날이 속하는 달의 수당은 일할 계산하여 지급
8) 국가공무원법의 직장이탈금지 조항과의 관계
  가) 천재지변이나 전시·사변은 대부분 외부요인에 의한 것이나, 기타의 경우에는 개인이나 불법단체에 의한 납치 또는 공무원 본인 스스로 잠적하는 등 내·외적 요인까지 모두 포함됨

나) 교육공무원의 생사 여부 또는 소재가 불명한 것의 원인이 외부에 의하지 않고, 공무원 스스로가 행한 것이 객관적으로 명백하다면 직장이탈을 금지하고 있는 국가공무원법 제58조의 규정을 위배한 것이므로 징계처분의 대상이 될 수도 있음

> **Q&A 생사불명휴직관련 질의, 회신**
>
> **질의**
> - 소속 공무원이 출근한다고 집을 나간 후 현재까지 가족 및 학교(기관)에 전혀 연락 없이 무단결근 중에 있는 경우 인사 처리는?
>
> **회신**
> - 국가공무원법 제71조 제1항 제4호의 규정에 의하면 "…기타의 사유로 생사 또는 소재가 불명한 때"를 직권휴직 사유로 하고 있는 바, 이때의 기타의 사유에는 천재·지변이나 전시·사변이외의 납치 등과 같은 외부적인 요인분만 아니라 무단가출·잠적 등과 같은 내부적인 요인에 의한 것까지 포함한다고 판단되므로 동 규정에 의한 휴직이 가능할 것으로 생각됨.
>
> (「교육공무원 인사실무」, 2012. 6. 교육과학기술부)

라. 법정의무수행휴직

1) 근거: 교육공무원법 제44조 제1항 제4호, 동법 제45조 제1항 제2호
2) 휴직사유: 기타 법률의 규정에 의한 의무를 수행하기 위하여 직무를 이탈하게 된 경우
3) 휴직의 요건
   가) 휴직 대상: 남·여 교육공무원
   나) 기타 법률의 의미 : 「병역의무의 특례 규제에 관한 법률」에 의하여 의료직 공무원이 공중보건의로 근무하는 것과 같이 비교적 장기간 동안 직무를 이탈하게 될 경우
4) 휴직기간 및 횟수
   가) 법정휴직기간: 의무복무기간 또는 임기
   나) 휴직발령기준일: 병역휴직과 동일
   다) 휴직의 횟수: 병역휴직과 동일
5) 휴직 신청 서류: 휴직 신청서(법률상의 의무수행)
6) 복직 절차
   가) 휴직기간 만료 후 30일 이내에 복귀신고를 한 경우 지체 없이 복직을 명하여야 함
   나) 휴직기간이 만료된 후에도 복귀하지 아니할 경우에는 국가공무원법 제70조 제1항 제4호의 규정에 의하여 직권으로 면직시킬 수 있음
7) 기타
   가) 휴직기간의 재직경력 인정여부
      (1) 경력평정: 산입
      (2) 호봉승급: 호봉승급기간에 포함
   나) 결원보충: 6개월 이상 휴직시 별도정원에 의한 결원보충
   다) 보수
      (1) 봉급: 병역휴직과 동일
      (2) 수당: 병역휴직과 동일

● 법정의무수행휴직 - 휴직원

※ 법정의무수행휴직의 학교장의견서 및 복직원은 병역휴직 양식을 수정하여 활용

휴 직 원

금번 법정의무수행(   )으로 인하여 20**년 **월 **일부터 20**년 **월 **일까지 (**개월간) 휴직하고자 증빙서를 붙여 제출하오니 허가하여 주시기 바랍니다.

〈휴직 관련 안내 사항〉
1. 교육공무원법 및 국가공무원 복무규정을 준수하여야 합니다.
2. 휴직 중 매 반기별(6월30일, 12월 31일)로 소재지, 연락처, 휴직사유의 계속 여부를 휴직자 실태보고서에 기재하여 학교장에게 보고해야 합니다.
3. 법정의무수행 중 휴직 사유에 위배되지 않도록 유의하시기 바랍니다.
  - 예) 법정의무수행 위반, 미신고 겸직 업무, 영리업무 등
4. 휴직기간 만료 및 휴직 사유 소멸 시 즉시 복직해야 하고, 복직 시 원소속교로 복직되지 않을 수 있습니다.

20**년 **월 **일

소   속 : ○○초등학교
직   위 : 교사
성   명 : ○○○   (인)

경기도○○교육지원청교육장 귀하

마. 유학휴직

1) 근거: 교육공무원법 제44조 제1항 제5호, 동법 제45조 제1항 제4호
2) 휴직 사유: 학위취득을 목적으로 해외유학을 하거나 외국에서 1년 이상 연구 또는 연수를 하게 된 경우
3) 휴직의 요건
   가) 휴직 대상 : 남·여 교육공무원
   나) 유학 또는 연구·연수의 범위
      (1) 학위취득을 목적으로 외국에서 유학하게 되는 경우
      (2) 외국의 교육기관 및 연수기관에서 연수하게 되는 경우(자기비용에 의한 유학뿐만 아니라 외국 기관의 경비부담 초청도 포함)
         ※ 국비유학의 경우, 국가의 필요에 의하여 해당 교육공무원의 능력을 발전시키기 위한 것이라는 점에서 휴직이 아니라 교육공무원법 제40조 및 교육공무원임용령 제7조의4의 규정에 의한 장기파견으로 처리
         ※ 외국의 교육기관·연구기관, 연수기관의 정의
            - 교육기관·연구기관: 유학하고자 하는 국가의 교육관계 법령 등에 의해 설립된 기관으로서 각종 학위과정을 설치·운영하거나(교육기관), 학문적 지식·이론을 연구하는 것을 목적으로 설립된 기관(연구기관)을 말함
            - 연수기관: 유학하고자 하는 국가의 법령 등에 의하여 설립된 기관으로서 6개월 이상의 교습과정에 따라 어학 및 기술(기능을 포함한다)을 연수 또는 훈련함을 목적으로 설립된 기관을 말함. 사설학원에서 어학공부를 위한 휴직은 불가함

4) 휴직기간 및 횟수
   가) 법정휴직기간: 3년 이내(학위취득을 하려는 경우 3년의 범위에서 연장 가능)
      ※ "3년의 범위에서 연장 가능"의 의미
      > 유학휴직은 3년 이내에서 가능하며 최초에 1년 또는 2년간만 휴직을 하였다 하더라도 최초 3년의 기간은 모두 사용한 것으로 간주하며, 그 후 연장하는 것은 횟수에 관계없이 3년 이내에서 가능
   나) 휴직의 신청, 휴직기간의 연장 및 재휴직
      (1) 법정휴직기간 내에서 본인의 희망기간(예 : 6개월 또는 1년6개월)에 따라 정하여 운영하되, 가급적 학기단위로 휴직할 수 있도록 하고
      (2) 연장가능 기간을 초과하지 않는 범위 내에서 휴직기간을 연장할 수 있음
   다) 휴직의 횟수 : 휴직의 횟수에는 제한이 없으나, 유학휴직의 경우 휴직기간 중 봉급의 50%를 지급하고, 유학기간의 1/2을 경력평정기간에 포함되는 점을 감안 신중하게 운영하여야 할 것임
   라) 기타 유의사항
      (1) 휴직자가 당초 휴직 시에는 A대학에서 ○○에 관한 석사학위 취득을 목적으로 휴직을 허가 받은 후, 임용권자의 허락 없이 B대학으로 옮기거나 △△에 관한 학위취득을 하는 등의 행위는 당초 휴직의 목적에 어긋나므로 휴직사유의 소멸에 해당, 지체 없이 복직해야 함
      (2) 다만, 본인의 귀책사유가 아닌 부득이한 사유로 인해서 대학 또는 학위과정을 변경하여야 할 경우에는 임용권자에게 신고를 하고 허가를 받아야 함
      (3) 당초 석사학위 취득을 목적으로 휴직을 하고 유학 중 석사학위를 조기에 취득한 경우도 휴직사유의 소멸로 봄. 따라서 휴직기간이 남았다는 이유로 박사과정을 계속 이수할 수는 없음
      (4) 유학휴직은 복직하여 경기도의 교육기관에서 유학휴직 기간과 같은 기간을 반드시 근무해야함

(5) 유학휴직은 경기도 교원 국외 자비유학, 연수·연구 대상자 선정 기준을 적용하며, 특별한 경우 심사하여 휴직을 허가할 수 있음. 특히, 유학휴직은 복직 후 경기교육정책 실현 및 교육과정 운영의 전문성 확보를 목표로 하는 바, 복직 후 반드시 의무복무(휴직기간과 같은 기간)를 하여야 함. 유학휴직 기간과 같은 기간을 의무복무해야 함에도 불구하고 의무복무할 수 없다고 하여 의원면직을 청원하는 경우 원칙적으로 승인할 수 없으며, 다만 의무복무를 면할 특별한 사유가 있는 경우에는 그러하지 아니할 수 있음

(6) 유학휴직은 의무복무기간이 만료된 이후(유학휴직 종료후 휴직 기간과 같은 기간)에만 육아휴직을 제외한 다른 청원휴직을 신청·허가할 수 있음. 다만 의무복무를 면할 특별한 사유가 있는 경우에는 그러하지 아니할 수 있음

5) 휴직 신청 서류
  가) 휴직 신청서: 소속, 직, 성명, 휴직사유, 휴직기간 등을 명시
  나) 휴직사유 입증 서류
   (1) 외국의 교육기관 또는 연수기관의 등록·입원 또는 입학증명서 등
   (2) 출입국에 관한 사실 증명(출국 후 제출)
   (3) 기타 경기도 교원 국외 자비유학, 연수·연구대상자 선정 기준에 명시한 제출서류

6) 복직 절차
  가) 휴직자가 휴직기간 중 그 사유가 소멸되거나 더 이상의 휴직이 불필요한 경우(학위의 조기 취득 등) 임용권자에게 이를 신고(복직원 제출)하여야 하며, 임용권자는 지체 없이 복직을 명함
  나) 휴직자가 휴직기간의 만료 후 30일 이내에 복귀신고를 한 때에는 당연 복직됨. 이 경우 복직일까지는 휴직기간으로 봄

7) 기타
  가) 휴직기간의 재직경력 인정여부
   (1) 경력평정: 50% 산입
   (2) 호봉승급: 호봉승급기간에 포함
  나) 결원보충: 6개월 이상 휴직 시 별도정원에 의한 결원보충
  다) 보수
   (1) 봉급: 50% 지급
   (2) 수당
    • 정근수당: 해당 지급대상 기간 중 공무원으로 실제 근무한 기간에 따라 계산하여 전액 지급
    • 정근수당가산금, 가족수당, 자녀학비보조수당은 수당액의 50% 감액 지급
    • 기타 관리업무수당, 특수지근무수당, 특수업무수당(단, 교원 등에 대한 보전수당은 수당액의 50% 감액 지급)은 지급하지 아니함

Q&A 유학휴직관련 질의, 회신

질의
- 현 휴직기간 만료 시 복직 후 곧바로 재외 한국학교에 고용될 경우 국가공무원법 제71조 제2항 제1호(고용휴직)의 규정에 의하여 또 다시 휴직이 가능한가?

회신
- 해외유학휴직은 타휴직과 달리 휴직기간 중에도 보수의 50%를 지급하고 경력평정에서도 5할을 인정하는 등 공무원의 능력향상과 행정발전을 도모하는데 그 목적이 있으므로 국가가 직접 훈련계획을 수립·시행하는 특별훈련 파견에 준하여 특별관리 하도록 한 해외연수를 위한 휴직처리지침(총무처 교훈01146-322)에 따라 휴직기간 만료 후에는 즉시 직무에 복귀하여 관련 훈련분야에서 근무하여야 함. (경기도 교원 국외 자비유학, 연수·연구 대상자 선정 기준에 따라 유학휴직의 복직 후 휴직기간과 같은 기간을 의무 복무를 해야 함)

따라서 유학휴직 후 바로 고용휴직을 하는 것은 유학휴직을 허가한 본래의 취지와 상반되므로 고용휴직을 제한함이 타당할 것임.

(「교육공무원 인사실무」, 2012. 6. 교육과학기술부)

memo

<참고자료> 아포스티유 협약

1. 아포스티유 협약
   - 협약가입국들 사이에서 공문서의 상호간 인증을 보다 용이하게 하기 위해, 외국 공관의 영사확인 등 복잡한 인증절차를 폐지하는 대신 공문서 발행국가가 이를 확인(Legalization)하는 내용을 골자로 하는 다자간 협약이다.
   - 우리나라 공문서(성적증명서 등)를 제출하기 위해 해당국가 주한대사관(총영사관)의 영사확인을 받지 않고, 외교부 발행 아포스티유를 발급받아 협약가입국에 제출하면 협약국 공문서와 동일한 효력이 인정된다.

2. 아포스티유 확인
   - 한 국가의 공문서(공증문서 포함)가 다른 국가에서도 공문서로 효력을 인정받기 위해서는 각 국의 국내법이 요구하는 일정한 인증요건을 갖추어야 한다. - 통상적으로 공문서(공증문서 포함)가 제출되어야 하는 국가의 외교·영사기관이 해당 공문서 서명자의 자격 또는 공문서에 날인된 인영·스탬프의 동일성을 확인 받아야 한다.

3. 휴·복직 및 휴직연장 시의 아포스티유 확인 방법
   - 유학, 고용 및 동반 휴·복직 및 연장 시에 필요하며, 교육청에 제출하는 서류 중 해외의 재직증명서나 고용계약서 등에 아포스티유 확인을 받아야 그 서류에 대한 공식적인 인정을 받을 수 있다.
   - 아포스티유 확인 방법(절차)
     - 공문서 : 공문서 발급(번역문 첨부, 반드시 기관장 직인, 서명 또는 날인 포함)
       ⇨ 해당국가 외교부 또는 아포스티유 발급기관 확인(Apostille부착)
       ⇨ 학교에 제출(공문서로 인정)
     - 공증문서 : 외국 정부기관 발행 문서가 아닌 문서로서 외국의 법(공증인법 또는 변호사법의 성격)에 의해 공증인의 자격을 가진 자가 공증한 문서(번역문 첨부)
       ⇨ 해당국가 외교부 또는 아포스티유 발급기관 확인(Apostille부착)
       ⇨ 학교에 제출(공증문서로 인정)

4. 아포스티유 협약에 가입하지 않은 나라의 문서(서류) 확인은 해당국 주재 우리나라 대사관이나 영사관의 확인을 받으면 된다.

경기도 교원 국외 자비유학, 연수·연구대상자 선정 기준

1996.11.8 제정
2003.09.22 1차 개정
2009.06.25 2차 개정
2016.06.13 3차 개정
2024.01.26 4차 개정

1. 목적
사회변천에 따라 교육 분야에도 점차 국제화, 고학력화 추세가 되면서 교원들이 자기연찬의 기회를 확대하고자 국외 자비유학, 연수·연구를 위한 휴직 희망자가 날로 늘어나고 있어 교원 수급, 재정운영 및 학생교육에 지장을 줄 것을 대비하여 교원 국외 자비유학, 연수·연구 대상자 선정 기준을 시행하고자 함.

2. 선정기준
가. 교육경력 3년 이상이고 본도에서 1년 이상 근속한 자로서 학교장이 추천한 자
나. 해외유학 경험이 없는 자(단, 상위 학위 취득의 경우는 제외)
다. 최근 3년 이내에 경고 이상의 처분을 받지 않은 자
라. 수료 후 반드시 귀국하여 휴직기간과 같은 기간 이상을 본도의 교육기관에 근무할 자
마. 외국의 교육기관, 연구기관 또는 연수기관으로부터 입학허가 또는 초청을 받은 자
바. 유학, 연수·연구과정은 교육학 또는 전공교과·지도교과와 관련이 있어야 함
사. 어학연수의 경우는 중등교원은 자기 전공 교과 또는 지도 교과와 관련 있고 연수하고자 하는 언어가 해당 연수국의 모국어이어야 하고, 초등교원은 영어교과와 관련이 있고 언어가 영어를 모국어로 사용하는 국가이어야 함
아. 유학휴직 종료 후 이어서 상위학위 취득을 위한 유학휴직은 불가(다만, 복직 후 휴직기간과 같은 기간 이상 근무 후 신청가능)

3. 대상자 결정
대상자는 선정기준과 유학·연수·연구계획서를 검토한 후 교육지원청 교육장이 결정, 휴직을 허가한다.

4. 사후관리
가. 귀국 후 복직 신청시에는 학위취득 논문 또는 연수·연구기관의 수료증, 연구확인서와 함께 유학·연수·연구 결과 보고서를 제출하여야 한다.
나. 귀국 후에는 휴직기간과 같은 기간 이상을 본도의 교육기관에 근무하여야 한다.

5. 구비서류
가. 국외 자비유학, 연수, 연구 신청서 1부.
나. 유학, 연수, 연구 계획서 1부.
다. 이력서 1부.
라. 초청장 또는 입학허가서 사본(공증포함) 1부.
마. 각서 1부.
바. 학교장 추천서 1부.
사. 휴직원 1부.

※ 유학휴직 종료후 휴직 기간과 같은 기간 근무는 2024.3.1.자 유학휴직 선정 대상자부터 적용(2024년 이전 선정 대상자는 휴직 기간의 1.5배 근무)

■● 유학휴직 - 휴직원

휴 직 원

금번 국외자비(유학, 연수·연구)으로 인하여 20**년 **월 **일부터 20**년 **월 **일까지 (**개월간) 휴직하고자 증빙서를 붙여 제출하오니 허가하여 주시기 바랍니다.

〈휴직 관련 안내 사항〉

1. 교육공무원법 및 국가공무원 복무규정을 준수하여야 합니다.
2. 휴직 중 매 반기별(6월30일, 12월 31일)로 소재지, 연락처, 휴직사유의 계속 여부를 휴직자 실태보고서에 기재하여 학교장에게 보고해야 합니다.
3. 유학휴직 중 휴직 사유에 위배되지 않도록 유의하시기 바랍니다.
   - 예) 국내체류, 미신고 겸직업무 및 영리업무 등
4. 휴직기간 만료 및 휴직 사유 소멸(학업중단, 휴학, 학위조기취득, 대학(원)변경, 학위과정 변경 등) 시 즉시 복직해야 하고, 복직 시 원소속교로 복직되지 않을 수 있습니다.

20**년 **월 **일

소　　속 : ○○초등학교

직　　위 : 교사

성　　명 : ○○○　(인)

경기도○○교육지원청교육장 귀하

●● 유학휴직 - 학교장 의견서(휴직)

학교장 의견서

소　　속 : ○○초등학교
직　　위 : 교사
성　　명 : ○○○　(인)

　위 교사는 국외자비(유학, 연수·연구)으로 인하여 20**년 **월 **일부터 20**년 **월 **일까지 (**개월간) 휴직하고자 하여 사유를 검토한 바 그 사유가 타당하다고 사료되오니 허락하여 주시기 바랍니다.

20**년 **월 **일

○○초등학교장 (직인)

경기도○○교육지원청교육장 귀하

● 유학휴직 – 국외 자비 유학 신청서

국외 자비 유학 신청서

소 속				사진
성 명		생년월일		
주 소		전 화		
연 수 국		연수기관		
연수목적		연수기간		
연수주제				
현지연락처				

위와 같이 국외 자비 유학 신청서를 제출하오니 허가하여 주시기를 바랍니다.

20**년 **월 **일

신청인 : ○○○ (인)

경기도○○교육지원청교육장 귀하

●● 유학휴직 - 유학 계획서

유 학 계 획 서

소 속 : ○○초등학교

직 위 : 교사

성 명 : ○○○ (인)

< 유학을 하고자 하는 이유(동기), 유학기간 중 연구할 내용, 유학 후 귀국하여 교수-학습 등에 활용 방안을 A4용지 3쪽 내외로 작성 >

●● 유학휴직 - 이력서

이 력 서

1. 인적사항

성 명	한글		생년월일		사 진
	한자		성 별		
	영문		소지자격증		
주 소					
연락처 (전화)	자택		사 무 실		
병역관계				질병	

2. 학 력

기 간	학교명	전공 분야	학위	학위논문제목

3. 경 력

기 간	근무분야	근무기관	직위 및 직급	업무내용

* 현 근무기관 주소 :

4. 훈련실적

기간	훈련 종목	훈련실시기관	국내및국외 훈련 구분	훈련내용
~ (년 월)				
~ (년 월)				
~ (년 월)				
~ (년 월)				

5. 상 벌

년월일	종류	시행기관

6. 외국어 구사 능력

외국어명	상	중	하

주) 외국어 구사 능력 표시 참고사항
　상 : 독해력 및 회화능력이 상당수준인 자
　중 : 독해력 및 일상회화가 능숙한 자
　하 : 독해력 및 기초적인 일상회화가 가능한 자

위 기재내용은 사실과 틀림없음을 확인하였기에

필요한 구비서류로 제출합니다.

20　년　　월　　일

작성자　직: 교사　　성명: ○○○　(인)

확인자　직: 교장　　성명: ○○○　(인)

■■● 유학휴직 - 서약서

서 약 서

소　　속 : ○○초등학교
직　　위 : 교사
성　　명 : ○○○

　본인은 20**년 **월 **일부터 20**년 **월 **일까지 (**개월간) ○○기관에서 국외자비(유학, 연수·연구)을 함에 있어 아래 사항을 준수할 것이며, 만약 이를 이행하지 못할 때에는 어떠한 처벌도 감수할 것을 서약합니다.

- 대한민국 국민과 교직자로서 품위를 손상하는 행위를 하지 않는다.
- 견문과 학식을 높이기 위하여 최대한 노력한다.
- 소속기관 또는 감독기관과 항상 연락체계를 유지하며 지시에 따른다.
- 소정의 과정을 마친 후 반드시 귀국하여 경기도내 초·중등 교육기관에서 유학휴직 기간과 같은 기간을 복무한다.

20**년 **월 **일

서 약 자 :　○○○　(인)

경기도○○교육지원청교육장 귀하

■■ 유학휴직 - 휴직연장원

휴 직 연 장 원

국외자비(유학, 연수·연구)으로 인하여 20**년 **월 **일부터 20**년 **월 **일까지(**개월간) 휴직 중인바, 국외자비(유학, 연수·연구)으로 인하여 20**년 **월 **일부터 20**년 **월 **일까지(**개월간) 휴직을 연장하고자 증빙서를 붙여 제출하오니 허가하여 주시기 바랍니다.

〈휴직 관련 안내 사항〉

1. 교육공무원법 및 국가공무원 복무규정을 준수하여야 합니다.
2. 휴직 중 매 반기별(6월30일, 12월 31일)로 소재지, 연락처, 휴직사유의 계속 여부를 휴직자 실태 보고서에 기재하여 학교장에게 보고해야 합니다.
3. 유학휴직 중 휴직 사유에 위배되지 않도록 유의하시기 바랍니다.
   - 예) 국내체류, 미신고 겸직업무 및 영리업무 등
4. 휴직기간 만료 및 휴직 사유 소멸(학업중단, 휴학, 학위조기취득, 대학(원)변경, 학위과정 변경 등) 시 즉시 복직해야 하고, 복직 시 원소속교로 복직되지 않을 수 있습니다.

20**년 **월 **일

소　　속 : ○○초등학교

직　　위 : 교사

성　　명 : ○○○　(인)

경기도○○교육지원청교육장 귀하

●● 유학휴직 - 학교장 의견서(휴직연장)

학교장 의견서

소　속 : ○○초등학교
직　위 : 교사
성　명 : ○○○　(인)

위 교사는 국외자비(유학, 연수·연구)으로 인하여 20**년 **월 **일부터 20**년 **월 **일까지(**개월간) 휴직 중인바, 국외자비(유학, 연수·연구)로 인하여 20**년 **월 **일부터 20**년 **월 **일까지(**개월간) 휴직을 연장하고자 하여 그 사유를 검토한바 타당하다고 사료되오니 허락하여 주시기 바랍니다.

20**년 **월 **일

○○초등학교장 (직인)

경기도○○교육지원청교육장 귀하

●● 유학휴직 - 복직원

복 직 원

국외자비(유학, 연수·연구)으로 인하여 20**년 **월 **일부터 20**년 **월 **일까지 (**개월간) 휴직되었던 바, 그 휴직 기간이 만료되었기에 증빙서를 붙여 제출하오니 허가하여 주시기 바랍니다.

20**년 **월 **일

소　　속 : ○○초등학교

직　　위 : 교사

성　　명 : ○○○　(인)

경기도○○교육지원청교육장 귀하

●● 유학휴직 – 학교장 의견서(복직)

학교장 의견서

소　　속 : ○○초등학교
직　　위 : 교사
성　　명 : ○○○　(인)

　위 교사는 국외자비(유학, 연수·연구)으로 인하여 20**년 **월 **일부터 20**년 **월 **일까지 (**개월간) 휴직하였던 바 그 복직 사유가 타당하다고 사료되오니 허락하여 주시기 바랍니다.

20**년 **월 **일

○○초등학교장 (직인)

경기도○○교육지원청교육장 귀하

바. 고용휴직

1) 근거
   교육공무원법 제44조 제1항 제6호, 동법 제45조 제1항 제5호

2) 휴직 사유

> **경기도교육청 허가 기준**
>
> 초·중·고등학생을 직접 교육하는 재외교육기관(교육부장관이 승인한 재외 한국학교)에서 전임으로 고용계약을 한 경우에 한하여 허가함을 원칙으로 하며, 초·중등학생을 직접 교육하지 않는 국제기구, 외국기관, 국내외의 대학·연구기관, 다른 국가기관에의 고용휴직은 허가하지 아니한다. 또한 일부 요일만을 특정하여 고용 계약하여 실질적으로 전임으로 근무한다 할 수 없는 경우 이를 허가하지 아니하며(예: 한글학교, 시간제 근무) 〈중략〉

3) 휴직의 요건
   가) 휴직 대상: 남·여 교육공무원
   나) 휴직의 범위
      (1) 한국학교: 재외국민에게 「초·중등교육법」의 규정에 따른 학교교육을 실시하기 위하여 교육부장관의 승인을 얻어 외국에 설립된 교육기관
      (2) 고용의 의미: 당해기관과 정식으로 근로계약을 체결하여 상시 노동력을 제공하고, 이에 대하여 일정액의 임금(교통비 등의 명목으로 받는 돈은 임금으로 볼 수 없음)을 지급받아야 하므로 단순히 용역계약에 의한 과제연구나 시간제근무 등은 해당되지 않음
      (3) 임금을 받지 않고 학생을 교육하는 등의 근로를 제공하는 행위는 고용계약이 아니므로 휴직 사유에 해당되지 않음

4) 휴직기간 및 횟수
   가) 법정휴직기간: 고용기간 (비영리법인에 고용되어 고용휴직을 할 경우 재직기간 중 총 3년 이내)
   나) 휴직의 신청
      (1) 법정휴직기간인 고용기간동안 휴직할 수 있으며 고용기간을 초과하여 휴직하거나 연장할 수 없음
      (2) 고용기간 만료 후 재계약시 복직 후 새로운 고용휴직을 신청해야함
   다) 휴직의 횟수 : 휴직의 횟수에는 제한이 없음

경기도교육청 허가 기준

휴직기간이 연속하여 5년이 초과된 경우에는 복직 후 일정기간(최소 1년이상) 근무한 후에 다시 고용휴직을 할 수 있다. 기타 상기 기준외의 사유로 고용휴직과 관련하여 특별하다고 인정되는 경우 심사를 통하여 허가 여부를 결정할 수 있다.

※ 「휴직기간이 연속하여 5년」에 대한 해석 : 학교에 복직하여 일정기간(최소 1년이상) 근무하기 전까지의 고용 휴직 총기간이 5년임을 의미하는 것으로, 고용휴직기간이 5년 연속되는 경우는 물론 고용휴직에 이어 다른 휴직, 파견 등으로 전환하여 실질적으로 단위학교에 복직·복귀하기 전의 고용휴직 총기간이 5년인 경우도 이에 해당된다.

예를 들어 고용휴직 3년을 한 후 이어서 동반휴직 1년을 하고 다시 고용휴직 2년을 하였다면 이는 고용휴직 연속 5년에 해당되어 더 이상의 고용휴직은 불가하다. 따라서 이 경우 연속이 아니므로 동반휴직 이후의 고용 휴직부터 기산하여 추가로 고용휴직을 3년 더 할 수 있다고 판단하여 고용휴직을 신청하는 것은 인정되지 아니한다. 이는 휴직기간 산정의 혼란과 악용의 우려를 없애 기준을 명료화하기 위한 것임.

5) 휴직 신청 서류
  가) 휴직 신청서: 소속, 직, 성명, 휴직사유, 휴직기간 등을 명시
  나) 휴직사유 입증서류
    (1) 해당기관에서 발행한 고용사실 확인서 또는 고용계약서 등(재외 주재 교육관 또는 교육원장 〈교육관 또는 교육원장이 파견되지 아니한 국가 및 지역은 당해 지역을 관할하는 교육담당 영사〉의 확인을 받아 제출)
    (2) 휴직자의 출입국에 관한 사실 증명(출국 후 제출)
    (3) 기타 휴직사유를 입증할 수 있는 서류
  다) 임용권자는 재외주재 교육관 등의 확인을 받은 서류에 의해서만 휴직허가 및 경력인정 등의 조치를 취함

※ 고용휴직 또는 복직 시 재외주재 교육관 등의 확인을 받아 제출해야 하는 서류

고용계약서 (휴직 시)	고용기간, 주당 수업담당 예정시수 및 보수지급예정액이 반드시 명시되어야 함
경력증명서 (복직 시)	실제 담당한 주당 수업시수 및 보수지급액이 반드시 명시되어야 함 (가능한 월별로 작성)
보수지급 증거자료 (복직 시)	경력증명서에 기재된 월별 보수지급액을 확인 할 수 있는 증거자료의 사본 등
교원 수업시수 배당표 등 (복직 시)	경력증명서에 기재된 주당 수업시수를 확인할 수 있는 증거자료의 사본
기타	이외에 필요한 서류를 임용권자가 정하여 징구할 수 있음

6) 복직 절차

　가) 휴직자가 휴직기간 중 그 사유가 소멸(해고 등)되거나 더 이상의 휴직이 불필요한 경우(퇴직 등) 임용권자에게 이를 신고(복직원 제출)하여야 하며, 임용권자는 지체 없이 복직을 명함

　나) 휴직기간 만료 전에 휴직자가 휴직사유 소멸을 사유로 복직원을 제출한 경우, 임용권자는 그 사실을 확인할 수 있는 서류를 징구할 수 있으며, 그것을 근거로 복직을 명할 수 있음

　다) 휴직자가 휴직기간의 만료로 30일 이내에 복귀신고를 한 때에는 당연 복직됨. 이 경우 복직일 까지는 휴직기간으로 봄

7) 기타

　가) 휴직기간의 재직경력 인정여부

　　(1) 경력평정: 100% 산입(비상근인 경우 50% 산입, 교육공무원승진규정 제11조 제1항 제1호)

　　(2) 호봉승급: 100% 산입(비상근인 경우 50% 산입)

　　　• 상근 근무: 주당 수업시수 15시간 이상
　　　• 비상근 근무: 주당 수업시수 6시간 이상 14시간 이하
　　　• 기　타: 주당 수업시수 5시간 이하는 휴직사유로 인정 안함

　　　　※ 고용휴직 중 고용기관의 사정으로 주당 5시간 이하의 수업을 담당하였을 경우에는 동 기간은 교육경력 및 호봉승급기간에 산입하지 아니함. 단, 주당 수업시수가 5시간 이하로 6개월 이상 계속 될 경우는 휴직사유가 소멸된 것으로 간주하여 복직조치 하도록 함

　　　　※ 당초 계약과 달리 매월 일정액을 보수로 받지 않는 경우에도 교육경력 또는 승급기간에 포함되지 않도록 하고, 무보수가 6개월 이상 계속될 경우 휴직사유가 소멸된 것으로 간주하여 복직 조치 하도록 함

　나) 결원보충: 6개월 이상 휴직 시 별도정원에 의한 결원보충

　다) 보수

　　(1) 봉급: 지급안함. 단, 휴직한 날이 속하는 달의 봉급은 일할계산하여 지급
　　(2) 수당: 지급안함. 단, 휴직한 날이 속하는 달의 수당은 일할계산하여 지급

　라) 고용휴직의 허가 시 교육과정운영, 교원수급, 소요예산, 휴직목적의 적합성, 복직 후 교육발전 기여 가능성 등을 종합적으로 고려하여 판단 승인함

> **Q&A　고용휴직관련 질의, 회신**
>
> [질의]
> 동반휴직 중 고용휴직으로 변경이 가능한가?
>
> [회신]
> 휴직 중 다른 휴직 사유 발생 시 다른 휴직으로 변경이 가능함. 다만, 기존의 휴직에 대해 복직 신청과 동시에 새로운 휴직 사유에 대한 근거 서류를 첨부하여 새로운 휴직을 허가 받아야 함.

■● 고용휴직 - 휴직원

휴 직 원

금번 재외교육기관(○○○○학교) 고용으로 인하여 20**년 **월 **일부터 20**년 **월 **일까지(**개월간) 휴직하고자 증빙서를 붙여 제출하오니 허가하여 주시기 바랍니다.

<휴직 관련 안내 사항>

1. 교육공무원법 및 국가공무원 복무규정을 준수하여야 합니다.
2. 휴직 중 매 반기별(6월30일, 12월 31일)로 소재지, 연락처, 휴직사유의 계속 여부를 휴직자 실태보고서에 기재하여 학교장에게 보고해야 합니다.
3. 고용휴직 중 휴직 사유에 위배되지 않도록 유의하시기 바랍니다.
   - 예) 고용해제 및 고용기관변경 미신고, 계약기간 임의변경, 주당수업 5시간이하, 영리업무 등
4. 휴직기간 만료 및 휴직 사유 소멸(고용해제 등) 시 즉시 복직해야 하고, 복직 시 원소속교로 복직되지 않을 수 있습니다.

20**년 **월 **일

소　　속 : ○○초등학교
직　　위 : 교사
성　　명 : ○○○　(인)

경기도○○교육지원청교육장 귀하

●● 고용휴직 - 학교장 의견서(휴직)

학교장 의견서

소　　속 : ○○초등학교
직　　위 : 교사
성　　명 : ○○○　(인)

위 교사는 (○○○○학교) 고용으로 인하여 20**년 **월 **일 부터 20**년 **월 **일까지(**개월간) 휴직하고자 하여 사유를 검토한 바 그 사유가 타당하다고 사료되오니 허락하여 주시기 바랍니다.

20**년 **월 **일

○○초등학교장 (직인)

경기도○○교육지원청교육장 귀하

■● 고용휴직 - 복직원

복 직 원

　재외교육기관(○○○○학교) 고용으로 인하여 20**년 **월 **일부터 20**년 **월 **일까지(**개월간) 휴직되었던 바, 고용 기간이 만료 되었기에 증빙서를 붙여 제출하오니 허가하여 주시기 바랍니다.

20**년 **월 **일

　　　　　　　　　　　　　소　　속 : ○○초등학교
　　　　　　　　　　　　　직　　위 : 교사
　　　　　　　　　　　　　성　　명 : ○○○　(인)

경기도○○교육지원청교육장 귀하

●● 고용휴직 - 학교장 의견서(복직)

학교장 의견서

소　　속 : ○○초등학교

직　　위 : 교사

성　　명 : ○○○　(인)

위 교사는 (○○○○학교) 고용으로 인하여 20**년 **월 **일부터 20**년 **월 **일까지(**개월간) 휴직하였던 바 그 복직 사유가 타당하다고 사료되오니 허락하여 주시기 바랍니다.

20**년 **월 **일

○○초등학교장 (직인)

경기도○○교육지원청교육장 귀하

재외한국학교 현황('24.4.1. 기준, 16개국 34개교)

학교명	대한민국 정부 인가일	학생 수 (학급 수)					전임 교원 수						
		유	초	중	고	계	유	초	중	고	교장	교감	계
동경한국학교	'62.03.16		718(18)	348(9)	346(9)	1,412(36)		39	17	17	1	2	76
교토국제학교	'61.05.11			22(3)	137(9)	159(12)			5	13	1		19
오사카금강학교	'61.02.24		153(6)	67(3)	70(4)	290(13)		19	8	9	1	2	39
건국한국학교	'76.10.01	58(4)	145(6)	60(3)	129(8)	392(21)	9	11	12	20	1	4	57
소계(4개교)		58(4)	1,016(30)	497(18)	682(30)	2,253(82)	9	69	42	59	4	8	191
북경한국국제학교	'98.08.26	27(2)	165(8)	154(7)	241(11)	587(28)	2	21	15	29	1		68
천진한국국제학교	'01.03.05	30(3)	154(8)	99(6)	133(6)	416(23)	4	19		32	1	1	57
상해한국학교	'99.07.06		299(14)	255(10)	329(14)	883(38)		31	5	51	1	2	90
무석한국학교	'08.03.01	42(3)	161(8)	112(6)	136(6)	451(23)	3	13		34	1	1	52
소주한국학교	'13.02.22	12(1)	131(6)	99(6)	128(6)	370(19)	1	11	6	16	1		35
홍콩한국국제학교	'88.03.01	15(2)	45(6)	25(3)	21(3)	106(14)	4	11		11	1		27
옌타이한국국제학교	'02.09.01		102(6)	67(3)	102(5)	271(14)		9	3	16	1		29
칭다오청운한국학교	'06.05.30	37(2)	244(10)	241(9)	220(9)	742(30)	3	20	2	34	1		60
웨이하이한국학교	'17.10.24		130(6)	73(3)	91(3)	294(12)		12	8	9	1		30
대련한국국제학교	'03.12.23	15(1)	61(6)	53(3)	76(3)	205(13)	1	11	10	10	1		33
선양한국국제학교	'06.07.26		41(6)	25(3)	25(3)	91(12)		10	5	9	1		25
연변한국국제학교	'98.02.19	5(1)	38(6)	14(3)	25(3)	82(13)	1	8	9	6	1		25
광저우한국학교	'14.02.07		133(6)	110(6)	139(7)	382(19)		13	2	28	1		44
소계(13개교)		183(15)	1,704(96)	1,327(68)	1,666(79)	4,880(258)	19	189	65	285	13	4	575
타이뻬이한국학교	'61.10.01	5(1)	44(5)			49(6)	1	4			1		6
까오숑한국국제학교	'61.01.28	9(1)	33(6)			42(7)	2	3			1		6
소계(2개교)		14(2)	77(11)			91(13)	3	7			2		12
하노이한국국제학교	'06.03.21		1,063(32)	613(18)	514(15)	2,190(65)		47	30	31	1	2	111
호치민시한국국제학교	'98.08.04	40(2)	997(30)	503(15)	488(15)	2,028(62)	3	66	34	34	1	2	140
소계(2개교)		40(2)	2,060(62)	1,116(33)	1,002(30)	4,218(127)	3	113	64	65	2	4	251
젯다한국학교	'76.09.18		6(4)			6(4)		3			1		4
리야드한국학교	'79.04.24		17(3)			17(3)		4			1		5
소계(2개교)			23(7)			23(7)		7			2		9
자카르타한국국제학교	'77.04.25		215(12)	248(9)	333(13)	796(34)		25	23	24	1	2	75
싱가포르한국국제학교	'93.02.17	35(3)	147(6)	63(3)	90(3)	335(15)	5	17	6	17	1	1	47
방콕한국국제학교	'02.02.18		95(6)	42(3)	44(3)	181(12)		9	6	6	1	1	23
필리핀한국국제학교	'05.07.11	31(2)	74(6)	36(6)	51(3)	192(14)	4	14	6	8	1		33
파라과이한국학교	'92.03.01	34(3)	52(6)			86(9)	2	6			1		9
아르헨티나한국학교	'95.01.23	52(5)	62(6)			114(11)	10	14			2		26
모스크바한국학교	'92.02.14	8(3)	36(6)			44(9)	1	6			1		8
테헤란한국학교	'76.04.30		5(3)			5(3)		3			1		4
카이로한국학교	'80.04.15		28(6)			28(6)		6			1		7
말레이시아한국국제학교	'12.12.28	8(1)	30(6)			38(7)	1	6			1		8
프놈펜한국국제학교	'18.08.27		53(6)			53(6)		6			1		7
소계(11개교)		168(17)	797(69)	389(18)	518(22)	1,872(126)	23	112	41	55	12	4	247
합 계(16개국, 34개교)		463(40)	5,677(275)	3,329(137)	3,868(161)	13,337(613)	57	497	212	464	35	20	1,285

출처: 교육부 홈페이지(https://www.moe.go.kr/)

사. 육아휴직

1) 근거: 교육공무원법 제44조 제1항 제7호, 동법 제45조 제1항 제6호와 제6의2호
2) 휴직사유: 8세 이하 또는 초등학교 2학년 이하의 자녀를 양육하기 위해서 필요하거나 여성 교육공무원이 임신 또는 출산하게 된 경우
3) 휴직의 요건
   가) 휴직 대상
   (1) 8세 이하 또는 초등학교 2학년 이하의 자녀를 양육하기 위한 남·여 교육공무원, 임신 또는 출산하게 된 여자 교육공무원
   (2) 육아휴직이 가능한 대상 아동은 8세 이하 또는 초등학교 2학년 이하 중 어느 하나에 해당하는 자녀에 대해서 휴직 가능함
   ※ 8세 이하는 8세가 속하는 학기말까지 휴직 가능을 의미
   • 2016.5.21. 생일인 경우 : 2024.5.21.부터 2025.5.20.까지 8세에 해당되므로 8세 종료일인 2025.5.20.이 포함되는 학기말인 2025.8.○○(교육과정 운영을 고려하여 학교의 장이 정한 날)까지 육아휴직 가능(단, 자녀당 3년의 휴직기간을 초과할 수 없음)
   • 2016.9.21. 생일인 경우 : 2024.9.21.부터 2025.9.20.까지 8세에 해당되므로 8세 종료일인 2025.9.20.이 포함되는 학기말인 2026.2.28.까지 육아휴직 가능(단, 자녀당 3년의 휴직기간을 초과할 수 없음)
   ※ 초등학교 2학년은 2학년 2학기가 끝나는 다음연도 2월말까지를 의미함
   (3) 부부(교육)공무원의 경우 동일자녀에 대하여 각각 혹은 동시 휴직 가능
   (4) 쌍둥이 자녀의 경우, 각각의 자녀에 대하여 육아휴직 가능
   나) 자녀의 범위
   (1) 친생자는 물론 양자도 포함
   (2) 이혼한 경우에는 양육권을 가진 자녀에 한함
   (3) 재혼한 경우에는 배우자에게 양육권이 있는 자녀도 포함
4) 휴직기간 및 횟수
   가) 법정휴직기간: 육아휴직 기간은 자녀 1인에 대하여 3년 이내로 함 (법 제45조 제1항 제6호)
   나) 휴직의 횟수
   (1) 법 제44조 제1항 제7호의 육아휴직은 휴직 가능 기간 내에서 휴직 횟수에 제한 없이 분할사용 가능(교육공무원임용령 제19조의2)
   (2) 육아휴직을 분할하여 사용하는 경우에도 각각의 휴직신청 시에 법 제44조 제1항 제7호에서 정한 요건을 갖추어야 함(최대 3년인 전체 휴직기간 동안 8세 이하 또는 초등학교 2학년 이하)의 자녀의 요건을 갖추어야함
   ※ 8세 이하인 경우 8세가 속하는 학기 말까지 휴직 가능
   ※ 초등학교 2학년 이하인 경우 초등학교 2학년 말까지 휴직 가능

다) 육아 휴·복직의 허가

- 육아휴직의 대상이 되는 자녀 1인에 대하여
  가) 교원이 육아휴직을 원하는 일자에 휴직을 허가하되, 휴직종료일은 학기말임 (휴직가능 잔여기간이 6개월 이상인 경우 학기단위 휴직 권장)
  나) 휴직가능 잔여기간을 모두 사용하고자 하나, 학기단위 휴직이 불가능한 경우 원하는 시기에 휴·복직을 허가하되, 가급적 휴직과 복직 중 하나는 학기 시작일 또는 학기말에 맞춤
  다) 복직 시에는 휴직사유의 소멸여부를 파악하여 방학기간 중에 복직하였다가 다시 휴직을 반복하는 사례를 방지하여야 함
- 육아휴직 및 출산휴가가 끊어짐이 없이 이어지는 경우 출산휴가 종료 후 대상자녀를 달리하여 휴·복직 가능
- 복직과 동시에 대상자녀를 달리하여 육아휴직 가능
- 학기단위의 의미는 「초·중등교육법 시행령」 제44조에 의거 제1학기는 3월 1일부터 학교의 수업일수·휴업일 및 교육과정 운영을 고려하여 학교의 장이 정한 날까지, 제2학기는 제1학기 종료일 다음날부터 다음 해 2월말일 까지임
  (다만, 타교복직자의 경우 인사발령상 3월 1일 - 8월 31일, 9월 1일 - 2월 말일로 적용)

5) 휴직 신청 서류
   가) 휴직 신청서 : 소속, 직, 성명, 휴직사유, 휴직기간, 휴직목적 등을 명시
      ※ 임용권자의 판단에 따라 필요한 서류를 징구할 수 있음
   나) 휴직사유 입증서류
      (1) 주민등록등본, 가족관계증명서 등
      (2) 이혼자의 경우에는 양육권을 입증할 수 있는 서류
      (3) 임신 또는 출산의 경우에는 그 사실을 입증할 수 있는 서류(「의료법」 제17조에 의하여 교부된 의사의 진단서 또는 출산확인서 등)
         ※ 진단서는 의료보험이 적용되는 병·의원 또는 한의원에서 발행하는 진단서를 첨부하면 됨.
      (4) 기타 휴직사유를 입증할 수 있는 서류

6) 복직 절차
   가) 법 제44조제1항제7호의 육아휴직은 휴직자가 휴직기간 중 그 사유가 소멸(유산, 양육대상 자녀의 사망, 출산 등)된 경우 임용권자에게 이를 신고(복직원 제출)하여야 하며, 임용권자는 지체 없이 복직을 명함.(다만, 출산으로 인한 조기 복직은 기간제 교원의 고용 보장이 가능할 경우에 한하여 허용)
      ※ 휴직 중에는 출산휴가 신청이 곤란하므로, 출산 전에 육아휴직 중인 경우에는 출산예정일을 기준으로 사전에 임용권자에게 복직신청을 하고 출산휴가 신청에 대한 의사를 표해야 함
      ※ 교육공무원 임용령 제6조에 정하는 사항 외의 소급 임용이 불가하므로 적기 처리에 특히 유의
   나) 임용권자는 2년 이상 육아휴직한 교원이 복직하고자 할 때에는 복직자 직무연수를 받도록 조치하여야 함 (교육공무원법 제45조)
   다) 휴직자가 휴직사유 소멸 또는 휴직기간의 만료로 30일 이내에 복귀신고를 한 때에는 당연히 복직됨. 이 경우 복직일 전일까지는 휴직기간으로 봄(국가공무원법 제73조)
   라) 휴직 기간을 연장하고자 할 때에는 휴직 기간 만료 전 15일까지 신청하여야 함(교육공무원 인사관리규정 제25조)

7) 육아휴직 수당(2025.1.3.시행, 공무원수당 등에 관한 규정 제11조의3)
   가) 육아휴직 시작일부터 6개월째까지는 육아휴직 시작일 현재 육아휴직 공무원 호봉 기준 월봉급액에 해당하는 금액을 지급하고, 육아휴직 7개월째 이후는 육아휴직 시작일을 기준으로 한 월봉급액의 80퍼센트에 해당하는 금액을 지급한다. 이 경우 육아휴직수당의 월별 지급액의 상한액은 다음의 구분에 따라 산정하되, 월별 지급액이 70만원 보다 적은 경우에는 70만원으로 함
      (1) 육아휴직 시작일로부터 3개월째까지 : 250만원
      (2) 육아휴직 4개월째부터 6개월째까지 : 200만원
      (3) 육아휴직 7개월째 이후 : 160만원
   나) 월중 휴직한 경우 휴직한 날을 기준으로 일할 계산하여 지급
   다) 임신을 사유로 휴직한 교원이 출산 후 계속하여 또는 복직하였다가 다시 휴직하는 경우 최초 휴직일로부터 휴직기간을 기준으로 1년의 범위 내에서 육아휴직수당 지급
   라) 한부모가족지원법 제4조제1호의 모 또는 부에 해당하는 공무원인 경우
      (1) 최초 3개월의 육아휴직수당은 월 봉급액에 해당하는 금액으로 하며, 그 상한액은 300만원
      (2) 4개월째부터 12개월째까지: 위 가)에 따른 금액
   마) 부부교육공무원이 동일자녀에 대해 각각 육아휴직한 경우, 각각 육아휴직 수당 지급

8) '아빠의 달' 육아휴직(2025.1.3.시행, 공무원 수당 등에 관한 규정 제11조의3)
   가) 같은 자녀에 대하여 부모가 모두 육아휴직을 한 경우로서 두 번째 육아휴직을 한 사람(남, 여 모두 가능하며, 부모의 육아휴직 기간이 중복되지 않아도 됨)이 공무원인 경우 그 공무원의 최초 6개월의 육아휴직수당은 월 봉급액에 해당하는 금액으로 하며, 이 경우 그 상한액은 2개월째까지 250만원, 3개월째는 300만원, 4개월째는 350만원, 5개월째는 400만원, 6개월째는 450만원으로 함.(육아휴직 7개월째부터 12개월째까지는 위 7)의 가)에 해당하는 금액)
   - 같은 자녀에 대하여 부모가 같은 날에 육아휴직을 한 경우에는, 부부 공무원 중 신청한 1인에게 지급한다.(※ 이 경우 상대방의 동의서를 첨부해 신청)
   나) 신청서류
      (1) 육아휴직 신청서류와 동일
      (2) 같은 자녀에 대하여 두 번째 육아휴직임을 객관적으로 입증할 수 있는 서류
         ※ '아빠의 달' 육아휴직수당을 수령하고자 하는 자는 배우자가 같은 자녀에 대해 육아휴직을 한 사실을 증빙하여야 함
         ※ 배우자가 공무원인 경우: 인사발령(휴직)통지서 또는 인사발령 공문 등
         ※ 배우자가 근로자인 경우: 사업장에서 발행한 육아휴직확인서 또는 관할 고용지원센터에서 발급한 육아휴직을 입증하는 서류 등(단, 육아휴직기간 및 대상 자녀가 기재된 것이어야 함)
   다) 육아휴직 vs '아빠의 달'육아휴직의 차이
      (1) 휴직의 사유, 요건, 기간 및 횟수 등 휴직의 효력과 소멸에 있어서는 차이가 없으며, 육아휴직수당의 차이만 있음

라) 휴직발령 보고
(1) 학교 및 교육지원청에서는 육아휴직 허가 시에 같은 자녀에 대한 두 번째 휴직여부를 확인하고, 대상자인 경우 보고 시 비고란에 아빠의달육아휴직여부를 '예'로 표시하여 보고
   ※ NEIS 처리 시, [아빠의달육아휴직여부]를 '예'로 체크하여 휴직발령 처리하므로 휴직발령 보고 시 반드시 표기(NEIS 급여 자동 연계)
(2) '아빠의 달'육아휴직 발령 보고안(학교→교육지원청)

소속	직위	성명 (생년월일)	발령일	발령사항	비고
○○초등학교	교사	○○○ (**.**.**)	20**.**.**	교육공무원법 제44조 제1항 제7호에 의거 휴직을 명함.(육아) 휴직기간: 20**.**.**.~20**.**.**.	첫째 ○○○ (20**.**.**.) 아빠의달 육아휴직여부 "예"

(3) 같은 자녀를 대상으로 부모가 모두 육아휴직을 각각 3개월 이상 사용한 경우의 부 또는 모인 경우 18개월 이내 지급이므로, 대상자인 경우 비고란에 "3개월 이상"으로 표시하여 보고

9) 출산휴가와의 관계
여자 교육공무원의 경우 국가공무원복무규정에 의한 90일 이내의 출산휴가와는 별도로 육아휴직을 신청할 수 있음. 다만 출산휴가는 출산 후의 휴가 기간이 45일 이상이 되게 해야 함

10) 기타
가) 쌍생아 또는 두 자녀 이상일 경우의 육아휴직 신청
   (1) 첫째 자녀의 휴직에 이어 계속하여 둘째 자녀에 대한 휴직을 하고자 할 때에는 첫째 자녀에 대하여 복직을 신청하고, 동시에 둘째 자녀에 대하여 휴직신청을 하여 각각의 자녀에 대한 복직 및 휴직을 허가받아야 함
   (2) 그러지 아니할 경우, 첫째 자녀에 대한 휴직의 연장으로 간주되어 둘째 자녀에 대하여는 육아휴직수당 및 근속연수 산입을 받을 수 없음
나) 육아휴직기간의 재직경력 인정여부
   (1) 경력평정: 휴직 전 기간 산입
   (2) 호봉승급: 첫째·둘째자녀 최초 1년, 셋째자녀이후 육아휴직 전 기간(3년 이내) 호봉승급 인정
다) 결원보충: 6개월 이상 휴직 시 결원보충 가능(출산휴가와 육아휴직을 연속하여 6개월 이상 휴직하는 경우에는 결원 보충 가능)
라) 육아휴직 보수: 지급안함. 단, 휴직한 날이 속하는 달의 봉급은 일할계산하여 지급
마) 인사기록카드 휴직 발령 기재 시 양육 자녀명 및 생년월일 병기

Q&A 육아휴직관련 질의, 회신

질의
- 육아휴직 중인 여선생님께서 휴직 중 둘째아이의 출산으로 90일간의 출산휴가를 사용할 수 있나요?

회신
- 출산휴가를 신청하기 위해서는 첫째 자녀에 대하여는 복직을 한 후 출산휴가 신청을 하여야 하며, 휴가일수는 출산일을 포함한 90일 범위 내에서 남은 일수에 한 함.

질의
- 쌍생아 출산 시 육아휴직은?

회신
- 육아휴직의 기간을 경력(근속기간)에 삽입하는 경우 모든 자녀에 대한 육아휴직기간 전부를 인정함. 따라서, 쌍생아의 경우 각각의 자녀에 대하여 3년씩, 최대 6년간의 휴직기간 전부를 경력으로 인정받을 수 있음.

질의
- 육아휴직을 6개월하고 복직 후 다시 6개월 육아휴직을 하였다. 이후 1년을 더 연장하여 휴직하고자 할 때 육아휴직 신청을 해야 하나? 아니면 연장신청을 해야 하는가?

회신
- 육아휴직 중에 휴직을 계속하고자 하는 것은 휴직연장에 해당됨. 복직 후 재휴직 시 새로운 휴직에 해당됨.

질의
- 최초 육아휴직 신청기간은?

회신
- 교사의 육아휴직은 자녀 1인에 대하여 3년 이내로 휴직 횟수에 제한 없이 분할사용이 가능함.(교육공무원임용령 제19조의2), 단 제44조 제1항 제7의 2호의 입양의 경우는 분할사용이 불가함. 그러나 질병·육아·가족돌봄 휴,복직 처리 지침에 의거하여 휴직 가능 잔여기간이 6월 이상인 경우 학기단위 휴직을 권장하고 있음. 육아휴직의 경우 조기복직이 어려운 점을 고려하여 가급적 1년 단위 및 학기 단위를 권장함.

질의
- 여성교원이 임신으로 9개월간을 휴직하고자 할 때 6월은 휴직으로 처리하고 3월은 출산휴가로 처리할 수 있는가? 또 그 처리방법은 무엇인가?

회신
- 교육공무원법 제44조제1항 제7호와 동법 제45조 제1항 제6호의 규정에 의하면 자녀를 양육하기 위하여 필요하거나 여성교원이 임신 또는 출산하게 된 때에는 3년 이내의 휴직이 가능하며, 국가공무원복무규정 제20조 제2항의 규정에 의하면 '임신 중의 여자공무원은 출산전후를 통하여 90일 이내의 출산휴가를 얻을 수 있다'라고 규정하고 있는 바, 휴직기간이 9개월 필요하다면 6개월간 육아휴직을 한 다음 복직한 후 출산일을 전후하여 90일간의 출산휴가를 실시할 수 있으며, 이 경우 출산휴가는 휴가를 한 다음 출산을 증명할 수 있는 서류(진단서 또는 주민등록등본 등)을 제출하면 되고, 휴직은 휴직신청서와 휴직사유를 증명할 수 있는 서류(진단서 또는 주민등록등본 등)를 제출하면 됨. 다만 휴직 중에는 출산휴가 신청이 곤란하므로, 출산 전에 육아휴직 중인 경우에는 출산예정일을 기준으로 사전에 임용권자에게 복직신청을 하고 출산휴가 신청에 대한 의사를 표해야 함.

아. 입양휴직

1) 근거: 교육공무원법 제44조(휴직) 제1항 제7의2호, 동법 제45조(휴직기간) 제1항의 6의2호
2) 휴직사유: 19세 미만의 아동(제7호에 따른 육아휴직의 대상이 되는 아동은 제외)을 입양하는 경우
3) 휴직기간: 자녀 1명에 대하여 6개월 이내
4) 휴직의 횟수: 입양 아동 1명당 1회(분할 사용 불가)
5) 휴직 신청 서류: 휴직원 및 입양 사실을 증명할 수 있는 서류(입양관계 증명서 등)
6) 복직 절차
   가) 휴직자가 휴직기간 중 그 사유가 소멸되거나 더 이상의 휴직이 불필요한 경우, 임용권자에게 이를 신고(복직원 제출)하여야 하며, 임용권자는 지체 없이 복직을 명함
   나) 휴직자가 휴직기간의 만료로 30일 이내에 복귀신고를 한 때에는 당연 복직되며 이 경우 복직일 전일까지는 휴직기간으로 봄
7) 기타
   가) 휴직기간의 재직경력 인정여부
     (1) 경력평정 : 산입
     (2) 호봉승급 : 호봉승급기간에 포함
   나) 결원보충 : 6월 이상 휴직 시 별도 정원에 의한 결원 보충 가능
   다) 보수
     (1) 봉급: 지급 안함. 단, 휴직한 날이 속하는 달의 봉급은 일할 계산하여 지급
     (2) 수당: 지급 안함. 단, 휴직한 날이 속하는 달의 수당은 일할 계산하여 지급

자. 불임·난임휴직

1) 근거: 교육공무원법 제44조(휴직) 제1항 제7의3호, 동법 제45조(휴직기간) 제1항의 1호
2) 휴직사유: 불임·난임으로 인하여 장기간의 치료가 필요한 경우
3) 휴직의 요건: 불임·난임으로 인하여 장기간의 치료가 필요한 교육공무원
4) 휴직기간 및 횟수
   가) 휴직기간 : 1년(부득이한 경우 1년 연장)
   나) 휴직기간의 연장 및 재휴직
     (1) 휴직기간은 불임·난임 치료에 실제로 필요한 기간이 되어야 하므로 진단서에 나타난 요양기간이나 휴직원에서 본인의 희망에 따라 정한 기간을 초과하였다 하더라도 휴직자가 치료가 더 필요하다는 객관적 증빙서류를 제출하였을 경우에는 총2년의 범위 안에서 휴직 연장이 가능함
     (2) 휴직기간(총2년)이 만료된 후 복직하여 정상근무 중에 동일 사유(불임·난임으로 인하여 장기간의 치료 필요)로 휴직을 희망할 경우, 복직 후의 근무가 완전하고 정상적인 상태로서 상당 기간 지속되었다면, 불임·난임의 정도, 요양기간, 요양 후 정상적인 근무수행 여부 등을 종합적으로 판단하여 새로운 휴직의 부여가 가능함

다) 휴직의 횟수
  (1) 휴직의 횟수에는 제한이 없으나, 동일 사유로 1년 이내, 부득이한 경우 1년의 범위에서 연장 가능하며 총2년을 초과할 수 없음
5) 휴직신청서류
  가) 휴직신청서 : 소속, 직, 성명, 휴직사유, 휴직기간, 휴직목적 등을 명시
    (1) 임용권자의 판단에 따라 필요한 서류를 징구할 수 있음
  나) 「모자보건법」제11조의3에 따른 불임·난임시술 의료기관에서 발급한 진단서
    ※ 임신육아종합포털 아이사랑(www.childcare.go.kr)-임신-난임-정부지정 난임시술기관에서 확인 가능
6) 휴직자 실태파악
  「교육공무원 인사관리규정」제26조에 따라 휴직 중인 교원은 6개월 마다 불임·난임시술 의료기관 등에서 발급하는 진료확인서 또는 통원확인서를 소속기관 장에게 제출하고, 소속기관의 장은 휴직자의 실태 파악을 철저히 하도록 함
7) 복직절차
  가) 법 제44조제1항제7의3호(불임·난임치료)의 휴직은 휴직자가 휴직기간 중 그 사유가 소멸(임신 확정)되거나 더 이상의 휴직이 불필요한 경우, 임용권자에게 이를 신고(복직원 제출)하여야 하며, 임용권자는 지체 없이 복직을 명함(다만, 불임·난임치료로 인한 조기 복직은 기간제 교원의 고용 보장이 가능할 경우에 한하여 허용)
    ※ 휴직 사유 소멸 시 이어서 산전 육아휴직 및 산전 출산휴가 신청이 가능함
  나) 휴직자가 휴직기간의 만료로 30일 이내에 복귀신고를 한 때에는 당연 복직되며 이 경우 복직일 전일까지는 휴직기간으로 봄
  다) 휴직기간이 도래하거나 사유소멸로 복직원을 제출하는 경우, 불임·난임시술 의료기관 등에서 발급하는 진료확인서 또는 통원확인서를 제출하여야 하며, 임용권자는 휴직의 목적 외 사용 여부를 확인
  마) 불임·난임휴직 기간 중 휴직사유 소멸 등으로 증빙서류(진단서 등)와 함께 복직원을 제출하면 임용권자는 이를 근거로 정상적인 직무수행 가능 여부를 판단하여 복직 여부를 결정함
    ※ 휴직의 목적 외 사용 시 「공무원보수규정」 제28조제3항에 따라 휴직 중에 지급한 보수를 징수하며, 복무규정 위반으로 징계사유에 해당함
8) 복직 입증 서류
  불임·난임시술 의료기관 등에서 발급하는 진료확인서 또는 통원확인서를 제출
9) 육아휴직과의 관계: 불임·난임휴직 기간 중 여성 교육공무원이 임신한 경우 복직 후 육아휴직 가능
10) 기타
  가) 휴직기간의 재직경력 인정여부
    (1) 경력평정 : 미산입
    (2) 호봉승급 : 호봉승급기간에서 제외
  나) 결원보충 : 6월 이상 휴직 시 별도 정원에 의한 결원 보충

다) 보수
  (1) 봉급(공무원보수규정)
      - 휴직기간이 1년 이하 : 봉급액의 70퍼센트 지급
      - 휴직기간이 1년 초과 2년 이하 : 봉급액의 50퍼센트 지급
  (2) 수당(공무원 수당 등에 관한 규정)
      - 정근수당 : 휴직 1월에 대하여 '수당액×1/6' 감액 지급
      - 정근수당가산금, 가족수당, 자녀학비보조수당 : '수당액 × 0.3(1년 초과 2년 이하의 기간은 0.5) 감액 지급
      - 정액급식비, 교통보조비, 가계지원비, 직급보조비 - 지급 안함

> **Q&A 불임·난임휴직관련 질의, 회신**
>
> [질의]
> • 불임·난임휴직이 육아휴직에 포함되는 것인가?
>
> [회신]
> • 완전히 별개의 휴직제도이므로, 불임·난임휴직 기간이 육아휴직 기간에 산입되는 것이 아님에 유의
>
> [질의]
> • 남성 교원도 불임·난임휴직 사용이 가능한가?
>
> [회신]
> • 「모자보건법」 제11조의3에 따른 불임·난임시술 의료기관이 발급한 진단서 제출 시 가능하나, 휴직기간은 치료에 실제로 필요한 기간에 한함.
>
> [질의]
> • 불임·난임휴직 중 임신하게 되어 육아휴직을 원하는 경우 복무처리는 ?
>
> [회신]
> • 복직 후 (산전)육아휴직 처리 가능
>
> [질의]
> • 인공수정 사유로 인한 육아휴직 가능 여부는?
>
> [회신]
> • 인공수정은 임신을 위해 행해지는 시술로서 육아휴직 사유에 해당되지 않으나, 임신을 위해 장기간의 치료가 필요할 경우 불임·난임휴직을 할 수 있음.

●● 육아휴직 - 휴직원

휴 직 원

□ 양육대상 자녀

성 명	첫째 ○○○ (또는, 첫째 임신 중)	생년월일 (출산 예정일)	20••.••.••.
		휴직가능 여부확인	초등 2학년이하( ), 8세이하( )
주 소			
휴직신청 기 간	20••.••.••.부터 20••.••.••.까지(••개월간)		
아빠의 달 육아휴직	□ 해당있음(해당 자녀에 대해 부모 중 2번째 육아휴직에 해당할 경우 체크, 증빙서류 제출필요) □ 해당없음		

□ 기 육아휴직 사용 기간

자녀 모두에 대하여 기 사용한 육아휴직 기간 기입 (출산휴가 전후 육아휴직일 경우 출산휴가 기간 기입)	대상자녀	
	성명	생년월일
1. 20 . . .부터 20 . . . .까지(개월간)		
2. 20 . . .부터 20 . . . .까지(개월간)		
3. 20 . . .부터 20 . . . .까지(개월간)		
4. 20 . . .부터 20 . . . .까지(개월간)		
5. 20 . . .부터 20 . . . .까지(개월간)		

상기 자녀의 양육으로 인하여 휴직하고자 증빙서를 붙여 제출하오니 허가하여 주시기 바랍니다.

〈휴직 관련 안내 사항〉
1. 교육공무원법 및 국가공무원 복무규정을 준수하여야 합니다.
2. 휴직 중 매 반기별(6월30일, 12월 31일)로 소재지, 연락처, 휴직사유의 계속 여부를 휴직자 실태 보고서에 기재하여 학교장에게 보고해야 합니다.
3. 육아휴직 중 휴직 사유에 위배되지 않도록 유의하시기 바랍니다.
 - 예) 양육대상자녀 미동반 해외체류, 영리업무 등
4. 휴직기간 만료 및 휴직 사유 소멸(출산, 유산, 양육대상자녀 사망 등) 시 즉시 복직해야 하고, 복직 시 원소속교로 복직되지 않을 수 있습니다.

20••년 ••월 ••일

소   속 : ○○초등학교
직   위 : 교사
성   명 : ○○○   (인)

○ ○ 초 등 학 교 장 귀 하

●● 입양휴직 – 휴직원

휴 직 원

□ 입양대상 자녀

성 명	첫째 ○○○	생년월일	20••.••.••.
		휴직가능 여부확인	19세 미만( ), 9세이상( )
주 소			
휴직신청 기간	20••.••.••.부터 20••.••.••.까지(••개월간)		

□ 기 입양휴직 사용 기간

자녀 모두에 대하여 기 사용한 입양휴직 기간 기입	대상자녀	
	성명	생년월일
1. 20 . . .부터 20 . . .까지(개월간)		
2. 20 . . .부터 20 . . .까지(개월간)		
3. 20 . . .부터 20 . . .까지(개월간)		
4. 20 . . .부터 20 . . .까지(개월간)		
5. 20 . . .부터 20 . . .까지(개월간)		

상기 자녀의 입양으로 인하여 휴직하고자 증빙서를 붙여 제출하오니 허가하여 주시기 바랍니다.

〈휴직 관련 안내 사항〉
1. 교육공무원법 및 국가공무원 복무규정을 준수하여야 합니다.
2. 휴직 중 매 반기별(6월30일, 12월 31일)로 소재지, 연락처, 휴직사유의 계속 여부를 휴직자 실태 보고서에 기재하여 학교장에게 보고해야 합니다.
3. 입양휴직 중 휴직 사유에 위배되지 않도록 유의하시기 바랍니다.
   - 예) 입양 대상 미동반 해외 체류, 영리업무 등
4. 휴직기간 만료 및 휴직 사유 소멸(파양, 대상자녀의 사망 등) 시 즉시 복직해야 하고, 복직 시 원소속교로 복직되지 않을 수 있습니다.

20**년 **월 **일

소　속 : ○○초등학교
직　위 : 교사
성　명 : ○○○ （인）

○ ○ 초 등 학 교 장　귀 하

●● 육아휴직 - 휴직연장원

휴 직 연 장 원

☐ 양육대상 자녀

성 명	첫째 ○○○	생년월일	20**.**.**.
		휴직가능 여부확인	초등 2학년이하( ), 8세이하( )
주 소			
연장신청 기 간	20**.**.**.부터 20**.**.**.까지(**개월간)		
아빠의 달 육아휴직	☐ 해당있음(해당 자녀에 대해 부모 중 2번째 육아휴직에 해당할 경우 체크, 증빙서류 제출필요) ☐ 해당없음		

☐ 기 육아휴직 사용 기간

자녀 모두에 대하여 기 사용한 육아휴직 기간 기입	대상자녀	
	성명	생년월일
1. 20 . . .부터 20 . . .까지(개월간)		
2. 20 . . .부터 20 . . .까지(개월간)		
3. 20 . . .부터 20 . . .까지(개월간)		
4. 20 . . .부터 20 . . .까지(개월간)		
5. 20 . . .부터 20 . . .까지(개월간)		

상기 자녀의 양육으로 인하여 휴직을 연장하고자 증빙서를 붙여 제출하오니 허가하여 주시기 바랍니다.

〈휴직 관련 안내 사항〉
1. 교육공무원법 및 국가공무원 복무규정을 준수하여야 합니다.
2. 휴직 중 매 반기별(6월30일, 12월 31일)로 소재지, 연락처, 휴직사유의 계속 여부를 휴직자 실태 보고서에 기재하여 학교장에게 보고해야 합니다.
3. 육아휴직 중 휴직 사유에 위배되지 않도록 유의하시기 바랍니다.
  - 예) 양육대상자녀 미동반 해외체류, 영리업무 등
4. 휴직기간 만료 및 휴직 사유 소멸(출산, 유산, 양육대상자녀 사망 등) 시 즉시 복직해야 하고, 복직 시 원소속 교로 복직되지 않을 수 있습니다.

20**년 **월 **일

소　　속 : ○○초등학교
직　　위 : 교사
성　　명 : ○○○　(인)

○○초등학교장 귀하

■● 육아휴직 - 복직원

복 직 원

자녀(성명: 20**.**.**.일생) 양육[또는 임신, 입양]으로 인하여 20**년 **월 **일부터 20**년 **월 **일까지(**개월간) 휴직하였으나, 그 휴직 기간이 만료(또는 (소멸사유 기재-출산, 유산, 대상자녀 사망 등)으로 휴직 사유가 소멸)되었기에 증빙서를 붙여 제출하오니 복직을 허가하여 주시기 바랍니다.

20**년 **월 **일

소　　속 : ○○초등학교
직　　위 : 교사
성　　명 : ○○○　(인)

○○초등학교장　귀하

●● 육아휴직 - 복직원(타교 복직 요청인 경우)

복 직 원

자녀(성명: 20**.**.**.일생) 양육[또는 임신, 입양]으로 인하여 20**년 **월 **일부터 20**년 **월 **일까지(**개월간) 휴직하였으나, 그 휴직기간이 만료(또는 (소멸사유 기재-출산, 유산, 대상자녀 사망 등)으로 휴직사유가 소멸)되었기에 증빙서를 붙여 제출하오니 복직을 허가하여 주시기 바랍니다.

20**년 **월 **일

소　　속 : ○○초등학교

직　　위 : 교사

성　　명 : ○○○　(인)

경기도○○교육지원청교육장 귀하

●● 육아휴직 – 학교장 의견서(타교 복직 요청인 경우)

학교장 의견서

소　　속 : ○○초등학교

직　　위 : 교사

성　　명 : ○○○　(인)

　위 교사는 자녀(성명:　20**.**.**.일생) 양육[또는 임신, 입양]으로 인하여 20**년 **월 **일부터 20**년 **월 **일까지(**개월간) 휴직하였던 바, 그 복직 사유가 타당하다고 사료되오니 허락하여 주시기 바랍니다.

20**년 **월 **일

○○초등학교장 (직인)

경기도○○교육지원청교육장 귀하

●● 불임·난임휴직 – 휴직원

휴 직 원

　금번 불임·난임휴직으로 인하여 20** 년 ** 월 ** 일부터 20** 년 ** 월 ** 일까지(개월간) 휴직하고자 진단서를 붙여 제출하오니 허가하여 주시기 바랍니다.

〈휴직 관련 안내 사항〉

1. 교육공무원법 및 국가공무원 복무규정을 준수하여야 합니다.
2. 휴직 중 매 반기별(6월30일, 12월 31일)로 소재지, 연락처, 휴직사유의 계속 여부를 휴직자 실태보고서에 기재하여 학교장에게 보고해야 합니다.
   - 불임·난임시술 의료기관 등에서 발급하는 진료확인서 제출(필수)
3. 불임·난임휴직 중 휴직 사유에 위배되지 않도록 유의하시기 바랍니다.
   - 예) 임신 미신고, 치료목적 외의 해외체류, 영리업무 등
4. 휴직기간 만료 및 휴직 사유 소멸(임신 등) 시 즉시 복직해야 하고, 복직 시 원소속교로 복직되지 않을 수 있습니다.

20** 년 ** 월 ** 일

　　　　　소　　　속 : ○○초등학교
　　　　　직　　　위 : 교사
　　　　　성　　　명 : ○○○　　(인)

○ ○ 초 등 학 교 장　귀 하

● 불임·난임휴직 - 휴직연장원

휴 직 연 장 원

불임·난임휴직으로 인하여 20** 년 ** 월 ** 일부터 20** 년 ** 월 ** 일까지(개월간) 휴직 중인바 불임·난임치료로 인하여 20** 년 ** 월 ** 일부터 20** 년 ** 월 ** 일까지(개월간) 휴직을 연장하고자 증빙서를 붙여 제출하오니 허가하여 주시기 바랍니다.

〈휴직 관련 안내 사항〉

1. 교육공무원법 및 국가공무원 복무규정을 준수하여야 합니다.
2. 휴직 중 매 반기별(6월30일, 12월 31일)로 소재지, 연락처, 휴직사유의 계속 여부를 휴직자 실태 보고서에 기재하여 학교장에게 보고해야 합니다.
   - 불임·난임시술 의료기관 등에서 발급하는 진료확인서 제출(필수)
3. 불임·난임휴직 중 휴직 사유에 위배되지 않도록 유의하시기 바랍니다.
   - 예) 임신 미신고, 치료목적 외의 해외체류, 영리업무 등
4. 휴직기간 만료 및 휴직 사유 소멸(임신 등) 시 즉시 복직해야 하고, 복직 시 원소속교로 복직되지 않을 수 있습니다.

20** 년 ** 월 ** 일

소　　　속 : ○○초등학교
직　　　위 : 교사
성　　　명 : ○○○　(인)

○○초등학교장 귀하

●● 불임·난임휴직 - 복직원(임신확정)

복 직 원

  불임·난임휴직으로 인하여 20** 년 ** 월 ** 일부터 20** 년 ** 월 ** 일까지(개월간) 휴직한 바 그 사유가 소멸(임신 확정)되었기에 진단서를 붙여 제출하오니 복직을 허가하여 주시기 바랍니다.

20** 년 ** 월 ** 일

소   속 : ○○초등학교
직   위 : 교사
성   명 : ○○○ (인)

○○초등학교장 귀하

■● 불임·난임휴직 - 복직원(휴직기간 만료)

복 직 원

불임·난임휴직으로 인하여 20**년 **월 **일부터 20**년 **월 **일까지 (개월간) 휴직한 바 휴직기간이 만료되었기에 진료확인서(통원확인서)를 붙여 제출하오니 복직을 허가하여 주시기 바랍니다.

20**년 **월 **일

소　　속 : ○○초등학교
직　　위 : 교사
성　　명 : ○○○　(인)

○○초등학교장　귀하

차. 연수휴직

1) 근거
   교육공무원법 제44조 제1항 제8호, 동법 제45조 제1항 제7호

2) 휴직 사유
   교육부장관 또는 교육감이 지정하는 국내 연구기관이나 교육기관 등에서 연수하게 된 경우

> **경기도교육청 허가 기준**
>
> 「경기도교육청 교육공무원 연수 휴직을 위한 연수기관 지정에 관한 규칙」 제4조에 따른 연수기관에서 지도교과 또는 전공교과와 관련된 석사 또는 박사학위 취득 목적에 한하여 연수휴직을 허가할 수 있다 다만, 야간수업, 계절수업 및 시간수업은 제외한다.

3) 휴직의 요건
   가) 휴직 대상: 남·여 교육공무원
   나) 휴직의 범위: 국내에 있는 교육기관에서 학위취득인 경우를 말하며, 연구기관이나 교육기관이라 함은 석사, 박사과정이 있는 모든 기관을 말함
   다) 대학원에서 교육과정을 수료한 후, 학위논문 작성을 위한 휴직은 불가
   라) 청원휴직을 위한 연구·교육기관에서의 박사 후 연수과정 수행 시 휴직 가능
   마) 연구소나 대학원에서 연구원으로 활동하기 위한 사유는 불가(교육부 교정 07000-735 1997.11.18.)

4) 휴직기간 및 횟수
   가) 법정휴직기간: 3년 이내
   나) 휴직의 신청, 휴직기간의 연장 및 재휴직
      (1) 법정휴직 기간 내에서 본인의 희망기간(예 : 6개월 또는 1년 6개월)에 따라 정하여 운영하되, 가급적 학기단위로 휴직할 수 있도록 권고하고
      (2) 법정휴직기간을 초과하지 않는 범위 내에서 휴직기간의 연장 가능
   다) 휴직의 횟수
      (1) 휴직의 횟수에는 제한이 없음. 다만, 동일한 목적으로 2회 이상 휴직을 하고자 할 때에는 교원수급 사정, 연수의 효과, 연수(휴직)목적 달성 가능성 등을 종합적으로 고려하여 판단

5) 휴직 신청 서류
   가) 휴직 신청서 : 소속, 직, 성명, 휴직사유, 휴직기간 등을 명시
   나) 휴직사유 입증서류
      (1) 교육기관의 입학 또는 연수 확인서 등
      (2) 기타 휴직사유를 입증할 수 있는 서류

6) 복직 절차
   가) 휴직자가 휴직기간 중 그 사유가 소멸(조기 학위취득 또는 연수목적 달성)되거나 더 이상의 휴직이 불필요한 경우 임용권자에게 이를 신고(복직원 제출)하여야 하며, 임용권자는 지체 없이 복직을 명함

※ 이 경우 더 이상의 휴직이 불필요하다는 것을 객관적으로 입증할 수 있는 서류(학위증 또는 연수 수료증명서 등)를 제출 하여야 함
나) 휴직자가 휴직기간의 만료로 30일 이내에 복귀신고를 한 때에는 당연 복직됨. 이 경우 복직일까지는 휴직기간으로 봄
다) 휴직 또는 연수파견 등에 의한 의무복무기간이 미경과된 경우(국외연수파견 종료 후 파견기간의 2배, 서울대·교원대 등 선발연수파견 종료 후 파견기간의 1배 등)에는 의무복무기간이 만료된 이후에만 육아휴직을 제외한 다른 청원휴직을 신청·허가할 수 있음. 다만 의무복무를 면할 특별한 사유가 있는 경우에는 그러하지 아니할 수 있음

7) 기타
가) 휴직기간의 재직경력 인정여부
(1) 경력평정 : 50% 산입
(2) 호봉승급: 휴직기간 중 승급제한. 단, 상위자격의 학위취득을 하였거나 교육경력의 산입으로 호봉을 재획정할 필요가 있을 때는 호봉을 재획정함
나) 결원보충: 6개월이상 휴직 시 별도정원에 의한 결원보충
다) 보수
(1) 봉급: 지급안함. 단, 휴직한 날이 속하는 달의 봉급은 일할계산하여 지급
(2) 수당: 지급안함. 단, 휴직한 날이 속하는 달의 수당은 일할계산하여 지급

Q&A 연수휴직관련 질의, 회신

질의
- 국내에서 학위를 취득하려는 경우와 교육공무원법에 의한 국내의 대학원 진학을 위한 경우 휴직이 가능한가?

회신
- 교육공무원법 제44조 제1항 제8호 및 동법 제45조제1항 제7호의 규정에 의하면 '교과부장관이 지정하는 국내의 연구기관이나 교육기관 등에서 연수하게 된 때 3년의 범위 이내에서 휴직이 가능'하도록 되어 있으므로, 국내의 대학원 진학은 동법에서 정하는 휴직사유에 해당된다 할 것임.
- 다만, 청원휴직에 대한 휴직의 허가 여부는 임용권자가 관내의 교원 수급사정 등을 고려하여 결정할 사항임.
(「교육공무원 인사실무」, 2012. 6. 교육과학기술부)

질의
- 교육학 박사학위취득을 목적으로 연수휴직중인 교사가 교육대학으로부터 학위관련 과목에 대한 출강의뢰 및 관련 학과 겸임교수로 추천을 받았을 때, 출강 및 겸임교수로 임용이 가능한가?

회신
- 교육공무원이 휴직중이라 하더라도 공무원으로서의 복무는 적용을 받아야 하므로 겸직은 반드시 허가를 받아야 하며 겸직허가 시에는 당초 휴직목적 달성에 지장이 없어야 할 것임. 또한 「국가공무원 복무규정」제25조(영리업무의 금지)에 따라 직무의 능률저해 등 공무에 영향을 미칠 수 있는 영리업무에 해당되는 지의 여부와 영리업무가 아닌 실비변상적 수당인지의 여부 등을 고려하여 허가권자가 판단해야 함.
- 따라서 휴직중인 교원이 대학의 시간강사나 겸임교수로 임용되어 강의를 하게 되는 경우에 담당직무수행에 대해 상당한 지장을 초래하는지 여부를 임용권자가 판단하여 겸직 허가여부를 결정하여야 할 것으로 사료됨.(주당 강의시수 또는 겸임교수로서의 업무 등)
(「교육공무원 인사실무」, 2012. 6. 교육과학기술부)

경기도교육청 교육공무원 연수휴직을 위한 연수기관 지정에 관한 규칙

경기도 교육규칙 제903호 2021.11.04.

제1조(목적) 이 규칙은「교육공무원법」제44조 제1항 제8호,「행정 권한의 위임 및 위탁에 관한 규정」제26조 제1항 제32호 및「교육공무원인사관리규정」제24조에 따라 경기도교육청 소속 교육공무원의 연수휴직을 위한 연수기관 지정과 연수휴직의 범위 등을 규정함을 목적으로 한다.

제2조(정의) 이 규칙에서 사용하는 용어의 뜻은 다음과 같다.
  1. "연수휴직"이란「교육공무원법」제44조 제1항 제8호에 따라 임용권자로부터 허가를 받아 휴직함을 말한다.
  2. "연수기관"이란 연수휴직을 하고 연수를 받을 수 있는 국내의 연구기관이나 교육기관 등을 말한다.

제3조(적용 범위) 이 규칙은「초·중등교육법」제2조에 규정된 공립의 각급 학교에서 근무하는 교원과 교육기관·교육행정기관 및 교육연구기관에서 근무하는 교육전문직공무원에게 적용한다.

제4조(연수기관의 지정)「행정 권한의 위임 및 위탁에 관한 규정」제26조 제1항 제32호에 따라 교육공무원이 연수휴직을 하고 연수를 받을 수 있는 연수기관은 다음 각 호와 같다. 다만, 원격대학원은 제외한다.
  1.「고등교육법」제2조의 대학·산업대학·교육대학 중 대학원이 설치된 대학
  2.「고등교육법」제30조에 따른 대학원대학
  3. 한국학중앙연구원
  4. 한국과학기술원

제5조(연수휴직의 범위) 임용권자는 제4조에 따른 연수기관에서 지도교과 또는 전공교과와 관련된 석사 또는 박사 학위 취득 목적에 한하여 연수휴직을 허가할 수 있다. 다만, 야간수업, 계절수업 및 시간수업은 제외한다.

부   칙(제583호, 2009.8.7.)

제1조(시행일) 이 규칙은 공포한 날부터 시행한다.
제2조(경과조치) 이 규칙 시행당시 종전의 연수휴직 허가는 이 규칙에 따라 허가된 것으로 본다.

부   칙(제903호, 2021.11.4.)

이 규칙은 공포한 날부터 시행한다.

■■ 연수휴직 - 휴직원

휴 직 원

금번 국내 교육기관(○○○○학교) 연수로 인하여 20**년 **월 **일부터 20**년 **월 **일까지(**개월간) 휴직하고자 증빙서를 붙여 제출하오니 허가하여 주시기 바랍니다.

〈휴직 관련 안내 사항〉
1. 교육공무원법 및 국가공무원 복무규정을 준수하여야 합니다.
2. 휴직 중 매 반기별(6월30일, 12월 31일)로 소재지, 연락처, 휴직사유의 계속 여부를 휴직자 실태보고서에 기재하여 학교장에게 보고해야 합니다.
3. 국내연수휴직 중 휴직 사유에 위배되지 않도록 유의하시기 바랍니다.
  - 예) 미허가 겸직 업무, 영리업무 등
4. 휴직기간 만료 및 휴직 사유 소멸(학업중단 및 휴학 등) 시 즉시 복직해야 하고, 복직 시 원소속교로 복직되지 않을 수 있습니다.

20**년 **월 **일

소　　속 : ○○초등학교
직　　위 : 교사
성　　명 : ○○○ (인)

경기도○○교육지원청교육장 귀하

●● 연수휴직 - 학교장 의견서(휴직)

학교장 의견서

소　　속 : ○○초등학교
직　　위 : 교사
성　　명 : ○○○　(인)

　위 교사는 국내 교육기관(○○○○학교) 연수로 인하여 20**년 **월 **일부터 20**년 **월 **일까지(**개월간) 휴직하고자 하여 사유를 검토한 바, 그 사유가 타당하다고 사료되오니 허락하여 주시기 바랍니다.

20**년 **월 **일

○○초등학교장 (직인)

경기도○○교육지원청교육장 귀하

●● 연수휴직 - 휴직연장원

휴 직 연 장 원

국내 교육기관(○○○○학교) 연수로 인하여 20**년 **월 **일부터 20**년 **월 **일까지(**개월간) 휴직 중인바, 국내 교육기관(○○○○학교) 연수로 인하여 20**년 **월 **일부터 20**년 **월 **일까지(**개월간) 휴직을 연장하고자 증빙서를 붙여 제출하오니 허가하여 주시기 바랍니다.

〈휴직 관련 안내 사항〉
1. 교육공무원법 및 국가공무원 복무규정을 준수하여야 합니다.
2. 휴직 중 매 반기별(6월30일, 12월 31일)로 소재지, 연락처, 휴직사유의 계속 여부를 휴직자 실태보고서에 기재하여 학교장에게 보고해야 합니다.
3. 국내연수휴직 중 휴직 사유에 위배되지 않도록 유의하시기 바랍니다.
   - 예) 미허가 겸직 업무, 영리업무 등
4. 휴직기간 만료 및 휴직 사유 소멸(학업중단 및 휴학 등) 시 즉시 복직해야 하고, 복직 시 원소속교로 복직되지 않을 수 있습니다.

20**년 **월 **일

소　　속 : ○○초등학교

직　　위 : 교사

성　　명 : ○○○　（인）

경기도○○교육지원청교육장 귀하

●● 연수휴직 - 학교장 의견서(휴직연장)

학교장 의견서

소　　속 : ○○초등학교
직　　위 : 교사
성　　명 : ○○○　(인)

위 교사는 국내 교육기관(○○○○학교) 연수로 인하여 20**년 **월 **일부터 20**년 **월 **일까지(**개월간) 휴직 중인바, 국내 교육기관(○○○○학교) 연수로 인하여 20**년 **월 **일부터 20**년 **월 **일까지(**개월간) 휴직을 연장하고자 하여 그 사유를 검토한 바 타당하다고 사료되오니 허락하여 주시기 바랍니다.

20**년 **월 **일

○○초등학교장 (직인)

경기도○○교육지원청교육장 귀하

●● 연수휴직 - 복직원

복 직 원

금번 국내 교육기관(○○○○학교) 연수로 인하여 20**년 **월 **일부터 20**년 **월 **일까지(**개월간) 휴직되었던 바, 휴직 기간이 만료되었기에 증빙서를 붙여 제출하오니 허가하여 주시기 바랍니다.

20**년 **월 **일

소　　속 : ○○초등학교
직　　위 : 교사
성　　명 : ○○○　(인)

경기도○○교육지원청교육장 귀하

●● 연수휴직 - 학교장 의견서(복직)

학교장 의견서

소　속 : ○○초등학교
직　위 : 교사
성　명 : ○○○　(인)

위 교사는 국내 교육기관(○○○○학교) 연수로 인하여 20**년 **월 **일부터 20**년 **월 **일까지(**개월간) 휴직하였던 바, 그 복직 사유가 타당하다고 사료되오니 허락하여 주시기 바랍니다.

20**년 **월 **일

○○초등학교장 (직인)

경기도○○교육지원청교육장 귀하

카. 가족돌봄휴직

1) 근거
   교육공무원법 제44조 제1항 제9호, 동법 제45조 제1항 제8호
   교육공무원임용령 제19조의4

2) 휴직 사유
   가) 조부모, 부모(배우자의 부모를 포함한다), 배우자, 자녀 또는 손자녀를 부양하거나 돌보기 위하여 필요한 경우. 다만, 조부모나 손자녀의 돌봄을 위하여 휴직할 수 있는 경우는 본인 외에 돌볼 사람이 없는 등 대통령령 등으로 정하는 요건을 갖춘 경우로 한정
   나) 대통령령으로 정하는 요건(「교육공무원임용령」제19조의4)
      (1) 조부모를 돌보는 경우: 본인 외에는 조부모의 직계비속이 없는 경우. 다만, 다른 직계비속이 있으나 질병, 고령, 장애 또는 미성년의 사유로 본인이 돌볼 수 밖에 없는 경우를 포함
      (2) 손자녀를 돌보는 경우: 본인 외에는 손자녀의 직계존속 및 형제자매가 없는 경우. 다만, 다른 직계존속 또는 형제자매가 있으나 질병, 고령, 장애 또는 미성년 등의 사유로 본인이 돌볼 수 밖에 없는 경우를 포함

3) 휴직의 요건
   가) 휴직 대상: 남·여 교육공무원
      ※ 부양 및 돌봄 대상자 1인에 대하여 부부교원 또는 부부공무원인 경우 그 중 1인만 휴직하도록 운영
   나) 부양 및 돌봄 대상자의 범위: 조부모, 부모, 배우자(배우자의 부모 포함), 자녀, 손자녀
      (1) 부모 및 자녀에는 친부모·친생자녀 뿐만 아니라 양부모·양자녀도 포함. 단, 양부모·양자녀의 경우에는 가족관계등록부에 등재된 경우에 한함
      (2) 이혼한 교육공무원에게 대상자녀가 있을 경우에는 대상자녀에 대한 양육권을 가진 경우에 한함
      (3) 재혼한 교육공무원의 경우 배우자가 양육권을 가진 자녀가 있는 때에는 그 자녀를 포함함
      (4) 본인 및 배우자의 부모가 재혼한 경우에는 부 또는 모의 배우자를 포함함

4) 휴직기간 및 횟수
   가) 법정휴직기간: 1년 이내(재직기간 중 총 3년 이내)
   나) 휴직의 신청, 휴직기간의 연장 및 재휴직
      (1) 법정휴직기간 내에서 본인의 희망에 따라 기간을 정하여 운영하되, 학생의 학습권 보호와 안정적인 학교 운영, 학교의 특수성 등을 고려하여 학기 단위로 기간을 정하여 휴직
      (2) 법정휴직기간을 초과하지 않는 범위 내에서 휴직기간을 연장하거나 복직하였다가 재휴직도 할 수 있음. 단, 이 경우 휴직기간이 1년을 초과하게 될 경우에는 1년 만료 시 복직과 동시 다시 새로운 가족돌봄휴직을 하여야 함

▶ 가족돌봄휴직의 대상 1인에 대하여
  가) 법정휴직기간 내에서 원하는 일자에 휴직을 허가하되, 휴직종료일은 학기말임(휴직가능 잔여기간이 6월 이상인 경우 학기단위 휴직 권장)
  나) 휴직가능 잔여기간을 모두 사용하고자 하나, 학기단위 휴직이 불가능한 경우 원하는 시기에 휴·복직을 허가하되, 가급적 휴직과 복직 중 하나는 학기 시작일 또는 학기말에 맞춤
  다) 복직 시에는 휴직사유의 소멸여부를 파악하여 방학기간 중에 복직하였다가 다시 휴직을 반복하는 사례를 방지하여야 함
▶ 복직과 동시에 부양 및 돌봄 대상자를 달리하여 가족돌봄휴직 가능
▶ 학기단위의 의미는 「초·중등교육법 시행령」제44조에 의거 제1학기는 3월 1일부터 학교의 수업일수·휴업일 및 교육과정 운영을 고려하여 학교의 장이 정한 날까지, 제2학기는 제1학기 종료일 다음날부터 다음 해 2월말일 까지임(다만, 타교복직자의 경우 인사발령상 3월 1일 - 8월 31일, 9월 1일 - 2월 말일로 적용)

  다) 휴직의 횟수
    휴직의 횟수에는 제한을 두지 않으나, 교육공무원으로 재직 중 총 휴직기간은 3년을 초과할 수 없음

5) 휴직 신청 서류
  가) 휴직 신청서
    (1) 소속, 직, 성명, 돌봄필요성, 휴직필요성, 돌봄계획, 휴직기간 등을 명시
    (2) 돌봄 필요성 : 대상 가족이 어떤 돌봄을 필요로 하는지 기재 / 배우자 부모 포함
    (3) 휴직 필요성 : 돌봄과 업무를 병행할 수 없는 사유를 기재
      - 조부모, 손자녀 돌봄 사유 : 조부모에 대해서는 조부모의 직계비속이 없거나 다른 직계비속이 돌볼 수 없는 경우, 손자녀에 대해서는 손자녀의 직계존속 및 형제자매가 없거나 다른 직계존속 및 형제자매가 돌볼 수 없는 경우 등 본인이 돌봐야 하는 사유를 기재(「교육공무원 임용령」 제19조의4)
    (4) 돌봄계획 : 돌봄 휴직 중 대상 가족을 어떻게 돌볼 계획인지를 기재(원래의 근무 시간을 어떻게 돌봄에 사용할 것인지 기술)
  나) 휴직사유 입증서류
    (1) 가족관계증명서(돌봄(부양)대상자임이 나타나야 함)
    (2) 주민등록등본(동일 거주 확인 가능한 서류)
    (3) 대상이 되는 가족의 돌봄이 필요한 사유를 증빙할 수 있는 자료
    (4) 조부모, 부모(배우자의 부모를 포함), 배우자, 자녀 또는 손자녀를 부양하거나, 돌보기 위한 휴직 사유를 증빙할 수 있는 자료

6) 가족돌봄휴직 승인 시 고려사항

휴직은 일정한 사유로 업무수행이 어려운 경우에 예외적으로 직무를 수행하지 않는 것인 만큼, ①가족돌봄휴직의 경우에도 업무수행과 돌봄을 병행하기 어려운 이유와 ②휴직기간 동안 원래의 근무 시간을 어떻게 돌봄에 사용할 것인지에 대한 충분한 소명

가) 대상이 되는 가족의 돌봄과 직무수행을 병행하기 곤란한 경우인지 확인
나) 신청자가 대상이 되는 가족을 장소적·시간적으로 실제로 돌볼 수 있는지 확인
- 임용권자는 동일 거주 또는 상식적으로 부양, 돌봄이 가능한 거리에 거주하는지를 비롯하여 실질적 돌봄이 이루어질 수 있는 상황인지에 대한 확인
다) 가족돌봄휴직도 다른 휴직과 마찬가지로 휴직의 목적 외 사용은 엄격히 금지되므로, 향후 휴직 신청 시 제출된 내용과 실제 내용이 크게 다를 경우 휴직의 목적 외 사용이 될 수 있다는 점 등을 안내
- 가족돌봄휴직 요건 중 하나인 '부양'은 경제적 부양이 아닌 물리적 부양을 의미함. 경제적 부양이란 금전적 지원을 의미하게 되는데, 금전적 지원이 직무수행을 중단할만한 사유에 해당하지는 않음

7) 복직 절차
가) 휴직자가 휴직기간 중 ①돌봄이 필요한 가족이 사망하거나 ②질병 등이 치유된 경우 등 그 사유가 소멸된 경우, 임용권자에게 이를 신고(복직원 제출)하여야 하며, 임용권자는 지체 없이 복직을 명함. 이 경우 휴직사유 소멸을 입증할 수 있는 서류 제출
나) 휴직기간이 1년을 초과하게 되는 경우에는 1년을 경과하기 전에 미리 복직원과 함께 휴직원을 제출하여 일단 복직을 한 후 새로운 휴직발령을 하여야 함(동일 일자로 처리). 이 경우 휴직 요건이 동일한 때에는 휴직 신청서만 제출
다) 휴직자가 휴직기간의 만료로 30일 이내에 복귀신고를 한 때에는 당연 복직됨. 이 경우 복직일까지는 휴직기간으로 봄

8) 기타
가) 휴직기간의 재직경력 인정 여부
(1) 경력평정: 미산입
(2) 호봉승급: 승급기간에 미산입
나) 결원보충: 6개월 이상 휴직 시 결원보충 가능
다) 보수
(1) 봉급: 지급 안 함. 단, 휴직한 날이 속하는 달의 봉급은 일할 계산하여 지급
(2) 수당: 지급 안 함. 단, 휴직한 날이 속하는 달의 수당은 일할 계산하여 지급

> **Q&A 가족돌봄휴직관련 질의, 회신**
>
> **[질의]**
> - 시모 병간호를 위해 3년간의 가족돌봄휴직을 활용한 후, 다시 친부의 병간호를 위하여 가족돌봄휴직을 새로 신청할 수 있는가?
>
> **[회신]**
> - 가족돌봄휴직은 재직기간 중 총 3년 이내에서 활용하도록 되어 있음. 따라서 휴직사유가 달라진다 하더라도 이미 3년의 가족돌봄휴직을 전부 사용하였으므로, 친부를 간호하기 위한 가족돌봄휴직은 불가함.

Q&A 가족돌봄휴직관련 질의, 회신

[질의]
- 가족돌봄휴직 중 해외여행이 가능한가?

[회신]
- 돌봄대상자를 동행하여 해외에 요양(치료)차 출국하는 것은 가능하나, 돌봄대상자를 국내에 두고 휴직자만 특별한 이유 없이 출국하여 해외에 체류하는 것은 휴직사유 소멸에 해당되어, 부당 가족돌봄휴직 사례로 이는 추후 징계 사유가 될 수 있음.

[질의]
- 가족돌봄휴직의 기간을 1년씩 연속하여 3년까지 사용할 수 있는가?

[회신]
- 임용권자는 한번에 1년을 초과하여 가족돌봄휴직을 승인할 수 없고, 다시 가족돌봄휴직이 필요한 경우 복직 후 새로운 휴직 명령이 필요합니다. 다만 복직과 동일자의 가족돌봄휴직은 가능하며, 이렇게 활용한 휴직 기간이 총 3년을 넘을 수 없다는 의미입니다.

memo

●● 가족돌봄휴직 - 휴직원

휴 직 원

금번 시부(성명: ○○○)의 돌봄으로 인하여 20**년 **월 **일부터 20**년 **월 **일까지(**개월간) 휴직하고자 증빙서를 붙여 제출하오니 허가하여 주시기 바랍니다.

돌봄 필요성	대상 가족이 어떤 돌봄을 필요로 하는지 기재 / 배우자 부모 포함
휴직 필요성	돌봄과 업무를 병행할 수 없는 사유를 기재 - 조부모, 손자녀 돌봄 사유 : 조부모에 대해서는 조부모의 직계비속이 없거나 다른 직계비속이 돌볼 수 없는 경우, 손자녀에 대해서는 손자녀의 직계존속 및 형제자매가 없거나 다른 직계존속 및 형제자매가 돌볼 수 없는 경우 등 본인이 돌봐야 하는 사유를 기재 (근거:「공무원임용령」제57조의8)
돌봄 계획	(오전) 돌봄 휴직 중 대상 가족을 어떻게 돌볼 계획인지를 구체적으로 기재 (원래의 근무시간을 어떻게 돌봄에 사용할 것인지 기술) (오후)

〈휴직 관련 안내 사항〉
1. 교육공무원법 및 국가공무원 복무규정을 준수하여야 합니다.
2. 휴직 중 매 반기별(6월30일, 12월 31일)로 소재지, 연락처, 휴직사유의 계속 여부를 휴직자 실태 보고서에 기재하여 학교장에게 보고해야 합니다.
3. 가족돌봄휴직 중 휴직 사유에 위배되지 않도록 유의하시기 바랍니다.
 - 예) 돌봄대상자 미동반 해외 체류, 돌봄대상자의 직장 재직, 미허가 겸직 업무, 영리업무 등
4. 휴직기간 만료 및 휴직 사유 소멸(돌봄대상자 사망 등) 시 즉시 복직해야 하고, 복직 시 원소속교로 복직되지 않을 수 있습니다.

20**년 **월 **일

소　　속 : ○○초등학교
직　　위 : 교사
성　　명 : ○○○　(인)

○○초등학교장 귀하

●● 가족돌봄휴직 - 휴직연장원

휴 직 연 장 원

시부(성명: ○○○)의 돌봄으로 인하여 20**년 **월 **일부터 20**년 **월 **일까지(**개월간) 휴직 중인바, 시부(성명: ○○○)의 돌봄으로 인하여 20**년 **월 **일부터 20**년 **월 **일까지(**개월간) 휴직을 연장하고자 증빙서를 붙여 제출하오니 허가하여 주시기 바랍니다.

돌봄 필요성	대상 가족이 어떤 돌봄을 필요로 하는지 기재 / 배우자 부모 포함
휴직 필요성	돌봄과 업무를 병행할 수 없는 사유를 기재 - 조부모, 손자녀 돌봄 사유 : 조부모에 대해서는 조부모의 직계비속이 없거나 다른 직계비속이 돌볼 수 없는 경우, 손자녀에 대해서는 손자녀의 직계존속 및 형제자매가 없거나 다른 직계존속 및 형제자매가 돌볼 수 없는 경우 등 본인이 돌봐야 하는 사유를 기재 (근거:「공무원임용령」제57조의8)
돌봄 계획	(오전) 돌봄 휴직 중 대상 가족을 어떻게 돌볼 계획인지를 구체적으로 기재 (원래의 근무시간을 어떻게 돌봄에 사용할 것인지 기술) (오후)

〈휴직 관련 안내 사항〉
1. 교육공무원법 및 국가공무원 복무규정을 준수하여야 합니다.
2. 휴직 중 매 반기별(6월30일, 12월 31일)로 소재지, 연락처, 휴직사유의 계속 여부를 휴직자 실태 보고서에 기재하여 학교장에게 보고해야 합니다.
3. 가족돌봄휴직 중 휴직 사유에 위배되지 않도록 유의하시기 바랍니다.
 - 예) 돌봄대상자 미동반 해외 체류, 돌봄대상자의 직장 재직, 미허가 겸직업무, 영리업무 등
4. 휴직기간 만료 및 휴직 사유 소멸(돌봄대상자 사망 등) 시 즉시 복직해야 하고, 복직 시 원소속교로 복직되지 않을 수 있습니다.

20**년 **월 **일

소 속 : ○○초등학교

직 위 : 교사

성 명 : ○○○ (인)

○○초등학교장 귀하

●● 가족돌봄휴직 - 복직원

복 직 원

시부(성명: ○○○)의 돌봄으로 인하여 20**년 **월 **일부터 20**년 **월 **일까지(**개월간) 휴직 중인바, 그 사유가 소멸(만료)되었기에 증빙서를 제출하오니 복직을 허가하여 주시기 바랍니다.

20**년 **월 **일

소　속 : ○○초등학교
직　위 : 교사
성　명 : ○○○　(인)

○○초등학교장　귀하

●● 가족돌봄휴직 - 복직원(타교 복직 요청인 경우)

복 직 원

시부(성명: ○○○)의 돌봄으로 인하여 20**년 **월 **일부터 20**년 **월 **일까지(**개월간) 휴직되었던바 그 사유가 소멸(만료)되었기에 복직원을 제출하오니 허가하여 주시기 바랍니다.

20**년 **월 **일

소　　속 : ○○초등학교
직　　위 : 교사
성　　명 : ○○○　(인)

경기도○○교육지원청교육장 귀하

●● 가족돌봄휴직 - 학교장 의견서(타교 복직 요청인 경우)

학교장 의견서

소　　속 : ○○초등학교
직　　위 : 교사
성　　명 : ○○○　(인)

위 교사는 시부(성명: ○○○)의 돌봄으로 인하여 20**년 **월 **일부터 20**년 **월 **일까지(**개월간) 휴직 하였던 바 그 복직 사유가 타당하다고 사료되오니 허락하여 주시기 바랍니다.

20**년 **월 **일

○○초등학교장 (직인)

경기도○○교육지원청교육장 귀하

타. 동반휴직

1) 근거
   교육공무원법 제44조 제1항 제10호, 동법 제45조 제1항 제9호
2) 휴직사유
   배우자가 국외 근무를 하게 되거나 제5호에 해당하게 된 경우
3) 휴직의 요건
   가) 휴직 대상: 남·여 교육공무원
   나) 휴직인정의 범위
      교육공무원의 배우자가 공무원(파견, 연수), 사립학교 교원, 정부투자(출연)기관의 임직원, 외국환은행의 임직원, 상사의 해외지사 또는 사무소의 임직원, 정부파견 의사 및 언론기관 특파원으로 해외근무를 하게 된 때 또는 연수 및 학위취득 목적으로 해외유학을 하게 된 때 동반하는 배우자인 교육공무원
4) 휴직기간 및 횟수
   가) 법정 휴직기간: 3년 이내(3년의 범위에서 연장 가능)로 하되 총 휴직기간은 배우자의 국외근무, 해외 유학·연구 또는 연수기간을 초과할 수 없음
   나) 휴직의 신청, 휴직기간의 연장 및 재휴직
      (1) 법정 휴직기간 내에서 본인의 희망에 따라 기간(예 : 6개월 또는 1년6개월)을 정하여 운영하되, 가급적 학기단위로 휴직할 수 있도록 하고
      (2) 휴직은 3년 이내에서 가능하며 최초에 1년 또는 2년 간만 휴직을 하였다 하더라도 최초 3년의 기간을 모두 사용한 것으로 간주하며, 그 후 연장하는 것은 횟수에 관계없이 3년 이내에서 가능
5) 휴직 신청 서류
   가) 휴직 신청서: 소속, 직, 성명, 휴직사유, 휴직기간 등을 명시
   나) 휴직사유 입증 서류
      (1) 배우자의 해외근무 사실을 확인할 수 있는 인사명령서 등
      (2) 배우자의 가족관계를 확인할 수 있는 가족관계증명서 또는 주민등록등본
      (3) 배우자의 해외연수를 확인할 수 있는 등록증·입학허가서 등
      (4) 출입국에 관한 사실 증명(본인 및 배우자, 출국 후 제출) 등
6) 복직 절차
   가) 휴직자가 휴직기간 중 그 사유가 소멸되거나 더 이상의 휴직이 불필요한 경우 임용권자에게 이를 신고(복직원 제출)하여야 하며, 임용권자는 지체 없이 복직을 명함.
   나) 임용권자는 2년이상 휴직한 교원이 복직하고자 할 때에는 직무연수를 받도록 조치하여야 함
   다) 휴직자가 휴직기간의 만료로 30일 이내에 복귀신고를 한 때에는 당연 복직됨. 이 경우 복직일까지는 휴직기간으로 봄
7) 다른 휴직 사유와의 관계
   배우자 동반휴직 사유에 배우자의 학위취득 목적의 해외유학과 해외기관 임시고용의 사유도 포함

8) 기타

가) 휴직기간의 재직경력 인정여부

(1) 경력평정: 미산입

(2) 호봉승급: 승급기간에 미산입

나) 결원보충: 6개월 이상 휴직 시 별도정원에 의한 결원 보충

다) 보수

(1) 봉급: 지급안함. 단, 휴직한 날이 속하는 달의 봉급은 일할 계산하여 지급

(2) 수당: 지급안함. 단, 휴직한 날이 속하는 달의 수당은 일할 계산하여 지급

memo

Q&A 동반휴직관련 질의, 회신

질의
- 배우자가 해외취업을 하여 교원이 그 사유로 휴직하고 해외로 이주했을 경우, 영주권 취득이 가능한가?

회신
- 외국의 영주권 취득자는 주 거주지가 외국으로서 국내에 재입국하여 2년을 초과하여 체재할 때에는 여권법시행령 제6조제3항의 규정에 의하여 여권(거주목적의 여권)의 효력이 상실되도록 하고 있으며, 대부분의 국가에서는 자국의 영주권 취득자가 일정기간을 초과하여 자국 내에 체재하지 않을 경우 영주권을 상실하도록 하고 있고, 우리나라 주민등록법 제6조제3항에서 해외이주(영주권)를 포기하지 않으면 주민등록을 할 수 없도록 규정한 점 등을 감안할 때, 공무원 신분을 계속 유지하면서(휴직중인 공무원은 신분은 보유하나 직무에 종사하지 못한다) 외국의 영주권을 취득하는 것은 현실적으로 곤란할 것으로 판단됨.

(「교육공무원 인사실무」, 2012. 6. 교육과학기술부)

질의
- 배우자 될 사람은 외국에서 근무 중인 외국인으로 배우자의 본국에서 지내기 위해 2~3년 정도의 동반휴직을 신청할 수 있는지?

회신
- 교육공무원법 제44조제1항제10호에서는 "배우자가 국외근무를 하게 되거나 제5호 학위취득을 목적으로 해외유학을 하거나 외국에서 1년 이상 연구 또는 연수하게 된 때" 휴직을 신청할 수 있도록 규정하고 있음. 이 경우 동반휴직이 가능한 것으로 보이나 임용권자인 해당교육지원청의 허가를 받아야 함.

(교육과학기술부 질의·회신 사례집, 2009. 12.)

질의
- 동반휴직 중, 출산을 하게 되어 출산휴가도 받고 육아휴직으로 전환하고 싶은데, 가능한가?

회신
- 동반휴직 중에 다른 휴직사유가 발생할 경우 복직 후 새로운 휴직으로의 변경이 가능함. 다만, 출산휴가의 경우는 현재 재직 중인 교원에 한하여 실시하는 특별휴가로 동반휴직의 복직 후 출산휴가를 사용하여야 함.

(「교육공무원 인사실무」, 2012. 6. 교육과학기술부)

질의
- 종교(포교) 목적의 해외근무, 해외 개인사업 목적의 해외근무의 경우도 동반휴직의 요건이 되는지 여부?

회신
- 교육공무원 휴직업무 처리요령에 기재된 "동반휴직 인정 범위"의 내용은 교육공무원법 제44조제1항제10호 "배우자가 외국근무를 하게 된 때"의 일반적인 예시이므로 기타 다른 사유도 있을 수 있음. 아울러 동반휴직은 세계화·개방화 추세에 부응하여 국외에서 근무하는 배우자를 동반할 수 있는 기회를 공무원에게 부여한다는 취지에서 도입된 것임을 감안할 때 종교(포교) 목적의 해외근무, 해외에서의 개인적인 사업을 위한 해외근무 등의 경우도 동반휴직의 요건이 될 수 있을 것으로 사료되며 허가권자인 해당 교육지원청의 허가사항임.

(「교육공무원 인사실무」, 2012. 6. 교육과학기술부)

질의
- 동반휴직 중 배우자의 근무여건이 바뀔때 새로운 동반휴직으로 신청해야 하는가?

회신
- 배우자가 이직하거나 국가가 변경되는 등 근무여건이 바뀌는 경우에는 휴직의 연장이 아닌 복직후 재휴직을 신청하여야 함.

■● 동반휴직 - 휴직원

휴 직 원

금번 배우자의 해외근무(유학)(○○회사, 또는 ○○학교)로 인하여 20**년 **월 **일부터 20**년 **월 **일까지(**개월간) 휴직하고자 증빙서를 붙여 제출하오니 허가하여 주시기 바랍니다.

〈휴직 관련 안내 사항〉
1. 교육공무원법 및 국가공무원 복무규정을 준수하여야 합니다.
2. 휴직 중 매 반기별(6월30일, 12월 31일)로 소재지, 연락처, 휴직사유의 계속 여부를 휴직자 실태 보고서에 기재하여 학교장에게 보고해야 합니다.
3. 동반휴직 중 휴직 사유에 위배되지 않도록 유의하시기 바랍니다.
   - 예) 미허가 겸직업무, 영리업무 등
4. 휴직기간 만료 및 휴직 사유 소멸(본인(배우자) 귀국, 배우자 해외근무(유학휴직) 사유 소멸, 배우자 근무지 및 근무처 변경 등) 시 즉시 복직해야 하고, 복직 시 원소속교로 복직되지 않을 수 있습니다.

20**년 **월 **일

소　　속 : ○○초등학교

직　　위 : 교사

성　　명 : ○○○　(인)

경기도○○교육지원청교육장 귀하

●● 동반휴직 - 학교장 의견서(휴직)

학교장 의견서

소　　속 : ○○초등학교

직　　위 : 교사

성　　명 : ○○○　(인)

위 교사는 배우자의 해외근무(유학)(○○회사, 또는 ○○학교)로 인하여 20**년 **월 **일부터 20**년 **월 **일까지(**개월간) 휴직하고자 하여 사유를 검토한바, 그 사유가 타당하다고 사료되오니 허락하여 주시기 바랍니다.

20**년 **월 **일

○○초등학교장 (직인)

경기도○○교육지원청교육장 귀하

■● 동반휴직 - 복직원

복 직 원

배우자의 해외근무(유학)(○○회사, 또는 ○○학교)로 인하여 20**년 **월 **일부터 20**년 **월 **일까지(**개월간) 휴직하였던 바, 휴직 기간이 만료되었기에 증빙서를 첨부하여 제출하오니 허가하여 주시기 바랍니다.

20**년 **월 **일

소　　속 : ○○초등학교
직　　위 : 교사
성　　명 : ○○○　(인)

경기도○○교육지원청교육장 귀하

●● 동반휴직 - 학교장 의견서(복직)

학교장 의견서

소　　속 : ○○초등학교

직　　위 : 교사

성　　명 : ○○○　(인)

　위 교사는 배우자의 해외근무(유학)(○○회사, 또는 ○○학교)로 인하여 20**년 **월 **일부터 20**년 **월 **일까지(**개월간) 휴직하였던 바, 그 복직 사유가 타당하다고 사료되오니 허락하여 주시기 바랍니다.

20**년 **월 **일

○○초등학교장 (직인)

경기도○○교육지원청교육장 귀하

●● 동반휴직 – 휴직 연장원

휴직 연장원

배우자의 해외근무(유학)(○○회사, 또는 ○○학교)로 인하여 20**년 **월 **일부터 20**년 **월 **일까지(**개월간) 휴직중인 바, (○○○○ ○○)로 인하여 20**년 **월 **일부터 20**년 **월 **일까지(**개월간) 휴직을 연장하고자 증빙서를 붙여 제출하오니 허가하여 주시기 바랍니다.

〈휴직 관련 안내 사항〉
1. 교육공무원법 및 국가공무원 복무규정을 준수하여야 합니다.
2. 휴직 중 매 반기별(6월30일, 12월 31일)로 소재지, 연락처, 휴직사유의 계속 여부를 휴직자 실태 보고서에 기재하여 학교장에게 보고해야 합니다.
3. 동반휴직 중 휴직 사유에 위배되지 않도록 유의하시기 바랍니다.
   - 예) 미허가 겸직업무, 영리업무 등
4. 휴직기간 만료 및 휴직 사유 소멸(본인(배우자) 귀국, 배우자 해외근무(유학휴직) 사유 소멸, 배우자 근무지 및 근무처 변경 등) 시 즉시 복직해야 하고, 복직 시 원소속교로 복직되지 않을 수 있습니다.

20**년 **월 **일

소　　속 : ○○초등학교
직　　위 : 교사
성　　명 : ○○○　(인)

경기도○○교육지원청교육장 귀하

●● 동반휴직 - 학교장 의견서(연장)

학교장 의견서

소　　속 : ○○초등학교

직　　위 : 교사

성　　명 : ○○○　(인)

위 교사는 배우자의 해외근무(유학)(○○회사, 또는 ○○학교)로 인하여 20**년 **월 **일부터 20**년 **월 **일까지(**개월간) 휴직중인 바, (○○○○○○)로 인하여 20**년 **월 **일부터 20**년 **월 **일까지(**개월간) 휴직을 연장하고자 하여 그 사유를 검토한 바 타당하다고 사료되오니 허락하여 주시기 바랍니다.

20**년 **월 **일

○○초등학교장 (직인)

경기도○○교육지원청교육장 귀하

파. 노조전임자휴직

1) 근거
   교육공무원법 제44조 제1항 제11호, 동법 제45조 제1항 제10호
2) 휴직사유
   「교원의 노동조합 설립 및 운영 등에 관한 법률」제5조에 따라 노동조합 전임자로 종사하게 된 경우
3) 휴직의 요건
   가) 휴직 대상: 남·여 교육공무원
   나) 휴직인정의 범위
      「교원의 노동조합 설립 및 운영 등에 관한 법률」 제5조의 규정에 의하여 노동조합 전임자 허가를 받은 교육공무원
      ※ 전임자 허가와 관련된 사항은 교육부장관이 정하는 바에 따름
4) 휴직기간 및 횟수
   가) 법정휴직기간: 전임자로 종사하는 기간
   나) 휴직의 신청: 휴직 신청서를 제출받아 전임자 허가 및 휴직처리를 병행하여 처리토록 함.(휴직 신청서를 전임자 허가신청서로 봄)
   다) 휴직의 횟수, 휴직기간의 연장 및 재휴직은 따로 교육부장관이 정하는 바에 따름
5) 휴직 신청 서류
   가) 휴직 신청서 : 소속, 직, 성명, 휴직사유, 휴직기간 등을 명시
   나) 노조 전임자 허가 공문 사본
      ※ 전임자 허가조건, 허가기간 등을 감안하여 임용권자는 직권으로 휴직기간 등을 변경하여 허가할 수 있음
6) 복직 절차
   가) 원칙적으로 전임자는 휴직기간 만료 이전에 복직 불가
   나) 휴직기간 중 전임자 허가가 취소되거나 기타 임용권자의 복직허가가 있는 경우에 휴직자는 임용권자에게 이를 신고(복직원 제출)하여야 하며 임용권자는 지체 없이 복직을 명함
   다) 휴직자가 휴직기간이 만료되어 30일이내에 복귀신고를 한 때에는 당연복직 됨. 이 경우 복직일까지 휴직기간으로 봄
7) 기타
   가) 휴직기간의 재직경력 인정여부
      (1) 경력평정: 100% 산입
      (2) 호봉승급: 100% 산입
   나) 결원보충: 6개월이상 휴직 시 별도정원에 의한 결원보충
   다) 보수
      (1) 봉급: 지급안함. 단, 휴직한 날이 속하는 달의 봉급은 일할계산하여 지급
      (2) 수당: 지급안함. 단, 휴직한 날이 속하는 달의 수당은 일할계산하여 지급

●● 노조전임자휴직 - 휴직원

휴 직 원

　금번 교원노동조합 전임자로 종사하게 되어 20**년 **월 **일부터 20**년 **월 **일까지(**개월간) 휴직하고자 증빙서를 붙여 제출하오니 허가하여 주시기 바랍니다.

<휴직 관련 안내 사항>
1. 교육공무원법 및 국가공무원 복무규정을 준수하여야 합니다.
2. 휴직 중 매 반기별(6월30일, 12월 31일)로 소재지, 연락처, 휴직사유의 계속 여부를 휴직자 실태보고서에 기재하여 학교장에게 보고해야 합니다.
3. 노조전임자휴직 중 휴직 사유에 위배되지 않도록 유의하시기 바랍니다.
   - 예) 미신고 겸직 업무, 영리업무 등
4. 휴직기간 만료 및 휴직 사유 소멸(노조전임자 지위 상실 등) 시 즉시 복직해야 하고, 복직 시 원소속교로 복직되지 않을 수 있습니다.

20**년 **월 **일

소　　속 : ○○초등학교

직　　위 : 교사

성　　명 : ○○○　(인)

경기도○○교육지원청교육장 귀하

■● 노조전임자휴직 - 학교장 의견서(휴직)

학교장 의견서

소　　속 : ○○초등학교
직　　위 : 교사
성　　명 : ○○○　(인)

　위 교사는 교원노동조합 전임자로 종사하게 되어 20**년 **월 **일부터 20**년 **월 **일까지(**개월간) 휴직하고자 하여 사유를 검토한바, 그 사유가 타당하다고 사료되오니 허락하여 주시기 바랍니다.

20**년 **월 **일

○○초등학교장 (직인)

경기도○○교육지원청교육장 귀하

●● 노조전임자휴직 - 복직원

복 직 원

교원노동조합 전임자로 종사하게 되어 20**년 **월 **일부터 20**년 **월 **일까지(**개월간) 휴직되었던 바, 기간이 만료되었기에 복직원을 제출하오니 허가하여 주시기 바랍니다.

20**년 **월 **일

소　　속 : ○○초등학교

직　　위 : 교사

성　　명 : ○○○　(인)

경기도○○교육지원청교육장 귀하

■■ 노조전임자휴직 - 학교장 의견서(복직)

학교장 의견서

소　　속 : ○○초등학교
직　　위 : 교사
성　　명 : ○○○　(인)

　위 교사는 교원노동조합 전임자로 종사하게 되어 20**년 **월 **일부터 20**년 **월 **일까지(**개월간) 휴직하였던 바 기간이 만료되어 그 복직 사유가 타당하다고 사료되오니 허락하여 주시기 바랍니다.

20**년 **월 **일

○○초등학교장 (직인)

경기도○○교육지원청교육장 귀하

하. 자율연수휴직

1) 근거
   교육공무원법 제44조 제1항 제12호, 동법 제45조 제1항 제11호

2) 휴직사유
   가) 교원이 자기개발을 위하여 학습·연구 등이 필요한 때
   나) 교원이 수업 및 생활지도 등을 위해 신체적·정신적 회복이 필요할 때

3) 휴직의 요건 및 절차
   가) 휴직대상: 「공무원 연금법」제25조에 따른 재직기간이 10년 이상인 교원

   > ▶ 공무원연금공단(https://www.geps.or.kr) 홈페이지
   > - 민원서류 발급 / 민원서류 발급 온라인 신청 / 공무원연금가입내역서 / 연금법상재직기간(퇴직급여 재직기간 확인)

   나) 휴직절차: 본인이 희망하고 학교장(소속기관장)이 추천하여 임용권자
      (교사, 교(원)감 : 교육장, 교(원)장 : 교육감)가 허가

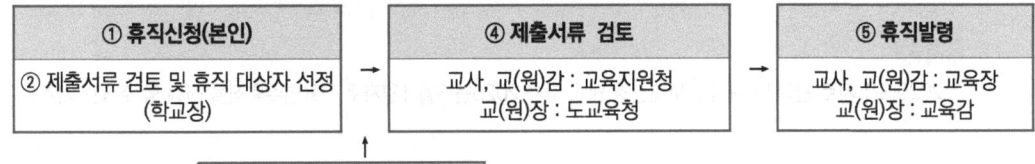

   다) 유의사항
    (1) 학생의 학습권 보호와 안정적인 학교운영, 학교의 특수성 등을 고려하여 학기단위로 기간을 정하여 실시
    (2) 자율연수휴직의 허가는 정상적인 학교교육과정 운영 등을 고려하여 단위학교 교원인사자문위원회의 의견을 들어 학교장이 휴직 대상자를 결정하여 관할 교육지원청에 추천하며, 필요한 경우 별도의 심사를 통해 휴직여부의 허가를 결정할 수 있음
    ※ 1년의 범위 내에서 휴직기간을 단절 없이 연장한 경우에도 1회로 봄

4) 휴직기간 및 횟수
   가) 휴직신청 방법 : 휴직 예정일로부터 30일 이전에 소속 학교장에게 신청
   나) 휴직기간 : 1년 이내(학기단위 허가)
   다) 휴직의 횟수 : 교원으로 재직하는 기간 중 1회
   라) 휴직의 연장 : 휴직기간 만료일 15일 전까지 신청
      ※ 학기단위의 의미는 「초·중등교육법 시행령」 제44조에 의거 제1학기는 3월 1일부터 학교의 수업일수·휴업일 및 교육과정 운영을 고려하여 학교의 장이 정한 날까지, 제2학기는 제1학기 종료일 다음날부터 다음 해 2월말일까지임

5) 휴직신청 제출서류
   가) 휴직원
   나) 학교장 의견서
   다) 자율연수 계획서 : 1쪽 내외(휴직신청서에 붙임)
   라) 공무원연금가입내역서
6) 복직절차
   가) 휴직기간이 만료되는 경우 또는 휴직기간 중 그 사유가 소멸되는 경우 복직원을 제출하여 신고 하여야 하고, 임용권자는 지체 없이 복직을 명함
7) 경력인정, 결원보충 및 보수
   가) 휴직기간의 재직경력 인정여부
      (1) 경력평정: 미산입
      (2) 호봉승급: 호봉승급 기간에서 제외
   나) 결원보충: 6월 이상 휴직 시 별도정원에 의한 결원보충 가능
   다) 보수(봉급, 수당): 지급하지 않음

> **Q&A** 자율연수휴직관련 질의, 회신
>
> **질의**
> - 2025.3.1.자로 관외 및 관내 전보내신을 낸 교사가 2025년 3월 1일자로 자율연수휴직을 신청 할 수 있는가?
>
> **회신**
> - 자율연수휴직은 학기 시작 30일 전에 신청하여야 하고 해당 학교장의 추천 및 교육장의 허가사항이므로 관외 및 관내 전보내신을 낸 경우 추천권자 또는 허가권자가 바뀌어 새로 신청을 해야 하나 통상 2월에 인사발령이 있음을 기준으로 할 때 학기 시작 30일전에 신청하여야 한다는 요건에 해당되지 않아 신청이 불가능함.
>
> **질의**
> - 자율연수휴직 가능한 재직기간 10년 산정 기준은?
>
> **회신**
> - 자율연수휴직 대상이 되는 재직기간은 공무원연금법 제25조에서 정하고 있는 재직기간의 계산 내용에 따라 산정된 기간이 10년 이상인 경우로 적용하는 것이 타당함. 공무원연금관리공단에서 발급된 서류의 재직기간으로 확인할 수 있음 (교육부 질의 회신. '18.5.28.)

●● 자율연수휴직 - 휴직원

휴 직 원

금번 자율연수로 인하여 20**년 **월 **일부터 20**년 **월 **일까지 (**개월간) 휴직하고자 증빙서를 붙여 제출하오니 허가하여 주시기 바랍니다.

〈휴직 관련 안내 사항〉
1. 교육공무원법 및 국가공무원 복무규정을 준수하여야 합니다.
2. 휴직 중 매 반기별(6월30일, 12월 31일)로 소재지, 연락처, 휴직사유의 계속 여부를 휴직자 실태보고서에 기재하여 학교장에게 보고해야 합니다.
3. 자율연수휴직 중 휴직 사유에 위배되지 않도록 유의하시기 바랍니다.
 - 예) 미신고 겸직 업무, 장기간 병원 입원, 영리업무 등
4. 휴직기간 만료 및 휴직 사유 소멸 시 즉시 복직해야 하고, 복직 시 원소속교로 복직되지 않을 수 있습니다.

20**년 **월 **일

소　　속 : ○○초등학교

직　　위 : 교사

성　　명 : ○○○　　(인)

경기도○○교육지원청교육장 귀하

■■● 자율연수휴직 - 학교장의견서(휴직)

학교장 의견서

소　　속 : ○○초등학교

직　　위 : 교사

성　　명 : ○○○　(인)

　위 교사는 자율연수로 인하여 20**년 **월 **일부터 20**년 **월 **일까지(**개월간) 휴직하고자 하여 사유를 검토한 바 그 사유가 타당하다고 사료되오니 허락하여 주시기 바랍니다.

20**년 **월 **일

○○초등학교장 (직인)

경기도○○교육지원청교육장 귀하

●● 자율연수휴직 – 자율연수 계획서(휴직 및 휴직연장)

자율연수 계획서

소 속		직급(위)	
성 명		생년월일	
연수주제			

위와 같이 자율연수 계획서를 제출하오니 허가하여 주시기 바랍니다.

20**년 **월 **일

신청인 : ○○○ (인)

경기도○○교육지원청교육장 귀하

■■● 자율연수휴직 - 휴직연장원

휴 직 연 장 원

 자율연수로 인하여 20**년 **월 **일부터 20**년 **월 **일까지(**개월간) 휴직 중인바, 자율연수로 인하여 20**년 **월 **일부터 20**년 **월 **일까지(**개월간) 휴직을 연장하고자 증빙서를 붙여 제출하오니 허가하여 주시기 바랍니다.

〈휴직 관련 안내 사항〉
1. 교육공무원법 및 국가공무원 복무규정을 준수하여야 합니다.
2. 휴직 중 매 반기별(6월30일, 12월 31일)로 소재지, 연락처, 휴직사유의 계속 여부를 휴직자 실태 보고서에 기재하여 학교장에게 보고해야 합니다.
3. 자율연수휴직 중 휴직 사유에 위배되지 않도록 유의하시기 바랍니다.
  - 예) 미신고 겸직 업무, 장기간 병원 입원, 영리업무 등
4. 휴직기간 만료 및 휴직 사유 소멸 시 즉시 복직해야 하고, 복직 시 원소속교로 복직되지 않을 수 있습니다.

20**년 **월 **일

소   속 : ○○초등학교

직   위 : 교사

성   명 : ○○○ (인)

경기도○○교육지원청교육장 귀하

●● 자율연수휴직 - 학교장의견서(휴직연장)

학교장 의견서

소　　속 : ○○초등학교
직　　위 : 교사
성　　명 : ○○○ （인）

　위 교사는 자율연수로 인하여 20**년 **월 **일부터 20**년 **월 **일까지(**개월간) 휴직 중인바, 자율연수로 인하여 20**년 **월 **일부터 20**년 **월 **일까지(**개월간) 휴직을 연장하고자 하여 그 사유를 검토한 바 타당하다고 사료되오니 허락하여 주시기 바랍니다.

20**년 **월 **일

○○초등학교장 （직인）

경기도○○교육지원청교육장 귀하

■● 자율연수휴직 - 복직원

복 직 원

자율연수로 인하여 20**년 **월 **일부터 20**년 **월 **일까지(**개월간) 휴직되었던 바 기간이 만료되었기에 복직원을 제출하오니 허가하여 주시기 바랍니다.

20**년 **월 **일

소　　속 : ○○초등학교
직　　위 : 교사
성　　명 : ○○○　（인）

경기도○○교육지원청교육장 귀하

●● 자율연수휴직 - 학교장의견서(복직)

학교장 의견서

소　　속 : ○○초등학교

직　　위 : 교사

성　　명 : ○○○　(인)

　위 교사는 자율연수로 인하여 20**년 **월 **일부터 20**년 **월 **일까지(**개월간) 휴직하였던 바 그 복직 사유가 타당하다고 사료되오니 허락하여 주시기 바랍니다.

20**년 **월 **일

○○초등학교장 (직인)

경기도○○교육지원청교육장 귀하

3 휴·복직 관련 기안문 용례

가. 학교장 시행 공문

1) 질병·육아·가족돌봄 휴직의 경우
   가) 휴직발령 내부결재안(학교)

제목　교육공무원(초등학교 교사) 휴직 발령

다음과 같이 휴직 발령을 하고자 합니다.

소 속	직위	성 명 (생년월일)	발령사항
○○초등학교	교사	○○○ (91.5.3.)	교육공무원법 제44조 제1항 제7호에 의거 휴직을 명함.(육아) 휴직기간 : 2025.3.1.~ 2026.2.28.
○○초등학교	교사	○○○ (87.1.19.)	교육공무원법 제44조 제1항 제7호에 의거 휴직을 명함.(육아-아빠의달) 휴직기간 : 2025.3.1.~ 2026.2.28.
○○초등학교	교사	○○○ (86.4.12.)	교육공무원법 제44조 제1항 제7의3호에 의거 휴직을 명함.(난임) 휴직기간 : 2025.3.1.~ 2026.2.28.
○○초등학교	교사	○○○ (85.10.2.)	교육공무원법 제44조 제1항 제9호에 의거 휴직을 명함.(가족돌봄) 휴직기간 : 2025.3.1.~ 2026.2.28.
○○초등학교	교사	○○○ (79.6.9.)	교육공무원법 제44조 제1항 제1호에 의거 휴직을 명함.(질병) 휴직기간 : 2025.3.1.~ 2026.2.28.

2025. 3. 1.
경기도교육감 행정권한 위임에 관한 규칙
제7조 제6호에 의거 권한의 위임을 받아
○○초등학교장

붙임　1. 휴직원 1부.
　　　2. 증빙서류 1부.　끝.

나) 휴직 발령 보고안(학교→교육지원청)

제목　교육공무원(초등학교 교사) 휴직 발령 보고

1. 관련: ○○초등학교-1234(20**.**.**.) ※ 내부결재 공문
2. 교육공무원 인사기록 및 인사사무 처리규칙 제20조의 규정에 의하여 다음과 같이 교육공무원(초등학교 교사)의 휴직 발령 사항을 보고합니다.

소속	직위	성 명 (생년월일)	발령일	발령사항	비고
○○초등학교	교사	○○○ (91.5.3.)	2025.3.1.	교육공무원법 제44조 제1항 제7호에 의거 휴직을 명함.(육아) 휴직기간 : 2025.3.1.~ 2026.2.28.	첫째○○○ 2018.7.5.
○○초등학교	교사	○○○ (87.1.19.)	2025.3.1.	교육공무원법 제44조 제1항 제7호에 의거 휴직을 명함.(육아) 휴직기간 : 2025.3.1.~ 2026.2.28.	첫째○○○ 2018.7.5. 아빠의달 육아휴직여부 "예"
○○초등학교	교사	○○○ (86.4.12.)	2025.3.1.	교육공무원법 제44조 제1항 제7의3호에 의거 휴직을 명함.(난임) 휴직기간 : 2025.3.1.~ 2026.2.28.	불임,난임 시술치료
○○초등학교	교사	○○○ (85.10.2.)	2025.3.1.	교육공무원법 제44조 제1항 제9호에 의거 휴직을 명함.(가족돌봄) 휴직기간 : 2025.3.1.~ 2026.2.28.	시부○○○ 뇌졸중
○○초등학교	교사	○○○ (79.6.9.)	2025.3.1.	교육공무원법 제44조 제1항 제1호에 의거 휴직을 명함.(질병) 휴직기간 : 2025.3.1.~ 2026.2.28.	위암

끝.

다) 육아휴직 인사발령 통지서(학교)

인 사 발 령 통 지 서

○○초등학교

(직급) 교사　　　　　　　　　　(성명) ○○○

(발령사항)

교육공무원법 제44조 제1항 제7호에 의거 휴직을 명함.(육아)

휴직기간 : 20**.**.**. ~ 20**.**.**.

20**년 **월 **일 *(휴직 시작일)*

경기도교육감 행정권한 위임에 관한 규칙 제7조 제6호에 의거
권한의 위임을 받아

(임명권자)　○○초등학교장

위와 같이 발령되었음을 알려 드립니다.

20**년 **월 **일 *(내부결재일)*

(통 지 자)　○○초등학교장(직인)

라) 입양휴직 인사발령 통지서(학교)

인 사 발 령 통 지 서

○○초등학교

(직급) 교사　　　　　　　　(성명) ○○○

(발령사항)

교육공무원법 제44조 제1항 제7의2호에 의거 휴직을 명함.(입양)

휴직기간 : 20**.**.**. ~ 20**.**.**.

20**년 **월 **일 (휴직 시작일)

경기도교육감 행정권한 위임에 관한 규칙 제7조 제6호에 의거 권한의 위임을 받아

(임명권자)　○○초등학교장

위와 같이 발령되었음을 알려 드립니다.

20**년 **월 **일 (내부결재일)

(통 지 자)　○○초등학교장(직인)

마) 불임·난임휴직 인사발령 통지서(학교)

인 사 발 령 통 지 서

○○초등학교

(직급) 교사   (성명) ○○○

(발령사항)

교육공무원법 제44조 제1항 제7의3호에 의거 휴직을 명함. (불임 · 난임)

휴직기간 : 20**.**.**. ~ 20**.**.**.

20**년 **월 **일 (휴직 시작일)

경기도교육감 행정권한 위임에 관한 규칙 제7조 제6호에 의거
권한의 위임을 받아

(임명권자)   ○○초등학교장

위와 같이 발령되었음을 알려 드립니다.

20**년 **월 **일 (내부결재일)

(통 지 자)   ○○초등학교장(직인)

바) 휴직연장 발령 내부 결재안(학교)

제목 교육공무원(초등학교 교사) 휴직 연장 발령

다음과 같이 휴직연장 발령을 하고자 합니다.

소 속	직위	성 명 (생년월일)	발 령 사 항
○○초등학교	교사	○○○ (00.00.00.)	교육공무원 인사관리규정 제25조의 규정에 의하여 휴직연장을 명함.(육아) 휴직연장기간 : 2025.3.1.~ 2026.2.28.
○○초등학교	교사	○○○ (00.00.00.)	교육공무원 인사관리규정 제25조의 규정에 의하여 휴직연장을 명함.(가족돌봄) 휴직연장기간 : 2025.3.1.~ 2025.8.19.

2025. 3. 1.
경기도교육감 행정권한 위임에 관한 규칙
제7조 제6호에 의거 권한의 위임을 받아
○○초등학교장

붙임 1. 연장원 1부.
      2. 증빙서류 1부. 끝.

사) 휴직연장 발령 보고안(학교→교육지원청)

제목 교육공무원(초등학교 교사) 휴직연장 발령 보고

1. 관련: ○○초등학교-1234(20••.••.••.) ※ 내부결재 공문
2. 교육공무원 인사기록 및 인사사무 처리규칙 제20조의 규정에 의하여 다음과 같이 교육공무원(초등학교 교사)의 휴직연장 발령 사항을 보고합니다.

소속	직위	성 명 (생년월일)	발령일	발령사항	비고
○○초등학교	교사	○○○ (91.5.3.)	2025.3.1.	교육공무원 인사관리규정 제25조의 규정에 의하여 휴직연장을 명함.(육아) 휴직연장기간 : 2025.3.1.~ 2026.2.28.	첫째○○○ 2018.7.5.
○○초등학교	교사	○○○ (85.10.2.)	2025.3.1.	교육공무원 인사관리규정 제25조의 규정에 의하여 휴직연장을 명함.(가족돌봄) 휴직연장기간 : 2025.3.1.~ 2025.8.19.	시부○○○ 뇌졸증

끝.

아) 휴직연장 인사발령 통지서(학교)

인 사 발 령 통 지 서

○○초등학교

(직급) 교사   (성명) ○○○

(발령사항)

교육공무원 인사관리규정 제25조에 의거 휴직 연장을 명함.(육아)

휴직연장기간 : 20**.**.**. ~ 20**.**.**.

20**년 **월 **일 *(휴직 시작일)*

경기도교육감 행정권한 위임에 관한 규칙 제7조 제6호에 의거
권한의 위임을 받아

(임명권자)   ○○초등학교장

위와 같이 발령되었음을 알려 드립니다.

20**년 **월 **일 *(내부결재일)*

(통지자)   ○○초등학교장(직인)

자) 복직 발령 내부 결재안(학교)

제목	교육공무원(초등학교 교사) 복직 발령			

다음과 같이 복직 발령을 하고자 합니다.

소 속	직위	성 명 (생년월일)	발령사항
○○초등학교	교사	○○○ (00.00.00.)	복직을 명함. ○○초등학교 근무를 명함.

2025. 3. 1.
경기도교육감 행정권한 위임에 관한 규칙
제7조 제6호에 의거 권한의 위임을 받아
○○초등학교장

붙임 1. 복직원 1부.
　　　2. 증빙서류 1부. 끝.

차) 복직 발령 보고안(학교→교육지원청)

제목	교육공무원(초등학교 교사) 복직 발령 보고

1. 관련: ○○초등학교-1234(20**.**.**.) ※ 내부결재 공문
2. 교육공무원 인사기록 및 인사사무 처리규칙 제20조의 규정에 의하여 다음과 같이 교육공무원(초등학교 교사)의 복직 발령 사항을 보고합니다.

소속	직위	성 명 (생년월일)	발령일	발령사항	비고
○○초등학교	교사	○○○ (00.00.00.)	2025.3.1.	복직을 명함. ○○초등학교 근무를 명함.	육아휴직 (첫째 ○○○)
○○초등학교	교사	○○○ (00.00.00.)	2025.3.1.	복직을 명함. ○○초등학교 근무를 명함.	가족돌봄휴직 (시부 ○○○ 췌장암)
○○초등학교	교사	○○○ (00.00.00.)	2025.3.1.	복직을 명함. ○○초등학교 근무를 명함.	질병휴직 (위암)

끝.

※ 복직발령 시 호봉의 경우 복직 후 이어서 재휴직을 할 경우 '재휴직으로 인하여 호봉재획정 하지 않음'으로 기재

카) 복직 인사발령 통지서(학교)

인 사 발 령 통 지 서

○○초등학교

(직급) 교사   (성명) ○○○

(발령사항)

   복직을 명함.
   ○○초등학교 근무를 명함.

         20**년 **월 **일 *(복직일)*

   경기도교육감 행정권한 위임에 관한 규칙 제7조 제6호에 의거
                 권한의 위임을 받아

         (임명권자)   ○○초등학교장

위와 같이 발령되었음을 알려 드립니다.

         20**년 **월 **일 *(내부결재일)*

         (통 지 자)   ○○초등학교장(직인)

2) 질병·육아·가족돌봄 휴직을 제외한 휴직의 경우

  가) 휴직원 제출 시행문(학교 → 교육지원청) : 서류(원본)를 스캔하여 첨부하고, 원본은 학교 보관

제목	교육공무원(초등학교 교사) 휴직원 제출						
교육공무원법 제44조 제1항 제○호에 의한 교육공무원(초등학교 교사) ○○○의 휴직원을 다음과 같이 제출합니다.							
소속	직위	성 명	성별	휴직 사유	휴직 신청 기간	비고
○○초등학교	교사	○○○	남	병역 (교육공무원법 44조 제1항 제2호)	2025.3.18.~ 2026.9.17. (18개월간)	

붙임 1. 휴직원 1부.
     2. 증빙서류 1부.
     3. 학교장 의견서 1부. 끝.

  나) 휴직연장원 제출 시행문(학교 → 교육지원청)

제목	교육공무원(초등학교 교사) 휴직연장원 제출							
1. 관련 : ○○초등학교-1234(20**.**.**.) ※ 휴직원 제출 공문서								
2. 교육공무원(초등학교 교사) ○○○의 휴직 연장원을 다음과 같이 제출합니다.								
소속	직위(급)	성 명	성별	휴직 사유	발령 전 휴직기간	연장 사유	휴 직 연장기간	비고
○○초등학교	교사	○○○	여	동반휴직	2022.3.1.~ 2025.2.28.	배우자 근무기간 연장	2025.3.1.~ 2026.2.28.	

붙임 1. 휴직연장원 1부.
     2. 증빙서류 1부.
     3. 학교장 의견서 1부. 끝.

※ 학교 관련 대호는 당초 휴직 발령 통지 공문서의 대호 기재

  다) 복직원 제출 시행문(학교 → 교육지원청): 서류(원본)를 스캔하여 첨부하고, 원본은 학교 보관

제목	교육공무원(초등학교 교사) 복직원 제출						
1. 관련: ○○초등학교-1234(20**.**.**.) ※ 휴직원 제출 공문서							
2. 교육공무원(초등학교 교사) ○○○의 복직원을 붙임과 같이 제출합니다.							
소속	직위(급)	성 명	성별	복직 사유	휴직 기간	비고
○○초등학교	교사	홍길동	남	병역 휴직 사유 소멸	2024.3.11. ~ 2025.9.10. (18개월)	

붙임 1. 복직원 1부
     2. 증빙서류 1부.
     3. 학교장 의견서 1부. 끝.

3) 복직자 임지 미확보 시 타교 복직 발령 요청 공문(학교 → 교육지원청)

　　육아, 가족돌봄, 질병휴직 후 휴직 당시의 학교로 복직하고자 하나, 본교에 임지가 확보되지 않아서 타교로 복직해야하는 경우, 복직원과 학교장 의견서, 증빙서류를 갖추어 교육지원청에 제출해야 하며, 교육지원청에서 복직 발령과 동시에 타교로 임지 지정 발령함

제목　　교육공무원(초등학교 교사) 타교 복직 발령 요청

1. 관련: ○○초등학교-1234(20**.**.**.)
2. 교육공무원(초등학교 교사) ○○○의 타교 복직 발령을 요청합니다.

소속	직위(급)	성명 (생년월일)	휴직 기간	복직 사유	비고
○○초등학교	교사	○○○ (0000.00.00.)	20**.**.** ~20**.**.**	육아휴직 사유소멸	

이상 1명.

붙임　1. 복직원 1부.
　　　2. 학교장 의견서 1부.
　　　3. 증빙서류 1부.　끝.

나. 교육지원청 시행 공문

1) 휴직 발령 내부결재안(교육지원청)

제목　　교육공무원(초등학교 교사) 휴직 발령

1. 관련: ○○초등학교-1234(20**.**.**.)
2. 경기도교육감 행정권한 위임에 관한 규칙 제6조 제3호에 의한 권한의 위임을 받아, 교육공무원(초등학교 교사)을 다음과 같이 휴직 발령하고자 합니다.

소속	직위	성명 (생년월일)	성별	발령사항	발령일
○○초등학교	교사	○○○ (0000.00.00.)	여	교육공무원법 제44조 제1항 제6호에 의거 휴직을 명함(고용). 휴직기간 : 2025.3.1.~ 2026.2.28.(12개월간)	2025.3.1.

이상 1명.

붙임　1. 휴직원 1부.
　　　2. 증빙서류 1부.
　　　3. 학교장 의견서 1부.　끝.

2) 휴직 발령 통지안(교육지원청→학교)

제목	교육공무원(초등학교 교사) 인사 발령 알림

1. 관련: 경기도○○교육지원청 초등교육지원과-1234(20**.**.**.)
2. 다음과 같이 발령되었음을 알려 드립니다.

소속	직위	성 명(생년월일)	성별	발령사항
○○초등학교	교사	○○○ (0000.00.00.)	여	교육공무원법 제44조 제1항 제6호에 의거 휴직을 명함(고용) 휴직기간 : 2025.3.1.~ 2026.2.28.(12개월간)

2025. 3. 1.
경기도교육감 행정권한 위임에 관한 규칙
제6조 제3호에 의거 권한의 위임을 받아
경기도○○교육지원청 교육장

끝.

3) 휴직 발령 보고안(교육지원청→도교육청)

제목	교육공무원(초등학교 교사) 휴직 발령 보고

1. 관련: 경기도○○교육지원청 초등교육지원과-1234(20**.**.**.)
2. 교육공무원 인사기록 및 인사사무 처리 규칙 제20조의 규정에 의하여 다음과 같이 교육공무원(초등학교 교사)의 휴직 발령 사항을 보고합니다.

소속	직위	성명(생년월일)	발령년월일	발령사항	사유	전산입력여부
○○초등학교	교사	○○○ (00.00.00.)	2025.3.1.	교육공무원법 제44조 제1항 6호에 의거 휴직을 명함(고용) 휴직기간 : 2025.3.1.~ 2026.2.28.(12개월간)	동경한국학교 고용계약	입력 예정

이상 1명. 끝.

제목	교육공무원(초등학교 교사) 휴직 발령 보고

1. 관련: 경기도○○교육지원청 초등교육지원과-1234(20**.**.**.)
2. 교육공무원 인사기록 및 인사사무 처리 규칙 제20조의 규정에 의하여 다음과 같이 교육공무원(초등학교 교사)의 휴직 발령 사항을 보고합니다.

소속	직위	성명(생년월일)	발령년월일	발령사항	사유	전산입력여부
○○초등학교	교사	○○○ (00.00.00.)	2025.3.1.	교육공무원법 제44조 제1항 5호에 의거 휴직을 명함(유학) 휴직기간 : 2025.3.1.~ 2028.2.29.(36개월간)	미국 예일대 석사 (전공: 교육공학)	입력 예정

이상 1명. 끝.

4) 휴직 연장 발령 내부결재안(교육지원청)

제목　　교육공무원(초등학교 교사) 휴직 연장 발령

1. 관련: ○○초등학교-1234(20**.**.**.)
2. 경기도교육감 행정권한 위임에 관한 규칙 제6조 제3호에 의한 권한의 위임을 받아, 교육공무원(초등학교 교사)을 다음과 같이 휴직 연장 발령을 하고자 합니다.

소속	직위	성명 (생년월일)	발령 년월일	발령사항	비고
○○ 초등학교	교사	○○○ (00.00.00.)	2025.3.1.	교육공무원법 제44조 제1항 10호에 의거 휴직을 명함(동반) 휴직기간 : 2025.3.1.~ 2027.2.28.(24개월간)	당초 휴직기간 2023.3.1.~2025.2.28.

이상 1명.

붙임　1. 휴직 연장원 1부.
　　　2. 증빙서류 1부.
　　　3. 학교장 의견서 1부.　끝.

5) 휴직 연장 발령 통지안(교육지원청→학교)

제목　　교육공무원(초등학교 교사) 인사 발령 알림

1. 관련: 경기도○○교육지원청 초등교육지원과-1234(20**.**.**.)
2. 다음과 같이 발령되었음을 알려 드립니다.

소속	직위	성명 (생년월일)	성별	발령사항
○○초등학교	교사	○○○ (00.00.00.)	여	교육공무원법 제44조 제1항 제10호에 의하여 휴직 연장을 명함(동반) 휴직연장기간 : 2025.3.1.~ 2027.2.28.(24개월간)

　　　　　　　　　　　　　　　　　　　　　　　　　　2025. 3. 1.
　　　　　　　　　　　　　　　　경기도교육감 행정권한 위임에 관한 규칙
　　　　　　　　　　　　　　　　제6조 제3호에 의거 권한의 위임을 받아
　　　　　　　　　　　　　　　　　　　경기도○○교육지원청 교육장

끝.

6) 휴직 연장 발령 보고안(교육지원청→도교육청)

제목　　교육공무원(초등학교 교사) 휴직 연장 발령 보고

1. 관련: 경기도○○교육지원청 초등교육지원과-1234(20**.**.**.)
2. 교육공무원 인사기록 및 인사사무 처리 규칙 제20조의 규정에 의하여 다음과 같이 교육공무원(초등학교 교사)의 휴직 연장 발령 사항을 보고합니다.

소속	직위	성명 (생년월일)	발령 년월일	발령사항	비고
○○ 초등학교	교사	○○○ (00.00.00.)	2025.3.1.	교육공무원법 제44조 제1항 10호에 의거 휴직을 명함(동반) 휴직연장 기간 : 2025.3.1.~ 2027.2.28.(24개월간)	당초 휴직기간 2023.3.1.~2025.2.28.

이상 1명.　끝.

6) 휴직 및 휴직 연장 인사발령통지서

인 사 발 령 통 지 서

○○초등학교

(직급) 교사　　　　　　　　　(성명) ○○○

(발령사항)

교육공무원법 제44조 제1항 제10호의 규정에 의하여 휴직을 명함.(동반)

휴직연장기간 : 20**.**.**. ~ 20**.**.**.

20**년 **월 **일 (휴직 시작일)

경기도교육감 행정권한 위임에 관한 규칙 제6조 제3호에 의거 권한의 위임을 받아

(임명권자) 경기도○○교육지원청교육장

위와 같이 발령되었음을 알려 드립니다.

20**년 **월 **일 (내부결재일)

(통지자) 경기도○○교육지원청교육장(직인)

7) 복직 발령 내부결재안(교육지원청)

제목   교육공무원(초등학교 교사) 복직 발령

1. 관련: ○○초등학교-1234(20**.**.**.)
2. 경기도교육감 행정권한 위임에 관한 규칙 제6조 제3호에 의한 권한의 위임을 받아, 교육공무원(초등학교 교사)을 다음과 같이 복직 발령하고자 합니다.

소속	직위	성 명 (생년월일)	발령일	발령사항	비 고
○○초등학교	교사	○○○ (00.0.0.)	2025.3.1.	복직을 명함. ○○초등학교 근무를 명함.	병역휴직 (20**.**.**.~ 20**.**.**.)

이상 1명.

붙임 1. 복직원 1부.
      2. 증빙서류 1부.
      3. 학교장 의견서 1부. 끝.

8) 복직 발령 통지안(교육지원청→학교)

제목   교육공무원(초등학교 교사) 인사 발령 알림

1. 관련: 경기도○○교육지원청 초등교육지원과-1234(20**.**.**.)
2. 다음과 같이 발령되었음을 알려 드립니다.

소속	직위	성 명 (생년월일)	발령사항	비 고
○○초등학교	교사	○○○ (00.0.0.)	복직을 명함. ○○초등학교 근무를 명함.	병역휴직 (20**.**.**.~ 20**.**.**.)

- 호봉재획정은 인사발령 후 나이스 처리예정(복직 후 이어서 재휴직하지 않는 경우만 표기)

2025. 3. 1.
경기도교육감 행정권한 위임에 관한 규칙
제6조 제3호에 의거 권한의 위임을 받아
경기도○○교육지원청 교육장

끝.

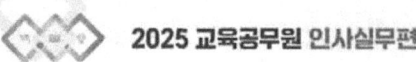

9) 복직 발령 보고안(교육지원청→도교육청)

제목   교육공무원(초등학교 교사) 복직 발령 보고

1. 관련: 경기도○○교육지원청 초등교육지원과-1234(20**.**.**.)
2. 교육공무원 인사기록 및 인사사무 처리 규칙 제20조의 규정에 의하여, 다음과 같이 교육공무원(초등학교 교사)의 복직 발령 사항을 보고합니다.

소속	직위	성 명 (생년월일)	발령일	발령사항	사유	전산입력여부
○○초등학교	교사	○○○ (0000.0.0.)	2025.3.1.	복직을 명함. ○○초등학교 근무를 명함.	휴직사유 소멸(유학)	입력 완료

이상 1명. 끝.

10) 타교 복직 발령을 의뢰 받은 교사의 복직 처리 내부결재안(교육지원청)

제목   교육공무원(초등학교 교사)의 복직 발령

1. 관련: ○○초등학교-1234(20**.**.**.)
2. 경기도교육감 행정권한 위임에 관한 규칙 제6조 제3호에 의한 권한의 위임을 받아, 교육공무원(초등학교 교사)에 대하여 다음과 같이 복직 발령하고자 합니다.

소속	직위	성 명 (생년월일)	발령일	발령사항	비고
○○초등학교	교사	○○○ (0000.0.0.)	2025.3.1.	복직을 명함. ○○초등학교 근무를 명함.	병역휴직 (20**.**.**.~ 20**.**.**.)

이상 1명.

붙임 1. 복직원 1부.
       2. 학교장 의견서 1부.
       3. 증빙서류 1부. 끝.

memo

11) 복직 발령 인사발령통지서

인 사 발 령 통 지 서

○○초등학교

(직급) 교사   (성명) ○○○

(발령사항)

복직을 명함.
○○초등학교 근무를 명함.

20**년 **월 **일 *(복직 시작일)*

경기도교육감 행정권한 위임에 관한 규칙 제6조 제3호에 의거
권한의 위임을 받아

(임명권자) **경기도○○교육지원청교육장**

위와 같이 발령되었음을 알려 드립니다.

20**년 **월 **일 *(내부결재일)*

(통 지 자) **경기도○○교육지원청교육장**(직인)

2025 교육공무원 인사실무편람

교육공무원 청원휴직 심사기준

경기도교육청
2024.01.26. 7차 개정

1. 목적

 교육공무원법 제44조제1항제5호 내지 제10호 및 제12호의 규정에 의한 휴직을 허가함에 있어 경기도의 교원수급, 교육과정 운영, 소요예산, 휴직목적의 적합성, 복직후 교육발전 기여 가능성 등을 고려하여 심사하기 위한 기준이다.

2. 관련 법령

1) 「교육공무원법」 제44조(휴직) 및 제45조(휴직기간 등)
2) 「교육공무원임용령」 제19조의2(육아휴직), 제19조의3(고용휴직), 제19조의4(가족돌봄휴직)
3) 「국가공무원법」 제43조(휴직·파견 등의 결원보충 등), 「교육공무원법」 제53조(「국가공무원법」과의 관계)
4) 「공무원보수규정 및 공무원수당 등에 관한 규정」(봉급 및 수당 지급)
5) 「교육공무원 승진규정」제11조(경력의 기간 계산)
6) 「교육공무원 인사관리규정」 제24조(휴직의 결정)

3. 청원휴직(교육공무원법 제44조, 제45조)

1) 유학휴직(5호) : 학위취득을 목적으로 해외유학을 하거나 외국에서 1년 이상 연구 또는 연수하게 된 때 : 3년 이내(학위취득의 경우 3년 연장 가능)
2) 고용휴직(6호) : 국제기구, 외국기관, 국내외의 대학·연구기관, 다른 국가기관, 재외교육기관(「재외국민의 교육지원 등에 관한 법률」제2조제2호의 재외교육기관을 말한다) 또는 대통령령으로 정하는 민간단체에 임시로 고용될 때 : 고용기간(단, 비영리법인은 3년 이내)
3) 육아휴직(7호) : 8세 이하 또는 초등학교 2학년 이하의 자녀를 양육하기 위하여 필요하거나 여성 교육공무원이 임신 또는 출산하게 된 때 : 3년 이내
   - 7의2호 : 19세 미만의 아동(제7호에 따른 육아휴직대상 아동 제외)을 입양하게 된 때 : 6개월 이내
   - 7의3호 : 불임·난임으로 인하여 장기간의 치료가 필요한 때 : 1년 이내(부득이한 경우 1년 연장)
4) 연수휴직(8호) : 교육부장관 또는 교육감이 지정하는 국내의 연구기관이나 교육기관 등에서 연수 하게 된 때 : 3년 이내
5) 가족돌봄휴직(9호) : 조부모, 부모(배우자의 부모 포함), 배우자, 자녀 또는 손자녀를 부양하거나 돌보기 위하여 필요할 때 : 1년 이내(재직기간 중 총 3년 이내)

6) 동반휴직(10호) : 배우자가 국외근무를 하게 되거나 제5호에 해당하게 된 때 : 3년 이내(3년 연장 가능. 단, 총 휴직기간은 배우자의 국외근무, 해외유학·연구 또는 연수기간을 초과할 수 없음)

7) 자율연수휴직(12호) :「공무원연금법」제25조에 따른 재직기간 10년 이상인 교원이 자기개발을 위하여 학습·연구 등을 하게 된 경우 : 1년 이내(단, 재직기간 중 1회에 한함)

4. 청원휴직 허가를 위한 심사기준

1) 본인의 청원에 의하여 휴직을 허가하는 해외유학 휴직, 고용휴직, 국내연수 휴직, 동반휴직 등에 대하여 최소한 휴직기간(예 : ○개월 이상)에 대한 기준은 없으나, 이를 이유로 하여 단기간의 휴직(예 : 6개월간의 고용휴직 등)을 신청하였을 경우, 그 기간 동안에 휴직의 목적 달성 가능성 여부 또는 휴직의 합목적성 등을 면밀히 검토하여 처리하여야 하며, 유학·고용·연수·동반휴직은 경기도의 교원 수급사항, 기간제교사의 증대, 교육과정 운영, 소요예산, 휴직목적의 적합성, 복직후 교육발전 기여 가능성 등을 종합적으로 고려하여 휴직을 허가하여야 한다.

2) 유학휴직은 「경기도 교원 국외 자비유학, 연수·연구 대상자 선정 기준」을 적용하며, 특별한 경우 심사하여 휴직을 허가할 수 있다. 특히, 유학휴직은 복직 후 경기교육정책 실현 및 교육과정 운영의 전문성 확보를 목표로 하는 바, 복직 후 반드시 의무복무(휴직기간과 같은 기간)를 하여야 한다. 유학휴직기간과 같은 기간을 의무 복무해야 함에도 불구하고 의무 복무할 수 없다고 하여 의원면직을 청원하는 경우 원칙적으로 승인할 수 없으며, 다만 의무복무를 면할 특별한 사유가 있는 경우에는 그러하지 아니할 수 있다.

3) 고용휴직은 휴직의 범위를 과다하게 넓게 규정하고 있으나 경기도의 교원 수급사항, 기간제교사의 증가, 교육과정 운영, 소요예산, 휴직목적의 적합성 등을 고려하여 초·중·고등학생을 직접 교육하는 재외교육기관(교육부장관이 승인한 재외 한국학교)에서 전임으로 고용계약을 한 경우에 한하여 허가함을 원칙으로 하며, 초·중등학생을 직접 교육하지 않는 국제기구, 외국기관, 국내외의 대학·연구기관, 다른 국가기관에의 고용휴직은 허가하지 아니한다. 또한 일부 요일만을 특정하여 고용 계약하여 실질적으로 전임으로 근무한다 할 수 없는 경우 이를 허가하지 아니하며(예: 한글학교, 시간제 근무), 휴직기간이 연속하여 5년이 초과된 경우(연속한 고용휴직 기간 또는 고용휴직에 이어 다른 휴직, 파견 등으로 전환하여 실질적으로 단위학교에 복직·복귀하기 전의 고용휴직 총기간)에는 복직 후 일정기간(최소 1년 이상) 근무한 후에 다시 고용휴직을 할 수 있다. 기타 상기 기준 외의 사유로 고용휴직과 관련하여 특별하다고 인정되는 경우 심사를 통하여 허가 여부를 결정할 수 있다.

※ <u>「휴직기간이 연속하여 5년」</u>에 대한 해석 : 학교에 복직하여 일정기간(최소 1년이상) 근무하기 전까지의 고용휴직 총 기간이 5년임을 의미하는 것으로, 고용휴직기간이 5년 연속되는 경우는 물론 고용휴직에 이어 다른 휴직, 파견 등으로 전환하여 실질적으로 단위학교에 복직·복귀하기 전의 고용휴직 총기간이 5년인 경우도 이에 해당된다.
예를 들어 고용휴직 3년을 한 후 이어서 동반휴직 1년을 하고 다시 고용휴직 2년을 하였다면 이는 고용휴직 연속 5년에 해당되어 더 이상의 고용휴직은 불가하다. 따라서 이 경우 연속이 아니므로 동반휴직 이후의 고용휴직부터 기산하여 추가로 고용휴직을 3년 더 할 수 있다고 판단하여 고용휴직을 신청하는 것은 인정되지 아니한다. 이는 휴직기간 산정의 혼란과 악용의 우려를 없애 기준을 명료화하기 위한 것임.

4) 질병휴직, 육아휴직 및 가족돌봄휴직은 별도의 「질병·육아·가족돌봄 휴·복직 처리 지침」에 의한다.

※ 질병, 육아, 가족돌봄 휴·복직의 허가권을 학교장에게 위임
  가. 근거규정 : 「경기도교육감 행정권한 위임에 관한 규칙」(2021.11.04.)
  나. 1호 질병휴직, 7호 육아휴직(7의2, 7의3호 포함), 9호 가족돌봄휴직 발령(복직발령 포함)을 학교에서 내부결재로 학교장 발령 후 관할 교육지원청에 7일 이내에 보고하고, 교육지원청은 도교육청으로 발령 보고(중·고등학교)
  다. 육아휴직의 경우 대상자녀별로 휴직을 허가하고 있어 대상자녀를 달리할 경우 복직과 동시에 휴직을 허가하여야 함
  라. 동일자녀에 대해 계속해서 휴직을 할 경우 휴직연장 발령
  마. 타교복직 대상자가 질병이나 육아, 가족돌봄휴직을 계속할 경우 복직 시에는 타교복직자로 도교육청(교원인사정책과)에 복직원 제출(중·고등학교)

5) 연수휴직은 「경기도교육청 교육공무원 연수휴직을 위한 연수기관 지정에 관한 규칙」(2021.11. 04.)에 의하여 휴직을 허가함을 원칙으로 하며, 특별하다고 인정되는 경우 심사를 통해 휴직여부를 결정할 수 있다.

연수휴직의 범위 : 임용권자는 「경기도교육청 교육공무원 연수휴직을 위한 연수기관 지정에 관한 규칙」 제4조에 따른 연수기관에서 지도교과 또는 전공교과와 관련된 석사 또는 박사 학위 취득 목적에 한하여 연수휴직을 허가할 수 있다. 다만, 야간수업, 계절수업 및 시간수업은 제외한다.

6) 동반휴직의 경우 휴직인정 범위를 참고하여 휴직을 허가하며, 휴직의 인정범위(교육공무원의 배우자가 공무원(파견, 연수), 사립학교 교원, 정부투자(출연)기관의 임직원, 외국환은행의 임직원, 상사의 해외지사 또는 사무소의 임직원, 정부파견 의사 및 언론기관 특파원으로 해외근무를 하게 된 때 또는 연수 및 학위취득 목적으로 해외유학을 하게 된 때 동반하는 배우자인 교육공무원)에 해당하지 않을 경우 심사를 통해 휴직여부의 허가를 결정할 수 있다.

7) 자율연수휴직은 「공무원연금법」 제25조에 따른 재직기간이 10년 이상인 교원이 자기개발을 위하여 학습·연구 등을 하게 될 경우 본인이 희망하고 학교장(소속기관장)이 추천하여 임용권자(교사, 교감: 교육장, 교장: 교육감)가 허가한다. 학생의 학습권 보호와 안정적인 학교운영, 학교의 특수성 등을 고려하여 학기단위로 기간을 정하여 실시하며 정상적인 학교교육과정 운영 등을 고려하여 단위학교 교원인사자문위원회의 의견을 들어 학교장이 휴직 대상자를 결정하여 관할 교육지원청에 추천하며, 필요한 경우 별도의 심사를 통해 휴직여부의 허가를 결정할 수 있다. 휴직 예정일로부터 30일 이전에 소속 학교장에게 신청하여야 하며 교원으로 재직하는 기간 중 1회, 1년 이내(1년의 범위 내에서 휴직기간을 단절 없이 연장한 경우에도 1회로 봄)이며 휴직기간 만료일 15일 전까지는 휴직 연장을 신청하여야 한다.

8) 모든 청원휴직은 학생의 학습권 보호, 교원수급 사항, 안정적인 학교운영, 학교의 특수성 등을 고려하여 휴직허가여부를 결정하여야 하며, 학기단위로 기간을 정하여 휴직하도록 적극 권장하고(단, 육아휴·복직은 육아휴직처리기준에 의거 휴직허가), 휴직에 따른 기간제교사 임용도 「공립 초·중등학교 계약제교원 운영 지침」에 따라 임용하여 정원관리에 적정을 기하도록 하여야 한다.

9) 휴직 또는 파견 등에 의한 의무복무기간이 만료된 이후에만 청원휴직(육아휴직 제외)을 허가할 수 있다. 단, 의무복무를 면할 특별한 사유가 있는 경우에는 그러하지 아니할 수 있다. (의무복무기간이 발생하는 예: 유학휴직 종료 후 휴직기간과 같은 기간, 국외연수파견 종료 후 파견기간의 2배, 서울대·교원대 등 선발연수파견 종료 후 파견기간의 1배 등)

5. 기타

1) 청원휴직의 심사기준은 초등과 중등에 동일하게 적용함을 원칙으로 하나, 청원 휴직의 종류에 따라 초·중등의 여건이 특별히 다르다고 인정될 경우 다르게 적용할 수 있다.
2) 청원휴직과 관련하여 본 기준 이외에 심사에 필요한 경우 별도 기준을 마련하여 적용할 수 있다.
3) 향후 경기도의 교원수급 사항, 기간제교사 증가, 교육과정 운영 등이 개선될 경우 청원휴직의 종류별 심사기준을 변경할 수 있다.
4) 휴직 또는 파견 등에 따른 의무복무기간이 있는 경우 의무복무기간을 이행하지 않거나 미경과된 경우에는 원칙적으로 의원면직을 할 수 없으며, 다만 의무복무를 면할 특별한 사유가 있는 경우에는 그러하지 아니할 수 있다.

4 휴·복직 NEIS 임용 발령 처리

※ 휴·복직 NEIS 임용 발령 처리는 교육지원청 휴·복직 담당자가 처리함

가. 휴·복직 NEIS 발령

1) 휴직 NEIS 발령
   가) 기안문 작성
   (1) 메뉴 : [교원인사] - [임용발령] - [임용기안문작성(휴복직)] - [휴직]
   (2) {행추가} 버튼을 클릭 후, 제목 박스란에 기안문 제목을 입력하고 {저장} 버튼을 클릭한 다음, 기안 세부내용을 작성하기 위해 해당 기안문 제목을 클릭

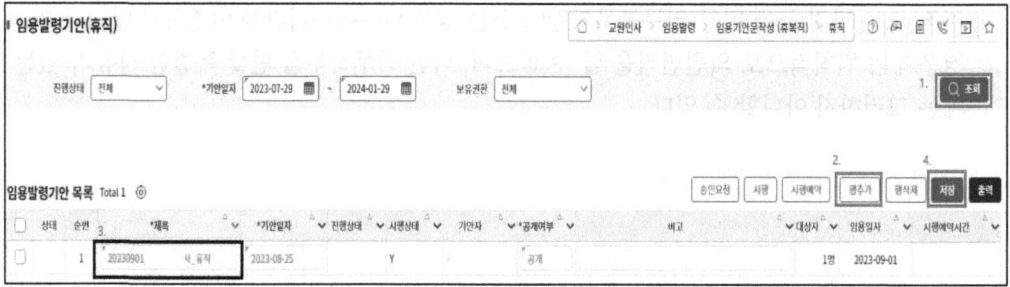

   (3) {추가}버튼을 눌러 성명은 {대상자선택} 버튼을 이용해 입력하고, 임용일 입력, 임용구분 선택, 임명권자 입력, 휴직기간에서 종료일 입력 후, {저장} 버튼을 클릭
   ① 임용구분이 학교장에게 재위임된 사항인 1호:질병휴직, 7호:육아휴직, 9호:가족돌봄휴직인 경우는 임명권자가 학교장임
   ② <u>육아휴직인 경우, 휴직사유에 양육대상자 정보를 입력</u>(질병휴직은 질병명, 가족돌봄휴직은 돌봄대상자 정보를 휴직사유에 입력)
      예시) 첫째: 홍○○(2011.03.01) 또는 첫째: 출산예정일(2011.05.01)
   ③ 임용일, 임명권자를 입력 후 {고정} 버튼을 클릭하면, 아래 임용일, 임명권자를 매번 입력하지 않아도 되므로 여러 명을 입력 시 편리함

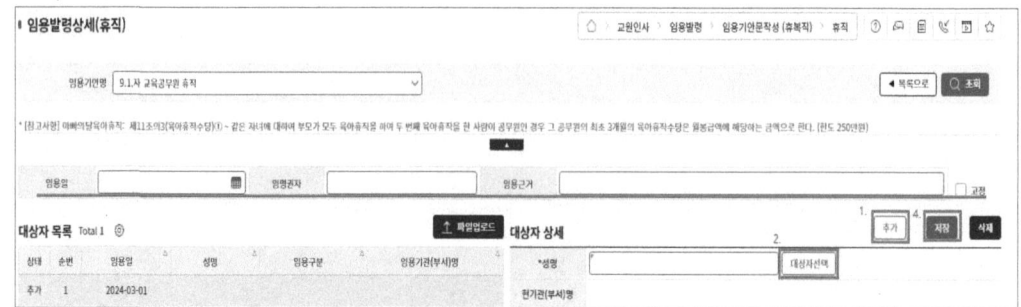

제3장 휴직 및 복직

※ 본교복직자는 별도정원여부:비포함, 타교복직자는 별도정원여부:포함
※ 아빠의달 육아휴직 대상자는 아빠의달육아휴직유무를 "예"로 선택(두번째 휴직자 1人만 선택)

(4) {저장} 버튼을 클릭하면 입력된 내용이 왼쪽에 표시되며, 이러한 방법으로 다른 대상자들을 입력하여 {저장}한 후, {목록으로} 버튼을 클릭

나) 기안문 상신 : 해당 기안문 제목의 선택 부분을 체크 한 후, {승인요청} 버튼을 클릭하여 상신

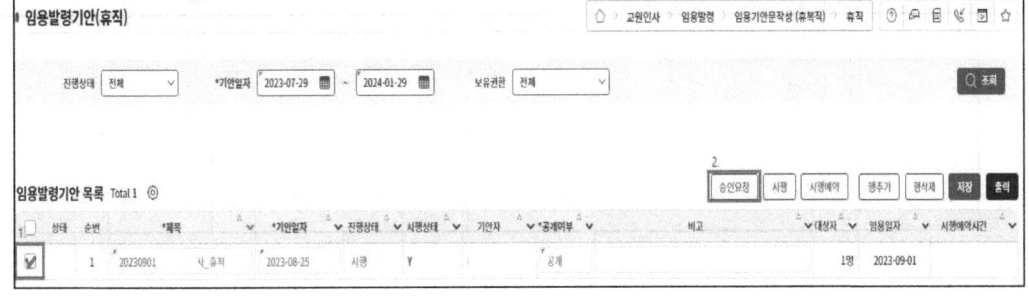

다) 결재 처리
라) 기안문 시행
  (1) 기안자가 NEIS에 접속한 후, [교원인사]-[임용발령]-[임용기안문작성(휴복직)]-[휴직] 메뉴에서 해당 기안문 제목의 선택 부분을 체크 한 후, {시행} 버튼을 클릭한다. (시행상태 N->Y로 변경됨)
  (2) [교원인사-인사기록-인사기록관리-인사기록(인사권한) 또는 인사기록(인사권한-조회)] 메뉴의 [경력], [휴직]탭과 [교원인사]-[임용발령]-[기간성조회]-[휴직자조회]에 자동 입력됨

2) 복직 NEIS 발령
 가) 기안문 작성
  (1) 메뉴 : [교원인사] - [임용발령] - [임용기안문작성(휴복직)] - [복직]
  (2) {행추가} 버튼을 클릭 후, 제목 박스란에 기안문 제목을 입력하고 {저장} 버튼을 클릭한 다음, 기안세부내용을 작성하기 위해 해당 기안문 제목을 클릭
  (3) {추가}버튼을 눌러 성명은 {대상자선택}으로 선택하여 대상자의 휴직정보를 불러오면, [교원인사]-[임용발령]-[기간성조회]-[휴직자조회]의 정보를 하단부분에 가져오게 됨. 하단부분의 내용이 없거나 다른 경우는 복직처리가 불가하며 [경력]탭과 [기간성조회]의 휴직내용을 검토·정정해야 함
 나) 기안문 상신 : 해당 기안문 제목의 선택 부분을 체크 한 후, {승인요청} 버튼을 클릭하여 상신
 다) 결재 처리
 라) 기안문 시행

3) 휴직/복직 발령처리 수정 및 삭제
   가) 메뉴 : [교원인사]-[인사기록]-[인사기록관리]-[인사기록(인사권한)]의 [경력]탭 및 [교원인사]-[임용발령]-[기간성조회]-[휴직자조회]
   나) [경력]탭의 수정내역을 올바르게 정정하고, 반드시 [교원인사-임용발령-기간성조회-휴직자조회]의 내용도 정정함. (학교에서의 급여작업 시 휴직수당은 기간성조회-휴직자조회의 내용을 참고함 [경력]탭과 [휴직자조회]의 내용이 상이할 경우 급여작업 시 문제가 됨)

- 복직일자는 복직 발령 시행 후 입력됨
- 복직예정일자는 [교원인사]-[임용발령]-[임용기안문작성(휴복직)]-[휴직]의 휴직기간의 종료일이 입력됨
- 휴직연장임용일자는 가장 마지막 휴직연장의 임용일 입력됨
- 정정을 완료하면 자동으로 연계재전송이 됨

※ 육아휴직 후 유산, 사산으로 복직을 한 경우 처리 방법
① [교원인사-임용발령-임용기안문작성(휴복직)-복직] 메뉴에서 시행
② [교원인사-인사기록-인사기록관리-인사기록(인사권한)] 메뉴의 [경력]탭에서 해당 육아휴직사항을 선택 후 임용구분을 7호:육아휴직으로 변경하고 '비고'란에 유산 또는 사산 등으로 수정·저장

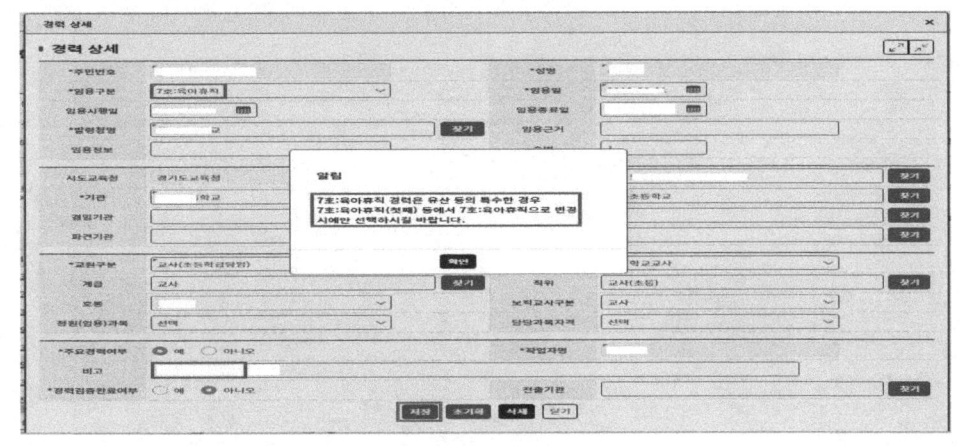

2025 교육공무원
인사실무편람

초등
유아

GYEONGGIDO OFFICE OF EDUCATION

제4장

복무

1. 복무 일반 ·· 217
2. 겸임·직무대리· 영리업무 금지·외부강의 ·················· 243
3. 교원휴가업무 ·· 291

미래교육의 중심 새로운 경기교육
GYEONGGIDO OFFICE OF EDUCATION

1 복무 일반

가. 근거

1) 「국가공무원법」(법률 제20627호, 시행 2024.12.31.)
2) 「교육공무원법」(법률 제20377호, 시행 2024.9.20.)
3) 「국가공무원복무규정」(대통령령 제35258호, 시행 2025.2.11.)
4) 「국가공무원 복무·징계 관련 예규」인사혁신처 예규 제193호(2025.2.11.)
5) 「국가공무원 복무규칙」(총리령 제2009호, 시행 2025.1.16.)
6) 「교원휴가에 관한 예규」(교육부예규 제83호, 시행 2023.12.11.)
7) 「경기도교육감 소속 공무원 공무국외출장 조례」(경기도조례 제8256호, 시행 2025.3.1.)
8) 「경기도교육청 공무원 행동강령」(경기도교육규칙 제932호, 시행 2023.3.1.)
9) 「사립학교법」제55조(복무) (법률 제20666호, 시행 2025.1.21.)
10) 「부정청탁 및 금품등 수수의 금지에 관한 법률」(제20712호, 시행 2025.1.21.)

나. 교직원의 임무(초중등교육법 제20조)

1) 교장은 교무를 총괄하고, 민원처리를 책임지며, 소속 교직원을 지도·감독하고, 학생을 교육한다.
2) 교감은 교장을 보좌하여 교무를 관리하고 학생을 교육하며, 교장이 부득이한 사유로 직무를 수행할 수 없을 때에는 교장의 직무를 대행한다. 다만, 교감이 없는 학교에서는 교장이 미리 지명한 교사(수석교사를 포함한다)가 교장의 직무를 대행한다.
3) 수석교사는 교사의 교수·연구 활동을 지원하며, 학생을 교육한다.
4) 교사는 법령에서 정하는 바에 따라 학생을 교육한다.
5) 행정직원 등 직원은 법령에서 정하는 바에 따라 학교의 행정사무와 그 밖의 사무를 담당한다.

다. 교육공무원의 복무상 의무(국가공무원법, 국가공무원 복무규정)

1) 직무상 의무
   가) 성실의무(국가공무원법 제56조)
      • 모든 공무원은 법령을 준수하며 성실히 직무를 수행하여야 한다.
   나) 복종의 의무(국가공무원법 제57조)
      • 공무원은 직무를 수행할 때 소속 상관의 직무상의 명령에 복종하여야 한다.

다) 직장 이탈 금지(국가공무원법 제58조)
- 공무원은 소속 상관의 허가 또는 정당한 사유가 없으면 직장을 이탈하지 못한다.
- 수사기관이 공무원을 구속하려면 그 소속 기관의 장에게 미리 통보하여야 한다. 다만, 현행범은 그러하지 아니한다.

라) 친절·공정의 의무(국가공무원법 제59조)
- 국민 전체의 봉사자로서 친절하고 공정하게 직무를 수행하여야 한다.

마) 종교중립의 의무(국가공무원법 제59조의2)
- (제1항) 공무원은 종교에 따른 차별 없이 직무를 수행하여야 한다.
- 공무원은 소속 상관이 국가공무원법 제59조의2제1항에 위배되는 직무상 명령을 한 경우에는 이에 따르지 아니 할 수 있다.

바) 비밀엄수의 의무(국가공무원법 제60조)
- 공무원은 재직 중은 물론 퇴직 후에도 직무상 알게 된 비밀을 엄수(嚴守)하여야 한다.

사) 청렴의 의무(국가공무원법 제61조)
- 공무원은 직무와 관련하여 직접적이든 간접적이든 사례·증여 또는 향응을 주거나 받을 수 없다.
- 공무원은 직무상의 관계가 있든 없든 그 소속 상관에게 증여하거나 소속 공무원으로부터 증여를 받아서는 아니 된다.

2) 신분상 의무

가) 품위 유지의 의무(국가공무원법 제63조)
- 공무원은 직무의 내외를 불문하고 그 품위가 손상되는 행위를 하여서는 아니 된다.

나) 영리 업무 및 겸직 금지(국가공무원법 제64조)
- (제1항) 공무원은 공무 외에 영리를 목적으로 하는 업무에 종사하지 못하며 소속 기관장의 허가 없이 다른 직무를 겸할 수 없다.
- 제1항에 따른 영리를 목적으로 하는 업무의 한계는 대통령령(국가공무원 복무규정 제25조 영리 업무의 금지)등으로 정한다.

다) 정치 운동의 금지(국가공무원법 제65조)
- 공무원은 정당이나 그 밖의 정치단체의 결성에 관여하거나 이에 가입할 수 없다.
- 공무원은 선거에서 특정 정당 또는 특정인을 지지 또는 반대하기 위한 행위를 하여서는 아니 된다.
- 공무원은 다른 공무원에게 위의 내용에 위배되는 행위를 하도록 요구하거나, 정치적 행위에 대한 보상 또는 보복으로서 이익 또는 불이익을 약속하여서는 아니 된다.

라) 집단 행위의 금지(국가공무원법 제66조)
- 공무원 노동운동이나 그 밖에 공무 외의 일을 위한 집단 행위를 하여서는 아니 된다. 다만, 사실상 노무에 종사하는 공무원은 예외로 한다.

라. 근무사항 관리

1) 용어의 정의(국가공무원 복무·징계 관련 예규)
　가) 출근: 근무시작 시간 전까지 근무장소(사무실 또는 현장)에 도착하는 것
　나) 지각: 근무장소에 근무시작 시간 이후에 출근하는 것
　다) 조퇴: 근무종료 시간 이전에 퇴근하는 것
　라) 외출: 근무시간 중 개인용무를 위하여 근무장소 외부로 나간 후, 근무종료 시간 이전에 돌아오는 것
　마) 퇴근: 그 날의 업무를 종료하고 근무종료 시간 이후에 근무 장소를 떠나는 것
　바) 결근: 출장, 휴가 등의 정당한 사유 없이 근무종료 시간까지 출근하지 아니하거나 국가공무원 복무 규정에서 정한 휴가일수를 초과하여 휴가를 사용한 경우

2) 근무시간과 복무
　가) 근무시간(국가공무원복무규정 제9조)
　　(1) 공무원의 1주간 근무시간은 점심시간을 제외하고 40시간으로 하며, 토요일은 휴무함을 원칙으로 함
　　(2) 공무원의 1일 근무시간은 오전 9시부터 오후 6시까지로 하며, 점심시간은 낮 12시부터 오후 1시까지로 함. 다만, 행정기관의 장은 직무의 성질, 지역 또는 기관의 특수성을 고려하여 필요하다고 인정할 때에는 1시간의 범위에서 점심시간을 달리 정하여 운영할 수 있음

　　※ 초·중등 교원의 근무시간은 직무의 특수성을 감안하여 09:00~17:00(동절기, 하절기 공통)로 시행하며, 교원의 근무시간에는 점심시간도 포함되는데 이는 급식지도 및 학생 생활지도를 하기 때문임
　　　　　　　　　　　　　　　　　　　　　　　　　　　　　　　　　　　[문교부, 교행01136-104-F, 1985.2.6.]

　나) 근무시간 등의 변경(국가공무원복무규정 제10조)
　　(1) 직무의 성질, 지역 또는 기관의 특수성에 따라 필요하다고 인정할 때에는 통상의 근무시간 또는 근무일을 변경할 수 있음
　　(2) 단위학교별 탄력적 근무시간제(교원 12410-52, 2002.1.21.)
　　　(가) 적용대상 : 고등학교 이하 각 급 학교 교원
　　　(나) 적용시기 : 단위학교별 탄력적 근무 시간제를 2002년 3월 1학기부터 시행함
　　　(다) 제도의 취지
　　　　- 학교별 교육과정 운영의 자율성을 높이고 교원의 자율연수 기회를 확대하며 방과 후 특기적성교육 등을 활성화함
　　　(라) 내용
　　　　- 국가공무원복무규정에 의한 1일 근무시간의 총량(8시간)을 확보하여 근무시간을 정하고, 교육과정 운영에 지장이 없는 범위 내에서 교원의 출·퇴근시간을 학교별로 자율적으로 정할 수 있도록 하는 제도
　　　　- 개인별 또는 일부 집단별 근무시간의 조정은 불가능함
　　　　　예) 특정 학년별·교과별 교사집단이 단위학교 근무시간과 별도로 근무시간을 정할 수 없음
　　　　- 영양교사, 유치원 방과후 과정 담당교사*의 경우 개인별 근무시간 조정 가능함
　　　　　* 단위 유치원별 운영위원회 심의를 거친 방과후 과정(돌봄) 운영계획에 따라 운영되는 교육·돌봄 활동에 한함
　　　※ 영양교사가 식재료 검수 업무 등을 위해 매일 조기 출근하는 경우, 국가공무원 복무규정에 의한 1일 근무시간의 총량(8시간)을 확보하여 근무시간을 정하고, 교육과정 운영에 지장이 없는 범위 내에서 영양교사 개인에 대하여 출·퇴근시간을 학교별로 자율적으로 정할 수 있음 (교육부 교원정책과-4168, 2016. 7.21.)

> **사례**
>
> 초등학교에서는 도서관에서 08시~08시 40분까지 아침 세이프존을 운영하고자 계획을 세우고 있습니다. 본교 선생님들이 돌아가면서 세이프존 관리근무를 하려고 하는데 이 경우 유연근무제로 08시 출근~16시 퇴근이 가능한지요?
>
> ● 교원의 경우 「국가공무원 복무규정」 제10조에 따라 1일 근무시간의 총량(8시간)을 확보하되, 교육과정 운영에 지장이 없는 범위 내에서 출·퇴근시간을 학교별로 자율적으로 정할 수 있도록 하고 있으며, 급식지도 및 학생 생활 지도를 이유로 점심시간도 근무시간에 포함하여 단위학교별 탄력적 근무 시간제를 운영하고 있음
> 단위학교별 탄력적 근무시간제가 진행 되고 있는 상황에서 개별적 또는 일부 집단별 근무시간의 조정은 불가
> [경기도교육청 e-DASAN 현장지원]

다) 시간외근무 및 공휴일 근무(국가공무원복무규정 제11조)
  (1) 민원 편의 등 공무수행을 위하여 필요하다고 인정할 때에는 근무시간외의 근무(이하 '시간외근무')를 명하거나 토요일 또는 공휴일의 근무를 명할 수 있음

  > ※ 학교장은 다음의 경우 근무시간외 근무(시간외근무)를 명할 수 있음
  > - 방과후교육활동, 등하교 및 방과후의 학생 생활지도, 학사 사무처리 등 기타 학교장이 필요하다고 인정하는 경우

  (2) 토요일 또는 공휴일에 근무를 한 공무원에 대하여 그 다음 정상근무일을 휴무하게 할 수 있음. 다만, 해당 행정기관의 업무 사정이나 그 밖의 부득이한 사유가 있는 경우에는 다른 정상 근무일을 지정하여 휴무하게 함
  (3) 임신 중인 공무원 또는 출산 후 1년이 지나지 아니한 공무원에게 오후 9시부터 오전 8시까지의 시간과 및 토요일 및 공휴일에 근무를 명할 수 없음. 다만 다음 각 호의 어느 하나에 해당하는 경우에는 그렇지 않음
    • 임신 중인 공무원이 신청하는 경우
    • 출산 후 1년이 지나지 않은 공무원의 동의가 있는 경우
    • 유·사산한지 1년이 지나지 아니한 여성에 대해서도 야간·공휴일 근무를 제한하도록 노력하여야 함
  (4) 근무시간외 근무자 및 휴일 근무자에게 예산 범위 내에서 수당 지급(공무원수당 등에 관한 규정 제15조)

  > ※ 시간외근무 시간 산정 및 수당 지급
  > - 1일 1시간 이상 초과근무 시 1시간 공제 후 남은 시간을 월정액 10시간분과 합산해 초과근무시간 산정
  > - 1일 시간외근무 시간은 분 단위까지 더하여, 월별 시간외근무 시간을 산정한 후 1시간 미만은 버림
  > - 1일 4시간 이내, 월 57시간을 초과할 수 없으며, 예산의 범위 내에서 지급
  > - 육아시간(모성보호시간) 2시간 사용일이나 출장일도 시간외근무수당 정액지급분 지급을 위한 근무일수로 인정
  > - 근무당일 지각, 외출, 반일연가, 공가를 사용한 자가 초과근무명령을 받고 초과근무를 한 경우에는 시간외근무를 인정하며, 계산방법은 평일 정규 근무시간(8시간) 이후 시간외근무 계산 방법과 동일
  > - 8시간 근무일수가 15일 이상인 자에게 별도 명령 없이 월 10시간 시간외근무수당 지급

라) 휴업, 휴교와 근무
 (1) 휴업
  (가) 휴업의 근거: 초·중등교육법 제64조 및 초·중등교육법 시행령 제47조
  (나) 휴업의 효력: 휴업기간 중 수업과 학생의 등교가 정지되나 행정상의 업무는 지속됨
  (다) 휴업 실시 절차
   ① 관할청의 휴업 명령 : 초·중등교육법 제64조(휴업명령 및 휴교처분)
    - (1항) 관할청은 재해 등의 긴급한 사유로 정상수업이 불가능하다고 인정하는 경우에는 학교의 장에게 휴업을 명할 수 있음
    - (2항) 제1항에 따른 명령을 받은 학교의 장은 지체 없이 휴업을 하여야 함
    - 제2항에 따라 휴업한 학교는 휴업기간 중 수업과 학생의 등교가 정지됨
   ② 학교장의 휴업 결정 : 초·중등교육법 시행령 제47조(휴업일 등)
    - 학교의 휴업일은 학교의 장이 매 학년도가 시작되기 전에 학교운영위원회의 심의를 거쳐 정하며, 토요일, 관공서의 공휴일 및 여름·겨울휴가가 포함되어야 함
    - 학교의 장은 비상재해나 그 밖의 급박한 사정이 발생한 때에는 임시휴업을 할 수 있으며, 이 경우 지체없이 관할청에 이를 보고하여야 함
    - 학교의 장은 토요일 또는 관공서의 공휴일에 체육대회·수학여행 등의 학교 행사를 개최할 수 있음. 이 경우 미리 학생, 학부모 및 교원의 의견을 듣고 학교운영위원회의 심의를 거쳐야 하며, 학교 행사가 개최되는 날을 수업일수에 포함할 수 있고 그 수업일수 만큼 휴업일을 별도로 정해야 함
  (라) 교원의 복무
   ① 휴업일은 교육공무원인 교원의 공휴일이 아니므로 수업이 없다고 하더라도 근무일에 당연히 출근해야 하고, 소속 학교장의 허가 또는 정당한 이유 없이 직장을 이탈할 수 없음
     * 관공서의 공휴일은 관공서의 공휴일에 관한 규정(대통령령 제33448호, 시행 2023.5.4.)이 정하는 바에 의함.
   ② 학교운영위원회에서 개교기념일 또는 효도휴가일, 가정학습체험일 등을 휴업일로 정하였다 하더라도 관공서의 공휴일은 아니므로 교원의 복무는 정당한 절차에 의하여 관리하여야 함
   ③ 휴업일에 교육공무원법 제41조의 규정에 의한 '근무 장소 이외에서의 연수'를 승인할 경우 연수 목적, 연수 적합성, 지역사회와의 관계 등을 종합적으로 고려하여 근무지 이외에서의 연수효과가 나타나도록 조치하며, 교육행정정보시스템(NEIS)으로 사전에 승인받는 것을 원칙으로 함
   ④ 복무 지도감독권자는 휴업일의 복무관리가 적정하게 이뤄질 수 있도록 복무 감독을 철저히 하여 물의를 일으키는 일이 없어야 함
   ⑤ 교육공무원인 교원은 휴업일 중에도 학교와 긴밀한 연락이 유지되도록 하여 학교 교육활동이나 교육관련 민원 처리에 지장을 초래하지 않도록 유의해야 함

(2) 휴교
 (가) 휴교의 근거: 초·중등교육법 제64조(휴업명령 및 휴교처분)
 (나) 휴교 명령: 관할청
 (다) 휴교 사유 및 효력
  ① 관할청은 학교의 장이 휴업명령에도 불구하고 휴업을 하지 아니하거나 특별히 긴급한 사유가 있는 경우에는 휴교처분을 할 수 있음
  ② 휴교한 학교는 휴교기간 중 단순한 관리 업무 외에는 학교의 모든 기능이 정지됨
 (라) 교원의 복무: 휴교명령권자는 휴교 명령의 목적 달성 및 업무수행의 효율화를 도모하기 위하여 소속 교원의 복무에 관한 사항을 정함

3) 근무사항의 관리
 가) 각급 기관의 장은 엄정한 근무기강의 확립하기 위하여 노력하여야 함(국가공무원 복무규칙 제6조)
 나) 각급 기관의 장은 소속공무원의 복무관리를 위하여 근무상황부(근무상황카드)를 개인별로 비치하여야 함(국가공무원 복무규칙 제7조)
 다) 각 급 기관의 장은 소속 공무원이 전보·파견·파견복귀 또는 전출된 때에는 전년도 또는 해당 연도의 근무상황부(근무상황카드)의 사본을 지체없이 전보·파견·파견복귀 또는 전출된 기관 또는 부서에 송부하여야 함(국가공무원 복무규칙 제7조)

※ 파견근무자의 복무관리(국가공무원 복무규정 제7조 등)
 - 파견근무자의 복무는 파견받은 기관의 장의 지휘·감독을 받음
 - 파견근무자의 징계사유 발생시 파견받은 기관의 장이 파견근무자의 소속 기관의 장에게 그 사실을 통보하여야 함
 - 파견근무자의 초과근무는 파견받은 기관의 장에게 있으며 소속기관의 장은 초과근무를 명할 수 없음

 라) 근무상황부는 기관장(학교장)이 지정하는 부서에 비치하고 개인별로 관리하되, 「공무원 인사기록·통계 및 인사사무 처리 규정」에 따라 교육행정정보시스템(NEIS)에 의한 근무상황부를 운용하는 기관장 또는 학교의 장은 전자적으로 개별 관리도 가능함.(국가공무원 복무규칙 제7조, 10조)
 마) 공무원이 휴가·지각·조퇴 및 외출과 출장하려는 때에는 근무상황부 또는 근무상황카드에 의하여 사전에 소속 기관의 장의 승인을 받아야 함. 다만, 불가피한 사유로 사전에 승인을 받지 못한 경우에는 사후에 지체 없이 승인을 받아야 함(국가공무원 복무규칙 제8조)
 바) 공무원이 승인을 받지 아니하고 출근하지 아니한 때에는 근무상황부 등에 결근으로 처리함(국가공무원 복무규칙 제8조)
 사) 공무원이 전보·파견·전출·휴직·정직·직위해제·면직 등의 명령을 받은 때에는 지체없이 담당 업무 중 처리되지 아니한 사항과 관련 문서·물품 목록을 작성하고, 필요한 경우 설명서를 첨부하여 소속 기관의 장이 지정하는 사람에게 업무를 인계하여야 함(국가공무원 복무규칙 제11조)
 아) 공무원이 퇴근하는 때에는 문서 및 물품을 잠금장치가 된 서류함 등 지정된 장소에 보관하여야 함(국가공무원 복무규칙 제12조)

마. 출장

1) 정의(국가공무원 복무·징계 관련 예규)
    가) 출장이라 함은 상사의 명에 의하여 정규 근무지 이외의 장소에서 공무를 수행하는 것
    나) 공무와 무관한 사항에 대하여 출장 처리를 해서는 아니 됨
    다) 출장명령은 출장명령권자인 소속기관장이 사안별로 공무와의 관련여부와 학교운영 등 제반 사정을 종합적으로 고려하여 명령함
    라) 해당 교원의 업무관련성, 출장내용, 출장목적 등의 요건은 명령권자가 판단하는 사항임

2) 출장의 구분
    가) 근무지내 출장
      (1) 동일시와 군 및 섬 안에서의 출장
      (2) 여행거리가 12km 미만인 출장(여행거리가 12km를 넘더라도 동일한 시·군 및 섬 안에서의 출장은 근무지내 출장), 단, 섬 밖으로의 출장은 같은 시·군이라도 근무지외 출장으로 보나 육로와 교량으로 연결된 같은 시·군의 섬은 근무지내 출장에 해당됨.
    나) 근무지외 출장
      동일시와 군 및 섬 밖으로의 출장이며 여행거리가 12km이상인 출장
      ※ 국외출장에 관하여는 국가공무원 복무규정 제2장의2(공무국외출장 등) 및 국가공무원 복무징계 관련 예규 제7장(공무국외출장 등) 참조

●● 공가·출장·연가의 구분(예시)

구 분	사 유
공 가	• 대통령 취임식에 일반시민 자격으로 초청되어 참석 • 올림픽 시민서포터즈의 일원으로 참여 • 행정자치부 주관 전 부처 동호인대회에 선수로 참가
출 장	• 대통령 취임식에 공무원대표로 선발되어 참석 • 올림픽 주관 공무원이 업무 수행 차 경기장 방문 • 행정자치부 주관 전 부처 동호인대회 참가자 인솔
연 가	• 대통령 취임식 구경 • 올림픽 단체관람 • 부처별 동호회 행사에 참가 • 대한산악연맹 주관 히말라야 등반대회에 참가 • 도민체전이나 자치단체 주관의 체육행사에 선수로 참여 　※ 자치단체의 경우 복무조례에 정한 경우 공가 가능 • 다른 공무원시험에 합격하여 신체검사에 필요한 건강검진 • 교원이 자녀가 다니는 학교의 학교운영위원회의 학부모위원으로서 투표에 참가

3) 출장공무원의 의무(국가공무원 복무규정 제6조)
   가) 상사의 명을 받아 출장하는 공무원(이하 "출장공무원"이라 한다)은 해당 공무 수행을 위하여 전력을 다하여야 하며, 사적인 일을 위하여 시간을 소비해서는 아니 됨
   나) 출장공무원은 명령받은 출장 기간에 그 업무를 완수해야 하며, 출장기간을 변경할 사유가 발생한 때에는 지체 없이 전화, 전보 또는 그 밖의 방법으로 소속 기관의 장에게 보고하고 그 지시를 받아야 함. 다만, 신속히 업무를 수행할 긴급한 사정이 있는 경우에는 사후에 보고할 수 있음
   다) 출장공무원이 그 출장 용무를 마치고 사무실로 돌아왔을 때에는 지체 없이 소속 기관의 장에게 결과 보고서를 제출함. 다만, 경미한 사항에 대한 결과 보고는 말로 갈음할 수 있음
   라) 소속 기관의 장은 임신 중인 공무원과 태아의 건강을 보호하기 위하여 해당 공무원의 장거리 또는 장기간 출장을 제한할 수 있음. 단, 임신 중인 공무원이 신청하는 경우에는 장거리 또는 장기간 출장을 명할 수 있음

   ※ 임신 중인 공무원의 출장 제한 사례
   - 임신부가 특히 안정을 취해야 할 필요가 있는 임신주수(12주 이내 또는 36주 이상)에 해당하는 경우
   - 조산·유산·사산의 우려가 있어 안정을 취할 필요가 있다는 의사의 진단 또는 소견이 있는 경우
   - 비행기와 선박을 이용하는 출장, 도로포장이 제대로 안되어 있거나 교통이 불편한 지역(도서, 산간벽지 등)으로의 출장의 경우
     ※ 임산부와 태아의 건강상태, 임신주수, 출장지역까지의 교통여건 등을 종합적으로 고려하여 제한 여부를 결정함

4) 출장과 초과근무(국가공무원 복무·징계 관련 예규)
   가) 출장기간 중의 초과근무는 원칙적으로 인정되지 않으므로, 출장목적 달성에 지장이 없도록 이동시간과 휴식시간 등을 고려하여 출장기간을 부여하여야 함
   나) 국내출장의 경우 시간외근무수당·야간근무수당 및 휴일근무수당은 원칙적으로 지급할 수 없으나, 출장의 목적상 필연적으로 시간외근무의 발생이 예상되는 경우 시간외 근무명령에 따라 출장 중 또는 출장 후 「국가공무원 복무규정」상의 근무시간외에 근무를 한 자에게는 초과근무수당 지급 가능(「공무원보수 등의 업무지침」)

5) 출장명령과 출장여비 지급
   - 출장명령은 출장여비의 지급근거가 되나, 출장명령이 있다하여 반드시 출장여비를 지급하여야 하는 것은 아님
     ※ 직무수행의 일환으로 공무원교육원 등에 출강하여 여비 또는 여비가 포함된 강사료를 받은 경우에는 출장여비 지급 없이 출장으로 처리함

교육공무원 국내출장 기간 중 출장여비와 시간외근무 수당 처리 안내

※ 출장여비와 시간외근무수당 처리 안내
1. 교원의 출장여비와 시간외근무수당 병급 지급은 원칙적으로 불가
2. 수업시수에 직접 영향을 주는 교육과정 운영상 불가피한 출장의 경우 예외적으로 병급 지급 가능 : 수학여행 기간 중 야간 학생지도 담당교원, 주말 체육특기자 등 전국규모대회 등의 학생인솔 담당교원 등
3. 실제 당일 총 근무시간이 드러나는 객관적인 증빙이 있는 경우 가능 : 교장·교감 등 초과근무 명령권자의 현지 확인서, 시간외근무 조편성이 포함된 세부계획서, 대회주관 협회 등의 해당학교 학생들의 대회 일정 및 출전시간 확인 공문 등

※ 병급 지급이 불가한 경우
1. 교직원체육대회 참가, 교직원 연수 참가, 문화공연
2. 수업시수에 직접적인 영향이 없는 스카우트, 문화유적지 답사, 소년·전국체전 참관, 현장체험, 각종 연수 등에 학생인솔 등 (※ 원칙적으로 병급이 불가하나, 학교장의 판단 하에 교육과정 운영상 필요하다고 인정하는 경우 위 3항에 따른 증빙으로 예외적 병급 지급 가능)

[교육부 교원복지연수과-2058(2013.6.5.), 2153(2013.6.11.)]

※ 초과근무수당 지급의 충족요건
 - 국내출장시 초과근무수당은 원칙적으로 지급할 수 없음. 다만, 다음의 경우에 한하여 지급가능함
1. 출장의 목적상 필연적으로 시간외근무의 발생이 예상되는 경우
2. 초과근무 명령 및 승인의 절차를 거친 경우
3. 실제로 초과근무 시간에 대하여 명백히 인정할 수 있는 객관적인 증빙자료가 있는 경우

[2025 공무원보수 등의 업무지침, 451쪽]

사례1
- 소속직원의 경조사에 기관대표의 자격으로 조기 전달 등을 위해 참석하는 약간 명의 공무원에 대하여 출장조치가 가능함. 이 경우 경조사가 있는 직원과 출장명령을 받는 공무원은 동일한 단위 기관에 근무하고 있어야 함(지방의 지소 또는 지원 등의 하부기관의 경우도 동일)

사례2
- 기관장 이·취임식 또는 정년퇴임식에 참석하는 경우, 행사 주관기관에서 참석대상자의 범위를 지정하여 참석을 요청한 경우 해당 참석자에 대하여는 출장조치가 가능하나, 그 외에 친분관계 등을 이유로 하는 개인적인 참석에 대하여는 출장조치 불가

사례3
- 기관차원의 계획에 의한 봉사활동 등은 출장조치 가능

사례4
- 공무원직장협의회 회원이 기관장과의 정기적인 협의에 참석하는 경우에는 출장조치가 가능하나, 공무원직장협의회에서 개최하는 운영회의 참석은 "근무시간 중 협의회 활동 제한" 규정에 따라 출장조치 불가

사례5
- 사회복지법인 등 민간기관 주최 행사에 초청되어 참석하는 경우 해당 공무원의 업무와 관련이 있고, 소속기관의 대표 자격으로 참석하는 경우에는 출장조치 가능

사례6
- 타기관 소관 위원회 위원 또는 비영리법인의 당연직 임원으로 위원회 등 회의 참석시 본인의 업무와 관련이 있고 소속기관의 대표 자격으로 참석하는 경우 출장조치 가능

사례7
- 근무 중인 소속직원이나 관공서를 방문한 민원인의 긴급한 질병·부상으로 인해 스스로 응급치료(병원방문 등)가 불가능한 경우, 기관대표의 자격으로 약간 명의 공무원에 대하여 응급조치 및 병원으로의 이송을 위한 출장조치가 가능함

사례8
- 교원단체 주최 체육행사에 교원이 선수로 참여하는 경우, 체육행사의 주체가 행정기관이 아닐 뿐만 아니라 교원 본연의 직무수행과 무관한 활동이므로 출장조치 불가

사례9
- 재해·재난 발생지역이나 사회복지시설 등에서 소외계층을 돕기 위한 자원봉사활동을 하고자 하는 경우 출장조치 불가. 다만, 재해·재난 발생지역에서 자원봉사활동을 하고자 하는 경우에는 5일이내의 특별휴가(재해구호휴가)를 얻을 수 있음(복무규정 제20조제9항)

사례10
- 공무원이 석사과정을 이수하기 위하여 대학원에 다닐 경우 대학원 강의를 듣기 위해 근무시간 내에 근무지를 벗어나게 되는 경우에는 연가를 사용해야 하며 출장조치 불가

사례11

  선생님들이 학생들과 학교옆 공원(1km이내) 및 마을 탐방 등 학교에서 가까운 곳으로 학생들과 자유롭게 수업을 하러 나가면서 출장복무 등의 업무를 줄여 주기 위하여 학교여비규정을 개정하여 수업 중 학교인근 공원 및 마을 탐방위해 학교 밖으로 나갈 때는 출장 상신 없이 가능한지?
- 초·중등교육법 제20조(교직원의 임무) 에 근거하여 교장은 교무를 통할하고, 소속 교직원을 지도·감독하며, 학생을 교육합니다. 또한 출장이란 상사의 명에 의하여 정규 근무지 이외의 장소에서 공무를 수행하는 것임.
  따라서 교원이 교육활동을 위해 학교이외의 장소에서 공무를 수행한다면 학교장의 출장 명령을 받아야 합니다. 출장명령은 출장여비의 지급 근거가 되나, 출장명령이 있다하여 반드시 출장여비를 지급하여야 하는 것은 아님

[경기도교육청 e-dasan 현장지원]

사례12

  여비와 시간외수당 병급 지급 불가시 처리방법에서 여비만 지급해야 되는 건지 둘 중 하나만 지급하면 되는 건지?(출장은 여비 부지급으로 하고 초과근무 지급 가능 여부)
- 출장기간 중의 초과근무는 원칙적으로 인정되지 않으며, 출장의 목적상 필연적으로 시간외 근무의 발생이 예상되는 경우 시간외 근무 수당을 병과지급 할 수 있음. 교육공무원 국내 출장 기간 중 초과근무수당 처리 안내 [경기도교육청 재무과-13903호 (2013.06.14.)]에는 수업 시수에 직접적인 영향을 주는 교육과정 운영상 불가피한 경우 (예시 : 수학여행 기간 중 야간 학생지도 담당교원 등) 예외적으로 학교장의 시간외 근무 명령에 의해 객관적인 증빙이 있을 경우 출장 여비와 시간외 근무수당을 병급 할 수 있음
  따라서 수업시수에 영향을 주는 교육과정 운영상 불가피한 경우가 아니라면, 출장 기간 중의 초과근무는 원칙적으로 인정이 되지 아니하므로 출장 시 출장여비 부지급으로 하고 시간외 근무를 통한 시간외 근무수당을 받는 것은 바람직 하지 않다고 사료됨

[경기도교육청 e-dasan 현장지원]

사례13

경기도청소년과학탐구대회 예선이 토요일에 있는 경우 학생을 인솔하는 교사의 복무 건은?

- 출장기간 중의 초과근무는 원칙적으로 인정되지 않으므로, 출장목적 달성에 지장이 없도록 이동시간과 휴식시간 등을 고려하여 출장기간을 부여하여야 하며, 국내출장의 경우 시간외근무수당·야간근무수당 및 휴일근무수당은 원칙적으로 지급할 수 없으나, 출장의 목적상 필연적으로 시간외근무의 발생이 예상되는 경우 시간외 근무명령에 따라 출장 중 또는 출장 후「국가공무원 복무규정」상의 근무시간외에 근무를 한 자에게는 시간외근무수당 지급 가능(공무원보수 등의 업무지침). 따라서 질의 내용의 경우에도, 학교장은 청소년 과학탐구대회가 학생의 수업시수에 직접적인 영향을 주는 교육과정 운영상 불가피한 경우인지의 판단을 통해 시간외 근무를 명할 수 있음

[경기도교육청 e-dasan 현장지원]

사례14

수학여행 기간 중 야간 학생지도 담당교원에게는 예외적으로 출장과 초과근무수당을 병급할 수 있다고 하는데, 이 때 야간의 의미가 새벽시간의 불침번의 근무시간만을 의미하는지, 아니면 일과시간이후(본교의 정상근무시간은 08:50~16:50) 즉 16:50부터 수학여행 계획서상의 행사시간 22:00(학생들의 일과 끝시간)도 야간에 포함 되는 것인지?

- 국내출장 기간 중 교원들에게 출장여비 외에 초과근무수당지급은 원칙적으로 불가하나 수업시수에 직접적인 영향을 주는 교육과정 운영상 불가피한 경우 학교장의 판단 하에 객관적인 증빙이 있는 경우 병급 지급이 가능하다고 안내 했으며 학교장이 교육과정 운영상 불가피하다고 판단할 수 있는 예시로 수학여행 기간 중 야간 학생지도 담당교원, 주말 체육특기자 등 전국규모대회 학생인솔 담당교원 등을 들고 있음
위의 내용을 바탕으로 학교장이 16시 50분부터 22시까지 수학여행 계획서상의 행사시간이 학생들의 수업시수에 직접적인 영향을 주는 교육과정 운영상 불가피한 경우라 판단을 하신다면 초과근무수당 지급이 가능할 것 이라 사료됨

[경기도교육청 e-dasan 현장지원]

사례15

재량휴업일에 저희 학교 선생님께서 41조 연수로 근무상황을 신청하고 출근을 하지 않으십니다. 그런데 저희 학교는 "경기 꿈의 대학 프로그램" 운영교로 오후 저녁에 학생들을 대상으로 교육활동이 이루어집니다. 이에 선생님께서 오후 저녁에만 출근하셔서 프로그램 운영에 참여하실 예정인데 이때 초과근무 인정이 가능한지?

- 「국가공무원 복무규정」에 따라 행정기관의 장은 공무 수행을 위하여 필요하다고 인정할 때에는 제9조 및 제10조에도 불구하고 근무시간 외의 근무를 명하거나 토요일 또는 공휴일 근무를 명할 수 있다고 되어 있으며,「공무원보수 등의 업무지침」에 의하면, 평일 정규 근무시간 이후 시간외근무는 시간외근무명령에 따라 1일 1시간 이상 시간외근무를 한 경우에 1시간을 공제한 후 매분 단위까지 합산하여 산정하며, 이 때 지각·외출 및 반일연가 사용자의 시간외근무도 인정됩니다. 교육공무원법 제41조는 교원연수에 관한 규정으로서, 교육활동을 정리하고 향후 교육활동을 준비하는 등 자기 연찬을 목적으로 심도 있고 다양한 연수가 가능하도록 연수 장소의 제한을 열어주는 데 목적과 입법 취지가 있고, 당일 근무를 하지 않으므로 시간외근무 인정은 불가하다고 사료됨

[경기도교육청 e-dasan 현장지원]

사례16

교수학습활동 준비 및 평가문항 출제 등이 교원의 시간외근무 인정이 가능한지?

- 「국가공무원 복무규정」 제11조(시간외근무 및 공휴일 등 근무)에 따라 기관장인 학교장은 공무 수행을 위하여 필요하다고 인정할 때에는 근무시간에 근무를 명하거나 토요일 또는 공휴일 근무를 명할 수 있으며, 이때 시간외 근무를 한 교육공무원에 대하여는 제15조(시간외근무수당) 제1항에 따라 예산의 범위에서 시간외근무 수당을 지급합니다.
- 이때 '공무'란 원칙적으로 그 공무원의 법령상 소관 직무를 말하며, 「초·중등 교육법」 제20조(교직원의 임무) 제4항에 따라 교사에게는 법령에서 정하는 바에 따라 학생을 교육하는 임무가 부여되었으므로, 교수학습활동, 평가, 상담, 생활지도 등은 교육공무원의 본연의 직무로 판단됩니다.
- 한편, 〈공무원보수 등의 업무지침〉에 따르면 기관장은 불필요한 초과근무명령, 사적용도로 사용한 시간의 산입 등 초과근무수당의 부당한 운영이 없도록 소속 공무원에 대한 교육을 하여야 하며, 자체 복무점검, 초과근무실적시간의 자체 공개 등의 초과근무수당의 적정한 운영을 위한 대책을 강구하여야 합니다.
- 따라서, 교수학습활동 준비, 평가문항 출제 등은 교원의 시간외근무 인정이 가능한 사유로 판단되나, 동시에 학교장에게는 초과근무수당이 부당하게 지급되지 않도록 관리할 책임이 있으므로 문의하신 사안의 경우, 문항출제·교재연구에 대한 구체적인 내용을 토대로 시간외근무 명령권자인 학교장이 시간외근무 명령여부를 결정하여야 할 사항임

[2020 교육부 질의회신 사례집]

사례17

휴일 출장 여비 및 시간외 수당 병급 지급 관련하여 토요일 스포츠 클럽 대회 참가 사유로 담당교사가 기관장 승인 하에 출장과 초과 근무 신청 결재를 받았을 경우, 초과근무수당 지급 기준 시간은?
  A. 출장 상신 시간: 8:00~13:00 (4시간),   B. 공문 출전 참가 시간: 9:00~11:00 (2시간)

- 「2024 공무원보수 등의 업무지침」 449쪽에 따르면 국내출장시 시간외근무수당, 야간근무수당 및 휴일근무수당은 원칙적으로 지급할 수 없습니다. 다만, ①출장의 목적상 필연적으로 시간외근무의 발생이 예상되는 공무원으로서 ②근무명령에 따라 출장중 또는 출장후 「지방공무원 복무규정」상의 근무시간외에 근무를 한 공무원에게 ③초과근무 명령 및 승인 등의 절차를 거치고 ④실제로 초과근무한 시간에 대하여 ⑤명백히 인정할 수 있는 객관적인 증빙자료가 있는 경우에 한하여 초과근무수당을 지급할 수 있습니다.
- 「2024학년도 학교회계 예산편성 기본지침」 74쪽에 '출장기간 중 초과근무수당 처리에 대한 사항은 「교육공무원 국내출장 기간 중 초과근무 수당 처리사항 안내」 [재무과-13903, 2013.6.14.]에 의한다.'로 되어 있으며, 관련 내용은 아래와 같습니다.
  1. 교원의 출장여비와 시간외 근무수당 병급 지급은 원칙적으로 불가
      ☞ 안전행정부 예규 제445호 「2013년 공무원 보수 등의 업무지침」 373쪽
  2. 수업시수에 직접적인 영향을 주는 교육과정 운영상 불가피한 출장의 경우 예외적으로 병급 가능
      ☞ 수학여행 기간중 야간 학생지도 담당교원, 주말 체육특기자 등 전국규모대회 등의 학생인솔 담당교원 등
  3. 예외 사항에 대해서는 당일 총 근무한 시간이 드러나는 객관적인 증빙이 있는 경우 병급 지급 가능
      ☞ 증빙예시 : 교장·교감 등 초과근무명령권자의 현지 확인서, 대회주관 협회 등의 해당학교 학생들의 대회일정 및 출전 시간 확인 공문 등
  4. 병급지급이 불가한 경우
      가. 교직원체육대회 참가, 교직원 연수 참가, 문화공연
      나. 수업시수에 직접적인 영향이 없는 보이스카웃·문화유적지 답사·소년·전국체전 참관·현장체험·각종 연수 등에 학생인솔 등 (※ 원칙적으로 병급이 불가하나 학교장의 판단 하에 교육과정 운영상 필요하다고 인정하는 경우 제3항에 따른 증빙으로 예외적 병급지급 가능)
- 출장 중 이동시간은 시간외근무 시간에 포함되지 않으므로 '증빙예시'에 해당하는 출전시간 확인 공문에 따른 시간이 시간외근무수당 지급 기준 시간입니다.

[경기도교육청 e-dasan 현장지원]

서식 초과근무 현지 확인서

초과근무 현지 확인서(예시)

담당부장(교사)	정○○ 홍○○	현지장소	과천국립과학관
출장기간	202○.6.22.(목), 11:00 - 6.23(금), 16:00		
현지기관 담당자 확인2)	기관명 : (과천국립과학관) 담당자 성명 　　　(인)		

	근무자 성명	서명	초과근무 시간	초과근무 장소	초과 근무 내용
202○.6.22	정○○		202○.6.22. 16:40-20:00	과천국립과학관	202○ 5학년 미래과학자 캠프 프로그램 운영 및 아동관리
202○.6.22	홍○○		202○.6.22. 16:40-22:00	상동	
202○.6.23	김○○		202○.6.23. 02:00-04:00	과천국립과학관	
202○.6.23	홍○○		202○.6.23. 04:00-08:40	상동	

위와 같이 학생 교육활동을 위하여 초과근무를 하였음을 확인합니다.

202○년　　월　　　일

확인자 :　○○초등학교　교감　　　　(인)

바. 교원의 대학원 수강

1) 교원의 교육활동에 지장을 받지 않는 범위 내에서 법령이 정하는 바에 따라 외출, 조퇴, 연가 등을 활용하고 증빙자료를 첨부하여 기관장의 허가를 받는 경우 주간대학원 수학이 가능함
2) 학교장의 허가를 받지 않고 근무시간 중 대학원을 수강하여 취득한 석사 또는 박사학위논문은 원칙적으로 연구실적 평정대상이 될 수 없음
3) 교원은 근무시간 내에 교육활동에 지장이 없는 한 학교장의 허가를 받고 야간 또는 계절제 대학원 수강을 할 수 있음. 이 때 근무상황은 '출장(연수)'로 복무 처리하며, 연수장소까지 이동하는 시간 내에서 학교의 여건, 연수 필요성 등을 종합적으로 검토하여 복무기강 유지 범위 내에서 허가함
4) 본인의 연가일수를 초과한 대학원 수학은 『국가공무원법』 제58조(직장이탈 금지)에 위반됨

> **사례1**
> 초·중등 교원의 주간대학원 학위과정 수강은 어떻게 할 수 있는지요?
> ○ 교원이 주간대학원 과정을 이수할 때, 야간제·계절제 대학원 과정을 수강하는 경우와 같이 "출장(연수)"의 방법으로 허용할 경우, 교육활동에 지장을 초래할 수 있으므로 교원의 주간대학원 수강을 금지한 바 있습니다. 이는 교원의 복무관리를 철저하게 하고자 취한 조치로써 청원휴직 등의 합리적인 방법을 권장한 것이지 법령이 정하는 범위 안에서의 대학원 수학까지를 금지한 것은 아님. 따라서 교원의 교육활동에 지장을 받지 않는 범위 내에서 법령이 정하는 바에 따라 외출, 조퇴, 연가 등을 활용하여 소속기관장의 허가를 받는 경우에는 주간대학원 수학이 가능함(교육부, 교원 16330-538,2001.07.20). 본인의 연가일수를 초과한 대학원수학은 「국가공무원법」제58조(직장이탈금지)에 위반됨.(복무 12140-79, 1997.3.7.)
> ○ 교원의 주간대학원 학위과정 수강은 근무시간에 지장을 받지 않는 범위 내에서 수강시간표 등 증빙자료를 첨부하여 학교장의 허가를 받아 법령이 정하는 바에 따라 연가 범위내에서 수강할 수 있음(교육부 교원정책과(2001.7.20.)

> **사례2**
> 초·중등 교원의 야간제·계절제대학원 수강은 가능한지요?
> ○ 고등학교 이하 국·공립 각 급 학교에 재직 중인 교원은 근무시간 내에 수업에 지장이 없는 한 학교장의 허가를 받고 야간 또는 계절제 대학원을 수강할 수 있음. 이 때 근무상황은 "출장(연수)"로 처리하면 됩니다.(관련근거: 교정07000-666, '98.7.28.) 야간제대학원이라고 하더라도 장거리 수강이나 주간대학원의 수업 시간대에 운영되는 등 복무 지도감독권자인 학교장의 종합적인 판단에 의하여 주간대학원의 복무에 준하여 처리할 수 있을 것입니다. 교육공무원법 제41조(연수기관 및 근무 장소 이외에서의 연수) "교원은 수업에 지장을 주지 아니하는 범위에서 소속 기관의 장의 승인을 받아 연수기관이나 근무 장소 외의 시설 또는 장소에서 연수를 받을 수 있다."[전문개정 2011.9.30.]

> **사례3**
> 파견교사의 계절제 대학원 수강은 어떤 복무규정을 적용해야하는지요?
> ○ 방학이 없는 교육행정(연구)기관에 파견 근무 중인 교사가 계절제 대학원을 수강하는 경우는 주간대학원과 같은 복무규정을 적용해야 함

> **사례4**
> 자발적 연수의 경우 이를 공무출장으로 볼 수 있는가?
> ○ 야간대학원 수강, 원격연수 등 공무와 상당한 관련이 없는 자발적인 연수의 경우에는 출장(연수)처리할 수는 있으나 출장비 지급 불가

---

2) 현지 확인자의 확인이 어려울 경우 소속 학교 교감이 확인

사. 방학 중의 근무

1) 하계, 동계, 학기말 방학 등 휴업일은 학생들의 수업과 등교가 정지될 뿐, 공무원의 복무규정에 따른 휴가가 아니므로 근무의무가 면제되는 것은 아님
2) 교원은 수업에 지장을 주지 아니하는 범위에서 소속 기관의 장의 승인을 받아 연수기관이나 근무 장소 외의 시설 또는 장소에서 연수를 받을 수 있음(『교육공무원법』 제41조)
3) 방학기간 중 교원이 학교 내외의 시설 또는 장소에서 학생을 지도하고자 할 때는 학교장의 사전 허가가 필요함

아. 교육공무원법 제41조에 따른 근무지외 연수의 업무처리요령

◉ 근거: 교육과학기술부 교원정책과(2012.8)

1) 추진 배경
- 교육공무원법 제41조(연수기관 및 근무장소 외에서의 연수) 규정의 취지는 교원이 방학 등에 교과지도 및 교재연구 등 연찬을 독려하고자, 연수기관 및 근무 장소가 아닌 장소에서 다양한 연수를 받을 수 있도록 하는 것임.
    ※ 학교 현장에서 학기 중 조기 퇴근·단축 근무, 방학 중 연수휴가 등 본래의 취지와 어긋난 방향으로 운용하는 등 문제 발생

> ※ 교육공무원법 제41조(연수기관 및 근무 장소 외에서의 연수)
> 교원은 수업에 지장을 주지 아니하는 범위에서 소속 기관의 장의 승인을 받아 연수기관이나 근무 장소 외의 시설 또는 장소에서 연수를 받을 수 있다.

2) 명칭 및 입법 취지
    가) 명칭: 교육공무원법 제41조에 따른 근무지외 연수
    나) 입법 취지
    - 교육공무원법 제41조는 교원 연수에 관한 규정으로서, 학생들의 방학기간을 이용하여 지난 교육활동을 정리하고 향후 교육활동을 준비하는 등 자기 연찬을 목적으로, 심도 있고 다양한 연수가 가능하도록 연수 장소의 제한을 열어주는 데 목적이 있음.
    다) "연수를 할 수 있다." → "연수를 받을 수 있다."로 표현 바뀜(2011.9.30.)

3) 교육공무원법 제41조의 적용 범위
    가) "교원"의 의미: 국·공·사립 교원(장학사 등 교육전문직원 제외)
        ※ 사립 교원은 「사립학교법」 제55조에 따라 국·공립 교원의 복무를 준용
    나) "수업에 지장을 주지 아니하는 범위"의 의미
    - 수업이란 교과수업지도 뿐만 아니라 생활지도·상담 등 학생의 성장이라는 목적을 가지고 계획 하에 이루어지는 모든 교육활동을 말함.
        ※ 비교과교사(전문상담교사, 보건·영양·사서교사 등)의 교육활동도 포함
        ※ 점심시간 급식지도, 직업현장체험, 창의적 체험활동 등의 교육활동도 포함

- 따라서 학생들이 등교하지 않아 수업이 이루어지지 않는 '휴업일'을 말하며, 학교 현장에서는 방학 또는 재량휴업일을 의미함
  ※ (방학의 법적 의미) 학기와 학기 사이의 휴업일(초중등교육법 시행령 제47조)
  ※ "휴업일"은 학생들에게 '수업이 없는 날'일 뿐, '교원의 근무가 면제되는 날'은 아님

다) '소속 기관의 장의 승인을 받아'의 의미
- 초·중등학교의 경우 소속 기관의 장은 학교장이므로, 학교장에게 승인(결재)을 받을 것을 의미함.
- 따라서 교육공무원법 제41조에 따른 근무지외 연수를 희망하는 교원은 학교장에게 승인(결재)을 받을 것을 의미함
- 교육공무원법 제41조에 따른 근무지외 연수의 승인(결재)권자는 학교장이므로 연수의 질 관리 등의 책무성을 가지게 되며, 학교장은 휴업일일지라도 학교 업무에 지장이 없는 범위 내에서 승인을 하여야 함

라) '연수기관이나 근무 장소 외의 시설 또는 장소'의 의미
- '연수기관 외의 시설·장소' 또는 '학교(근무 장소) 외의 시설·장소'를 의미 (연수기관이나 근무 장소 이외의 시설 또는 장소)
- 시도교육연수기관 등 교육부장관의 인가를 받거나, 특수분야연수기관 등 교육감의 지정을 받은 연수기관은 해당하지 아니함
  ※ 연수기관의 직무연수는 교육공무원법 제41조의 근무지외 연수에 해당하지 않으므로, 근무지외 연수 계획서를 필수로 작성하여야 하는 것은 아님

휴업일(방학·재량휴업일 등)	수업일
- 교육공무원 제41조(근무지외 연수) : O - 직무연수(교육연수기관)·학교 내 연수 : O	- 교육공무원 제41조(근무지외 연수) : X - 직무연수(교육연수기관)·학교 내 연수 : O

사례1

방학 중 교원의 복무는?

○ 방학은 학교의 휴업일로서 학생에 대한 학교수업을 실시하지 아니한다는 것이지 법령에 의한 교원의 휴무일은 아니므로 수업이 없다고 하더라도 근무일에 당연히 출근해야 하고, 소속 학교장의 허가 또는 정당한 이유 없이 직장을 이탈할 수 없음. 참고로 판례의 입장도 '연가신청에 대한 허가가 있기 전에 근무지를 이탈한 행위는 특단의 사정이 없는 한 「국가공무원법」제58조에 위반되는 행위로서 징계사유가 된다고(대판 1987. 12. 8. 87누657, 658)' 밝히고 있음

사례2

교육공무원법 제41조를 통해 단축 근무, 조기 퇴근이 가능한지?

○ 단축 근무·조기 퇴근 등의 용도로 운용될 수 없음
  • 방학 중 근무, 출장, 연수등의 사유가 발생할 경우, 해당업무 추진 후 잔여시간에 대한 교육공무원 제41조 근무지외 연수 처리 가능(단, 단축근무, 조기퇴근 등의 용도로 사용하지 않도록 지도)
  ※ 기결 후 변경사항 발생시에는 기결 취소 후 변경사항으로 결재 득함
  ※ 안전행정부도 지방공무원 사례에서 "공무원은 1일 8시간의 근무시간을 준수하되, 단순히 근무시간대의 조정을 할 수 있다"고 유권해석('12.4.4)하여 단축 근무는 불가능하다는 입장임

  〈참고〉「초·중등학교 교육과정 고시(교과부고시 제2012-14호)」에 따라 기후·계절 등을 고려하여 수업시간을 단축할 수 있으나(소위 단축수업이라 함), 이는 교육과정 운영에 관한 사항으로 교원의 복무와는 관련 없음

제4장 복무

사례3

학기 중 수업일의 경우에도 교사 개인이 당일 수업이 없거나 조기 종료 시, 교육공무원법 제41조에 따른 근무지외 연수가 가능한지?

- 학기 중 수업일의 경우에는 적용되지 아니함
  - 교육공무원법 제41조에 따른 근무지외 연수는 "휴업일" 실시가 원칙이므로, 학기 중 수업일의 경우에는 수업이 없는 경우라도 근무지외 연수는 적용되지 아니함
    ※ 학생들은 교과수업지도 이외에도 생활지도·상담 등 교사의 인성교육지도가 항상 필요하며, 이 역시 수업의 일환임
  - 교사는 법령에 따라 학생을 교육하도록 초·중등교육법 제20조 제4항에서 정하고 있고, 국·공립 교원은 국가공무원으로서 1일당 8시간이라는 정규 근무시간을 준수하여야 함
    ※ 시험기간, 체험학습의 날(소풍) 등에도 수업일에 교육공무원법 제41조에 따른 근무지외 연수는 실시할 수 없으며, 학교 워크숍 등의 경우에는 출장처리를 하고 개인 사정의 경우에는 조퇴·반일연가 등을 사용하여야 함

사례4

41조 연수는 학교장결재 사항으로 알고 있는데 교감전결로 가능한지?

- 교육공무원법 제41조 (연수기관 및 근무 장소 외에서의 연수)는 소속기관의 장의 승인을 받아 연수 기관이나 근무 장소 외의 시설 또는 장소에서 연수를 받을 수 있음. 다만, 행정 효율과 협업 촉진에 관한 규정 제10조 제2항(문서의 결재에 근거하여) 업무의 내용에 따라 보조기관 또는 보좌기관이나 해당 업무를 담당하는 공무원으로 하여금 위임 전결하게 할 수 있음

[경기도교육청 e-dasan현장지원]

사례5

방학 중 등교하지 않는 날은 학교외 기관에서 41조 연수를 학교장으로부터 허가받아 연수를 하면 되는데, 방학 중 방과 후 수업(보충수업)하러 평소와 같은 시간에 출근하여 수업을 하는 경우도 41조 연수를 내서 허가를 받아야 하는지요?

- 보충수업을 하는데 41조 연수를 낼 수는 없음. 「교육공무원법」 제41조(연수기관 및 근무 장소 외에서의 연수) 교원은 수업에 지장을 주지 아니하는 범위에서 소속 기관의 장의 승인을 받아 연수기관이나 근무 장소 외의 시설 또는 장소에서 연수를 받을 수 있다. 「교육공무원법」 제41조의 연수는 교원의 연수기관 및 근무 장소 외에서의 연수를 규정한 것이지 방학기간 동안 교원들의 복무를 규정한 조항은 아닙니다. 또한 조기퇴근을 위한 방편으로 이용 되어서도 안 됨. 따라서 교원이 연수를 받지 않고 보충수업을 하는데 연수기관 및 근무 장소 외에서의 연수를 낼 수는 없음. 교원은 국가공무원으로서 복무규정에 맞추어 근무를 해야 하며, 근무지 외 연수에 대한 승인은 소속 기관장의 판단에 따라야 함. 이는 근무지외 연수의 시간단위 사용여부까지 포함하는 사항임

[2017-09-27 교육부 질의회신 자료: 학교정책실 학교정책관 교원복지연수과]

 memo

자. 학교장 복무관리

1) 근거
   가) 국가공무원 복무규정 및 교원휴가에 관한 예규
   나) 학교장 복무관리 지침(2023.7.17.)

2) 적용대상
   가) 적용범위
      - 휴가(연가, 병가, 공가, 특별휴가)
      - 교육공무원법 제41조에 의한 연수
      - (비상근무 발령 중) 휴일 관외[3]출타 및 평일 관외출장
   나) 적용기관 : 공립 유치원·초·중·고 특수학교 교장

3) 추진사항
   가) 사전 승인 및 신고
      (1) 특별한 사유가 없는 한 휴가(연가, 병가, 공가, 특별휴가)와 비상근무 발령 중의 휴일 관외 출타 및 평일 관외출장은 실시 3일 전까지 사전 신청 후 실시
      (2) 교육공무원법 제41조에 의한 연수는 상급기관에 실시 3일 전까지 사전 신청 후 실시
      (3) 갑작스런 긴급사유 발생 시에는 근무자가 휴가 신청 및 신고
         (다만, 불가피한 사유로 사전에 승인를 받지 못하는 경우에는 사후에 지체없이 승인 신청)
   나) 신청 및 신고내용
      (1) 행선지
      (2) 연락처(전화번호, 연락자 성명)
      (3) 신청기간
      (4) 신청사유

4) 세부사항별 실시계획
   가) 휴가(연가, 병가, 공가, 특별휴가)
      - 사전에 상급기관 장의 허가를 받아 실시하되, 나이스(NEIS) 공람 등으로 신청
   나) 『교육공무원법』 제41조에 의한 연수
      (1) 교육공무원법 제41조에 의한 학교장의 '연수 장소 및 근무 장소 이외에서의 연수'는 휴업일(방학 또는 재량휴업일) 중 각 학기당 1/2이내(주말 및 공휴일 제외) 범위에서 가급적 실시하되, 상급기관에 3일 전까지 사전 나이스(NEIS) 공람 등으로 신청
         (다만, 불가피한 사유로 사전에 승인를 받지 못하는 경우에는 사후에 지체없이 승인 신청)
      (2) 학교장의 연수 계획서는 자율적으로 관리(단, 41조를 활용한 국외자율연수는 별도 규정에 의함)
      (3) 학교장의 교육공무원법 41조 연수 기간 중 교감이 근무하는 등 관리자의 업무 공백이 발생하지 않도록 하여야 함

---

[3] 관외 : 경기도(서울특별시, 인천광역시를 포함)를 제외한 전지역

다) 비상시 복무관리(휴일 관외출타 및 평일 관외출장)
　(1) 경기도교육감 소속 공무원의 당직 및 비상근무규칙 제28조 규정에 의거 비상근무의 발령 중에는 부득이한 경우를 제외하고 휴가 및 관외출장·출타 억제
라) 기타 유의사항
　(1) 학교장 부재 시에 교감이 장기연수 및 출장 등 불가피한 사유로 근무하지 못하는 경우에는 행정실장, 교무부장 등 업무대행자를 지정하고, 유무선 통신망을 통해 학교 관리 업무 공백이 발생되지 않도록 하여야 함
　(2) 학교장 부재 중 사안 발생 시의 책임은 학교장에 있음에 유의

* 기관별 복무 보고(관리)

번호	구 분	업무 주관 부서	비 고
1	공립 유치원 원장	해당 교육지원청 교육장	
2	공립 초·중·고등학교 교장	해당 교육지원청 교육장	
3	공립 특수학교 교장	해당 교육지원청 교육장	

2025 교육공무원 인사실무편람

학교장 근무상황 나이스 처리 방법

1. 주요 절차

가. 나이스 상신시 "공람자 지정방법"으로 직근 상급기관에 승인신청
나. 갑작스런 발병 등으로 휴가신청을 대행하는 경우에도 공람자 지정을 누락하지 않도록 유의
다. 공람자는 직상급기관의 업무담당자로 지정하며, "공람자 지정" 시 공람자에게는 결재과정이 없으며 근무상황 내용만 공람
다. 연가, 병가, 특별휴가, 공가, 41조연수를 공람지정
라. 공무외 국외자율연수도 공람지정을 통해 신청
마. 증빙서류(진단서 등) 제출이 필요한 경우 첨부파일로 등록

2. 학교장 근무 상황 신청 방법

복무내용		신청방법
휴가 (연가, 반일연가, 병가, 반일병가, 공가, 특별휴가)		- 공람자 지정방법으로 직근 상급기관에 승인신청
지참, 조퇴, 외출		- 학교장 NEIS 처리
출장		- 학교장 NEIS 처리
공무국외출장		- 직근 상급기관에 출국 예정일 30일 이전 허가 신청 (10명 이상 단체는 40일 이전) - 허가 후 학교장 NEIS 처리 - 보고서 제출 및 '국외출장연수정보시스템' 탑재
공무외 국외여행(연가 활용)		- 공람자 지정방법으로 직근 상급기관에 승인신청
교육공무원법 41조 연수	국외자율연수	- 공람자 지정방법으로 직근 상급기관에 승인신청 (증빙서류 학교 자체 관리)
	국내연수	- 공람자 지정방법으로 직근 상급기관에 승인신청 (사유, 행선지를 구체적으로 명시) ※ 연수 목적 이외의 사유는 불가
사전승인 신청		- NEIS 상에서 신청 및 승인 절차 • 유·초등학교장 ▶ 교육지원청 초등교육지원과 또는 교육과 담당자(공람) • 중·고등학교장 ▶ 교육지원청 중등교육지원과 또는 교육과 담당자(공람)

3. 나이스 처리 방법

1) 휴업일(방학 또는 재량휴업일)

가. 메뉴 : [기본메뉴] - [복무] - [개인근무상황관리] - {신청}
나. {신청}버튼을 클릭하여 연가, 병가, 공가, **특별휴가**, 연수(교육공무원법제41조연수) 등 해당하는 근무상황을 선택하고, 기간, 연락처, 사유, 목적지 항목을 기재하여 {승인요청}을 클릭한다.
다. 휴업일인 경우 사유 항목 {선택}에서 드롭다운 기능을 활용하여 '휴업일'을 선택한다.
라. 사유 란 작성 방법
　　예) 연가: 재량휴업일(부재중관리자: 교감 000)
　　　　특별휴가: 경조사 휴가(조모상), 부재중관리자:교감 000
　　　　제41조연수 : 2학기 업무 계획 수립(휴업기간:2025.7.21.~7.25, 부재중관리자:교감 000)
마. 연가를 이용한 공무외의 국외여행의 경우에는 긴급 시 소재파악 및 비상연락이 될 수 있도록 사유란에 '공무외 국외여행'과 '방문 국가명', '여행기간' 등을 기재한다.
　　예) 연가: 공무외국외여행, 미국(여행기간: 2025.8.1.(금) 05:00~2025.8.6.(수) 05:00), 부재중 관리자: 교감 000

2025 교육공무원 인사실무편람

2) 수업일(학기중)

가. 메뉴 : [기본메뉴] - [복무] - [개인근무상황관리] - {신청}

나. {신청}버튼을 클릭하여 연가, 병가, 공가, **특별휴가**, **연수**(교육공무원법제41조연수) 등 해당하는 근무상황을 선택하고, 기간, 연락처, 사유, 목적지 항목을 기재하여 {승인요청}을 클릭한다.

다. 수업일인 경우 사유 항목 {선택}에서 드롭다운 기능을 활용하여 '1호~9호'를 선택한다.

(1호~8호의 경우는 비고란에 사유 미기재, 9호의 경우는 사유 기재)

라. 사유란 작성 방법

   예) (연가 1호~8호의 경우): 부재중관리자:교감 OOO

   (연가 9호의 경우): 이사, 부재중관리자:교감 OOO

   특별휴가: 경조사 휴가(조모상), 부재중관리자:교감 OOO

근무상황신청

근무상황사용현황

재직기간 기준일자 : 2025-12-

	가용연가일수	연가사용일수	연가잔여일수	저축연가 사용가능일수	저축연가 사용일수	연가 당겨쓰기 가능일수	연가당겨쓰기 일수
개인연가사용현황 (2025)	22일 0시 0분	00일 00시 00분	22일 00시 00분	0일 0시 0분	00일 00시 00분	10일	00일 00시 00분
	연가일수		반일연가일수	지각		조퇴	외출
	0.0		0.0	0.0		0.0	0.0

근무상황신청입력

근무상황	연가 ∨ 연가 ∨		연가종류	금년도연가 ∨
기간	2025-05-09 📅 일 08 ∨ 시 40 ∨ 분 부터		□ 일반복	□ 요일반복
	2025-05-09 📅 일 16 ∨ 시 40 ∨ 분 까지	1 일 0 시간 0 분		
	□ 월 □ 화 □ 수 □ 목 □ 금 □ 토 □ 일	매 0 시간 0 분		
연락처	(010)___-___			
사유	이사, 부재중관리자:교감 OOO 9호 : 기타 상당한 이유가 있다고 소속 학교의 장이 인정하는 경우 ∨			
겸임기관 신청여부	□ 선택 ∨			
비공개여부	□ 기간 □ 사유 ※기간, 사유 옆에 체크를 한 경우에는 일일근무상황에 공개되지 않습니다.			

승인요청 닫기

3) 결재자(공람자) 지정 및 승인처리

가. 메뉴: [기본메뉴] - [복무] - [개인근무상황관리] - {신청}

나. {승인요청}버튼을 클릭하여 [기안문서상신]화면으로 전환되면, {결재자지정} 버튼을 눌러 학교의 전결규정에 따라 결재자 및 협조자를 지정한다.

다. 직상급기관의 담당자를 공람자로 지정할 때는 {공람}을 설정한 상태에서 대상자를 조회하여 추가하고, {저장} 버튼을 클릭하면 [기안문서상신]화면에서 공람대상자가 추가되었는지 확인할 수 있다. (※ 공람자를 지정하지 않은 근무상황은 직상급기관의 근무상황부에 기재되지 않음에 유의)

라. 병설학교 등의 경우 원소속교 및 겸임교 관할 담당자를 모두 공람자로 추가한다.

마. [승인사항] - [미결/협조함]에서 승인처리 한다.

4) 공람함 확인

가. 메뉴: [승인사항] - [공람함]

나. 공람자로 추가된 담당자가 확인하며, 승인 완료된 문서와 미승인 문서도 확인 가능하다. 공람함 목록의 제목을 클릭하면 상세보기가 가능하며, 작성자의 소속 및 복무사항, 승인사항을 확인하여 근무상황부를 정리한다.

다. 휴가종별 등 근무상황에 이상이 있는 경우 작성자에게 해당 사실을 전달한다.

5) 메시지 전송

가. 메뉴 : [승인사항] - [메시지함]

나. 공람자로 추가된 담당자가 근무상황의 휴가세부사항을 확인하여 이상이 있는 경우 당사자에게 메시지를 전달한다.

다. {메시지작성}버튼을 클릭하면 새로운 메시지를 작성할 수 있으며, 수신자를 선택하고, 제목과 내용을 작성하여 {저장}하면, 수신자는 동일메뉴에서 해당 메시지를 확인하고, 근무상황 재상신 등의 조치를 취한다.

6) 대리결재자 지정 및 대리결재현황 조회

가. 메뉴: [승인사항] - [상신함] - {대리결재자지정}, {대리결재현황조회}
나. {대리결재자지정}에서 '조직명'을 선택한 후 {행추가}하여 대리결재 '적용시작일시', '적용종료일시'를 설정하고 {지정}한다.
다. 대리결재자를 검색해서 등록하고 {저장}한다.
   ※ 대리결재자지정은 [개인설정-업무승인자관리-대리결재자지정]메뉴에서도 가능하다.

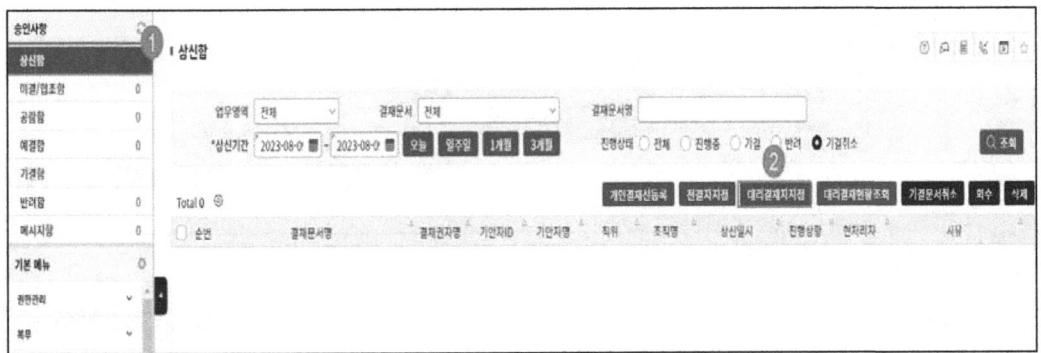

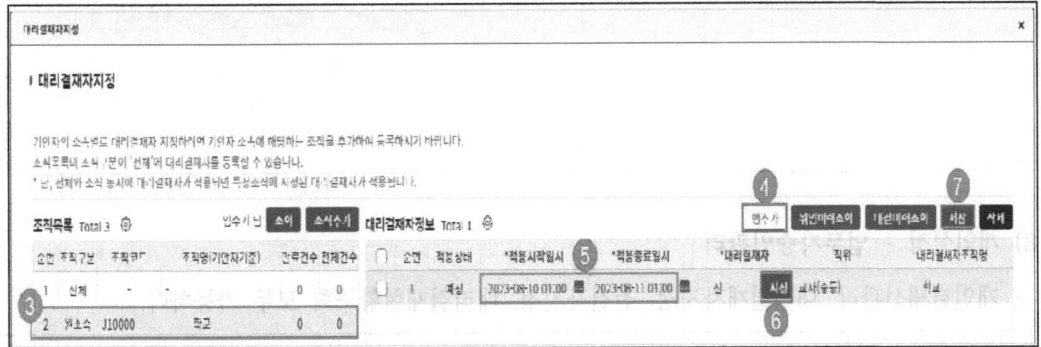

라. {대리결재현황조회}에서 서 '업무영역', '결재문서명', '결재구분'을 선택한 후 {조회}한다.
   ※ 대리결재현황 조회는 [개인설정-업무승인자관리-대리결재현황조회]메뉴에서도 가능하다.

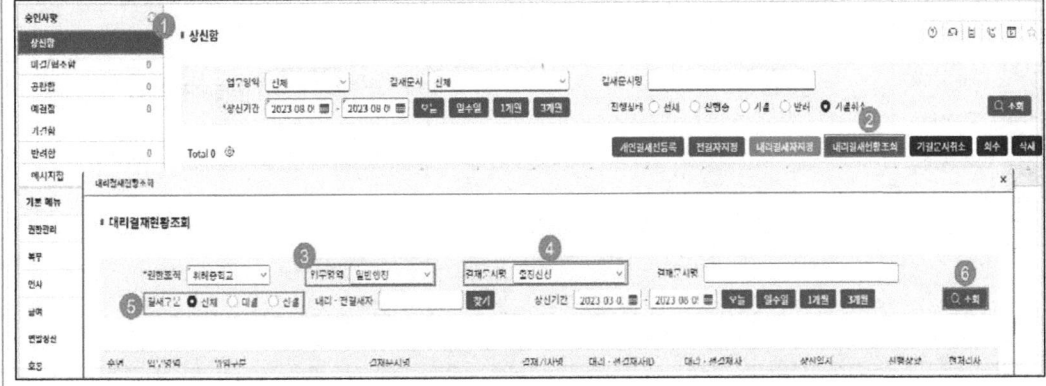

7) 전결자 지정

가. 메뉴: [승인사항] - [상신함] - {전결자지정}

나. {전결자지정}에서 '조직명'을 선택한 후 {행추가}하여 전결할 결재문서를 선택하고, 전결 '적용시작일시', '적용종료일시'를 설정한다.

다. 전결자를 검색해서 등록하고 {저장}한다.

※ 전결자지정은 [개인설정-업무승인자관리-전결자지정]메뉴에서도 가능하다.

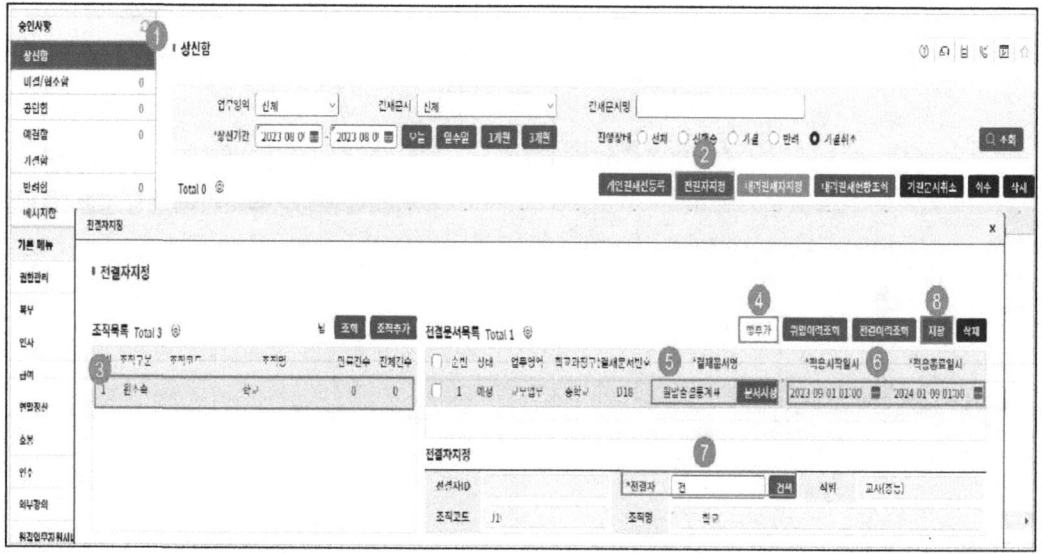

8) 개인설정 - 업무자승인관리

- 개인결재선관리, 대리결재자지정, 전결자지정, 대리결재현황조회 모두 가능하다.

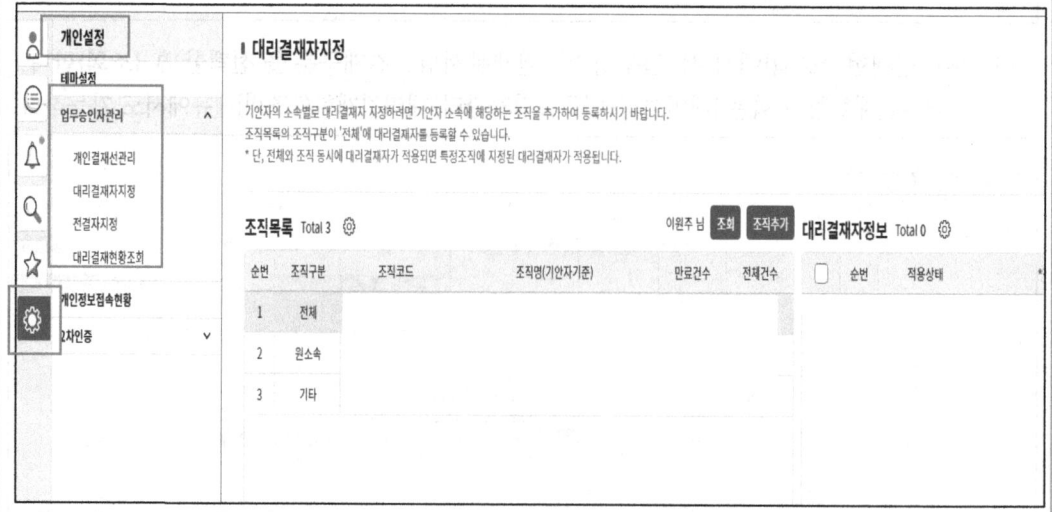

2 겸임·직무대리·영리업무 금지·외부강의

가. 겸임

1) 근거

   가) 교육공무원법 제18조(겸임)

   ① 직위와 직무 내용이 유사하고 담당 직무 수행에 지장이 없다고 인정되는 경우에는 교육공무원과 일반직공무원, 교육공무원과 다른 교육공무원, 교육공무원과 다른 특정직공무원 또는 교육공무원과 대통령령으로 정하는 관련 교육·연구 기관이나 그 밖의 관련 기관·단체의 임직원을 서로 겸임하게 할 수 있다. 이 경우 겸임에 필요한 사항은 대통령령으로 정한다.

   ② 제1항에 따라 교육공무원을 겸임하게 하려는 경우에는 그 대상자가 제9조 또는 「초·중등교육법」제21조 제1항·제2항 및 「고등교육법」제16조에 따른 자격기준을 갖추거나 자격증을 취득한 사람이어야 한다.

   나) 교육공무원임용령 제7조의2(겸임)

   ① 임용권자 또는 임용제청권자는 다음 각 호의 어느 하나에 해당하는 경우에는 법 제18조의 규정에 의하여 겸임시킬 수 있다.

   1. 관련교과나 업무를 담당할 전문 인력의 확보를 위하여 필요한 경우
   2. 한국방송통신대학교·산업대학의 교원 및 각급 연수기관의 교수요원을 임용하는 경우

   ② 제1항의 규정에 의한 겸임은 본직의 직무수행에 지장이 없는 범위 안에서 다음 각 호의 어느 하나에 해당하는 경우에 한한다.

   1. 각종 기술직렬 또는 기술분야 연구직렬의 일반직공무원과 직무내용이 유사한 고등학교 이상의 각 급 학교의 자연과학계 교육공무원간
   2. 학예·공안 및 행정직군의 일반직공무원과 직무내용이 유사한 전문대학 이상의 각 급 학교의 인문사회과학계 교육공무원간
   3. 각 급 학교 교원과 직무내용이 유사한 인근학교의 교원간 또는 병설(부설)된 학교와 당해 학교를 병설(부설)한 학교의 교원간
   4. 정부투자기관 또는 교육부장관이 정하는 정부출연기관 등 정부산하단체의 임직원과 직무내용이 유사한 교육공무원간
   5. 교육부장관이 정하는 기준에 적합한 산업체의 임·직원과 그 직무내용이 유사한 교육공무원간

   ③ 제2항 제1호·제2호·제4호 및 제5호의 규정에 의한 겸임기간은 2년 이내로 하되, 특히 필요한 경우 2년의 범위 안에서 연장할 수 있다. 다만,「서울대학교병원 설치법」제10조 및 「국립대학교병원 설치법」제14조에 따른 대학병원장 및 「서울대학교치과병원 설치법」제10조 및 「국립대학치과병원 설치법」제12조에 따른 치과병원장과 「암관리법」제33조에 따른 국립암센터원장으로서의 겸임기간은 3년 이내로 하되, 특히 필요한 경우 3년의 범위내에서 연장할 수 있다.〈개정 2023.10.10.〉

④ 제2항의 규정에 의한 겸임에 있어서는 겸임기관의 장이 본직기관의 장의 동의를 얻어 임용 또는 임용 제청하여야 한다.〔본조신설 1982.3.11〕
다) 권한위임
 ※「경기도교육감 행정권한 위임에 관한 규칙」참조

2) 서식 및 용례
가) 인사기안
 (1) 내부결재(교육지원청)

수신자   내부결재
(경유)
제 목   교육공무원(초등학교 교사) 겸임근무 발령

1. 관련: ○○초등학교-1234(20**.**.**.)호.
2. 교육공무원법 제18조 및 교육공무원임용령 제7조의2에 의하여 초등학교 교사를 다음과 같이 겸임 발령하고자 합니다.

소 속	직위	성 명	발령사항
○○초등학교	교사	○○○	○○에 겸임함. -- 보직이 있는 경우 ○○ 겸임근무를 명함.

20**.**.**.
경기도○○교육지원청교육장

끝.

 (2) 통지안(교육지원청 → 학교)

수신자   ○○초등학교장
(경유)
제 목   교육공무원(초등학교 교사) 인사발령 알림

다음과 같이 발령되었으므로 알려드립니다.

소 속	직위	성 명	발령사항
○○초등학교	교사	○○○	○○에 겸임함. --보직이 있는 경우 ○○ 겸임근무를 명함.

20**.**.**.
경기도○○교육지원청교육장

끝.

서식 인사발령통지서 - 겸임

인사발령통지서

○○초등학교

(직급) 초등학교 교사　　　　　(성명) ○○○

(발령사항)

○○초등학교 겸임 근무를 명함.

20**년 **월 **일 (발령일)

> 경기도교육감 행정권한 위임에 관한 규칙
> 제6조 제1호에 의거

권한의 위임을 받아

(임명권자) 경기도○○교육지원청교육장

위와 같이 발령되었음을 알려 드립니다.

20**년 **월 **일 (내부결재일)

(통지자) 경기도○○교육지원청교육장

나. 직무대리규정(대통령령 제33155호, 시행 2022.12.27.)

제1조(목적) 이 영은 기관장, 부기관장이나 그 밖의 공무원에게 사고가 발생한 경우에 직무상 공백이 생기지 아니하도록 하고 직무대리자의 책임을 명확하게 하기 위하여 직무대리자 결정 방식 및 직무대리 운영 원칙 등을 규정함을 목적으로 한다.

제2조(정의) 이 영에서 사용하는 용어의 정의는 다음과 같다.
 1. "직무대리"란 기관장, 부기관장이나 그 밖의 공무원에게 사고가 발생한 경우에 직무상 공백이 생기지 아니하도록 해당 공무원의 직무를 대신 수행하는 것을 말한다.
 2. "기관장"이라 함은 중앙행정기관 또는 이에 준하는 기관(대통령 소속기관 및 국무총리 소속 기관을 포함한다. 이하 "중앙행정기관등"이라 한다)의 장을 말한다.
 3. "부기관장"이라 함은 기관장의 바로 아래 보조기관을 말한다.
 4. "사고"라 함은 다음 각 목의 어느 하나에 해당하는 경우를 말한다.
  가. 전보, 퇴직, 해임 또는 임기 만료 등으로 후임자가 임명될 때까지 해당 직위가 공석인 경우
  나. 휴가, 출장 또는 결원 보충이 없는 휴직 등으로 일시적으로 직무를 수행할 수 없는 경우

제3조(적용 범위) 중앙행정기관등 및 그 소속기관에서의 직무대리에 관하여는 다른 법령에서 따로 정하는 경우를 제외하고는 이 영에 따른다.

제4조(기관장과 부기관장의 직무대리)
 ① 기관장에게 사고가 발생한 경우에는 부기관장이 기관장의 직무대리를 한다.
 ② 부기관장에게 사고가 발생한 경우에는 실·국을 설치하는 법령에 규정된 실·국의 순위에 따른 실장·국장(본부장·단장·부장, 그 밖에 이에 준하는 직위에 재직 중인 공무원을 포함하며, 실·국이 설치되어 있지 아니한 기관에서는 과장이나 이에 준하는 보조기관을 말한다. 이하 같다)이 부기관장의 직무대리를 한다. 다만, 실장·국장보다 상위 직위가 설치되어 있는 경우에는 그 직위를 설치하는 법령에 규정된 순위에 따라 그 상위 직위에 재직 중인 공무원이 실장·국장에 우선하여 부기관장의 직무대리를 한다.
 ③ 기관장은 대리하게 할 업무가 특수하거나 그 밖의 부득이한 사유로 제2항의 순위에 따른 직무대리가 적당하지 아니하다고 인정되는 경우에는 제2항에도 불구하고 직무대리의 취지에 맞게 부기관장 직무대리의 순위를 미리 정하여 운영하여야 한다.
 ④ 기관장과 부기관장 모두에게 사고가 발생한 경우에는 제2항의 순위(제3항에 따라 미리 정해진 직무대리 순위가 있는 경우에는 그 순위를 말한다)에 따른 직위에 재직 중인 공무원이 순차적으로 각각 기관장, 부기관장의 직무대리를 한다.

제5조(기관장과 부기관장 외의 직무대리)
 ① 기관장과 부기관장 외의 공무원에게 사고가 발생한 경우에는 해당 공무원의 바로 위 공무원(이하 "직무대리지정권자"라 한다)이 해당 공무원의 바로 아래 공무원 중에서 직무의 비중, 능력,

경력 또는 책임도 등을 고려하여 직무대리자를 지정한다. 다만, 과(담당관, 팀, 그 밖에 이에 준하는 기관을 포함한다. 이하 같다) 소속 공무원에게 사고가 발생한 경우에는 과장이 과 소속 공무원 중에서 직무대리자를 지정한다.

② 직무대리지정권자는 대리하게 할 업무가 특수하거나 그 밖의 부득이한 사유로 제1항에 따른 바로 아래 공무원이 직무대리를 하는 것이 적당하지 아니하다고 인정되는 경우에는 사고가 발생한 공무원과 동일한 직급의 공무원(사고가 발생한 공무원이 고위공무원단에 속하는 공무원인 경우에는 고위공무원단에 속하는 공무원 또는 이에 상당하는 직위에 재직 중인 공무원을 말한다) 중에서 적합한 공무원을 직무대리자로 지정할 수 있다.

③ 직무대리지정권자는 직무대리자에게 사고가 발생한 경우에는 이로 인하여 업무 공백이 생기지 아니하도록 제1항 또는 제2항에 따라 직무대리자를 다시 지정하여야 한다.

제6조(직무대리의 운영) ① 제4조와 제5조에 따라 직무대리를 할 때 한 사람은 하나의 직위에 대해서만 직무대리를 할 수 있다.

② 직무대리지정권자는 제5조에 따라 직무대리자를 지정할 때에는 별지 서식에 따른 직무대리 명령서를 직무대리자에게 발급하여야 한다.

③ 제2항에도 불구하고 사고 기간이 15일 이하인 경우에는 직무대리 명령서의 발급을 생략할 수 있다. 이 경우 직무대리지정권자는 직무대리자로 지정된 사실을 전자인사관리시스템이나 내부 통신망 등을 통하여 직무대리자에게 명확하게 통지하여야 한다.

④ 직무대리자는 사고가 발생한 공무원의 사고 기간(직무대리 명령서를 발급받은 경우에는 직무대리 명령서에 기재된 기간을 말한다) 동안 직무대리를 하되, 공석 등으로 인한 직무대리의 경우 임용권자는 직무대리자의 업무 부담이 장기화되지 아니하도록 빠른 시일 내에 결원을 보충하여야 한다.

⑤ 직무대리자는 본래 담당한 직위의 업무를 수행하면서 직무대리 업무를 수행하는 것을 원칙으로 한다. 다만, 다음 각 호의 어느 하나에 해당하는 경우에는 본래 담당한 직위의 업무를 수행하지 아니하고 직무대리 업무만을 수행하게 할 수 있다.

   1. 사고가 발생한 공무원의 직위에 보할 수 있는 공무원의 직급(사고가 발생한 공무원이 고위공무원단에 속하는 공무원인 경우에는 고위공무원단을 말한다)에 승진임용이 예정(승진 심사를 거친 경우를 말한다)된 공무원에게 그 사고가 발생한 공무원의 직무대리를 하게 하는 경우

   2. 소속 장관이 직무상 공백을 방지하기 위하여 특별히 필요하다고 인정하여 직무대리를 하게 하는 경우. 이 경우 직무대리를 하게 한 사실을 인사혁신처장에게 통보해야 한다.

⑥ 제5항제2호 후단에도 불구하고 「국가공무원법」제28조의6제1항에 따른 고위공무원임용심사위원회의 심사가 예정된 공무원을 심사 예정 직위의 직무대리자로 지정하려는 경우에는 미리 인사혁신처장과 협의를 거쳐야 한다.

⑦ 인사혁신처장은 제5항제2호 후단에 따라 통보된 직무대리가 부적절하다고 판단되는 경우에는 소속 장관에게 시정을 권고할 수 있다.

⑧ 직무대리자는 직무대리하여야 할 업무를 다른 공무원에게 다시 직무대리하게 할 수 없다.

제7조(직무대리권의 범위) 직무대리자는 사고가 발생한 공무원의 모든 권한을 가지며, 그 권한에 상응하는 책임을 진다.

제8조(위임규정) 기관장은 이 영의 범위에서 조직과 인사운영의 특성을 고려하여 해당 중앙행정기관등 및 그 소속기관에서의 직무대리에 관한 규칙을 정하여 운영할 수 있다.

다. 영리업무 금지 및 겸직허가

1) 근거
   가) 국가공무원법 제64조
   나) 국가공무원 복무규정 제25조 및 제26조
   다) 국가공무원 복무·징계 관련 예규 제9장

2) 영리업무의 금지 (국가공무원 복무규정 제25조 및 국가공무원 복무·징계 관련 예규)
   가) 영리업무의 개념
      (1) 영리업무란 계속적으로 재산상의 이득을 취하는 행위를 말함
         • 계속성이 없는 일시적인 행위로 계속적인 수입이 발생하는 경우는 업무가 아니므로 금지 또는 허가의 대상이 아님
         • 공무원은 겸하려는 행위가 누가 보더라도 명백하게 계속성이 없는 행위라고 볼 수 있는 경우가 아니라면, 반드시 소속 기관의 장에게 겸직허가를 신청하여야 함
         • 재산상의 이득이 있더라도 행위의 계속성이 없으면 금지 대상인 영리업무에 해당되지 않음

         > ※ 계속성 기준
         > ① 매일·매주·매월 등 주기적으로 행해지는 것
         > ② 계절적으로 행해지는 것
         > ③ 명확한 주기는 없으나 계속적으로 행해지는 것
         > ④ 현재하고 있는 일을 계속적으로 행할 의지와 가능성이 있는 것

   나) 복무규정 제25조 각 호에 따른 영리업무
      (1) 상업·공업·금융업 그 밖의 영리적인 업무를 스스로 경영하여 영리를 추구함이 현저한 업무
         • 스스로 경영하는지 여부는 사업자 명의와 관계없이 그 공무원이 실질적으로 영리업무에 종사하는지 여부로 판단함
      (2) 상업·공업·금융업 또는 그 밖에 영리를 목적으로 하는 사기업체(私企業體)의 이사·감사 업무를 집행하는 무한책임사원·지배인·발기인 또는 그 밖의 임원이 되는 것
         • 사기업체의 이사는 등기이사 및 비등기이사 모두 포함됨
         • 그 밖의 임원이란 사외이사·고문·자문위원 등 직위·직책 여부를 불문하고 그 대가로 임금·봉급 등을 받는지 여부로 판단함

(3) 본인의 직무와 관련이 있는 타인의 기업에 대한 투자
- 투자란 본인의 직무와 관련 있는 주식·채권 등의 구입, 영리사업에 지분 투자 등 경제적 이익을 얻기 위해 어떠한 명목과 형태로든 금전·물품·부동산 등 자산을 지출하는 모든 행위를 말함

(4) 그 밖에 계속적으로 재산상 이득을 목적으로 하는 업무
- 자기 또는 타인의 업무에 종사하여 어떠한 명목과 형태로든 금전·증권·부동산·물품 등 재산상의 이익을 취하는지 여부로 판단함
- 비영리기관에 종사하더라도 그 대가로 계속적인 재산상의 이득을 취하는 경우는 영리업무에 해당함
- 다만, 실비변상적 수당, 회의 참석비 등 소액의 금품을 받는 것은 영리업무에 해당하지 않음

다) 복무규정 제25조 본문에 따른 금지 요건

(1) 공무원의 직무 능률을 떨어뜨릴 우려가 있는 경우
- 근무시간 내에는 전적으로 직무수행에 전념하여야 하고, 근무시간 외의 시간에 다른 영리업무(비영리업무 포함)에 종사함으로써 평소 직무수행에 지장을 주어서는 안 됨
- 근무시간 내에 겸직업무에 종사하는 것은 원칙적으로 금지하되, 다음과 같은 경우에는 근무시간 내에도 가능함
  - 해당 공무원의 담당직무 수행과 관련이 있는 경우
  - 소속 기관의 기능 및 국가정책 수행의 목적상 필요한 경우
  - 그 밖에 소속 기관의 장이 필요하다고 인정하는 경우
    ※ 이 경우 복무관리는 원칙적으로 연가·외출·조퇴 등으로 조치
- 근무시간 외의 시간에 겸직업무에 종사하는 것은 겸직허가의 대상이 될 수 있으나, 다음과 같은 경우에는 직무 능률을 떨어뜨릴 소지가 있음
  - 근무시간과 겸직업무 종사시간을 합한 시간이 점심 및 저녁시간(각 1시간), 휴게시간을 제외하고 1주 52시간, 1일 12시간을 초과하는 경우   ※ 단, 시간외근무시간은 제외함
  - 자정 이후에도 근무하는 심야업종인 경우
  - 그 밖에 소속 기관의 장이 겸직업무의 성격상 직무 능률을 떨어뜨릴 우려가 있다고 인정하는 경우

(2) 공무에 대하여 부당한 영향을 끼칠 우려가 있는 경우
- 공무 수행에 공정성을 확보하고 부당한 영향을 끼칠 가능성을 차단하기 위하여 공익과 사익의 이해충돌 가능성이 있는 영리업무(비영리업무 포함)에 종사하는 것을 금지함
  ※ 공무란 원칙적으로 그 공무원의 법령상 소관 직무를 말함
- 이해충돌 가능성 유무는 다음과 같이 공무원이 영리업무(비영리업무 포함)에 직접 또는 간접으로 관여하거나 영향력을 행사할 수 있는지 여부로 판단함
  - 보조금·장려금·조성금 등을 배정·지급하는 등 재정보조를 제공하는 경우
  - 인가·허가·면허·특허·승인 등에 관계되는 경우
  - 생산방식·규격·경리 등에 대한 검사·감사에 관계되는 경우
  - 조세의 조사·부과·징수에 관계되는 경우
  - 공사 또는 물품구입의 계약·검사·검수에 관계되는 경우

- 법령에 근거하여 지도·감독하는 경우
- 사기업체 등이 당사자이거나 이해관계를 가지는 사건의 수사 및 심리·심판과 관계되는 경우
- 그 밖에 소속 기관의 장이 공익과 사익의 직접적인 이해충돌 가능성이 상당한 것으로 인정하는 경우

(3) 국가의 이익과 상반되는 이익을 취득할 우려가 있는 경우
- 공무원은 국민 전체에 대한 봉사자로서 국가 및 공공의 이익을 최대한으로 도모하여야 하고, 그에 반하거나 충돌될 우려가 있는 영리업무에 종사하는 것은 금지됨

(4) 정부에 불명예스러운 영향을 끼칠 우려가 있는 경우
- 영리업무가 사회 통념상 볼 때 바람직하지 못하여 정부의 명예나 신뢰를 저해할 우려가 있는 경우에는 금지되어야 하나, 그 판단은 상당한 합리성과 객관성이 있어야 함
- 국가나 공공에 위해를 끼치거나, 유흥·사행업 등 선량한 풍속을 해치거나, 여성·장애인·학생·노인 등 사회적 약자를 이용하는 등 사회적 비난을 초래할 우려가 있는 경우에는 반드시 금지함
  ※ 위 (3), (4)는 직무관련성 유무와는 관계없이 판단함

(5) 영리업무가 위 (1) 내지 (4)에 해당되지 않는 경우에는 복무규정 제26조에 따른 겸직허가를 받아 그 업무에 종사할 수 있음
- 다음과 같이 국가 및 공공의 이익을 위해 영리업무 겸직이 특히 필요한 경우에는 이를 허가할 수 있음
  - 국가안보상의 이유, 국가의 대외경쟁력 강화 및 그 밖에 공공의 이익을 위하여 특히 필요하다고 인정되는 경우
  - 「국가기술자격법」에 따른 기술분야 자격증소지자(「자격기본법」에 따른 국가 공인 민간 자격증소지자 포함)로서 해당 산업분야 발전과 과학기술진흥에 특히 기여할 수 있다고 인정되는 경우
  - 그 밖에 전문지식·기술이 요구되는 직위에 소속 기관의 장이 특히 필요하다고 인정하는 경우
- 관련 법령에서 겸직금지 또는 전업의무를 규정하고 있는 전문자격증 소지자의 경우 공무원 신분을 보유하고 있는 동안에는 그 자격증 관련 영리업무에 종사할 수 없음
  ※ 변호사법 제38조에 따라 변호사는 변호사업을 영위하면서 보수를 받는 공무원을 겸할 수 없음

3) 겸직허가 (국가공무원 복무규정 제26조)
  가) 대상 : 복무규정 제25조의 영리업무에 해당하지 아니하는 다른 직무
  (1) 영리업무 : 복무규정 제25조 본문에 따른 금지요건에 해당하지 않는 계속성이 있는 영리업무
  (2) 비영리업무 : 영리를 목적으로 하지 않는 계속성이 있는 업무
    ※ 계속성이 명백히 없는 경우가 아니면 겸직허가를 신청하여야 하며, 계속성이 없는 일시적 행위는 겸직허가의 대상은 아니나 복무상 의무(품위유지 등)에 따라 규율함

나) 허가기준 : 겸직허가 대상인 업무에 종사함으로써 복무규정 제25조 금지요건에 해당하지 않는 경우에만 허가함

> ※ 국가공무원 복무규정 제25조에 따른 금지 요건
> ① 공무원의 직무 능률을 떨어뜨릴 우려가 있는 경우
> ② 공무에 대하여 부당한 영향을 끼칠 우려가 있는 경우
> ③ 국가의 이익과 상반되는 이익을 취득할 우려가 있는 경우
> ④ 정부에 불명예스러운 영향을 끼칠 우려가 있는 경우

다) 허가권자 : 소속기관의 장
 (1) 공무원이 제25조의 영리업무에 해당하지 아니하는 다른 직무를 겸하려는 경우에는 소속기관의 장의 사전허가를 받아야 함

> ※ 소속기관의 장이라 함은 고위공무원단에 속하는 공무원의 경우 임용제청권자, 3급 이하 공무원 및 우정직공무원의 경우 임용권자를 의미함 (국가공무원 복무규정 제26조제3항)
> ※ 경기도교육감 행정권한 위임에 관한 규칙 및 조례 제6조, 제7조, 제8조
> ① (제6조)교육장에게 재위임하는 사항 중 - 관할 고등학교 이하 공립 교장 및 원장, 소속 공무원의 겸직 허가
> ② (제7조)학교장에게 위임하는 사무 중 - 소속 공무원 겸직 허가(교장 제외)
> ③ (제8조)직속기관장에게 재위임하는 사무 중 - 소속 공무원의 겸직 허가(기관장 제외)

 (2) 소속 기관의 장은 해당 공무원이 하고자 하는 업무의 내용과 성격, 담당직무의 내용과 성격 및 영리업무 금지와 겸직허가 제도의 취지를 종합적으로 고려하고 개별적·구체적으로 판단하여 허가여부를 결정함

라) 절차
 (1) (신청) 해당 공무원은 겸직하고자 하는 직무(직위) 관련 상세 자료(수익발생 내역, 겸직 내용, 겸직기간 등 포함)를 '겸직 허가 신청서'에 의하여 소속기관의 복무담당 부서에 제출하여 겸직허가 신청
  • 공무원으로 임용된 자가 기존 영리·비영리업무에 계속 종사하기를 원하는 경우 임용된 날부터 1개월 이내에 겸직허가를 신청해야 함
  • 겸직허가를 받은 공무원이 이후 담당직무가 변경된 경우에는 직무가 변경된 날부터 1개월 이내에 겸직허가 재심사를 신청하여야 함
 (2) (심사) 복무담당 부서의 장은 겸직허가 신청 공무원의 겸직신청 자료 등을 토대로 복무규정 상 겸직허가 대상인지, 허가기준에 부합하는지 여부를 검토하여 소속기관장에게 보고
  • '겸직 허가 신청서'에 기재된 업무성격, 수익, 담당 직무와의 관련성 등에 대해 증빙자료를 제출받고 사실여부를 확인하고, '겸직심사 주요 체크리스트'를 참고하여 심사하여야 함
  • 인터넷 개인방송 활동, 부동산 임대업, 과도한 겸직수익 발생, 직무 관련 지식·정보를 이용한 겸직 활동 사항, 정치적 중립성 확보에 주의가 필요한 활동* 등 면밀한 심사가 필요한 겸직 사항에 대해서는 겸직심사위원회를 구성하여 심사하여야 함
   * ① 겸직기관의 정관상 목적이 공무원의 정치적 중립의무를 해할 우려가 있는 경우
     ② 겸직기관이 공직선거에서 특정 정당 또는 특정인을 지지·반대하는 활동(의견 발표) 등을 하는 경우
     ③ 특정 지방자치단체의 정책을 지역주민에게 홍보하는 활동 등
   * 겸직 활동 신청 기간 중 공직선거기간이 포함되는 경우에는 신중한 허가 필요

- 사교육업체 관련 활동은 겸직 목적의 **공익성**, 겸직 업무의 **공개성** 등 면밀한 심사를 위해 겸직심사위원회를 필수 운영함

    > ※ **겸직심사위원회 구성·운영**
    > ☞ **(구성)** 부서장급 이상의 내부위원 3인 이상(복무·감사 담당 부서장을 반드시 포함)으로 구성하되, 매 심사 시마다 구성하거나 임기제로 운영 가능
    >   - 위원회 위원은 기존에 운영하고 있는 다른 위원회 위원과 동일하게 구성할 수 있으나, 공정하고 객관적으로 심사가 될 수 있도록 구성하여야 함
    > ☞ **(심사대상)** 겸직허가 대상여부, 허가기준 부합여부 등 겸직허가 여부에 대한 제반 사항을 심사
    >   1. 인터넷 개인방송 활동
    >   2. 부동산 임대업
    >   3. 과도한 겸직수익 발생
    >   4. 직무 관련 지식·정보를 이용한 겸직 활동 사항 (학교 기출문제 활용 등 포함)
    >   5. 정치적 중립성 확보에 주의가 필요한 활동
    >   6. 그 밖에 면밀한 검토가 필요한 사항 (사교육업체 관련 여부 등 포함)
    > ☞ **(운영기준)** 재적위원 과반수 출석으로 개회하고, 출석위원 과반수 찬성으로 의결

(3) **(겸직허가 여부 결정)** 소속 기관의 장은 해당 공무원이 하고자 하는 업무의 내용과 성격, 담당 직무의 내용과 성격 및 영리업무 금지와 겸직허가 제도의 취지를 종합적으로 고려하여 개별적·구체적으로 판단하여 허가여부 결정

- 겸직을 허가하는 경우, 허가기간은 2년 이내가 원칙이며, 사교육업체 관련 및 인터넷 개인방송 활동의 경우 최대 1년임
- 시간강사·자문위원 등과 같이 임명·위촉기간이 정해진 업무의 경우에는 그 기간의 종료일까지 허가할 수 있음

(4) **(결과통보)** 복무담당부서의 장은 겸직허가 신청에 대한 심사결과를 공문을 통해 해당 공무원에게 통보

- 통보시 허가여부, 허가기간 등 심사결과를 명확히 전달하고, 실태조사 실시 및 겸직 시 준수사항* 등을 사전에 안내함
    ※ 겸직허가 범위 내 활동, 인터넷 개인방송 시 금지 및 준수사항 등
- 신청을 반려하는 경우 구체적 이유를 명시하여 통보하고, 이의가 있는 교원은 신청서를 보완하여 소속기관의 장에게 재신청함

(5) **(겸직실태조사)** 각 기관의 장은 매년 1월(전년도 12월말 기준), 7월(당해연도 6월말 기준)에 겸직허가를 받은 공무원의 실제 겸직내용을 확인하여 허가 내용과 동일한지, 영리업무 금지 규정 및 공무원의 겸직 활동 준수사항 등의 위반사항이 없는지 등을 조사

- 겸직허가를 받은 공무원은 실태 조사에 필요한 자료를 소속기관의 장에게 제출함
- 실태조사 결과 위반사항 발견 시 그 위반 정도에 따라 겸직허가 취소, 재심사, 징계의결 요구 등 적절한 조치를 수행하여야 함
    ※ 1월 조사는 전년도 말일(12.31.), 7월 조사는 전반기 말일(6.30.) 기준으로 겸직기간 내에 있는 공무원을 대상으로 실태조사를 실시함

(6) (겸직허가의 취소) 다음과 같은 경우에는 겸직허가를 취소함
- 겸직허가 신청 시 제출한 심사관련 자료가 허위로 또는 부실하게 제출한 것으로 밝혀진 경우
- 실제 종사하는 겸직업무가 겸직허가 받은 업무와 실체적 동일성이 없는 것으로 밝혀진 경우
- 그 밖에 소속 기관의 장이 중대한 사정 변경으로 인해 겸직허가를 취소할 필요가 있다고 인정하는 경우

마) 유의사항
(1) 직무상의 능률의 저해, 공무에 대한 부당한 영향, 국가의 이익과 상반되는 이익의 취득 또는 정부에 대한 불명예스러운 영향을 초래할 우려가 있는 경우는 승인이 자동 소멸됨
(2) 겸직으로 인한 근무시간 내에서의 복무는 연가(조퇴, 외출 등) 범위내에서 가능함.(환산기준 : 1일 8시간)
(3) 경기도교육감 행정권한 위임에 관한 규칙 제7조(학교장에게 재위임하는 사항)제3항에 의거, 소속 교원(교장·원장 제외)의 겸직은 학교장의 허가사항임
(4) 기관장이 겸직을 허가한 경우라도, 근무 시간 내에서의 근무상황부의 처리는 외출 또는 조퇴 처리하여야 할 것이며, 이러한 사유로 외출 또는 조퇴로 인하여 연가 사용일수가 초과된다면 이는 직무 수행에 지장이 있다고 보아야 하므로 겸직을 허가해 주어서는 안 될 것임
(5) 교원은 원칙적으로 겸직을 할 수 없으나, 영리업무가 아니고 소속기관의 장(임용권자)의 허가를 받은 경우에 겸직이 가능하며, 소속기관의 장의 겸직허가는 담당직무 수행에 지장이 없는 경우에 한함.(국가공무원법 제64조, 국가공무원복무 규정 제25조, 제26조)

「사교육 카르텔 근절을 위한 교원 겸직허가 가이드라인」(2023.12.)

1. 지침의 목적 및 적용
   가. 목적: 국가공무원법령 범위 내에서 교원 대상 사교육업체 관련 금지행위 및 사례를 구체화하여 현장 혼란 최소화 및 공교육 공정성 제고
   나. 적용 대상: 유·초·중등 모든 교원(기간제교원 포함)
   다. 적용 범위: 「국가공무원 복무·징계 관련 예규」 범위 내에서 사교육업체 관련 금지 사례 등 본 지침을 준수하여 심사
   라. 세부 기준: 시·도교육감은 자체 여건을 고려하여 본 지침 취지에 벗어나지 않는 범위에서 별도 세부 기준을 마련하여 시행 가능

2. 사교육업체 관련 겸직 허가 원칙
   가. 사교육업체의 범위 및 업무
   1) (범위) 「학원의설립·운영및과외교습에관한법률(이하 학원법)」 제2조의2에 따른 학교교과교습학원*
      - 학원법 제2조의2에 따라 학교교과교습학원, 평생직업교육학원으로 구분하며, 학원설립·운영 등록 증명서를 통해 확인 가능(붙임6)
   2) (업무) 강의, 문항 출제*, 출판, 컨설팅 등 사교육업체와 관련된 일체의 행위
      - 학원, 학원 강사, 출판사 등 계약 상대방과 관계없이 학원 교재 등을 제작하기 위한 활동
      - 출판사, 정보통신판매업 등 업체의 (원격)컨설팅, 강의영상(유상) 제작 등 교습행위 포함
   나. 겸직 등 가능 여부 판단
   1) (계속성 있는 (비)영리업무) 복무규정 제25조 및 예규 겸직 허가 요건에 따라 원칙적 금지
   2) (계속성 없는 행위) 관련 법령 및 공무원 청렴 및 품위 유지 의무 등에 따라 원칙적 금지
      - 학원법 제3조(교원의 과외교습 제한)에 따라 교원은 학교교과교습학원 등에서 과외교습 금지
   다. 단, 사교육업체와 일부 관련성이 있더라도 겸직 목적의 공익성*, 겸직 활동 결과물의 성격**을 종합 고려하여, 겸직 허가 기준에 부합하는 경우에 한해 겸직 허가 가능
      - 에듀테크 업체에서 에듀테크 소프트랩 등 정부사업으로 이뤄지는 컨설팅, 디지털교과서 개발, 교원연수자료 개발, 자문 등
      - 학원 수강생 등 특정인이 아닌 대중에 판매·활용을 위한 것인지 여부 등

   | 예시 1 | 학교교과교습학원과 계약하여 문항 판매 및 교재를 제작하는 경우 |

   ▶ 학교교과교습학원에 등록한 학생들만을 위한 교재 활용 등을 목적으로 문항을 판매하는 경우 국가공무원복무규정 제25조에 따라 공익에 반하는 경우에 해당하여 원칙적으로 금지되는 영리행위에 해당함

   | 예시 2 | 겸직을 금지하는 학교교과교습학원에서 계속성이 없는 일회성 영리행위 또는 비영리행위를 하는 경우 |

   ▶ 계속성이 없는 활동은 겸직 신청 및 허가 대상은 아니나, 계속성이 없는 행위라도 국가공무원법 상 공무원의 청렴 및 품위유지 의무를 준수하여야 함. 계속성과 관계 없이 겸직을 금지하는 학원 등에서의 특강 등 활동은 교원의 공정한 교육활동 수행에 부당한 영향을 끼칠 우려, 국가의 이익과 상반되는 이익을 취득할 우려가 있으므로 금지되는 행위에 해당함

| 예시 3 | 일반출판사 학습교재의 개념 설명 또는 문제풀이 영상을 제작하는 경우 |

▶ 학원업과 관련없는 출판사와 계약하여 학습교재의 개념 설명 또는 문제풀이 영상을 제작, 출판사 홈페이지 등에 업로드하는 경우에는 교재 등 학습자료를 제작하는 연장선에서 겸직 허가 가능 대상으로 볼 수 있으나, 해당 영상이 유상으로 제공되는 경우 원격교습학원 인터넷강의와 다르지 않으므로 금지되는 영리업무에 해당함

| 예시 4 | 검인정 교과서를 출판하는 출판사와 계약하여 교과용 도서(검인정) 또는 학습교재(참고서, 문제집)를 저작하고 인세 등을 받는 경우 |

▶ 검인정 교과서를 출판하는 출판사에서 참고서, 문제집 제작에 참여하는 경우 교과서 출판 업무의 연장선에서 학생의 자율 학습을 지원하기 위한 공익성이 있으므로, 직무 능률 저하 우려 등 금지요건에 해당하지 않는 경우 금지되는 영리업무에 해당하지 아니함

| 예시 5 | 학원업을 겸하는 에듀테크 업체와 계약하여 교재 및 자료개발 컨설팅에 참여하는 경우 |

▶ (학원업과 관련성이 있더라도) 에듀테크 업체에서 정부 사업 등을 위한 컨설팅, 콘텐츠 개발, 자문 등에 참여하는 경우 공익성이 있으므로, 직무 능률 저하 우려 등 금지요건에 해당하지 않는 경우 금지되는 영리업무에 해당하지 아니함. 다만, 겸직 활동이 에듀테크 업체의 사교육 등 영리활동이 아닌 공익 목적 또는 정부사업 관련 활동임을 사전에 확인할 필요가 있음

3. 사교육업체가 아닌 경우의 겸직 허가 원칙

가. 평생직업교육학원

1) (범위) 학원법 제2조의2에 따른 평생직업교육학원(직업기술, 성인 어학 등 평생교육이나 직업교육을 목적으로 하는 학원)
2) (업무) 강의, 컨설팅, 교재 저술·감수, 문항 출제 등
3) (겸직 가능 여부) 복무규정 제25조 금지 요건에 해당되지 않는 계속성 있는 (비)영리업무는 허가를 받은 후 겸직 가능
   - 단, 겸직 업체·활동 성격에 따라 사교육 유발 요인이 있는 경우* 등은 엄격히 심사하여 허가 기준에 맞지 않는 경우 겸직 제한   * 대학 입시 관련 실기학원, 대학 편입 학원 등
   - 계속성이 없는 업무는 겸직 신청 대상은 아니나, 금지 대상 겸직활동, 복무 규정 위반 여부를 확인 후 활동 가능

| 예시 1 | 교원이 평생직업교육학원에서 국가자격증 취득을 위한 교재 제작 등 활동을 하는 경우 |

▶ 평생직업교육학원에서의 교재제작 등 활동은 겸직활동의 목적, 계속성, 근무시간 내 활동 여부, 사교육 유발 영향(입시·편입학원 등) 등을 종합적으로 고려하여 소속기관의 장 또는 겸직심사위원회에서 심사하여 겸직허가가 가능함

| 예시 2 | 교원이 입시(실기학원) 또는 편입 학원에서 강의하는 경우 |

▶ 성인을 대상으로 하는 실기·편입학원은 평생직업교육학원으로 분류되나, 사교육 유발요인, 공무에 부당한 영향을 끼칠 우려가 크므로, 금지되는 영리행위에 해당함

나. 학원과 관련이 없는 기관 및 업체

1) (범위) 공공기관(교육과정평가원 등), EBS, 대학, 일반 교과학습용 도서 출판사, 일반 출판사 등 학원과 무관한 기관 및 업체
2) (업무) 강의, 컨설팅, 교재 저술·감수, 문항 출제 등

3) (겸직 가능 여부) 복무규정 제25조 금지 요건에 해당되지 않는 계속성 있는 (비)영리업무는 허가를 받은 후 겸직 가능
- 계속성이 없는 업무는 겸직 신청 대상은 아니며, 복무 규정을 준수하여 활동 가능
- 학원과 무관한 기관 및 업체더라도 특정 학교·교과교습학원을 대상으로 콘텐츠(문항, 특강 등)를 제공하는 경우는 제한

> **예시 1** 학원과 관련이 없는 대학, 공공기관 등에서 강의를 하는 경우
> ▶ 학원과 관련이 없는 기관·업체에서 강의를 하는 경우 계속성 여부에 따라 겸직허가 심사 대상이 되며, 공무에 부당한 영향 또는 직무 능률 저하 등 겸직 심사기준에 따라 소속기관장의 겸직허가를 받아 겸직활동이 가능함

4. 겸직 허가 절차

가. (허가권자) 소속기관의 장 (학교(원)장 등)

나. (겸직 허가 신청) 겸직하고자 하는 직무(직위) 상세 자료(〈붙임2〉 서식 활용 : 겸직 유형, 수익발생 내역, 사교육업체 연계여부 등 포함) 제출

다. (겸직 허가 심사) 신청자료를 바탕으로 겸직허가 여부를 결정하고, 사교육업체 관련성이 있는 경우는 겸직심사위원회 필수 심의
- (신청자료 검토) 신청자료 및 겸직심사 주요 체크리스트를 토대로 업무 내용과 성격·수익·담당직무와의 관련성과 관련 증빙 등을 검토
  * 나이스 대국민서비스를 통해 학원, 교습소 등 정보 확인 가능
- (겸직심사위 의무화) 사교육업체 관련 활동은 겸직 목적의 공익성, 겸직 업무의 공개성 등 면밀한 심사를 위해 겸직심사위원회를 필수 운영

신청		심사		허가여부 결정		결과통보
해당 공무원 → 복무담당 부서	⇨	복무부서의장 검토 기관장 보고	⇨	소속기관의 장 (필요 시 겸직심사위원회)	⇨	복무부서 장 → 해당공무원

5. 위반시 엄정 처분

가. 시도교육감은 사교육업체 관련 겸직 등 위반 사항 발견 시 위반 정도에 따라 겸직허가 취소, 재심사, 징계 의결 요구 등 조치

나. 가이드라인 안내 이후 사교육업체 관련 겸직 허가 원칙을 위반한 경우 징계 양정 시 고의 또는 중과실 여부를 엄격히 심사

다. 사교육업체 관련 교원 영리행위 징계 양정 기준

비위의 유형 \ 비위의 정도 및 과실	비위의 정도가 심하고 고의가 있는 경우	비위의 정도가 심하고 중과실인 경우 또는 비위의 정도가 약하고 고의가 있는 경우	비위의 정도가 심하고 경과실인 경우 또는 비위의 정도가 약하고 중과실인 경우	비위의 정도가 약하고 경과실인 경우
1. 성실의무 위반 라. 시험문제 유출 등 비위 거. 직무상 미공개정보 이용 너. 그 밖의 성실의무 위반	파면 파면 파면-해임	해임 파면-해임 강등-정직	해임-강등-정직 강등-정직 감봉	감봉-견책 정직-감봉 견책
7. 품위유지의무 위반 너. 그 밖의 품위유지의무 위반	파면-해임	강등-정직	감봉	견책
8. 영리업무 및 겸직금지 의무 위반	파면-해임	강등-정직	감봉	견책

「교원 인터넷 개인 미디어 활동 지침」(2022.1.1.)

1. 지침의 목적 및 적용

가. 목적: 인터넷 플랫폼을 활용한 교원의 다양한 활동이 유·초·중등 교육활동의 질 제고 및 교원의 전문성 향상에 기여할 수 있도록 유도

나. 적용 대상: 유·초·중등 모든 교원

다. 적용 범위: 교원 인터넷 개인 미디어 활동에 대해서는 동 지침을 우선 적용하되, 지침에 없는 내용은 「국가공무원 복무·징계 관련 예규」를 따름

라. 적용 세부 기준: 교원의 인터넷 개인미디어 활동에 대한 겸직허가에 관한 사항은 동 지침을 우선 적용

2. '인터넷 개인 미디어 활동'의 정의

가. 정의(지침 적용 대상 활동): 인터넷 개인 미디어 활동이란 ①본인 또는 다른 사람의 콘텐츠(영상, 음성, 사진, 글 등)를 ②인터넷 플랫폼*의 개인 계정에 탑재하여 ③불특정 다수의 인터넷 이용자와 공유하고 상호소통하는 일체의 행위

  * (인터넷 플랫폼 예시) 네이버TV, 아프리카TV, 유튜브, 트위치, 팟빵, 네이버 블로그, 다음 브런치 등

나. 유의 사항
 - 원격수업 등 수업 활용 목적의 콘텐츠를 제작한 후 공개 범위를 제한하여 탑재하는 경우 '인터넷 개인 미디어 활동'에 미포함
 - 업무의 일환으로 콘텐츠를 제작하여 인터넷 플랫폼 공공 계정에 탑재하는 활동은 '인터넷 개인 미디어 활동'에 미포함

[참고 : 인터넷 개인 미디어 활동 영역]

콘텐츠 목적	인터넷 플랫폼	
	개인 계정	공공 계정
개인 취미 등 사적 목적	인터넷 개인 미디어 활동	
수업 외 직무 관련		
학교(유치원) 수업용 (공개 범위 제한)		업무 관련 활동

3. 준수할 사항

▶ 일반적으로 교원에게 적용되는 복무규정과 행동 강령 등은 인터넷 개인미디어 활동을 할 때에도 동일하게 적용됨을 각별히 유의

가. 직무상 알게 된 비밀 누설 금지 (「국가공무원법」 제60조)

※ 브이로그 등을 통해 비공개 직무정보가 공개되지 않도록 각별히 유의해야 하며, 특히 유아·학생을 특정할 수 있는 정보 노출 금지

나. 직무 내외를 불문하고 공무원으로서 **품위 유지** (「국가공무원법」 제63조)
　　※ 타인의 명예나 권리 침해, 비속어 사용, 허위사실 유포, 폭력적·선정적 콘텐츠 제작·공유하는 행위 등 금지
다. **정당의 결성 및 가입 관련 행위**, 선거에서 **특정 정당 또는 특정인을 지지·반대하기 위한 행위 금지** (「국가공무원법」 제65조)
라. **직무 능률**을 떨어뜨리거나, **공무에 부당한 영향**을 끼치거나, 국가의 이익과 상반되는 이익을 취득하거나, 정부에 불명예스러운 영향을 끼칠 우려가 있는 행위 금지 (「국가공무원 복무규정」 제25조)
마. 동의 없이 타인(유아·학생, 동료 교직원, 보호자 등)이 등장하는 콘텐츠를 제작·공유함으로써 타인의 **초상권을 침해하는 행위 금지**
　　☞ 영상·사진 탑재 시 출연자의 동의를 받았음을 자막 처리 등을 통해 명시해야 함
바. **유아·학생 평가의 공정성에 부정적인 영향을 초래할 수 있는 내용의 콘텐츠 탑재 금지**

관련 질의·응답

Q1 근무시간 중 교사들의 개인 일상을 담은 유튜브 브이로그 촬영은 가능한가요?

A1 교원은 근무시간 중에 직무에 전념할 의무가 있으며 직무 능률을 떨어뜨릴 행위를 해서는 안 되므로, 직무와 관련 없이 이루어지는 브이로그 촬영은 원칙적으로 금지됩니다. 다만, 소속 기관, 교육부·교육청 등의 요청에 따라 업무의 일환으로 브이로그 등 영상을 촬영하는 것은 가능하며, 소속 기관의 장(학교(원)장 등)에게 사전 보고를 하는 것이 바람직합니다.

Q2 인터넷 개인 미디어 활동이나 SNS 활동 시, 물품이나 금전을 받고 직간접 광고를 하거나, 후원 수익을 취할 수 있나요?

A2 할 수 없습니다. 업체 등으로부터 협찬을 받아 특정 물품을 홍보하는 행위(예: 직·간접광고) 또는 인터넷 개인 미디어 등을 통해 후원 수익을 취득하는 행위는 공무에 부당한 영향을 끼치거나 정부에 불명예스러운 영향을 끼칠 우려가 있는 행위로서 「국가공무원 복무·징계 관련 예규」에 금지되어 있습니다.

Q3 겸직 허가 대상이 아닌 인터넷 개인 미디어 활동을 하는 경우에도 콘텐츠에 유아·학생이 등장할 때 초상권 동의를 받아야 하나요?

A3 유아·학생이 등장하는 영상·사진을 촬영할 때는 겸직 허가 여부와 무관히 초상권 동의를 받아야 합니다. 겸직 허가를 받기 전에는 동의서를 받아 보관해두고, 겸직 허가를 신청하는 경우에 보관해둔 촬영 및 초상권 활용 동의서를 겸직 허가 신청서에 첨부하여 제출해야 합니다.

Q4 공공 계정에 유아·학생이 등장하는 콘텐츠를 탑재할 때도 초상권 동의를 받아야 하나요?

A4 초상권은 자신의 얼굴 기타 사회통념상 특정인임을 식별할 수 있는 신체적 특징에 관하여 함부로 촬영되거나 공표되지 아니하고 영리적으로 이용당하지 않을 권리를 의미하므로, 공공 계정에 콘텐츠를 탑재하는 경우라도 유아·학생이 등장하는 경우라면 초상권 동의를 받아야 합니다.

관련 질의·응답

Q5 운영 중인 유튜브에 촬영 및 초상권 동의를 받지 않은 유아·학생이 등장하는 콘텐츠가 탑재되어 있는 경우 어떻게 해야 하나요?

A5 출연 유아·학생의 신분이 특정되지 않도록 화면 인물 불투명 처리 등을 하여 재탑재하거나, 해당 콘텐츠를 삭제해야 합니다.

Q6 유아·학생과 학부모(보호자)로부터 촬영 및 초상권 동의를 받았지만, 동의서 등 관련 증빙 서류를 보관하지 못하고 있는 경우 어떻게 해야 하나요?

A6 관련 증빙 서류가 없는 경우 동의를 받지 않은 경우와 동일하게 처리해야 합니다. 즉, 출연한 유아·학생의 신분이 특정되지 않도록 불투명 처리 등을 하여 재탑재하거나, 해당 콘텐츠를 삭제해야 합니다.

Q7 유아·학생과 학부모(보호자)로부터 촬영 및 초상권 동의를 받았고 관련 증빙 서류도 있습니다. 이미 유튜브 등에 탑재한 영상도 '출연자 동의를 받았음' 자막 처리해야 하나요?

A7 동 지침 이전에 탑재한 영상의 경우에도 가능하면 자막 처리를 하여 영상을 재탑재하는 것이 원칙입니다. 다만, 불가피한 경우 공지나 영상 설명 게시판 등을 통해 일정 시점 이전의 영상은 출연자 및 보호자의 촬영 및 초상권 사용 동의를 받은 것임을 명시하는 것으로 갈음할 수 있습니다.

4. 겸직허가

▶ 대부분의 일상적인 인터넷 개인 미디어 활동에 대해서는 겸직 허가가 필요하지 않음
▶ 다만, 「국가공무원 복무·징계 관련 예규」의 겸직 허가 대상에 해당된다고 판단하는 경우 겸직 허가 신청을 하여 승인을 받아야 함

가. 겸직허가 대상

1) 인터넷 개인방송*인 경우

　　* 인터넷 개인방송 플랫폼 : 네이버TV, 아프리카TV, 유튜브, 트위치 등

　(가) **수익 창출 요건이 있는 경우*** : 인터넷 플랫폼에서 정하는 수익 창출 요건을 충족하고, 이후에도 계속 활동을 하고자 하는 경우

　　* (예) 유튜브 : 구독자 1,000명이고, 연간 누적재생시간 4,000시간 이상

　(나) **수익 창출 요건이 없는 경우*** : 인터넷 플랫폼을 통해 수익이 최초 발생하고, 이후에도 계속 활동을 하고자 하는 경우

　　* (예) 아프리카 TV는 별도의 수익 창출 요건 없이 바로 수익 발생 가능

2) 인터넷 개인방송이 아닌* 경우 : 인터넷 플랫폼을 통해 수익이 최초 발생하고, 이후에도 계속 활동을 하고자 하는 경우　　* (예) 네이버 블로그, 다음 브런치 등

나. 겸직 허가권자 : 소속 기관의 장(학교(원)장 등)

다. 겸직 허가기준

1) 소속 기관의 장(학교(원)장 등)은 콘텐츠의 내용과 성격, 콘텐츠의 제작 및 운영·관리에 소요되는 시간과 노력 등을 구체적으로 심사하여 **준수할 사항*** 을 위반하지 않고, 담당 직무수행에 지장이 없는 경우 겸직 허가
   * 직무상 비밀누설 금지, 품위 유지, 정치운동의 금지 등 「3. 준수할 사항」

> **관련 질의·응답**
>
> **Q8** "계속 활동을 하는 경우"라 할 때, 계속성 판단의 기준은 무엇인가요?
>
> **A8** 「국가공무원 복무·징계 관련 예규」에서 계속성 판단의 기준을 아래와 같이 제시하고 있으며, 이를 기준으로 대상 활동의 양태를 종합적으로 고려하여 판단해야 할 것입니다.
> ※ 계속성 기준 : ①매일·매주·매월 등 주기적으로 행해지는 것, ②계절적으로 행해지는 것, ③명확한 주기는 없으나 계속적으로 행해지는 것, ④현재 하고 있는 일을 계속적으로 행할 의지와 가능성이 있는 것
>
> **Q9** 콘텐츠를 상당 기간 탑재하지 않고 계정을 유지하며 댓글만 관리하는 경우에도 인터넷 개인 미디어 활동을 계속하는 것으로 보아야 하나요?
>
> **A9** "계속 활동"의 의미는 콘텐츠 게시, 댓글 작성, 계정 유지 등 인터넷 개인 미디어를 유지·관리하는 일체의 활동을 포괄하므로, 상당 기간 콘텐츠를 제작하여 탑재하지 아니하여도 계정을 계속 유지 관리하는 경우 "계속 활동"하고 있다고 보아야 할 것입니다.

2) 소속 기관의 장(학교(원)장 등)은 인터넷 개인 미디어 활동이 교원으로서 **준수할 사항을 위반한 경우**, 그 내용 및 정도 등을 고려하여 **겸직 불허, 콘텐츠 삭제 요청, 활동 금지, 징계 요구** 등 조치

라. 겸직 허가 절차

1) (신청) 소속 기관의 장(학교(원)장 등)에게 개인 미디어 채널별로 겸직 허가 신청
   - 겸직허가 신청서, 겸직심사 체크리스트, (필요시) 촬영 및 초상권 활용 동의서, 관련 증빙 서류* 제출
     * 개인 미디어 채널의 관리자 화면 캡쳐 등 겸직허가 신청서와 겸직심사 체크리스트에 기술한 내용을 증빙할 수 있는 자료
   - 겸직 신청 대상에 해당되면 새로운 콘텐츠 게시 전에 신청
   - 교원 임용 전 겸직허가 대상이 되는 인터넷 개인미디어 활동을 하고 있었던 경우, **교원 임용 후에도 그 활동을 계속하고자 하는 경우, 임용된 날부터 1개월 이내에 겸직허가 신청**
2) (심사) 소속 기관의 장(학교(원)장 등)은 겸직허가 신청자료 등을 토대로 복무규정 상 겸직허가 대상인지, 허가기준에 부합하는지 여부 등 검토
   - 겸직허가 신청서·겸직심사 체크리스트에 기재된 콘텐츠의 성격, 수익, 담당 직무 관련성 등에 대해 증빙자료를 제출받아 사실 여부를 확인 및 심사
   - 영리업무 금지와 겸직허가 제도의 취지를 종합적으로 고려하여 개별적·구체적으로 판단하여 허가 여부 결정

- 겸직을 허가하는 경우, 허가 기간은 허가일로부터 1년 이내를 원칙으로 하되, 전보 등 소속 기관 변경 시 변경기관에 재신청
- 소속기관의 장(학교(원)장 등)은 겸직심사위원회를 구성하고 심사 결과를 제출받아 허가 여부를 결정할 수 있음
- 심사 결과는 내부 결재를 하여 보관

> 〈 겸직심사위원회 구성 · 운영(예시) 〉
> - (구성) 교(원)감 포함 내부위원 3인 이상으로 구성하되, 임기제로도 운영 가능
>   ※ 병설유치원은 병설한 학교의 겸직심사위원회와 통합하여 운영 가능
>   - 기관의 업무경감 차원에서 서면심사 및 인사자문 위원회 등 기존의 위원회를 활용하여 운영 가능하며, 공정하고 객관적인 심사가 될 수 있도록 위원 구성
> - (기능) 겸직허가 대상 여부, 허가기준 부합 여부 등 겸직허가 여부에 대한 제반 사항 심사
> - (운영기준) 재적위원 과반수 출석으로 개회하고, 출석위원 과반수 찬성으로 의결

관련 질의·응답

Q10 겸직심사위원회는 반드시 운영해야하나요?

A10 「국가공무원 복무·징계 관련 예규」에 따르면 인터넷 개인방송 활동, 부동산 임대업, 과도한 겸직수익 발생, 직무 관련 지식·정보를 이용한 겸직 활동 사항, 그 밖에 면밀한 검토가 필요한 사항 등에 대해서 겸직심사위원회를 반드시 운영해야 합니다.

3) (결과통보) 소속기관의 장(학교(원)장 등)은 공문을 통해 겸직허가 신청에 대한 심사결과를 해당 교원에게 통보
- 통보 시 허가 여부, 허가 기간 등 심사 결과를 명확히 전달하고, 실태조사 실시 및 겸직 시 준수사항* 등을 사전에 안내

  * 겸직 허가 범위 내 활동, 인터넷 개인 미디어 활동 시 금지 및 준수사항 등

관련 질의·응답

Q11 가족이나 지인 등 타인이 개설한 인터넷 (개인) 미디어에 출연하거나 기획 등 운영에 참여하는 경우에도 겸직허가를 받아야 하나요?

A11 교원이 직접 인터넷 개인미디어 계정을 개설하고 운영하는 것이 아니라면 '인터넷 개인미디어 활동'에 포함되지 않습니다.
다만, 타인이 개설한 인터넷 (개인) 미디어에 기획, 출연 등을 하고자 한다면, 겸직허가의 일반 원칙에 따라 ①영리 업무이거나 ②비영리 업무일지라도 계속성이 있다고 판단되는 경우에는 겸직허가를 받아야 합니다.

5. 실태조사 및 관리상 유의사항

가. 「국가공무원 복무·징계 관련 예규」에 따라 매년 1월(전년도 12월말 기준), 7월(당해연도 6월말 기준)에 시·도 교육감이 겸직 실태조사를 할 때, 겸직허가를 받은 인터넷 개인 미디어 활동도 포함
  1) 점검 사항 : 허가 내용대로 활동하고 있는지 여부, 준수할 사항 위반 여부 등
  2) 점검 후 조치사항 : 겸직 허가 내용과 다른 활동, 준수할 사항 위반 등의 경우에는 그 정도를 고려하여 징계 의결 요구, 겸직허가 취소, 관련 콘텐츠 삭제 요청 등 조치
  3) 점검 결과 보고 : 매년 1월 겸직허가 실태조사를 할 때, 겸직허가를 받은 교원의 인터넷 개인 미디어 활동 실태조사 결과(점검 후 조치사항 포함)를 〈서식4〉에 따라 작성하여 3월 말까지 교육부에 제출

나. 소속기관의 장(학교(원)장 등)은 아래의 사항에 해당되는 경우를 확인한 경우 그 위반 행태 및 정도 등을 감안하여 시정 요구, 징계의결 요구 등 조치
  1) 겸직 신청 대상에 해당함에도 겸직 신청을 불이행한 사실이 확인되는 경우
  2) 겸직 허가 여부와 관계없이 민원 등을 통해 교원으로서 품위 손상, 초상권 침해, 유아·학생 정보 노출, 직무 전념 저해 등 동 지침 위반 사실이 밝혀진 경우

다. 겸직허가 기간은 최대 1년, 겸직 연장의 경우 겸직허가 종료일 1개월 이전까지 소속 기관의 장(학교(원)장 등)에게 신청

사례 1

기관·단체 임원

- 비영리법인의 당연직 이사 : 법령이나 법인의 정관에 의하여 특정 직위의 공무원이 당연직 이사로 정해져 있는 경우에도 해당 공무원[自然人]이 이사직을 겸직하기 위해서는 겸직허가를 받아야 함
- 사기업체의 사외이사 : 사외이사 겸직은 공무원이 특정회사와 특수한 관계를 맺음으로써 공무에 대한 부당한 영향을 초래하거나 직무상 능률을 저해할 우려가 있으므로 금지됨
  ※ 「교육공무원법」 제19조의2에 따라 고등교육법 제14조제2항에 따라 교수·부교수 및 조교수는 허가를 득한 후 겸직 가능
- 공무원 친목단체 : 수익사업을 직접 운영하고 있는 공무원 친목단체의 이사회·운영위원회 등 의결·집행 기구의 임원은 겸직 불가

사례 2

공동주택 입주자 대표, 재건축조합 임원 등

- 공동주택 등의 관리·감사 등 업무를 계속적으로 수행하므로 겸직허가 후 종사가능
  - 법령에 따라 선출되어 겸직 업무를 수행하게 되는 경우 입후보 전 겸직허가를 받는 것이 바람직하며, 임기 시작 전에는 반드시 겸직허가를 받아야 함
- 공무원 신분을 이용하여 인·허가 등에 부당한 영향을 끼칠 우려가 있거나 과도한 이권 사업 개입으로 정부의 신뢰를 실추시킬 우려가 있는 등에는 겸직 불가
- 대규모 공동주택이나 자치관리방식으로 운영되는 입주자 대표회의의 임원 등은 직무능률을 저해할 경우 겸직 불가

사례 3

부동산 임대

- 공무원이 임대사업자로 등록하고 주택·상가를 임대하는 행위가 지속성이 없거나 건물 관리인을 별도로 선임하는 경우에는 겸직허가 대상이 아님
- 다만, 주택·상가 등을 다수 소유하여 직접 관리하거나 수시로 매매·임대하는 등 지속성이 있는 업무로 판단되는 경우 겸직허가를 받아 종사 가능
  - 이 경우에도 부동산 관련 업무가 직무수행에 지장을 초래할 정도로 과다한 경우 불허

사례 4

초등교사가 임대업자로 등록한 경우

- 공무원이 부동산 임대업자로 등록하고 주택·상가를 임대하는 행위가 위 금지요건에 해당하지 않는다면 소속 기관의 장의 허가를 받아 종사 할 수 있음. 이때, 부동산 관련 업무가 직무수행에 지장을 초래할 정도로 과다한 경우에는 불허함. 다만, 공무원이 임대사업자로 등록하고 주택·상가를 임대하는 행위가 지속성이 없거나 건물 관리인을 별도로 선임하는 경우에는 겸직허가 대상이 아님

[경기도교육청 e-dasan 현장지원]

사례 5

영리를 목적으로 사적인 이익을 추구하는 것이 금지되어 있는 것은 잘 알고 있는데요. 혹시 '임상실험'에 참여하는 것도 금지되나요? 각종 질병에 대한 효과와, 피부 미용제품 효과 등등에 관한 임상실험을 참여하고 싶은데, 참여하고 반대급부로서 받게 되는 소정의 교통비 등을 지급받아도 되는 것인지 궁금합니다. 큰 액수는 아니고 5~8만 원 정도인데 국세청 신고를 거쳐 투명하게 지급받게 된다고 하네요. 이러한 임상실험은 영리 목적이 아닌 것 같아서 궁금한데 참여 가능여부를 확인받고 싶어서 문의 남깁니다.

- 영리업무 또는 영리를 목적으로 하지 않더라도 그 행위에 계속성이 예견된다면 겸직허가권자인 소속기관의 장에게서 겸직허가를 받아야 합니다. 따라서 상기 임상실험이 1회로 종료되는 경우에는 계속성이 없어 겸직 허가의 대상이 아니나, 그 이외의 경우에는 소속 기관의 장에게 겸직허가를 받은 후에 해당 업무를 계속 할 수 있음. 어떤 업무가 금지되는 영리업무인지 또는 겸직을 허가할 것인지의 여부는 해당 국가공무원이 소속된 기관의 장이, 해당 국가공무원이 하고자 하는 업무의 내용과 성격, 담당직무의 내용과 성격 및 영리업무 금지와 겸직허가 제도의 취지를 종합적으로 고려하여 개별적·구체적으로 판단하여야 할 사항임
  또한, 상기 답변은 국가공무원법 제64조 및 동 복무규정 제25조·26조에 따른 영리업무·겸직 금지 및 겸직허가에 관한 사항으로서, 귀하께서는 임상실험 참여 시 공무원 행동강령 등 기타 관련 법령에도 위배되지 않도록 주의하여야 함을 알려 드림

[인사혁신처 윤리복무국 복무과 민원/정책 Q&A]

사례 6

유튜브와 해외 게임방송 플랫폼인 ○○○ TV에서 일상, 게임 방송을 하고 있는데 공직 취임 후에도 퇴근 후에 방송을 계속 하려합니다. 공직 취임 후 방송을 통해 수익이 창출되는 부분이 제가 알기론 공직에 있으며 방송을 한 선례도 있고, 지적재산권과 같은 취급을 받아 문제가 없다고 들었는데 혹시 문제가 될 수 있는지 궁금합니다. 또한 세간에 알려진 문제가 되는 'OOOOTV'처럼 자극적인 방송이 아닌, 상당히 건전한 플랫폼인 트위치 TV에서 그저 게임하는 모습을 보여주고 시청자들과 일상적인 소통을 하는 것이 수입창출과 관련 없이 그저 품위 유지의 문제에서 허용되지 않는 부분인지 궁금합니다.

- 공무원이 영리업무 또는 영리를 목적으로 하지 않더라도 계속성 있는 업무를 수행 하고자 하는 경우에는 소속기관의 장에게 겸직허가를 받아야 함. 따라서 '유튜브 등에서의 개인방송활동'이 1회로 끝나는 것이 아닌 이상, 소속 기관의 장에게 우선 겸직 허가를 신청하여 그 판단을 받아야 함. 다만, 어떤 업무가 금지되는 영리업무인지 또는 겸직을 허가할 것인지의 여부는 해당 국가공무원이 소속된 기관의 장이, 해당 국가공무원이 하고자 하는 업무의 내용과 성격, 담당 직무의 내용과 성격 및 영리업무 금지와 겸직허가 제도의 취지를 종합적으로 고려하여 개별적·구체적으로 판단하여야 할 사항임
(인사혁신처 윤리복무국 복무과 민원/정책 Q&A)
※ 금지요건 : ① 공무원의 직무 능률을 떨어뜨릴 우려가 있는 경우 ② 공무에 대하여 부당한 영향을 끼칠 우려가 있는 경우 ③ 국가의 이익과 상반되는 이익을 취득할 우려가 있는 경우 ④ 정부에 불명예스러운 영향을 끼칠 우려가 있는 경우
아울러 공무원으로 임용된 자가 기존 영리·비영리업무에 계속 종사하기를 원하는 경우 임용된 날부터 1개월 이내에 겸직허가를 신청해야 함

사례 7

초·중·고 학교운영위원회 학부모위원을 하고자 하는 공무원의 경우 겸직허가를 득해야 하는지 문의 드립니다. 자녀가 재학 중인 학교의 학부모위원(무보수 봉사직)을 공무원이 하고자 할 경우에 겸직허가를 득해야 한다면 어떤 규정을 근거로 허가를 득해야하는지 문의 드리며 겸직허가를 득하여야 한다면 자녀 학교관련 어느 범위 까지가 허가받을 대상인지도 문의 드립니다(예. 학교 학부모총회, 학교운영위원회 등).

- 가. 「국가공무원법」제64조(영리 업무 및 겸직 금지), 「국가공무원 복무규정」제25조(영리 업무의 금지) 및 제26조(겸직 허가)에 관련 내용이 규정되어 있음.
  나. 공무원이 영리업무 또는 영리를 목적으로 하지 않더라도 계속성 있는 업무를 수행하고자 하는 경우에는 소속기관의 장에게서 겸직허가를 받아야 함
   - 공무원은 겸하려는 행위가 누가 보더라도 명백하게 계속성이 없는 행위라고 볼 수 있는 경우가 아니라면, 반드시 소속 기관의 장에게 겸직허가를 신청하여야 함
  다. 따라서 자녀 학교와 관련하여 학부모총회, 운영위원회 관련 활동이 1회로 끝나지 않는 이상, 소속 기관의 장에게 우선 겸직 허가를 신청하여 그 판단을 받아야 함

[인사혁신처 윤리복무국 복무과 민원/정책 Q&A]

사례 8

다음의 경우에 겸직에 대한 허용이 되는지 알고 싶습니다.
1. 교원이 책을 출판하는 경우. 겸임이 가능하다면, 출판 여부만 학교장에게 허가받으면 되는 것인가요? 아니면 출판 수익 내역까지 공개해야 하나요?
2. 교원이 자신의 전공과 관련한 유튜브 강의를 찍어 올리거나, 교원의 전공과 관련이 없는 유튜브 영상을 통해 수익을 얻는 경우
3. 교원이 신문이나 잡지에 일정 사례를 받고 투고 또는 연재를 하는 경우. 또는 오마이뉴스 등 시민기자 참여가 가능한 플랫폼을 통해 수익을 얻는 경우

- 「국가공무원 복무규정」 제26조(겸직 허가)에는 공무원이 제25조의 영리업무에 해당하지 아니하는 다른 직무를 겸하려는 경우에는 소속기관의 장의 사전 허가를 받도록 되어 있음. 참고로 저술, 번역, 서적출판, 작사·작곡 등의 1회적인 행위는 겸직허가 대상 업무에 해당되지 않으나 행위의 지속성이 인정된다면 겸직허가 신청서를 작성하여 소속 기관장의 겸직허가를 받아야함. 다만, 어떤 업무가 금지되는 영리업무인지 또는 겸직을 허가할 것인지의 여부는 소속 기관의 장이, 해당 공무원이 하고자 하는 업무의 내용과 성격, 담당직무의 내용과 성격 및 영리업무 금지와 겸직허가 제도의 취지를 종합적으로 고려하여 개별적·구체적으로 판단하여야 할 사항임

[경기도교육청 e-dasan 현장지원]

사례 9

기 타

- 예비군법 제3조의3에 따른 비상근 예비군
  - 단기 비상근 예비군은 '지원'하기 전 소속 기관장의 겸직허가를 받아야 함
    ※ 겸직허가 후 지원하였으나 선발이 되지 않은 경우는 겸직허가 취소로 처리
- 저술, 번역, 서적출판, 작사 작곡 등
  - 1회적인 저술·번역 등 행위는 겸직허가 대상 업무에 해당하지 않으나 행위의 지속성이 인정된다면 소속기관장의 겸직허가를 받아야 함
    ※ (예) 주기적 업데이트 및 월 00회·연 00회 등 기간을 정한 저술 등
  - 직접 서적을 출판·판매하는 행위나 주기적으로 서적(학습지·문제지 등)을 저술하여 원고료를 받는 행위는 영리업무에 해당됨
- 야간 대리운전 : 공무원이 야간 대리운전에 종사할 경우 직무능률을 떨어뜨릴 우려가 있으므로 금지
- 블로그 광고
  - 블로그를 계속적으로 제작·관리하여 광고료를 받는 행위는 영리업무에 해당하므로 겸직허가를 받아야 함
  - 블로그 내용이 공무원으로서 부적절한 내용 또는 정책수행 등에 반하는 경우 불허
- 모바일 애플리케이션·이모티콘 제작·관리
  - 애플리케이션·이모티콘을 계속적으로 제작관리하여 수익을 얻는 경우 겸직허가를 받아야 함
  - 다만 그 내용이 공무원으로서 품위를 훼손하거나 직무상 알게 된 비밀을 이용하는 경우에는 불허
- 기타 다른 법령에 의해 금지되는 행위도 겸직금지
  ※ (예) 다단계 판매업은 「방문판매 등에 관한 법률」제15조제2항에 따라 금지

사례 10

공무원 복무규정상 국가공무원들은 청원휴직 중 하나인 육아휴직을 사용할 수 있습니다. 그런데 육아휴직기간 중 생계유지를 위해 식당, 카페 등에서 소위 아르바이트 업무를 겸직해도 되는지 문의 드립니다.

- 휴직 중에 있는 공무원도 공무원 신분을 보유하고 있는 이상 영리업무 금지 및 겸직허가에 관한 규정을 적용받음
  또한, 육아휴직 중 아르바이트와 관련하여 「공무원임용령」제57조의5에 따라 임용권자는 「국가공무원법」제71조에 따라 휴직 중인 공무원이 휴직기간 중 휴직사유와 달리 휴직목적 달성에 현저히 위배되는 행위를 하는 경우 복직을 명할 수 있도록 규정하고 있음. 따라서 육아휴직 중 육아의 목적이 아닌 아르바이트로 휴직기간을 보내는 것은 휴직의 목적 외 사용이 될 수 있음

[인사혁신처 윤리복무국 복무과 민원/정책 Q&A]

💡 memo

> [서식1] 겸직허가 내부결재-학교

○○학교

수신자   내부결재
(경유)
제 목 교육공무원 겸직 허가

1.　　　-　　　(20**.**.**.)의 관련입니다.
2. 국가공무원법 제64조, 국가공무원복무규정 제26조 및 경기도교육감 행정권한 위임에 관한 규칙 제7조 규정에 의거 아래와 같이 겸직을 허가하고자 합니다.

소속	직위	성명	생년월일	겸직기관	겸직업무	겸직허가기간	비고
○○학교	교사	○○○	******	□□대학교	○○과목 강의 (매주 수요일 17:00~19:00)	20**.**.**. - 20**.**.**.	

붙임 1. 요청기관으로부터의 요청공문 사본 1부.(예 : 00대학의 출강의뢰 공문)
　　　2. 겸직대상자의 겸직허가신청서 1부. 끝.

수신자

교사	부장	교감	교장
시행　00학교 - (20**.**.**.)		접수	
우			/
전화	전송	/	/ 비공개(6)

서식2 겸직허가 신청: 학교->지역교육지원청

○○학교

수신자   경기도OO교육지원청
(경유)
제 목   교육공무원 겸직 허가 신청

1. -   (20**.**.**.)의 관련입니다.
2. 국가공무원법 제64조, 국가공무원복무규정 제26조 및 경기도교육감 행정권한 위임에 관한 규칙 제6조 규정에 의거 아래와 같이 겸직허가를 요청합니다.

소속	직위	성명	생년월일	겸직기관	겸직직급	겸직허가기간	비 고
○○학교	교장	○○○	******	□□대학교	강사	20**.**.**. - 20**.**.**.	

붙임 1. 요청기관으로부터의 요청공문 사본 1부.(예 : 00대학의 출강의뢰 공문)
      2. 겸직대상자의 겸직허가신청서 1부. 끝.

수신자

교사   부장   교감   교장
시행   00학교 - (20**.**.**.)   접수
우   /
전화   전송   /   / 비공개(6)

> 서식3   겸직허가 내부결재-지역교육지원청

경기도○○교육지원청

수신자   내부결재

(경유)

제 목   교육공무원 겸직 허가

1.   -   (20**.**.**.)의 관련입니다.
2. 국가공무원법 제64조 및 국가공무원복무규정 제26조의 규정에 의거 아래와 같이 겸직을 허가하고자 합니다.

소속	직위	성명	생년월일	겸직기관	겸직직급	겸직허가기간	비고
○○학교	교장	○○○	******	□□대학교	강사	20**.**.**. - 20**.**.**.	

붙임   1. 요청기관으로부터의 요청공문 사본 1부.(예 : ○○대학의 출강의뢰 공문)
       2. 겸직대상자의 겸직허가신청서 1부. 끝.

수신자

장학사   주무   교육과(국)장   교육장
시행   교육과 - (20**.**.**.)   접수
우   /
전화   전송   /   / 비공개(6)

서식4   겸직허가 시행안

경기도○○교육지원청

수신자   ○○학교장
(경유)
제 목   교육공무원 겸직 허가

1.   -   (20**.**.**.)의 관련입니다.
2. 국가공무원법 제64조 및 국가공무원복무규정 제26조의 규정에 의거 아래와 같이 겸직을 허가합니다.

　가. 겸직허가 대상자 및 내용

소속	직위	성명	생년월일	겸직기관	겸직직급	겸직허가기간	비 고
○○학교	교장	○○○	******	□□대학교	강사	20**.**.**. - 20**.**.**.	

　나. 유의 사항
　　1) 직무상의 능률의 저해, 공무에 대한 부당한 영향, 국가의 이익과 상반되는 이익의 취득 또는 정부에 대한 불명예스러운 영향을 초래할 우려가 있는 경우는 승인이 자동 소멸됨.
　　2) 겸직으로 인한 근무시간 내에서의 복무는 연가(조퇴, 외출 등) 범위내에서만 가능함.(환산 기준 : 1일 8시간) 끝.

경기도○○교육지원청교육장

수신자

전결 **/**

장학사   주무   교육과(국)장
시행   교육과 - (20**.**.**.)   접수
우   /
전화   전송   /   / 비공개(6)

> 서식5 겸직허가신청서-일반 겸직사항

교원 겸직허가신청서

<table>
<tr><td rowspan="2">인적사항</td><td>소 속</td><td>○○교</td><td>직위(급)</td><td>교장</td></tr>
<tr><td>성명</td><td>홍길동</td><td>생년월일</td><td>19**.5.5</td></tr>
<tr><td rowspan="2">담당
직무</td><td>직무내용과 성격</td><td colspan="3"></td></tr>
<tr><td>근무장소
(소재지)</td><td colspan="3"></td></tr>
<tr><td rowspan="8">겸직신청내용</td><td>겸직기관명</td><td>○○재단(협회)</td><td>겸직장소
(소재지)</td><td>○○시 ○○구</td></tr>
<tr><td>직위/직무</td><td>이사</td><td>겸직기간
(1년 이내)</td><td>20**.4.1.~20**.2.28</td></tr>
<tr><td>겸직유형</td><td colspan="3">- 겸직허가 유형 기재</td></tr>
<tr><td>겸직업무의 내용과 성격</td><td colspan="3">○○위원회 임원으로 XX심의</td></tr>
<tr><td>겸직 수익</td><td colspan="3">- 수익 발생 형태 기재(수당, 건별, 기간, 월별, 연도별 수익 등)
- 연간 총 수익예상액 기재(실수익이 이를 초과하는 경우 겸직실태조사 시 반드시 기관장에게 보고 및 재심사 여부 검토)</td></tr>
<tr><td>사교육업체 관련 여부</td><td colspan="3">- 겸직기관이 학원법 상 학원 또는 학원과 관련된 기관인지 여부 기재
  ※ 학원의 경우 학원설립등록운영증명서를 통해 학원의 종류 등 기재
- 겸직활동의 사교육 유발 영향 또는 공익 목적 활동 여부 기재
  ※ 콘텐츠 유·무상 제공 여부, 시중 출판 여부 등 기재</td></tr>
<tr><td>이전 겸직허가 내역
(최근 3년)</td><td colspan="3">- 겸직허가 연도, 유형, 업체 및 취득액 기재</td></tr>
<tr><td>담당직무와 겸직신청 업무와의 관련성</td><td colspan="3"></td></tr>
<tr><td colspan="2">직무전념에 미칠 영향정도
(근무시간 내 활동 여부)</td><td colspan="3">- 문항개발, 문제집 제작 등 겸직활동은 고유 업무와 구분이 모호하므로 근무 시간 내 겸직 활동이 이뤄지지 않도록 유의</td></tr>
</table>

〈첨부〉 겸직 요청 관련 증빙서류(겸직기관의 겸직요청 공문, 학원설립운영등록증명서 등)

위와 같이 겸직하고자 국가공무원복무규정 제26조의 규정에 따라 신청하오니 허가하여 주시기 바랍니다.

20** 년   월   일

신 청 인 : 홍 길 동 (인)

경기도○○교육지원청교육장 귀하

서식6   겸직허가신청서-외부강의로 인한 겸직

겸직허가신청서
(외부강의 신청용)

인적사항	소속		00교	직위(급)		교사
	성명	한글	고길동	생년월일		19**.8.8
		한자	고길洞			

강의일시 및 시간	매주 토요일(14:00~16:00)		
강의장소 (소재지)	00시 00구 000기관		
강의과목 또는 주제	00학 (주제)		
강의기간 (겸 직 기 간)	20**.7.20.~20**.8.17	강의회수 및 시간	• 주 횟수 : 1회 • 주 강의시간: 2시간
강의요청 기관	00기관	겸직 시 그 직위	강사
강의시(겸직시) 받는 보수(사례금)	• 1회 강의시 : 만원 • 월 보수 : 만원		
강의내용의 직무 관련성	• 담당직무의 내용과 성격 - 00을 대상으로 한 00교육 • 강의내용과 성격 - 000을 대상으로 000에 대한 기초교육 • 강의내용의 직무관련성 : 교수학습방법에 긍정적 영향		
청탁금지법 제5조에서 제10조 준수 여부	준수		
직무(공무)전념에 미칠 영향정도	방학 중 토요일을 이용해 직무전념에 미칠 영향도는 낮음		

〈첨부〉 겸직(강의)기관의 강의 요청서

20** 년   월   일

신 청 인 : 홍 길 동 (인)

○○○○학교장 귀하

> **서식7** 겸직허가서-별도로 허가서를 필요로 하는 기관에 겸직하는 경우

겸 직 허 가 서

문서번호   경기도OO교육지원청 □□과-12345(20**. **. **.)
수   신   OO학교장
제   목   교육공무원 겸직 허가

　국가공무원법 제64조 및 국가공무원복무규정 제26조의 규정에 의거 OO학교 교장 □□□의 겸직을 다음과 같이 허가합니다.

소속	직위	성명	생년월일	겸직사항				비고
				겸직기관	겸직기간	겸직직급	겸직업무	
OO교	교장	□□□	64.6.4	한국방송공사(EBS)	20**.**.**.~ 20**.**.**.	강사	OO과목 강의 (매주 토요일 13:00~19:00)	

<h3>경기도○○교육지원청교육장(직인)</h3>

수신자

전결 ••/••
장학사   주무   교육과(국)장
시행   교육과 - (20••.••.••.)   접수
우
전화   전송   /   / 비공개(6)

서식8 겸직허가대장

겸 직 허 가 대 장

연번	소속 (부서)	직위 (직급)	성명	생년 월일	겸직사항						겸직 요청일	겸직 허가일	비고
					겸직기관명 (소재지)	겸직 직위	겸직 기간	겸직 업무	겸직 형태	대가 (수익)			

※ 외부강의의 경우 겸직업무에 강의 주제와 강의가 이루어지는 시간 병기

겸 직 허 가 대 장
(외부강의용)

연번	소속 (부서)	직위 (직급)	성명	생년 월일	세부사항						겸직 요청일	겸직 허가일	비고
					출강기관 (소재지)	겸직 직위	겸직 기간	강의 과목 (주제)	강의가 이루어지는 시간	1회당 강의료			

서식9 인터넷 개인 미디어 활동 겸직허가신청서(예시)

인터넷 개인 미디어 활동 겸직허가신청서

인적사항	기관명			
	직급		성명	
담당 직무	○ ○			
겸직신청내용	겸직 허가기간	(예시 : 연도 중 겸직 신청) 2024. 신청일 ~ 2024. 12. 31. (예시 : 1년 기준) 2024. 4. 1. ~ 2025. 3. 31.		
	채널명			
	채널 URL			
	활동 구분 (중복체크 가능)	☐ 수업 외 직무활동 ☐ 개인 취미 등 사적 목적 활동 ☐ 기타 (_____)		
	활동 목적			
	주요 활동 내용	○ ○ ○ ○		
	초상권 활용 동의 필요 여부	☐ 필요함 ☐ 필요하지 않음	구독자 수 (신청일 기준)	(단위 : 명)
	게시물 수 (신청일 기준)	(단위 : 개)	월평균 광고수익 (신청일 기준)	(단위 : 만원)
	참고 사항	「초상권 활용 동의 필요 여부」는 유아·학생, 교원, 학부모(보호자) 등이 영상·사진에 등장하는지 여부로 판단 (등장하는 경우 동의 필요)		

〈필수 첨부〉 1. 인터넷 개인 미디어 활동 겸직심사 체크리스트
　　　　　　 2. 촬영 및 초상권 활용 동의서(초상권 활용 동의가 필요한 경우)

20** 년   월   일

신 청 인 : 홍 길 동 (인)

○ ○ ○ ○ ○ 귀하 (소속기관장)

※ 각 기관의 여건에 따라 서식 변경 가능

서식10 촬영 및 초상권 활용 동의서(예시)

촬영 및 초상권 활용 동의서

○ 영상·사진 촬영 목적 :

○ 영상·사진 탑재 인터넷 플랫폼 :

○ 영상·사진 제작자(소속/직급/성명) :

○ 촬영 일시 :

○ 촬영 장소 :

○ 촬영 내용(구체적으로 기재)

  -

○ 촬영물 사용 기한: ○○년 ○월 ○일부터 ~ ○○년 ○월 ○일까지

○ 동의 여부(✓)

  - 해당 영상·사진을 위 플랫폼에서 제작자가 촬영 및 활용하는 것에 동의합니다.

동의함	동의하지 않음

(단, 동의서를 제출하지 않은 경우 해당자는 반드시 모자이크 처리)

20○○. ○○. ○○.

학생(보호자, 교사) ○ ○ ○ (인)
법정대리인(보호자) ○ ○ ○ (인)

○ ○ ○ ○ ○ ○ 귀하 (소속기관장)

※ 만 14세 미만의 유아·학생인 경우엔 법정대리인(보호자)의 동의가 필요함

※ 각 기관의 여건에 따라 서식 변경 가능

서식11 교원 겸직심사 주요 체크리스트

교원 겸직심사 주요 체크리스트

※ 아래의 체크리스트는 겸직허가 심사 시(영리업무 여부 불문) **필수적으로 점검해야 할 주요내용들을 뽑아** 놓은 것입니다. 따라서 각 기관 업무담당자는 사안별로 체크리스트 외의 사항들도 반드시 점검하시길 바랍니다.

1. 겸직허가 대상 여부 검토

○ 겸직을 신청한 사항이 허가 대상*인지? * 공무가 아닌 계속성 있는 영리·비영리업무		
- 겸직을 신청한 사항이 업무로 볼 수 있는 영역인지? ※ 직업 또는 계속적으로 종사하는 사무(사업)은 업무에 해당하나 단순취미활동, 학업 등은 볼 수 없음	예	아니오
- 겸직허가를 신청한 업무가 계속성이 있는지? ※ 계속성 기준 : ① 매일·매주·매월 등 주기적으로 행해지는 것, ② 계절적으로 행해지는 것, ③ 명확한 주기는 없으나 계속적으로 행해지는 것, ④ 현재하고 있는 일을 계속적으로 행할 의지와 가능성이 있는 것	예	아니오
- 겸직허가를 신청한 업무가 해당 교원이 담당하고 있는 공무 범위 밖의 사항인지?	예	아니오

2. 관련 법령 위반여부 검토

○ 겸직신청 업무 관련 법령에서 공무원의 겸직을 제한하고 있는지?		
- 겸직허가를 신청한 업무를 규율하는 다른 법령에서 교원 겸직을 제한하고 있는지? ※ (예)「학원법」제3조(교원의 과외교습 제한)에 따라 교원은 과외교습 불가, 「변호사법」제38조에 따라 변호사는 보수를 받는 공무원을 겸할 수 없으며, 「방문판매 등에 관한 법률」제15조에 따라 공무원은 다단계판매원으로 등록 불가	예	아니오

3. 사교육업체 관련 검토

○ 겸직을 신청한 사항이 사교육업체 관련 허가 가능 대상인지?		
- 사교육업체 관련 강의, 문항 출제, 출판, 컨설팅 등의 업무인지? ※ (관련성이 있더라도) 공익 목적 컨설팅·콘텐츠 개발·자문 등에 한해 심사 가능	예	아니오
- 평생직업교육학원 중 입시(실기학원), 편입학원 등에 강의·출강하는 경우 또는 일반 교과학습 도서에 수록된 유료 강의 동영상 제작 참여 등의 업무인지? ※ 입시·편입학원 출강, 인터넷 유료 동영상 강의 제작 등 사교육 유발 요인이 있는 경우 금지	예	아니오

4. 겸직허가 요건 검토

○ 직무 능률을 떨어뜨릴 우려가 있는지?		
- 근무시간과 겸직업무 종사시간을 합한 시간이 주 52시간, 1일 12시간을 초과하는지?	예	아니오
- 자정 이후에도 근무하는 심야업종인지?	예	아니오
- 겸직수익이 높은 수준인지? ※ 높은 겸직수익은 겸직업무에 대한 과도한 노력·시간 투입의 결과일 가능성이 높기에, 직무 능률 저하의 소지가 없는지 철저한 점검 필요	예	아니오
- 기타 직무 능률 저하의 소지가 있는지?	예	아니오
○ 공무에 부당한 영향을 끼칠 우려가 있는지?		
- 공무와 이해충돌 가능성이 있는 겸직 업무에 종사하려고 하는지? ※ 이해충돌 가능성 유무는 해당 공무원의 직무가 겸직 업무에 직·간접적으로 관여하거나 영향력을 행사할 수 있는지 여부(예: 보조금 등 재정보조 제공, 인·허가 등에 관계, 법령에 근거한 지도·감독, 국토계획·주택정책 등의 수립에 관여 등)로 판단	예	아니오
- 직무 수행 중 알게 된 비밀 또는 소속 기관의 미공개 정보*를 이용하는지? ※ 재물 또는 재산상 이익의 취득 여부의 판단에 중대한 영향을 미칠 수 있는 정보로서 불특정 다수인이 알 수 있도록 공개되기 전의 것	예	아니오
○ 국가의 이익과 상반되는 이익을 취득할 우려가 있는지?		
- 겸직하고자 하는 업무가 국가 및 공공의 이익에 반하거나 충돌될 우려가 있는지?	예	아니오
○ 정부에 불명예스러운 영향을 끼칠 우려가 있는지?		
- 겸직하고자 하는 업무가 사회 통념상 바람직하지 못하여 정부의 명예나 신뢰를 저해할 우려가 있는지? ※ (예) 유흥·사행업 등 선량한 풍속을 해치거나 장애인·학생·노인 등 사회적 약자를 부당하게 이용하는 등 사회적 비난을 초래할 우려가 있는 경우 등	예	아니오

5. 최종 검토 의견

허가 여부	검토 의견
	(허가 시) 허가 기간 및 허가 범위 내 활동 등 준수사항 명시 *(반려 시)* 신청을 반려하는 구체적 이유 명시

서식12 인터넷 개인 미디어 활동 겸직심사 체크리스트

인터넷 개인 미디어 활동 겸직심사 체크리스트

1. 겸직허가 대상 여부 검토

○ 「교원의 인터넷 개인 미디어 활동 지침」에서 정하고 있는 겸직 신청 대상에 해당하는지?		
– (인터넷 개인방송이고 수익창출 요건이 있는 경우*) 인터넷 플랫폼에서 정하는 수익창출 요건을 충족하고, 이후에도 계속 활동을 하고자 하는 경우 　* (예) 유튜브 : 구독자 1000명이고, 연간 누적재생시간 4000시간 이상	예	아니오
– (인터넷 개인방송이고 수익창출 요건이 없는 경우*) 인터넷 플랫폼을 통해 수익이 최초 발생하고, 이후에도 계속 활동을 하고자 하는 경우 　* (예) 아프리카 TV의 경우 별도의 수익창출 요건 없이 바로 수익 발생 가능	예	아니오
– (인터넷 개인방송이 아닌 경우*) 인터넷 플랫폼을 통해 수익이 최초 발생하고, 이후에도 계속 활동을 하고자 하는 경우 　* (예) 네이버 블로그, 다음 브런치 등	예	아니오

2. 「교원의 인터넷 개인 미디어 활동 지침」의 준수사항 검토

○ 직무상 알게 된 비밀을 누설하는 내용의 콘텐츠가 있는지?		
– 공무원은 직무상 알게 된 비밀을 엄수해야 할 의무 존재(「국가공무원법」 제60조) – 직무를 수행하는 과정에서 직·간접적으로 관련되어 알게 된 비밀적인 업무 내용을 콘텐츠로 제작·공유하는 것은 금지됨 　※ 브이로그 등을 통해 비공개 직무정보가 공개되지 않도록 유의	예	아니오
○ 공무원으로서 품위를 훼손하는 내용의 콘텐츠가 있는지?		
– 공무원은 직무 내외 불문 그 품위가 손상되는 행위 금지(「국가공무원법」 제63조) – 타인의 명예나 권리를 침해, 비속어 사용, 허위사실 유포, 폭력적·선정적 콘텐츠 제작·공유 등 품위유지 의무에 위반되는 활동은 금지됨	예	아니오
○ 공무원의 정치적 중립성 원칙에 위반되는 내용의 콘텐츠가 있는지?		
– 정당 가입, 선거운동 등 공무원의 정치 운동은 금지됨(「국가공무원법」 제65조) – 특정 정당 지지·반대, 공직선거에서 특정 후보자 지지·반대 등 정치적 내용의 콘텐츠를 제작·공유하는 것은 금지됨	예	아니오
○ 타인의 초상권을 침해하는 콘텐츠가 있는지?		
– 동의 없이 타인이 등장하는 콘텐츠를 제작·공유함으로써 타인의 초상권을 침해하는 행위는 금지됨	예	아니오
○ 유아·학생 평가의 공정성에 부정적인 영향을 초래할 수 있는 콘텐츠가 있는지?		
– 수업에서 다루지 않고 해당 콘텐츠에만 포함된 내용이 유아·학생 평가에 반영되는 등 평가의 공정성을 해쳐서는 안 됨	예	아니오

3. 겸직허가 요건 검토

○ 직무 능률을 떨어뜨릴 우려가 있는지?		
- 근무시간과 콘텐츠의 제작, 채널 운영·관리 등 개인 미디어 활동에 소요되는 시간을 합한 시간이 주 52시간, 1일 12시간을 초과하는지?	예	아니오
- 자정 이후에도 콘텐츠 제작 등 개인 미디어 활동을 하는지?	예	아니오
- 개인 미디어를 통해 얻는 수익이 높은* 수준인지? * 높은 겸직수익은 겸직업무에 대한 과도한 노력·시간 투입의 결과일 가능성이 높기에, 직무 능률 저하의 소지가 없는지 철저한 점검 필요	예	아니오
- 기타 직무능률 저하의 소지가 있는지?	예	아니오
○ 공무에 부당한 영향을 끼칠 우려가 있는지?		
- 인터넷 개인 미디어 활동으로 공무와 이해충돌 가능성*이 있는지? * 이해충돌 가능성 유무는 해당 공무원의 직무가 겸직 업무에 직·간접적으로 관여하거나 영향력을 행사할 수 있는지 여부(예 : 보조금 등 재정보조 제공, 인·허가 등에 관계, 법령에 근거한 지도·감독 등)로 판단	예	아니오
- 직무수행 중 알게 된 비밀 또는 소속 기관의 미공개 정보*를 이용하는지? * 재물 또는 재산상 이익의 취득 여부의 판단에 중대한 영향을 미칠 수 있는 정보로서 불특정 다수인이 알 수 있도록 공개되기 전의 것	예	아니오
○ 국가의 이익과 상반되는 이익을 취득할 우려가 있는지?		
- 인터넷 개인 미디어 활동이 국가 및 공공의 이익에 반하거나 충돌될 우려가 있는지?	예	아니오
○ 정부에 불명예스러운 영향을 끼칠 우려가 있는지?		
- 개인 미디어 콘텐츠가 사회 통념상 바람직하지 못하여 정부의 명예나 신뢰를 저해할 우려가 있는지? ※ (예) 가짜뉴스 생성·전파, 욕설 사용 등	예	아니오

라. 외부강의

1) 근거
   가) 국가공무원 복무규정 제26조
   나) 국가공무원 복무·징계 관련 예규 제10장
   다) 공무원 행동강령 제15조 및 경기도교육청 공무원 행동강령 제19조
   라) 부정청탁 및 금품등 수수의 금지에 관한 법률 제10조
2) 외부강의의 허가 및 복무 관리 [국가공무원 복무·징계 관련 예규 제10장]
   가) 「국가공무원 복무규정」 제26조에 따른 겸직허가 대상 명확화
      (1) 대학(교)의 시간강사·겸임교수 등으로 위촉되어 출강할 때와 1월을 초과하여 지속적으로 출강할 때(대가의 유무 및 월간 강의횟수와 무관)는 소속기관장의 겸직허가를 받아야 함
         ※ 방송강의, 사이버강의의 경우에도 동일한 기준을 적용하여야 함(강의 촬영 행위 포함)
      (2) 강의내용이 공무원으로서 부적절한 내용 또는 정책수행 등에 반하는 경우 겸직 불가
      (3) 절차는 「국가공무원 복무규정」 제25조, 제26조 및 「국가공무원 복무·징계 관련 예규」 제9장의 절차에 따름
   나) 공무원 행동강령에 따른 외부강의 신고 철저
      (1) 자신의 직무와 관련하여 또는 그 지위·직책 등에서 유래하는 사실상의 영향력을 통하여 요청받은 사례금을 받는 외부강의의 경우에는 그 내역을 소속기관의 장에게 신고하여야 함
         ※ 다만, 외부강의 요청자가 국가나 지방자치단체(그 소속기관을 포함)인 경우는 신고대상이 아님
      (2) 신고대상에 해당하는 외부강의의 경우, 외부강의를 마친 날부터 10일 이내에 서면으로 신고하여야 함
   다) 외부강의는 소속 부서장의 사전 결재를 득함
      (1) 모든 외부강의는 사전 결재를 받아야 함. 다만, 겸직허가를 받은 경우는 제외함
      (2) 소속기관의 장은 강의공무원의 직무연관성 및 업무형편 등을 엄격히 확인하여 외부강의 출강을 허용하여야 하며, 공정한 직무수행을 저해할 수 있다고 판단하는 경우에는 이를 제한할 수 있음
   라) 외부강의는 반드시 강의요청 공문서에 근거하여 허용
      ※ 개인적인 전화나 e메일 등을 통한 외부강의 행위 금지
   마) 근무시간內 외부강의는 원칙적으로 금지하되, 다음의 경우만 허용
      (1) 해당 공무원의 담당 직무수행과 관련있는 경우
      (2) 해당기관의 기능수행 및 국가정책수행 목적상 필요한 경우
      (3) 기타 해당기관의 장이 필요하다고 인정하는 경우
         ※ 강의시간은 가급적 1일 4시간을 초과하지 않도록 함

바) 근무시간外 외부강의는 업무에 지장이 없는 범위 내에서 허용
사) 외부강의시 행정내부정보 누설사례가 없도록 교육 실시
아) 사회통념을 벗어나는 고액강의료 수수 금지
- 「부정청탁 및 금품등 수수의 금지에 관한 법률 시행령(이하 '청탁금지법')」 별표2에 따라 강의료 지급 가능

자) 외부강의 출강 시 복무관리 철저
- 원칙적으로 연가·외출·조퇴 등으로 복무 처리
    ※ (예) 겸직허가를 받은 외부강의, 담당직무와 직접적인 관련이 없는 외부강의 등
- 담당 직무의 수행과 관련이 있거나 해당기관의 기능수행 및 국가정책 수행 목적상 필요한 경우와 해당기관의 장이 필요하다고 인정하는 외부강의에 대하여는 출장 처리
    ※ 강의요청기관에서 교통편을 제공하거나 여비와 관련한 실비를 지급하는 경우 출장여비를 지급하지 않음
- 외부강의 출강이 복무규정 제26조에 의한 겸직허가 신고 대상인지, 공무원행동강령 제15조에 의한 외부강의 등의 신고 대상인지에 따라 소속기관의 장에게 신고함

차) 횟수를 초과하는 외부강의는 미리 소속기관의 장의 승인을 득함

3) 외부강의의 신고 및 범위[경기도교육청 감사관-2971(2025.2.18.)]
가) '외부강의등'의 범위 : 자신의 ①직무와 관련되거나 그 지위·직책 등에서 유래되는 사실상의 영향력을 통하여 요청받은 경우로 ② 다수인을 대상으로 의견·지식을 전달하는 형태이거나 회의 형태여야 함

(교육·홍보·토론회·세미나·공청회 또는 그 밖의 회의 등에서 한 강의·강연·기고 등)

■ '외부강의등'에 해당하지 않는 경우
- (겸직허가) 사전에 겸직허가를 받은 강의·강연·기고 등
- (방송 인터뷰) 사회자와의 개별 방송 인터뷰에 응하는 경우
- (서면심사·서면자문) 서면심사·서면자문 등에 응하는 경우
- (시험출제) 시험출제위원으로 위촉되어 시험출제 업무를 하는 경우
- (위원회 참석) 각종 법령에 의한 위원회 위원으로 위촉되어 회의에 참가하는 경우
- (연주·공연·전시) 각종 연주회, 전시회 등에서의 연주, 공연, 전시 등 행위
- (교과서 등 집필) 교과서 등을 집필하는 경우
- (1:1 상담·컨설팅) 다수가 아닌 1:1로 진행되는 상담 또는 컨설팅의 경우

☞ 외부강의등에 해당하지 않는 대가는 법 제8조(금품등의 수수금지)로 규율하여야 하며, 특히 예외사유인 정당한 권원에 의하여 제공되는 금품등(법 제8조제3항제3호)에 해당하는지 여부는 별도 판단이 필요

나) 신고대상: 사례금을 받는 외부강의등
(1) 사례금을 받는 외부강의등을 할 경우 외부강의등의 요청 명세 등을 소속기관의 장에게 외부강의 등을 마친 날부터 10일 이내(또는 사전)에 신고(월3회 또는 6시간 초과 시 사전 승인)
    ※ 사례금을 받지 않는 외부강의등은 신고 의무 없음

(2) 외부강의등의 요청자가 국가나 지방자치단체인 경우는 신고대상에서 제외

- 외부강의등 신고대상에서 제외되는 '국가 및 지방자치단체'의 범위
  - ☞ 국회, 법원, 헌법재판소, 선거관리위원회, 감사원, 고위공직자범죄수사처, 국가인권위원회, 「정부조직법」에 따른 중앙행정기관 및 그 소속기관 등의 국가기관
    - 국립 유치원, 국립 초·중·고등학교, 국립대학교의 경우 중앙행정기관 중 교육부 소속으로 이에 해당
  - ☞ 지방자치단체 및 교육청
    - 공립 유치원, 공립 초·중·고등학교, 공립대학교는 교육청, 지방자치단체 소속으로 이에 해당
- 놓치기 쉬운 신고의무대상 기관(※ 국가기관 및 지방자치단체에 포함되지 않음)
  - ☞ 공직유관단체로 지정되어 국가기관등에 해당되지 않는 경우
    - ※ 경기도교육연구원, 학교안전공제회, 서울대학교, 한국교육과정평가원, 한국교육학술정보원(keris), 한국교육개발원, 국립대학교병원, 각종 재단법인 등
  - ☞ 사립대학교, 사립학교(유치원)

다) 외부강의등의 초과사례금 수수 제한
  (1) 청탁금지법 시행령에서 정한 사례금 상한액(강의료, 원고료, 출연료 등 포함)을 초과하여 수수 금지
  (2) 초과사례금을 받은 경우에는 '초과사례금을 받은 사실을 안 날부터 2일 이내'에 소속기관의 장에게 신고하고, 제공자에게 그 초과금액을 지체없이 반환(반환 후에는 증명자료를 첨부하여 서면 신고)

- 적용대상별 사례금 상한액(시행령 제25조, 별표2)

구분	공무원, 공직유관단체 임직원	각급학교의 장과 교직원 학교법인의 임직원
1시간당 상한액	40만원	100만원
사례금 총액한도	60만원 ※ 1시간 상한액의 150/100 초과 불가	제한없음

  - ☞ 도교육청·교육지원청·직속기관 등의 공무원, 공직유관단체·공공기관 등의 임직원: 1시간당 40만원, 1시간을 초과하는 경우 1회 최대 60만원
    - ※ 강의일자가 같더라도 강의대상이나 주제가 다른 경우 횟수를 달리함(예: 오전 초등대상, 오후 중등대상 강의의 경우에는 1회가 아닌 2회 강의로 보고 사례금을 각각 수수할 수 있음)
  - ☞ 공·사립 학교 교직원, 학교법인 임직원: 1시간당 100만원(1회 최대 상한액 규정 없음)
  - ☞ 기고의 경우 1건당 상한액으로 함
  - ☞ 상한액에는 강의료, 원고료, 출연료 등 일체의 사례금을 포함하고, 여비 규정에 따라 실비수준으로 제공되는 교통비, 숙식비 등은 포함되지 않음
  - ☞ 국제기구, 외국정부, 외국대학, 외국연구기관, 외국학술단체, 그 밖에 이에 준하는 외국기관에서 지급하는 외부강의등의 사례금 상한액은 사례금을 지급하는 자의 지급기준에 따름
- 유의사항: 학교에 근무하다가 교육지원청으로 소속이 변경된 경우 사례금 상한액이 변경됨
  - ※ 예: 2024년 A학교 김OO 시간당 100만원 ⇒ 2025년 B교육지원청 김OO 시간당 40만원, 최대 60만원

라) 외부강의등의 제한
  (1) 소속 기관의 장은 신고된 외부강의등이 공정한 직무수행을 저해할 수 있다고 판단하는 경우 그 공무원의 외부강의등을 제한할 수 있음
  (2) 월 3회(또는 월 6시간)를 초과하여 대가를 받고 외부강의등을 하려는 경우에는 미리 소속 기관의 장의 승인을 받아야 함
    ※ 단, 국가나 지방자치단체에서 요청하거나 겸직허가를 받고 수행하는 외부강의등은 횟수에 포함하지 않음

마) 기타 유의사항
  (1) 일괄신고: 동일한 교육과정으로 일정 기간 여러 차례 출강하는 경우 일괄신고할 수 있음 (첫 번째 강의를 마친 날로부터 10일 이내 신고하여야 함)
  (2) 요청기관의 사례금 지연 입금 또는 공문 지연 발송 시
    - 사례금 지급이 지연되거나 사례금 총액 등을 미리 알 수 없는 경우에는 해당 사항을 제외한 사항을 외부강의등을 마친 날로부터 10일 이내에 먼저 신고하고 해당 사항을 안 날부터 5일 이내 보완
    - 요청공문 발송이 지연될 경우, 원칙적으로 외부강의등 실시 전에 요청공문을 받아야 하나, 부득이한 경우 외부강의등의 신고기한(외부강의 등을 마친 날로부터 10일 이내)까지는 반드시 공문을 첨부하여 신고하고, 해당 기일까지도 공문 발송이 지연될 경우는 먼저 신고 후 보완

💡 외부강의 전자문서시스템(K-에듀파인) 상신 방법

① 외부강의 등 요청사항 및 사례금 수령액등을 기재하여 외부강의신고서 작성
② 강의요청기관에서 발송한 공문 및 작성한 외부강의 신고서를 첨부하여 전자문서시스템(K-에듀파인)으로 결재 상신
③ 동일한 기관에서 요청하여 동일한 내용으로 지속적으로 외부강의 등을 하는 경우, 신고서 1건으로 일정 기간에 대한 외부강의 등 신고(일괄신고) 가능
④ 사전신고 원칙
  - 사전신고가 원칙이므로 반드시 강의 출강 전 결재 필
  - 부득이한 사유로 미리 신고하는 것이 곤란한 경우 강의 종료 후 10일 내에 신고
  - 사례금 지급이 지연되거나 사례금 총액 등을 미리 알 수 없는 경우에는 해당 사항을 제외한 사항을 외부강의등을 마친 날로부터 10일 이내에 먼저 신고하고 해당 사항을 안 날부터 5일 이내 보완 신고
⑤ 결재 시 유의사항
  • 외부강의 등 신고의 결재권자 : 기관장 또는 기관별 전결규정상 초과근무명령 결재권자
    - 청탁방지담당관이 외부강의 등 신고서의 내용을 검토, 신고의 이상 유무를 확인
    - 신고자가 청탁방지담당관과 부서를 달리하는 경우, 청탁방지담당관 부서에 공문 발송
    - 기관장이 외부강의 등을 하는 경우, 청탁방지담당관이 기관장의 외부강의 등 신고서등 관련서류를 접수하여 이상 유무 확인 및 전자문서시스템 등록
  • 신고하는 외부강의 등이 겸직허가 대상(1개월 이상 지속적인 외부강의 등 실시, 대학교 출강 등)인 경우
    - 겸직허가로 갈음 ➡ 겸직허가권자 승인요 (겸직허가 요청 시 외부강의등 신고서 및 관련서류를 첨부하고 겸직허가 요청의 목적이 외부강의등임을 제목에 명시)
  • 기존 「경기도교육청 공무원 행동강령」상 NEIS 외부강의 신고 불필요
    - 전자문서시스템을 통한 외부강의신고(서식 첨부)로 일원화(경기도교육청 감사관-13197(2016.9.28.))
  • 초과사례금 신고/보완신고는 사전신고와 동일한 기준으로 상신/결재처리
  ※ 전자문서시스템에 외부강의 등 신고와 관련한 일체의 사항에 대하여 등록함으로써 근거 유지 (단, 전자문서시스템을 사용하지 않는 기관(학교법인, 사립유치원 등)에서는 수기대장으로 관리)

사례 1
휴직자가 외부강의 등을 할 경우에도 신고를 해야 하는지?

- 휴직자의 경우도 사례금을 받는 외부강의등을 할 경우 외부강의등을 마친 날부터 10일 이내에 신고하여야 하며, 초과사례금 수수 시에도 신고 및 반환해야 함

사례 2
외부강의에 대한 '사전결재'와 '신고'의 차이점이 무엇인지?

- 국가공무원 복무·징계 관련 예규상 '사전결재'와 공무원 행동강령 및 청탁금지법 상 '신고'는 별개의 절차입니다.
  - 모든 외부강의는 소속부서장의 사전결재(허가)를 받아야 합니다. 공무원 행동강령 및 청탁금지법상의 '외부강의'는 사례금을 받을 때 소속기관의 장에게 그 외부강의 등을 마친 날부터 10일 이내에 서면으로 신고해야 합니다.

사례 3
외부강의등은 횟수제한은 없는지?

- 외부강의등의 횟수제한은 없으나,「경기도교육청 공무원 행동강령」제19조제8항에 의거 월 3회 또는 월 6시간을 초과하여 대가를 받고 외부강의등을 하려는 경우에는 미리 소속기관장의 승인을 받아야 함(단, 국가나 지방자치단체에서 요청하거나 겸직허가를 받고 수행하는 외부강의등은 그 횟수 및 시간에 포함하지 않음)

사례 4
직무와 관련되지 않은 외부강의등을 하는 경우에도 신고해야 하는지?

- 직무와 관련되지 않는 외부강의등은 신고대상이 아님 (직무는 법령·기준상 관장하는 직무 그 자체 및 그 직무와 밀접한 관계가 있는 행위, 관례상·사실상 소관하는 직무행위, 결정권자를 보좌하거나 영향을 줄 수 있는 직무행위를 포함함)

사례 5
동영상 강의를 촬영한 대가로 받은 강의료 외에 동영상 수익 발생분의 일부를 받기로한 경우 해당 수익에 대해서도 신고해야 하는지?

- 직접적인 강사료 외에 저작권료, 인세 등 부수적인 수입은 외부강의등의 대가로서 받는 사례금에 해당하지 않으므로 신고대상이 아님. 단, 해당 수입이 정당한 권원에 의해 지급된 것인지 여부는 별도 판단이 필요함

사례 6
외부강의등 신고서에 기재하는 사례금은 실수령액인 세후(歲後) 금액인지?

- 세전(稅前) 금액임

사례 7

공공기관에서 사립대학교로 강의를 위탁하여 사립대학교에서 강의를 한 경우에도 신고 대상인지?

- 공공기관에서 강의를 위탁하였다 하더라도 외부강의등은 요청서류에 근거하여 허용하므로 실제 강의를 요청한 기관(요청공문 등을 통해 요청한 기관)이 사립대학교라면 외부강의 신고 대상임

사례 8

외부강의등 신고 기간인 10일에 주말 등 공휴일이 포함되는지?

- 신고 기간인 10일에는 토요일 및 공휴일은 포함하여 계산하나 신고 만료일이 토요일 또는 공휴일인 경우 그 익일을 신고 만료일로 봄

사례 9

일괄신고를 할 수 있는 경우와 일괄신고의 경우 신고일의 기준은 언제인지?

- 동일한 교육과정으로 일정 기간 여러 차례 출강하는 경우 일괄신고 할 수 있음. 이는 동일한 강의 내용에 대해 여러 차례 신고해야 하는 신고자의 편의성을 고려한 것으로 원칙적으로는 매 강의를 마친 날로부터 10일 이내에 신고를 하여야 하는 것이므로, 첫 번째 강의를 마친 날로부터 10일 이내에 신고하여야 함

사례 10

기고의 경우 강의를 마친날의 기준은?

- 기고의 경우 외부강의등의 신고는 기고를 요청기관에 제출(전송 등)한 날을 기준으로 함

사례 11

월 3회 또는 월 6시간을 초과하여 대가를 받고 외부강의등을 하려는 경우의 승인 절차는?

- 학교의 경우, 외부강의등을 요청받은 공직자는 사전에 학교장까지 내부결재를 완료하고 출강해야 하고, 본청, 교육지원청, 직속기관의 경우, 외부강의등을 요청받은 공직자는 청탁방지담당관이 속한 부서로부터 사전에 승인 공문을 받아 출강해야 함

사례 12

교직원등이 연주회 또는 전시회에서 연주·공연 또는 전시를 하는 것도 외부강의등에 포함되는지?

- 연주회·전시회에서의 연주·공연·전시는 문화예술행위로서, 의견·지식을 전달한다고 보기 어려우며 회의형태도 아니므로 외부강의 등에 해당하지 않음

사례 13

온라인으로 동영상 강의를 하는 경우도 외부강의등에 해당하는지?

- 온라인 강의의 경우 전달매체가 온라인 형식일 뿐 다수인을 대상으로 의견·지식을 전달하는 형태라면 외부강의 등에 해당함

> **사례 14**
>
> 방송사가 영상을 제작하면서 관련 전문가인 공직자에게 원고를 써달라고 요청한 경우 외부강의등에 해당하는지?
> - 방송 제작 관련 원고 작성은 신문·잡지 등에 싣기 위하여 원고를 써서 보내는 기고에 해당하지 않으므로 외부강의 등에 해당하지 않음

> **사례 15**
>
> 각종 자문을 하는 경우 외부강의 등에 해당하는지?
> - 개별적으로 자문하는 경우는 외부강의등에 해당하지 않음(이 경우에는 외부강의에 따른 사례금이 아니므로 법 제8조의 일반적인 금품등 수수로 규율하며 정당한 권원에 의해 지급받는지의 여부는 별도 판단이 필요함) 회의 형태로 이루어지는 자문의 경우(자문회의 등)는 외부강의 등에 해당

> **사례 16**
>
> 교직원등이 시험출제위원으로 위촉되어 시험출제업무를 하는 경우 출제위원으로 참석하는 행위가 외부강의 등에 해당하는지?
> - 시험출제는 응시자의 능력을 평가하기 위한 문제를 내는 행위로 다수인을 대상으로 의견·지식을 전달하는 형태라고 보기 어려우므로 외부강의 등에 해당하지 않음

> **사례 17**
>
> 공청회, 간담회 등의 회의에서 사회자 등의 역할을 맡아 회의를 진행하는 경우에는 외부강의 등에 해당하는지?
> - 공청회, 간담회 등의 회의에서 사회자 등의 역할을 맡아 회의를 진행하는 경우는 다수인을 대상으로 의견·지식을 전달하는 형태이거나 의견·정보 등을 교환하는 회의형태이므로 외부강의 등에 해당함

> **사례 18**
>
> 책을 집필하는 것이 외부강의등에 해당하는지?
> - 책을 집필하는 행위가 다수인을 대상으로 의견·지식을 전달하는 형태거나 회의 형태가 아니고, 다수인을 대상으로 의견·지식을 전달할 목적으로 신문·잡지 등에 싣기 위해 원고를 써서 보내는 기고의 형태가 아니므로 외부강의등에 해당하지 않음.
>   다만, 「이해충돌방지법」 제10조제2호에 따른 '직무 관련 외부활동의 제한'에 해당될 수 있기 때문에, 소속 기관장에게 별도의 허가 절차(내부결재 등)을 거쳐야 함

> **사례 19**
>
> 강의등의 대상 및 내용(주제)은 같지만 강의 등 일자가 다른 경우 각각 사례금 지급대상에 해당하는지?
> - 강의 등 일자가 다른 이상 대상 및 내용(주제)의 동일 여부를 불문하고 각각 사례금을 지급할 수 있음

사례 20
외부강의등 사례금에 원고료도 포함되는지?

- 외부강의등 사례금에는 강의료, 원고료, 출연료 등 명목에 관계없이 외부강의등과 관련하여 교직원에게 제공되는 일체의 사례금을 포함함. 단, 여비 규정에 따라 실비 수준으로 제공되는 교통비, 숙식비 등은 포함되지 않음

사례 21
하루에 외부강의를 2회하고 각각 사례금을 받은 경우 받을 수 있는 사례금의 상한액은?

- 외부강의의 지급주체, 강의일자, 대상, 내용(주제) 중 어느 하나라도 다를 경우에는 각각의 외부강의로 보기 때문에 같은 날짜에 외부강의를 했다고 하더라도 지급주체, 대상, 내용(주체)의 어느 하나라도 다르면 각각의 외부강의로 봐서 각각 상한액까지 사례금을 받을 수 있음(예를 들어 소속이 행정기관인 자가 대상이 다른 강의를 하루에 2시간씩 2번을 했다면, 1회 1시간 상한액 40만원 + 1시간 상한액의 50%인 20만원으로 총 60만원까지 받을 수 있으므로 2회를 실시했으면 총 120만원까지 받을 수 있음

사례 22
하루가 넘어가는 컨퍼런스의 경우 식비 숙박비를 주최 측에서 제공하는 것이 가능한지?

- 외부강의 등의 과정에서 제공되는 식비·숙박비 등은 외부강의 등 사례금과 별도로 법 제8조의 금품 등 수수 금지 규정에 따라 처리

사례 23
신고없이 외부강의를 한 경우 과태료 부과 대상인지?

- 사례금을 받는 외부강의등을 신고하지 않은 경우 징계대상에 해당함

memo

4) 서식 및 용례
  가) 내부결재 (외부강의등 신고)

○○학교

수 신   내부결재

(경유)

제 목   외부강의등 신고

1. 관련: 청렴초등학교-1234(20**. 1. 3.)호
2. 경기도교육청 공무원 행동강령 제19조(외부강의 등의 사례금 수수 제한)에 의하여 다음과 같이 외부강의 출강을 신고합니다.

소속	직위(급)	성명	일시	장소	비고
○○학교	교사	○○○	20**. ○○. ○○. 14:00	○○대학교	

붙임 1. 외부강의등 신고서 1부.
     2. 외부강의 요청공문 사본 1부. 끝.

○○학교장

담당자 ○○○   교감   ○○○
협조자
시행   ○○교 - (20○○. ○○. ○○.)   접수
우   ○○○○○   경기도 ○○시 ○○구 ○○로 ○○○   /   / 비공개(6)
전화 (031)   전송 (031)

나) 외부강의등 신고서(경기도교육청 공무원 행동강령 [별지 제7호 서식])

외부강의등 신고서

접수번호		접수일자		처리일자	
신고자	성명		소속		
	직위 (직급)		연락처		
요청인	기관명		대표자		
	담당부서 (담당자)		연락처		
외부강의등 주제					
활동 유형	[ ] 강의, 강연 [ ] 발표, 토론, 심사, 평가, 자문, 의결		[ ] 기고 [ ] 기타(　　　　)		
장소					
일시	20 . . . ~ 20 . . . 시 분 ~ 시 분		일괄 신고	월(연)평균 횟수 :　　회 1회 평균 시간 :　　시간	
사례금	총액＿＿＿＿천원 (※ 1회 평균 대가　　천원) (교통비·숙박비·식비(실비)　＿＿＿천원 별도) (※1회 평균 교통비·숙박비·식비　＿＿＿천원)				

　　　　　　　　　　　　　년　　월　　일

　　　　　　　　　　　　신고자

　　　　　　　　　　　　　　　　　(서명 또는 인)

유 의 사 항
1. 외부강의등 활동 유형은 강의·강연, 발표, 토론, 심사, 평가, 자문, 의결, 기고 등이 해당 2. 대가 총액은 교통비·숙박비·식비를 제외한 대가 총액을 기재하고 교통비·숙박비·식비는 ( ) 속에 별도 기재 3. 동일한 교육과정에 수회 출강하는 경우에는 일괄신고 할 수 있음. 이 경우 일괄신고란에 기재하고, 1회 평균 대가를 기재함.

210mm×297mm[일반용지 60g/㎡(재활용품)]

다) 초과사례금 신고서(경기도교육청 공무원 행동강령 [별지 제8호 서식])

초과사례금 신고서

접수번호		접수일자		처리일자	
신고자	성명		소속		
	직위 (직급)		연락처		
요청인	기관명		대표자		
	담당부서 (담당자)		연락처		
외부강의등 주제					
활동 유형	[ ] 강의, 강연		[ ] 기고		
	[ ] 발표, 토론, 심사, 평가, 자문, 의결		[ ] 기타(　　　　)		
장소					
일시	20 . . . ~ 20 . . . 　시　분 ~ 　시　분				
사례금	총액 ＿＿＿천원 (※ 1회 평균 대가　　천원) (교통비·숙박비·식비(실비) ＿＿＿천원 별도) (※ 1회 평균 교통비·숙박비·식비 ＿＿＿천원)				
초과사례금	초과사례금 액수 : ＿＿＿천원				
초과사례금 반환	반환여부 :　　　　반환금액 : 반환방법 : ※ 증빙서류 첨부				

　　　　　　　　　　　　　　　　　　　　　년　　월　　일

　　　　　　　　　　　　　　　　신고자　　　　　　(서명 또는 인)

210mm×297mm[일반용지 60g/㎡(재활용품)]

3 교원휴가업무

가. 근거

1) 「국가공무원 복무규정」 제3장 휴가 (대통령령 제35258호, 시행 2025.2.11.)
2) 「국가공무원 복무규정」 제24조의2(교원의 휴가에 관한 특례)
3) 「국가공무원 복무규칙」 (총리령 제2009호, 시행 2025.1.16)
4) 「국가공무원 복무·징계 관련 예규」 (인사혁신처 예규 제193호(2025.2.11.)
5) 「교원휴가에 관한 예규」 (교육부예규 제83호, 시행 2023.12.11.)

나. 처리 과정 및 절차

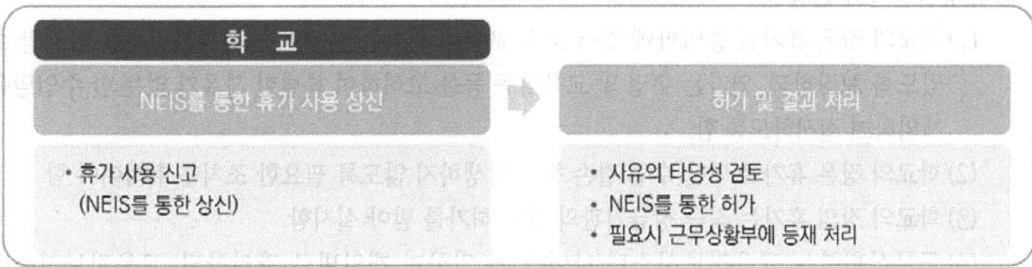

다. 관련 증빙 서류

① 7일 이상의 연속된 병가, 연간 6일 초과의 병가 : 진단서
② 공가 : 소집통지서, 소환장, 투표통지서 등
③ 경조사로 인한 특별휴가 : 사유를 증빙할 수 있는 유인물
④ 출산휴가 : 진단서
⑤ 포상에 의한 휴가 : 표창장 사본
⑥ 41조 연수에 의한 국외 자율연수 : 국외자율연수 계획서

라. 적용대상: 고등학교 이하 국·공립 각급 학교 교원

마. 휴가제도의 운영

1) 휴가의 개념
   가) 휴가라 함은 학교의 장이 일정한 사유가 있는 교원의 신청 등에 의하여 일정 기간 출근의 의무를 면제하여 주는 것으로, 연가·병가·공가·특별휴가를 총칭한다.
   나) 휴가의 종류
      (1) 연가: 정신적·신체적 휴식을 취함으로써 근무능률을 유지하고 개인생활의 편의를 위하여 사용하는 휴가
      (2) 병가: 질병 또는 부상으로 직무를 수행할 수 없는 경우 또는 감염병에 걸려 다른 교직원, 학생 등의 건강에 영향을 미칠 우려가 있을 때 부여받는 휴가
      (3) 공가: 교원이 일반국민의 자격으로 국가기관의 업무수행에 협조하거나 법령상 의무의 이행이 필요한 경우에 부여받는 휴가
      (4) 특별휴가: 사회통념 및 관례상 특별한 사유(경조사 등)가 있는 경우 부여받는 휴가
   다) 휴가실시의 원칙
      (1) 학교의 장은 휴가를 승인함에 있어 소속 교원이 원하는 시기에 법정휴가일수를 사용할 수 있도록 보장하되, 연가는 수업 및 교육활동 등을 고려하여 특별한 사유가 없는 한 수업일을 제외하여 실시하도록 함
      (2) 학교의 장은 휴가로 인한 수업 결손 등이 발생하지 않도록 필요한 조치를 취하여야 함
      (3) 학교의 장의 휴가는 직근 상급기관의 장의 허가를 받아 실시함
      (4) 근무상황부는 교육정보시스템(나이스)에 의하여 개인별로 관리하되, 교육정보시스템(나이스)에 의한 근무상황부를 운용하지 아니하는 경우 학교의 장은 별도로 근무상황부를 비치·관리할 수 있음
      (5) 「교육공무원법」제41조에 따른 공무외 국외여행은 「국가공무원 복무규정」에 의한 휴가와 별도로 실시할 수 있으며, 인정범위 및 절차 등은 교육감(국립은 총장 또는 교장)이 정하도록 함

2) 휴가 등의 승인권자 및 절차
   가) 휴가를 원하는 공무원은 승인권자에게 근무상황부 또는 근무상황카드에 의하여 미리 신청하여 사유발생 전까지 승인을 받아야 함
      ※ 불가피한 사유로 사전승인을 얻을 수 없을 경우, 늦어도 당일 정오까지 필요한 절차를 취하여야 하며, 이 경우 다른 공무원으로 하여금 이를 대행하게 할 수 있음
   나) 학교장의 휴가는 직근 상급기관의 장 (교육감 또는 교육장, 국립은 총장 또는 장관)의 허가를 받아 실시함
      ※ 자세한 내용은 경기도교육청 「학교(원)장 복무관리 지침(2023.7.17.시행)」 참조

3) 휴가일수의 계산
   가) 연가·병가·공가 및 특별휴가는 별개의 요건에 따라 운영되므로 그 휴가일수의 계산은 휴가종류별로 따로 계산함

나) 휴가기간 중의 공휴일과 토요일은 다음과 같이 처리함
  - 공휴일과 토요일은 휴가일수에서 제외함. 다만, 연가를 제외한 각 휴가별(병가, 유산·사산휴가 등) 휴가기간의 사용일수(토·공휴일 포함)의 합산이 30일 이상이면 그 휴가일수에 토요일과 공휴일을 산입함

> ※ 예1) 병가를 주중 21일 + 토·공휴일 8일 사용 = 병가 21일 사용
> ※ 예2) 병가를 주중 21일 + 토·공휴일 9일 사용 = 병가 30일 사용

다) 퇴직 후 당해 연도에 재임용된 교원의 휴가일수 산정시는 퇴직 전 근무기관에서 사용한 휴가일수를 공제하여야 함
  ※ 필요한 경우 퇴직 전 근무기관에 휴가사용 내역을 확인
라) 법정휴가일수를 초과한 휴가는 결근으로 처리함

4) 휴가실시 등에 있어 유의할 점
  가) 긴급 시 연락이 가능하도록 연락체계를 유지하여야 함
  나) 휴가를 실시하는 교원은 수업 및 담당사무 등을 학교장이 정한 자에게 인계하여 업무의 연속성을 유지하여야 함.
  다) 근무상황부 또는 근무상황카드를 관리하는 부서의 장은 근무상황을 수시로 확인하여 다음 각 호의 사례가 발생하지 않도록 하여야 함
    (1) 연가사유의 고의적 병가처리
    (2) 연가보상비 수령을 위한 연가사실 미기록
    (3) 지각·조퇴·외출사실의 묵인
    (4) 진단서 제출 없이 연간 6일을 초과한 병가일수의 연가 미공제 등
  라) 학교의 장은 소속 교원이 전보·파견·전직·전출되는 경우 전년도 및 당해 연도의 휴가기록을 포함한 복무관리상황(근무상황부 또는 근무상황카드사본 원본 대조 확인)을 신임학교 또는 기관으로 즉시 통보하여야 함(교육정보시스템을 이용하여 전자적으로 대체 가능함)

바. 휴가종류별 실시방법

1) 연가
  가) 연가일수
    (1) 재직기간별 연가일수

재직기간	연가 일수	재직기간	연가 일수
1개월 이상 1년 미만	11일	4년 이상 5년 미만	17일
1년 이상 3년 미만	15일	5년 이상 6년 미만	20일
3년 이상 4년 미만	16일	6년 이상	21일

단, 「교육공무원 임용령」 제19조의5에 따른 시간선택제 전환교사의 연가는 다음의 산식에 따라 근무시간에 비례하여 시간단위로 실시함(단, 교육과정 운영에 지장을 주지 않는 범위내에서 시간단위 실시)

$$\text{국가공무원복무규정 제15조에 따른 재직기간별 연가일수} \times \frac{\text{시간선택제교사의 주당 근무시간(20시간)}}{\text{교사의 주당 근무시간(40시간)}} \times 8\text{시간}$$

(2) 연가 일수의 가산
 (가) 연도 중 결근·휴직(법 제44조제1항제1호에 따른 공무상 질병 또는 부상으로 인한 휴직은 제외)·정직·강등 및 직위해제된 사실이 없는 교원으로 다음 각 호의 어느 하나에 해당하는 교원에 대해서는 재직기간별 연가일수에 각각 1일(총 2일 이내)을 가산함
  ① 병가일수가 1일 미만인 교원(국가공무원 복무규정 제18조제2항의 공무상 병가만을 사용한 경우 연가 가산 대상에 해당)
  ② 연가실시일수가 3일 미만인 교원

※ 병가 미사용에 따른 연가가산의 경우
 - 질병 또는 부상의 치료를 위한 지각·조퇴·외출의 누계가 8시간 미만인 경우에도 1일 미만으로 연가가산 대상임
 - 다만, 국가공무원 복무규정 제18조 제2항의 공무상 병가만을 사용한 경우 연가가산 대상에 해당됨

※ 개인 근무상황부 연가가산일수 기재 예시

종별	기간 또는 일시			사유 또는 용무	연락처 (전화번호)	결재		
	부터	까지	일수 시간					
연가가산	-	-	2일	병가 미사용, 연가 미보상				

(나) 연가는 1월 1일부터 12월 31일까지 1년 단위로 계산하며, 미사용 연가는 다음해로 이월하여 허가할 수 없음
(다) 연가가산은 1년간 성실히 근무한 데 대한 보상이므로 연도 중 임용되어 1년 미만 근무한 경우에는 해당되지 않음(1월 1일자 신규임용자는 해당, 1월 2일 이후 임용자는 제외)

나) 재직기간
(1) 재직기간은 「공무원연금법」 제25조제1항 내지 제3항에서 규정한 재직기간(연금합산 신청 또는 기여금 불입 여부에 관계없음)의 연월일수를 적용하며, 휴직·정직·직위해제기간 및 강등처분에 따라 직무에 종사하지 못하는 기간은 재직기간에 산입하지 아니함

※ 재직기간은 공무원연금가입내역서에서 연금법상 재직기간(퇴직급여 재직기간)으로 확인 가능함

 - 다만, 육아휴직 및 법령에 의한 의무수행이나 공무상 질병 또는 부상으로 인한 휴직은 재직기간에 산입함

※ 시간선택제 전환교사의 재직기간 계산(교육공무원 인사관리규정 제39조)

$$\text{시간선택제 교사 재직기간} = \text{시간선택제 근무기간} \times \frac{\text{시간선택제 교사의 주당 근무시간}}{\text{교사의 주당 근무시간}}$$

☞ 일 단위 이하로 산출된 시간에 대하여는 1일로 산정

(2) 재직기간 계산은 연가 사용 직전 일을 기준으로 계산함

다) 연가 계획 및 승인
(1) 학교의 장은 다음 각 호의 어느 하나에 해당한다고 판단할 경우에는 수업일 중 소속 교원의 연가를 승인함

■ 교원휴가에 관한 예규 제5조제1항
1. 본인 및 배우자 직계존속의 생일
2. 배우자, 본인 및 배우자 직계존속의 기일
3. 배우자, 본인 및 배우자 직계존비속 또는 형제·자매의 질병, 부상 등으로 일시적인 간호 또는 위로가 필요하다고 인정되는 경우
4. 병가를 모두 사용한 후에도 직무를 수행할 수 없거나 계속 요양을 할 필요가 있는 경우
5. 한국방송통신대학교 출석 수업 및 일반대학원 시험에 참석하는 경우
6. 본인 및 배우자 부모의 형제·자매 장례식
7. 본인 및 배우자 형제·자매의 배우자 장례식
8. 본인 자녀의 입영일
9. 기타 상당한 이유가 있다고 소속 학교의 장이 인정하는 경우

(2) 반일연가는 13:00를 기준하여 오전·오후로 구분하되, 탄력근무시간제를 적용하는 학교에서는 근무시간 4시간을 기준으로 학교의 장이 달리 정할 수 있음
(3) 휴업일 중 근무상황부 종별 중 연가(반일연가 포함, 이하동일)를 신청할 때에는 교육정보시스템(나이스, 근무상황부 또는 근무상황카드 포함, 이하동일)에 사유를 기재하지 않음
(4) 수업일 중 연가를 신청할 때에는 교육정보시스템에 교원휴가에 관한 예규 제5조제1항 각 호 중 해당하는 연가 사유 호 등을 기재한 후 학교장의 승인을 받아야 함
(5) 지각·조퇴·외출을 신청할 때에는 교육정보시스템에 사유를 기재한 후 학교의 장의 승인을 받아야 함
(6) 다음 재직기간의 연가 미리 사용
  (가) 교원(연도 중 휴직·퇴직예정자 제외)에게 연가 일수가 없는 경우 또는 당해 재직기간의 잔여 연가 일수를 초과하는 휴가사유가 발생한 경우에는 그 다음 재직기간의 연가 일수를 다음 표에 따라 미리 사용하게 할 수 있음
    ※ 다만, 다음 재직기간의 연가를 미리 사용하는 것은 해당 공무원이 실제로 다음 재직기간의 전 기간을 근무하는 것을 전제로 함(연도 중 휴직·퇴직예정자는 연가 미리사용 가능 대상에서 제외)

재직기간	미리 사용하게 할 수 있는 최대 연가 일수	재직기간	미리 사용하게 할 수 있는 최대 연가 일수
6월 미만	3일	2년 이상 3년 미만	7일
6월 이상 1년 미만	4일	3년 이상 4년 미만	8일
1년 이상 2년 미만	6일	4년 이상	10일

(나) 당해 재직기간의 잔여 연가 일수를 모두 사용하거나 또는 사용 신청한 후에 다음 재직기간의 연가 일수를 사용 신청할 수 있음

※ 예컨대, 잔여 연가 일수가 2일인 공무원이 5일 연가(월~금)를 사용하고자 할 경우 먼저 잔여 연가 일수 2일(월·화)를 사용 신청하고, 이어서 다음 재직기간의 연가 일수 3일(수~금)을 사용 신청함

(다) 미리 사용한 연가 일수는 다음 재직기간의 연가 일수에서 뺌

※ 연가 미리사용 절차
 - 1단계 : 연가 미리사용에 대해 내부결재 → 2단계 : NEIS상에서 신청·승인
 - 사전 내부결재(1단계) 없이 사실상 직무에 종사한 기간에 따른 연가 공제로 인하여 초과 사용된 연가는 결근 처리함 (연가 미리사용 처리 불가)
※ 휴직·연도 중 임용 등 사실상 직무에 종사하지 아니한 기간이 존재하여 연가가 공제된 경우에, 초과 사용된 연가에 대해서 연가 미리 사용에 대한 사전 결재 없이 쓴 경우에는 결근 처리함
※ 다음 재직기간 연가 복무 상신 시 다음 재직기간 연가 사용임을 〈사유 비고〉란에 명시함

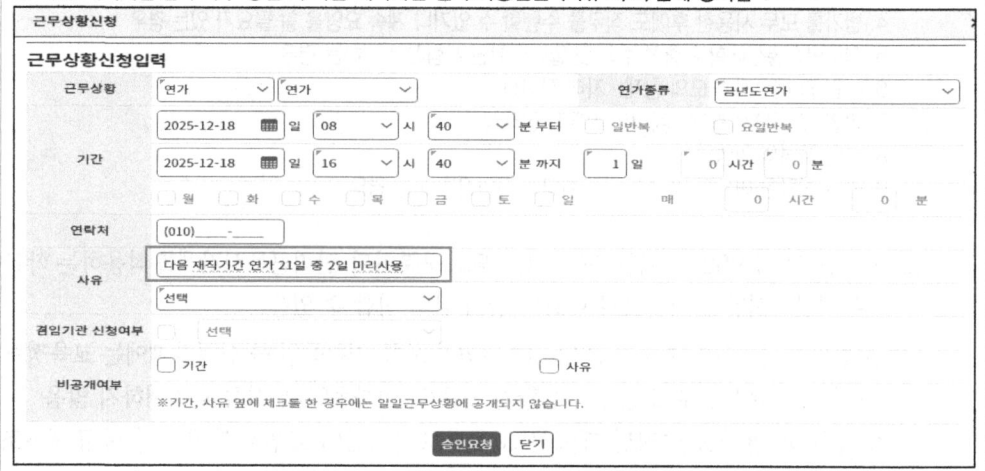

(라) 다음 재직기간의 연가 일수를 미리 사용한 이후에 당해 연도에 휴직·퇴직하는 경우 등에는 사용한 연가일수(복무규정 제16조의제6항에 따라 미리 사용한 연가일수 포함)를 보유한 연가 일수에서 차감하되, 이를 초과하여 연가를 사용한 경우는 결근으로 처리함

- 결근일수는 '잔여연가일수'(복무규정 제17조제2항에 따라 사실상 직무에 종사하지 않은 기간을 공제하고 부여하는 연가일수를 말함)를 차감한 최종연가일수를 기준으로 함
- 당해연도에 휴직하는 경우 해당 일수는 해당연도의 마지막 근무 월(月)에 발생한 결근으로 간주하여 '공무원 보수규정' 제27조 및 제46조, 공무원수당 등에 관한 규정 제19조에 따라 정산하며, 퇴직하는 경우는 퇴직일로부터 역산하여 결근으로 처리함

> **사례**
>
> 교사 A가 '25.1.1.에 부여받은 연가는 14일이었으며, '25.7.1.부터 1년간 휴직하였음 → A는 '25.7.1.에 휴직했으므로 7일의 연가만 사용했어야 하지만 부여받은 연가 14일(6.3~6.23)과 다음 재직기간의 연가 5일(6.24~30)을 당겨 사용하고 휴직하였음
>
> 1) 공무원 A가 휴직 전 사용한 연가는 6.3.~6.30.까지 총 19일 사용 → 이 중 본인의 잔여연가일수 7일을 제외한 12일이 결근 처리 대상임
> 2) 당해연도 마지막 근무月에 발생한 결근으로 간주하여 마지막 날로부터 역산하여 총 12일(6.13.~6.30.)을 결근 처리함

2025년도 6월

일	월	화	수	목	금	토
1	2	3	4	5	6	7
8	9	10	11	12	_13_	14
15	_16_	_17_	_18_	_19_	_20_	21
22	_23_	_24_	_25_	_26_	_27_	28
29	_30_					

휴일 ■ 연가사용일 ___ 결근일

(6) 연가일수의 공제

(가) 결근·정직·직위해제 일수 및 강등처분으로 인하여 직무에 종사하지 못하는 일수가 있는 연도에는 이를 당해 연도의 잔여연가 일수에서 공제함

- 직무에 종사하지 못하는 일수 산정 시 토요일 및 공휴일은 제외한 후, 결근·정직·직위해제 일수 및 강등처분 기간 중 직무에 종사하지 못하는 일수를 당해 연도에 부여받은 잔여연가 일수(저축연가일수 제외)에서 공제하되, 초과한 연가는 결근으로 보지 아니함

> **사례**
>
> 공무원 B가 강등처분으로 인해 직무에 종사하지 못한 일수는 토요일과 공휴일을 제외하고 35일이었음. B가 당해 연도에 부여받은 연가일수가 20일인 경우 초과한 연가는 -15일(=20일-35일)이나 이는 결근으로 보지 아니하며 잔여 연가일수만 없음

(나) 휴직(법령에 의한 의무수행이나 공무상 질병 또는 부상으로 인하여 휴직한 경우는 제외), 연도 중 임용된 경우 임용되기 이전 기간 등 사실상 직무에 종사하지 아니한 기간이 있는 경우에는 해당 기간을 제외하고 다음 산식에 의하여 산출된 일수를 부여함

$$\frac{\text{해당연도 중 사실상 직무에 종사한 기간(월)}}{12(\text{월})} \times \text{해당연도 연가일수}$$

- 이 경우 해당연도 중 사실상 직무에 종사한 기간은 월로 환산하여 계산하되, 15일 이상은 1월로 계산하고 15일 미만은 이를 산입하지 아니하며, 계산식에 의하여 산출된 소수점 이하의 일수는 반올림함

💡 사실상 직무에 종사하지 아니한 기간

① 퇴직자의 경우 미 근무기간
  • 다만, 사실상 근무기간의 연속성이 유지되면서 일반직⇌특정직, 국가직⇌지방직 공무원으로 임용 등 다른 직종의 공무원으로 임용되기 위해 퇴직하는 경우는 제외
  예) 6.30에 일반직 공무원에서 퇴직하고 동일한 날(6.30)에 외무직 공무원으로 임용되는 경우
② 연도중 임용자의 경우 미 근무기간
③ 교육파견(1개월 이상) 기간
④ 연간 통산 병가(공무상병가 제외)
⑤ 정년퇴직예정자 퇴직준비교육 기간
⑥ 연도 중 군입대한 경우 입대 후의 미근무기간과 복직시 군에서 근무했던 기간
⑦ 1개월 이상 연속한 국외교육훈련파견 등의 경우 그 파견기간
⑧ 대기발령 등으로 사실상 직무에 종사하지 아니한 기간
⑨ 직제와 정원의 개폐나 예산의 감소 등에 따른 폐직·과원 등의 사유로 보직을 받지 못한 기간(소속 기관장으로부터 특정한 업무를 부여받은 사람은 제외)
  • 특별휴가는 사실상 직무에 종사하지 아니한 기간에 포함되지 않음(예-출산휴가)

(다) 반일연가 1회는 4시간으로 계산하므로, 반일연가 2회는 연가 1일로 계산하여 공제함. 따라서, 반일연가 5회인 경우는 연가 2일과 반일연가 1회가 됨

(라) 지각·조퇴·외출 및 반일연가는 종별 구분 없이 각각의 시간을 모두 합산하여 누계 8시간을 연가 1일로 환산하여 공제함

> ※ 누계시간의 연가 일단위 계산방법 예시
> ☞ 1년간 외출 15시간, 조퇴 9시간, 지각 1시간, 반일연가 1회가 있는 공무원의 경우
>   - (15시간＋9시간＋1시간＋4시간) ÷ 8시간 ＝ 3일 5시간

(마) (가)~(라)의 절차에 따라 공제되고 남은 연가일수를 초과하여 사용한 경우에는 결근으로 처리함
  - 결근일수는 잔여연가일수(복무규정 제17조제2항에 따라 사실상 직무에 종사하지 않은 기간을 공제하고 부여하는 연가일수를 말함)와 저축연가를 차감한 최종연가일수를 기준으로 함
  - 당해연도에 휴직하는 경우 해당 일수는 해당연도의 마지막 근무月에 발생한 결근으로 간주하여, 공무원 보수규정 제27조 및 제46조, 공무원수당 등에 관한 규정 제19조에 따라 정산하며, 퇴직하는 경우는 퇴직일로부터 역산하여 결근으로 처리함
  - (가)~(라)의 절차에 따라 공제한 결과 초과 사용한 연가가 8시간 미만인 경우에는 다음 해(해당 공무원이 휴직하는 경우에는 복직한 해)에 부여되는 연가일수에서 차감함
  ※ 당해연도에 퇴직(또는 퇴직 예정)하는 공무원이 초과 사용한 8시간 미만의 연가에 대해서는 미적용
  ※ 12월 말에 복직하는 등의 이유로 복직한 해에 부여된 연가일수가 없는 경우에는 그 다음해에 부여받는 연가일수에서 차감

> ※ '25년 10월까지 근무하고 11월에 휴직하여 연초 부여받은 연가 21일 중에 18일만 사용해야 하나 이를 초과하여 19일 5시간의 연가를 사용한 경우
> ☞ 초과 사용한 연가 1일분에 대해서만 결근 처리(급여 공제), 초과 사용한 5시간은 향후 복직하는 해에 부여되는 연가일수에서 차감

사례 1
연가 사용 시 '수업일을 제외한 날'의 구체적 의미

- 수업일은 〈초중등교육법 시행령〉 제45조에 따른 수업일로서 '학교 교육과정이 운영되는 출근일'을 의미함. 연가는 특별한 사유가 없는 한 방학을 비롯한 휴업일에 실시하는 것이 원칙임

사례 2
교사가 학교장으로부터 연가 허가를 받기 전에 직장을 이탈한 경우 직장이탈금지의무 위반인지?

- 공무원이 법정연가일수의 범위 내에서 연가 신청을 하였고 그와 같은 연가 신청에 대하여 행정기관이 장은 공무 수행상 특별한 지장이 없는 한 이를 허가하여야 한다고 되어 있더라도 그 연가 신청에 대한 허가도 있기 전에 근무지를 이탈한 행위는 특단의 사정이 없는한 「국가공무원법」 제58조에 위반되는 행위로서 징계사유가 됨

사례 3
수업일 중 연가 사용시 구두보고를 반드시 하여야 하는가?

- 복무관련 NEIS 결재 시 구두보고 또는 NEIS외 별도 사전결재는 필수 절차가 아니므로, 사전에 구두보고 등을 강요하지 않도록 유의함

사례 4
방학 중 연가를 이용한 공무외 국외여행 시 사유 미기재 여부

- 공무외의 국외여행을 하는 경우에는 근무상황부에 기재하거나 사전에 여행일정과 여행지 등을 비상연락담당자에게 통보하여 긴급 시 소재파악 및 비상연락이 될 수 있도록 하여야 함. 연가사유를 적지 않을 수 있으나 긴급 시 소재파악을 위해 '공무외 국외여행'임을 기록하는 것을 권장함

사례 5
수업일 중 연가사용 시 기타 상당한 이유가 있다고 소속 학교장이 인정하는 경우는?

- 학교장이 수업일 중에 연가 사유라고 판단될 만큼 구체적 사유가 인정되면 허가할 수 있는 사항이며 학교의 장은 휴가로 인한 수업 결손 등이 발생하지 않도록 필요한 조치를 취하여야 함

사례 6
'25.3.1에 신규로 발령받은 교육공무원의 연가일수는

- 공무원연금법 25조1항에서3항에 해당하는 경력이 없는자가 '25.3.1에 교육공무원으로 신규임용된 경우, 25년도의 종사기간은 3월에서 12월까지 10개월이므로 1개월을 근무한 25.4.1부터 연가가 생성되며 9일의 연가를 부여함

$$\frac{\text{해당연도 중 사실상 직무에 종사한 기간(월)}}{12(\text{월})} \times \text{해당연도연가일수}$$

$$\Rightarrow \frac{10(\text{월})}{12(\text{월})} \times 11(\text{일}) = 9.16(\text{일}) \rightarrow \text{반올림} \rightarrow 9(\text{일})$$

- 단, 25.12월이전에 병가, 휴직 등 사실상 직무에 종사하지 못하게 되는 기간이 있는 경우 가용연가일수는 조정되며 초과 사용한 경우 결근처리

사례 7

2월말, 8월말 퇴직예정자의 연가일수는

- 연도중 퇴직예정자의 경우 사실상 직무에 종사하지 아니한 기간은 제외하여 산식에 따라 연가일수를 산출하며, 1.1부터 퇴직시까지 직무에 종사하는 기간만 반영하여 아래와 같이 부여함

$$\frac{\text{해당연도 중 사실상 직무에 종사한 기간(월)}}{12(\text{월})} \times \text{해당연도연가일수}$$

■ 2월말 퇴직예정자의 연가일수

⇒ $\frac{2(\text{월})}{12(\text{월})} \times 21(\text{일}) = 3.5(\text{일}) \rightarrow$ 반올림 $\rightarrow 4(\text{일})$

■ 8월말 퇴직예정자의 연가일수

⇒ $\frac{8(\text{월})}{12(\text{월})} \times 21(\text{일}) = 14(\text{일})$

사례 8

재직기간이 4년인 교육공무원이 전년도에 병가를 사용하지 않아 연가 가산이 1일 있는데, 9.1자로 휴직하면 연가일수는

- 휴직자의 연가일수는 사실상 직무에 종사하지 아니한 기간은 제외하여 산식에 따라 연가일수를 산출하며, 해당연도연가일수는 재직기간별연가일수와 가산연가일수를 합한 일수임

$$\frac{\text{해당연도중 사실상 직무에 종사한 기간(월)}}{12(\text{월})} \times \text{해당연도연가일수}$$

⇒ $\frac{8(\text{월})}{12(\text{월})} \times (17+1)(\text{일}) = 12(\text{일})$

사례 9

재직기간 2년으로 15일의 연가일수를 보유한 교육공무원이 연가, 반일연가, 지각, 조퇴, 외출을 합산하여 3일 6시간일 때, 12일의 연가를 사용할 수 있는지?

- 휴가(연가, 병가, 공가, 특별휴가)는 휴가일수 내에서 사용하는 것이므로, 15일의 연가일수 중 3일 6시간을 사용하였다면, 사용할 수 있는 당해 연도 잔여 연가는 11일 2시간임.

사례 10

다음 연도 연가를 미리 쓰는 여부

- 다음 재직기간의 연가를 미리 사용하는 것은 해당 교원이 실제로 다음 재직기간의 전 기간을 근무하는 것을 전제로 하며, 연도 중 휴직·퇴직예정자는 연가 미리 사용 가능 대상에서 제외해야 함
- 연가 미리 사용은 ① 별도의 사전 결재를 받고 ② 나이스상 신청·승인을 해야 함
  - 휴직·연도 중 임용 등 사실상 직무에 종사하지 아니한 기간이 존재하여 연가가 공제된 경우에, 초과 사용된 연가에 대해서 연가 미리 사용에 대한 사전 결재 없이 쓴 경우에는 결근 처리함
  - 미리 사용한 연가 일수는 다음 재직기간의 연가 일수에서 빼므로, 다음 연도 연가를 미리 사용하였다는 근거를 남겨 두어야 함
  - 사전결재 없이 당해 연도에 초과된 연가를 다음 연도 연가로 대체할 수 없음

사례 11

병가, 연가 모두 사용 후 연가 미리쓰기 사용 관련 질의

- 연가 미리쓰기는 다음 연도 재직기간의 전 기간을 정상근무를 전제로 한 것으로, 복무승인권자는 다음 연도 휴직, 퇴직 등을 확인하여 연가 미리쓰기 승인 필요. 연가 미리쓰기를 한 후 다음 연도에 휴직을 하면 미리 사용한 연가 일수가 결근 처리될 수 있으므로, 병가, 연가를 모두 사용한 후 연가 미리쓰기 사용은 제한 필요
  ※ 〈국가공무원 복무징계 예규〉에도 병가, 연가를 모두 사용한 경우 질병휴직이 원칙임

사례 12

조퇴·외출·지각 사유 기재는 사생활 침해?

- 연가는 학교의 장이 일정한 사유가 있는 교원의 신청 등에 의하여 일정 기간 출근의 의무를 면제하여 주는 휴가의 일종이므로, 근무사항*에 해당되는 지각·조퇴·외출은 연가에 해당되지 않음
- 지각·조퇴·외출은 근무를 전제로 한 날에 특별한 사유가 발생하여 정상 근무를 할 수 없게 된 경우이므로, 〈국가공무원복무규칙〉에도 그 사유를 기재하여 학교장에게 허가를 받도록 되어 있음
  - 근무사항에는 출근, 지각, 조퇴, 외출, 퇴근, 결근이 해당됨
  - 단, 사유를 구체적으로 기재할 경우 개인의 민감한 정보가 유출된다면 학교장에게 구두 등의 방법으로 사유를 전달하고, 나이스 신청 시 사유를 '개인용무' 등으로 기재하는 것도 가능함
- 또한, 지각·조퇴·외출, 반일연가는 종별 구분 없이 시간을 모두 합산한 후 8시간을 연가 1일로 환산하여 연가 일수를 공제하므로, 근무사항에 해당하는 지각·조퇴·외출은 연가에 해당되지 아니함에도 나이스 개인근무상황의 대분류(연가, 병가, 공가, 특별휴가, 대체휴무, 결근, 출장, 연수, 기타) 중 연가에 포함되어 있음

사례 13

1. 조퇴 사유는 미기재해도 되는지?
2. 근무시간 중 쇼핑을 위한 조퇴 상신을 허용해도 되는지?

- 국가공무원 복무규칙 제8조(근무상황의 관리) ② 항에 따라 공무원이 조퇴를 할 때에는 근무상황부 또는 근무상황 카드에 의하여 사전에 소속 기관의 장의 승인을 받아야 하며, 별지 제1호 서식 근무상황부 및 제2호 서식 근무상황 카드에 2. 지각·조퇴 및 외출의 경우 질병·부상 등 그 사유를 반드시 기재하도록 하고, 이 경우 "부터"란은 일·시·분을, "까지"란은 시·분을 기재하되, 불가피한 사유로 기재사항의 변경이 필요한 경우에는 사후에 정정하여 결재권자에게 보고함 으로 되어 있음. 따라서 조퇴사유는 반드시 기재 하여야 함
- 또한 조퇴는 소속기관의 장의 승인 사항이므로 신청사유에 대한 승인여부는 학교장이 판단하여야 할 부분이라고 사료됨

[경기도교육청 e-dasan 현장지원]

사례 14

학교장이 아닌 자의 조퇴·외출·지각 등에 대한 승인 가능 여부

- 단위학교 위임전결규정에 따른 복무 허가권자가 교감일 경우 전결 가능

【 나이스 연가일수 생성 및 연가 사용현황 확인 방법 】

가. 학교의 복무담당자는 [복무- 연가관리-개인연가관리] 메뉴에서 각 처리년도별 상반기/하반기에 대해 각각 {가용연가생성}과 {사용일수갱신}을 클릭하여 소속직원의 개인별연가를 생성하고, 사용일수가 법정연가일수를 초과하지 않는지 확인

- {가용연가생성}을 클릭하면 해당 학교의 연가가 일괄 생성됨
- 일괄 생성된 대상자 외에 별도로 개별연가를 등록하려면 {등록} 버튼을 클릭함
- 연가가산일수는 자동 산정되나 가산 등으로 가용연가일수를 변경해야 하는 해당하는 자가 있는 경우 반영여부 확인하고, 필요시 해당자만 더블클릭하여 개별적으로 가용연가일수 조정 가능함

나. 개인별 연가 사용현황을 확인하여 연가 신청 시 연가일수가 초과되지 않도록 유의

- 연도중 휴직, 병가, 교육파견 등 사실상 직무에 종사하지 않은 기간의 반영여부 확인

□ 복무담당자 처리화면(메뉴경로 : [복무-연가관리-개인연가관리])

〈좌측 화면〉

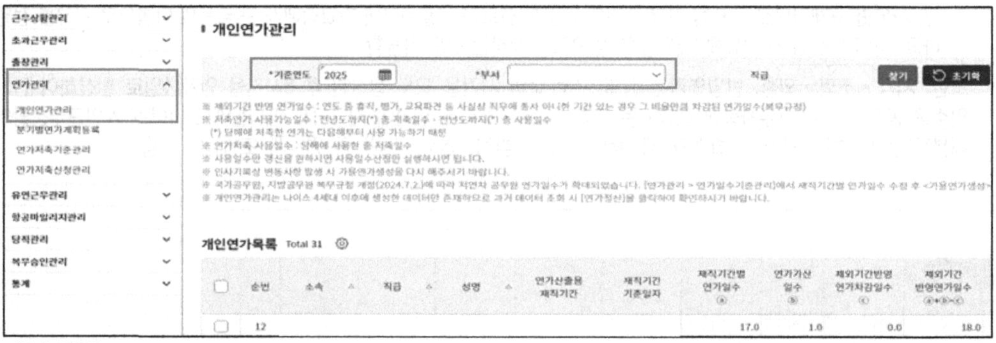

〈우측 화면〉

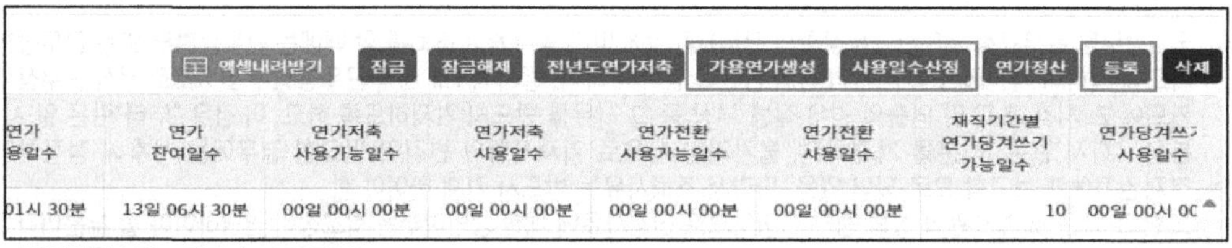

〈개인연가수정 : 해당자 성명 클릭〉

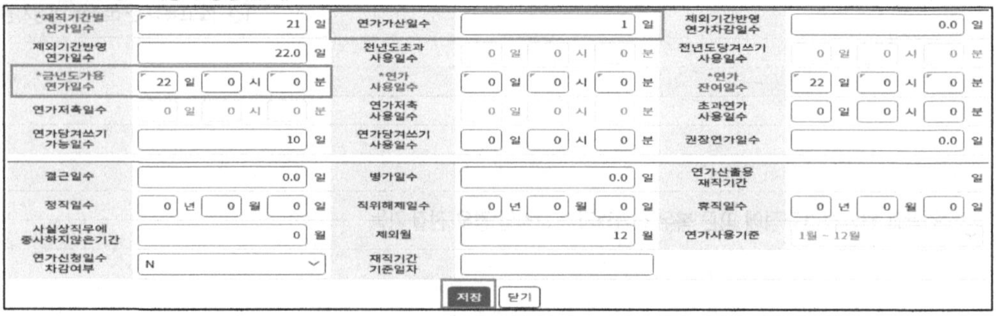

제4장 복무

☐ 교원 근무상황 현황 확인(메뉴경로 : [복무-근무상황관리-근무상황관리])

〈예시 화면 : 근무상황별 조회 가능, 하단에 근무상황별 총계(일수/기간) 확인 가능〉

☐ 개인별 연가 사용현황 확인(메뉴경로 : [기본메뉴-복무-개인근무상황관리-신청])

〈예시 화면〉

〈예시 화면 : 〈신청〉 누르면 팝업 화면으로 나타남〉

근무상황신청

※ 사립학교법 제55조의3에 따른 사립교원의 연수기관 및 근무장소 이외에서의 연수는 "교육공무원법제41조연수"로 신청하시기 바랍니다.
※ 가용연가일수, 연가당겨쓰기 가능일수, 권장연가는 재직기간에 따라 연중 변경될 수 있습니다.
※ 연가전환 사용이 불가능한 경우 기관(부서)별 복무담당자에게[복무 > 연가관리 > 연가저축기준관리] 설정 요청바랍니다.

근무상황사용현황 재직기간 기준일자 : 2025-12-30

개인연가사용현황 (2025)	가용연가일수	연가사용일수	연가잔여일수	저축연가 사용가능일수	저축연가 사용일수	연가 당겨쓰기 가능일수	연가당겨쓰기 일수
	22일 0시 0분	00일 00시 00분	22일 00시 00분	0일 0시 0분	00일 00시 00분	10일	00일 00시 00분
	연가일수	반일연가일수	지각		조퇴		외출
	0.0	0.0	0.0		0.0		0.0

303

2) 병가
　가) 병가의 종류별 내용
　　(1) 일반병가는 다음의 경우 연 60일의 범위 안에서 승인함
　　　• 질병 또는 부상으로 인하여 직무를 수행할 수 없을 때
　　　　※ 예1) 위암으로 인한 수술이나 입원으로 직무를 수행할 수 없을 때
　　　　※ 예2) 장애인 공무원이 재활치료를 하지 않으면 직무를 수행할 수 없을 때
　　　• 감염병에 걸려 그 공무원의 출근이 다른 공무원의 건강에 영향을 미칠 우려가 있을 때
　　(2) 공무상 병가는 공무상 질병 또는 부상으로 직무를 수행할 수 없거나 요양을 요할 경우 연간 180일의 범위 안에서 승인함. 다만, 병가사유가 동일한 경우에는 연도의 구분 없이 180일의 범위 안에서 승인함
　　　• '동일한 사유'람 함은 동일한 사고/사안을 말하며, 최초의 질병·부상으로 인해 추가 질병이 발생한 경우 동일사안으로 처리하여 연도 구분 없이 180일의 공무상 병가 사용 가능
　　　　- 단, 「교육공무원 임용령」 제19조의5에 따른 시간선택제 전환교사의 병가는 다음의 산식에 따라 근무시간에 비례하여 시간단위로 실시

$$\text{일반(공무상) 병가일수} \times \frac{\text{시간선택제 교사의 주당 근무시간}}{\text{교사의 주당 근무시간}} \times 8\text{시간}$$

　나) 병가일수의 계산
　　(1) 병가일수는 1월1일부터 12월31일까지 1년 단위로 계산함
　　(2) 질병이나 부상으로 인한 지각·조퇴 및 외출은 각각의 종별 구분 없이 누계시간으로 계산하여 누계 8시간을 병가 1일로 계산함
　　(3) 진단서를 제출하여야 함에도 제출하지 못한 병가일수는 이를 연가일수에서 공제하고 병가일수에는 산입하지 아니함

　다) 병가의 운영방법
　　(1) 연간 누계 6일까지는 진단서의 제출 없이도 병가를 사용할 수 있으나, 7일 이상 연속되는 병가와 병가의 연간 누계가 6일을 초과[4]하게 되는 경우에는 「의료법」제17조에 의하여 교부된 진단서를 제출하여야 함
　　　• 동일한 사유의 병가는 최초 제출한 진단서로 갈음할 수 있음
　　　• 진단서를 제출하지 못하는 경우에는 연가를 활용
　　　• 동일한 사유 여부는 학교장이 진단서 등의 내용을 감안하여 결정하며, 연가사유의 고의적 병가 처리가 발생하지 않도록 하여야 함
　　　　※ 동일한 사유의 질병임을 검진하기 위한 병가신청시 학교장이 결정하되, 이후 진단서 등을 확인하여야 함
　　(2) 일반병가와 공무상 병가의 사용 가능 일수는 각각 별도로 운영함
　　　• 공무상 병가 기간 만료 후에도 직무수행이 어렵거나 계속 요양을 요할 경우 일반 병가를 승인할 수 있음

---

[4] 병가 전체를 합산하여 연도 중 최초 6일까지만 사전 진단서 제출 없이 병가 사용 가능

- 공무상병가, 일반병가, 연가, 국가공무원법 제71조제1항제1호에 따른 질병휴직은 사용 요건을 충족한다면 부서장의 승인(질병휴직의 경우 임용권자의 명령)을 거쳐 사용할 수 있음
  - 단, 질병휴직은 질병·부상의 완쾌 등 휴직사유의 소멸 시 복직 할 수 있으므로, 질병휴직 기간 만료 시 동일한 사유로 연속하여 일반병가를 승인할 수 없음
    ※ 휴직기간(2년) 만료 후 복직하여 정상근무 중 동일질병 또는 부상이 재발된 때에는 복직 후의 근무가 정상적인 상태로 상당기간 지속된 경우에만 일반병가를 승인할 수 있음
    ※ 병가·연가 소진 여부와 상관없이 임용권자의 명령에 따라 질병휴직도 가능함

(3) 병가의 기간은 기관장이 해당 공무원의 직무수행 가능여부와 진단서의 내용을 감안하여 결정함
- 기관장(승인권자)은 소속 공무원의 병가사용이 질병의 치료와 감염위험의 차단이라는 본연의 목적을 위해서 사용될 수 있도록 하여야 함
  ※ 기관장은 병가 기간과 관계없이 직무수행 가능여부 판단을 위해 필요시 추가 진단서 제출을 요구할 수 있음

(4) 공무상 병가제도의 운영상 유의사항
- 공무상 병가의 실시에 있어서 공무상 질병·부상사실 여부, 병가 기간은 「공무원 재해보상법」의 규정에 의한 요양승인 결정 범위 내에서 기관장이 진단서와 해당 공무원의 직무수행 가능 여부 등을 감안하여 결정함
  - 가해자에 의한 손해배상 등의 사유로 공무상 요양비가 지급되지 않는 경우에도 공무상 요양 승인을 받아야 함
- 아래의 경우에는 승인권자가 공무상 질병·부상여부를 판단하여 공무상 병가를 승인 할 수 있음.
  - 6일 이내의 단순안정만을 요하는 경미한 질병·부상의 경우
    ※ 기간제교원은 근로복지공단의 승인사항에 따라 실시(계약제교원 운영지침 참고)
- 공무상요양승인 기간 중이라도 공무상 병가일수 180일이 만료된 후에는 동일한 사유로 재차 공무상병가를 승인할 수 없음
- 인사혁신처에 공무상요양승인을 신청하여 심의 중에 있으면 그 결정서를 통보받을 때까지는 일반병가와 연가를 승인할 수 있으며, 이후 공무상 질병 또는 부상으로 결정된 때에는 사용한 일반병가와 연가를 공무상 병가로 소급 처리할 수 있음. 이는 공무원에 대한 불이익을 최소화 하기 위한 취지이므로, 본인이 원하는 경우 공무상 병가로 소급 처리하지 않거나 일반병가·연가의 일부만 소급 처리할 수도 있음
- 일반병가 및 연가를 모두 사용한 후에도 공무상 요양승인이 결정되지 아니하여 질병휴직 중인 경우 휴직기간 중에 공무상 질병 또는 부상으로 결정된 때에는 당초의 일반병가·연가·휴직처분을 취소하고 공무상 병가로 처리할 수 있음. 이 경우, 「공무원임용령」 제57조의7제6항에 따라 당초의 일반병가·연가는 공무상 질병휴직으로 처리할 수 없음

〈「휴직중에 공무상 요양승인이 결정된 자에 대한 인사처리 지침」, 총무처 인기 12107-351, 1996. 6. 11〉
※ 질병휴직기간 중에 공무상 요양승인의 결정통보를 받은 자에 대하여는 당초의 휴직처분을 소급하여 취소하고, 공무상 병가로 처리(공무상 요양승인이 공상병가 180일, 일반병가 60일 및 개인의 법정연가 허가일수를 경과하여 결정된 경우에는 공상병가・일반병가 및 법정연가가 경과한 날에 휴직처리함)하도록 하여 인사보수상 불이익을 받지 않도록 지침을 개정함
☞ 질병 또는 부상으로 인하여 출근하지 못하는 교원에 대하여 병가, 연가, 휴직 등으로 처리하고자 하는 경우 업무담당 공무원은 해당 공무원의 의사(意思)를 확인한 후 근무상황을 처리(병가・연가는 본인의 신청에 따라 부여하여야 함. 다만, 갑작스런 발병이나, 본인이 의식불명 등으로 의사표시를 할 수 없는 경우와 같이 특별한 사정이 있는 경우에는 가족이 연락하여 휴가신청을 대행할 수 있음)

사례 1

연도를 달리하는 경우 일반병가 사용은 어떻게 되는지? 동일 사유 질병으로 연도를 달리하여 병가를 연속하여 사용하는 경우에도 진단서를 다시 제출해야 하는지?

◉ 「국가공무원 복무규정」제18조제1항 및 관련 복무예규에 따라, 일반병가는 1년 단위(1월1일부터 12월31일까지)로 60일을 사용할 수 있으므로 12월 말까지 병가 60일을 사용한 경우에도 다음해 1월부터 병가 60일을 다시 사용할 수 있습니다. 또한 연도를 달리하더라도 진단서에 기재된 향후 치료기간 내에서 동일 사유 병가를 연속하여 사용하는 경우라면 이전 연도에 제출한 진단서로 갈음할 수 있음

[2022 교육부 교원휴가 관련 질의답변 사례집 1-1판]

사례 2

치료기간이 명시되지 않은 진단서를 제출한 경우에 병가를 승인할 수 있는지?

◉ 「국가공무원 복무규정」제18조제1항 및 관련 복무예규에 따라, 병가 사용과 관련하여 승인권자(학교장)는
 - 진단서 등으로 병가를 신청한 교원의 건강상태에 대해 관련 전문가의 의학적 소견을 참고하여 질병・부상 또는 감염병 여부를 확인하고,
 - 병가를 신청한 교원의 진술이나 진단서, 기타 질병치료와 관련된 자료 등을 참고하여 직무수행이 불가능한 상태인지에 대해 판단하여 병가의 승인 여부 및 기간 등을 결정해야 합니다.
 ※ 기관장은 병가 기간과 관계없이 직무수행 가능 여부 판단을 위해 필요시 추가 진단서 제출을 요구할 수 있음

◉ 따라서 진단서에 기재된 치료기간은 병가 요건 및 사용일수를 판단하는 기준이 될 수 있겠으나 병가 요건이 되는 것은 아니므로, 진단서에 치료기간이 명시되지 않았을 경우에도 병가를 허가할 수 있음

[2022 교육부 교원휴가 관련 질의답변 사례집 1-1판]

사례 3

방학 중인 교사가 병원에 입원해 있는 경우 방학 전에 교육공무원법 제41조 근무지외 연수를 신청하였는데 병가처리를 방학날부터 신청해야 할지? 아니면 개학 후부터 신청해야 할지?

◉ 방학 등 휴업일에도 학기 중과 마찬가지로 병가 등 휴가사유일 경우에는 휴가요건에 따라 휴가를 허가해야 하며, 교육공무원법 제41조의 근무지외 연수 승인은 연수 목적과 내용 등을 학교장이 판단하여 효과가 있을 경우에 승인하는 것임. 병원에 입원해 있는 교사에게 교육공무원법 제41조의 근무지외 연수를 승인할 수 없기 때문에 방학 중이라도 병가로 다시 신청해야 함

사례 4

공무상 부상으로 병가를 6개월 사용하고 1년간 휴직한 교원이 복직하였으나 동일질병의 후유증으로 5~6개월의 요양이 더 필요한 경우 다시 공무상 병가 6개월을 허가받을 수 있는지?

- 공무상 병가를 180일 모두 사용하였으면 비록 연도가 바뀌었다고 하더라도 같은 질병으로 인하여 또 다시 공무상 병가를 허가 할 수 없음.
  (참조) 국가공무원복무규정 제18조제2항의 공무상 병가는 인사혁신처에 공무상요양승인을 신청하여 공무상 질병 또는 부상으로 승인된 기간에 한하여 허가할 수 있음.

사례 5

공무상 병가기간(180일) 만료 후에도 재수술 등으로 직무수행이 곤란하여 계속 요양이 필요한 경우 일반병가(60일)을 사용할 수 있는지?

- 소속교원이 질병 또는 부상으로 직무를 수행할 수 없을 경우 연 60일의 범위 안에서, 공무상 질병 또는 부상으로 직무를 수행할 수 없거나 요양을 요할 경우에는 연 180일의 범위 안에서 각각 병가를 허가할 수 있도록 규정하고 있으므로 병가의 요건과 기간을 별개의 사항으로 운영하고 있음. 따라서 개인적으로 볼 때 연간 허가 가능한 병가기간은 공무상 병가와 일반병가를 합한 240일이 될 것이므로, 공무원재해보상법상 공무상 질병 또는 부상으로 인정되어 연 180일 동안을 다 사용하여도 직무수행이 어렵거나 계속 요양할 필요가 있으면, 일반병가도 허가할 수 있음.

사례 6

공상 승인 신청 후 승인 이전에 병가기간 2개월이 지나게 되어 연가 10일을 사용하던 중 공상 승인이 난 경우에는?

- 사용한 연가를 소급해서 병가처리로 환원하여 처리하여야 함
  (참조) 공무상 병가 사유발생 즉시 공상 승인 신청 필요공무상 병가기간(180일) 만료 후에도 재수술 등으로 직무수행이 곤란하여 계속 요양이 필요한 경우 일반병가(60일)을 사용할 수 있는지?
- 소속교원이 질병 또는 부상으로 직무를 수행할 수 없을 경우 연 60일의 범위 안에서, 공무상 질병 또는 부상으로 직무를 수행할 수 없거나 요양을 요할 경우에는 연 180일의 범위 안에서 각각 병가를 허가할 수 있도록 규정하고 있으므로 병가의 요건과 기간을 별개의 사항으로 운영하고 있음. 따라서 개인적으로 볼 때 연간 허가 가능한 병가기간은 공무상 병가와 일반병가를 합한 240일이 될 것이므로, 공무원재해보상법상 공무상 질병 또는 부상으로 인정되어 연 180일 동안을 다 사용하여도 직무수행이 어렵거나 계속 요양할 필요가 있으면, 일반병가도 허가할 수 있음.

사례 7

병가일수(기간)는 어떻게 산정하는지?

- 질병이나 부상으로 인한 지각·조퇴 및 외출은 각각의 종별 구분 없이 누계시간으로 계산하여 누계 8시간을 병가 1일로 계산함.
- 2개년도에 걸쳐 30일을 초과하는 병가의 경우에는 연도별로 구분하여 각각 30일 이상인 경우에만 공휴일과 토요일을 휴가일수에 산입해야 함.
- 휴가기간이란 휴가시작일과 종료일을 말하므로 각각 다른 사유의 병가를 사용하는 경우에도 연간 각 병가기간의 총합이 주말을 포함해 30일 이상인 경우에는 일반병가 사용 기간에 공휴일과 토요일을 휴가일수에 산입함.

[1] A질병으로 4일간(화, 수, 목, 금) 병가를 쓰고, 다음 주 월요일 1일 출근한 후 화요일부터 B질병으로 25일(토요일과 공휴일 합산 시 36일)의 병가를 사용한 경우
 - 각 병가의 시작일부터 종료일까지의 병가기간(토요일과 공휴일을 포함)으로 합산하였을 때 총 병가기간은 40일이 됨. 이 경우 "각 병가기간의 총합"이 30일 이상이 되므로 토요일과 공휴일을 포함하여 총 40일의 병가를 사용한 것임

[2] 연간 사용한 각각의 병가 일수 합산(토.공휴일 포함)이 30일 이상일 경우 토요일과 공휴일도 포함하여 계산
  ① 병가를 3일 사용(월,화,수)
  ② 병가를 5일 사용(수,목,금,토,일,월,화)
  ③ 병가를 12일 사용(금,토,일,월,화,수,목,금,토,일,월,화,수,목,금)
  ④ 병가를 8일 사용(월,화,수,목,금,토,일,월,화,수)
    ⇒ 연간 병가일수: ① 3일 + ② 7일 + ③ 16일 + ④ 10일 = 36일

사례 8

하나의 사유(질병)로 병가를 20일씩 3번 나눠 쓸 경우 진단서를 매번(3번) 제출을 해야 하는 건지, 처음 낸 진단서로 갈음이 가능한지?

◉ 최초 제출한 진단서로 갈음할 수 있으나 승인권자의 판단이 필요함.
  가. 병가를 사용할 때 제출할 수 있는 진단서에 구체적인 유효기간이 정해져 있지는 않음
  나. 7일 이상 연속되는 병가와 병가의 연간 누계가 6일을 초과하게 되는 경우에는 의료법 제17조에 의하여 교부된 진단서를 제출하여야 함.
  다. 다만 병가의 승인여부와 병가기간은 승인권자가 첨부된 진단서와 당해공무원의 직무수행 가능 여부 등 제반 정황을 참작하여 결정해야 함.
  라. 동일한 사유의 병가는 최초 제출한 진단서로 갈음할 수 있으므로(국가공무원 복무징계 관련 예규 153페이지) 해당 진단서로 병가를 재승인 받을 수 있을 지 여부에 대하여는 귀 소속기관의 복무담당부서에 별도로 문의하시기 바람.
   - 다만 행정기관의 장은 직무수행 가능여부 판단을 위해 추가적으로 진단서의 제출을 요구하실 수도 있음.
   [인사혁신처 윤리복무국 복무과]

사례 9

기존의 잦은 유산 경험으로 인하여 임신 시 초기에 병가를 사용하는 것이 가능한지?

◉ 일반병가 사용이 가능함.
  가. 임신하거나 출산한 공무원에 대하여는 출산 전과 출산 후를 통하여 90일의 출산휴가를 승인해야 하며 출산 후의 휴가기간이 45일 이상이 되게 함이 원칙임.
  나. 다만 임신 중인 공무원이 유산·사산의 위험이 있다는 의료기관의 진단서를 제출하여 출산휴가를 신청하는 경우에는 출산 전 어느 때라도 최장 44일(한번에 둘 이상의 자녀를 임신한 경우에는 59일)의 범위에서 출산휴가를 나누어 사용할 수 있음.
  다. 한편 출산 및 유산·사산 휴가는 산모의 건강을 고려하여 일정기간 휴가를 부여하는 것으로 임신 중 심한 입덧이나 부작용 등 안정의 필요가 있는 경우에는 일반병가를 승인받아 사용할 수 있음
   [인사혁신처 윤리복무국 복무과]

사례 10

병가, 병조퇴, 병지각, 병외출을 합산하여 병가를 50일 5시간을 사용하였을 때, 향후 실시할 수 있는 병가일수는?

◉ 병가는 연간 60일 이내에서 사용해야하며, 60일이 되는 9일 3시간을 사용할 수 있음. 요양이 더 필요한 경우 당해 연도 잔여 연가일수 내에서 실시하거나, 휴직해야 함.

사례 11

병가사용이 없던 교원이 2024.3.4.(월) 교통사고로 2024.3.28.(목)까지 진단서를 제출하여 19일간 병가사용 후 근무하던 중 2024.4.17.(수)에 몸살로 인해 병가를 1일 사용하고자 할 때 진단서의 제출은?

- 연간 누계 6일까지는 진단서의 제출 없이 병가를 사용할 수 있으나, 7일 이상 연속되는 병가와 병가의 연간 누계가 6일을 초과하게 되는 경우에 진단서를 제출해야 함. 교통사고로 인한 병가 사용 시 진단서를 제출했다 하더라도 연간 누계가 6일이 초과되었기 때문에 다른 사유인 몸살로 인한 병가 1일 사용 시에 진단서를 제출해야 함. 단, 동일한 사유의 병가는 최초 제출한 진단서로 갈음할 수 있음.

사례 12

난임 진단서로 병가가 가능한지?

- 승인권자는 소속 공무원의 병가 사용이 질병의 치료와 감염위험의 차단이라는 본연의 목적을 위해서 사용될 수 있도록 하여야 함. 난임의 사유로 병가를 사용하기 위해서는 해당 질병으로 인하여 직무를 수행할 수 없는지에 대하여 승인권자의 판단이 필요하며, 승인권자는 병가를 신청한 공무원의 진술, 진단서, 기타 질병치료 관련 자료 등을 참고하여 병가요건에 해당되는지를 판단하여 승인여부를 결정해야함

사례 13

2달간 병가를 내었는데, 병가 중에도 외부강의(회의, 자문, 상담으로 학기초 겸직허가서를 받고 활동하고 있음.) 사안이 발생하면, 허용이 되는지?

- 「교원휴가에 관한 예규」및 「국가공무원 복무·징계 관련 예규」에 의하면, 병가는 질병 또는 부상으로 직무를 수행할 수 없는 경우 또는 감염병에 걸려 다른 공무원의 건강에 영향을 미칠 우려가 있을 때 부여하는 휴가입니다. 외부강의는 공무원행동강령에 따라 사전에 신고하여야 하며, 요청 공문을 근거로 하고 본연의 업무에 지장이 없는 범위에서 허용되어야 함. 병가는 질병이나 부상의 치료 또는 요양을 위한 휴가로 병가 중에 외부강의를 실시할 정도로 건강이 호전되었다면, 병가를 중단하고 업무에 복귀하는 것이 타당하며, 업무 복귀 후 외부강의 허가를 받아 실시함이 적절함

[경기도교육청 e-dasan 현장지원]

사례 14

인사혁신처의 승인받아 공무상 병가 중입니다. 병가기간 중에 국외여행이 가능한지 궁금합니다. 업무로 인한 공무상 병가(외상 후 스트레스장애)를 인정받은 것이고, 신체적인 이유가 아닌 정신과적 치유를 위해 여행을 하고자 합니다. 만약 불가하다면 공무상병가 이후 연가 기간에는 국외여행이 가능한지?

- 병가(공무상 병가 포함) 중의 국외여행에 대해서는 별도의 규정은 없음. 다만, 질병이나 부상으로 인해 직무에 종사하지 못할 때 병가를 부여하므로 질병이나 부상의 치료를 목적으로 국외여행을 실시하는 것은 타당함. 즉, 질병이나 부상의 치료를 목적으로 국외여행을 실시한다는 환자진료의뢰서, 진단서, 소견서 등 증빙자료를 제출한 후 허가를 받아 실시할 수 있음
한편, 병가-연가-질병휴직을 연속으로 실시하는 경우 연가는 병가 및 질병휴직의 목적과 다르지 않으므로 목적에 부합하는 경우 허가를 받아 국외여행을 실시하는 것이 적절함

[경기도교육청 e-dasan 현장지원]

3) 공가
  가) 공가의 사유
   (1) 「병역법」이나 그 밖의 다른 법령에 따른 병역판정검사·소집·검열점호 등에 응하거나 동원 또는 훈련에 참가할 때
   (2) 공무와 관하여 국회, 법원, 검찰 또는 그 밖의 국가기관에 소환되었을 때
   (3) 법률에 따라 투표에 참가할 때
   (4) 승진시험·전직시험에 응시할 때
   (5) 원격지로 전보발령을 받고 부임할 때
   (6) 「산업안전보건법」제129조부터 제131조까지의 규정에 따른 건강진단, 「국민건강보험법」 제52조에 따른 건강검진, 「초·중등교육법」제21조의2제1호 및 「유아교육법」제22조의2제1호에 따른 마약류 중독 검사 또는 「결핵예방법」제11조제1항에 따른 결핵검진등을 받을 때
   (7) 「혈액관리법」에 따라 헌혈에 참가할 때
   (8) 「교원 등의 연수에 관한 규정」제13조에 따른 외국어능력에 관한 시험에 응시할 때
   (9) 올림픽, 전국체전 등 국가적인 행사에 참가할 때
   (10) 천재지변, 교통 차단 또는 그 밖의 사유로 출근이 불가능할 때
   (11) 「교원의 노동조합 설립 및 운영 등에 관한 법률」제6조에 따른 교섭위원으로 선임되어 단체교섭 및 단체협약 체결에 참석할 때, 「교원의 노동조합 설립 및 운영 등에 관한 법률 시행령」 제3조 제3항에 의한 교섭관련 협의를 위하여 지명된 자로 참석할 때, 같은 법 제14조 및 「노동조합 및 노동관계조정법」제17조에 따른 대의원회(「교원 노동조합 설립 및 운영 등에 관한 법률」에 따라 설립된 교원 노동조합의 대의원회를 말하며, 연 1회로 한정)에 참석할 때
   (12) 「교원의 지위 향상 및 교육활동 보호를 위한 특별법」제11조 및 「교원지위향상을 위한 교섭·협의에 관한규정」제2조의 교섭·협의 당사자로 교섭·협의에 참석할 때, 교육기본법 제15조에 의한 교원단체의 대의원회(교원지위향상을 위한 특별법에 따라 설립된 교원단체의 대의원회를 말하며, 연 1회로 한정한다)에 참석할 때
   (13) 공무국외출장등을 위하여 「검역법」제5조제1항에 따른 검역관리지역 또는 중점검역관리지역으로 가기 전에 같은 법에 따른 검역감염병의 예방접종을 할 때
   (14) 「감염병의 예방 및 관리에 관한 법률」제2조의 제1급 감염병에 대하여 같은법 제24조 및 제25조에 따라 예방접종을 받는 경우 또는 질병관리청장, 시·도지사, 시장·군수·구청장, 행정기관의 장의 조치·명령에 따라 같은 법 제42조 제2항 제3호의 감염 여부 검사를 받는 경우
  나) 공가제도의 운영상 유의사항
   (1) 공가의 승인대상인 「직접 필요한 기간」에는 검사일·소환일·투표일·시험일 등의 당일에 왕복 소요일수(시간)를 가산할 수 있음.(승진시험 준비기간은 공가의 승인대상이 아님)
   (2) 원격지간 전보 시 이사 등에 소요되는 최소한의 일수를 포함하되, 부임일의 다음 정상근무일까지 사용할 수 있음
       ※ 원 소속기관 등으로부터 전보 발령지로 이동할 때 가장 빠른 교통수단으로 편도 4시간 이상이 소요되는 등 인사발령을 받은 당일에 부임에 관한 일을 모두 처리하기 곤란한 경우

(3) 「국민건강보험법」제52조에 따른 건강검진의 확진검사와 「결핵예방법」제11조제1항에 따른 결핵검진의 확진검사는 공가 대상이 아님

    ※ 「산업안전보건법」제129조부터 제131조까지의 규정에 따른 건강진단 중 의무사항으로 규정된 확진검사는 공가 대상임

(4) 행사참가는 학교장이 선수·심판 등 공가활용이 불가피하다고 인정되는 경우에 한함

(5) 공무원 노조활동과 관련하여 공가처리를 할 수 없는 경우
- 「공무원의 노동조합 설립 및 운영 등에 관한 법률 시행령」제3조의3제2항에 따른 근무시간 면제자
- 노조의 단체교섭 및 협의와 관련하여 사진촬영, 참관 등을 위해 참석하거나 사무처리를 위하여 동행하는 인원
- 노조의 자체규약 등에 의한 총회, 대의원회, 조합연수, 조합행사, 설명회, 기타 조합회의 및 집회 등에 참석하는 경우
- 공무원노조법에 의한 근거 없이 최소 설립 단위의 정부 교섭대표 및 각급 기관과의 협의를 위해 참석하는 경우 등

(6) 제1급 감염병에 대하여 예방접종을 받는 경우에 공가 부여 기준
- 감염병의 예방 및 관리에 관한 법률 제2조에 따른 제1급 법정감염병에 한정하며, 인플루엔자 등 일반 독감 예방접종은 미해당
- 접종기관으로 이동·복귀시간, 접종소요시간 등 예방 접종에 직접 필요한 시간만큼만 부여

다) 공가의 사례

사례 1

「국가기술자격법」에 의한 기술자격취득자의 경우 자격의 유지를 위한 개별법령에 따른 보수교육에 대하여는 공가처리. 다만, 공무원 임용 시 「국가기술자격법」기타 개별법령에 의한 자격취득이 공무원 임용요건으로 의무화된 경우에는 교육파견절차에 따라 처리

사례 2

구속된 경우 기소 전까지는 공가처리

※ 유죄판결이 확정될 때까지는 무죄로 추정되는 헌법정신을 감안하고 불기소·기소유예 등의 경우에 대비, 다만, 직위해제 또는 징계요구 등 인사 조치를 신속히 취하여 공가기간을 최소화시켜야 함

사례 3

징계·소청·행정소송 등에 있어서 업무담당 공무원의 출석은 출장처리하고, 당사자 및 참고인은 공가처리, 다만, 그 내용이 공직신분과 무관한 사항은 연가를 활용해야 함

사례 4

민사소송의 당사자로서 출석할 때는 연가를 사용하여야 함. 다만, 민사소송 절차에 업무상 관련이 있는 공무원이 당사자(정당한 공무수행과 관련하여 제기된 소송에 한함)일 경우는 공가 처리
민사소송 절차에 업무상 관련이 있는 공무원이 참고인·증인 또는 감정인으로 출석요구에 응할 때는 공가처리

사례 5
교원이 국가대표로서 올림픽대회에 출전을 하게 될 경우에 출전하기 위한 합숙훈련 및 출전기간에 필요한 기간은 공가처리

사례 6
중앙행정기관 동호인대회에 선수로 참석할 경우 공가 처리하고, 동호인대회 업무 담당자의 경우 출장 처리. 다만 부처별 동호인대회에 참석할 경우에는 연가 처리하여야 함

사례 7
교원은 건강검진 시 공가를 신청할 수 있습니다. 검진 후 확진검사를 받아야 하는 경우도 공가가 가능한지?

- 「교원휴가에 관한 예규」제7조(공가)제6호에 따르면 「산업안전보건법」제129조부터 제131조까지의 규정에 따른 건강진단, 「국민건강보험법」제52조에 따른 건강검진, 「초·중등교육법」제21조의2제1호 및 「유아교육법」제22조의2 제1호에 따른 마약류 중독 검사 또는 「결핵예방법」제11조제1항에 따른 결핵검진 등을 받을 때 공가 사용이 가능함
- 다만, 수검 의무가 없는 검진(재검진, 2차검진, 확진검사 등 포함)은 공가 사유에 해당되지 않음
  - 따라서, 「국민건강보험법」제52조에 따른 건강검진의 확진검사와 「결핵예방법」제11조제1항에 따른 결핵검진의 확진검사는 공가 대상이 아니며, 「산업안전보건법」제129조부터 제131조까지의 규정에 따른 건강진단 중 의무사항으로 규정된 확진검사는 공가 대상임

사례 8
예방접종 시 공가 사용이 되는지?

- 「교원휴가에 관한 예규」제7조(공가)제13호에 따르면 공무국외 출장 등을 위하여 「검역법」제5조제1항에 따른 검역관리지역 또는 중점검역관리지역으로 가기 전에 같은 법에 따른 검역감염병의 예방접종을 할 때 공가 대상이 됨
- 「교원휴가에 관한 예규」제7조(공가)제14호에 따르면 「감염병의 예방 및 관리에 관한 법률」제2조의 제1급감염병에 대하여 같은 법 제24조 및 제25조에 따라 예방접종을 받는 경우에도 공가 대상이 됨
  - 제1급 감염병에 대하여 예방접종을 받는 경우는 「감염병의 예방 및 관리에 관한 법률」제2조에 따른 제1급 법정 감염병에 한정하며, 인플루엔자 등 일반 독감 예방접종은 해당하지 않음
- 공가 시간은 접종기관으로 이동·복귀시간, 접종소요시간 등 예방접종에 직접 필요한 시간만큼만 부여함

사례 9
마약류 중독 검사를 받는 경우 복무 처리는?

- 「초·중등교육법」제21조의2제1호, 「유아교육법」제22조의2제1호 개정으로 1급 정교사 자격취득을 위해 마약류 중독 여부를 확인하도록 하여, 「교원휴가에 관한 예규」제7조(공가)제6호에 따라 마약류 중독 검사를 공가 사유로 규정하고 있음. 따라서, 학교장(승인권자)은 이에 직접 필요한 기간 또는 시간*에 대하여 공가를 승인할 수 있음
  - '직접 필요한 기간(시간)'에는 검사일의 당일에 왕복 소요일수(시간)를 가산할 수 있음

4) 주요 특별휴가

순	휴가명	휴가요건	휴가일수			유의사항
(1)	경조사휴가	가족 친척의 경조사	결혼	본인	5일	※ 경조사휴가는 토요일·공휴일로 인하여 분리되는 경우를 제외하고는 분할하여 사용할 수 없음 • 단, 본인 결혼 휴가의 경우에는 그 사유가 발생한 날(결혼식일 또는 혼인신고일)부터 30일 이내의 범위에서 사용 가능하고, 휴가 사용시 마지막 날이 30일 범위 내에 있어야 함 - 다만, 업무상 불가피하게 휴가 사유 발생일로부터 30일 이내 사용할 수 없는 경우에는 90일 이내의 범위에서 사용 가능함(이 경우 휴가 사용시 마지막 날이 90일 범위 내에 있어야 함) • 배우자 출산 휴가의 경우 배우자 출산일로부터 120일(다태아 150일) 이내에 3회(다태아 5회) 이내 분할 사용할 수 있으며, 휴가 사용시 마지막 날이 120일(다태아 150일) 범위 내에 있어야 함 • 사망으로 인한 경조사 휴가의 경우 그 사유가 발생한 날(사망일 또는 장례일) 또는 사망일 다음날부터 휴가를 사용할 수 있음
				자녀	1일	
			출산	배우자 (한번에 둘이상 자녀를 출산)	20 (25)일	
			사망	배우자, 본인 및 배우자의 부모	5일	
				본인 및 배우자의 조부모·외조부모	3일	
				자녀와 그 자녀의 배우자	3일	
				본인 및 배우자의 형제·자매	3일	
			입양	본인	20일	
(2)	출산휴가	임신 또는 출산	출산 전후 90일 (미숙아 출산일 경우 100일)			출산 후 45일 이상 확보
			한 번에 둘 이상의 자녀는 120일			출산 후 60일 이상 확보
(2)-1	유산(사산)휴가	임신 중 유산 또는 사산	10일, 30일, 60일, 90일			임신기간에 따름(인공임신중절수술 제외) * 근무일에 유산·사산하는 경우 다음날부터 유산·사산 휴가를 기산
(2)-2	배우자 유산 (사산)휴가	배우자가 유산하거나 사산한 경우	3일			배우자 유산휴가(사산휴가) 기간 내에 사용, 1회에 한하여 분할 사용 가능
(3)	난임치료시술 휴가	인공수정 또는 체외수정 등 난임불임치료 시술을 받는 교원	2~4일			• 여성(시술일 당일 반드시 포함) - 인공수정 시술: 2일 - 동결보존 배아를 이식하는 체외수정 시술: 3일 - 난자를 채취하는 체외수정 시술 : 4일 • 남성: 정자채취일 당일
(4)	여성보건휴가	여성 교원의 생리기	월1회 1일			분리하여 사용 불가, 무급처리
(5)	모성보호시간	임신 중인 여성 교원	1일 2시간			증빙서류(진단서, 임신확인서, 산모수첩 등) 제출, 육아시간과 중복사용 불가
(6)	육아시간	8세 또는 초등학교 2학년 이하	1일 최대 2시간			36개월 범위(수업 등 학생지도에 지장이 없는 범위 내)
(7)	수업휴가	방통대에 출석수업에 참석하기 위한 연가일수를 초과하는 출석수업 기간	출석수업 기간			법정연가를 먼저 사용한 후 부족한 일수에 한하여 인정됨
(8)	재해구호휴가	재난으로 피해를 입은 교원과 그 지역에 자원봉사활동을 하고자 하는 교원	5일 이내 (대규모 재난으로 피해입은 교원의 경우 10일 이내)			재난의 피해정도, 자원봉사활동의 필요성, 수업 지장 유무 등을 판단하여 신중하게 허가
(9)	가족돌봄휴가	자녀, 배우자, 부모(배우자의 부모 포함), 조부모, 외조부모, 손자녀 돌봄	연간 10일 범위 자녀 수에 1을 더한 일수까지 연간 유급휴가			(유급) 자녀에 대한 돌봄사유로 시간 단위로 사용 가능 (무급) 자녀외의 가족돌봄 시, 유급 자녀돌봄휴가 소진시 일단위 사용 가능 * 가족돌봄휴가 사유에 학교 등의 임시휴업·휴업일(방학 등) 포함
(10)	임신검진휴가	여성교원의 임신검진	임신기간 동안 10일의 범위 내			최초 신청 시 임신확인서 등 제출 반일 또는 하루 단위로 신청 가능
(11)	교육활동 보호를 위한 특별휴가	「교원의 지위 향상 및 교육활동 보호를 위한 특별법」에 따른 교육활동 침해의 피해	5일의 범위 내			교원휴가에 관한 예규 제8조 제1항

가) 경조사휴가

(1) 경조사별 휴가일수

구 분	대 상	일 수
결 혼	본인	5
	자녀	1
출 산	배우자(한번에 둘이상 자녀를 출산한 경우)	20(25)
사 망	배우자, 본인 및 배우자의 부모	5
	본인 및 배우자의 조부모·외조부모	3
	자녀와 그 자녀의 배우자	3
	본인 및 배우자의 형제·자매	3
입 양	본인	20

(2) 입양은 「입양 특례법」에 의한 입양에 한하며, 입양 휴가를 사용하고자 하는 자는 「입양특례법」에 따라 가정법원의 허가를 받거나 「가족관계 등록 등에 관한 법률」에서 정하는 바에 따라 신고한 때에 입양휴가를 사용할 수 있으며, 법원의 입양 허가 전 사용할 경우에는 입양할 아동을 인도받은 입양기관의 확인서류를 첨부하여야 함

(3) 입양이외의 경조사휴가를 실시함에 있어 원격지일 경우에는 2일 범위 내에서 왕복소요일수를 가산할 수 있음. 이 경우, 원격지라 함은 가장 빠른 교통수단으로도 왕복 8시간 이상 소요되는 지역을 말함

  ※ 본인 결혼 경조사휴가의 경우 원격지는 결혼식장을 기준으로 함

(4) 경조사휴가는 그 사유가 발생한 날을 포함하여 전후에 연속하여 실시하는 것이 원칙임

  ※ 경조사휴가는 토요일·공휴일로 인하여 분리되는 경우를 제외하고는 분할하여 사용할 수 없음

- 단, 본인 결혼 휴가의 경우에는 그 사유가 발생한 날(결혼식일 또는 혼인신고일)부터 30일 이내의 범위에서 사용 가능하고, 휴가 사용시 마지막 날이 30일 범위 내에 있어야 함
  - 다만, 업무상 불가피하게 휴가 사유 발생일로부터 30일 이내 사용할 수 없는 경우에는 90일 이내의 범위에서 사용 가능함(이 경우 휴가 사용시 마지막 날이 90일 범위 내에 있어야 함)
- 배우자 출산 휴가의 경우 배우자 출산일로부터 120일(다태아 150일) 이내에 3회(다태아 5회) 이내 분할 사용할 수 있으며, 휴가 사용시 마지막 날이 120일(다태아 150일) 범위 내에 있어야 함
- 사망으로 인한 경조사 휴가의 경우 그 사유가 발생한 날(사망일 또는 장례일) 또는 사망일 다음날부터 휴가를 사용할 수 있음
  ※ 장례일로 변경한 경우 이를 증빙할 수 있는 자료를 요구할 수 있음

> **사례 1**
> 경조사휴가에 포함되지 않은 대상(이모, 고모, 삼촌 등)의 사망으로 인한 휴가는 특별휴가가 아닌 연가 등을 사용해야 함

> **사례 2**
> 토요일에 부모가 사망한 경우의 경조사 휴가일수는 다음 주 월, 화, 수, 목, 금으로 5일의 휴가를 얻을 수 있음

> **사례 3**
> 토요일에 자녀가 결혼하는 경우 경조사 휴가는 전일 금요일 또는 다음 주 월요일에 휴가를 얻을 수 있음

> **사례 4**
> 금요일 오후 5시에 본인의 형제자매가 사망한 경우 경조사 휴가는 금요일 당일부터 다음주 화요일까지(3일) 또는 다음주 월요일부터 수요일까지(3일) 휴가를 얻을 수 있음

> **사례 5**
> 2025년 2월 20일(목) 배우자가 한 명의 자녀를 출산한 경우, 사유 발생즉시 사용하지 않고 5월 27일부터 해당 휴가를 사용시 6월 19일(목)까지 사용할 수 있으며(17일), 120일이 초과되는 6월 20일부터는 해당 휴가를 사용할 수 없음

> **사례 6**
> 사실혼 관계인 배우자의 경조사휴가가 가능한지?
> - 경조사휴가는 직계혈족 또는 법률상 가족 관계로 등록된 경우에 사용이 가능함
> - 사실혼 관계인 배우자의 출산휴가의 경우 그 자녀의 가족관계 증명을 통해 경조사휴가를 부여할 수 있으나, 가족관계로 등록되지 않은 사실혼 관계인 배우자의 부모님 등 가족에 대한 경조사휴가는 부여할 수 없음

나) 출산휴가
 (1) 임신하거나 출산한 교원에 대하여 출산 전과 출산 후를 통하여 90일의 출산휴가를 승인해야 하며, 출산 후의 휴가기간이 45일 이상이 되게 함
  - 다만, 한 번에 둘 이상의 자녀를 임신한 경우에는 120일의 출산휴가를 승인할 수 있으며, 출산 후의 휴가기간이 60일 이상이 되게 함
    ※ 휴가기간의 배치는 의료기관의 진단서에 의한 출산 예정일을 기준으로 하되, 조산의 우려 등 특별한 경우는 예외 인정
    ※ 휴직 중이 아닌 공무원의 경우, 출산일에 출근하여 출산휴가를 온전히 사용하지 못한 경우 출산일 다음날부터 90일의 출산휴가를 사용할 수 있음
  - 임신37주 미만의 출생아 또는 출생 시 체중이 2.5kg미만인 영유아를 출산하여 1일이내 신생아 중환자실에 입원한 경우 출산휴가일수는 100일 사용 가능함.
    ※ 출산휴가 종료예정일(90일 기준) 7일 전까지 미숙아 출산 사실을 증명할 수 있는 출생보고서 또는 출생증명서, 생후 1일 이내 신생아중환자실 입원기록을 확인할 수 있는 진료비 세부내역서나 진단서 등 제출
  - 출산일 전에 육아휴직 등 휴직 중인 경우에는 실제 출산일에 맞추어 복직을 한 후 출산휴가를 신청하는 것이 바람직함
    ※ 육아휴직 중인 여성공무원이 출산휴가 사용을 위해 출산예정일('20.9.14.)에 맞춰 미리 복직신청을 하였음. 그러나 출산예정일보다 일찍 출산(9.7.)하게 되었음에도 불구하고 이에 따른 복직신청을 변경하지 않아 인사부서에서는 '20.9.14일부로 해당 여성공무원에 대한 복직과 동시에 출산휴가 처리를 완료하였음. 하지만 출산휴가는 실제 출산일(9.7.)로부터 90일까지 사용할 수 있으므로 해당 여성공무원은 결국 총 83일의 출산휴가만 사용하게 됨

(2) 행정기관의 장은 임신 중인 공무원이 다음 중 어느 하나에 해당하는 사유로 출산휴가를 신청하는 경우에는 출산 전 어느 때라도 최장 44일(한번에 둘 이상의 자녀를 임신한 경우에는 59일)의 범위에서 출산휴가를 나누어 사용할 수 있음
- 임신 중인 공무원이 유산(「모자보건법」 제14조 제1항에 따라 허용되는 경우 외의 인공임신중절에 의한 유산은 제외)·사산의 경험이 있는 경우
- 임신 중인 공무원이 출산휴가를 신청할 당시 연령이 만 40세 이상인 경우
- 임신 중인 공무원이 조산·유산·사산의 위험이 있다는 의료기관의 진단서를 제출한 경우

(3) 임신 중 유산 또는 사산한 경우로서 여성공무원이 신청하는 때에는 다음 기준에 따라 유산·사산휴가를 주어야 함. 다만, 인공임신중절수술(모자보건법 제14조제1항의 규정에 의한 경우는 제외)에 의한 유산의 경우는 휴가를 부여하지 않음

임신기간	유산·사산일로부터 휴가일수
15주 이내(105일까지)	10
16주 이상 21주 이내(임신 106일부터 147일까지)	30
22주 이상 27주 이내(임신 148일부터 189일까지)	60
28주 이상(임신 190일 이후)	90

※ 1주는 7일이므로 임신 106일부터 147일까지 30일, 임신 148일부터 189일까지는 60일, 임신 190일 이후는 90일임
※ 휴가기간은 유산·사산한 날부터 기산하므로 유산·사산한 날 이후 일정기간이 지나서 청구하면 그 기간만큼 휴가 가용일수가 단축됨

(4) 배우자가 유산하거나 사산한 경우 남성 공무원은 3일의 배우자 유산·사산휴가를 주어야 함
- 배우자의 임신기간에 따라 부여된 유산·사산 휴가기간중에 사용하여야 하며, 1회에 한하여 분할 사용할 수 있음

※ 예1) 임신한 배우자가 15주 이내에 유·사산한 경우 : 유·사산한 날로부터 10일 내에 3일의 휴가 사용
※ 예2) 임신한 배우자가 16주~20주 이내에 유·사산한 경우 : 유·사산한 날로부터 30일 내에 3일의 휴가 사용

(5) 출산 및 유산·사산 휴가는 산모의 건강을 고려하여 일정기간 휴가를 부여하는 것이며, 아래의 경우에는 일반병가를 허가함
- 임신 중 심한 입덧이나 부작용 등으로 안정의 필요가 있을 경우
  ※ 학교장은 산모의 건강 및 수업 등을 고려하여 출산예정일 전·후를 통하여 출산휴가를 하도록 지도

> **사례 1**
> 유급육아휴직 1년은 이미 사용을 한 상태이고, 2017. 6. 20~ 2018. 6. 19.까지 무급으로 2년째 육아휴직을 신청하여 휴직상태에 있습니다.
> 여기서 둘째가 생겨 출산예정일이 2018. 5. 19.일인데요. 출산전후 휴가 90일 사용에 대해 문의 드리고 싶습니다. 육아휴직과 출산휴가 사용에 중첩되는 상황이 왔는데요.
> 둘째아이 출산휴가를 둘째 아이 출산 후 첫째 육아휴직이 끝난 다음날인 2018. 6. 20.부터 사용하여 90일을 사용할 수 있는 것인지가 궁금합니다. 즉, 2018. 6. 20. ~ 2018. 9. 20.까지 둘째아이 출산휴가를 사용해도 되는가?

가. 「국가공무원 복무규정」 제20조에 제2항에 따라 임신하거나 출산한 공무원에 대하여 출산 전과 출산 후를 통하여 90일의 출산휴가를 승인해야 하며 출산 후의 휴가기간이 45일 이상이 되어야 함
나. 출산 전에 휴가를 사용할 경우 휴가기간의 배치는 의료기관의 진단서에 의한 출산 예정일을 기준으로 할 수 있으며
 - 출산한 날이 지난 후에 휴가를 신청하면 그만큼 휴가 가용일수가 단축되므로 출산 예정일보다 빨리 출산하였다면 기존에 신청한 출산휴가를 변경하여야 90일의 출산휴가를 사용할 수 있음
 - 따라서, 첫째아이 육아휴직 계속 중에 둘째아이 출산 예정일인 2018. 5. 19.에 출산하고 2018. 6. 19. 육아휴직이 종료됨과 동시에 6. 20.부터 출산휴가를 사용하는 경우, 출산일부터 6. 19.까지의 기간을 제외하고 남은 출산휴가 일수를 사용하실 수 있음
다. 한편 휴직 중에는 출산휴가 신청이 곤란하므로 출산 전에 육아휴직 중인 경우에는 출산예정일을 기준으로 사전에 인사부서에 복직신청을 하고 출산휴가 신청에 대한 의사를 표해야 함

[인사혁신처 윤리복무국 복무과]

사례 2

임신기간이 10주였던 교사가 2020.2.17.(월)에 유산, 사산한 것을 증빙한 경우

- 당일인 2.17.(월)부터 휴가 신청시 → 토요일, 공휴일을 제외하고 2.28.(금)까지 10일간 휴가
 2.19.(수)부터 휴가 신청시 → 토요일, 공휴일을 제외하고 2.28.(금)까지 8일간 휴가
 참고로, 휴가기간 중의 토요일과 공휴일은 제외하며 다만, 연가를 제외한 휴가기간이 30일 이상 계속되는 경우에는 그 휴가일수에 토요일과 공휴일을 산입함
- 휴가기간은 유산·사산한 날로부터 기산하므로 유산·사산한 날 이후 일정기간이 지나서 청구하면 그 기간만큼 휴가 기간이 단축됨

사례 3

다태아 중 분만시 1명 정상출산, 1명 사산된 경우 휴가 부여일수는?

- 「모성보호와 일가정 양립 지원 업무편람」에 따르면 사산 시점부터 새로이 유산·사산 휴가를 부여해야 하므로 분만 시점을 기준으로 해당 임신주차의 유산·사산 휴가와 남은 출산휴가 중 긴 기간을 부여함.
- 다태아 중 유사 사례로,
 - 1명 정상 출산, 1명 유산된 경우에는 해당 임신주차의 유산·사산 휴가를 부여하고 출산에 대해서는 단태아 기준으로 출산휴가를 부여함.
 - 2명 모두 출산하지 못하고 사산된 경우에는 해당 임신주차의 유산·사산 휴가를 부여함.
 - 각각 다른 시기에 2명 모두 유산된 경우에는 각각 임신주차에 해당하는 유산·사산 휴가를 부여합니다. 단, 유산일을 기준하여 부여하되 기간이 중복될 경우 첫 번째 유산·사산휴가는 즉시 종료하고 두 번째 유산·사산 휴가를 부여함

다) 난임치료시술휴가
 (1) 여성교원
  • 인공수정 시술을 받는 경우 : 총 2일
   - 시술을 할 때마다 총 2일의 휴가를 부여받을 수 있으며, 시술일 당일을 반드시 포함하고, 나머지 1일은 시술일 전날, 시술일 후 2일 이내 또는 인공수정시술을 위하여 반드시 수반되는 병원진료일 중에 선택할 수 있음

- 동결 보존된 배아를 이식하는 체외수정 시술을 받는 경우 : 총 3일
  - 시술을 할 때마다 총 3일의 휴가를 부여받을 수 있으며, 시술일 당일을 반드시 포함하고, 나머지 2일은 시술일의 전날, 시술일 후 2일 이내, 체외수정 시술을 위하여 반드시 수반되는 병원진료일 중에 선택할 수 있음
- 난자를 채취하여 체외수정 시술을 받는 경우 : 총 4일
  - 시술을 할 때마다 총 4일의 휴가를 부여받을 수 있으며, 난자 채취일 당일과 시술일 당일을 반드시 포함하고, 나머지 2일은 난자 채취일 전날 또는 시술일 전날, 난자 채취일 후 2일 이내 또는 시술일 후 2일 이내, 체외수정 시술을 위하여 반드시 수반되는 병원진료일 중에 2일을 선택할 수 있음

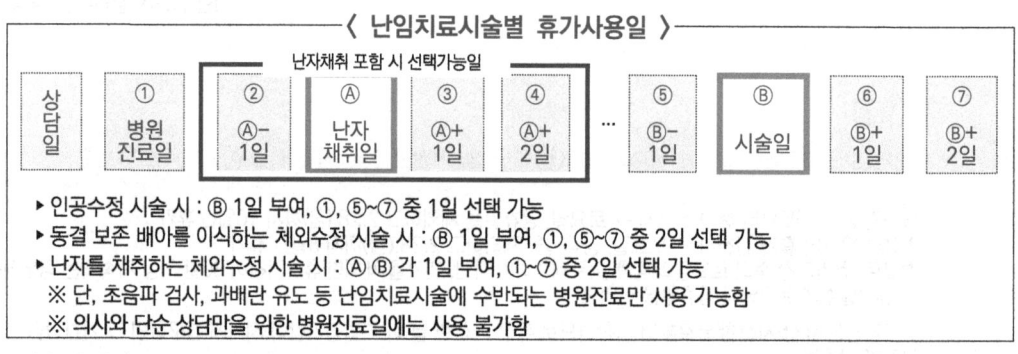

〈 난임치료시술별 휴가사용일 〉

▶ 인공수정 시술 시 : ⑧ 1일 부여, ①, ⑤~⑦ 중 1일 선택 가능
▶ 동결 보존 배아를 이식하는 체외수정 시술 시 : ⑧ 1일 부여, ①, ⑥~⑦ 중 2일 선택 가능
▶ 난자를 채취하는 체외수정 시술 시 : Ⓐ Ⓑ 각 1일 부여, ①~⑦ 중 2일 선택 가능
※ 단, 초음파 검사, 과배란 유도 등 난임치료시술에 수반되는 병원진료만 사용 가능함
※ 의사와 단순 상담만을 위한 병원진료일에는 사용 불가함

(2) 남성교원: 정자 채취일 당일

라) 여성보건휴가
  (1) 여성공무원은 생리기간 중 휴식을 위하여 매월 1일의 여성보건휴가(무급)를 얻을 수 있음

마) 모성보호시간
  (1) 임신 중인 여성공무원은 1일 2시간의 범위에서 휴식이나 병원진료 등을 위한 '모성보호시간'을 받을 수 있음
    - 인력운영 상황, 대국민 서비스 제공 및 공무수행 필요성 등을 종합적으로 고려하여 승인함
      - 학교장은 학교의 인력운영 상황, 민원업무 처리 등 공무수행에 지장이 없는 범위에서 모성보호시간을 사용할 수 있도록 보장하여야 함
    - 모성보호시간 사용시 日 최소근무시간은 4시간 이상이 되어야 하며, 최소근무시간을 충족하지 못한 모성보호시간 사용은 연가로 처리함

> ※ 예) 日 8시간 근무 기준
> - 모성보호시간 2시간, 연가 3시간 사용시 → 연가 5시간 사용으로 처리
> - 모성보호시간 2시간, 병가 4시간 사용시 → 연가 2시간, 병가 4시간 사용으로 처리

    - 모성보호시간은 근무일에 출근을 전제로 하는 특별휴가(육아시간)와 중복하여 사용할 수 없음
  (2) 근무시간 중의 적절한 시간을 선택하여 신청할 수 있으며, 승인대상 여부는 병원에서 발급한 증빙서류(진단서, 임신확인서, 산모수첩 등)로 확인(최초 이용 시에 한하여 제출)
    ※ 늦게 출근하거나, 일찍 퇴근 또는 근무시간 중 모두 활용 가능
  (3) 모성보호시간 사용 시 시간외근무를 명할 수 없음

바) 육아시간
(1) 8세 이하 또는 초등학교 2학년 이하의 자녀를 가진 공무원은 36개월의 범위에서 1일 2시간의 육아시간을 사용할 수 있음

  ※ '만 9세가 되는 날(생일)의 전날' 또는 '초등학교 3학년이 되는 날(해당 학년 3월 1일)의 전날' 두 가지 요건 중 하나만 충족해도 사용 가능하며, 학년을 기준으로 사용할 경우에는 자녀의 재학증명서를 제출하여야 함

  - 인력운영 상황, 대국민 서비스 제공 및 공무수행 필요성 등을 종합적으로 고려하여 승인함
    - 학교장은 학교의 인력운영 상황, 민원업무 처리 등 공무수행에 지장이 없는 범위에서 육아시간을 사용할 수 있도록 보장하여야 함
  - 육아시간 사용시 日 최소근무시간은 4시간 이상이 되어야 하며, 최소 근무시간을 충족하지 못한 육아시간 사용은 연가로 처리함

  ※ 예) 日 8시간 근무 기준
   • 육아시간 2시간, 연가 3시간 사용시 → 연가 5시간 사용으로 처리
   • 육아시간 2시간, 병가 4시간 사용시 → 연가 2시간, 병가 4시간 사용으로 처리

  - 육아시간 사용 시 36개월은 다음과 같이 산정함
    - 月 단위 이상 연속하여 사용한 경우는 합산하여 해당 개월을 사용한 것으로 계산함(1개월이 30일이 안되는 月에 연속사용한 경우에도 해당 월을 연속사용한 것으로 봄)

  ※ 예1) 4.15.~6.14.까지 사용한 경우 2개월을 사용한 것으로 봄
  ※ 예2) 2월이 28일인 경우 30일이 안되더라도 1개월을 사용한 것으로 봄

    - 月 단위 이상 연속하여 사용하지 않은 경우는 사용일수를 합산하여 20일마다 1개월을 사용한 것으로 계산함

  ※ 예) 4.2.~6.(5일), 4.16.~20.(5일), 4.24.~27.(4일), 5.14.~18.(5일), 5.28.(1일)을 사용한 경우 총 20일을 사용했으므로 1개월을 사용한 것으로 봄

  - 자녀가 만 9세 또는 초등학교 3학년이 되는 날(日)에 남아있는 육아시간은 소멸되며, 만 8세 이하 또는 초등학교 2학년 이하의 자녀가 2명 이상인 경우에는 자녀 1인당 각각 사용할 수 있으나, 동일한 날(日)에 중복하여 사용할 수 없음
  - 육아시간은 근무일에 출근을 전제로 하는 특별휴가(모성보호시간)와 중복하여 사용할 수 없음

(2) 근무시간 중의 적절한 시간을 선택하여 신청할 수 있으며, 승인대상 여부는 병원의 출생증명서 또는 주민등록등본으로 확인(NEIS에 자녀 정보 등록 후 신청 가능)

  ※ 늦게 출근하거나, 일찍 퇴근 또는 근무시간 중 모두 사용 가능

(3) 「국가공무원 복무규정」(2018.7.2.)의 개정에 따른 경과조치
  - 국가공무원 복무규정 개정안 시행당시 시행전의 규정에 따라 이미 육아시간을 사용하였거나 사용중인 공무원의 육아시간은 시행일 기준으로 시행전에 사용한 일수를 공제함

- 개정안('18.7.2.) 시행 이전 사용일수를 합산하여 20일마다 1개월을 사용한 것으로 계산함
  ※ 다만, 합산일수가 240일을 초과하는 경우 12개월을 사용한 것으로 봄

> ※ 예1) '18.4.2~6(5일), 4.16~20(5일), 4.24~27(4일), 5.14~18(5일), 5.28~31(4일)을 사용한 경우 총23일을 사용했으므로 1개월을 사용한 것으로 봄
> ※ 예2) '18.5.1.~6.30.까지 사용한 경우, 총 40일을 사용했으므로 2개월을 사용한 것으로 봄

- 경과규정에 따른 사용일수 처리는 만 5세이하 자녀의 이용가능 기간에 산입하여 처리

(4) 「국가공무원 복무·징계 관련 예규」(2023.1.1.)의 개정에 따른 경과조치
- 본 예규 개정 시행일 기준, 종전 규정에 따라 월 단위(육아시간을 최초로 사용한 날로부터 1개월이 되는 날까지를 1월 사용한 것으로 봄)로 사용이 종료된 육아시간은 개정일 전 사용한 월을 공제함

> ※ 예) 최초 사용 시작일이 '22.12.1.인 경우 '22.12.31.까지 1개월 사용한 것으로 봄

- 본 예규 개정 시행일 기준, 월 단위로 사용 중인 육아시간(최초 사용 시작일이 '22.12.2.부터 '22.12.31.까지 중에 있는 경우)은 개정규정을 적용함

> ※ 예) 최초 사용 시작일이 '22.12.5.이고, '22.12.6.~9. 미사용 후 '22.12.12.~'23.1.4. 까지 사용 시 → 19일 사용, 19일 차감

- 다만 이 경우(최초 사용 시작일이 '22.12.2.부터 '22.12.31.까지 중에 있는 경우) 월 단위로 사용 중인 육아시간의 최초 사용 시작일부터 1개월 내 육아시간을 사용한 일수가 20일을 초과하는 경우에는 종전 규정에 따라 월 단위로 공제함

> ※ 예) 최초 사용 시작일이 '22.12.5.이고, '22.12.6. 미사용 후 '22.12.7.~ '23.1.4. 까지 사용 시 → 22일 사용, 1개월 차감

(5) 「국가공무원 복무규정」 개정(2024.7.2.)에 따른 적용례
- 개정규정 시행 전에 종전의 규정에 따라 이미 육아시간을 사용하였거나 사용 중인 공무원의 경우 개정규정의 시행일을 기준으로 종전의 사용한 일수를 공제하고 적용함

(6) 육아시간 사용일에도 시간외 근무 가능

> **사례 1** 육아시간의 인정범위는 해당 자녀에 대해, 부부 각각 사용가능함
> **사례 2** 육아시간은 1일 2시간의 범위 내에서 분리사용이 가능함
> **사례 3** 육아시간은 근무일에 출근을 전제로 하는 특별휴가(모성보호시간)와 중복하여 사용할 수 없음
> **사례 4** 육아시간 사용에 있어 학교장 권한 남용인가?
> ◎ 육아시간 사용은 학교별 학사운영, 인력운영 등을 고려한 따른 학교장 승인 사항임
> ◎ 다만, 학교별로 육아시간 운영방법에 대한 합의가 필요한 경우 학교장은 소속 교직원회의 등을 통한 교원의 의견을 수렴할 필요가 있으며, 〈국가공무원복무규정〉을 위배하지 않는 범위에서 육아시간 관련 자체 세부기준을 마련하여 시행 가능함

사) 수업휴가
 (1) 한국방송통신대학교에 재학 중인 공무원은 「한국방송통신대학교설치령」에 의한 출석 수업에 참석하기 위하여 연가일수를 초과하는 출석 수업기간에 대하여 수업휴가를 승인받을 수 있음
 (2) 본인의 법정연가일수를 먼저 사용한 후 부족한 일수에 한하여 수업휴가가 인정되므로 출석 수업 전 연가사용은 불가피한 경우로 제한하여야 함

아) 재해구호휴가
 (1) 수해·화재·붕괴·폭발 등의 재해 또는 재난으로 피해를 입은 공무원과 재해 또는 재난발생지역에서 자원봉사활동을 하고자 하는 공무원에 대하여 5일이내의 재해구호휴가를 승인할 수 있음
 (2) 「재난 및 안전관리 기본법」제14조 제1항에 따른 대규모 재난으로 피해를 입은 공무원에 대해 소속 기관의 장이 인정하는 경우에는 10일 이내의 재해구호휴가를 받을 수 있음
  • '피해를 입은 공무원'이라 함은 재난·재해발생으로 인하여 본인, 배우자, 본인 및 배우자의 부모, 자녀의 인명과 재산에 상당한 피해를 입은 공무원을 말함
  • '대규모 재난'이라 함은 주무부처의 장 또는 중앙재난안전대책본부의 본부장이 인정하는 재난 또는 중앙대책본부장이 재난관리를 위하여 중앙재난안전대책본부의 설치가 필요하다고 판단하는 경우
  • '자원봉사 활동을 하고자 하는 공무원'이라 함은 재난 또는 재해발생지역에서 실시하는 시설 복구 및 친·인척 또는 피해주민을 돕고자 하는 공무원을 말함
 (3) 학교의 장은 재난의 규모와 피해정도, 자원봉사 활동의 필요성 등을 감안하여 자원봉사를 위한 재해구호휴가를 신중하게 승인하고 이를 남용하지 않아야 함

자) 가족돌봄휴가
 (1) 다음에 해당하는 경우 유·무급 포함 연간 총 10일의 범위에서 가족돌봄휴가를 받을 수 있음
  ① 「영유아보육법」에 따른 어린이집, 「유아교육법」에 따른 유치원 및 「초·중등교육법」제2조 각 호의 학교(이하 이 항에서 "어린이집 등"이라 한다)의 휴업·휴원·휴교, 그 밖에 이에 준하는 사유로 자녀 또는 손자녀를 돌봐야 하는 경우
   ※ 「영유아보육법」, 「유아교육법」, 「초·중등교육법」에 따른 임시휴업·휴업일(방학, 재량휴업 등), 감염병·재난 등으로 인한 개학 연기·온라인수업 등으로 돌봄이 필요한 경우 등
  ② 자녀 또는 손자녀가 다니는 어린이집등의 공식 행사 또는 교사와의 상담에 참여하는 경우
   ※ (예) 입학식, 졸업식, 학예회, 운동회, 참여수업, 학부모 상담 등
  ③ 미성년자 또는 「장애인복지법」제2조제2항에 따른 장애인(이하 "장애인"이라 한다)인 자녀·손자녀의 병원 진료(「국민건강보험법」제52조에 따른 건강검진 또는 「감염병의 예방 및 관리에 관한 법률」제24조 및 제25조에 따른 예방접종을 포함한다)에 동행하는 경우
  ④ 질병, 사고, 노령 등의 사유로 조부모, 외조부모, 부모(배우자의 부모를 포함한다), 배우자, 자녀 또는 손자녀를 돌봐야 하는 경우
   ※ 질병, 사고 등으로 병원에 입원하거나 가정 등에서 돌봄이 필요한 경우 등

(2) 자녀를 돌보기 위한 가족돌봄휴가는 자녀(어린이집등에 재학 중인 자녀, 미성년인 자녀 또는 장애인인 자녀) 수에 1을 더한 일수의 범위에서 유급으로 사용할 수 있음. 이때 장애인인 자녀가 있거나 공무원이 「한부모가족지원법」 제4조제1호의 모 또는 부에 해당하는 경우에는 연 1일(8시간)의 유급 일수를 가산함
- (1)의 제④호의 경우에는 미성년자 또는 장애인인 자녀를 돌보는 경우에만 유급휴가 부여
- 학교장은 유급 가족돌봄휴가 승인 시 관련 증빙서류를 확인하여야 함
  - 어린이집등의 휴업·휴원·휴교 또는 온라인수업을 증빙할 수 있는 서류, 학부모 알림장, 가정통신문 등
  - 병원 진료 여부를 입증할 수 있는 진단서, 확인서, 소견서, 진료확인서, 진료비세부내역서, 진료비 계산서·영수증, 처방전, 약국영수증 등(예방접종증명서, 영유아건강검진결과 통보서 포함)
  - 유급 가족돌봄휴가 부여 또는 가산의 대상임을 입증할 수 있는 장애인등록증, 가족관계증명서 등
- 유급 가족돌봄휴가는 시간단위로 분할하여 사용할 수 있음
  - 부서장은 증빙서류, 교통상황, 왕복 소요시간, 소속공무원의 진술 등을 고려하여 "가족돌봄휴가 사용에 필요한 기간(시간)"을 승인
- 유급 가족돌봄휴가를 모두 사용한 경우 무급 가족돌봄휴가 사용 가능(유급 가족돌봄휴가가 남아 있어도 원하는 경우 자녀 돌봄을 위한 무급 가족돌봄휴가 사용 가능)

(3) 자녀 외의 가족(성년인 자녀 등 유급 가족돌봄휴가 대상이 아닌 자녀 포함)을 돌보기 위해 (1)의 각 요건에 해당할 경우 무급 가족돌봄휴가를 받을 수 있음
- 부서장은 무급 가족돌봄휴가 승인 시 가족관계를 입증할 수 있는 가족관계증명서 등을 확인하여야 함
  - 단, 복무관리를 위해 필요한 경우 부서장은 유급 가족돌봄휴가 승인 관련 증빙서류에 준하는 증빙서류의 제출을 요구할 수 있음
- 무급 가족돌봄휴가는 일 단위로만 사용할 수 있음

차) 임신검진휴가
  (가) 임신한 여성공무원은 임신검진을 위하여 임신기간 동안 10일의 범위에서 휴가를 사용할 수 있음
   - 임신검진휴가 최초 신청시 신청자는 임신확인서 등을 제출하여야 함
   - 임신검진휴가는 반일 또는 하루 단위로 신청할 수 있으며, 임신검진을 확인할 수 있는 자료를 증빙하여야 함
     - 임신확인서 등에 기재된 출산예정일과 달리 출산한 경우 잔여 휴가일수가 있어도 실제 출산한 날부터는 임신검진휴가를 사용할 수 없음
     - 임신 중에 임용된 공무원의 경우 남은 임신기간에 걸쳐 10일의 임신검진휴가를 사용할 수 있음

(나) 학교장(승인권자)은 소속 공무원의 임신검진휴가가 임신검진이라는 본연의 목적을 위해서 사용될 수 있도록 하여야 하며, 필요시 추가 자료 제출을 요구할 수 있음

> **사례 1**
> 2024년에 임신검진 목적으로 임신검진 휴가를 4일 쓴 공무원의 경우, 2025년 남은 임신기간 동안 총 6일의 범위 안에서 임신검진휴가를 받을 수 있음

카) 교육활동 보호를 위한 특별휴가
  (1) 학교의 장은 「교원의 지위 향상 및 교육활동 보호를 위한 특별법」 제15조에 따른 교육활동 침해의 피해를 받은 교원에 대해서는 피해 교원의 회복을 지원하기 위해 5일의 범위에서 특별휴가를 부여할 수 있음

> **사례 1** 교권 침해 행위를 당하여 학교장이 특별휴가가 필요하다고 허가한 경우 사용 가능
> **사례 2** 교권 침해 사안이 있는 경우 5일 이내로 실시 가능 하며, 별도 연간 허용일수의 제한은 없음

사. 공무외 국외여행

1) 기본방침
   가) 교원의 공무외 국외여행은 **휴업일**(여름·겨울 및 학기말 휴업일, 재량휴업일을 말함) 중에 실시함을 원칙으로 함
   나) 교원의 전문성 신장을 위하여 휴업일 중 공무외의 자율연수 목적의 국외여행 기회를 부여함
   다) 공무외 자율연수 목적의 국외여행 인정범위 및 절차 등에 관한 세부적인 사항은 시·도교육감(국립은 총장 또는 학교장)이 정함

2) 실시방법
   가) 휴가일수 범위내 공무외 국외여행 등
     (1) 사유: 본인 또는 친인척의 경조사. 질병의 치료, 친지방문, 견문목적, 취미활동, 가족기념일 여행, 기타 필요한 경우
     (2) 기간
       • 본인 또는 친인척의 경조사 및 본인의 긴급한 질병치료 등 특별한 경우를 제외하고는 학교교육에 지장이 없는 수업일을 제외하고 휴가기간의 범위 안에서 공무외의 목적으로 국외여행을 할 수 있음

- 교원(「교육공무원법」제2조제1항제1호)이 휴업일에 공무외의 국외여행을 할 경우에도 「국가공무원복무규정」에 의한 휴가일수의 범위 안에서 실시함. 다만,「교육공무원법」 제41조의 규정에 의한 연수목적의 국외여행은 별도임

(3) 절차
- 공무외 국외여행을 위한 휴가(연가 또는 특별휴가)를 신청할 때에는 사전에 학교의 장의 허가를 받음. 다만, 교장은 직근 상급기관의 장의 허가를 받아 실시하되, 나이스(NEIS) 공람 등으로 신청할 수 있으며 직근 상급기관에서는 근무상황부 또는 근무상황카드에 의하여 관리함
- 연가의 경우에는 본인의 법정 연가 일수 안에서 필요한 기간 허가할 수 있음

> **사례 1** 본인이 해외로 신혼여행을 갈 경우는 특별휴가 기간 내에서 신청함
> **사례 2** 친지를 방문(10일)하고 이어서 국외자율연수(10일)를 할 경우 친지 방문을 위한 연가 신청을 하고 동시에 국외자율연수 승인절차를 취하여야 함

나) 교육공무원법 제41조를 활용한 공무외 국외여행(이하 "국외자율연수")
  (1) 국외자율연수 인정범위
  - 각종 교직단체가 주관하는 국외 현장연수
  - 해외교육기관의 초청에 의한 연수
  - 현지 어학연수 과정에 등록·수강
  - 국외 현지에서의 교수학습자료 수집 등
  (2) 기간 : 휴업일 중 실시하되 학교교육에 지장이 없는 범위 내
  (3) 절차

국외자율연수 계획서 작성 → NEIS 상신(계획서 첨부) → 승인권자가 전문성 신장을 위한 연수 여부에 따른 승인 → 국외자율연수 실시

  (가) 개인별 국외자율연수 계획서 제출
    - 연수계획서 포함 내용: 제출자, 연수희망국, 연수기간, 연수목적, 활동계획, 기대되는 성과, 연수 중 연락처 또는 연락 방법 등
  (나) 교육행정정보시스템(NEIS)에 복무 및 계획서 상신
    ① 근무상황 : 연수 - 교육공무원법제41조연수
    ② 사유 : 국외자율연수(인정범위 내 사유 기재)
    ③ 목적지 : 중국(연수기간: 2025.8.6.(수) 22:00~2025.8.11.(월) 05:00)
    ④ 국외자율연수 계획서를 나이스 상신 시 첨부파일에 탑재
  (다) 학교장(교육장)의 연수계획서 확인 및 승인
    - 학교에 근무하는 교원은 학교장에게(학교장의 경우, 직근 상급기관에) 승인 후 실시
  (라) 국외자율연수의 실시

3) 유의사항
  가) 휴가일수 범위 내 공무외 국외여행은 기존과 동일함
  나) 국외자율연수와 관련된 경비 지원은 없음
  다) 국외자율연수는 교원연수·연구실적 학점화 시행 대상이 아님
  라) 국외자율연수 기간은 법정 연가일수와 별도 처리하며, 학교교육에 지장이 없는 휴업일에 실시하여야 함
  마) 현지의 규범·관습 등을 지켜 교원으로서 품위를 유지하여 건전한 여행문화 풍토조성에 솔선수범하여야 함
  바) 국외여행과 관련한 민폐·관폐 등 금지
  사) 친지방문, 견문목적 등의 단순한 해외 여행은 연가의 범위 내에서 학교교육에 지장이 없는 범위 내에서 수업일을 제외하고 학교장의 허가를 받아 실시함
  아) 학기 중에 병가, 특별휴가 등 사실과 다른 휴가를 신청하여 공무외 국외여행을 실시하지 않도록 함
  자) 교육공무원법 41조에 의한 국외자율연수의 인정 범위(예:학습자료 수집 등)에 속하는 경우 연가만을 사용하도록 하는 업무처리 지양
  차) 관련 법규 및 본 지침에 규정되지 아니한 사항은 해당학교의 학교장 책임 하에 합리적으로 실시함

> **공무외 국외여행 신청시 연가 및 41조 연수 사용** (경기도교육청 교원정책과-14898, 2015.10.7.)
>
> 1) 교원휴가업무처리요령에 의거 교원의 공무외 국외여행은 휴업일(여름·겨울 및 학기말 휴업일을 말함)중에 실시함을 원칙으로 하며 학교의 장은 교원이 연가일수 범위 내에서 공무외의 목적으로 국외여행을 하고자 할 때 불필요한 규제를 할 수 없으며, 여권발급 등에 필요한 지원을 하여야 하고, 교원의 전문성 신장을 위한 교육공무원법 41조에 의한 국외자율연수 기회를 최대한 부여함으로써 자질향상에 기여할 수 있도록 하여야 함
>
> 2) 교육공무원법 41조에 의한 국외자율연수의 인정 범위(예:학습자료 수집 등)에 속하는 경우 연가만을 사용하도록 하는 업무처리 지양
>   - 친지를 방문(10일)하고 이어서 국외자율연수(10일간)를 할 경우 친지 방문을 위한 연가신청을 하고 동시에 국외자율연수 승인절차를 취할 수 있으며, 국외자율연수 활용시 국외자율연수계획서 제출

※ 교원의 학기중 부당한 공무외 국외여행

☞ 지적사례
  ○○학교 교사 000은 해외유학 중인 자녀의 수업 상담을 위하여 학기 중 3회에 걸쳐 근무상황부에 해외친지방문으로 기재한 후 학교장의 승인을 받아 공무외 국외여행을 실시하였으며, 질병휴직 기간 중 미국을 방문하면서 휴직 발령전 4일 간은 학교장의 승인을 받지 않고 조기 출국한 사실이 있음

☞ 처리기준
  교원이 학기중 공무외 국외여행을 실시할 때는 본인 또는 친인척의 경조사 및 본인의 긴급한 질병 치료 등 특별한 경우를 제외하고는 학교교육에 지장이 없는 휴업일 등에 실시하여야 하고 연가를 실시할 때는 「국가공무원 복무규칙」 제8조(근무상황의 관리)에 따라 사전에 승인을 받아야 함

> **사례 1**
>
> 공무외 국외여행을 하는 경우 사전에 여행일정과 여행지 등을 비상연락담당자에게 통보하여 긴급시 소재 파악 및 비상연락이 될 수 있도록 비상연락체계가 유지되게 해야 할 것임

> **사례 2**
>
> 추석연휴로 수·목·금요일이 공휴일이고 토·일요일은 학교에 출근하지 않는 날인데, 이 5일을 이용하여 연가 없이 해외여행을 가고자 하는 경우 연가일수가 0일이라면 공무외 국외여행으로 복무를 처리하여야 하는지?
>
> ◉ 공휴일에 공무외 국외여행을 실시할 경우, 학교장에 최소 구두보고의 형태로라도 보고하는 것이 필요하며, 실시 여부는 본인이 판단하여 결정할 수 있음
>
> [교육부 교원정책과(2013.5.21.)]

> **사례 3**
>
> 방학이 아닌 징검다리 휴일 같은 하루나 이틀의 평일을 포함하여 공무외의 국외여행을 할 수 있는지?
>
> ◉ 연가 실시 원칙에 따라 휴업일이 아닌 학기 중에는 특별한 사유(경조사 등)가 아닌 이상 연가(공무외 국외여행)를 하지 않도록 하고 있음. 따라서 국외여행 기간에 평일이 포함되어 있고 수업에 지장이 있다면 학교장이 판단하여 연가 허가를 하지 않을 수 있음. 구체적인 사안에 대한 판단은 학교장이 결정해야 할 것임
>
> [교육과학기술부 교원정책과(2012.4.3.)]

memo

공무외국외여행 NEIS 처리방법(예시)

1. 공무외 국외여행의 복무 상신은 기본적으로 근무일과 근무시간(예: 08:40 ~ 16:40)을 기준으로 상신하되 여행장소와 기간이 근무상황부에 표기되도록 함
2. 여행의 출국시간, 귀국시간을 감안하여 {사유} 란에 목적지와 여행기간(일시 포함)을 병기함
3. **출국시간부터 귀국시간까지 단절없이 시간을 설정하되** 출발일 혹은 귀국일의 시간 설정은 근무일과 근무시간에 맞게 설정함 (연가일수는 공휴일을 제외하고 자동계산되나 본인이 확인함)
4. 근무시간 이후 출국하는 경우의 복무는 다음날 근무시간을 기준으로 상신함
5. 근무시간 전에 귀국하는 경우의 복무는 귀국일 전일 근무시간을 기준으로 상신함
   (근무시간 시작 전에 근무지에 도달하지 못하는 경우 지각 상신)
6. 귀국일이 휴업일로 근무하지 않는 경우에는 근무일을 기준으로 복무를 상신함

근무 상신 방법

〈예시〉 2025.8.6.(수) 22:00에 출국하여 2025.8.12.(화) 05:00에 입국하고 8.12.(화)에 출근하여 근무할 경우

1. 유의사항

   연가를 2025.8.6.(수) 22:00~2025.8.12.(화) 05:00로 입력하여 상신할 경우, 나이스가 토요일과 공휴일은 자동으로 연가일수에서 제외하지만 평일은 1분이라도 걸쳐 있으면 연가 1일로 산정하여 연가를 5일로 자동 반영하여 복무에서 총 5일의 연가가 차감됨 (8월 6일, 12일도 연가로 산정됨)

2. 상신 방법

   따라서 위와 같은 경우에는 근무일과 근무시간(예: 08:40~16:40)을 기준으로 다음과 같이 상신함

   ① 연가를 근무일과 근무시간을 반영하여 2025.8.7.(목) 08:40~2025.8.11.(월) 16:40, 연가 3일로 상신함
   ② 단, '사유'란에는 '베트남(여행기간 : 2025.8.6.(수) 22:00~2025.8.12.(화) 05:00))'와 같이 여행 중 모든 기간이 나타나도록 표기해야 함

근무상황신청

근무상황신청입력

근무상황	연가 / 연가		연가종류	금년도연가
기간	2025-08-07 일 08 시 40 분 부터	일반복		요일
	2025-08-11 일 16 시 40 분 까지	3 일 0 시간		
	□월 □화 □수 □목 □금 □토 □일	매		
연락처	(010)____-____			
사유	베트남(여행기간: 2025.8.6.(수) 22:00~2025.8.12.(화) 05:00			
	휴업일			

[예시] 2025년 8월

일	월	화	수	목	금	토
3	4	5	6	7	8	9
10	11	12	13	14	15	16

- 2025.8.6.(수) 05:00 에 베트남으로 출국하여 2025.8.11.(월) 05:00에 입국하고, 2025.8.11.(월) 08:40에 출근하여 근무하는 경우

구분	종별	기간	사유
한번에 상신	연가 (3일)	2025.8.6.(수) 08:40 ~2025.8.8.(금) 16:40	베트남(여행기간 : 2025.8.6.(수) 05:00 ~2025.8.11.(월) 05:00)

- 2025.8.6.(수) 근무 후 22:00에 베트남으로 출국하여 2025.8.11.(월) 14:00에 입국하고, 2025.8.11.(월)에 근무하지 않고 연가를 쓰는 경우

구분	종별	기간	사유
한번에 상신	연가 (3일)	2025.8.7.(목) 08:40 ~2025.8.11.(월) 16:40	베트남(여행기간 : 2025.8.6.(수) 22:00 ~2025.8.11.(월) 05:00)

- 2025.8.6.(수) 22:00에 베트남으로 출국하여 2025.8.11.(월) 05:00에 입국하고, 2025.8.11.(월)에 근무하지 않고 방학 중이므로 교육공무원법 제41조 연수를 쓰는 경우

구분	종별	기간	사유
한번에 상신	연가 (2일)	2025.8.7.(목) 08:40 ~2025.8.8.(금) 16:40	베트남(여행기간 : 2025.8.6.(수) 22:00 ~2025.8.11.(월) 05:00)
	41조 연수 (1일)	2025.8.11.(월) 08:40 ~2025.8.11.(월) 16:40	연수 목적에 알맞게 작성

7. 교육공무원법 제41조를 활용한 공무외 국외여행(이하 '국외자율연수')도 이에 준하여 상신하되 기재 방법은 다음과 같음
   ① 근무상황 : 연수 - 교육공무원법제41조연수
   ② 사유 : 국외자율연수 (인정범위 내 사유 기재)
   ③ 목적지 : 중국(연수기간: 2025.8.6.(수) 22:00~2025.8.11.(월) 05:00)
   ④ 국외자율연수 계획서를 나이스 상신 시 첨부파일에 탑재

구분	종별	기간	사유	목적지
한번에 상신	41조 연수 (2일)	2025.8.7.(목) 08:40 ~2025.8.8.(금) 16:40	국외자율연수 (세부 사유 기재)	베트남(여행기간 : 2025.8.6.(수) 22:00~2025.8.11.(월) 05:00)

서식 국외자율연수 계획서

국외자율연수(교육공무원법제41조연수에 의한 공무외국외여행) 계획서

※ 견문 목적, 취미활동, 가족 기념일 여행은 휴가일수 범위 내 공무외 국외여행에 해당함

소 속		직 급		성 명	(인)	과 목	
연수주제							
연수 희망국							
기 간	.　 .　 .　 ~　 .　 .　 . (　 일간)							
연수 구분	○ 교직단체가 주관하는 연수 (　)　　○ 해외 교육기관의 초청 (　) ○ 개인의 교수학습자료 수집 (　)　　○ 현지 어학연수 과정에 등록·수강(　) ○ 기타(　　　　　　　　　　　　　　　)-내용기재						

연수 세부 일정(계획)

월 일	출발지	도착지	연수기관명 (방문기관 및 장소)	연수 내용	비고
~					
~					
~					

기대되는 연수 효과 (개조식으로 기술)

○
○
○
○
○

연수중 연락처	

위와 같이 국외자율연수를 신청하오니 승인하여 주시기 바랍니다.

20　 .　 .　 .

신청인 :　　　　　　(인)

(　　　　)학교장(교육장·교육감) 귀하

2025 교육공무원 인사실무편람

초등/유아

GYEONGGIDO OFFICE OF EDUCATION

제5장

평정 업무

1. 승진 일반 ··· 333
2. 경력평정 ··· 337
3. 근무성적평정 ·· 343
4. 연수성적평정 ·· 354
5. 가산점평정 ··· 361
6. 승진후보자 명부 작성 ··· 378

미래교육의 중심 새로운 경기교육

GYEONGGIDO OFFICE OF EDUCATION

1 승진 일반

가. 승진(교육공무원법 제13조)

교육공무원의 승진임용은 같은 종류의 직무에 종사하는 바로 아래 직급의 사람 중에서 대통령령으로 정하는 바에 따라 경력평정, 재교육성적, 근무성적, 그 밖에 실제 증명되는 능력에 의하여 한다.

나. 적용대상(교육공무원 승진규정 제2조)

① 각급학교 교감(유치원 원감을 포함한다. 이하 같다)으로서 그가 근무하는 학교 또는 이와 동등급 학교의 교장(유치원의 원장을 포함한다. 이하 같다)의 자격증을 받은 자
② 각급학교의 교사로서 그가 근무하는 학교 또는 이와 동등급학교의 교감의 자격증을 받은 자
③ 장학사 또는 교육연구사로서 장학관 또는 교육연구관의 자격기준에 달한 자
④ 제1호 내지 제3호 외의 교감, 교사, 장학사 및 교육연구사
  ※ 수석교사는 교육공무원 승진규정 미적용(교육공무원 승진규정 제2조 제2항)

다. 승진임용방법

① 임용권자 또는 임용제청권자가 소속교육공무원을 승진임용하거나 승진임용 제청할 때에는 결원된 직위에 대한 승진후보자 명부에 따른 순위가 결원된 직위 중 승진으로 임용하려는 인원의 3배수 이내인 사람 중에서 하여야 한다.(교육공무원법 제14조, 교육공무원임용령 제14조)
② 교(원)장, 교(원)감으로의 승진 임용은 교육공무원 승진 후보자 순위명부에 등재된 고순위자 순으로 하되, 다음 각 호의 어느 하나에 해당자가 승진 예정인원의 3배수 안에 있을 경우 우선 임용할 수 있다.(경기도교육공무원인사관리세부기준(유치원, 초등) 제5조 2항)
  1. 발령일 현재 60세 이상인 자
  2. 발령일 현재 교(원)장 자격증 취득 후 2년 이상 경과한 자
  3. 발령일 현재 교(원)감 자격증 취득 후 2년 이상 경과한 자
  4. 교육적 필요에 의해 지정한 지역(도서벽지 및 농·어촌지역 등)에 교감전보 희망이 없을 경우, 해당 지역에 교감승진 임용을 희망하는 자
    가. 매년 3월 1일, 9월 1일 정기전보에 한함
    나. 발령교에 교감으로 4년 이상 근무
③ 임기만료된 공모교(원)장의 승진 임용은 다음과 같이 한다.
  1. 경기도교육공무원인사관리세부기준(유치원, 초등) 제5조 제1항과 제2항의 규정에도 불구하고 교(원)감 또는 교(원)감 경력이 있는 교육전문직원에서 교(원)장공모제 교(원)장으로 임용되어 임기가 만료된 경우 교(원)장자격소지자는 당해 학기에 교(원)장임용심사를 거쳐 교(원)장으로 임용할 수 있으며, 신규 임용 교(원)상보다 생활근거지를 고려하여 우선 배정할 수 있다.

2. 공모만료 교(원)장 신규 임용 임지 배정 시 공모교(원)장 중간·최종평가 합산점이 높은 순으로 하며, 동점일 경우 최종평가 점수가 높은 순으로 한다.

라. 특별승진임용

① 교육공무원이 다음 각 호의 어느 하나에 해당하고, 상위의 자격증을 취득하거나 자격기준을 갖춘 때에는 교육공무원법 제13조와 제14조에도 불구하고 특별 승진임용할 수 있다. 다만 제4호 또는 제5호에 해당하는 경우에는 상위의 자격증이 없거나 자격 기준을 갖추지 아니하여도 특별승진 임용 할 수 있다.(교육공무원법 제15조제1항)
  1. 교육자로서 지녀야 할 인품과 창의력이 뛰어나며, 청렴하고 투철한 봉사정신으로 직무에 힘써 교육풍토 쇄신에 다른 교육공무원의 귀감이 되는 사람
  2. 교수·지도 및 연구 등 직무 수행 능력이 탁월하여 교육 발전에 큰 공헌을 한 사람
  3. 「국가공무원법」제53조 또는 「지방공무원법」 제78조에 따라 제안이 채택·시행되어 예산을 줄이는 등 행정운영 발전에 현저한 실적이 있는 사람
  4. 재직 중 현저한 공적이 있는 사람이 「국가공무원법」 제74조의2 또는 「지방공무원법」제 66조의2에 따라 명예퇴직할 때
  5. 재직 중 현저한 공적이 있는 사람이 공무로 인하여 사망하였을 때

② 임용권자 또는 임용제청권자는 교육공무원법 제15조에 따라 교육공무원을 특별승진임용하고자 할 때에는 다음 각 호의 어느 하나에 해당하는 교육공무원 중에서 승진임용해야 한다. (교육공무원임용령 제15조제1항)
  1. 법 제15조제1항제1호의 경우에는 교육부장관이 정하는 포상을 받은 교육공무원
  2. 법 제15조제1항제2호의 규정에 의한 경우에는 교육부장관이 직무수행능력이 탁월하여 교육 발전에 지대한 공헌실적이 있다고 인정하는 교육공무원. 이 경우에는 미리 대통령의 승인을 얻어야 한다.
  3. 법 제15조제1항제3호의 규정에 의한 경우에는 창안등급 동상이상을 받은 교육공무원
  4. 법 제15조제1항제4호의 규정에 의한 경우에는 명예퇴직하는 교육공무원
  5. 법 제15조제1항제5호의 규정에 의한 경우에는 교육부장관이 재직중 특별한 공적이 있다고 인정하는 교육공무원

③ 교육공무원임용령 제15조 제1항에 따라 특별승진임용할 때에는 해당 교육공무원이 제16조에 따른 승진임용의 제한을 받지 않는 사람이어야 하며, 제1항제4호에 따라 특별승진임용할 때에는 해당 교육공무원이 재직기간 중 중징계 처분 또는 다음 각 호의 어느 하나에 해당하는 사유로 경징계 처분을 받은 사실이 없어야 한다.(교육공무원임용령 제15조제2항)
  1. 「국가공무원법」 제78조의2제1항 각 호 또는 「지방공무원법」 제69조의2제1항 각 호의 징계 사유
  2. 시험문제 유출 또는 학생 성적 조작 등 학생 성적과 관련한 비위 및 학교생활기록부 허위사실 기재 또는 부당 정정(訂正) 등 학교생활기록부와 관련한 비위
  3. 「성폭력범죄의 처벌 등에 관한 특례법」 제2조에 따른 성폭력범죄

4. 「아동·청소년의 성보호에 관한 법률」 제2조제2호에 따른 아동·청소년대상 성범죄
   5. 「성매매알선 등 행위의 처벌에 관한 법률」 제2조제1항제1호에 따른 성매매
   6. 「양성평등기본법」 제3조제2호에 따른 성희롱
   7. 「도로교통법」 제44조제1항에 따른 음주운전 또는 같은 조 제2항에 따른 음주측정에 대한 불응
   8. 학생에 대한 신체적·정신적·정서적 폭력 행위

④ 교육공무원임용령 제15조 제1항제1호 내지 제3호의 규정에 의하여 특별승진임용을 함에 있어서는 승진후보자명부의 순위에 불구하고 바로 상위직위로 승진임용할 수 있으며, 상위의 자격기준에 달하였으나 상위의 자격증을 소지하지 아니한 때에는 교육부령이 정하는 바에 의하여 상위의 자격증 취득을 위한 자격연수를 우선적으로 받게 할 수 있다.(교육공무원임용령 제15조제3항)

⑤ 제1항제4호 및 제5호의 규정에 의하여 특별승진임용을 함에 있어서는 제14조 승진임용방법의 규정에 불구하고 승진임용할 수 있다. (교육공무원임용령 제15조제4항)

⑥ 제1항제4호에 따라 특별승진임용할 때에는 특별한 공적이 있는지에 대해 심사를 거쳐야 한다. 이 경우 심사의 방법 및 절차 등에 관한 사항은 교육부장관이 정한다.(교육공무원임용령 제15조제5항)

⑦ 제1항제4호에 따라 특별승진임용된 사람이 「국가공무원법」 제74조의2제3항제1호·제1호의2·제1호의3 또는 「지방공무원법」 제66조의2제3항제1호·제1호의2·제1호의3에 해당하여 명예퇴직수당을 환수하는 경우에는 특별승진임용을 취소해야 한다. 이 경우 특별승진임용이 취소된 사람은 그 특별승진임용 전의 직급으로 퇴직한 것으로 본다.(교육공무원임용령 제15조제6항)

마. 승진임용의 제한 (교육공무원임용령 제16조)

① 교육공무원이 다음 각 호의 어느 하나에 해당하는 경우에는 승진임용 될 수 없다.
   1. 징계의결 요구·징계처분·직위해제 또는 휴직(법 제44조제1항제1호에 따른 휴직 중 「공무원재해보상법」에 따른 공무상 질병 또는 부상으로 인한 휴직자를 제15조제1항제4호 또는 제5호에 따라 특별승진임용하는 경우는 제외한다) 중에 있는 경우
   2. 징계처분의 집행이 끝난 날부터 다음 각 목의 기간[「국가공무원법」 제78조의2제1항 각 호 및 「지방공무원법」 제69조의2제1항 각 호의 어느 하나에 해당하는 사유로 인한 징계처분과 소극행정, 음주운전(음주측정에 응하지 않은 경우를 포함한다), 성폭력, 성희롱, 성매매, 상습폭행, 학생성적 관련 비위에 따른 징계처분의 경우에는 각각 6개월을 더한 기간]이 지나지 않은 경우
   가. 강등·정직: 18개월   나. 감봉: 12개월   다. 견책: 6개월

② 징계에 관하여 이 영에 따른 교육공무원과는 다른 법률의 적용을 받는 공무원이 이 영에 따른 교육공무원이 된 경우 종전의 신분에서 강등처분을 받은 때에는 그 처분의 집행이 종료된 날부터 18개월, 근신·영창, 그 밖에 이와 유사한 징계처분을 받은 때에는 그 처분의 집행이 종료된 날부터 6개월 동안 승진임용될 수 없다.

③ 제1항 또는 제2항에 따른 승진임용제한기간 중에 있는 자가 다시 징계처분을 받은 경우의 승진임용제한기간은 전(前) 처분에 대한 승진임용제한기간이 만료된 날부터 새로운 징계처분에 따른 승진임용제한기간을 기산한다.

④ 징계처분으로 승진임용제한기간 중에 있는 자가 휴직하는 경우에는 잔여 승진임용제한 기간은 복직한 날부터 다시 기산한다.

⑤ 교육공무원이 징계처분을 받은 이후 당해 직위에서 훈장·포장·모범공무원포상·국무총리 이상의 표창 또는 제안의 채택시행으로 포상을 받은 경우에는 그가 받은 가장 중한 징계처분에 한하여 제1항제2호 및 제2항에서 규정한 승진임용 제한기간의 2분의 1을 단축할 수 있다.

바. 교육공무원 승진 평정 개요

구 분	배점	내 용
1. 경력평정	70점	• 경력평정기간 : 20년(기본경력 15년, 초과경력 5년)
2. 근무성적평정 (다면평가)	100점	1) 교장자격대상자, 교장승진대상자, 교육전문직원(승진규정 제40조)[5] 　근무성적평정점은 명부의 작성기준일로부터 3년 이내에 해당 직위에서 평정한 평정점을 대상으로 다음 계산 방식에 의하여 산정한다. 　- 근무성적평정점 = (최근 1년 이내 평정점×34/100) 　　　　　　　　　+ (최근 1년전 2년 이내 평정점×33/100) 　　　　　　　　　+ (최근 2년전 3년 이내 평정점×33/100) 2) 교감자격대상자, 교감승진대상자(승진규정 제40조) 　근무성적평정점은 명부의 작성기준일로부터 5년 이내에 해당 직위에서 평정한 합산점 중에서 평정대상자에게 유리한 3년을 선택하여 다음 계산 방식에 따라 산정한다. 　- 근무성적평정점 = (명부작성기준일로부터 가장 가까운 학년도의 합산점 × 34/100) 　　　　　　　　　+ (명부작성기준일로부터 두 번째 가까운 학년도의 합산점 × 33/100) 　　　　　　　　　+ (명부작성기준일로부터 세 번째 가까운 학년도의 합산점 × 33/100)
3. 연수성적 평정 / 교육 성적	27점 (15점)	• 평정점 : 교감승진후보자 27점, 교장 등 승진후보자 15점 　- 자격연수 : 9점 　- 직무연수 (10년 이내 이수한 60시간이상의 연수) • 교감승진후보자 : 18점(성적평정 6점+이수실적 12점) • 교장, 장학관·연구관 승진후보자 : 6점(성적평정)
3. 연수성적 평정 / 연구 실적	3점[6]	• 연구대회입상실적　　　　　　　　　　• 학위취득실적 　- 전국규모　　　　　　　　　　　　　　- 박사 : 직무관련 3.0점 　　1등급 : 1.50점, 2등급 : 1.25점, 3등급 : 1.00점　　　　　그 밖　　1.5점 　- 시·도규모　　　　　　　　　　　　　- 석사 : 직무관련 1.5점 　　1등급 : 1.00점, 2등급 : 0.75점, 3등급 : 0.50점　　　　　그 밖　　1.0점
4. 가산점 평정	13.50점 이내 (11.50)	- 공통가산점: 교육부지정 연구학교 근무 (1.00점), 재외국민교육기관 파견근무 (0.5점), 직무연수이수실적 학점 (1.00점이내), 학교폭력예방 및 기여교원에 대한 가산점 (1.00점 이내) - 선택가산점: 총 10점 이내에서 교육감이 자율적으로 정함

• 교(원)감 승진후보자 : 200점 만점(가산점은 별도)
　- 경력평정점 70점, 근무성적평정점 100점, 연수·연구성적평정점 30점
• 교(원)장, 장학관·교육연구관 승진후보자 : 185점 만점(가산점은 별도)
　- 경력평정점 70점, 근무성적평정점 100점, 연수·연구성적평정점 15점

---

5) 평정점등을 계산함에 있어서 소수점 이하는 넷째자리에서 반올림하여 셋째자리까지 계산(교육공무원승진규정 제40조제6항)
6) 교육공무원 승진규정 제35조, 제36조에 따라 교감 및 교육전문직원은 평정대상에서 제외

2 경력평정

가. 평정의 기준(교육공무원 승진규정 제3조)

경력평정은 당해 교육공무원의 경력이 직위별로 담당직무수행과 관계되는 정도를 기준으로 하여야 한다.

나. 평정의 기초(교육공무원 승진규정 제4조)

경력평정은 당해 교육공무원의 인사기록카드에 의하여 평정한다. 다만, 필요하다고 인정하는 경우에는 인사기록카드의 기재사항의 정확여부를 조회하여 확인할 수 있다.

다. 승진평정시의 평정자와 확인자(교육공무원 승진규정 제5조)

경력의 평정자와 확인자는 승진후보자명부 작성권자가 정한다.

기 관 별	피평정자	평 정 자	확 인 자
유치원 공립초등학교 특수학교	교사, 교(원)감	교(원) 감	교(원) 장
교육지원청	장학사 특수교육순회교사	소속과장	교육장
직속기관	교육연구사	소속부장	기관의 장
도교육청	장학(교육연구)사 특수교육순회교사	소속장학관 (사무관)	교원인사정책과장

※ 교감이 배치되지 않은 소규모 학교에서는 교장이 평정자를 겸한다 : 교직 81080-2810('99.12.3)

라. 평정의 시기(교육공무원 승진규정 제6조)

경력평정은 매 학년도 종료일(2월말) 기준으로 하여 정기적으로 실시한다. 다만, 신규채용·승진·전직 또는 강임된 자가 있거나 상위자격을 취득한 자가 있는 때에는 그때부터 2개월이내에 정기평정일 현재를 기준으로 하여 평정한다.

마. 경력의 종류 및 평정기간(교육공무원 승진규정 제7조, 제8조)

경력의 종류	평정기간
기본경력	평정시기로부터 15년
초과경력	기본경력전 5년

※ 경력평정기간 중 일시퇴직기간 등이 있으면 그 기간을 제외하고 경력평정시점으로부터 경력평정기간이 충족되는 시점까지 도달하여 평정

바. 평정대상 경력의 종별과 그 등급(교육공무원 승진규정 제9조, 관련 별표1)

직위	등급	경력 종별
교감	가 경력	1. 각급학교 교장 또는 교감의 경력 2. 장학관·교육연구관·장학사 또는 교육연구사의 경력
	나 경력	1. 각급학교 교사(전임강사이상의 대학교원 및 중학교 또는 고등학교 졸업학력이 인정되는 사회교육시설에서 동등급 교원자격증을 가지고 학생을 지도한 경력을 포함한다)의 경력 2. 교육부장관이 지정하는 법인인 교육연구기관에서 당해 직위와 상응한 직무를 담당한 경력 3. 교육공무원으로 임용되기 전에 병역법 그밖의 법률에 의한 의무를 수행하기 위하여 징집 또는 소집되거나 근무한 경력
	다 경력	1. 임용권자가 임용하여 전임으로 근무한 강사(대학의 전임강사는 제외한다) 또는 기간제교원(임시교원의 경력을 포함한다)의 경력. 다만, 「교육공무원임용령」 제13조제2항에 따라 교원의 통상적인 근무시간보다 짧게 근무하는 시간제근무 기간제교원은 해당 교원이 근무한 시간을 합산하여 1일 단위(근무한 시간을 8로 나누어 산정하되, 8시간 미만의 나머지는 버린다)로 경력을 평정한다.
교사	가 경력	1. 각급학교 교장·교감 또는 교사(전임강사이상의 대학교원 및 중학교 또는 고등학교 졸업학력이 인정되는 사회교육시설에서 동등급 교원자격증을 가지고 학생을 지도한 경력을 포함한다)의 경력 2. 장학관·교육연구관·장학사 또는 교육연구사의 경력 3. 교육공무원으로 임용되기 전에 병역법 그밖의 법률에 의한 의무를 수행하기 위하여 징집 또는 소집되거나 근무한 경력
	나 경력	1. 임용권자가 임용하여 전임으로 근무한 강사(대학의 전임강사는 제외한다) 또는 기간제교원(임시교원의 경력을 포함한다)의 경력. 다만, 「교육공무원임용령」 제13조제2항에 따라 교원의 통상적인 근무시간보다 짧게 근무하는 시간제근무 기간제교원은 해당 교원이 근무한 시간을 합산하여 1일 단위(근무한 시간을 8로 나누어 산정하되, 8시간 미만의 나머지는 버린다)로 경력을 평정한다.
장학사 교육 연구사	가 경력	1. 장학관·교육연구관·장학사 또는 교육연구사의 경력 2. 각급학교의 교장 또는 교감의 경력
	나 경력	1. 각급학교 교사(전임강사이상의 대학교원 및 중학교 또는 고등학교 졸업학력이 인정되는 사회교육시설에서 동등급 교원자격증을 가지고 학생을 지도한 경력을 포함한다)의 경력 2. 5급이상의 일반직 국가공무원 또는 지방공무원으로서의 교육행정 경력 3. 교육부장관이 지정하는 법인인 교육연구기관에서 당해 직위와 상응한 직무를 담당한 경력 4. 교육공무원으로 임용되기 전에 병역법 그밖의 법률에 의한 의무를 수행하기 위하여 징집 또는 소집되거나 근무한 경력
	다 경력	1. 임용권자가 임용하여 전임으로 근무한 강사(대학의 전임강사를 제외한다) 및 기간제교원(임시교원의 경력을 포함한다)의 경력. 다만, 「교육공무원임용령」 제13조제2항에 따라 교원의 통상적인 근무시간보다 짧게 근무하는 시간제근무 기간제교원은 해당 교원이 근무한 시간을 합산하여 1일 단위(근무한 시간을 8로 나누어 산정하되, 8시간 미만의 나머지는 버린다)로 경력을 평정한다. 2. 5급이하의 일반직 국가공무원 또는 지방공무원으로서의 경력(나경력 제2호를 제외한다) 3. 고등교육법 제14조의 규정에 의한 조교의 경력

사. 경력별 평정점(교육공무원 승진규정 제10조, 관련 별표2)

구 분	등급	평정만점	근무기간 1월에 대한 평정점	근무기간 1일에 대한 평정점
기본경력 (15년)	가경력	64.00	0.3555	0.0118
	나경력	60.00	0.3333	0.0111
	다경력	56.00	0.3111	0.0103
초과경력 (5년)	가경력	6.00	0.1000	0.0033
	나경력	5.00	0.0833	0.0027
	다경력	4.00	0.0666	0.0022

※ 교육공무원의 기본경력 15년, 초과경력 5년인 경우에는 그 경력평정 점수는 각각 평정만점으로 평정한다.
 (예: 초과경력 중 '나' 경력이 5년이면 계산상은 60×0.0833=4.998점이지만 5점으로 평정)
※ 경력평정점을 계산함에 있어서 소수점이하는 넷째자리에서 반올림하여 셋째자리까지 계산

아. 경력의 기간 계산(교육공무원 승진규정 제11조, 초등승진평정업무처리요령)

1) 경력평정의 평정기간 중에 휴직기간·직위해제기간 또는 정직기간이 있는 경우 그 기간은 평정에서 제외한다. 다만, 다음 각 호의 어느 하나에 해당하는 기간은 재직기간으로 보아 평정기간에 포함하여 계산한다.
   가) 다음에 해당하는 휴직의 경우 휴직기간 전부(교육공무원승진규정 제11조제1항제1호)
     ① 「교육공무원법」(이하 "법"이라 한다) 제44조제1항제1호의 사유로 인한 휴직 중 「공무원 재해보상법」에 따른 공무상 부상 또는 질병으로 인한 휴직 기간
     ② 법 제44조제1항제2호·제4호·제7호·제7호의2 및 제11호의 사유로 인한 휴직
     ③ 법 제44조제1항제6호의 사유(상근으로 근무한 경우만 해당한다)로 인한 휴직

   나) 다음에 해당하는 휴직의 경우 휴직기간 50퍼센트(교육공무원승진규정 제11조제1항제2호)
     ① 법 제44조제1항제5호 및 제8호의 사유로 인한 휴직
     ② 법 제44조제1항제6호의 사유(비상근으로 근무한 경우만 해당한다)로 인한 휴직
       ※ 상근이라 함은 1주당 15시간 이상 근무, 비상근은 6~14시간 이하 근무를 말함
         (단, 2000.3.31.이전에 근무한 자는 1주당 상근 10시간 이상, 비상근은 9시간 이하 근무를 말함)
       ※ '94.9.22. 이전에 국제기구·해외기관·재외국민교육기관에 고용된 자는 종전의 규정에 의해서 경력기간을 산정함(100% 인정)
   다) 다음 각 목에 해당하는 경우에는 그 직위해제기간
     ① 법 제44조의2제1항제2호에 따라 직위해제처분을 받은 사람이 다음의 어느 하나에 해당하는 경우
       • 해당 교육공무원에 대한 징계의결 요구에 대하여 관할 징계위원회가 징계하지 않기로 의결한 경우
       • 직위해제처분 또는 직위해제처분의 사유가 된 징계의결 요구에 의한 징계처분이 교원소청심사위원회 또는 소청심사위원회의 결정이나 법원의 판결에 의하여 무효 또는 취소로 확정된 경우
     ② 법 제44조의2제1항제3호에 따라 직위해제처분을 받은 사람이 그 처분의 사유가 된 형사사건에 대하여 법원의 판결에 따라 무죄로 확정된 경우

③ 법 제44조의2제1항제4호에 따라 직위해제처분을 받은 사람이 1) 및 2)에 모두 해당하는 경우
- 법 제44조의2제1항제4호에 따라 직위해제처분을 받은 사람에 대한 징계의결 요구 또는 징계처분이 다음의 어느 하나에 해당하는 경우
  - 소속 교육기관의 장 등이 법 제51조에 따른 징계의결 요구를 하지 않기로 한 경우
  - 해당 교육공무원에 대한 징계의결 요구에 대하여 관할 징계위원회가 징계하지 않기로 의결한 경우
  - 조사 또는 수사 결과에 의한 징계처분이 교원소청심사위원회 또는 소청심사위원회의 결정이나 법원의 판결에 의하여 무효 또는 취소로 확정된 경우
- 법 제44조의2제1항제4호에 따른 직위해제처분의 원인이 된 비위행위에 대한 조사 또는 수사 결과가 다음의 어느 하나에 해당하는 경우
  - 형사사건에 해당하지 않는 경우
  - 사법경찰관이 불송치를 하거나 검사가 불기소를 한 경우. 다만, 「형사소송법」 제247조에 따라 공소를 제기하지 않는 경우와 불송치 또는 불기소를 했으나 해당 사건이 다시 수사 및 기소되어 법원의 판결에 따라 유죄가 확정된 경우는 제외한다.
  - 형사사건으로 기소되거나 약식명령이 청구된 사람이 법원의 판결에 따라 무죄로 확정된 경우

2) 경력평정에 있어서 평정경력기간은 월수를 단위로 하여 계산하되, 1개월 미만은 일 단위로 계산한다. 이 경우 「공무원임용령」 제57조의3, 「지방공무원임용령」 제38조의15 또는 「교육공무원임용령」 제19조의4에 따라 통상적인 근무시간보다 짧은 시간을 근무하는 교육공무원의 평정경력기간을 계산할 때에는 근무시간에 비례하여 산정한다.

자. 평정의 채점(교육공무원 승진규정 제12조)

경력평정의 채점은 기본경력 평정점수와 초과경력 평정점수를 합산하여 행한다.

차. 평정표(교육공무원 승진규정 제13조)

① 경력평정의 평정자는 [별지 제1호 서식]에 의한 경력평정표를 사용하여 평정한다.
② 제1항의 규정에 의한 경력평정표는 평정자와 확인자가 서명날인하고, 평정자가 보관하여야 한다.

카. 평정결과의 보고(교육공무원 승진규정 제14조)

결과를 경력평정표에 기록하여 평정후 10일이내에 평정대상자의 임용권자에게 보고하여야 한다.

타. 평정결과의 공개(교육공무원 승진규정 제15조)

경력평정의 결과는 평정대상자의 요구가 있는 때에는 이를 알려 주어야 한다.

파. 경력평정 시 참고 사항

가) 경력평정 기간 중에 경력평정 시점부터 경력기간이 충족되는 시점까지 도달하여 평정 (교육공무원 승진규정 제11조 제1항) - 견책·감봉기간은 경력으로 인정, 휴직, 직위해제 또는 정직기간 등이 있을 때는 그 기간을 평정에서 제외(사면시 삽입)

나) 교육전문직원과 교육전문직원 경력이 있는 교감은 교육전문직원경력을 '가'경력에 입력

다) 교육공무원으로 임용되기 전에 병역법 기타 법률의 규정에 의한 의무를 수행하기 위하여 징집 또는 소집되거나 근무한 기간은 교육공무원으로 임용되기 직전의 경력으로 계산
(교사 '가' 경력, 교감·장학사·교육연구사 '나' 경력으로 평정)

① 「병역법」 및 「군인사법」에 의한 병역의무복무기간은 3년의 범위기간 이내에서 병적증명서(주민등록표 초본 또는 각 군에서 발급한 군경력증명서 포함)에 기재되어 있는 사실상 실역복무기간을 징집 또는 소집된 기간으로 갈음

② 무관후보생(현역의 사관생도, 사관후보생, 준사관후보생, 하사관후보생과 제1국민역의 사관후보생 및 하사관후보생을 말함)은 군복무경력에 포함되지 아니함. 따라서 교육대학 출신의 예비역 하사관 후보생(RNTC)이거나 또는 사병으로 복무하다가 장교로 임관된 경우 등, 임관 전 무관후보생 기간이 병적증명서에 병, 하사관 또는 장교의 복무기간으로 기재되어 있어도 군복무경력에서 제외. 다만, 지원에 의하지 아니하고 임용된 하사 또는 사병은 무관후보생 기간이 없는 것으로 봄

③ 군 입대 휴·복직기간

- 임용전 군입대 : 군복무기간만 산입
  - 하사관 장교복무기간도 3년 범위 내에서 인정, 단 무관후보생 훈련기간 제외
  - 임용전 군복무자는 나이스 인사기록카드 추기를 통해 인사기록카드 임용전경력란에 기록되어 있는 임용전 군경력과 주민등록초본 내용이 일치해야 함
- 임용후 군입대 : 군복무기간 앞, 뒤 모두 산입(복직 전까지)

④ 방위소집 복무자는 다음 기간을 군복무 경력으로 인정

- 1986. 1. 1. 이후에 방위소집 입영한 자는 법령상 복무기간의 범위 안에서 병적상의 실역 복무기간으로 함
- 1985. 12. 31. 이전에 방위소집 입영한 자는 실역 복무기간이 12월 이상이거나 해제사유가 만기인 경우에는 1년을, 기타 복무단축 사유(의가사, 질병사유 등)로 실역을 필한 경우에는 6월을 합산대상 기간으로 하며, 6월 미만인 실역미필 보충역은 군경력이 없는 것으로 함(다만, 6월 미만 복무도 대학생 복무단축 등에 따라 실역을 필한 경우는 6월로 인정)

⑤ 의무, 전투경찰은 현역병의 복무특례 군복무 경력으로 갈음

⑥ 특례보충역(산업기능요원 및 전문연구요원)으로 방위산업체 등에서 근무한 경력이 병역증명서에 실역복무 기간으로 기재되어 있다 하더라도 사실상 실역에 복무한 기간이 아니므로 군복무 기간으로 불인정(초등 01110 - 528, 90.4.25)

라) 기타사항
① 경력평정을 받지 못하는 휴직기간의 50%의 기간은 휴직 전의 경력에서 보충(총경력 20년 이내) - 총경력제
② 임시교사나 강사의 경력은 근무 확인서가 아닌 경력 인정 증빙서류 첨부(임용권자가 교육장인 경우는 인정 : 1991.12.06 이후에는 임용권자가 학교장인 경우에도 인정(초교01100-206 (1991.12.06)
③ 초등교사자격증으로 유치원경력은 인정, 고등공민학교 근무경력은 불인정(고등공민학교는 중등과정임)
④ 대체강사, 순회강사('77년도) 근무경력 인정(다만, 교육장 확인 경력증명서)
⑤ 최초 교사자격증 취득 년월일이 나타나지 않을 경우 무자격 - 경력 확인 불가
⑥ 연령 미달 등으로 자격증이 나오지 않은 상태에서 임시강사 및 임시교사는 '나'경력
⑦ 중간발령자의 경력은 2개교의 경력을 합산하여 기록하여 평정(예, 2009.3.17 타교 발령)

3 근무성적평정

가. 교감·장학사 및 교육연구사(이하 '교감 등')의 근무성적평정

1) 평정의 기준(교육공무원 승진규정 제16조)
   가) 교감등의 근무실적, 근무수행능력, 근무수행태도를 평가한다.
   나) 평정자는 평정대상자로 하여금 평정대상기간 동안의 업무수행실적에 대하여 매 학년도 종료일을 기준으로 자기실적평가서(교육공무원 승진규정 별지 제2호서식)를 작성하여 제출하게 하여야 한다.
   다) 평정자는 평가 시 다음 각 호의 평가 기준과 자기실적평가서를 참작하여 평가하여야 한다.
      ① 직위별로 타당한 요소의 기준에 의하여 평정할 것
      ② 평정자의 주관을 배제하고 객관적 근거에 의하여 평정할 것
      ③ 신뢰성과 타당성을 보장하도록 할 것
      ④ 평정대상자의 근무성적을 종합적으로 분석·평가할 것

2) 평정표(교육공무원 승진규정 제17조)
   가) 교감등의 근무성적평정표는 교육공무원 승진규정 별지 제3호서식에 따른다.
   나) 근무성적평정요소별 평정점의 조정(제17조, 제23조 관련)
       승진후보자명부작성권자는 필요한 경우 교육부장관이 정하는 범위 안에서 근무성적평정조정위원회 심의를 거쳐 근무성적평정요소별 평정점을 조정할 수 있다.

3) 평정의 시기 (교육공무원 승진규정 제19조, 제28조의 2) : 매 학년도 종료일(2월말) 기준으로 정기적으로 실시한다.

4) 평정의 예외 (교육공무원 승진규정 제20조)
   가) 휴직, 직위해제 또는 그 밖의 사유로 평정단위 학년도의 2개월 이상을 근무하지 아니한 경우 평정하지 아니한다.
      ※ "실제로 근무한 기간"은 휴가(연가, 병가, 공가 및 특별휴가), 휴직(「교육공무원법」 제44조 제1항에 따른 휴직), 직위해제, 교육훈련파견(「교육공무원임용령」 제7조의3 제1항 제4호 및 제7호) 등으로 실제로 직무에 종사하지 아니한 기간을 제외한 근무기간을 의미함
      ※ "2개월"은 민법 제160조의 역(曆)에 의한 방법으로 계산하되, 휴직, 직위해제, 교육훈련 파견, 30일 이상의 휴가 등으로 인해 근무기간이 분리되어 기간을 합산하는 경우 60일을 2개월로 계산함. (인사혁신처예규 제5호, 2015.1.23.)
   나) 교감 등이 평정단위 학년도의 10개월을 초과한 연수나 교육기관·교육행정기관 또는 교육연구기관외의 기관에의 파견으로 인하여 근무성적을 평정할 수 없을 때에는 직무에 복귀한 후 최초의 정기평정이 있는 때까지 파견전 2회의 근무성적평정의 평균을 당해 교감등에 대한 평정으로 갈음한다.
   다) 교감등이 2개월이상 교육기관·교육행정기관 또는 교육연구기관의 다른 직위를 겸임하거나 연수외의 사유로 교육기관·교육행정기관 또는 교육연구기관에 파견 근무하게 된 경우에는 겸임기관 또는 파견되는 기관의 의견을 반영하여 제16조 및 제21조의 규정에 의하여 평정한다.

※ 원 소속 기관의 평정권자는 겸임기관 또는 파견되는 기관에서 해당 교육 공무원의 근무실적 등을 객관적으로 보여줄 수 있는 참고자료를 제출받도록 함(교원정책-3503, 2007.7.26.)

라) 교감등이 승진후보자명부 작성단위를 달리하는 기관으로 전보된 때에는 당해 교감등의 근무성적평정표를 지체없이 그 기관에 이관하여야 한다.

마) 교감등이 신규채용되거나 교사가 교감으로 승진임용된 경우에는 2개월이 경과한 후의 최초의 정기평정일에 평정하여야 한다. 다만, 교감에서 교사로 강임된 사람이 교감으로 다시 승진임용된 경우에는 강임되기 이전의 교감 직위에 있어서의 평정을 기준으로 하여 즉시 평정하여야 한다.

바) 교감등이 상위의 교원자격을 취득한 때에는 그로부터 2개월이 경과한 후에 상위의 교원자격 취득전의 평정을 참작하여 평정하여야 한다.

사) 교감등이 전직된 경우에는 전직된 해당 학년도 평정외의 평정은 전직되기 전의 직위에서 받은 근무성적평정을 해당 평정으로 한다. 다만, 장학사 또는 교육연구사의 경우에는 교감등의 직위에서 받은 근무성적평정을 해당 평정으로 한다.

5) 평정점의 분포비율 (교육공무원 승진규정 제21조)

가) 다음 각 호의 분포비율에 맞도록 평정하여야 함

평어	평정점	분포비율(%)	비고
수	95점 이상	30	※ '양'의 비율은 '미'의 비율에 포함할 수 있음
우	90점 이상 ~ 95점 미만	40	
미	85점 이상 ~ 90점 미만	20	
양	85점 미만	10	

나) 평정자 및 확인자는 소속 평정대상자의 직위별로 평정분포 비율에 맞도록 평정하여야 한다.

다) 근무성적 총평정점은 특별한 사정이 없는 한 동일하지 아니하도록 하여야 한다.

6) 평정의 채점(교육공무원 승진규정 제22조)

가) 교감등의 근무성적의 평정점은 100점을 만점으로 하되, 평정자의 평정점과 확인자의 평정점을 각각 50퍼센트로 환산한 후 그 환산된 점수를 합산하여 산출한다.

나) 확인자가 교감등의 근무성적을 평정할 때에는 근무성적평정확인위원회의 심의를 거쳐야 한다.

다) 근무성적평정확인위원회는 근무성적평정확인자가 소속된 기관에 설치하되, 그 구성 및 운영 등에 관하여 필요한 사항은 설치기관의 장이 정한다.

① 설치기관: 교육지원청
② 구성 및 운영 방법: 교육장이 정함
③ 하는 일: 교육지원청 소속 교사, 교육연구사(늘봄전담실장 포함), 유·초등학교 교(원)감의 확인점 부여 기준 및 확인점 부여에 대한 심의
④ 위원구성 : 평정대상자의 상위직 공무원

7) 근무성적평정조정위원회(교육공무원 승진규정 제23조, 제24조)

가) 교감등의 근무성적을 평정할 때에는 근무성적평정조정위원회의 심의·조정을 거쳐야 한다.

나) 승진후보자명부작성 단위기관별로 두되, 초등학교 또는 이와 같은 등급 학교 교감의 경우에는 교육장 소속하에 둘 수 있다.

다) 근무성적평정조정위원회 설치 및 운영
① 설치기관: 교육지원청, 도교육청
② 구성: 평정대상자의 상위직 공무원 5~7인, 위원장은 설치기관 장의 차순위자
③ 하는 일: 교육지원청 - 초등학교 교감, 교사의 근무성적평정의 조정
   도교육청 - 특수학교·유치원 교(원)감, 교육전문직원, 교육지원청 소속 교사의 근무성적평정 조정
라) 근무성적평정의 조정(교육공무원 승진규정 제24조)
① 평정대상 교감등 전원의 분포비율
② 소속기관간 및 보조기관간의 균형
③ 기타 근무성적평정의 신뢰성과 타당성을 높이기 위하여 필요한 사항

8) 근무성적평정 결과의 보고 및 공개(교육공무원 승진규정 제25조, 제26조)
가) 교감등의 근무성적평정의 결과는 10일이내에 보고하여야 한다.(교육공무원 승진규정 제14조 준용)
나) 평정대상자의 요구가 있는 때에는 특별한 사정이 없는 한 본인의 최종 근무성적평정점을 알려 주어야 한다.
※ "특별한 사정" : 공개될 경우 인사관리 업무의 공정한 수행에 현저한 지장을 초래한다고 인정되는 경우(「공공기관의 정보공개에 관한 법률」 제9조제1항제5호)
〈예〉 근무성적평정점을 조정하고, 승진후보자명부를 작성하는 일련의 업무진행 과정 중에 있는 시기(매년 3.1. ~ 3.31.)와 같이 최종 근무성적평정점을 공개할 경우에는 계속적인 이의제기 등으로 인사 업무의 정상적인 추진이 어렵다고 판단되는 때
※ "최종 근무성적평정점" : 근무성적평정표(합산표) 상의 조정점을 의미함
※ 본인의 최종 근무 성적 평어, 총점, 조정점, 순위 중 청구인이 공개를 청구한 내용을 알려주어야 한다.(교원정책과-1896, 2007.11.15.)

9) 근무성적평정 결과 활용(교육공무원 승진규정 제27조) : 전보·포상 등 인사관리에 반영하여야 한다.

나. 교사의 근무성적평정 및 다면평가

1) 근무성적평정 및 다면평가의 실시(교육공무원 승진규정 제28조의2)
가) 매 학년도 종료일(2월말) 기준으로 해당 교사의 근무실적·근무수행능력·근무수행태도에 관하여 근무성적평정과 다면평가를 정기적으로 실시하고 각각의 결과 합산한다.
나) 근무성적평정 및 다면평가의 기준은 교감등의 근무성적평정 기준을 준용하되, 자기실적평가서는 별지 제3호의2서식에 따른다.
다) 대상 : 교육공무원으로서 각급학교에 근무하는 교사(「교육공무원승진규정」 제2조)

※ 각급학교 : 유치원, 초·중·고 및 이와 동등급학교, 특수학교, 각종학교
   (유아교육법 제2조, 초·중등교육법 제2조)

- 평정 제외 대상 : 2개월 미만 근무자, 수석교사, 퇴직자, 기간제교원, 산학겸임교사, 시간강사 등

2) 평정표 등(교육공무원 승진규정 제28조의3)
가) 근무성적평정표는 교육공무원 승진규정 별지 제4호서식, 다면평가표는 별지 제4호의 2서식, 합산표는 별지 제4호의3서식에 따른다.

나) 승진후보자명부작성권자는 필요한 경우 교육부장관이 정하는 범위 안에서 근무성적평정조정위원회의 심의를 거쳐 근무성적평정표 및 다면평가표의 요소별 점수를 조정할 수 있다.

3) 평정자 등(교육공무원 승진규정 제28조의4)
  가) 근무성적의 평정자 및 확인자는 승진후보자명부작성권자가 정하고, 다면평가자는 제2항에 따라 근무성적의 확인자가 선정한다.
  나) 근무성적의 확인자는 평가대상자의 동료 교사 중 제4항제1호에 따른 선정기준을 충족하는 사람 중 다음 각 호의 구분에 따른 인원 이상을 다면평가자로 선정하여야 한다.

   1. 평가대상자가 15명 이하인 경우: 3명
   2. 평가대상자가 16명 이상 20명 이하인 경우: 4명
   3. 평가대상자가 21명 이상 25명 이하인 경우: 5명
   4. 평가대상자가 26명 이상 30명 이하인 경우: 6명
   5. 평가대상자가 31명 이상 35명 이하인 경우: 7명
   6. 평가대상자가 36명 이상인 경우: 8명

  다) 근무성적의 확인자는 근무성적의 평정자를 위원장으로 하고, 평가대상자의 동료 교사 중 3명 이상 7명 이하를 위원으로 하는 다면평가관리위원회(이하 이 조에서 "위원회"라 한다)를 구성·운영. 위원회의 구성에 관한 기준 및 절차 등에 관하여 필요한 사항은 승진후보자명부작성권자가 정한다.

   [다면평가관리위원회의 업무]
   1. 다면평가자의 선정기준 마련
   2. 제28조의7제2항에 따른 다면평가점 산출과 관련한 다음 각 목의 업무
     가. 정성(定性)평가에 따른 다면평가 평가지표 중 학습지도와 관련한 평가지표(영양·보건·전문상담 또는 사서 교사 등 학생에 대한 수업이 주된 업무가 아닌 평가대상자에 대한 평가지표로 한정한다)의 추가·삭제 및 수정
     나. 정량(定量)평가에 따른 다면평가 평가지표의 추가·삭제 및 수정

  라) 근무성적평정과 다면평가 결과의 합산은 근무성적의 평정자와 확인자가 행한다.

4) 평정 등의 예외(교육공무원 승진규정 제28조의5)
  가) 교감등의 평정 예외에 관한 사항을 준용한다.
  나) 승진후보자명부 작성단위를 달리하는 기관으로 전보된 때 당해 교사의 근무성적평정표 및 다면평가표, 근무성적평정 및 다면평가 합산표를 지체없이 그 기관에 이관하여야 한다.

5) 근무성적평정 및 다면평가 합산점의 분포비율(교육공무원 승진규정 제28조의6)
  가) 다음 각 호의 분포비율에 맞도록 평정하여야 한다.

평어	평정점	분포비율(%)	비고
수	95점 이상	30	
우	90점 이상 ~ 95점 미만	40	※ '양'의 비율은 '미'의 비율에 포함할 수 있음
미	85점 이상 ~ 90점 미만	20	
양	85점 미만	10	

  나) 평정대상 교사의 합산점은 특별한 사정이 없는 한 동일하지 아니하도록 하여야 한다.

6) 근무성적평정의 채점(교육공무원 승진규정 제28조의7)
  가) 근무성적평정점(60점 만점)= (평정자의 평정점 × 0.2) + (확인자의 평정점 × 0.4)
  나) 다면평가점(40점 만점)= (정성평가 × 0.32) + (정량평가 × 0.08)

다) 합산점(100점 만점)= 근무성적평정점 60점 + 다면평가점 40점

평정 대상자	평정 방법	근무성적평정점(60점)		다면평가점(40점)		합산점 (100점)	비고
		평정자의 평정점 (20점)	확인자의 평정점 (40점)	정성(32점)	정량(8점)		
교사	(만점)	100점	100점	100점	100점	100점	
	(환산)	20% (20점)	40% (40점)	32% (32점)	8% (8점)		

7) 합산점 조정(교육공무원 승진규정 제28조의8)
   가) 교사의 근무성적평정과 다면평가 결과를 합산할 때에는 조정위원회의 심의·조정을 거쳐야 한다.
   나) 교감등의 합산점의 조정에 관한 사항을 준용한다.

8) 합산점 결과의 보고 등(교육공무원 승진규정 제26조, 제28조의9)
   가) 근무성적평정점과 다면평가점을 합산한 결과 보고·공개 및 활용에 관하여는 각각 교감등의 기준을 준용한다.
   나) 교사의 최종 근무성적평정점을 최종 합산점으로 보며, 평정대상자의 요구가 있는 때에는 특별한 사정이 없는 한 알려주어야 한다.

다. 참고사항 및 유의사항

1) 근무성적평정점의 분포 비율 및 환산율

평정 대상자	환산율			평정점의 분포 비율		비고
	평정자	확인자	다면평가자			
교사	20%	40%	40%	수(95점 이상) 우(90점 이상~95점 미만) 미(85점 이상~90점 미만) 양(85점 미만)	'양'에 해당자가 없을 때에는 "양"의 비율을 "미"의 비율에 가산할 수 있다.	
교감	50%	50%	·			
장학사·연구사	50%	50%	·			

2) 근무성적평정 시의 평정자와 확인자

기관명	평정대상자	평정자	확인자	조정자
초등학교	초등(보건),특수,사서, 상담,영양교사	교감	교장	교육지원청 교육국(과)장
	교감	교장	교육지원청 교육국(과)장	교육장
유치원	교사(보건), 특수, 영양교사	원감	원장	교육지원청 교육국(과)장
	원감	원장	교육장	제1부교육감
특수학교	교사	교감	교장	교육지원청 교육국(과)장
	교감	교장	교원인사정책과장	제1부교육감
도교육청	장학(교육연구)사	소속과장	교원인사정책과장	제1부교육감
직속기관	교육연구사	기관장	교원인사정책과장	제1부교육감
교육지원청	장학사	교육장	교원인사정책과장	제1부교육감
	교육연구사	교육지원청 교육국(과)장	교육장	제1부교육감
	전문상담순회교사, 특수교육순회교사	교육지원청 교육국(과)장	교육장	제1부교육감

※ 2013.12.31.자 초등학교 교감 근무성적평정부터 확인자를 국(과)장, 조정자를 교육장으로 변경함. 특수학교, 유치원 교(원)감의 근무성적평정은 전년도와 동일

※ 직속기관과 교육지원청 소속 교육전문직원의 평정자를 기관장(원장) 또는 교육장, 확인자를 교육1국장으로 변경함. (경기도교육청교육공무원인사위원회, 2016.7.20.)

※ 경기도교육청 직제개편에 따른 교원 근무성적 확인자 변경(경기도교육청교육공무원인사위원회, 2019.03.22.자)
※ 교육지원청 소속교원 근무성적평정자 변경(경기도교육청교육공무원인사위원회, 2020.10.27.자)
※ 교육지원청 기구개편에 따른 교육공무원 근무성적의 평정자, 확인자, 조정자 변경
   (경기도교육청 교원정책과-5893, 2021.04.05.자)
※ 교육지원청 소속 교육연구사(늘봄전담실장 포함)의 근무성적 평정자, 확인자 신설(경기도교육청교육공무원인사위원회, 2024.10.30.자)
※ 2025.3.1.자 경기도교육청 조직개편에 따른 교육공무원 근무성적의 평정자, 확인자, 조정자 변경(경기도교육청 교원인사정책과-782, 2025.03.10.자)
※ 다면평가자, 평정자 등에 해당하는 자가 평정대상자와 사적이해관계자임을 인지한 경우 소속기관장에게 서면(전자문서 포함)으로 신고하고 회피를 신청하여야 한다.(공직자의 이해충돌방지법(시행 2022.5.19.))
※ 교장 유고시: 교감의 평정자는 교육국(과)장, 교사의 확인자는 교감
※ 교감 유고시: 교사의 평정자는 교장

3) 징계(행정처분) 받은 자의 평정

징계			행정처분	
중징계(강등, 정직)	경징계(감봉, 견책)	불문(경고)	경고	주의
'수','우' 불가	'수' 불가	1회당 2.5점감점	1회당 0.3점감점	2회에 0.1점 감점 (추가 1회당 0.1점 추가 감점)

- 감점 영역 : 조정점에서 감점
- 중징계 처분자는 평정자, 확인자가 '수', '우' 평정 불가, 경징계 처분자는 평정자, 확인자가 '수' 평정 불가
- 불문(경고)자에 평정 : 「교육공무원으로서의 태도」항목은 평정자, 확인자 모두 만점 평정 불가 (개정 2010.6.16., 2015.12.31.)
- 다만 종합감사 등으로 동일자에 받은 동일한 행정처분은 2개 이상 받은 경우라도 1회로 간주함
  예) 2023.05.09. 종합감사 시 경고 1개, 주의 2개를 받은 경우는 경고 1회, 주의 1회로 평정, 2023.05.09. 종합감사 시 주의 3개, 2023.10.02. 감사 시 주의 1개를 받은 경우는 주의 2회로 평정
- 소송 또는 소청 등을 반영하여 동일 사안에 대한 재징계가 이루어질 경우 근무성적평정 반영은 원징계 학년도 또는 재징계 학년도 중 1회만 반영함
  ※ 원징계에서 근무성적평정을 반영한 경우, 학년도를 달리한 재징계 경우에는 반영하지 않음
- 행정처분 및 불문경고일 경우 비고란에 '주의', '경고', '불문경고'를 입력하고, 조정점만 감하며 고유순위와 위치는 그대로 유지(단, '주의' 1회는 해당 없음)
- 징계처분 받은 자는 중징계, 경징계 처분에 맞는 위치로 순위를 조정하여 제출
  (예: '견책' 경우 95점 미만 점수 위치)
- 감점처리를 하여 85점 미만이 되는 경우에는 '양'에 해당하는 특별한 사유가 없으면 '미'의 최하점을 부여할 수 있음
- '양'의 경우 6개월간 승급 제한 : 「공무원 보수규정」 제14조제1항제3호

4) 평정점 조정 방법
- 순위는 총점 다점자 순으로 남·녀 구분없이 전원에 대한 일련번호 순위 기록
  (예: 1/20~20/20 -교사, 교감 공통)

- 대통령령 제20068호(2007.5.25), (교육공무원 승진규정 제21조 관련)의 평정점의 분포비율에 따라 조정, 평정점 분포 비율은 평정대상 인원별 근무성적 분포 조견표 참조
- 평정자의 평정점과 확인자의 평정점 모두 분포비율에 맞게 평정하고, 교사의 근무성적평정 시 평정자20%, 확인자40%, 다면평가자 40%로 환산하여 나온 총점에 대한 최종 조정점도 분포 비율에 맞춘다.(조견표 상의 점수 사용, 행정처분 및 불문경고로 인한 감점할 경우 분포비율이 일부 다를 수 있음)
- 평정자 및 확인자의 평정점수, 최종 조정점은 분포 비율에 따라 강제배분하며, 소수 둘째자리까지 사용
- 조정된 평정점의 급간은 균등하게 함을 원칙으로 하나 소규모 학교는 조정할 수 있음.
- 근무성적 총점이 동점자가 있을 경우에는 다음 각 호 순에 따라 순위자를 결정
    ① 상응직경력이 많은 자
    ② 교육총경력이 많은 자
    ③ 생년월일이 빠른 자
- 교사 또는 교감으로서 교감이나 교장자격증을 소지한 자는 우측 비고란에 "교감·교장 자격 취득자"라고 주서한다.
- 평정자는 평정대상 인원을 정확하게 파악한다.
    ① 휴직, 직위해제로 근무하지 않았으나 복직되어 2개월 이상 근무하는 자는 평정
    ② 휴직, 직위해제, 휴가 등으로 실제로 2개월 이상 근무하지 않은 자는 제외
- 복수교감인 학교는 교사의 근무성적평정시 교감 2인이 공동 평정하고 날인한다.
- 평정자 흑색, 확인자는 적색으로 표기
- 복수 교감의 근무성적평정은 동점처리 할 수 없다.(교감 2인 '수' 가능)
    ※ 유치원교사 2인 평정인 경우 급간을 달리하여 평정함('수, 우 평정','수, 미 평정', '우, 미 평정'), (경기도교육청 유아교육과-8016, 2017.10.12.)
    ※ 특수교사 2인 평정인 경우 급간을 달리하여 평정함("수, 우 평정", "수, 미 평정", "우, 미 평정"), (경기도교육청 특수교육과-12785, 2017.10.27.)
- 특수교사, 사서교사, 영양교사, 유치원교사는 별도로 평정한다.
- 2018.2.28.자부터 공립유치원 교사는 유치원별로 조정(경기도교육청 유아교육과-8016, 2017.10.12.)
- 보건교사는 일반 초등교사에 포함하여 평정한다. (2014.12.31.부터)
- 교육지원청 소속 전문상담 순회교사, 치료교사, 특수교육지원센터 특수교사의 근무성적 등 평정 방법
    ① 다면평가 : 근무성적 확인자(교육장)가 지역교육지원청 내 관할 교육기관(학교, 교육청 등)에 소속 또는 근무하는 교육공무원인 교사 중 법령에서 정한 인원 이상으로 다면평가단을 구성하여 다면평가 실시
    ② 근무성적평정 및 다면평가 합산 : 학교에서 특수·사서·영양·유치원 교사 등에 대하여 별도로 평정하는 것과 같이 지역교육지원청 내 장학사와 별도로 평정하되, 일반 교사들에 적용되는 평정 절차 및 관련 서식은 그대로 적용함
    ③ 근무성적평정확인위원회 심의 : 지역교육지원청에 설치된 "근무성적평정확인위원회"에서 교육지원청 소속 전문상담 순회교사, 치료교사, 특수교육지원센터 특수교사의 근무성적에 대한 확인점을 심의해야 함

- 나이스인사기록 출력물을 근거로 평정하므로 사전 정리 철저
- 겸임 또는 파견근무자에 대한 근무성적평정 방법
  ① 경기도교육청 직할기관 겸임 또는 파견자는 2개월 이상 근무하지 않았더라도 소속교에서 평정
  ② 교육부 직할기관 및 해외교육기관 파견자도 2개월 이상 근무하지 않았더라도 소속교에서 평정 (연수파견은 제외)
  ③ 한국교원대, 서울대 파견자(연수 파견자에 해당)는 2개월 이상 근무하지 않았다면 소속교에서 평정하지 않음

> 〈참고〉 겸임 또는 파견근무 교육공무원의 근무성적평정 개선 지침 통보
> (중등교육과-22392호, 2007.08.01)
> 가. 겸임 또는 파견근무 교육공무원에 대한 근무성적평정 시, 원 소속 기관의 평정권자는 겸임기관 또는 파견되는 기관에서 해당 교육공무원의 근무실적 등을 객관적으로 보여줄 수 있는 참고 자료를 제출받아 평정함.
> 〈참고 자료 (예시)〉
> • 겸임기관 또는 파견되는 기관장의 근무성적평정 지표별 의견서
> • 겸임기관 또는 파견되는 기관의 다면평가 자료
> • 해당 교육공무원의 당해 연도 주요 활동 실적 및 기타 증빙서류
> ※ 기타 증빙서류 (초과근무확인서, 표창장 사본, 사진, 포트폴리오, 관련 공문 등)
> 나. 겸임 또는 파견근무 교육공무원에 대한 근무성적평정 서류 제출 시, 겸임기관 또는 파견되는 기관의 참고 자료를 함께 제출하여야 함.

- 휴직자에 대한 근무성적평정 방법
  ① 육아휴직, 동반휴직 등으로 2개월 이상 근무하지 않았다면 평정 대상에서 제외함
  ② 3.1.자 전보(타시도 전입자 포함)와 동시에 휴직 또는 파견자가 현 소속교에서 2개월 이상 근무한 사실이 있을 경우에는 평정해야 함
- 명부작성시 근무성적평정점이 없는 경우 평정방법(「승진규정」제40조제5항)
  ① 근무성적이 없는 평정단위 학년도가 있는 경우 평정단위 학년도의 전후에 평정한 평정점의 평균을 그 평정단위 학년도의 평정점으로 함
  ② 평정단위 학년도 전의 평정점이 없는 때에는 그 평정점은 85점으로 함

memo

사례 1

최근 1년전 2년 이내, 2년전 3년 이내의 근무성적이 없는 경우(교육부 인사실무편람(2016.5.)

□ 교사 ⇒ 장학사로 전직한 경우
- 최근 3년전 4년 이내의 평정점(교사)…… 90점(장학사 근평 없음)
- 최근 2년전 3년 이내의 평정점(교사)…… 87점(장학사 근평 없음)
- 최근 1년전 2년 이내의 평정점(교사)…… 92점(장학사 근평 없음)
- 최근 1년 이내의 평정점(장학사)………… 95점

☞ 평정방법
- 최근 1년 이내의 평정점 ⇒ 95점×0.34=32.3점
- 최근 1년전 2년 이내의 평정점 ⇒ (85점+95점)÷2=90점 → 90점×0.33=29.7점
- 최근 2년전 3년 이내의 평정점 : 교사 직위에서의 근무성적은 장학사 직위에서의 근무성적평정대상이 아니므로 근무성적이 없는 경우의 평정점 산출방식 적용 ⇒ (85점+90점)÷2=87.5점 → 87.5점×0.33=28.875점
  〔승진후보자명부에 반영될 근무성적평정점 : 90.875점〕
  ※ 장학사(교육연구사)는 교감, 장학사(교육연구사) 직위에서 받은 근무성적평정을 당해 평정으로 함

사례 2

최근 1년전 2년 이내의 근무성적이 없는 경우(교육부 인사실무편람(2016.5.)

□ 연구사 ⇒ 연구관(근무성적없음) ⇒ 교감으로 전직한 경우
- 최근 3년전 4년이내의 평정점(연구사) …… 90점
- 최근 2년전 3년이내의 평정점(연구사) …… 95점
- 최근 1년전 2년이내의 평정점(연구관) …… 없음
- 최근 1년이내의 평정점(교감) ………… 100점

☞ 평정방법
- 최근 1년이내의 평정점 ⇒ 100점×0.34=34점
- 최근 1년전 2년이내의 평정점 ⇒ (100점+95점)÷2×0.33=32.175점
- 최근 2년전 3년이내의 평정점 : 전직되기 전 연구사 직위에서의 근무성적 ⇒ 95점×0.33=31.35점
  〔승진후보자명부에 반영될 근무성적평정점 : 97.525점〕
  ※ 전직된 경우 전직된 당해연도 평정외의 평정은 전직되기 전 직위에서 받은 근무성적평정을 당해 평정으로 함

사례 3

최근 1년 이내의 근무성적이 없는 경우

□ 교사 ⇒ 교감(휴직) ⇒ 교감(복직)의 경우
- 최근 2년전 3년이내의 평정점(교사)…… 92점(교감 근평 없음)
- 최근 1년전 2년이내의 평정점(교감)…… 90점
- 최근 1년이내의 평정점(교감 휴직) ……… 없음

☞ 평정방법
- 최근 1년이내의 평정점 ⇒ (90점+0점)÷1×0.34=30.6점
- 최근 1년전 2년이내의 평정점 ⇒ 90점×0.33=29.7점
- 최근 2년전 3년이내의 평정점 ⇒ (85점+90점)÷2×0.33=28.875점
  〔승진후보자명부에 반영될 근무성적평정점 : 89.175점〕
  ※ 평정단위연도가 최근 1년이내인 경우, 평정단위연도후는 도래하지 않은 시점이므로 평균점 산정 시 "1"로 나눔

사례 4

평정대상기간의 근무성적이 모두 없는 경우

□ 교사 ⇒ 교감으로 승진
- 최근 2년전 3년이내의 평정점(교사) ············· 95점(교감 근평 없음)
- 최근 1년전 2년이내의 평정점(교사) ············· 90점(교감 근평 없음)
- 최근 1년이내의 평정점(교사) ···················· 92점(교감 근평 없음)

☞ 평정방법
- 최근 1년이내의 평정점 ⇒ (85점+0점)÷1×0.34=28.9점
- 최근 1년전 2년이내의 평정점 ⇒ (85점+85점)÷2×0.33=28.05점
- 최근 2년전 3년이내의 평정점 ⇒ (85점+85점)÷2×0.33=28.05점
  [승진후보자명부에 반영될 근무성적평정점 : 85.0점]
  ※ 교감 근무성적평정시 교사 직위에서의 근무성적은 평정대상이 아니므로 근무성적이 없는 경우의 평정점 산출방식 적용

사례 5

최근 1년전 2년이내, 2년전 3년이내의 근무성적평정점이 없는 경우(교과부 교원정책과-11294(2011.12.13.)

□ 교감 → 내부형 공모교장(교장자격 미소지) → 교감
〈 발령사항 및 근무성적 현황 예시 〉
- 교감 최초 발령(2006.3.1), 교감 근평 88.6점(2006.12.31)
- 공모 교장 임용(2007.9.1.~2011.8.31,교장자격 미소지), 4년간 근평 없음
- 교감 발령(2011.9.1), 교감 근평 100점(2011.12.31.)

☞ 평정방법
「교육공무원 승진규정」제40조제3항에 근무성적평정점은 명부의 작성기준일부터 3년 이내에 평정한 평정점을 대상으로 산정하도록 되어 있고, 제40조제5항에 평정점 등이 없는 평정단위연도가 있는 때에는 그 평정단위연도의 전후에 평정한 평정점 등의 평균을 그 평정단위연도의 평정점등으로 하며, 이 경우 평점점등이 없는 평정단위연도전의 평정점이 없는 때에는 그 평정단위연도전의 평정점등은 85점으로 하도록 하고 있으므로
- 최근 1년 이내 평정점 : 100점× 0.34= 34점
- 최근 1년전 2년이내 평정점(평정점 등이 없는 연도이므로 평정단위연도의 전후 평정점 평균): (100〈평정연도 후 평정점〉+85〈평정연도 전 평정점〉)÷ 2 = 92.5점× 0.33 = 30.525점
- 최근 2년전 3년이내 평정점(평정점 등이 없는 연도이므로 평정단위연도의 전후 평정점 평균): (92.5〈평정연도 후 평정점〉+85〈평정연도 전 평정점〉)÷ 2 = 88.75점× 0.33 = 29.288점
  (승진후보자명부에 반영될 근무성적평정점은 93.813점)

□ 공모교장(내부형) 임기 만료 후 교감으로 특별채용된 경우, 교장승진명부 작성시 공모교장 임기(4년간) 발생한 가산점의 인정 여부

☞ 「교육공무원 승진규정」제41조제1항 관련 가산점은 당해 직위에서 산정된 자에 대하여 인정하도록 하고 있어 교감 직위로 볼 수 없는 내부형 공모교장 직위에서 취득한 가산점은 교장승진후보자 명부 작성시에는 가산점으로 인정할 수 없음.

사례 6

근무성적평정점이 없는 경우의 평정 방법(교과부 교원정책과 - 7478(2012.07.10.))

□ 교감 → 공모교장 → 교감
〈 발령사항 및 근무성적 현황 예시 〉
- 최근 6년전 7년이내의 평정점(교감) ·················· 90점 (2005.12.31)
- 최근 5년전 6년이내의 평정점(교감) ·················· 95점 (2006.12.31)
- 최근 4년전 5년이내의 평정점(교감) ·················· 100점 (2007.12.31)
- 최근 3년전 4년이내의 평정점(공모교장) ·················· 근평 없음 (2008.12.31)
- 최근 2년전 3년이내의 평정점(공모교장) ·················· 근평 없음 (2009.12.31)
- 최근 1년전 2년이내의 평정점(공모교장) ·················· 근평 없음 (2010.12.31)
- 최근 1년이내의 평정점(공모교장) ·················· 근평 없음 (2011.12.31)

☞ 평정방법
- 최근 1년 이내 평정점 : (100점+95점)÷2×0.34= 33.15점
- 최근 1년전 2년이내 평정점(평정점 등이 없는 연도이므로 평정단위연도의 전후 평정점 평균): (97.5+85〈평정연도 전 평정점〉)÷2×0.33 = 30.113점
- 최근 2년전 3년이내 평정점(평정점 등이 없는 연도이므로 평정단위연도의 전후 평정점 평균): (91.25+85〈평정연도 전 평정점〉)÷ 2 × 0.33 = 29.081점
 (승진후보자명부에 반영될 근무성적평정점은 92.344점)

memo

4 연수성적평정

가. 평정의 구분(교육공무원 승진규정 제29조)

교육공무원의 연수성적평정은 교육성적평정과 연구실적평정으로 나눈다. 다만, 제2조제1항제1호 및 제3호에 해당하는 사람의 연수성적평정은 교육성적평정만으로 한다.[7]

나. 평정의 시기 및 평정표(교육공무원 승진규정 제31조)

① 연수성적의 평정은 매 학년도 종료일을 기준으로 하여 실시하거나 또는 승진후보자명부의 조정 시기에 실시한다.
② 연수성적평정표는 별지 제5호 서식에 의한다.

다. 교육성적평정(교육공무원 승진규정 제32조)

① 교육공무원의 교육성적평정은 직무연수성적과 자격연수성적(당해 직위 또는 별표 1에 의하여 가경력으로 평정되는 직위에서 방송통신대학교 초등교육과를 졸업하고 「초·중등교육법」 별표 2의 교사자격기준에 따라 상위자격을 취득한 경우나 교육대학원 또는 교육부장관이 지정하는 대학원 교육과에서 석사학위를 받고 「초·중등교육법」 별표 2의 교사자격기준에 따라 상위자격을 취득한 경우에는 그 성적을 말한다)으로 나누어 평정한 후 이를 합산한 성적으로 한다.

② 직무연수성적의 평정은 당해 직위에서 「교원 등의 연수에 관한 규정」에 의한 연수기관 또는 교육부장관이 지정한 연수기관에서 10년 이내에 이수한 60시간 이상의 직무연수성적을 제33조제1항제1호에 따라 환산한 직무연수환산성적 및 직무연수이수실적(교장·장학관·교육연구관승진후보자명부작성대상자는 제외한다)을 대상으로 평정한다. 다만, 교육공무원이 전직된 경우에는 전직 전의 직위 중의 이수한 직무연수(교육전문직원경력이 있는 교감은 교감자격증을 받은 후의 직무연수에 한하고, 교육전문직원은 교감등의 직위에서 이수한 직무연수에 한한다)를 포함하여 평정하며, 승진후보자명부작성권자는 직무연수성적평정의 대상이 되는 직무연수를 지정할 수 있다.
 ※ 180시간, 120시간 이상 직무연수도 1회로 간주함.
 ※ 당해직위에서 받은 학위 1개는 학위취득 평정으로 사용하고, 다른 학위는 학점화로 인정된 직무연수로 사용, 자격연수 2개인 경우는 불가 (교원정책과 - 15233, 2012.12.14.)

③ 자격연수성적의 평정은 다음 각호와 같이 한다. 이 경우 제1호 및 제2호에 해당하는 자의 자격연수성적에 대한 평정은 승진대상직위와 가장 관련이 깊은 자격연수성적하나만을 평정대상으로 한다.
 ㉮ 제2조제1항제1호의 규정에 해당하는 자 : 교장자격연수성적
 ㉯ 제2조제1항제2호의 규정에 해당하는 자 : 교감자격연수성적

---

[7] 단, 2021.2.28.자 이전 연구대회 입상 실적 및 대학원 입학자까지는 개정규정에 불구하고 종전의 규정에 따라 연구실적을 인정한다. (「교육공무원 승진규정」 부칙 제2조, 2020.2.28.)

㉰ 제2조제1항제3호의 규정에 해당하는 자 : 당해 직위 또는 교원의 직위에서 받은 자격연수성적중 최근에 이수한 자격연수성적

④ 직무연수성적 및 자격연수성적의 평정점은 다음 각호의 1과 같이 한다.

구 분	대 상	만점 점수	비 고
1. 직무연수성적	교장·장학관·교육연구관 승진후보자 명부작성 대상자	6	
	교감 승진후보자 명부작성 대상자	18	60시간 이상의 직무연수 1회에 대한 연수성적의 평정점은 6점으로 한다.
2. 자격연수성적		9	

라. 교육성적의 평정점(교육공무원 승진규정 제33조)

① 교육성적은 다음 계산방식에 의하여 평정하되, 교육성적이 만점의 8할 미만(교육성적이 없는 경우를 포함한다)일 때에는 그 성적을 만점의 8할로 하여 평정한다. 다만, 교육성적이 만점의 6할 미만일 때에는 평정하지 아니한다.

㉮ 직무연수성적평정점

대 상	평 정 방 법	비 고
교장·장학관·교육연구관 승진후보자 명부작성 대상자	- 직무연수 1개를 평정 $$\frac{6점 \times 직무연수환산성적}{직무연수성적만점}$$	2009.1.1. 부터 시행
교감 승진후보자 명부작성 대상자	- 직무연수 3개를 평정 $$\frac{6점 \times 직무연수환산성적}{직무연수성적만점} + [6점 \times 직무연수횟수(직무연수 2회에 한함)]$$	

⟨ 직무연수환산표 (2009.1.1.부터 시행) ⟩

직무연수성적	직무연수환산성적
95점 초과	100점
90점 초과 ~ 95점 이하	95점
85점 초과 ~ 90점 이하	90점
85점 이하	85점

※ 직무연수 성적 평정에 반영한 직무연수는 직무연수 이수 실적 가산점부여 대상에서 제외

㉯ 자격연수성적평정점

교감자격연수 대상자[8]	= 9점 − (연수성적만점 − 연수성적) × 0.025
교감승진, 교장자격, 교장승진 대상자	= 9점 − (연수성적만점 − 연수성적) × 0.05

---

8) 교원 등의 연수에 관한 규정 시행규칙 제4조제4항

② 자격연수성적을 평정함에 있어서 하나의 자격연수가 분할 실시되어 그 성적이 2이상인 때에는 이들 성적을 합산 평균하여 자격연수성적으로 평정한다.
③ 직무연수성적 및 자격연수성적을 평정함에 있어서 그 성적이 평어로 평가되어 있는 때에는 다음의 성적으로 평정한다.

표 시	평 정 점	비 고
최상위 등급의 평어	만점의 90 퍼센트	
차상위 등급의 평어	만점의 85 퍼센트	
제3등급 이하의 평어	만점의 80 퍼센트	

④ 자격연수성적을 평정함에 있어서 당해 직위 또는 별표 1에 의하여 가경력으로 평정되는 직위에서 방송통신대학 초등교육과를 졸업하였거나 교육대학원 또는 교육부장관이 지정하는 대학원 교육과에서 석사학위를 취득한 자에 대한 자격연수성적은 다음 표에 의하여 평정한다.

성 적	평 정 점	비 고
A 학점 이상	만점의 90 퍼센트	
B 학점 이상	만점의 85 퍼센트	
D 학점 이상	만점의 80 퍼센트	

■ 학위과정을 통해 취득한 전문상담교사 1급 자격을 자격연수 성적 평정으로 활용 가능여부

Q : 기 취득한 초등학교 정교사(1급) 자격연수 성적이 아닌 전문상담사(1급) 석사학위과정 성적을 자격연수 성적으로 평정가능한지 여부

A : 「교육공무원 인사관리규정」 제12조제1항제1호의 교육성적평정대상 자격연수성적 중 전문상담교사 자격연수 성적을 포함하고 있고, 「교육공무원 승진규정」 제33조제4항에서 석사학위로 취득한 자격에 대해 자격연수 성적으로 평정할 수 있다고 한 바, 교감 자격연수대상자 지명을 위한 순위명부 작성 시, 전문상담교사(1급) 석사학위과정 성적을 자격연수 성적으로 평정 가능함 (교육부 교원양성연수과-5002(2018.11.02.)호)

마. 연구실적평정(교육공무원 승진규정 제34조)

교육공무원의 연구실적 평정은 연구대회입상실적과 학위취득실적으로 나누어 평정한 후 이를 합산한 성적으로 한다.

바. 연구대회입상실적평정(교육공무원 승진규정 제35조)

① 연구대회입상실적평정은 해당 직위에서 다음 각 호의 어느 하나에 해당하는 실적을 대상으로 한다. 다만, 교육공무원이 전직을 한 경우에는 전직하기 전의 직위에서 입상한 연구실적을 포함하여 평정한다. 〈개정 2020.2.28.〉
㉮ 국가·공공기관 또는 공공단체가 개최하는 교육에 관한 연구대회로서 교육부장관이 인정하는 전국규모의 연구대회(이하 "전국규모연구대회"라 한다)에서 입상한 연구실적
㉯ 특별시·광역시·특별자치시·도 또는 특별자치도(이하 "시·도"라 한다)의 교육청·지방공공기관 및 공공단체등이 개최하는 교육에 관한 연구대회로서 시·도교육감이 인정하는 시·도규모의 연구대회(이하 "시·도규모연구대회"라 한다)에서 입상한 연구실적

※ 장학사·교육연구사 : 교감·장학사·교육연구사 직위에서의 실적
※ 중등교사에서 초등교사로 전직한 자 : 중등학교 재직 시 입상 실적도 포함
② 연구대회입상실적이 2인 공동작인 경우에는 각각 입상실적의 7할로 평정하고, 3인공동작인 경우에는 각각 그 입상실적의 5할로 평정하며, 4인이상 공동작인 경우에는 그 입상실적의 3할로 평정한다.
※ '97. 7. 9. 전에 입상한 실적은 종전 승진규정 ('96. 2. 22. 대통령령 제 14920호) 제 30조 제 5항의 규정에 따라 평정

사. 연구실적평정점(교육공무원 승진규정 제37조)

① 연구실적평정점은 3점을 초과할 수 없다.(2009.1.1.부터 시행)
② 연구대회입상실적은 다음 표에 따라 평정하되, 한 학년도에 2회 이상의 연구대회입상실적이 있는 경우에는 가장 높은 점수가 부여되는 1회의 연구대회입상실적만을 반영한다.

입상등급	전국규모 연구대회	시·도규모 연구대회	비고
1등급	1.50점	1.00 점	
2등급	1.25점	0.75 점	2009.1.1.부터 시행
3등급	1.00점	0.50 점	

※ 공동작의 인정 : 2인 70%, 3인 50%, 4인 이상 30% 인정(승진규정제35조제2항)

아. 연구실적평정대상 연구대회(교육공무원 인사관리규정 제9조)

① 승진규정 제35조제1항제1호의 규정에 의하여 교육부장관이 인정하는 전국규모연구대회는 「연구대회 관리에 관한 훈령」별표 1과 같다.(교육부 훈령 제480호, 2024.3.15.)
 - 전국학교체육연구대회(종전 전국학교체육연구논문 발표대회)(대한체육회)
 - 전국교육자료전(한국교원단체총연합회)
 - 전국현장교육연구대회(한국교원단체총연합회)
 - 전국초등교육연구대회(한국교원단체총연합회)
 - 인성교육실천사례연구발표대회(교육부, 한국교육개발원)
 - 수업혁신사례연구대회(종전 교실수업개선실천사례연구발표대회, 열린교육실천사례연구발표대회)(교육부)
 - 전국과학전람회 관련 학생작품지도논문연구대회(과학기술정보통신부, 국립중앙과학관)
 - 전국학생과학발명품경진대회 관련 학생작품지도논문연구대회(과학기술정보통신부, 국립중앙과학관)
 - 전국교원발명연구대회(특허청)
 - 과학교육연구대회(한국과학교육단체총연합회)
 - 전국농업교사현장연구대회(한국농업교육협회)

- 교육방송연구대회(한국교육방송공사)
- 디지털교육연구대회(종전 교육정보화연구대회, 전산개발연구대회, 전국교육용소프트웨어 공모전, ICT활용교육연구대회)(한국교육학술정보원)
- 전국특수교육연구대회(종전 특수교육용소프트웨어공모전)(한국특수교육총연합회)
- 진로교육실천사례연구발표대회(교육부)
- 올해의스승교육발전연구실천대회(교육부) (2006년, 2007년 제외)
- 학교통일교육 연구대회(교육부, 통일교육원)
- 자유학기제 실천사례 연구대회(교육부, 한국과학창의재단)
    ※ 2007년부터 교육용소프트웨어공모전, ICT활용교육연구대회가 교육정보화연구대회로 통합(교육과학기술부 지식정보정책과-832(2007.3.13.), 과학산업교육과-5925(2007.04.05.)
    ※ 연구대회관리에 관한 훈령 제289호에 따라 올해의스승교육발전연구실천대회는 2019.7.18.자 이전 취득한 실적만 인정
    ※ 연구대회 관리에 관한 훈령 제320호에 따라 전국교과교육연구발표대회(한국미래교육연구협의회), 전국 특성화고/마이스터고 학교경영 및 교수학습 연구대회(교육부)는 2022.4.7.자 이전 취득한 실적만 인정

② (삭제)

③ 평정권자는 종전의 규정에 의해 연구대회 입상등급이 1등급 내지 3등급 이외의 방법으로 표기되어 있는 때에는 다음 각 호의 1과 같이 평정한다.

㉮ 최상위등급 입상실적 : 1등급

㉯ 차상위등급 입상실적 : 2등급

㉰ 기타 등급 또는 입상 등급이 없거나 등급을 구분할 수 없는 입상실적 : 3등급

- 연구실적평정은 연구대회입상실적과 학위취득실적으로 나누어 평정한 후 이를 합산
- 연구대회입상실적 평정은 '당해직위' 또는 '전직 이전의 직위'에서의 입상 실적 포함
- 연구대회 입상실적평정은 1년에 1회의 연구대회 입상실적에 한하여 평정
- 교육전문직원경력이 있는 교감의 연구실적은 교감자격증을 취득한 후의 연구실적만을 평정(교육공무원 승진규정 제35조 제1항).
    - 2021.2.28.까지 연구대회에 참여한 입상실적까지만 인정
- 연구실적 인정 범위
    - 국가, 공공기관 또는 공공단체가 개최하는 교육에 관한 연구대회로서 교육부 장관이 인정하는 전국규모의 연구대회에서 입상한 연구실적(교육공무원승진규정 제35조 제1항의 규정)
    - 특별시, 광역시, 시·도교육청, 지방공공기관 및 공공단체 등이 개최하는 교육에 관한 연구대회로서 시·도교육감이 인정하는 시·도규모의 연구대회에서 입상한 연구실적

현장교원연구원제, 학교체육연구상, 초등영어 수업개선 연구대회, 진로교육실천사례 연구발표회(2006년부터 적용), 시·도 과학전람회, 창안품전시회, 교육용 소프트웨어 공모전(시, 도 및 전국), 장애학생직업기능경진대회, 장애학생 체육대회

- 시·도 교원단체연합회 주최의 '교육자료전' 입상실적 인정(교직 01101-353, '86.8.25)
- 푸른기장증만 받은 것은 한국교원단체총연합회의 확인을 받아 평정하되 등급이 없는 것은 3등급으로 평정('71년 이전의 등급 표시가 없는 자 포함)
- 푸른기장증과 같은 교육부장관 표창장이 동일자인 것은 1등급으로 함
- 인천교육대학부설과학연구소연구논문 입선자는 도규모 연구실적으로 간주하여 처리 (초교1033-24, '81.4.1)
- 학생을 지도한 연구실적(전국규모 논문 출품 입상자에 한함)
  - 학생작품 지도논문 연구대회 : 과학전시회, 학생발명품
  - 전국교원발명연구대회 : 대한민국 학생발명전시회
  〔총리령 제581호('96.8.6), 교육부교정12100-599('96.8.19), 과기81320-1324('96.9.10)〕
- 연구대회 입상실적 2인 공동작 70%, 3인 공동작 50%, 4인이상 공동작 30% 인정
- 연구실적 등급의 기준(등급이 없거나 등급을 구분할 수 없을 때에는 3등급)

구 분	과학전람회	자료전시회	연구논문	미술전람회(국전에 한해 91.9.20전까지만 인정)
1등급(최상위 입상)	특상(최고상)	특상 (특선)	우 수	부문별 우수상
2등급(차상위 입상)	우 수 상	우량 (수)	우 량	특 상
3등급(기타 입상)	장 려 상	노력 (장려)	장 려	입 선

- 타시·도교육감 자체로 실시한 것은 가산점수 또는 연구점수로 인정한다는 문구가 들어있는 증빙서 첨부
- 학교체육연구상을 '경기도학교체육연구대회'로 명칭을 변경하여 인정(경기도연구대회 운영 기본계획(2011.3.2.)
- 장애학생직업기능경진대회, 장애학생체육대회는 2022.3.1.부터 연구대회 실적으로 인정(교원정책과-9536, -9537(2019.8.20.), 특수교육과-7457(2022.5.6.))

자. 학위취득실적평정(교육공무원 승진규정 제36조)

 교육공무원이 해당 직위에서 석사 또는 박사학위를 취득한 경우에는 그 취득학위 중 하나를 평정대상으로 하고, 교육공무원이 전직된 경우에는 전직 이전의 직위 중의 학위취득실적을 포함하여 평정한다. 다만, 제33조제4항에 따라 자격연수성적으로 평정된 석사학위취득실적은 평정대상에서 제외한다. 교육전문직원(늘봄전담실장 포함) 경력이 있는 교사의 경우에는 교육전문직원(늘봄전담실장 포함)의 직위에서 취득한 학위취득실적을 포함한다.

학위종별	구 분	점수	비고
박사	• 직무와 관련 있는 학위 • 기타의 학위	3.0점 1.5점	2009.1.1.부터 시행
석사	• 직무와 관련 있는 학위 • 기타의 학위	1.5점 1.0점	

- 학위취득 실적 평정점은 3점을 초과할 수 없음(대통령령 제17635호 2002. 6. 25)
- 교원으로 임용되기 이전에 취득한 학위 논문은 불인정(교정07000-353, 1999. 4. 4.)
- "직무와 관련 있는 학위" : 직접 수업을 담당하고 있는 교과목을 전공하고 취득한 학위 이외에도 학생생활지도, 특별활동, 학교 또는 학급경영, 교무업무, 기타 학생 교육과 관련된 내용을 전공한 경우를 의미(교육공무원 승진규정 제37조 3항)

- 주간교육대학원에서 학위를 받은 경우 소속 상관의 허가(조퇴, 외출), 또는 정당한 사유에 의하였으면 증빙자료에 의거 인정 가능(국가공무원법 제58조 제1항)
- 2009.12.31.자 평정 시부터 '05년 1학기 이전 대학원 입학자도 1개의 석사학위만을 인정한다는 교육부의 지침(교원정책과-3504, 2007.7.26)은 '05년 1학기까지 대학원에 입학한 자는 2개의 석사학위를 계속 인정하되, '05년 2학기 대학원 입학자부터는 1개의 석사 학위만을 인정한다는 것으로 재 변경됨(교직발전기획과-1003,2008.5.20)
- 자격연수 성적으로 평정된 석사학위 논문과(승진규정 제32조 1항) 제33조 4항 규정에 의하여 자격연수성적으로 평정된 연구실적은 평정대상에서 제외(승진규정 제36조)

제2조(연구실적평정 및 명부의 작성에 관한 경과조치) 이 영 시행 전에 학위취득실적(이 영 시행 전이나 이 영 시행 이후 1년 이내에 대학원에 입학하여 학위를 취득한 실적을 포함한다)이 있는 사람에 대한 연구실적평정 및 명부의 작성에 관하여는 제29조, 제35조제1항 각 호 외의 부분 단서, 제36조 본문 및 제40조제1항의 개정규정에도 불구하고 종전의 규정에 따른다.

※ 2020.3.1.~2021.2.28.까지 입학하여 취득한 학위취득 실적까지 인정하는 것으로 2020학년도 대학원에 입학하여 학위 취득일이 2021년 3월 이후라도 인정 가능함(입학일 기준)

차. 교(원)감 자격연수과정 응시대상자 한국사 능력 검정 취득 또는 한국사 연수 이수

① 시행일 : 2018. 1. 1.부터

② 한국사 능력 검정 관련 인정범위
- 「사료의 수집·편찬 및 한국사의 보급 등에 관한 법률」제18조에 따른 한국사 능력 검정 시험(3급 이상)에 합격한 경우
- 증빙자료 : 합격증 사본 등 국사편찬위원회에 인정한 공증문서

③ 한국사 연수 관련 인정연수
- 「교원 등의 연수에 관한 규정」제2조제2항에 따른 연수원에서 운영하는 과정으로 「교원 등의 연수에 관한 규정 시행규칙」제4조제6항의 교(원)감과정의 연수대상자 지명을 위한 한국사 관련 연수에 부합한 인정 연수
- 연수범위 : 교원의 역사 인식 함양 및 관련 역량을 개발할 수 있도록 한국사를 폭넓게 다루고, 한국사의 흐름을 이해하고 한국사의 개념과 전개과정을 체계적으로 파악할 수 있는 수준
- 인정방법: 상기 연수원에서 운영하는 한국사 관련 과정은 운영방법(집합/원격/혼합)에 관계없이 합하여 60시간 이상이면 인정
- 증빙자료: 이수증 사본 등 해당연수원에서 인정한 공증문서

※ 60시간 이상으로 구성된 단일과정은 승진 평정요소 중 교육성적으로 인정 가능하며, 60시간 미만으로 구성된 과정은 가산점의 직무연수로 인정 가능(단, 중복인정은 불가)(교육부 교원복지연수과-5199 (17.07.12.))

5 가산점평정

가. 가산점(교육공무원 승진규정 제41조)

① 교육공무원으로서 해당 직위에서 제3항 및 제5항에 따라 가산점이 산정된 사람에 대해서는 명부작성권자가 제40조에 따른 각 평정점의 합산점수에 가산점을 더하되, 전직을 한 경우에는 전직하기 전의 직위에서 취득한 가산점(교육전문직원 경력이 있는 교감은 교감의 자격증을 받은 후의 가산점만을 말하며, 교육전문직원은 교감등의 직위에서 취득한 가산점만을 말한다)을 포함한다. (2009.1.1.부터 적용)
② 가산점은 공통가산점과 선택가산점으로 구분한다.

나. 공통가산점

1) 교육부장관 지정 연구·시범·실험학교 근무 경력 가산점

구분	평정점	비고
월 평정점	0.018	• 합산상한점의 [ ]안은 교육장이 지정한 연구학교(시범·실험학교 포함) 근무 경력 가산점과 교육감 지정 선도학교, 중심학교, 초등교육실습대응학교 및 교과특기자육성교, 도농교류, 체험학습장, 특별학급 유공교원 가산점과 합산 적용한 상한점임
일 평정점	0.0006	
상한점	1.00	
합산상한점	[1.00]	

※ 체육부장관지정의 학교급식시범(연구)학교는 96.4.26. 이후만 인정함

2) 재외국민교육기관에 파견되어 근무한 경력 가산점

구분	평정점	비고
월 평정점	0.015	
일 평정점	0.0005	
상한점	0.50	

※ 재외학교 근무경력 : 교육공무원임용령 제7조의3(파견근무)1항 10호

3) 학점화로 인정된 직무연수 실적 가산점

구분	평정점	비고
1학점	0.02	• 15시간 1학점 • 연도 및 학년도 기준 - 2015년 이전 : 매년 1.1~12.31 - 2016년 : 2016.1.1.~2017.2.28. - 2017년 이후 : 매년 3.1~2월말
연도별	0.08	
상한점	1.00	

※ 2012년 8월 31일 이전까지는 13시간 단위의 연수과정 4개를 이수한 경우 학점화 대상은 0학점이고, 2012년 9월 1일부터는 동일한 경우 연간 누적 52시간이므로 3학점(45시간) 인정받고 잔여 7시간은 절사하여 다음해로 이월될 수 없다.(교육부예규 제12호, 2014.04.25.)
〈직무연수 성적으로 사용한 연수 중복 사용 금지(2013.12.31.자 평정부터 적용)〉

※ 교육전문직원 경력이 있는 교감은 교감자격증을 받은 후 이수실적, 교육전문직원은 교감등의 직위에서 취득한 이수실적
※ 대학원 학위 취득의 연수 학점화: 연구실적으로 평정하지 않은 학위취득 실적에 대하여 대학원에서 매년 취득한 학점별로 각각 인정함(학위 취득 이후 일괄 인정)(경기도교육청 교원역량혁신과-22747, 2012.11.29.)

① 연수기관에서 받은 연수실적 중 인사기록카드에 학점으로 등재된 실적만을 인정
  - 연수명, 연수기간, 연수시간 등이 명시된 연수 이수증이나 증빙서 첨부시에만 인정하여 등재
  - 교사 임용 후의 모든 연수실적을 평정(강사, 기간제, 임시교사 기간 중 연수실적 제외)
  - 이수 번호에 '직무'라고 들어있거나, 연수종별에 직무연수라고 기록된 것만 인정
    (단, 직무연수임을 입증하는 서류 제출시에는 별도 인정)
② 연수 이수 실적은 수료 날짜를 기준으로 함
③ 대학원 학위취득의 연수 학점화 : 연구실적으로 평정하지 않은 학위취득 실적에 대하여 대학원에서 매년 취득한 학점별로 각각 인정함(학위 취득 이후 일괄 인정) (경기도교육청 교원역량혁신과-22747, 2012. 11. 29.)
④ 2013.12.31.자 평정부터 하나의 직무연수로 '직무연수성적 평정'과 공통가산점의 '학점화된 직무연수 이수 실적'으로 중복평정 할 수 없음(교육부, 교원정책과-1766, 2013.06.)
⑤ 3년 이내 실시한 동종연수나 유사연수 불인정(교육내용 50%이상 중복-2000년 이후 적용)
  - 예 : 성교육 연수와 성상담 연수 등(교직81840-1873(2000.06.13.)
⑥ 동일·유사과정 중복 : (원칙) 2강좌 중 1강좌 인정(교육부 교원복지연수과-5960(2013.11.14.)호.)
  - (예외) 해당 연수생이 동일·유사과정이 아님을 증명할 경우 2강좌 모두 인정(연수생 입증 책임)
  - 2개 강좌명이 동일·유사하여도 해당 연수과정표 등을 통해 과목의 70% 이상 다른 과정임을 증명할 경우 2강좌 모두 인정
⑦ 2014년부터 연수 기간 중복 허용
  - 같은 기간 동안 2개 이상 연수과정을 이수하여도 전부 인정(교육부 교원복지연수과-5960(2013.11.14.)호.)
    • 같은 기간 중에 다양한 원격 연수 과정 수강 가능
    • 같은 기간 동안에 서로 다른 집합 연수를 2개 이상 이수하는 등 물리적으로 불가능한 경우에는 허용되지 아니함(사례 : 대학원 연수 파견 기간 중 교감 자격연수 이수 등)
⑧ 교육전문직(임기제, 늘봄전담실장 포함)의 경력이 있는 교사의 경우에는 가산점 평정함
  (단, 2025.3.1.자 이후 임용부터 적용)
⑨ 연수 인정 및 불인정
  - 학위취득실적, 자격연수 실적으로 활용한 대학원 학점 등은 평정대상이 아님
  - 시, 군 자율적으로 실시한 연수(단기연수): 인정하지 않음(컴퓨터 단기 연수, 열린교육 자율 연수 등)
  - 상시학습은 인정 안 됨
  - 특수분야연수

구 분	인 정(증서번호)	구 분	불인정(증서번호)
경기도교육청 추천	• 경기-초-연도-일련번호 • 문교-초-연도-일련번호 • 교육-초-연도-일련번호 • 경기-직무	개인적으로 신청	• 단특-일련번호, • 대구특-일련번호

- 스카우트 연수

구 분	인 정(증서번호)	구 분	불인정(증서번호)
경기도교육청 추천	• 문교-일반-초-연도-일련번호 • 초-일반-연도-일련번호 • 경기-직무	중앙연맹 연수	• 연도-일련번호 • 일련번호 • 기본과정

- 교직자 정신교육, 보훈교육연구원(예, '86. 2. 17. ~ 2. 19.시간 없음) : 인사기록카드에 기재되어 있으면 인정
- 과학교사 기상과정, '98년부터 특수분야 연수기관 인정
- 교육과정 개정에 따른 산수과 재교육 강습(예, 초-71-26505)인정
- 자연과 실험실기 일반연수 24시간 (예, 양구초-81-19371호)인정
- 산수과 재교육(예, 73년, 74년)인정
- 자연과 강사요원연수 (1981, 교육감)인정
- 7차교육과정 편성운영 자율연수('99. 11. 03. ~ 12. 15., 매주수요일. 김포교육청)인정
- 전북지방공무원 연수(예, '79. 2 .7. ~ 11, 60시간)인정
- 교육과정개편에 따른 자연과 재교육(예, '74. 8. 5. ~ 14., 60시간 영월군교육장)교육감 확인서 첨부시 인정
- 배구협회 심판강습 및 핸드볼협회 심판 강습(예, 5일, 핸드볼 18시간)인정
- 1984년 자연과 일반연수 ('82년이후 자연과 연수를 과학교육진흥법 제3조에 의거 지역교육청에서 주관 (교육감 확인서 첨부)인정
- 청소년 단체 관련 상급과정(60시간 이상)
- 노동행정연수원 이수증 : 2010년 이후 인정, 2009년도 이전 불인정
- 사이버 개인정보보호 이수증 : 중앙교육연수원 및 율곡교육연수원 인정, 경기도교육청 불인정
- 사이버 청렴교육 이수증 : 중앙교육연수원 및 율곡교육연수원 인정, 경기도교육청 불인정 : 해당 연수원 홈페이지에서 이수증을 새로 출력해 연수종별에 직무연수 표기시 인정
- 2004-2006 학급교육과정 워크북 연수(32시간), 2009경기장학아카데미심화과정(수업분석) 32시간 연수 : 불인정
- 배움과 실천 공동체, 교과연수년 직무연수, 연수원학교 연수는 2013년도에 한해 중복인정(3년 이내 2개 이상 사용시에는 학교혁신과에서 연수주제를 기입한 연수확인원을 발급받아 제출)
- 이천교육청에서 실시한 도예교육 실기연수(62시간) 인정, 30시간 연수는 2014년 이후 인정
- 1999-2000년 학교정보화 전문요원 연수 불인정 (미인가 연수기관에서 연수 이수)
- 2014년부터 연수기간 중복 허용

4) 학교폭력 예방 및 해결 등 기여 교원에 대한 승진 가산점
① 연 0.1점, 상한점 1.0 (2016.12.30.부터 시행(교육부 교원정책과-122(2017.01.06.)호)
② 학년도 단위로 1회 0.1점씩 가산(평정 대상기간 : 매년 3.1.~다음 해 2월 말)
③ 교육공무원 기타 평정과 같이 2016년도 실적은 한시적으로 1년 2개월(2016.1.1.~2017.2.28.) 긴 평정하며, 이후 2017년부터 학년도 단위 적용 (교육부 교원정책과-6072(2016.10.06.)호)

다. 선택가산점

1) 1급 정교사(1급 보건교사)의 보직교사 근무경력 가산점

구분	평정점	비고
월 평정점	0.027	• 상한점의 ( )안은 '97.12.31이전 경력에 대한 상한점임-해당기간 보직교사 경력 5년까지만 인정
일 평정점	0.0009	
상한점	2.00(1.43)	• 합산상한점의 [ ]안은 「교육전문직원 경력」가산점과 합산한 상한점임
합산상한점	[2.00]	

① 1급 정교사에는 전문상담교사 자격증소지자 포함('02.6.25. 이후부터 적용)
② 2급 정교사 또는 2급 보건교사의 보직교사 경력과 휴직, 파견근무기간 중의 보직교사 경력은 인정하지 않음

2) 교육전문직원(장학사 및 교육연구사) 경력 가산점

구분	평정점	비고
월 평정점	0.012	• 상한점의 ( )안은 '97.12.31이전 경력에 대한 상한점임
일 평정점	0.0004	
상한점	0.75(0.45)	• 합산상한점의 [ ]안은 「보직교사 경력」가산점과 합산한 상한점임
합산상한점	[2.00]	

① 1994.09.22 이후에 장학사·교육연구사로 임용되어 그 경력이 있는 교감의 가산점 평정(연구실적 등)은 교감 자격증을 받은 후의 경력에 한함
② 1994.09.21 이전 장학·교육연구사 경력이 있는 교감의 가산점은 교감 자격증 취득 여부와 관계없이 교육전문직원 재직 경력에 대하여 평정함
③ 현직 장학(교육연구)사의 경우에는 교감 자격증 취득여부와 관계없이 가산점 평정함
④ 교육전문직원(임기제, 늘봄전담실장 포함)의 경력이 있는 교사의 경우에는 가산점 평정함(단, 2025.3.1.자 이후 임용부터 적용)
⑤ 1월마다 0.012점씩 가산(1997.12.31 이전 교육전문직원 근무경력(0.45점 만점))

3) 도서·벽지 및 접적지역 근무경력 가산점

지역	구분	평정점	비고
가 (특)	월 평정점	0.045	• 도서·벽지교육진흥법 제2조에 따른 도서벽지에 있는 교육기관 또는 교육행정기관 근무경력
	일 평정점	0.0015	
나 (갑)	월 평정점	0.036	
	일 평정점	0.0012	• 상한점의 ( )안은 '97.12.31이전 경력에 대한 상한점임.
다 (을)	월 평정점	0.027	
	일 평정점	0.0009	• 합산상한점의 [ ]안은 「농·어촌·접경·공단지역 근무경력」가산점과 합산한 상한점임.
라 (병)	월 평정점	0.018	
	일 평정점	0.0006	
상한점		2.00(2.00)	• 지역의 ( )안은 '85.12.31이전의 급지명임.
합산상한점		[2.00]	

① 도서벽지 근무경력 인정 조건 - 도서벽지교육진흥법 시행규칙에서 정한 도서벽지학교 또는 기관으로 지정되어 있어야 하고, 해당교 및 해당기관의 실 근무경력이 존재해야 함(파견, 휴직 제외)
② 평정방법

구분	평정방법	비고
97.12.31 이전 경력	장관 인정점(상한점 1.143점)과 교육감 인정점 (상한점 0.857점) 동시 인정 ⇒ 상한점 2.0점	'11.12.31.자 평정부터
98.01.01 이후 경력	장관, 교육감 구분 없이 평정점 부여 ⇒ 상한점 2.0점	

③ '97.12.31. 이전 경력 월별 교육감 부가 가산점 인정기준 : 교육부장관이 정한 가산점 인정기준과 동일(초교81090-937 '95.11.3.)
④ 2009.12.31.자 평정부터는 1개월 미만은 일 단위로 계산(승진규정 제41조 6항)
⑤ '13.12.31.자 평정 시부터 「농·어촌·접경·공단지역 근무경력」가산점을 합산하여 2.00점을 초과할 수 없음
⑥ 2007.3.1.이후의 도서벽지근무경력은 도서벽지 점수만, 접경지역근무경력은 접경지역 점수만, 농어촌근무경력은 농어촌지역 점수만 인정되며 중복인정 불가

- 강사, 임시강사, 임시교사, 기간제 등 경력이 인정되면 도서벽지 근무경력도 인정함
- 도서·벽지 급지가 변경되었을 경우 개정 시행을 기준으로 개정 이전 경력은 종전 급지를, 개정 이후 경력은 개정된 급지를 적용 평정(교직2000-12, '83.1.13.)
- 도서·벽지가 해제된 때에는 해제될 때까지의 경력을, 신규로 지정된 때에는 지정된 이후의 근무경력을 평정
- 도서벽지 근무경력에 대하여 본도의 부가 가산점은 타시도 근무경력 및 본도에서 근무한 경력에 대하여 적용 (초교 81090-937 '95.11.3.)
  - 본도 및 타도에서 근무한 도서벽지 근무경력은 교육장의 경력확인서를 제출(도서벽지 지정 년월일, 등급, 도서벽지학교 소재 지명의 기록이 없는 것은 인정하지 않음)
- 근무 기간, 도서벽지 지정 년월, 등급, 도서벽지학교 소재 지명이 기록된 교육장의 경력확인서 첨부(학교장발행 확인서 불가)

4) 농·어촌·공단·접경(교육특별) 지역 근무 경력 가산점

지역	구분	평정점	비고
면 (읍면)	월평정점	0.018	· 지역의 ( )안은 '09.02.28.이전경력까지 농·어촌 지역 가산점 부여 대상으로 지정된 지역명임.
	일평정점	0.0006	
접경	월평정점	0.018	· ( )밖의 「읍」, 「면」은 '09.03.01.경력부터 적용되는 지역명임.
	일평정점	0.0006	
읍 (동)	월평정점	0.015	· 상한점은 농·어촌, 공단, 접경지역 근무 가산점을 합산한 상한점임.
	일평정점	0.0005	
교육감지정 접경 (교육특별)	월평정점	0.015	· 각각의 상한점 제도를 폐지하여 과거의 실적 중 상한점을 초과하는 경력이 있을 경우 상한점 및 합산상한점 범위 내에서 모두 인정.
	일평정점	0.0005	
공단	월평정점	0.012	· 합산상한점의 [ ]안의 평정점은 도서벽지지역 근무 가산점과 합산한 점수임.
	일평정점	0.0004	
상한점		2.00(2.00)	· 교육감지정 접경(교육특별)은 2013.03.01.부터 새롭게 지정받은 학교임
합산상한점		[2.00]	

가) 농·어촌 학교 근무경력 가산점 평정방법
① 농·어촌 지역 학교 근무경력에 대한 가산점은 '09.03.01.부터 행정구역상 읍지역과 면지역에 소재한 학교 근무경력에 대하여만 인정하고, 동(洞)지역에 부여하는 농·어촌 가산점은 폐지
- 단, '09.02.28.이전에 취득한 동지역 농·어촌 가산점 부여 대상학교 근무경력은 계속 인정
② 농어촌근무경력학교장확인서 첨부하되, '95, 96, 97년은 주소변동사항이 기록된 주민등록초(등)본 첨부
- '95. 1. 1부터 '95. 12. 31까지는 학교가 소재한 읍·면 지역에 거주하고 본인의 주민등록이 되어 있는 자(교정07000-870, '95.11.21, 전입일 기준으로 가산점 부여)
- '96. 1. 1부터 '97. 12. 31까지는 학교가 소재한 군지역이나 인접 군지역에 본인의 주민등록이 되어 있는 자(단, 인접지역은 학교가 소재한 지역과 경계선이 맞닿은 경기도 내의 군 지역을 말함).
  * 도·농 복합시로 변경된 경우 읍이하 지역 거주(경기도내만 인정)
- '98. 1. 1부터는 농·어촌 중 명부작성권자가 특별히 지정한 지역의 소재학교 근무자
③ 2000.1.1부터 용인시 수지읍(고기초 제외), 기흥읍(보라, 기흥초 제외)소재 학교는 농·어촌 지역 가산점 부여 대상교에서 제외(다만, '99.12.31.현재 위 지역의 학교에 근무하고 있는 교원에 대하여는 2001.2.28까지 가산점을 인정(교직81080-2810 '99.12.3.))
④ 도·농복합시로 승격된 동(洞)지역 농·어촌 학교 근무경력 가산점 평정방법
- 읍·면 지역의 학교 중 도·농복합시로 승격되어 행정구역이 동(洞)지역으로 변경된 학교는 도·농복합시로 승격된 날부터 가산점 폐지(포천시, 양주시의 동지역은 2003.10.19.부터 가산점 지역에서 해제)
- 2005년도부터 행정구역이 도·농복합시로 승격되어 동(洞)지역으로 변경된 학교는 도·농복합시로 승격된 학년도의 2월 말까지 농·어촌지역 가산점 부여(면지역에서 읍지역으로 변경될 경우도 포함)

나) 접경지역 학교 근무경력 가산점 평정방법
① 접경지역 가산점(2004.1.1적용) 부여 대상학교는 접경지역 지원법 시행령에서 정하고 있는 지역에 소재한 학교로 하되(2011.12.31.평정시까지), 도서벽지접적지역 가산점 부여대상과 중복되는 학교의 경우에는 도서벽지접적지역 가산점을 부여(행정안전부 지역발전과-3167(2009.10.15.)에 의거 불현동에서 분동된 송내동은 접경지역 가산점 계속 부여)
② 접경지역 학교 근무경력 가산점은 접경지역 중 교육감이 지정하는 학교 근무경력 가산점으로 변경(기존 규정에 따른 접경지역 학교 근무경력 가산점은 2014.2.28.자 경력까지만 부여) (교원역량혁신과 - 22463, 2012.11.27.)

다) 공단지역 학교 근무경력 가산점 평정방법
① 2002.1.1.~ 2009.2.28.까지 : 공단 2Km이내 지역은 '면(읍면)' 지역에 해당하는 점수로 평정하고 3Km이내 지역은 '읍(동)' 지역에 해당하는 점수로 평정
② 2009.3.1.이후 : '09.03.01.부터 공단(반월공단 및 시화공단)지역 소재학교 근무 경력은 공단 경계에서 3km이내에 위치한 학교에 대해 모두 동일한 가산점을 부여(단, '09.02.28.이전의 근무 경력에 대하여는 종전 규정에 따라 평정)

라) 농·어촌·공단·접경지역 가산점과 도서·벽지·접적지역 근무경력 가산점 합산 상한점
  농·어촌·공단·접경(접경지역중 2013. 3. 1.부터 교육감이 지정하는 학교-당해연도의 농어촌 읍지역에 해당하는 점수 부여-포함) 지역 가산점은 '13.12.31.자 평정 시부터는 도서·벽지·접적지역 근무경력 가산점까지 포함한 합산 상한점을 적용하여 2.00점을 초과할 수 없음

- 교육청과학실파견교사 농·어촌(여주,가평,양평,광주,이천,용인,안성,포천,파주), 공단(안산,시흥), 접경(동두천,연천,김포) 가산점 인정(2004.1.1.부터 적용), 경기도교육청남부유아체험교육원 파견교사 농·어촌(평택) 가산점 인정(2022.3.1.부터 적용)
  − 시흥 파견교사는 개청일(2004.3.1.)부터 적용, 파주 파견교사는 2007.3.1.~2009.2.28.까지 인정
  − 도농복합시와 시의 동지역 근무가산점 폐지교가 있는 해당 교육청은 2009.2.28.까지 인정
- 타시도에서 받은 농어촌 근무경력 인정하되 읍, 면, 동 근무경력을 구분하여 적용함(교육감인정 증빙서류(공문 등) 첨부)
- 강사, 임시강사, 임시교사, 기간제 등 경력이 인정되면 농어촌 근무경력도 인정
- 도서·벽지교육진흥법 시행규칙 개정(2016.6.17.)에 의해 도서·벽지의 지역 및 등급별 구분표에서 제외된 학교 중 소재지에 따라 농어촌 근무경력 가산점 부여
  − 농어촌지역(읍): 월 0.015부여, 농어촌지역(면): 월 0.018 부여

마) 접경지역(교육특별) 중 교육감이 지정하는 학교 근무경력 가산점
  ① 접경지역 중 교육감이 지정하는 학교 근무경력 평정점은 "교육감지정 접경(교육특별)" 이라 약칭
  ② 당해 연도의 농어촌 읍지역에 해당하는 점수 부여(교원역량혁신과 − 22463, 2012.11.27.)
   − 신규지정 접경지역 지정교(초등 5교)는 2013.3.1.부터 평정점 부여
   − 재지정 접경지역 지정교(초등 11교)는 2014.3.1.부터 평정점 부여
  ③ 교육특별지역(안산 3교)은 2016.6.17.부터 가산점 부여

5) 교육감(교육장)지정 연구학교, 선도학교, 중심학교, 교과특기자 육성교, 특별학급 및 체험학습장 등 유공교원 경력 가산점(중복 금지)

평정점	시기	2025.03.01.~2028.02.29.	2028.03.01.~	비고
교육감 지정	월평정점	0.018	0.018	• 합산상한점의 [ ]안은 「교육부장관 지정 연구학교 근무경력」가산점과 합산 적용한 상한점임.
	일평정점	0.0006	0.0006	
교육장 지정	월평정점	0.009	0.009	
	일평정점	0.0003	0.0003	
특별학급 체험학습장	월평정점	0.0144	0.0108	
	일평정점	0.00048	0.00036	
합산 상한점		[1.00]	[1.00]	

가) 평정방법
  ① 연구학교(시범·실험학교 포함)의 교원으로 근무한 경력은 (도)유공교원 명부에 등재된 자에 한하여 인정
  ② 본도 근무자의 연구학교 근무경력은 교육장 발행 경력증명서 제출
   − 교육장확인 연구학교 경력증명서 원본(또는 장학사 원본대조(날짜, 도장날인)한 사본) 첨부하거나
   − 도유공교원 명부(지정학교)발행 책자 사본 첨부(장학사 원본대조(날짜, 도장날인))

③ 타시·도에서 근무한 연구·실험학교 근무경력은 교육장발행 경력증명서 첨부시에 한하여 인정함
- 타시·도 경력 증명서에 년도, 연구지정 구분, 연구주제, 공헌한 연구분야, 직책 등 기재된 증명서만 인정

④ 교육부(기타부)장관·교육감·교육장이 지정한 연구(시범·실험)학교, 초등교육실습대용학교, 선도·중심학교, 도농교류, 특별학급 및 체험학습장 지도 가산점은 상호 중복평정금지 및 상한점 1.00점을 초과할 수 없음

⑤ 연구학교 연구부장(연구업무 주무부장)은 초등돌봄교실(저학년방과후교실-보육프로그램), 초등창의지성교과특성화학교, 초등자율체육활동체험교실 가산점과 중복평정 불인정
(단, 초등돌봄교실은 2014.12.31.평정부터 중복 인정, 학생학부모지원과-1721(2014.02.21.))

나) 연구학교, 선도학교 등 인정 기준
① 종래의 급식시범학교 근무경력(79.1.1.~82.3.19.) 인정 : 교직200-12(83.1.13.)
② 교육감지정 선도학교는 '03.03.01.부터, 중심학교는 '03.04.01.부터 적용함(교정 81105-187, 교정 81160-287)
③ 교육감지정 교과특기자 육성교, 과학교육 선도학교 유공교원에 대하여도 교육감 지정 연구학교 유공교원 가산점과 동일한 가산점 부여
- 교육감지정 과학교육선도학교 지도교사 가산점 : '03.10.1., '04.7.1.부터적용(과산-3416)
- 교육감지정 교과특기자육성교 지도교사 가산점 : 2004.8.1.부터 적용(교정-3749)
- 과학교육선도학교 유공교원 가산점 부여는 1교당 종전 2인에서 3인 이내로 개정(2009. 3. 1.부터 적용, 과학산업교육과-10489 (2008.08.28.))
④ 교육감지정 초등교육실습대용학교 지도 교원에 대한 선택가산점
- 2015학년도부터 신규 지정교에 대하여 승진가산점 미부여
(경기도교육청 학교정책과-1921(2015.4.23.))
- 2005.3.1.~2015.2.28. 경력까지 인정(유공교원 명부에 등재된 자에 한함)하며, 타시도에서 취득한 경우에도 해당기간 경력만 인정(타시·도교환 파견 중 취득한 경력 미인정)
- 단, 고양 가좌초, 부천 상동초, 성남 구미초, 수원 숙지초, 안양과천 삼성초, 의정부 의정부서초는 2017.2.28.까지, 안양과천 석수초는 2018.2.28.까지 유공교원 명부에 등재된 자에 한함
- 교생지도 경력증명서 : 교육장확인서 제출
⑤ 교육감지정 6시그마 학교혁신 시범학교
- 1차(2006.7.1. ~ 2007.6.31:초10교), 2차(2007.7.1. ~ 2008 6.31:초5교)
⑥ 교육장 지정 연구학교 유공 교원 경력은 '03.01.01.부터 적용함(초등81105-1097. '02.8.23.).
⑦ 도·농 교류 체험학습 유공 교원에 대한 가산점은 2006학년도 경력부터 불인정
- '06.02.28.이전 경력에 한해 인정함
⑧ 특별학급, 체험학습장 유공교원 가산점은 2022.2.28.이전 경력에 한하여 인정
(교원정책과-9536,-9537(2019.8.20.)

6) 수업실기대회 우수교사 경력 가산점

구분		평정점	비고
연 평정점	1등급	0.20	• 2002.01.01.~ 2004.12.31.까지는 1년에 1회 0.120점
	2등급	0.17	
	3등급	0.13	
상한점		1.00	
합산상한점		[3.00]	

① 상한점은 '초등돌봄교실(저학년방과후교실-보육프로그램)', '초등창의지성교과특성화학교(교과특성화학교)', '초등자율체육활동체험교실운영지도교사', '청소년단체활동 지도교사' 가산점과 별도로 1.60점을 부여하되, 합산 상한점(3.00)의 제한을 받음

② '합산상한점'은 '영재교육 전담교사', '영재학급 담당교사', '도지정 발명교실 지도교사', '보직(부장)교사 초과 경력','담임교사 경력', '진로직업특수교육지원센터', '통합형직업교육거점학교', '특수교육지원센터','전국장애학생체육대회','전국장애학생직업기능경진대회','특수학교(급) 종일반'가산점까지 통합한 상한점임

③ 수업실기우수교원 표창장(상장: 등급 확인) 사본 첨부

7) 초등돌봄교실(저학년방과후교실-보육프로그램), 초등창의지성교과특성화학교, 초등자율체육활동체험교실운영지도교사 경력 가산점

평정점 \ 시기	2025.03.01.~ 2028.02.29.	2028.03.01.~	비고
월평정점	0.012	0.009	• 합산 상한점 [3.00]은 '수업실기우수교사', '청소년단체 활동 지도교사', '교육청파견 영재교육전담·영재학급담당교사·도지정 발명교실 지도교사', '보직(부장)교사 초과 경력', '담임교사 경력', '진로직업특수교육지원센터', '통합형직업교육거점학교', '특수교육지원센터', '전국장애학생체육대회', '전국장애학생직업기능경진대회' 가산점 항목과 합산한 상한점임
일평정점	0.0004	0.0003	
상한점	1.28	0.96	
합산 상한점	[3.00]	[3.00]	

가) 초등돌봄교실(저학년 방과후 교실-보육프로그램) 가산점

① 초등돌봄교실(저학년방과후교실-보육프로그램)지도교사 가산점은 2004.9.1.부터 적용(초등교육과-04.7.26.)

② 저학년방과후교실 지도교사는 「방과후학교」보육프로그램 운영 지도교사로 전환 - 2006.3.1.적용(초등교육과-2824 : 06.02.21.)

③ 2004.9.1.~2022.2.28.까지 경력에 한하여 점수부여(교원정책과-9536,-9537(2019.8.20.)

나) 초등창의지성교과특성화학교 지도교사 가산점은 2004. 9. 1부터 적용(초등교육과-04.7.26.)

① 2004.9.1.~2022.2.28.까지 경력에 한하여 점수부여(교원정책과-9536,-9537(2019.8.20.)

다) 초등 자율체육활동 체험교실 운영지도교사 가산점 부여 - 2007. 3. 1부터 적용(평체-11859: 2006.10.04.)

① 2007.3.1.~2022.2.28.까지 경력에 한하여 점수부여(교원정책과-9536,-9537(2019.8.20.)

라) 돌봄지정유치원 담당교사 가산점
① 2012.3.1.~2018.2.28.까지 돌봄지정유치원 담당교사 가산점 부여(유·초 연계 에듀케어, 온종일돌봄, 아침돌봄, 야간(저녁)돌봄 담당교사) (유아교육과-33316,(2011.11.2.),-6669(2017.8.22.))

마) 특수학교(급) 종일반 담당교사 가산점
① 2017.3.1.자부터 특수학교(급)종일반 담당교사 적용 (특수교육과-7017, 2016.6.17.))
② 2017.3.1.~2022.2.28.까지 경력에 한하여 점수부여(교원정책과-9536,-9537(2019.8.20.)

8) 청소년단체활동 지도교사 경력 가산점

시기 평정점	2025.03.01.~ 2028.02.29.	2028.03.01.~	비고
월평정점	0.0048 (0.0072)	0.0036 (0.0054)	• ( )안의 평정점은 2007.12.31.이전 경력에 대한 평정점임. • 합산 상한점 [3.00]은 '수업실기 우수교사', '초등돌봄교실(저학년 방과후교실)·초등창의지성교과특성화학교·초등자율체육활동체험교실운영 지도교사', '교육청파견 영재교육 전담·영재학급담당교사·도지정 발명교실 지도교사', '보직(부장)교사 초과경력', '담임교사 경력', '진로직업특수교육지원센터', '통합형직업교육거점학교','특수교육지원센터', '전국장애학생체육대회','전국장애학생직업기능경진대회','특수학교(급) 종일반' 가산점 항목과 합산한 상한점임
일평정점	-	-	
상한점	0.51	0.38	
합산 상한점	[3.00]	[3.00]	

① '02.01.01.부터 '07.12.31.까지의 경력(월 0.009)과 '08.01.01.이후의 경력(월 0.006)을 구분하여 각 평정 시기별 평정점 기준에 따라 가산점을 차등 부여하되 년단위로 평정함.(단, 상한점 기준은 '11.12.31.자 평정 시부터 구분하여 적용하지 않음)

② 가산점 부여 대상 인정 단체 현황

인정시기	단체명		비고
'02.01.01.부터	• 한국스카우트경기남·북부연맹 • 한국우주소년단경기지방본부 • 한국해양소년단경기남·북부연맹 • 대한적십자사(청소년적십자경기도본부)	• 한국걸스카우트경기남·북부연맹 • 한국청소년경기도남·북부연맹	
'08.03.01.부터	• 한국4-H 경기도후원회		
'09.03.01.부터	• 한국 청소년발명 영재단		

③ 청소년단체 가산점 부여 자격 요건 및 기준(※ 교원인사과-4570:2013. 05. 28.)

구분	내용
자격 요건	소속단체 직무연수 30시간 이상 수료
인정 기준	연간 50시간 이상 활동
인정 연수	지도활동 2년차부터 가산점 부여

단, 1일당 8시간으로 계산하고 월 8시간까지 인정하며, 수련원 등을 이용한 위탁교육 시간과 창의적체험활동(동아리활동) 등 교육과정에 포함된 시간은 인정하지 않음

④ 청소년 단체 가산점은 2022.2.28.까지 경력에 한하여 점수부여
   - 신규 진입교사도 2022.2.28.까지만 점수 부여(교원정책과-9536,-9537(2019.8.20.)

수업실기·청소년단체·초등돌봄교실(저학년방과후교실-보육프로그램)·초등창의지성교과특성화지도경력·초등자율체육활동체험교실 평정 시 유의사항
- 교육장확인 연구학교 경력증명서 원본이나 장학사 원본대조(날짜, 도장날인) 제출
  - 도유공교원 명부(지정학교)책자 사본[장학사 원본대조(날짜, 도장날인)]가능
- 수업실기 우수교원 표창장(상장: 등급 확인) 사본 첨부
- 청소년 단체활동 승진가산점 부여 확인서 첨부(단체장 직인 및 발급번호 기재 확인)
- 교무부장 보직교사 근무경력 평정과 보육교실 가산점 평정은 2009. 3 1.이후 경력부터 중복 평정
- 연구학교 연구부장(연구업무 주무부장) 경력과 초등돌봄교실은 2014.12.31.평정부터 중복 인정

9) 교육청파견 영재교육 전담교사, 영재학급 담당교사, 도지정 발명교실 지도교사 경력 가산점

평정점 \ 시기	2025.03.01.~ 2028.02.29.	2028.03.01.~	비고
월평정점	0.0096	0.0072	교육청파견 영재교육 전담교사, 영재학급 담당교사, 도지정 발명교실 지도교사 경력을 통합 평정함
일평정점	0.00032	0.00024	
상한점	0.57	0.43	
합산 상한점	[3.00]	[3.00]	

① 2007. 3. 1 자 근무자부터 2022.2.28.까지 경력에 한하여 가산점 부여
   - 신규진입교사도 2022.2.28.까지만 점수 부여(교원정책과-9536,-9537(2019.8.20.)
② 합산 상한점 [3.00]은 '수업실기우수교사', '초등돌봄교실(저학년 방과후교실)·초등창의지성교과특성화학교·초등자율체육활동체험교실운영지도교사', '청소년단체 활동 지도교사', '보직(부장)교사 초과 경력', '담임교사 경력', '진로직업특수교육지원센터','통합형직업교육거점학교', '특수교육지원센터','전국장애학생체육대회','전국장애학생직업기능경진대회','특수학교(급)종일반'가산점 항목과 합산한 상한점임
③ 교육청파견 영재교육 전담교사, 영재학급 담당교사, 도지정 발명교실 지도교사 경력은 '07.03.01.부터 적용하되(과산-15596 :2005.11.10), '09.02.28 경력까지는 농·어촌·공단·접경 및 도서벽지접적 지역 등 지역 가산점과 중복 평정을 인정하지 않으나 2009.03.01이후 경력부터는 지역 가산점과 중복 평정을 인정하며 발명교실 지도교사 가산점 대상 인원은 발명교실 설치 기관별 3명 이내로 함(과학산업교육과-10489(2008.08.28.)).
④ 교육지원청 파견 영재교육전담교사, 영재학급담당교사 및 도지정 발명교실 지도교사 경력과 연구(시범·실험)학교 근무경력 중복(과학산업교육과-15862, 2009.11.20.)가능
⑤ 영재학급 담당교사 가산점 부여 자격 요건 및 기준(과학산업교육과-10489(2008.08.28.)(중등교육과-19763(2008.07.30.)
   - 부여대상 : 영재교육을 3년 이상 담당하고, 영재교육 기초연수(60시간)를 이수하고, 현재 영재교육원·영재학급 담임교사 및 업무 담당교사로서 연 30시간이상(교과수업시간)의 수업을 담당한 교사로 교육지원청 파견 영재교육 전담교사 가산점 항목에 포함하되, 상호 중복평정을 할 수 없음.
   - 부여인원 : 영재학급당 1명 이내
   - 가산점 : 월 0.012점, 상한점 0.72점(2009.3.1이후 근무한 자부터 적용)

10) 진로직업특수교육지원센터, 통합형직업교육거점학교 근무 경력 가산점

구분	평정점	비고
월평정점	0.0120	• 2014.3.1.자 근무자부터 교사 1인에 한하여 가산점 부여 • 2014.3.1.부터 2017.2월 말일 이전 경력에 대한 평정점은 해당 기관에서 연속 3년 이상 근무자(특수교사)에 해당 ※ 2012년 제21차 경기도교육공무원인사위원회 심의(2012. 11. 12.) ※ 2013년 제10차 경기도교육공무원인사위원회 심의(2013. 11. 6.) ※ 2017년 제2차 경기도교육공무원인사위원회 심의(2017. 3. 28.) • 2017.3.1.자 근무자부터는 최초 근무시부터 가산점 부여(3년 이상 근무 조항 폐지)
일평정점	0.0004	
상한점	0.72	
합산상한점	[3.00]	

10-1) 교육지원청 소속 특수교육지원센터 근무 경력 가산점

구분	평정점	비고
월평정점	0.0270 (0.0120)	• 2017.3.1.자 근무자부터 가산점 부여 (특수교육지원센터 근무교사 전원에게 가산점 부여) • 2018.2.28.자 평정부터 적용 • ( )안의 평정점은 2013.3.1.부터 2017.2월 말일 이전 경력에 대한 평정점임. (해당 기관에서 연속 3년 이상 근무자(특수교사)에 해당 ※ 2012년 제21차 경기도교육공무원인사위원회 심의(2012. 11. 12.) ※ 2016년 제1차 경기도교육공무원인사위원회 심의(2016. 1. 27.) ※ 2017년 제2차 경기도교육공무원인사위원회 심의(2017. 3. 28.)
일평정점	0.0009 (0.0004)	
상한점	2.00 (0.72)	
합산상한점	[3.00]	

• 특수교사의 경우 진로직업특수교육지원센터, 통합형직업교육거점학교, 전국장애학생체육대회, 전국장애학생직업기능경진대회, 초등돌봄교실, 특수학교(급)종일반 중복 금지 신설

11) 장애학생 지도 실적(전국장애학생체육대회, 전국장애학생직업기능경진대회) 가산점

평정점 \ 시기	2025.03.01.~ 2028.02.29.	2028.03.01.~	비고
월평정점	0.0096	0.0072	• 2013. 3. 1.자 근무자의 지도실적을 2014. 12. 31. 평정부터 적용 - 초등은 2014.3.1.자부터, 중등은 2013.3.1.자부터 적용
일평정점	0.00032	0.00024	
상한점	1.40	1.05	
합산 상한점	[3.00]	[3.00]	

① 전국장애학생체육대회 1, 2, 3위 및 전국장애학생직업기능경진대회 입상학생을 직접 지도한 특수교사에 1인에 한함 (경교인-2013-38, 2013. 11. 6.)

② 2022.2.28. 경력까지 선택가산점으로 부여하고 2022.3.1. 경력부터 연구대회 실적으로 전환하여 운영 (교원정책과-9536,-9537(2019.8.20.)

12) 보직(부장)교사 초과 경력 가산점(2020.3.1.부터 적용)

구분	평정점	비고
월평정점	0.021	• 유치원, 초등, 특수 교사에게 적용 • 보직교사 초과 경력은 2020.3.1.자 이후 근무한 경력부터 인정 • 합산상한점 [ ]안은 '수업실기우수교사', '초등돌봄교실(저학년 방과후교실)·초등창의지성교과특성화학교·초등자율체육활동체험교실운영지도교사', '청소년단체 활동 지도교사', '교육청파견영재교육전담·영재학급담당교사·도지정 발명교실 지도교사', '진로직업특수교육지원센터','통합형직업교육거점학교','특수교육지원센터','전국장애학생체육대회' 신설 '담임교사 경력' 가산점 항목과 합산한 상한점임
일평정점	0.0007	
상한점	1.40	
합산상한점	[3.00]	

① 보직(부장)교사 가산점 2.00(월 0.027)점을 취득한 후 초과하는 보직교사 경력에 대하여 가산점 부여(교원정책과-9536,-9537(2019.8.20.))
② 월 평정점 0.021, 상한점 1.40
③ 보직교사 초과 경력은 2020.3.1.자 이후 근무한 경력부터 인정
④ 합산 상한점 [3.00]은 '수업실기우수교사', '초등돌봄교실(저학년 방과후교실)·초등창의지성교과특성화학교·초등자율체육활동체험교실운영지도교사', '청소년단체 활동 지도교사', '교육청파견영재교육전담·영재학급담당교사·도지정 발명교실 지도교사', 신설 '담임교사 경력'가산점 항목과 합산한 상한점임
⑤ 동일한 평정기간 중의 경력 및 실적의 중복평정 금지
  - 보직교사 초과경력 가산점은 동일기간 취득한 '체험학습장운영','초등돌봄교실(저학년 방과후교실)·초등창의지성교과특성화학교·초등자율체육활동체험교실운영지도교사', '청소년단체 활동 지도교사', '교육청파견영재교육전담·영재학급담당교사·도지정 발명교실 지도교사', '담임교사 경력'항목 가산점과 중복 인정 불가
  - 특수교사의 경우 보직교사 초과경력 가산점은 2023.3.1.자 이후 근무한 경력부터 동일기간 취득한 '담임교사 경력', '진로직업특수교육지원센터','통합형직업교육거점학교','특수교육지원센터'항목 가산점과 중복 인정 불가
⑥ 사례 및 유의사항
  - 유치원, 초등, 특수 교사에게 적용
  - 기본 보직교사경력(월 평정점 0.027)과 신설 담임교사 경력 가산점은 중복가능
  - 초과 보직교사경력(월 평정점 0.021)과 신설 담임교사 경력 가산점은 중복불가
  - 휴직, 파견기간 중 경력과 임용 전 경력은 평정 대상기간에서 제외
  - 타 시·도 전출을 통해 전입해온 경우 전소속 교육청의 평정규정에 인정 문구가 기재되고 경력증명서 제출 시 인정(교환파견제외)

13) 담임교사 경력 가산점(2020.3.1.부터 적용)

구분	평정점	비고
월평정점	0.009	• 초등, 특수 교사에게 적용(유치원 제외)
일평정점	0.0003	• 담임교사 경력은 2020.3.1.자 이후 근무한 경력부터 인정
상한점	1.62	• 합산상한점 [ ]안은 '수업실기우수교사', '초등돌봄교실(저학년 방과후교실)·초등창의지성교과특성화학교·초등자율체육활동체험교실운영지도교사', '청소년단체 활동 지도교사', '교육청파견영재교육전담·영재학급담당교사·도지정 발명교실 지도교사', '진로직업특수교육지원센터', '통합형직업교육거점학교', '특수교육지원센터', '전국장애학생체육대회', '전국장애학생직업기능경진대회','특수학교(급) 종일반', 신설 '보직(부장)교사 초과 경력'가산점 항목과 합산한 상한점임
합산상한점	[3.00]	

① 초등(특수) 담임교사 경력에 대하여 가산점 부여(교원정책과-9536,-9537(2019.8.20.))
② 월 평정점 0.009, 상한점 1.62
③ 담임교사 경력은 2020.3.1.자 이후 근무한 경력부터 인정

④ 합산 상한점 [3.00]은 '수업실기우수교사', '초등돌봄교실(저학년 방과후교실)·초등창의지성교과특성화학교·초등자율체육활동체험교실운영지도교사', '청소년단체 활동 지도교사', '교육청 파견영재교육전담·영재학급담당교사·도지정 발명교실 지도교사', 신설 '보직(부장)교사 초과 경력'가산점 항목과 합산한 상한점임

⑤ 동일한 평정기간 중의 경력 및 실적의 중복평정 금지
 - 담임교사 경력 가산점은 동일기간 취득한 '체험학습장운영', '특별학급', '초등돌봄교실(저학년 방과후교실)·초등창의지성교과특성화학교·초등자율체육활동체험교실운영지도교사', '청소년단체 활동 지도교사','교육청파견영재교육전담·영재학급담당교사·도지정 발명교실 지도교사', '보직(부장)교사 초과 경력' 항목 가산점과 중복 인정 불가
 - 특수교사의 경우 담임교사 경력 가산점은 2023.3.1.자 이후 근무한 경력부터 동일기간 취득한 '보직(부장)교사 초과경력', '진로직업특수교육지원센터', '통합형직업교육거점학교', '특수교육지원센터' 항목 가산점과 중복 인정 불가

⑥ 사례 및 유의사항
 - 초등, 특수 교사에게 적용(유치원 제외)
 - 기본 보직교사경력(월 평정점 0.027)과 신설 담임교사 경력 가산점은 중복가능
 - 초과 보직교사경력(월 평정점 0.021)과 신설 담임교사 경력 가산점은 중복불가
 - 휴직, 파견기간 중 경력과 임용 전 경력은 평정 대상기간에서 제외
 - 타 시·도 전출을 통해 전입해온 경우 전소속 교육청의 평정규정에 인정 문구가 기재되고 경력증명서 제출 시 인정(교환파견제외)

14) 가산점 평정시 유의점
 가) 가산점 초과 제한의 범위
  • 교육부장관 및 교육감, 교육장이 지정한 연구학교(시범·실험학교 포함)근무 경력 가산점과 교육감 지정 선도학교, 중심학교, 초등교육실습대용학교 및 교과특기자육성교, 도농교류, 체험학습장, 특별학급 유공교원 가산점은 합산하여 1.00점을 초과할 수 없음
  • 농·어촌, 공단, 접경지역가산점을 합산한 상한점 적용
   - 각각의 상한점 제도를 폐지하여 과거의 실적 중 상한점을 초과하는 경력이 있을 경우에도 합산 상한점 범위에서 이를 모두 인정함
 나) 동일한 평정기간 중의 경력 및 실적의 중복 평정 금지
   (동일한 평정 기간 중에 있었던 2가지 이상의 가산점 경력 또는 실적이 중복될 경우 아래에 해당하는 경력 또는 실적은 중복 평정을 인정하지 않으며, 그 중 유리한 경력 또는 실적 하나만을 인정)
  • 연구(시범·실험)학교 근무경력의 중복(주5일제 선도학교 및 교과별 교수학습도움센터 중심학교, 도·농교류체험, 체험학습장, 교과특기자육성교, 과학교육선도학교, 특별학급 근무경력 포함)금지
  • 장학사 또는 교육연구사 근무경력과 도서벽지 교육기관 또는 교육행정기관 근무경력 중복금지
  • 농·어촌학교, 도서벽지학교, 접경지역학교, 공단지역학교 근무경력 중복금지
  • 교육지원청 파견 영재교육전담교사, 영재학급 담당교사 및 도지정 발명교실 지도교사 경력과 접경, 공단, 농·어촌, 도서벽지학교 등 지역가산점 부여학교 근무경력은 2009.2.28.경력까지 중복평정을 인정하지 않으나 2009.3.1.경력부터는 중복평정 인정

- 2007학년도부터 체험학습장 운영담당자는 선택가산점(초등돌봄교실(저학년방과후교실-보육프로그램, 초등창의지성교과특성화학교, 초등자율체육활동체험교실운영지도교사, 청소년단체활동)부여 교육활동 담당자와 중복지정 신청 불가(초등교육과-5578, 2008.3.6.). (단, 2006학년도 체험학습장 운영 경력은 중복가능 초등교육과-6312, 2007.3.9.)
- 초등돌봄교실(저학년방과후교실-보육프로그램), 초등창의지성교과특성화학교, 초등자율체육활동체험교실운영지도교사, 청소년단체활동, 체험학습장 담당교사, 영재학급 담당교사, 도지정 발명교실 지도교사 가산점의 중복 금지(단, 영재학급 담당교사, 도지정 발명교실 지도교사는 2012.3.1. 이후 취득한 가산점부터 적용)
- 특수교사의 경우 진로직업특수교육지원센터, 통합형직업교육거점학교, 전국장애학생체육대회, 전국장애학생직업기능경진대회, 초등돌봄교실, 특수학교(급)종일반 중복 금지(2017.3.1.자부터 적용)
- 보직교사 초과경력 가산점은 동일기간 취득한 '체험학습장운영', '초등돌봄교실(저학년 방과후교실)·초등창의지성교과특성화학교·초등자율체육활동체험교실운영지도교사', '청소년단체 활동 지도교사', '교육청파견영재교육전담·영재학급담당교사·도지정 발명교실 지도교사', '담임교사 경력' 항목 가산점과 중복 인정 불가(2020.3.1.자부터 적용)
- 담임교사 경력 가산점은 동일기간 취득한 '체험학습장운영', '특별학급', '초등돌봄교실(저학년 방과후교실)·초등창의지성교과특성화학교·초등자율체육활동체험교실운영지도교사', '청소년 단체 활동 지도교사', '교육청파견영재교육전담·영재학급담당교사·도지정 발명교실 지도교사', '보직(부장)교사 초과 경력' 항목 가산점과 중복 인정 불가(2020.3.1.자부터 적용)

15) 기타
- 타시·도에서 취득한 선택가산점 중 경기도 가산점 항목 및 부여 취지가 일치하는 항목만 인정(2011. 12. 31.자 평정부터)

□ 가산점 평정 기준 일람표 □

(2025.2.28.자)

구분	연번	가산점 항목	월평점	일평점	상한점	비고
공통가산점	1	교육부장관 지정 연구학교 - (시범·실험학교 포함), 문화체육관광부장관 지정 포함	0.018	0.0006	1.00	
	2	재외국민교육기관에 파견되어 근무한 경력	0.015	0.0005	0.5	
	3	학점화된 직무연수 실적 가산점	연 0.08	-	1.00	
	4	학교폭력 예방 및 해결 등 기여 가산점	연 0.1	-	1.00	※ 2016.12.30.부터 연 0.1점(상한 1점)
	계				3.5	

구분	연번	가산점 항목	구분	월평점	일평점	상한점	합산 상한점	비고
선택 가산점	1	• 보직교사 경력	-	0.027	0.0009	2.00	2.00	※ (종전) : '97.12.31. 이전경력
			(종전)	-	-	(1.43)		
	2	• 교육전문직원 경력	-	0.012	0.0004	0.75		
			(종전)	-	-	(0.45)		
	3	• 도서벽지 근무 경력 • 접적지역 근무 경력	가지역(특)	0.045	0.0015	2.00		※ (종전) : '97.12.31. 이전경력
			나지역(갑)	0.036	0.0012			
			다지역(을)	0.027	0.0009			
			라지역(병)	0.018	0.0006			
			(종전)	-	-	(2.00)		
	4	• 농·어촌 근무경력 • 접경 근무경력 • 교육감지정 접경 (교육특별) • 공단지역 근무 경력	면(읍면)	0.018	0.0006	2.00	2.00	※ 교육감지정 접경* -'13.3.1.부터 새롭게 지정 받은 학교 ※ 교육특별* -'16.6.17.부터 지정받은 학교 ※ 공단* -'09.3.1.이후 경력부터 적용 -'09.2.28.이전 경력은 읍면/동 가산점적용 ※ (종전) : '04.1.1.이후 적용된 상한점 규정폐지
			접경	0.018	0.0006			
			읍(동)	0.015	0.0005			
			교육감지정 접경(교육특별)*	0.015	0.0005			
			공단*	0.012	0.0004			
			(종전)	-	-	-		
	5	• 연구(선도)중심학교 유공교원 • 도농교류 경력 • 체험학습장운영 • 특별학급	교육감지정	0.018	0.0006	-	1.00	※ 공통가산점과 합산한 합산상한점 ※ 체험학습장, 특별학급은 2022. 2.28.자 경력까지 점수부여
			교육장지정	0.009	0.0003			
			2025.03.01 ~ 2028.02.29	0.0144	0.00048			
			2028.03.01 ~	0.0108	0.00036			
	6	• 수업실기대회 우수교사 (유, 특, 초등교사) (교육감 표창자)	1등급	연 0.20	-	1.00		※ 교육감표창자(2002~2004)는 0.12점 인정
			2등급	연 0.17	-			
			3등급	연 0.13	-			
	7	• 초등돌봄교실 (저학년방과후교실) • 초등창의지성 교과특성화 • 초등자율체육활동 체험교실운영 • 특수학교(급) 종일반 담당교사	2025.03.01 ~ 2028.02.29	0.012	0.0004	1.28	3.00	※ 2022.2.28.자 경력까지 점수부여
			2028.03.01 ~	0.009	0.0003	0.96		
	8	• 청소년단체 활동 지도교사	2025.03.01 ~ 2028.02.29	0.0048 (0.0072)	-	0.51		※ 2022.2.28.자 경력까지 점수부여 ※ 연단위 평정 ※ ( )은 '07.12.31. 이전경력
			2028.03.01 ~	0.0036 (0.0054)	-	0.38		

구분	연번	가산점 항목	구분	월평점	일평점	상한점	합산 상한점	비고
선택 가산점	9	• 교육청파견 영재교육전담 • 영재학급 담당교사 • 도지정 발명교실 지도교사	2025.03.01 ~ 2028.02.29	0.0096	0.00032	0.57	8.00	※ 2022.2.28.자 경력까지 점수부여
			2028.03.01 ~	0.0072	0.00024	0.43		
		• 진로직업 특수교육지원센터 • 통합형직업교육 거점학교	-	0.012	0.0004	0.72		
	10	• 전국장애학생 체육대회 • 전국장애학생 직업기능경진대회	2025.03.01 ~ 2028.02.29	0.0096	0.00032	1.40		※ 2022.2.28.자 경력까지 점수부여 ※ 2022.3.1.부터 연구대회로 전환하여 운영
			2028.03.01 ~	0.0072	0.00024	1.05		
	11	• 교육(지원)청 소속 특수교육지원센터	-	0.027	0.0009	2.00		※ (종전) : '17.02.28. 이전 경력
			(종전)	0.012	0.0004	0.72		
	12	• 보직교사초과경력	-	0.021	0.0007	1.40		※ 유·초·특 적용 ※ 2020.3.1.경력부터 적용
	13	• 담임교사경력	-	0.009	0.0003	1.62		※ 초·특 적용 ※ 2020.3.1.경력부터 적용
	계						8.00	

memo

6 승진후보자 명부 작성

가. 명부의 작성(교육공무원 승진규정 제40조)

1) 교육공무원의 임용권자 또는 임용제청권자는 교육공무원법 제13조(승진)의 규정 및 대통령령으로 정하는 바에 따라 자격별 승진후보자 명부를 순위에 따라 작성하여 갖추어 두어야 한다. (교육공무원법 제14조)

2) 작성기준
   가) 승진될 직위별로 작성한다.
   나) 경력평정점 70점, 근무성적평정점 100점, 연수성적평정점 30점(교장·장학관·교육연구관승진후보자명부작성대상자의 경우에는 18점)을 각각 만점으로 평정하여 그 평정점을 합산한 점수의 다점자 순위로 등재한다.

3) 근무성적평정점의 산정
   가) 교감등: 명부의 작성기준일로부터 3년 이내에 당해 직위에서 평정한 평정점을 대상으로 하여 다음 계산방식에 의한다.

   > 근무성적평정점 = (최근 1년 이내 평정점 × 34/100)
   >   + (최근 1년전 2년 이내 평정점 × 33/100)
   >   + (최근 2년전 3년 이내 평정점 × 33/100)

   나) 교사: 명부의 작성기준일부터 5년 이내에 해당 직위에서 평정한 합산점을 대상으로 하여 다음 계산방식에 따라 산정한다. 이 경우 합산점의 평균을 계산함에 있어서 제20조 제2항 및 같은 조 제5항부터 제7항까지의 규정에 따라 평정한 근무성적평정점 및 다면평가점은 각각 해당 평정단위 학년도의 평정점 및 평가점으로 본다.

   > 합산점 = (명부의 작성기준일부터 가장 가까운 학년도의 합산점 × 34/100)
   >   + (명부의 작성기준일부터 두 번째 가까운 학년도의 합산점 × 33/100)
   >   + (명부의 작성기준일부터 세 번째 가까운 학년도의 합산점 × 33/100)

   다) 평정대상기간 중 평정점이 없는 평정단위 학년도가 있는 때에는 그 평정단위 학년도의 전후에 평정한 평정점의 평균을 그 평정단위 학년도의 평정점으로 한다. 이 경우 평정점이 없는 평정단위 학년도 전의 평정점이 없는 때에는 그 평정단위 학년도 전의 평정점은 85점으로 한다.
   라) 근무성적평정점을 계산함에 있어서 소수점 이하는 넷째자리에서 반올림하여 셋째자리까지 계산한다.
   마) 명부는 교육공무원 승진규정 [별지 제6호 서식]에 의한다.

나. 명부의 작성권자(교육공무원 승진규정 제42조)

1) 승진후보자명부의 작성권자는 임용권자 또는 임용제청권자 중에서 교육부장관이 지정한다.
2) 승진후보자명부의 작성권자는 교육부장관의 승인을 얻어 당해 교육공무원의 소속기관별 또는 담당 과목별로 명부에 분할하여 작성할 수 있다.

〈승진 후보자 명부의 작성단위 및 작성권자(교육공무원 인사관리규정 제5조 관련)〉

승진후보자 명부	작성단위	작성권자	비고
시·도교육청 소속 장학관·교육연구관 승진후보자 명부	시·도별	교육감	
공립학교 교(원)장·교(원)감 승진후보자 명부	시·도별	교육감	

※ 교육부훈령 제332호(2020.5.1.)

다. 명부의 작성시기(교육공무원 승진규정 제43조)

승진후보자명부는 매년 3월 31일을 기준으로 작성한다.

라. 명부의 조정(교육공무원 승진규정 제44조)

명부는 다음 각호의 1에 해당하는 사유로 인하여 그 작성권자가 특히 필요하다고 인정하는 때에는 수시로 이를 조정할 수 있다.
1) 교육공무원의 전입이 있는 때
2) 신규채용·승진·전직·강임·상위자격의 취득으로 인해 경력평정을 하였거나, 근무성적평정을 한 때
3) 연수성적평정에 해당하는 연수를 이수하였거나 연구실적의 인정을 받은 자가 있는 때
4) 제2조 제1항 제1호 내지 제3호의 1에 해당하는 자격을 취득하거나 그 자격기준에 달한 자가 있는 때

마. 동점자의 순위결정(교육공무원 승진규정 제45조)

1) 동점자가 2인 이상인 때에는 다음 각 호의 순위에 의하여 그 순위자를 결정한다.
   가) 근무성적이 우수한 자
   나) 현 직위에 장기근무한 자
   다) 교육공무원으로서 계속 장기근무한 자

2) 1)항의 규정에 의하여서도 순위가 결정되지 아니할 때에는 승진후보자명부의 작성권자가 그 순위를 결정한다.

바. 명부의 제출(교육공무원 승진규정 제46조)

명부작성권자는 그가 작성한 명부를 작성시기로부터 10일이내에 임용권자 또는 임용제청권자에게 제출하여야 한다. 명부를 조정한 경우에 조정한 부분에 관하여도 또한 같다.

사. 명부에서의 삭제(교육공무원 승진규정 제47조)

승진후보자명부에 등재된 자가 승진·강임·전직되거나 명부를 달리하는 기관으로 전보된 경우 또는 교육공무원임용령 제16조(승진임용의 제한)의 규정에 해당될 경우에는 명부에서 이를 삭제하고 그 사유를 명부에 기재하여야 한다.

아. 명부순위의 공개(교육공무원 승진규정 제48조)

명부작성권자는 명부에 등재된 교육공무원의 요구가 있는 때에는 본인의 명부 순위를 알려주어야 한다.

자. 처리 과정 및 절차

시행기관	처리내용	처리방법
학교	• 교사·교감 근무성적평정 • 교사·교감 근무성적평정표 제출 • 교장·교감 승진 대상자 및 자격연수 대상자 평정 • 교장·교감 승진 대상자 및 자격연수 대상자 평정표 제출	• 객관적이고 타당한 근거자료에 의거 평정 • 평정점의 분포비율을 준수하여 평정 • 교감은 학교장(평정자) 평정점만 부여 ※ 제출서류 • 교사근무성적평정 상황표 및 징계자 근무성적평정 명부 1부. • 교감근무성적평정표 2부 • 교사근무성적평정표 2부 • 평정대상 및 기준 전달 • NEIS 인사기록과 증빙자료에 의거 평정 • 평정결과 본인 검토 확인 • 평정표에 평정자·확인자 날인 ※ 제출서류 • 승진(연수)후보자 명부(교감승진, 교장승진, 교감자격연수, 교장자격연수 대상자별로) 각 1부 • 승진(연수)후보자 평정표 2부 • 경력평정표 개인별 2부 • 연수성적 및 가산점 평정표 2부

시행기관	처리내용	처리방법
교육 지원청	• 교사·교감 근무성적평정표 검토	• 교사·교감 근무성적평정표 검토, 확인(근무성적평정조정위원회 설치하여 확인) 　• 평정비율·급간 균등(평정자평정, 확인자평정, 조정점) 　• 평정대상자 누락 여부 검토
	• 교육전문직원 근무성적평정 • 교사·교감, 교육전문직원 근무성적 평정표 제출	※ 제출서류 • 교사, 교감, 교육전문직원 근무성적평정상황표 및 징계자 근무성적평정명부 1부 • 교사, 교감, 교육전문직원 근무성적평정표 1부 • 교사, 교감, 교육전문직원 근무성적평정조정표 1부
	• 교장·교감 승진 대상자 및 자격연수 대상자 평정표 검토	• 교장·교감 승진 및 자격연수대상자 평정 검토 　• 교감 근무성적평정표 1부 　• 교감 근무성적평정조정표 1부 　• 장학사 근무성적평정표 1부 • NEIS 인사기록에 의거 검토 　• 평정점 산출의 적합성 검토 　• 평정점 계산의 정확성(합계포함)검토 　• 평정자·확인자 날인 누락 여부 확인 　• 근무성적 기록 및 환산의 정확성 검토
	• 교장·교감 승진 대상자 및 자격연수 대상자 평정표 제출	※ 제출서류 • 승진(연수)후보자 명부(교감승진, 교장승진, 교감 자격연수, 교장 자격연수 대상자별) 각 1부 • 승진(연수)후보자 평정표 1부 • 경력평정표 개인별 각1부 • 연수성적 및 가산점 평정표 개인별 각1부 • 개인별 NEIS 인사기록 출력물 1부

 memo

2025 교육공무원 인사실무편람

초등 유아

GYEONGGIDO OFFICE OF EDUCATION

제6장

징계 및 직위해제

1. 징계 ··· 385
2. 직위해제 ··· 445

미래교육의 중심 새로운 경기교육
GYEONGGIDO OFFICE OF EDUCATION

1 징계

가. 징계일반

1) 관련 규정
   가) 징계사유(국가공무원법 제78조)
      (1) 공무원이 다음 각 호의 어느 하나에 해당하면 징계 의결을 요구하여야 하고 그 징계 의결의 결과에 따라 징계처분을 하여야 한다.
         (가) 이 법 및 이 법에 따른 명령을 위반한 경우
         (나) 직무상의 의무(다른 법령에서 공무원의 신분으로 부과된 의무를 포함한다)를 위반하거나 직무를 태만히 한 때
         (다) 직무의 내외를 불문하고 그 체면 또는 위신을 손상하는 행위를 한 때
      (2) 공무원(특수경력직공무원 및 지방공무원을 포함한다)이었던 사람이 다시 공무원으로 임용된 경우에 재임용 전에 적용된 법령에 따른 징계 사유는 그 사유가 발생한 날부터 이 법에 따른 징계 사유가 발생한 것으로 본다. 〈개정 2021. 6. 8.〉
      (3) 삭제〈2021. 6. 8.〉
      (4) 제1항의 징계 의결 요구는 5급 이상 공무원 및 고위공무원단에 속하는 일반직공무원은 소속 장관이, 6급 이하의 공무원은 소속 기관의 장 또는 소속 상급기관의 장이 한다. 다만, 국무총리·인사혁신처장 및 대통령령등으로 정하는 각급 기관의 장은 다른 기관 소속 공무원이 징계 사유가 있다고 인정하면 관계 공무원에 대하여 관할 징계위원회에 직접 징계를 요구할 수 있다. 〈개정 2015. 5. 18.〉
      (5) 제1항의 징계 의결을 요구하는 경우 제50조의2제3항에 따른 징계 등의 면제 사유가 있는지를 사전에 검토하여야 한다. 〈신설 2022. 12. 27.〉
   나) 징계부가금(국가공무원법 제78조의 2)
      (1) 제78조에 따라 공무원의 징계 의결을 요구하는 경우 그 징계 사유가 다음 각 호의 어느 하나에 해당하는 경우에는 해당 징계 외에 다음 각 호의 행위로 취득하거나 제공한 금전 또는 재산상 이득(금전이 아닌 재산상 이득의 경우에는 금전으로 환산한 금액을 말한다)의 5배 내의 징계부가금 부과 의결을 징계위원회에 요구하여야 한다. 〈개정 2015. 5. 18.〉
         (가) 금전, 물품, 부동산, 향응 또는 그 밖에 대통령령으로 정하는 재산상 이익을 취득하거나 제공한 경우
         (나) 다음 각 목에 해당하는 것을 횡령(橫領), 배임(背任), 절도, 사기 또는 유용(流用)한 경우
            「국가재정법」에 따른 예산 및 기금
            「지방재정법」에 따른 예산 및 「지방자치단체 기금관리기본법」에 따른 기금
            「국고금 관리법」 제2조제1호에 따른 국고금
            「보조금 관리에 관한 법률」 제2조제1호에 따른 보조금
            「국유재산법」 제2조제1호에 따른 국유재산 및 「물품관리법」 제2조제1항에 따른 물품
            「공유재산 및 물품 관리법」 제2조제1호 및 제2호에 따른 공유재산 및 물품
            그 밖에 가목부터 바목까지에 준하는 것으로서 대통령령으로 정하는 것

(2) 징계위원회는 징계부가금 부과 의결을 하기 전에 징계부가금 부과 대상자가 제1항 각 호의 어느 하나에 해당하는 사유로 다른 법률에 따라 형사처벌을 받거나 변상책임 등을 이행한 경우(몰수나 추징을 당한 경우를 포함한다) 또는 다른 법령에 따른 환수나 가산징수 절차에 따라 환수금이나 가산징수금을 납부한 경우에는 대통령령으로 정하는 바에 따라 조정된 범위에서 징계부가금 부과를 의결하여야 한다.

(3) 징계위원회는 징계부가금 부과 의결을 한 후에 징계부가금 부과 대상자가 형사처벌을 받거나 변상책임 등을 이행한 경우(몰수나 추징을 당한 경우를 포함한다) 또는 환수금이나 가산징수금을 납부한 경우에는 대통령령으로 정하는 바에 따라 이미 의결된 징계부가금의 감면 등의 조치를 하여야 한다. 〈신설 2015. 5. 18.〉

(4) 제1항에 따라 징계부가금 부과처분을 받은 사람이 납부기간 내에 그 부가금을 납부하지 아니한 때에는 처분권자(대통령이 처분권자인 경우에는 처분 제청권자)는 국세강제징수의 예에 따라 징수할 수 있다. 이 경우 체납액의 징수가 사실상 곤란하다고 판단되는 경우에는 징수 대상자의 주소지를 관할하는 세무서장에게 징수를 위탁한다. 〈개정 2015. 5. 18., 2015. 12. 24., 2021. 6. 8.〉

(5) 처분권자(대통령이 처분권자인 경우에는 처분 제청권자)는 제4항 단서에 따라 관할 세무서장에게 징계부가금 징수를 의뢰한 후 체납일부터 5년이 지난 후에도 징수가 불가능하다고 인정될 때에는 관할 징계위원회에 징계부가금 감면의결을 요청할 수 있다. 〈신설 2015. 12. 24.〉

다) 징계의 종류와 효력(국가공무원법 제79조, 제80조)

징계의 종류		징계의 효력	관 련 법 규
중징계	파면	• 공무원관계로부터 배제 • 5년간 공무원 임용 결격사유 • 재직기간 5년 미만인 자는 퇴직급여액의 1/4, 5년 이상인 자는 퇴직급여액의 1/2을 각각 감함	국가공무원법 제33조 공무원 연금법 제65조 공무원연금법시행령 제61조
	해임	• 공무원관계로부터 배제 • 3년간 공무원 임용 결격사유 • (금품 및 향응수수, 공금의 횡령·유용관련)재직기간 5년 미만인 자는 퇴직급여액의 1/8, 5년 이상인 자는 퇴직급여액의 1/4을 각각 감함	국가공무원법 제33조 공무원 연금법 제65조 공무원연금법시행령 제61조
	강등	• 동종의 직무 내에서 하위의 직위에 임명 • 공무원의 신분은 보유하나 3개월간(경력평정 제외) 직무에 종사하지 못함 • 기간 중 보수 전액 감함 • 징계처분의 집행이 종료된 날부터 18월간 승진, 승급제한 (가산조항 참조)	국가공무원법 제80조 공무원 수당규정 제19조 제5항[별표4] 공무원보수규정 제14조 교육공무원 임용령 제16조 교육공무원 승진규정 제11조
	정직 1~3월	• 공무원의 신분은 보유하나 직무에 종사하지 못함 • 기간 중 보수 전액 감함 • 징계처분의 집행이 종료된 날부터 18월간 승진, 승급제한 (가산조항 참조) • 처분기간은 경력평정에서 제외	국가공무원법 제80조 공무원 수당규정 제19조 제5항[별표4] 공무원보수규정 제14조 교육공무원 임용령 제16조 교육공무원 승진규정 제11조
경징계	감봉 1~3월	• 감봉 기간 중 보수(수당 포함)의 1/3을 감함 • 처분기간 및 처분집행의 종료일로부터 12월간 승진, 승급제한 (가산조항 참조)	국가공무원법 제80조 공무원수당규정 제19조 제5항[별표4] 공무원 보수규정 제14조 교육공무원 임용령 제16조
	견책	• 전과에 대하여 훈계하고 회개하게 함 • 처분집행의 종료일로부터 6월간 승진, 승급 제한 (가산조항 참조)	국가공무원법 제80조 공무원 보수규정 제14조 교육공무원 임용령 제16조

※ 강등(3개월간 직무에 종사하지 못하는 효력 및 그 기간 중 보수는 전액을 감하는 효력으로 한정한다), 정직 및 감봉의 징계처분은 휴직기간 중에는 그 집행을 정지한다.(국가공무원법 제80조 제6항)〈신설 2023.4.11.〉

※ 고등학교 이하 각급학교의 장은 교원에 대한 징계처분의 사유가「국가공무원법」제83조의2제1항제1호 각 목의 어느 하나에 해당하는 등 대통령령으로 정하는 사유에 해당하는 경우에는 해당 교원을 징계처분 이후 5년 이상 10년 이하의 범위에서 대통령령으로 정하는 기간 동안 학급을 담당하는 교원(이하 "학급담당교원"이라 한다)으로 배정할 수 없다. (교육공무원법 제17조)〈신설 2020. 12. 22., 2022. 10. 18.〉

※ 승진, 승급 제한 가산(교육공무원 임용령 제16조, 공무원보수규정 제14조)
  가. 승급제한 6개월 가산: 금품 및 향응수수, 공금의 횡령·유용, 소극행정, 음주운전(음주측정에 응하지 않은 경우를 포함한다), 성폭력, 성희롱 및 성매매로 인한 따른 징계처분
  나. 승진제한 6개월 가산: 금품 및 향응 수수, 공금의 횡령·유용, 소극행정, 음주운전(음주측정에 응하지 않은 경우를 포함한다), 성폭력, 성희롱, 성매매, 상습폭행, 학생성적 관련 비위에 따른 징계처분

※ 승급 산입: 강등 9년, 정직 7년, 감봉 5년, 견책 3년(징계처분의 집행이 끝난 날부터 산정, 다만, 징계처분을 받고 그 집행이 끝난 날부터 다음 각 목의 기간이 지나기 전에 다른 징계처분을 받은 경우에는 각각의 징계처분에 대한 다음의 기간을 합산한 기간이 지나야 한다.)

라) 공무원의 7대 의무(국가공무원법)
  (1) 제56조: 성실 의무
  (2) 제57조: 복종의 의무
  (3) 제59조: 친절·공정의 의무
  (4) 제59조의2: 종교중립의 의무
  (5) 제60조: 비밀 엄수의 의무
  (6) 제61조: 청렴의 의무
  (7) 제63조: 품위 유지의 의무

마) 공무원의 4대 금지사항(국가공무원법)
  (1) 제58조: 직장 이탈 금지
  (2) 제64조: 영리 업무 및 겸직 금지
  (3) 제65조: 정치 운동의 금지
  (4) 제66조: 집단 행위의 금지

바) 징계 및 징계부가금 부과 사유의 시효(국가공무원법 제83조의 2)
  (1) 징계의결등의 요구는 징계 등 사유가 발생한 날부터 다음 각 호의 구분에 따른 기간이 지나면 하지 못한다.〈개정 2021. 6. 8.〉
    1. 징계 등 사유가 다음 각 목의 어느 하나에 해당하는 경우: 10년
      가.「성매매알선 등 행위의 처벌에 관한 법률」제4조에 따른 금지행위
      나.「성폭력범죄의 처벌 등에 관한 특례법」제2조에 따른 성폭력범죄
      다.「아동·청소년의 성보호에 관한 법률」제2조제2호에 따른 아동·청소년대상 성범죄
      라.「양성평등기본법」제3조제2호에 따른 성희롱
    2. 징계 등 사유가 제78조의2제1항 각 호의 어느 하나에 해당하는 경우: 5년
    3. 그 밖의 징계 등 사유에 해당하는 경우: 3년
  (2) 제83조제1항 및 제2항에 따라 징계 절차를 진행하지 못하여 제1항의 기간이 지나거나 그 남은 기간이 1개월 미만인 경우에는 제1항의 기간은 제83조제3항에 따른 조사나 수사의 종료 통보를 받은 날부터 1개월이 지난 날에 끝나는 것으로 본다.
  (3) 징계위원회의 구성·징계의결등, 그 밖에 절차상의 흠이나 징계양정 및 징계부가금의 과다(過多)를 이유로 소청심사위원회 또는 법원에서 징계처분등의 무효 또는 취소의 결정이나 판결을 한 경우에는 제1항의 기간이 지나거나 그 남은 기간이 3개월 미만인 경우에도 그 결정 또는 판결이 확정된 날부터 3개월 이내에는 다시 징계의결 등을 요구할 수 있다.

사) 징계위원회의 종류 및 관할(교육공무원 징계령 제2조)
  (1) 고등학교이하의 교육공무원의 징계처분을 의결하게 하기 위하여 교육공무원징계위원회를 두되, 특별징계위원회와 일반징계위원회로 구분한다.
  (2) 특별징계위원회는 다음 각 호에 해당하는 교육공무원의 징계등 사건을 심의·의결 한다.
    (가) 일반징계위원회를 설치하지 아니한 학교 또는 교육행정기관에서 근무하는 교육공무원

(3) 일반징계위원회는 제3항(상기 (2))에 해당하지 않는 교육공무원의 징계 등 사건을 심의·의결한다. 다만, 시(「제주특별자치도 설치 및 국제자유도시 조성을 위한 특별법」 제10조제2항에 따른 행정시를 포함한다. 이하 같다)·군·구(자치구에 한하다. 이하 같다)교육행정기관에 두는 일반징계위원회는 해당 시·군·구 교육행정기관 소속 교사에 대한 경징계 또는 경징계 관련 징계부가금 부과 사건에 한정하여 심의·의결한다.〈개정 2019.2.26.〉

아) 징계위원회의 설치(교육공무원 징계령 제3조)
  (1) 특별징계위원회는 교육부에 둔다.
  (2) 일반징계위원회는 시·도 교육행정기관 및 시·군·구 교육행정기관에 둔다.

자) 징계위원회의 구성(교육공무원 징계령 제4조)
  (1) 일반징계위원회는 위원장 1명을 포함하여 위원 9명 이상 15명 이내의 위원으로 구성한다.
  (2) 일반징계위원회의 위원장은 그 설치기관의 장의 차순위자가 되고, 위원은 그 설치기관의 소속 공무원 중 장학관·교육연구관·조교수 이상의 교육공무원 및 5급 이상의 일반직공무원과 다음 각 호의 사람 중에서 그 설치기관의 장이 임명 또는 위촉한다. 다만, 시·군·구 교육행정기관에 두는 일반징계위원회의 경우에는 위원 중 일부를 그 관할구역 안의 학교의 교장 또는 교감으로 임명할 수 있다.〈개정 2022.9.13.〉
    (가) 「초·중등교육법 시행령」 제59조에 따른 학교운영위원회 위원으로서 교원위원이 아닌 사람
    (나) 법관, 검사 또는 변호사로 5년 이상 근무한 경력이 있는 사람
    (다) 대학에서 법률학·행정학·교육학을 담당하는 조교수 이상으로 재직 중인 사람. 다만, 대학에 두는 일반징계위원회의 경우 해당 대학 소속인 사람은 제외한다.
    (라) 공무원으로 20년 이상 근속하고 퇴직한 사람. 다만, 퇴직 전 5년부터 퇴직할 때까지 다음 각 목의 어느 하나에 해당하는 기관에 소속되었던 적이 있는 사람인 경우에는 퇴직일부터 3년이 지난 사람으로 한정한다.
    (마) 그 밖에 교육이나 교육행정에 대한 전문지식과 경험이 풍부하다고 인정되는 사람
  (3) 일반징계위원회는 다음 각 호의 기준에 따라 구성한다.〈신설 2022. 9. 13.〉
    1. 제5항 각 호(대학의 경우 제1호는 제외한다)의 사람이 위원장을 제외한 위원 수의 10분의 5 이상일 것
    2. 특정 성별의 위원이 위원장을 포함한 위원 수의 10분의 6을 초과하지 않을 것
    3. 시·도 교육행정기관 및 시·군·구 교육행정기관에 두는 일반징계위원회의 경우에는 제5항 제1호의 사람을 2명 이상 포함하되, 그중 1명 이상은 학부모위원일 것
  (4) 일반징계위원회의 회의는 위원장과 위원장이 회의마다 지정하는 6명의 위원으로 구성한다. 이 경우 (2)각 호에 해당하는 사람이 4명 이상 포함돼야 한다.〈신설 2022. 9. 13.〉
  (5) 징계 사유가 다음 각 호의 어느 하나에 해당하는 징계 사건이 속한 일반징계위원회의 회의를 구성하는 경우에는 피해자와 같은 성별의 위원이 위원장을 제외한 위원 수의 3분의 1 이상 포함되어야 한다.〈신설 2022. 9. 13.〉
    (가) 「성폭력범죄의 처벌 등에 관한 특례법」 제2조에 따른 성폭력범죄
    (나) 「양성평등기본법」 제3조제2호에 따른 성희롱

차) 징계등 의결의 요구(교육공무원 징계령 제6조)
  (1) 교육기관·교육행정기관 또는 교육연구기관의 장은 징계등 의결의 요구 또는 징계등 의결 요구의 신청을 할 때에는 징계등 사유에 대한 충분한 조사를 한 후에 증명에 필요한 다음 각 호의 관계 자료를 관할 징계위원회에 제출하거나 상급기관의 장에게 보내어 관할 징계위원회에 제출하도록 해야 한다. 다만, 겸임기관의 장이 겸임공무원에 대해 징계등 의결의 요구 또는 징계등 의결 요구의 신청을 하는 경우에는 본직기관의 장을 거쳐야 한다.
    (가) 별지 제1호서식의 교육공무원 징계 의결 또는 징계부가금 부과 의결 요구(신청)서
    (나) 교육공무원인사기록카드 사본
    (다) 별지 제2호서식의 확인서
    (라) 혐의내용을 입증할 수 있는 공문서등 관계 증거자료
    (마) 혐의내용에 대한 조사기록 또는 수사기록
    (바) 혐의관련자에 대한 조치사항 및 그에 대한 증거자료
    (사) 관계 법규·지시문서 등의 발췌문
    (아) 징계 등 사유가 법 제52조 각 호 어느 하나에 해당하는 경우에는 정신건강의학과 의사, 심리학자 등 같은 조 각 호의 행위 및 피해자 보호와 관련된 전문가가 작성한 별지 제2호의2 서식의 성폭력 또는 성희롱 비위 사건에 대한 전문가 의견서. 다만, 법 제52조 각 호의 어느 하나에 해당하는 행위와 관련해 검찰·경찰 등 수사기관에서 수사한 사건으로서 제3항 제2호에 따른 수사기록이 통보된 경우는 제외한다.
  (2) 징계등 의결의 요구 또는 징계등 의결 요구의 신청을 할 때에는 중징계 또는 경징계로 구분해 요구 또는 신청해야 한다. 다만,「감사원법」제32조제1항 및 제10항에 따라 감사원장이「국가공무원법」제79조 또는「지방공무원법」제70조에 따른 징계의 종류를 구체적으로 지정해 징계요구를 한 경우에는 그렇지 않다. 〈신설 2019. 2. 26.〉
  (3) 교육기관등을 포함한 행정기관의 장은 징계등 의결의 요구권 또는 징계등 의결 요구의 신청권을 갖지 않는 교육공무원에 대해 징계등 사유가 있다고 인정할 때에는 그 교육공무원에 대해 징계등 의결의 요구권 또는 징계등 의결 요구의 신청권을 갖는 교육기관등의 장에게 다음 각 호의 구분에 따라 그 징계등 사유를 증명할 수 있는 관계 자료를 통보해야 한다. 〈신설 2019. 2. 26.〉
    (가) 감사원에서 조사한 사건 : 공무원 징계등 처분 요구서, 혐의자·관련자에 대한 문답서 및 확인서 등 조사기록
    (나) 수사기관에서 수사한 사건 : 공무원범죄처분결과통보서, 공소장, 혐의자·관련자·관련증인에 대한 신문조서 및 진술서 등 수사기록
    (다) 그 밖의 다른 기관의 경우 : 징계등 혐의사실 통보서 및 혐의사실을 입증할 수 있는 자료
  (4) 징계등 사유를 통보받은 교육기관등의 장은 타당한 이유가 없으면 1개월 이내에 관할 징계위원회에 징계등 의결을 요구하거나 상급기관의 장에게 징계등 의결의 요구를 신청해야 한다.
  (5) 징계등 의결을 요구 또는 징계등 의결의 요구를 신청한 교육기관등의 장은 제3항에 따라 징계등 사유를 통보한 기관의 장에게 해당 사건의 처리결과를 통보해야 한다.

(6) 일반징계위원회가 설치된 시·군·구 교육행정기관의 장은 징계등 사건의 내용이 중대하거나 해당 기관에 설치된 징계위원회에서는 공정한 의결을 하지 못할 우려가 있다고 인정할 때에는 시·도 교육행정기관에 설치된 일반징계위원회에 징계등 의결을 요구할 수 있다. 〈신설 2019. 2. 26.〉
(7) 징계등 의결 요구권자는 징계등 의결의 요구와 동시에 제1항제1호의 교육공무원 징계 의결 또는 징계부가금 부과 의결 요구(신청)서 사본을 징계등 혐의자에게 송부해야 한다. 다만, 징계등 혐의자가 그 수령을 거부하는 경우에는 그렇지 않다.
(8) 징계등 의결 요구권자는 징계등 혐의자가 제1항제1호의 교육공무원 징계 의결 또는 징계부가금 부과 의결 요구(신청)서 사본의 수령을 거부하는 경우에는 관할 징계위원회에 그 사실을 증명하는 서류를 첨부해 문서로 통보해야 한다. 〈개정 2019. 2. 26.〉

카) 징계등 의결의 기한(교육공무원 징계령 제7조)
(1) 징계위원회는 징계등 의결 요구를 받았을 때에는 그 요구서를 접수한 날부터 60일(「양성평등기본법」 제3조 제2호에 따른 성희롱 등 성 관련 비위만을 징계등 사유로 하는 경우에는 30일) 이내에 징계등에 관한 의결을 해야 한다. 다만, 부득이한 사유가 있을 때에는 해당 징계위원회의 의결로 30일의 범위에서 그 기한을 연기할 수 있다.
(2) 징계등 의결이 요구된 사건에 대한 징계등 절차의 진행이 국가공무원법 제83조 또는 지방공무원법 제73조에 따라 중지된 경우에는 그 중지된 기간은 제1항의 징계 등 의결 기한에 포함되지 않는다.

타) 징계등 혐의자의 출석(교육공무원 징계령 제8조)
(1) 징계위원회는 징계등 혐의자의 출석을 명할 때에는 별지 제3호서식의 출석통지서로 하되, 징계위원회 개최일 3일 전까지 출석통지서가 징계등 혐의자에게 도달되도록 해야 한다. 이 경우 제2항에 따라 출석통지서를 징계등 혐의자의 소속 기관의 장에게 보내어 교부하게 한 경우를 제외하고는 출석통지서의 사본을 징계등 혐의자의 소속 기관의 장에게 보내야 하며, 소속 기관의 장은 징계등 혐의자를 출석시켜야 한다.
(2) 징계위원회는 징계등 혐의자의 주소를 알 수 없거나 그 밖의 사유로 제1항에 따른 출석통지서를 징계등 혐의자에게 직접 보내는 것이 곤란하다고 인정될 때에는 제1항의 출석통지서를 징계등 혐의자의 소속 기관의 장에게 보내어 교부하게 할 수 있다. 이 경우 출석통지서를 받은 기관의 장은 지체 없이 징계등 혐의자에게 이를 교부한 후 그 교부 상황을 관할 징계위원회에 통보해야 하며, 소속 기관의 장은 징계등 혐의자를 출석시켜야 한다.
(3) 징계위원회는 징계등 혐의자가 징계위원회에 출석하여 진술하기를 원하지 않을 때에는 진술권포기서를 제출하게 하여 기록에 첨부하고 서면심사만으로 징계등 의결을 할 수 있다.
(4) 징계등 혐의자가 2회 이상의 출석통지에도 불구하고 정당한 사유없이 출석하지 않았을 때에는 출석을 원하지 않는 것으로 보아 그 사실을 기록에 남기고 서면심사로 징계등 의결을 할 수 있다.
(5) 징계등 혐의자가 해외체재·형사사건으로 인한 구속·여행, 그 밖의 사유로 징계 의결 또는 징계부가금 부과 의결 요구서 접수일부터 50일 이내에 출석할 수 없을 때에는 서면으로 진술하게 하여 징계등 의결을 할 수 있다. 이 경우 서면으로 진술하지 않을 때에는 그 진술 없이 징계등 의결을 할 수 있다.

(6) 징계등 혐의자가 있는 곳이 분명하지 않을 때에는 관보 또는 공보를 통해 출석통지를 해야 한다. 이 경우 관보 또는 공보에 게재한 날부터 10일이 지나면 그 출석통지서가 송달된 것으로 본다.
(7) 징계등 혐의자가 출석통지서의 수령을 거부한 경우에는 징계위원회에서의 진술권을 포기한 것으로 본다. 다만, 징계등 혐의자는 출석통지서의 수령을 거부한 경우에도 해당 징계위원회에 출석하여 진술할 수 있다.
(8) 징계등 혐의자의 소속 기관의 장이 제2항 전단에 따라 출석통지서를 교부할 때 징계등 혐의자가 출석통지서의 수령을 거부하면 제2항 후단에 따라 출석통지서 교부 상황을 통보할 때에 수령을 거부한 사실을 증명하는 서류를 첨부해야 한다.

파) 심문과 진술권(교육공무원 징계령 제9조)
(1) 징계위원회는 제8조제1항에 따라 출석한 징계등 혐의자에게 혐의내용에 관한 심문을 하고 필요하다고 인정할 때에는 관계인의 출석을 요구해 심문할 수 있다.
(2) 징계위원회는 징계등 혐의자에게 충분한 진술을 할 수 있는 기회를 부여해야 하며, 징계등 혐의자는 별지 제3호의2서식의 의견서 또는 구술로 자기에게 이익이 되는 사실을 진술하며 증거를 제출할 수 있다.
(3) 징계등 혐의자는 증인의 심문을 신청할 수 있다. 이 경우 징계위원회는 증인 채택 여부를 결정해야 한다.
(4) 징계등 의결 요구자 및 징계등 의결 요구의 신청자는 징계위원회에 출석하여 의견을 진술하거나 서면으로 의견을 진술할 수 있다. 다만, 중징계 또는 중징계 관련 징계부가금 요구 사건의 경우에는 특별한 사유가 없으면 징계위원회에 출석하여 의견을 진술해야 한다.
(5) 징계등 의결 요구자 및 징계등 의결 요구의 신청자는「감사원법」제32조제1항 및 제10항에 따라 감사원이 파면, 해임, 강등 또는 정직 중 어느 하나의 징계처분을 요구한 사건에 대해서는 징계위원회 개최 일시·장소 등을 감사원에 통보해야 한다. 〈개정 2019. 2. 26.〉
(6) 감사원은 제5항에 따른 통보를 받은 경우 소속 공무원의 징계위원회 출석을 관할 징계위원회에 요청할 수 있으며, 관할 징계위원회는 출석 허용 여부를 결정해야 한다.

하) 징계양정의 기준(교육공무원 징계 양정 등에 관한 규칙 제2조)
「교육공무원 징계령」제2조제1항에 따른 교육공무원징계위원회(이하 "징계위원회"라 한다)는 징계혐의자의 비위(非違) 유형, 비위 정도 및 과실의 경중(輕重)과 혐의 당시 직급, 비위행위가 공직 내외에 미치는 영향, 평소 행실, 공적(功績), 뉘우치는 정도 또는 그 밖의 사정 등을 고려하여 별표의 징계기준에 따라 징계를 의결해야 한다. 〈개정 2020. 7. 28.〉

거) 징계의 감경(교육공무원 징계 양정 등에 관한 규칙 제4조)
(1) 징계위원회는 징계의결이 요구된 사람에게 다음 사항의 어느 하나에 해당하는 공적이 있는 경우에는 징계를 감경할 수 있다. 다만, 교육공무원이 징계처분이나 이 규칙에 의한 경고를 받은 사실이 있는 경우에는 그 징계처분이나 경고처분 전의 공적은 감경대상 공적에서 제외한다.

(가) 상훈법에 의한 훈장 또는 포장을 받은 공적
(나) 정부표창규정에 의하여 국무총리 이상의 표창을 받은 공적. 다만, 교사는 중앙행정기관의 장인 청장(차관급상당 기관장을 포함한다) 이상 또는 교육감 이상의 표창을 받은 공적
(다) 모범공무원규정에 의하여 모범공무원으로 선발된 공적

(2) 제1항의 규정에 불구하고 다음 사항의 어느 하나에 해당하는 경우에는 징계를 감경할 수 없다.
(가) 「국가공무원법」 제78조의2제1항 각 호의 어느 하나에 해당하는 비위로 징계의 대상이 된 경우
(나) 「국가공무원법」 제78조의2제1항 각 호의 어느 하나에 해당하는 비위를 신고하지 않거나 고발하지 않은 행위
(다) 시험문제를 유출하거나 학생의 성적을 조작하는 등 학생 성적과 관련한 비위 및 학교생활기록부 허위사실 기재 또는 부당 정정(訂正) 등 학교생활기록부와 관련한 비위로 징계의 대상이 된 경우
(라) 「교육공무원법」 제52조 각 호의 어느 하나에 해당하는 성(性) 관련 비위로 징계의 대상이 된 경우
(마) 「도로교통법」 제44조제1항에 따른 음주운전 또는 같은 조 제2항에 따른 음주측정에 대한 불응
(바) 학생에게 신체적·정신적·정서적 폭력 행위를 하여 징계의 대상이 된 경우
(사) 신규채용, 특별채용, 전직(轉職), 승진, 전보(轉補) 등 인사와 관련된 비위
(아) 「학교폭력예방 및 대책에 관한 법률」에 따른 학교폭력을 고의로 은폐하거나 대응하지 아니한 경우
(자) 소속 기관 내의 제4호(상기(라))에 따른 성 관련 비위를 고의로 은폐하거나 대응하지 않아 징계의 대상이 된 경우
(차) 제4호(상기(라))에 따른 성 관련 비위의 피해자에게 2차 피해(피해자 신상정보의 유출, 피해자 권리구제의 방해, 피해자에 대한 폭행·폭언, 그 밖에 피해자의 의사에 반하는 일체의 불리한 처우를 말한다. 이하 같다)를 입혀 징계의 대상이 된 경우
(카) 「공직선거법」상 처벌 대상이 되는 행위로 징계의 대상이 된 경우
(타) 「공직자윤리법」제8조의2제1항 또는 제22조에 따른 등록의무자에 대한 재산등록 및 주식의 매각·신탁과 관련한 의무 위반
(파) 부작위 또는 직무태만(제12호에 따른 소극행정은 제외한다. 이하 같다)
(하) 소극행정(「적극행정 운영규정」 제2조제2호 또는 「지방공무원 적극행정 운영규정」 제2조제3호에 따른 소극행정을 말한다. 이하 같다)
(거) 「부정청탁 및 금품등 수수의 금지에 관한 법률」 제5조에 따른 부정청탁
(너) 「부정청탁 및 금품등 수수의 금지에 관한 법률」 제6조에 따른 부정청탁에 따른 직무수행
(더) 직무상 비밀 또는 미공개정보를 이용한 부당행위 〈개정 2022. 12. 12.〉

(3) 징계위원회는 징계의결이 요구된 사람의 비위가 성실하고 능동적인 업무처리 과정에서 과실로 생긴 것으로 인정되거나, 제2항에 따른 감경 제외 대상이 아닌 비위 중 직무와 관련이 없는 사고로 인한 비위라고 인정될 때에는 그 정상을 참작하여 징계를 감경할 수 있다.

(4) 제1항 및 제3항의 경우에 징계양정의 감경기준에 관하여는 「공무원징계령 시행 규칙」 [별표 3]을 준용한다.

[별표 3] 〈개정 2009.3.30.〉

징계의 감경기준(제4조 관련)

제2조제1항 및 제3조에 따라 인정되는 징계	제4조에 따라 감경된 징계
파면	해임
해임	강등
강등	정직
정직	감봉
감봉	견책
견책	불문(경고)

너) 의결통보(교육공무원 징계령 제16조)

징계위원회는 징계등 의결을 했을 때에는 지체 없이 징계 또는 징계부가금 의결서의 정본을 첨부해 징계등 의결 요구자에게 통보해야 한다. 다만, 대통령이 임용권자인 교육공무원에 대한 파면 또는 해임의결을 한 경우를 제외하고는 징계등 의결 요구자와 징계등 처분권자가 다른 경우에는 징계등 처분권자에게도 이를 통보해야 한다.

더) 징계등 처분(교육공무원 징계령 제17조)

(1) 징계등 처분권자는 징계 또는 징계부가금 의결서를 받은 날부터 15일 이내에 징계등 처분을 해야 한다.

(2) 징계등 처분권자가 제1항에 따라 징계등 처분을 할 때에는 별지 제5호서식의 징계처분 또는 징계부가금 부과처분 사유설명서에 징계 또는 징계부가금 의결서의 사본을 첨부해 징계등 처분의 대상자에게 교부해야 한다. 다만, 대통령이 임용권자인 교육공무원에 대한 파면 또는 해임의 경우에는 임용제청권자가 이를 교부한다.

(3) 징계등 처분권자는 「성폭력범죄의 처벌 등에 관한 특례법」 제2조에 따른 성폭력범죄 및 「양성평등기본법」 제3조제2호에 따른 성희롱(징계등 처분의 대상자가 국가공무원인 경우에는 「공무원 징계령」 제19조제3항 각 호의 행위를 포함한다)의 피해자에게 「국가공무원법」 제75조제2항 또는 「지방공무원법」 제67조제2항에 따라 징계처분결과를 통보받을 수 있다는 사실을 안내해야 한다. 〈신설 2019.8.6., 2023. 10. 10.〉

(4) 징계등 처분권자는 제3항에 따른 피해자의 요청으로 징계처분결과를 피해자에게 통보하는 경우에는 별지 제5호의2서식의 징계처분결과 통보서에 따른다. 〈신설 2019. 8. 6.〉

(5) 제4항에 따라 징계처분결과를 통보받은 피해자는 그 통보 내용을 공개해서는 안 된다. 〈신설 2019. 8. 6.〉

(6) 제3항부터 제5항까지에서 규정한 사항 외에 징계처분결과의 통보에 관한 사항은 교육부장관이 정한다. 〈신설 2019. 8. 6.〉

러) 회의 등의 비공개(교육공무원 징계령 제18조) 징계위원회 심의·의결의 공정성을 보장하기 위하여 다음 각 호의 사항은 공개하지 아니한다.
  (1) 징계위원회의 회의
  (2) 징계위원회의 회의에 참여할 위원 또는 참여한 위원의 명단
  (3) 징계위원회의 회의에서 위원이 발언한 내용이 적힌 문서(전자적으로 기록된 문서를 포함한다)
  (4) 그 밖에 공개할 경우 징계위원회의 심의·의결의 공정성을 해칠 우려가 있다고 인정되는 사항

머) 징계등 처리 대장(교육공무원 징계령 제20조의3)
  각급 징계위원회는 징계사건의 접수·처리상황을 관리하기 위해 [별지 제6호 서식]의 징계 또는 징계부가금 처리대장을 작성해 갖춰둬야 한다.

버) 소청심사의 청구 등(교원의 지위 향상 및 교육활동 보호를 위한 특별법 제9조)
  (1) 교원이 징계처분과 그 밖에 그 의사에 반하는 불리한 처분에 대하여 불복할 때에는 그 처분이 있었던 것을 안 날부터 30일 이내에 심사위원회에 소청심사를 청구할 수 있다. 이 경우에 심사청구인은 변호사를 대리인으로 선임할 수 있다.
  (2) 본인의 의사에 반하여 파면·해임·면직처분을 하였을 때에는 그 처분에 대한 심사위원회의 최종결정이 있을 때까지 후임자를 보충 발령하지 못한다. 다만, 제1항의 기간 내에 소청심사 청구를 하지 아니한 경우에는 그 기간이 지난 후에 후임자를 보충 발령할 수 있다.

서) 소청심사 결정 등(교원의 지위 향상 및 교육활동 보호를 위한 특별법 제10조)
  (1) 심사위원회는 소청심사청구를 접수한 날부터 60일 이내에 이에 대한 결정을 하여야 한다. 다만, 심사위원회가 불가피하다고 인정하면 그 의결로 30일을 연장할 수 있다.
  (2) 처분권자는 심사위원회의 결정서를 송달받은 날부터 30일 이내에 제1항에 따른 결정의 취지에 따라 조치(이하 "구제조치"라 한다)를 하여야 하고, 그 결과를 심사위원회에 제출하여야 한다. 〈신설 2021. 3. 23.〉
  (3) 제1항에 따른 심사위원회의 결정에 대하여 교원, 「사립학교법」제2조에 따른 학교법인 또는 사립학교 경영자 등 당사자(공공단체는 제외한다)는 그 결정서를 송달받은 날부터 30일 이내에 「행정소송법」으로 정하는 바에 따라 소송을 제기할 수 있다. 〈개정 2021. 3. 23.〉
  (4) 제4항에 따른 기간 이내에 행정소송을 제기하지 아니하면 그 결정은 확정된다. 〈신설 2021. 3. 23.〉
  (5) 소청심사의 청구·심사 및 결정 등 심사 절차에 관하여 필요한 사항은 대통령령으로 정한다. 〈개정 2021. 3. 23.〉

어) 결정의 효력 (교원의 지위 향상 및 교육활동 보호를 위한 특별법 제10조의 2)
  (1) 심사위원회의 결정은 처분권자를 기속한다. 이 경우 제10조제4항에 따른 행정소송 제기에 의하여 그 효력이 정지되지 아니한다.

교육공무원 징계양정 등에 관한 규칙 [별표] 〈개정 2024.6.28.〉

징계기준(제2조제1항 관련)

비위의 유형	비위의 정도가 심하고 고의가 있는 경우	비위의 정도가 심하고 중과실인 경우 또는 비위의 정도가 약하고 고의가 있는 경우	비위의 정도가 심하고 경과실인 경우 또는 비위의 정도가 약하고 중과실인 경우	비위의 정도가 약하고 경과실인 경우
1. 성실의무 위반				
가. 공금횡령·유용, 업무상 배임	파면	파면-해임	해임-강등	정직-감봉
나. 직권남용으로 다른 사람의 권리 침해	파면	해임	강등-정직	감봉
다. 부작위 또는 직무태만, 소극행정 또는 회계질서 문란	파면	해임	강등-정직	감봉-견책
라. 시험문제를 유출하거나 학생의 성적을 조작하는 등 학생 성적과 관련한 비위 및 학교생활기록부 허위사실 기재 또는 부당 정정 등 학교생활기록부와 관련한 비위	파면	해임	해임-강등-정직	감봉-견책
마. 대학수학능력시험 또는 모의시험의 출제·검토 경력을 활용하여 사교육과 관련한 영리행위를 하거나 사교육과 관련한 영리행위를 한 사실을 숨기고 대학수학능력시험 또는 모의시험의 출제에 참여하는 등 대학수학능력시험 또는 모의시험과 관련한 비위	파면	해임	해임-강등-정직	감봉-견책
바. 학생 선발 과정 및 그 결과를 왜곡하여 특정인의 합격 여부에 부당한 영향을 미치는 행위 등 「고등교육법」제2조 각 호에 따른 학교 및 같은 법 제29조에 따른 대학원, 「초·중등교육법」제2조제3호에 따른 고등학교 및 이에 준하는 각종학교의 입학 또는 편입학과 관련한 비위	파면	해임	해임-강등-정직	감봉-견책
사. 신규채용, 특별채용, 승진, 전직, 전보 등 인사와 관련한 비위	파면	해임	해임-강등-정직	감봉-견책
아. 「학교폭력예방 및 대책에 관한 법률」에 따른 학교폭력을 고의적으로 은폐하거나 대응하지 아니한 경우	파면	해임	해임-강등-정직	감봉-견책
자. 연구부정행위	파면	해임	해임-강등-정직	감봉-견책
차. 연구비의 부당 수령 및 부정 사용 등 연구비의 수령 및 사용과 관련한 비위	파면	파면-해임	해임-강등	정직-감봉
카. 소속 기관 내의 「교육공무원법」제52조 각 호의 어느 하나에 해당하는 성 관련 비위를 고의로 은폐하거나 대응하지 않은 경우	파면	해임	해임-강등-정직	감봉-견책
타. 「국가공무원법」제78조의2제1항 각 호의 어느 하나 또는 「지방공무원법」제69조의2제1항 각 호의 어느 하나에 해당하는 비위를 신고하지 않거나 고발하지 않은 행위	파면-해임	강등-정직	정직-감봉	감봉-견책

비위의 유형				
파. 부정청탁에 따른 직무수행	파면	파면-해임	강등-정직	감봉-견책
하. 부정청탁	파면	해임-강등	정직-감봉	견책
거. 성과상여금을 거짓이나 부정한 방법으로 지급받은 경우	파면-해임	강등-정직	정직-감봉	감봉-견책
너. 초과근무수당 또는 여비를 거짓이나 부정한 방법으로 지급받은 경우	비고 제5호의2에 따름			
더. 직무상 비밀 또는 미공개정보를 이용한 부당행위	파면	파면-해임	강등-정직	정직-감봉
러. 그 밖의 성실의무 위반	파면-해임	강등-정직	감봉	견책
2. 복종의무 위반				
가. 지시사항 불이행으로 업무 추진에 중대한 차질을 준 경우	파면	해임	강등-정직	감봉-견책
나. 그 밖의 복종의무 위반	파면-해임	강등-정직	감봉	견책
3. 직장 이탈 금지 위반				
가. 집단 행위를 위한 직장 이탈	파면	해임	강등-정직	감봉-견책
나. 무단결근	파면	해임-강등	정직-감봉	견책
다. 그 밖의 직장 이탈 금지 위반	파면-해임	강등-정직	감봉	견책
4. 친절·공정의무 위반	파면-해임	강등-정직	감봉	견책
5. 비밀 엄수의무 위반				
가. 비밀의 누설·유출	파면	파면-해임	강등-정직	감봉-견책
나. 비밀 분실 또는 해킹 등에 의한 비밀 침해 및 비밀 유기 또는 무단 방치	파면-해임	강등-정직	정직-감봉	감봉-견책
다. 개인정보 부정 이용 및 무단 유출	파면-해임	해임-강등	정직	감봉-견책
라. 개인정보의 무단 조회·열람 및 관리 소홀 등	파면-해임	강등-정직	감봉	견책
마. 그 밖에 보안관계 법령 위반	파면-해임	강등-정직	감봉	견책
6. 청렴의무 위반	비고 제6호에 따름			
7. 품위유지의무 위반				
가. 성희롱	파면	파면-해임	강등-정직	감봉-견책
나. 미성년자 또는 장애인에 대한 성희롱	파면	파면-해임	해임-강등	강등-정직
다. 성매매	파면	파면-해임	해임-강등	강등-정직
라. 미성년자 또는 장애인에 대한 성매매	파면	파면	파면-해임	해임
마. 성폭력	파면	파면	파면-해임	해임
바. 미성년자 또는 장애인에 대한 성폭력	파면	파면	파면	파면-해임
사. 공연음란 행위	파면	파면-해임	강등-정직	감봉
아. 미성년자 또는 장애인에 대한 공연음란 행위	파면	파면-해임	해임-강등	강등-정직
자. 카메라 등을 이용한 불법촬영 또는 불법 촬영물 유포	파면	파면-해임	해임-강등-정직	감봉
차. 통신매체를 이용한 음란행위	파면	파면-해임	해임-강등-정직	감봉
카. 「교육공무원법」 제52조 각 호의 어느 하나에 해당하는 성 관련 비위의 피해자에게 2차 피해를 입힌 경우	파면	해임	해임-강등-정직	감봉-견책
타. 「교육공무원법」 제52조 각 호의 어느 하나에 해당하는 성 관련 비위를 신고한 사람에게 피해(신고자 신상정보의 유출, 신고자에 대한 폭행·폭언, 그 밖에 신고자의 의사에 반하는 일체의 불리한 처우를 말한다)를 입힌 경우	파면	해임	해임-강등-정직	감봉-견책
파. 가목부터 카목까지에서 규정한 사항 외의 성 관련 비위	파면	해임	해임-강등-정직	감봉-견책

하. 학생에 대한 신체적·정신적·정서적 폭력 행위	파면-해임	해임-강등	강등-정직	감봉-견책
거. 음주운전			비고 제7호에 따름	
너. 그 밖의 품위유지의무 위반	파면-해임	강등-정직	감봉	견책
8. 영리 업무 및 겸직 금지 의무 위반	파면-해임	강등-정직	감봉	견책
9. 정치운동 금지 위반	파면	해임	강등-정직	감봉-견책
10. 집단 행위 금지 위반	파면	해임	강등-정직	감봉-견책

비고
1. 제1호다목에서 "부작위"란 교육공무원이 상당한 기간 내에 이행해야 할 직무상 의무가 있는데도 이를 이행하지 않는 것을 말한다.
1의2. 제1호마목에서 "대학수학능력시험"이란 「고등교육법」 제34조제3항 및 같은 법 시행령 제36조에 따른 대학수학능력시험을 말하며, "모의시험"이란 같은 법 제34조제8항에 따른 모의시험을 말한다.
2. 제1호자목에서 "연구부정행위"란 「학술진흥법」 제2조제5호에 따른 연구자에 해당하는 교육공무원이 같은 법 제15조에 따른 연구부정행위를 저지른 경우를 말한다.
3. 제1호파목에서 "부정청탁에 따른 직무수행"이란 「부정청탁 및 금품등 수수의 금지에 관한 법률」 제6조의 부정청탁에 따른 직무수행을 말한다.
4. 제1호하목에서 "부정청탁"이란 「부정청탁 및 금품등 수수의 금지에 관한 법률」 제5조에 따른 부정청탁을 말한다.
5. 제1호거목에서 "성과상여금"이란 「공무원수당 등에 관한 규정」 제7조의2제10항에 따른 성과상여금을 말한다.
5의2. 비위행위가 초과근무수당 또는 여비를 거짓이나 부정한 방법으로 지급받은 경우에 해당하는 경우 그 징계기준은 「공무원 징계령 시행규칙」 별표 1의2 또는 「지방공무원 징계규칙」 별표 1의2를 준용한다.
6. 비위행위가 청렴의무 위반에 해당하는 경우 그 징계기준은 「공무원 징계령 시행규칙」 별표 1의3을 준용한다.
6의2. 제7호가목 및 나목에서 "성희롱"이란 「양성평등기본법」 제3조제2호에 따른 성희롱을 말한다.
7. 비위행위가 음주운전에 해당하는 경우 그 징계기준은 「공무원 징계령 시행규칙」 별표 1의5를 준용한다.
8. 제1호더목에서 "직무상 비밀 또는 미공개정보를 이용한 부당행위"란 「공직자의 이해충돌 방지법」 제14조를 위반하는 행위를 말한다.
9. 제7호차목에서 "통신매체를 이용한 음란행위"란 「성폭력범죄의 처벌 등에 관한 특례법」 제13조에 따른 범죄에 해당하는 행위를 말한다.

※ 참고
○ '품위 유지의 의무 위반'의 비위 유형으로 '마약류 관련 비위' 신설
  - 고의적 범죄는 파면·해임, 고의성이 없더라도 비위의 정도가 심하거나 중과실인 경우 배제징계가 가능하도록 엄정 기준 설정

공무원 징계령 시행규칙 [별표] 〈개정 2024.12.11.〉

징계기준(제2조제1항 관련) < 마약류 관련 비위 징계기준 >

비위의 정도 및 과실 여부 비위의 유형	비위의 정도가 심하고 고의가 있는 경우	비위의 정도가 심하고 중과실이거나, 비위의 정도가 약하고 고의가 있는 경우	비위의 정도가 심하고 경과실이거나, 비위의 정도가 약하고 중과실인 경우	비위의 정도가 약하고 경과실인 경우
7. 품위 유지의 의무 위반				
다. 마약류 관련 비위	파면	파면-해임	해임-강등	정직-감봉

※ 비고
5. 제7호다목에서 "마약류 관련 비위"란 「마약류 관리에 관한 법률」에 따른 범죄에 해당하는 행위를 말한다.

2) 처리과정 및 절차

징계업무 처리 흐름도

1. 비위사실 적발

2. 징계의결 요구
- 징계의결 요구기관
  - 타기관 통보는 통보받은 날로부터 1개월 이내
  - 중징계, 경징계로 구분
  - 교사(경징계) 교육지원청 감사과
  - 교사(중징계) 고등학교, 교장·교감 본청 감사관
  - 혐의자에게 징계의결 요구사유서 부본 통보

3. 관할 징계위원회
- 요구서 접수
  - 사실조사
  - 상정안건 작성
  - 징계위원회 개최 3일전까지 출석 통지 (휴무일 미포함)
  - 진술권 부여

4. 징계위원회 의결
- 관할 징계위원회
  - 요구서 접수일로부터 60일 이내 의결 (성관련 30일 이내)
- 진술 및 심문
- 의결
- 의결서 작성
- 회의록 작성

5. 징계의결 통고
- 관할 징계위원회는 지체없이 통고
  - (징계처분권자)
  - 징계의결요구자
  - 관계기관(감사원등)

6. 징계집행
- 징계처분권자
  - 통고받은 날로부터 15일 이내 집행
  - 징계처분사유 설명서 교부
  - 인사(징계) 발령통지서 배부
  - 징계대장 및 NEIS 기록

7. 징계처분 효력발생
- 인사카드 정리

처분일 기준으로 NEIS 입력

3) 구비서류
  가) 징계사유에 대한 구비서류
    징계의결을 요구할 때에는 징계사유에 대한 충분한 조사를 행하고 교육공무원 징계령 제6조(징계에 관한 서식)에 의한 서식과 입증에 필요한 관계증빙자료를 첨부하여야 한다.
    (1) [별지 제1호서식] 교육공무원 징계의결 또는 징계부가금 부과 의결 요구(신청)서
    (2) 교육공무원 인사기록카드 사본
    (3) [별지 제2호서식] 확인서
    (4) 혐의내용을 입증할 수 있는 공문서 등 관계 증거자료
    (5) 혐의내용에 대한 조사기록 또는 수사기록
    (6) 혐의 관련자에 대한 조치사항 및 그에 대한 증거자료
    (7) 관계 법규·지시문서 등의 발췌문
    (8) 징계등 사유가 교육공무원법 제52조 각 호의 어느 하나에 해당하는 경우, 별지 제2호의2 서식의 성폭력 또는 성희롱 비위 사건에 대한 전문가 의견서(검찰·경찰 등 수사기관에서 수사한 사건으로서 제3항제2호에 따른 수사기록이 통보된 경우는 제외)
      -「성매매알선 등 행위의 처벌에 관한 법률」제4조에 따른 금지행위
      -「성폭력범죄의 처벌 등에 관한 특례법」제2조에 따른 성폭력범죄
      -「아동·청소년의 성보호에 관한 법률」제2조제2호에 따른 아동·청소년대상 성범죄
      -「양성평등기본법」제3조제2호에 따른 성희롱
  나) 타기관의 통보에 의하여 징계의결을 요구하는 경우
    (1) 감사원 등에서 조사한 사건
      ① 공무원 징계처분 요구서
      ② 혐의자·관련자에 대한 문답서 및 확인서 등 조사기록
    (2) 수사기관에서 수사한 사건
      ① 공무원 범죄처분 결과 통보서
      ② 공소장
      ③ 혐의자·관련자·관련증인에 대한 신문조서 및 진술서 등 수사기록
    (3) 그 밖의 다른 기관의 경우
      ① 징계등 혐의사실통보서 및 혐의사실을 입증할 수 있는 자료

memo

징계업무 처리요령

시 기	추 진 내 용(단계별)	세 부 사 항	비 고(유의점)

연 중	■ 징계의결요구
	
	■ 접수
	
	■ 교사 중징계나 교장·교감의 경우 도교육청 감사관으로 징계의결 요구
	
	■ 징계위원회 소집 및 혐의자 출석 통보
	
	■ 징계위원회 준비
	
	■ 징계위원회 개최
	
	■ 징계의결 결과보고
	
	■ 징계결과 통보
	  : 징계혐의자
		• 감사과(행정과)의 감사 담당(교사의 경징계)
		• 도교육청 감사관 담당(교사의 중징계 및 교장·교감의 경·중징계)
		  - 조사 후 인사담당장학사 통보
		• 구비서류 확인
		  ◎ 징계의결요구 목차(각 11부)
		   1. 공무원징계의결요구서
		   2. 교육공무원인사기록카드 사본
		   3. 교육공무원 징계령 별지 제2호서식의 확인서
		   4. 각종 증빙서류
		   5. 관계법규, 지시문서 등의 발췌문
		   6. 전문가의견서(성비위일 경우)
		     - 수사기관 통보사안의 경우 제외
		• 내부결재
		  징계위원회 소집 알림
		  징계혐의자 출석 통보
		• 위원장: 소집공문, 의결요구서 사본, 회의절차, 혐의자요약
		  위원: 소집공문, 의결요구서 사본
		  간사: 의결요구서 사본, 회의절차, 혐의자 요약
		• 회의실 준비
		  - 징계위원회 및 대기실
		• 속기사 지원 요청
		• 상황실 좌석 배치
		  - 의사봉, 마이크, 펜접시, 명패 등
		• 징계혐의자 좌석: 위원장 맞은 편
		• 징계혐의자 출석 및 불출석자 진술권 포기서 제출 확인
		• 징계혐의자 대기실 안내
		• 적극행정 등에 의한 징계면제 사유 필수 심의
		• 징계위원 서명 : 회의록
		• 의결서에 징계면제사유 해당여부 심의 반영
		• 회의록 정독 후 확인하여 결재
		• 결과보고서 작성
		  - 내부결재
		  - 결과보고(교육장)
		  - 결과통보(감사과장)
		• 징계의결 결과처리, 인사발령통지와 함께 결재
		• 도교육청(교원인사정책과, 감사관) 보고
		• 징계결과 통보
		• 징계대장 기록
			※ 접수 후 60일 이내
			  (성관련 30일 이내)에
			  징계 의결해야 함
			• 일정 협의
			
			• 징계혐의자에게
			  3일전까지 통보
			
			• 수령증 받음
			  (불참 시 수령증과
			  진술권 포기서를 함께
			  받음)
			• 위원장, 간사
			  : 혐의자 요약,
			    회의절차 준비
			
			• 회의록 관리
			
			• 징계의결결과 통보
			  후 15일 이내에 처분
			  (수령증)
			• 인사기록
			• 근무평정반영
			• 정기전보시
			  인사조치 확인

징계위원회 개최에 따른 업무 절차(교육지원청)

구분	문서종류	기안내용 및 구비서류	수신	발신	결재	담당	문서	등록	문서번호 (예시)
징계전	내부결재	▸ 징계의결요구 - 징계의결요구서			교육장	감사과장	전자문서		감사-1
	대외문서	▸ 징계의결요구서 사본 송부(개인별) - 징계의결요구서 사본 - 수령증	학교장	교육장	과장	감사과장	전자문서		감사-2
	대내문서	▸ 징계의결요구[재심의기간(30일)후] - 징계의결요구서	위원장	교육장	교육장	감사과장	전자문서		감사-3
	①내부결재	▸ 징계위원회 소집 및 징계혐의자 출석 알림 ▸ 징계위원회 개최알림			위원장	징계위	비전자	문서대장	일징위-1 일징위-2
	②대외문서	▸ 징계혐의자 출석 알림 [징계혐의자 출석 알림(개인별) - 1)출석통지서, 2)수령증]	학교장	위원장	위원장	징계위	비전자	문서대장	일징위-3
	③징계위원회 〈참고자료〉 준비, 개최								
징계후	④내부결재	▸ 징계의결 결과처리 - 징계의결서 - 의결이유서 - 징계위원회 회의록			위원장	징계위	비전자	문서대장	일징위-4
	⑤대내문서	▸ 징계의결 결과통보 - 징계의결서 - 의결이유서 - 징계위원회 회의록	교육장	위원장	위원장	징계위	비전자	문서대장	일징위-5
	⑥대내문서	▸ 징계의결 결과통보 - 징계의결서 정본	감사과	위원장	위원장	징계위	비전자	문서대장	일징위-6
	⑦내부결재	▸ 징계의결 결과처리 - 징계의결서 사본 - 징계처분사유설명서 - 수령증			교육장	지역청	비전자	전자등록	초등-1
	⑧내부결재	▸ 인사기안 - 발령통지서							초등-2
	⑨대외문서	▸ 징계의결 결과통지(개인별) - 징계의결서 사본 (이유 사본 포함) - 징계처분사유설명서 - 수령증	학교장	교육장	국(과)장	지역청	비전자	인편전달	초등-1
	⑩대외문서	▸ 인사발령 통지(발령통지서 포함)	학교장	교육장	국(과)장	지역청	비전자	인편전달	초등-2
	⑪대외문서	▸ 징계개최 결과보고 - 징계의결서 사본 (이유 사본 포함) - 보고양식 준수(엑셀양식)	도교육청 (교원인사정책과, 감사관)	교육장	국(과)장	지역청	전자문서		초등-3
	도교육청에 업무관리시스템으로 징계결과 제출(보안문서)								

4) 서식

> 서식1 시행문

경기도○○교육지원청

수신   경기도○○교육지원청교육공무원일반징계위원장
(경유)
제목   교육공무원 징계의결 요구

1. 관련
    가. 「국가공무원법」 제78조 및 「교육공무원 징계령」 제6조(징계등 의결의 요구)
    나. 경기도○○교육지원청 ○○-○○○○(20**. **. **.)
2. 「교육공무원 징계령」제6조에 의하여 ○○초등학교 교사 ○○○를 붙임과 같이 징계의결을 요구합니다.

붙임 1. 교육공무원 징계의결 요구서 **부.
     2. NEIS 인사기록 출력물 **부.
     3. 확인서 **부.
     4. 문답서 **부.
     5. 진술서 **부.
     6. 증빙자료 **부.
     7. 혐의내용에 대한 조사기록 또는 수사기록 **부. 끝.

감사과

주무관   감사과장
협조자
시행 감사과-   (20**.**.**.)   접수
우   /
전화   전송   /   / 비공개

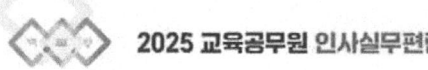

서식2 [의결요구서] 교육공무원 징계령 [별지 제1호서식] 〈개정 2019. 2. 26.〉

교육공무원 징계의결 또는 징계부가금 부과 의결 요구(신청)서

1. 인적 사항	성명(한글) (한자)		생년월일	
	소속	직위(직급)		재직기간
	주소			

2. 징계 사유	

3. 징계의결 또는 징계부가금 부과 의결 요구 (신청) 권자의 의견	징계 의결 또는 징계부가금 부과 의결 요구(신청)의견
	징계부가금 부과 대상 여부 [ ] 해당됨(대상금액: 원/ 배) [ ] 해당 없음

「교육공무원 징계령」 제6조에 따라 위와 같이 징계 의결 또는 징계부가금 부과 의결을 요구(신청)합니다.

년   월   일

경기도○○교육지원청교육장 [직인]

경기도○○교육지원청교육공무원일반징계위원회위원장   귀중

서식3 [확인서] 교육공무원 징계령 [별지 제2호서식] 〈개정 2022. 9. 13.〉

확인서

1. 인적사항	소속		직위(직급)		성명	
	(현재)		(현재)		(한글)	
	(혐의 당시)		(혐의 당시)		(한자)	
2. 비위유형	가.「국가공무원법」제78조의2제1항제1호 또는 「지방공무원법」제69조의2제1항제1호에 해당하는 비위				(□해당함, □해당 없음)	
	나.「국가공무원법」제78조의2제1항제2호 또는 「지방공무원법」제69조의2제1항제2호에 해당하는 비위				(□해당함, □해당 없음)	
	다.「국가공무원법」제78조의2제1항 각 호의 어느 하나 또는 「지방공무원법」제69조의2제1항 각 호의 어느 하나에 해당하는 비위를 신고하지 않거나 고발하지 않은 행위				(□해당함, □해당 없음)	
	라. 학생 성적 및 학교생활기록부 관련 비위				(□해당함, □해당 없음)	
	마. 성폭력·성희롱 등 성비위				(□해당함, □해당 없음)	
	바. 음주운전 또는 음주측정 불응				(□해당함, □해당 없음)	
	사. 학생에 대한 신체적 또는 정서적 폭력				(□해당함, □해당 없음)	
	아. 신규채용, 특별채용, 전직, 승진, 전보 등 인사 관련 비위				(□해당함, □해당 없음)	
	자. 학교폭력을 고의로 은폐하거나 대응하지 않은 비위				(□해당함, □해당 없음)	
	차. 성비위를 고의로 은폐하거나 대응하지 않은 비위				(□해당함, □해당 없음)	
	카. 성비위 관련 피해자에게 2차 피해를 야기한 경우				(□해당함, □해당 없음)	
	타.「공직선거법」상 관련 비위				(□해당함, □해당 없음)	
	파. 재산등록 및 주식의 매각·신탁과 관련한 의무 위반				(□해당함, □해당 없음)	
	하. 부작위 또는 직무태만(소극행정 제외)				(□해당함, □해당 없음)	
	거. 소극행정				(□해당함, □해당 없음)	
	너. 부정청탁				(□해당함, □해당 없음)	
	더. 부정청탁에 따른 직무수행				(□해당함, □해당 없음)	
3. 징계부가금	대상 여부(□해당함, □해당 없음), 대상금액(　　원,　　배)					
	형사처벌 및 변상책임 이행 상황 등					
4. 감경 대상 공적 유무 및 감경 대상 비위 해당 여부	공적 사항			징계 사항[불문(경고) 포함]		
	포상일	포상 종류	시행청	날짜	종류	발령청
	성실하고 능동적인 업무처리 과정에서의 과실로 인한 비위 해당 여부(□해당함, □해당 없음)					
	직무와 관련이 없는 사고로 인한 비위 (□해당함, □해당 없음)					
5. 혐의자의 평소 행실	* 징계 횟수, 주의·경고 횟수, 직무수행 능력 등을 구체적으로 기재					
6. 그 밖의 사항	퇴직 예정일					
	정년:　.　.　., 근무기간 만료:　.　.　., 그 밖의 사항(　):　.　.　.					
	* 그 밖의 사정 참작 사유 기재					

위 기재 사항이 사실임을 확인합니다.

작성책임자 (소속 및 직위)　　(직급)　　(성명)　　(서명 또는 인)

징계 의결 또는 징계부가금 부과 의결
요구(신청)권자(직위)

직인

> ■● 참고

1. 징계의결요구서 작성 요령(감사과 작성)
   - 징계사유서 작성 : 6하 원칙에 의거 비위사실을 구체적으로 기술

[예시]

인적사항 및 담당사무	직명 ○○○는 직제규정 제( )조에 의하여 ( )로부터 ( )까지 ( )를 담당하는 자로서
구체적 비위사실 기재	( )업무를 수행함에 있어 ( )처리하여야 함에도 불구하고 ○○년 ○월 ○일 ( )에서 ( )한 이유로 ( )한 사실이 있다.
법적 근거 제시	혐의자 ○○○의 이러한 행위는 국가공무원법 제 ( )조를 위반하여 동법 제78조 제1항 제( )조에 해당하므로 이를 징계의결요구하는 것임

2. 징계회의록 작성
   - 징계혐의자의 출석여부, 진술내용, 위원기피 신청여부, 위원들의 발언내용, 징계양정의 결정과정을 회의에서 있었던 내용을 상세히 기록하여 증거자료로 보존하여야 한다.

3. 징계의결서 작성
   - 1인인 경우
     1) ○○으로 의결한다.
     2) 불문으로 의결한다. 다만 경고할 것을 권고한다.(견책에 대한 비위를 감경할 경우)

   - 2인 이상일 경우
     1) ○○으로 각각 의결한다.
     2) 갑은 파면으로 을은 해임으로 각각 의결한다.
     3) 갑은 감봉3월로 을은 불문으로 각각 의결한다. 다만, 을에 대해서는 경고할 것을 권고한다.

4. 징계의결 이유 작성
   - 징계의 원인이 된 사실 증거의 판단과 관계법령을 명시하여야 한다.

[예시]

1. 징계의 요지	혐의자 ○○○는 ○○에서 ○○하는 자로서 동인에 대한 징계의결요구사유를 보면 ( )한 혐의사실이 있다는 것이며,
2. 혐의자의 진술 또는 주장	이에 대하여 혐의자는 ( )의 요지로 주장하고 있는 바,
3. 징계위원회의 판단	살피건대, ( ) 등 제 증거에 의하면, 혐의자는 ○○년 ○월 ○일 ( )한 사실이 인정되며, ( )한 사실은 ( )하다고 판단된다.
4. 결론	따라서 위와 같은 혐의자의 행위는 ○○법 ○○조에 해당하고 ○○한 것으로 (교육공무원 징계령 제15조의 규정에 의한 제 정상을 참작하여) 주문과 같이 의결한다.

5. 징계의 집행

- 징계집행기간

    징계처분권자는 징계의결서를 받은 날부터 15일 이내에 이를 집행해야 한다.

- 징계처분 사유설명서 교부

    징계처분권자는 징계의결을 집행한 때는 지체없이 "징계처분사유설명서"에 징계의결서사본을 첨부하여 당해 공무원에게 교부하여야 한다.

    *** 임용권자가 대통령인 5급 이상의 공무원(학교장 포함)은 임용제청권자가 이를 교부한다.

- 징계처분에 대한 발령 예문

    국가공무원법 제78조 제○항 ○호의 규정에 의하여 정직○월에 처함.

○○○○년 ○월 ○○일

임용권자(교육감 또는 교육장)

● ● 공무원 비위사건 처리규정 〈개정 2021. 12. 30.〉

공무원 비위사건 처리기준

비위의 유형 \ 비위의 정도 및 과실 여부	비위의 정도가 심하고 고의가 있는 경우	비위의 정도가 심하고 중과실이거나, 비위의 정도가 약하고 고의가 있는 경우	비위의 정도가 심하고 경과실이거나, 비위의 정도가 약하고 중과실인 경우	비위의 정도가 약하고 경과실인 경우
1. 성실 의무 위반				
가. 「국가공무원법」 제78조의2 제1항제2호에 해당하는 비위 (자목에 따른 비위는 제외한다)	중징계 의결 요구	중징계 의결 요구	중징계 의결 요구	중징계·경징계 의결 요구
나. 직권남용으로 타인의 권리 침해	중징계 의결 요구	중징계 의결 요구	중징계 의결 요구	경징계 의결 요구
다. 부작위·직무태만(라목에 따른 소극행정은 제외한다) 또는 회계질서 문란	중징계 의결 요구	중징계 의결 요구	중징계 의결 요구	경징계 의결 요구
라. 소극행정	중징계 의결 요구	중징계 의결 요구	중징계 의결 요구	경징계 의결 요구
마. 직무 관련 주요 부패행위의 신고·고발 의무 불이행	중징계 의결 요구	중징계 의결 요구	중징계·경징계 의결 요구	경징계 의결 요구
바. 부정청탁에 따른 직무수행	중징계 의결 요구	중징계 의결 요구	중징계 의결 요구	경징계 의결 요구
사. 부정청탁	중징계 의결 요구	중징계 의결 요구	중징계·경징계 의결 요구	경징계 의결 요구
아. 성과상여금을 거짓이나 부정한 방법으로 지급받은 경우	중징계 의결 요구	중징계 의결 요구	중징계·경징계 의결 요구	경징계 의결 요구
자. 「공무원수당 등에 관한 규정」 제15조부터 제17조까지의 규정에 따른 수당 또는 「공무원 여비 규정」에 따른 여비를 거짓이나 부정한 방법으로 지급받은 경우	별표 2와 같음			
차. 「공무원 행동강령」 제13조의3에 따른 부당한 행위	중징계 의결 요구	중징계 의결 요구	중징계 의결 요구	경징계 의결 요구
카. 성 관련 비위 또는 「공무원 행동강령」 제13조의3에 따른 부당한 행위를 은폐하거나 필요한 조치를 하지 않은 경우	중징계 의결 요구	중징계 의결 요구	중징계 의결 요구	경징계 의결 요구
타. 성 관련 비위 피해자 등에게 2차 피해를 입힌 경우	중징계 의결 요구	중징계 의결 요구	중징계 의결 요구	경징계 의결 요구
파. 직무상 비밀 또는 미공개정보를 이용한 부당행위	중징계 의결 요구	중징계 의결 요구	중징계 의결 요구	중징계·경징계 의결 요구
하. 기타	중징계 의결 요구	중징계 의결 요구	경징계 의결 요구	경징계 의결 요구

비위의 정도 및 과실의 종류			
2. 복종의 의무 위반				
가. 지시사항 불이행으로 업무추진에 중대한 차질을 준 경우	중징계 의결 요구	중징계 의결 요구	중징계 의결 요구	경징계 의결 요구
나. 기타	중징계 의결 요구	중징계 의결 요구	경징계 의결 요구	경징계 의결 요구
3. 직장 이탈 금지 위반				
가. 집단행위를 위한 직장이탈	중징계 의결 요구	중징계 의결 요구	중징계 의결 요구	경징계 의결 요구
나. 무단결근	중징계 의결 요구	중징계 의결 요구	중징계·경징계 의결 요구	경징계 의결 요구
다. 기타	중징계 의결 요구	중징계 의결 요구	경징계 의결 요구	경징계 의결 요구
4. 친절·공정의 의무 위반	중징계 의결 요구	중징계 의결 요구	경징계 의결 요구	경징계 의결 요구
5. 비밀 엄수의 의무 위반				
가. 비밀의 누설·유출	중징계 의결 요구	중징계 의결 요구	중징계 의결 요구	경징계 의결 요구
나. 개인정보 부정이용 및 무단유출	중징계 의결 요구	중징계 의결 요구	중징계 의결 요구	경징계 의결 요구
다. 비밀 분실 또는 해킹 등에 의한 비밀침해 및 비밀유기 또는 무단방치	중징계 의결 요구	중징계 의결 요구	중징계·경징계 의결 요구	경징계 의결 요구
라. 개인정보 무단 조회·열람 및 관리소홀 등	중징계 의결 요구	중징계 의결 요구	경징계 의결 요구	경징계 의결 요구
마. 그 밖에 보안관계 법령 위반	중징계 의결 요구	중징계 의결 요구	경징계 의결 요구	경징계 의결 요구
6. 청렴의 의무 위반	별표 3과 같음			
7. 품위 유지의 의무 위반				
가. 성 관련 비위	별표 4와 같음			
나. 음주운전	별표 5와 같음			
다. 우월적 지위 등을 이용하여 다른 공무원 등에게 신체적·정신적 고통을 주는 등의 부당행위	중징계 의결 요구	중징계 의결 요구	중징계·경징계 의결 요구	경징계 의결 요구
라. 기타	중징계 의결 요구	중징계 의결 요구	경징계 의결 요구	경징계 의결 요구
8. 영리업무 및 겸직금지 의무 위반	중징계 의결 요구	중징계 의결 요구	경징계 의결 요구	경징계 의결 요구
9. 정치 운동의 금지 위반	중징계 의결 요구	중징계 의결 요구	중징계 의결 요구	경징계 의결 요구
10. 집단 행위의 금지 위반	중징계 의결 요구	중징계 의결 요구	중징계 의결 요구	경징계 의결 요구

※ 비고
1. 제1호가목의 비위와 같은 호 자목의 비위가 경합하는 경우에는 제1호가목의 처리기준을 적용한다.
2. 제1호다목에서 "부작위"란 공무원이 상당한 기간 내에 이행해야 할 직무상 의무가 있는데도 이를 이행하지 아니하는 것을 말한다.
3. 제1호라목에서 "소극행정"이란 공무원의 부작위 또는 직무태만으로 국민의 권익침해 또는 국가 재정상의 손실이 발생하게 하는 업무행태를 말한다.
4. 제1호마목에서 "주요 부패행위"란 「국가공무원법」 제83조의2제1항에서 정한 징계 및 징계부가금 부과 사유의 시효가 5년인 비위를 말한다.
5. 제1호바목에서 "부정청탁에 따른 직무수행"이란 「부정청탁 및 금품등 수수의 금지에 관한 법률」 제6조의 부정청탁에 따른 직무수행을 말한다.
6. 제1호사목에서 "부정청탁"이란 「부정청탁 및 금품등 수수의 금지에 관한 법률」 제5조에 따른 부정청탁을 말한다.
7. 제1호아목에서 "성과상여금"이란 「공무원수당 등에 관한 규정」 제7조의2제10항에 따른 성과상여금을 말한다.
8. 제1호타목에서 "피해자 등"이란 성 관련 비위 피해자와 그 배우자, 직계친족, 형제자매 및 해당 피해 발생 사실을 신고한 사람을 말하고, "2차 피해"란 「여성폭력방지기본법」 제3조제3호가목·나목에 따른 피해(피해자가 남성인 경우를 포함한다) 및 「성희롱·성폭력 근절을 위한 공무원 인사관리규정」 제7조 각 호의 불이익 조치를 말하며, 2차 피해가 성 관련 비위에 해당하는 경우에는 제7호가목을 적용한다.
9. 제1호파목에서 "직무상 비밀 또는 미공개정보를 이용한 부당행위"란 다음 각 목의 행위를 말한다.
    가. 직무수행 중 알게 된 비밀 또는 소속된 기관의 미공개정보(재물 또는 재산상 이익의 취득 여부의 판단에 중대한 영향을 미칠 수 있는 정보로서 불특정 다수인이 알 수 있도록 공개되기 전의 것을 말한다. 이하 같다)를 이용하여 재물 또는 재산상의 이익을 취득하거나 제3자로 하여금 재물 또는 재산상의 이익을 취득하게 하는 행위
    나. 다른 공무원으로부터 직무상 비밀 또는 소속된 기관의 미공개정보임을 알면서도 제공받거나 부정한 방법으로 취득한 공무원이 이를 이용하여 재물 또는 재산상의 이익을 취득하는 행위
    다. 직무수행 중 알게 된 비밀 또는 소속된 기관의 미공개정보를 사적 이익을 위하여 이용하거나 제3자로 하여금 이용하게 하는 행위
10. 제7호다목에서 "우월적 지위 등을 이용하여 다른 공무원 등에게 신체적·정신적 고통을 주는 등의 부당행위"란 공무원이 자신의 우월적 지위나 관계 등의 우위를 이용하여 업무상 적정범위를 넘어 다음 각 목의 사람에게 신체적·정신적 고통을 주거나 근무환경을 악화시키는 행위를 말한다.
    가. 다른 공무원
    나. 공무원 자신이 소속된 기관, 그 기관의 소속 기관 및 산하기관(「공직자윤리법」 제3조의2제1항에 따른 공직유관단체와 「공공기관의 운영에 관한 법률」 제4조제1항에 따른 공공기관을 말한다)의 직원
    다. 「공무원 행동강령」에 따른 직무관련자(직무관련자가 법인 또는 단체인 경우에는 소속 직원을 말한다)

■ 공무원 징계령 시행규칙 〈신설 2020. 12. 31.〉

[별표 1의2] 초과근무수당 및 여비 부당수령 징계기준(제2조제1항 관련)

비위의 유형	부당수령 금액	비위의 정도 및 과실 여부	
		비위의 정도가 약하고 과실인 경우	비위의 정도가 심하거나, 고의가 있는 경우
「공무원수당 등에 관한 규정」 제15조부터 제17조까지의 규정에 따른 수당 또는 「공무원 여비 규정」에 따른 여비를 거짓이나 부정한 방법으로 지급받은 경우	100만원 미만	중징계·경징계 의결 요구	중징계 의결 요구
	100만원 이상	중징계·경징계 의결 요구	중징계 의결 요구

비고
1. 부당수령 금액은 해당 비위로 취득한 총 금액을 말한다.
2. 비위의 정도 및 과실 여부는 해당 비위의 동기, 경위, 방법 및 행위 정도 등으로 판단한다.

[별표 1의3] 청렴의 의무 위반 징계기준(제2조제1항 관련)

비위의 유형	금품·향응 등 재산상 이익 100만원 미만		100만원 이상
	수동	능동	
1. 위법·부당한 처분과 직접적인 관계없이 금품·향응 등 재산상 이익을 직무관련자 또는 직무관련공무원으로부터 받거나 직무관련공무원에게 제공한 경우	강등-감봉	해임-정직	파면-강등
2. 직무와 관련하여 금품·향응 등 재산상 이익을 받거나 제공하였으나, 그로 인하여 위법·부당한 처분을 하지 아니한 경우	해임-정직	파면-강등	파면-해임
3. 직무와 관련하여 금품·향응 등 재산상 이익을 받거나 제공하고, 그로 인하여 위법·부당한 처분을 한 경우	파면-강등	파면-해임	파면

※ 비고
1. "금품·향응 등 재산상 이익"이란 「국가공무원법」 제78조의2제1항제1호에 따른 금전, 물품, 부동산, 향응 또는 그 밖에 「공무원 징계령」 제17조의2제1항에서 정하는 재산상 이익(금전이 아닌 재산상 이득의 경우에는 금전으로 환산한 금액을 말한다)을 말한다.
2. "직무관련자"와 "직무관련공무원"이란 「공무원 행동강령」 제2조제1호에 따른 직무관련자와 같은 조 제2호에 따른 직무관련공무원을 말한다.

경기도교육청 소속 교육공무원 금품 등 수수금지위반 징계양정기준 〈시행 2023.3.1.〉

비위 유형 \ 수수행위 \ 금액		100만원 미만	100만원 이상 300만원 미만	300만원 이상 500만원 미만	500만원 이상
직무와 직접적인 관계 없이 금품등을 직무관련자 또는 직무관련공무원으로부터 받거나 직무관련공무원에게 제공한 경우	수 동	감봉·정직·강등	강등·해임·파면	해임·파면	파면
	능 동	정직·강등·해임	해임·파면	파면	
직무와 직접 관련하여 금품등을 수수하였으나, 위법·부당한 처분을 하지 아니한 경우	수 동	정직·강등·해임	해임·파면	파면	
	능 동	강등·해임·파면	파면		
직무와 직접 관련하여 금품등을 수수하고, 위법·부당한 처분을 한 경우	수 동	강등·해임·파면	파면		
	능 동	해임·파면	파면		

memo

수수 금지 금품 등의 신고 및 처리

(경기도교육청 공무원 행동강령 제25조) 〈시행 2023.3.1.〉

① 공무원은 다음 각 호의 어느 하나에 해당하는 경우에는 별지 제11호서식에 따라 소속 기관의 장에게 지체 없이 서면 또는 전자문서 등으로 신고하여야 한다. 〈개정 2021.11.04.〉
 1. 공무원 자신이 수수 금지 금품등을 받거나 그 제공의 약속 또는 의사표시를 받은 경우
 2. 공무원이 자신의 배우자나 직계 존속·비속이 수수 금지 금품등을 받거나 그 제공의 약속 또는 의사표시를 받은 사실을 알게 된 경우

② 공무원은 제1항 각 호의 어느 하나에 해당하는 경우에는 금품등을 제공한 자(이하 이 조에서 "제공자"라 한다) 또는 제공의 약속이나 의사표시를 한 자에게 그 제공받은 금품등을 지체 없이 반환하거나 반환하도록 하거나 그 거부의 의사를 밝히거나 밝히도록 하여야 한다.

③ 공무원은 제2항에 따라 금품등을 반환한 경우에는 증명자료를 첨부하여 별지 제12호서식으로 그 반환 비용을 소속 기관의 장에게 청구할 수 있다. 〈개정 2021.06.11.〉

④ 공무원은 제2항에 따라 반환하거나 반환하도록 하여야 하는 금품등이 다음 각 호의 어느 하나에 해당하는 경우에는 소속 기관의 장에게 인도하거나 인도하도록 하여야 한다.
 1. 멸실·부패·변질 등의 우려가 있는 경우
 2. 제공자나 제공자의 주소를 알 수 없는 경우
 3. 그 밖에 제공자에게 반환하기 어려운 사정이 있는 경우

⑤ 제4항에 따라 금품등을 인도받은 소속 기관의 장은 즉시 사진으로 촬영하거나 영상으로 녹화하고 별지 제13호서식으로 관리하여야 하며, 다른 법령에 특별한 규정이 있는 경우를 제외하고 다음 각 호에 따라 처리한다. 〈개정 2021.06.11.〉 〈개정 2021.11.04.〉
 1. 수수 금지 금품등이 아닌 것으로 확인된 경우에는 금품등을 인도한 자에게 반환한다.
 2. 수수 금지 금품등에 해당하는 것으로 확인되어 추가적인 조사·감사·수사 또는 징계 등 후속조치를 위하여 필요한 경우 관계 기관에 증거자료로 제출하거나 후속조치가 완료될 때까지 보관한다.
 3. 제1호 및 제2호에도 불구하고 멸실·부패·변질 등으로 인하여 반환·제출·보관이 어렵다고 판단되는 경우 별지 제14호서식에 따라 금품등을 인도한 자의 동의를 받아 폐기처분한다. 〈개정 2021.06.11.〉 〈개정 2021.11.04.〉
 4. 그 밖의 경우에는 세입조치 또는 사회복지시설·공익단체 등에 기증하거나 기관 홈페이지 또는 게시판에 14일간 공고 등 절차를 거쳐 경기도교육비특별회계 또는 학교회계에 귀속한다.

⑥ 제5항에 따라 인도받은 금품등을 처리한 소속기관장은 처리한 금품등에 대하여 별지 제15호서식으로 기록하여 관리하여야 하며, 처리결과를 금품등을 인도한 자에게 통보하여야 한다. 〈개정 2021.06.11.〉

경기도교육감 소속 교육공무원 징계양정(음주운전) 세부기준

⟨시행 2025.03.01.⟩

구분		자동차			자전거등 ❶		
		범죄처리 기준	징계양정 기준		범죄처리 기준	징계양정 기준	
최초음주운전 (혈중알콜농도)		중징계	0.03%이상 ~ 0.05%미만	정직1월	경징계	0.03%이상 ~ 0.05%미만	견책
			0.05%이상 ~ 0.065%미만	정직2월		0.05%이상 ~ 0.065%미만	감봉1월
			0.065%이상 ~ 0.08%미만	정직3월		0.065%이상 ~ 0.08%미만	감봉2월
			0.08%이상	강등		0.08%이상	감봉3월
음주운전❷	2회	중징계	0.08%미만	해임	중징계	0.08%미만	정직1월
			0.08%이상	파면		0.08%이상	정직3월
	3회 이상		–		중징계	0.08%미만	강등
						0.08%이상	해임
음주운전 등 관련으로 운전면허 정지 또는 취소 상태에서 운전을 한 경우❸		중징계	정직 – 강등		경중징계	감봉 – 정직	
음주운전·교통사고 (음주운전 중상해사고 포함) ❹		중징계	정직 – 해임		경중징계	감봉 – 해임	
음주운전 등 관련으로 운전면허 정지 또는 취소 상태에서 음주운전을 한 경우		중징계	해임 – 파면		중징계	정직 – 해임	
음주운전·사망사고		중징계	해임 – 파면		중징계	해임 – 파면	
음주운전·물적피해 교통사고·도주 ❺		중징계	정직 – 해임		경중징계	감봉 – 해임	
음주운전·인적피해 교통사고·도주		중징계	해임 – 파면		중징계	강등 – 파면	
음주측정 불응 ❻		중징계	정직 – 강등		경중징계	감봉 – 강등	

- ❶ "자전거등"이란 도로교통법 제2조 제21의2호에 따른 자전거 등을 말한다.
- ❷ 음주운전 횟수 산정 적용시점은 "2009. 04. 22. 이후"로 하며, 음주측정 불응도 음주운전 횟수 산정에 포함됨

  "자전거등"에서의 2회, 3회이상 적용은 "자전거등"에 해당하는 음주운전의 횟수만 산정한다.

2회 음주운전			3회 이상 음주운전		
유형	현행	개정	유형	현행	개정
🚗 2회	해임-파면	해임-파면	🚲 3회	–	강등-해임
🚗 1회+ 🚲 1회					
🚲 2회		정직			

- ❸ "음주운전등 관련"이란 음주운전, 음주측정불응 및 기타 음주운전과 관련된 행위를 말함
- ❹ "중상해"란 뇌 또는 주요 장기에 대한 중대한 손상, 사지절단 등 신체 중요부분의 상실·중대변형, 신체기능의 영구상실 등 완치 가능성이 희박한 불구·불치의 부상질병 또는 이에 상응하는 부상질병을 말함.
- ❺ "도주"란 도로교통법 제54조(사고발생시의 조치) 제1항에 따른 조치를 취하지 아니하고 사고현장을 이탈한 경우를 말함
- ❻ "음주측정 불응"이란 도로교통법 제44조제2항을 위반하여 음주측정에 불응한 것을 말함
- 기준 적용: 자동차는"2021. 3. 1. 이후" 징계사유가 발생한 경우부터 적용하며, 자전거등은 "2024. 12. 11. 이후" 징계사유가 발생한 경우부터 적용한다.

서식4 징계위원회 개최_1

경기도○○교육지원청교육공무원일반징계위원회

수신자   내부결재

(경유)

제 목   제○차 경기도○○교육지원청교육공무원일반징계위원회 소집 및 징계혐의자 출석 알림

1. 관련: 경기도○○교육지원청 감사과-   (20**. **. **.)
2. 교육공무원 징계령 제11조 제2항에 의거 비위공무원 징계 심의·의결을 위한 경기도○○교육지원청교육공무원일반징계위원회를 소집하고,
3. 동령 제8조의 규정에 의하여 징계혐의자에게 출석 통지하고자 합니다.

    가. 소집일시: 20**.**.**.( ) 10:00
    나. 장   소: 경기도○○교육지원청 *층 ○○실
    다. 징계혐의자

순	소속	직위	성 명	생년월일	징 계 사 유	요구 양정	비고
1	○○초	교사	김○○	**.**.**	국가공무원법 제**조(○○의 의무) 위반	경징계	

붙임 1. 징계의결 요구서 1부.
      2. 출석통지서 1부.
      3. 출석통지서 수령증 1부.   끝.

간사		위원장				
협조자						

시행   일징위 20**- (20**.**.**.)   접수
우   /
전화   전송   /   / 비공개(1,4,5,6)

> [서식5] 징계위원회 개최_2

경기도○○교육지원청교육공무원일반징계위원회

수신자 징계위원회 위원
(경유)
제 목 제○차 경기도○○교육지원청교육공무원일반징계위원회 개최

1. 관련 : 일징위 20**- (20**. **. **.)
2. 교육공무원 징계령 제11조의 규정에 의거 비위 공무원에 대한 징계 심의·의결을 위한 20**년도 제○차 경기도교육공무원일반징계위원회를 다음과 같이 개최하오니 참석하여 주시기 바랍니다.
   가. 소집일시 : 20**.**.**.( ) 10:00
   나. 장   소 : 경기도○○교육지원청 *층 ○○실
   다. 징계혐의자

순	소속	직위	성 명	생년월일	징 계 사 유	요구 양정	비고
1	○○초	교사	김○○	**.**.**	국가공무원법 제**조(○○의 의무) 위반 -	경징계	

붙임 징계의결요구서 사본 각 1부. 끝.

경기도○○교육지원청교육공무원일반징계위원회위원장

간사		위원장			
협조자					

시행 일징위 20**- (20**.**.**.)   접수
우   /
전화   전송   /   / 비공개(1,4,5,6)

> 서식6 징계위원회 개최_3

경기도○○교육지원청교육공무원일반징계위원회

수신자   ○○초등학교장
(경유)
제 목   제○차 경기도○○교육지원청교육공무원일반징계위원회 징계혐의자 출석 알림

1. 관련: 일징위 20**- (20**. **. **.)
2. 교육공무원 징계령 제8조의 규정에 의거 다음과 같이 비위공무원에 대한 출석통지서를 송부하니, 수령증에 교부일시를 명기하고 수령자(징계혐의자) 및 송달공무원의 서명날인을 받아 20**. **. **.(월)까지 초등교육지원과 인사담당에게 제출하시기 바라며,
3. 징계혐의자가 진술을 위한 출석을 원하지 않을 때에는 진술권포기서를 제출하시고,
4. 징계혐의자가 출석통지서의 수령을 거부할 경우에는 징계위원회에서 진술권을 포기한 것으로 보며, 이때 수령을 거부한 사실을 증명하는 서류를 징계위원회에 제출하시기 바랍니다.

   가. 징계혐의자

순	소속	직위	성 명	생년월일	징계 사유	요구 양정	비고
1	○○초	교사	김○○	**.**.**	국가공무원법 제**조(○○의 의무) 위반	경징계	

   나. 출석일시 : 20**.**.**.(금) 10:00
   다. 출석(대기)장소 : ○○실
   라. 유의사항 : 징계혐의자는 시간을 엄수하여 출석하여야 하며, 정당한 사유 없이 지참하거나 불참하는 일이 없도록 할 것.

붙임   1. 출석통지서 각 1부.
       2. 출석통지서 수령증 각 1부. 끝.
       3. 적극행정 등에 대한 징계면제 의견서 제출 안내문 각 1부. 끝.

경기도○○교육지원청교육공무원일반징계위원회위원장

간사		위원장					
협조자							

시행   일징위 20**- (20**.**.**.)   접수
우   /
전화   전송   /   / 비공개(1,4,5,6)

● 교육공무원 징계령 [별지 제3호서식] 〈개정 2019. 2. 26.〉

출 석 통 지 서

인적사항	성명	(한글)	소속	
		(한자)	직위(직급)	
	주소			

출석 이유	
출석 일시	년 월 일 시 분
출석 장소	

유 의 사 항

1. 출석하여 진술하기를 원하지 않을 때에는 아래의 진술권 포기서를 즉시 제출하시기 바랍니다.
2. 사정이 있어 서면진술을 원할 때에는 징계위원회 개최일 전날까지 도착하도록 진술서를 제출하시기 바랍니다.
3. 정당한 사유서를 제출하지 않고 지정된 일시에 출석하지 않거나 서면진술서를 제출하지 않으면 진술할 의사가 없는 것으로 보아 처리합니다.
4. 성실하고 능동적인 업무처리 과정에서 과실로 인하여 징계등 의결이 요구된 경우에는 징계위원회에서 징계감면을 받을 수 있으니, 이에 해당한다고 판단하는 경우 적극행정에 대한 증빙자료를 제출하시기 바랍니다.

「교육공무원 징계령」 제8조에 따라 위와 같이 귀하의 출석을 통지합니다.

년 월 일

경기도○○교육지원청교육공무원일반징계위원회

귀하

- 자르는 선 -

진술권 포기서

인적사항	성명		소속	
			직위(직급)	
	주소			

본인은 귀 징계위원회에 출석하여 진술하는 것을 포기합니다.

년 월 일

성명 　　　　(서명 또는 인)

경기도○○교육지원청교육공무원일반징계위원회 귀중

210mm×297mm[백상지 80g/㎡]

적극행정 등에 대한 징계면제 의견서 제출 안내

※ 관련:「공무원 징계령」주요 개정 사항(시행일 : 2019. 8. 6.)

《 적극행정 보호 강화 》

◎ 징계대상자가 징계위원회에 제출하는 서면 '의견서' 서식을 신설하면서, 적극행정 등에 의한 징계면제 사유를 기재·소명
  - 징계면제 사유*에 해당한다는 사실을 징계대상자가 서면으로 소명 가능

* 징계면제 사유 : ① 적극행정 결과에 대해서 고의·중과실이 없는 경우, ② 사전컨설팅을 거친 경우, ③ 고도의 정책사항의 실무 담당자(이상 기속) / ④ 직무와 관련 없는 사고(예 : 단순 차량 접촉사고 등)(재량)

의견서

인적사항	소속	직위(직급)	성명
의견			
징계등 면제 사유			
첨부서류	증명자료(첨부할 증명자료가 있는 경우에만 해당합니다)		

◎ 징계위원회는 적극행정 등에 의한 징계면제 사유 해당여부를 심의하고, 의결서에 반영〈교육공무원 징계령 제12조, 별지 제3호의2〉
  - 징계위원회는 징계대상자의 소명내용이 적극행정 등에 의한 징계면제 사유에 해당하는지 여부를 반드시 심의
  - 징계위원회 심의 결과를 의결서에 반영하여 해당 공무원에게 통보
    ※제출방법 : 적극행정에 따른 징계면제 사유에 해당된다고 판단되는 경우 교육공무원 징계령 [별지 제3호의2 서식] 의견서를 작성하여 징계위원회 출석통지서 제출 시에 함께 제출 또는 징계위원회 개최 전까지 제출 가능(증빙자료는 추후 또는 위원회 당일 제출 가능) - 내용이 많을 경우 별지 추가 가능함
    ※ 적극행정 등에 따른 징계면제 이외에, 징계사유 등에 대하여 의견을 진술하고자 하는 경우에도 '의견서'를 작성하여 같은 방법으로 제출 가능함(본 양식 활용)

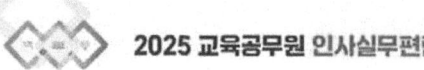

■ 교육공무원 징계령 [별지 제3호의2서식] 〈신설 2019. 8. 6.〉

의견서

인적사항	소속	직위(직급)	성명

의견	
징계등 면제 사유	
첨부서류	증명자료(첨부할 증명자료가 있는 경우에만 해당합니다)

「교육공무원 징계령」 제9조에 따라 위와 같이 의견서를 작성하여 제출합니다.

년 월 일

작성인 성명 　　　　(서명 또는 인)

경기도○○교육지원청교육공무원일반징계위원회 귀중

210mm×297mm[백상지 80g/㎡]

> 서식7   징계위원회 결과_1

경기도○○교육지원청교육공무원일반징계위원회

수신자   내부결재
(경유)
제 목   교육공무원 징계의결 결과 처리

1. 관련 : 일징위 20**-   (20**. **. **.)
2. 국가공무원법을 위반한 교원에 대한 20**년도 제○차 경기도○○교육지원청교육공무원일반 징계위원회의 의결 결과를 다음과 같이 결정하여 처리하고자 합니다.

순	소속	직위	성 명	생년월일	징 계 사 유	의결 결과	비고
1	○○초	교사	김○○	**.**.**	국가공무원법 제**조(○○의 의무) 위반	***	

붙임   1. 징계의결서 1부.
        2. 징계위원회 회의록 1부. 끝.

간사		위원장					
협조자							

시행   일징위 20**- (20**.**.**.)   접수
우   /
전화   전송   /   / 비공개(1,4,5,6)

> [서식8] 징계위원회 결과_2

경기도○○교육지원청교육공무원일반징계위원회

수신자   경기도○○교육지원청교육장
(경유)
제 목   교육공무원 징계의결 결과 통보

1. 관련: 감사과-   (20**. **. **.)
2. 국가공무원법을 위반한 교원에 대한 20**년도 제○차 경기도○○교육지원청교육공무원일반 징계위원회의 의결 결과를 다음과 같이 알려드립니다.

순	소 속	직위	성 명	생년월일	징 계 사 유	의결 결과	비고
1	○○초	교사	김○○	**.**.**	국가공무원법 제**조(○○의 의무) 위반	***	

붙임   1. 징계의결서 1부.
       2. 징계위원회 회의록 1부. 끝.

경기도○○교육지원청교육공무원일반징계위원회위원장

간사		위원장				
협조자						

시행   일징위 20**- (20**.**.**.)   접수
우   /
전화   전송   /   / 비공개(1,4,5,6)

[서식9] 징계위원회 결과_3

경기도○○교육지원청교육공무원일반징계위원회

수신자   감사과장

(경유)

제 목   교육공무원 징계의결 결과 통보

1. 관련: 감사과-　　　(20**. **. **.)
2. 국가공무원법을 위반한 교원에 대한 20**년도 제○차 경기도○○교육지원청교육공무원일반징계위원회의 의결 결과를 다음과 같이 결정하여 통보해 드리니, 징계혐의자에 대한 징계처분 재심사 여부 의견을 20**.**.**. 18:00까지 집행 부서(초등교육지원과)로 알려주시기 바랍니다.

순	소속	직위	성 명	생년월일	징 계 사 유	의결결과	비고
1	○○초	교사	김○○	**.**.**	국가공무원법 제**조(○○의 의무) 위반	***	

붙임   징계의결서 1부. 끝.

경기도○○교육지원청교육공무원일반징계위원회위원장

간사		위원장					
협조자							

시행   일징위 20**-   (20**.**.**.)　　　접수
우
전화　　　　　전송　　　　　/　　　　　　　　　/ 비공개(1,4,5,6)

서식10 징계결과처리_1

경기도○○교육지원청

수신자   내부결재
(경유)
제 목   교육공무원 징계의결 결과 처리

1. 관련:
   가. 경기도○○교육지원청 감사과-   (20**. **. **.)
   나. 일징위 20**-   (20**. **. **.)
2. 국가공무원법을 위반한 교원에 대한 20**년도 제○차 경기도○○교육지원청교육공무원일반 징계위원회의 의결 결과를 다음과 같이 해당 학교 및 본인에게 통지하고자 합니다.

순	소 속	직위	성 명	생년월일	징 계 사 유	의결 결과	비고
1	○○초	교사	김○○	**.**.**	국가공무원법 제**조(○○의 의무) 위반 -	***	

붙임   1. 징계의결서 1부.
       2. 징계처분사유 설명서 1부.
       3. 수령증 1부. 끝.

장학사		초등교육지원과장		교육국장		교육장	
협조자							

시행   초등교육지원과 20**-   (20**.**.**.)   접수
우
전화   전송   /   / 비공개(1,4,5,6)

[서식11] 징계결과처리_2

경기도○○교육지원청

수신자   내부결재

(경유)

제 목   교육공무원 징계(인사)발령

1. 관련: 경기도○○교육지원청 초등교육지원과-　　　(20**. **. **.)
2. 교육공무원(초등학교 교사) 인사발령을 다음과 같이 실시하고자 합니다.

소속	직위	성명	발령 사항
○○초	교사	○○○	국가공무원법 제78조 제1항 제○호의 규정에 의하여 ●●●에 처함.

(이상 1명)
20**.**.**.
교육공무원 징계령 제17조 제1항에 의거
경기도○○교육지원청교육장

붙임   인사발령통지서 1부.   끝.

장학사		초등교육지원과장		교육국장		교육장	
협조자							

시행   초등교육지원과 20**-   (20**.**.**.)   접수
우
전화   전송   /   / 비공개(1,4,5,6)

서식12 징계결과처리_3

경기도○○교육지원청

수신자   ○○초등학교장
(경유)
제 목   교육공무원 징계의결 결과 통지

1. 국가공무원법을 위반한 교원에 대한 징계결과를 아래와 같이 알려드리니 본인에게 통지하여 주시기 바랍니다.
2. 아울러 수령증에 교부일시를 명기하고 수령자 및 송달공무원의 서명 날인을 받아 20**.**.**.(화)까지 경기도○○교육지원청 초등교육지원과로 제출하여 주시기 바랍니다.

   가. 징계의결 결과 통지 내역

순	소속	직위	성명	생년월일	징계사유	의결결과	비고
1	○○초	교사	김○○	**.**.**	국가공무원법 제**조(○○의 의무) 위반	***	

붙임 1. 징계의결서 사본 1부.
      2. 징계처분사유 설명서 1부.
      3. 인사발령통지서 1부.
      4. 수령증 1부. 끝.

경기도○○교육지원청교육장

장학사		초등교육지원과장		교육국장				
협조자								

시행 초등교육지원과 20**- (20**.**.**.)   접수
우   /
전화   전송   /   / 비공개(1,4,5,6)

서식13 징계결과처리_4

경기도○○교육지원청

수신자　○○초등학교장

(경유)

제 목　교육공무원 인사발령 알림

1. 관련: 경기도○○교육지원청 초등교육지원과-　　　(20**. **. **.)
2. 교육공무원(초등학교 교사) 인사발령사항을 다음과 같이 알려드립니다.

소속	직위	성명	발령 사항
○○초	교사	○○○	국가공무원법 제78조 제1항 제○호의 규정에 의하여 •••에 처함.

(이상 1명)
20**.**.**.
교육공무원 징계령 제17조 제1항에 의거
경기도○○교육지원청교육장

끝.

경 기 도 ○ ○ 교 육 지 원 청 교 육 장

전결 ••/••

장학사		초등교육지원과장		교육국장				
협조자								

시행　초등교육지원과 20••-　(20••.••.••.)　　　접수
우　　　　　　　　　　　　　　　　　　　　　　/
전화　　　　　　　전송　　　　　/　　　　　　　/ 비공개(1,4,5,6)

서식14 징계결과처리_5

경기도○○교육지원청

수신자 경기도교육감(교원인사정책과장)
(경유)
제 목 교육공무원 징계의결 결과 보고

1. 관련: 경기도○○교육지원청 초등교육지원과-   (20**. **. **.)
2. 국가공무원법을 위반한 교원에 대한 징계처분 결과를 다음과 같이 보고합니다.

순	소속	직위	성명	생년월일	징계 사유	의결결과	비고
1	○○초	교사	김○○	**.**.**	국가공무원법 제**조(○○의 의무) 위반 -	***	

붙임 1. 징계의결서 1부.
       2. 징계처분사유설명서 1부.
       3. 징계처리결과보고 양식 1부. 끝.

경 기 도 ○ ○ 교 육 지 원 청 교 육 장

전결 **/**

장학사		초등교육지원과장		교육국장			
협조자							

시행 초등교육지원과 20**-   (20**.**.**.)   접수
우   /
전화   전송   /   / 비공개(1,4,5,6)

서식15 징계의결서 [징계의결서 작성 예문]- 교육공무원 징계령 [별지 제4호 서식] 〈개정 2022. 9. 13.〉

징계 또는 징계부가금 의결서

징계혐의자 인적사항	소 속	직 위(급)	성 명
	○○○○학교	교 사	○○○
의결주문	○○으로 의결한다.		
이 유	"붙 임"		

「교육공무원 징계령」 제10조에 따라 위와 같이 의결합니다.

○○○○년 ○○월 ○○일

경 기 도 ○ ○ 교 육 지 원 청 교 육 공 무 원 일 반 징 계 위 원 회 　　인

이 유

    징계혐의자 ○○○은 20 . . 교원으로 신규 임용되어 20 . . 부터 현재까지 ○○○○학교에 재직하고 있는 교사로서, 교원은 항상 관계법령을 준수하여 직무내외를 불문하고 그 품위를 손상하는 행위를 하여서는 아니 됨에도,

1. 징계혐의자에 대한 징계사유를 보면
    징계혐의자는 '○○. ○. ○, 퇴근 후 ○○:○○ 경 ○○시 ○○구 ○○동에 있는 음식점(○○○○집)에서 친구 3명과 함께 소주를 나누어 마시면서 자신은 소주 1병 정도를 마신 후에 혈중알콜농도 *.***%의 주취상태에서 자신의 승용차(경기 ○○서 ○○○○호 ○○○)를 직접 운전하여 음식점 골목을 나와 200여m를 운전하였다.
    위 사실로 ○○지방검찰청으로부터「도로교통법」위반으로 운전면허 취소와 벌금 ○○○만원 처분을 받은 사실이 있다.
    징계혐의자의 이러한 행위는「국가공무원법」제63조를 위반한 것으로 동법 제78조 제1항 제3호의 징계사유에 해당되어「교육공무원법」제51조 제1항에 따라 "중징계" 의결이 요구되었다.

2. 징계혐의자의 진술
    징계혐의자는 징계위원회에 출석하여 혐의사실을 인정하고 평소 대리운전을 이용하였으나 대리기사가 오지 않아 하지 않아야 할 음주운전을 하게 되었다. 선처를 바란다고 진술하였다.
    (징계혐의자는 진술권 포기서를 제출하고 출석하지 않았다.)

3. 징계위원회의 판단
    징계의결 요구서, 공무원 범죄사실 통보, 문답서 등을 종합하여 살피건데 징계혐의자 ○○○은 혈중알콜농도 0.145%의 주취상태에서 자신의 승용차를 운전하던 중 적발되어 운전면허가 취소되고, 검찰로부터 벌금 ○○○만원의 처분을 받아 교육공무원의 의무를 다하지 못한 것으로 판단하여 주문과 같이 의결한다. (감경하였을 경우 반드시 감경적용 여부를 포함하여 작성)
    아울러, 본 징계위원회는 징계혐의자의 적극행정 등에 의한 징계면제 사유 해당여부를 심의하였으나 관련 법령(교육공무원 징계양정등에 관한 규칙 등) 상에서 규정하는 면제사유에 징계혐의자의 혐의가 해당되지 않는다고 판단하였다.(적극행정 등에 의한 징계면제 사유 작성 예시)

4. 결론
    징계혐의자 ○○○의 이와 같은 행위는「국가공무원법」제63조(품위유지의 의무)를 위반하여 동법 제78조의 제1항 제3호에 규정된 징계사유에 해당되어,「교육공무원 징계령」제15조,「교육공무원 징계양정 등에 관한 규칙」제2조 및 제4조에서 규정한 제정상을 참작하여 주문과 같이 의결한다.(감경하였을 경우 감경 포함하여 작성)
위 정본이다.

20 . .
경기도○○교육지원청교육공무원일반징계위원회

서식16 [징계처분사유설명서] 교육공무원 징계령 [별지 제5호서식] 〈개정 2019. 2. 26.〉

[ ]징계처분
[ ]징계부가금 부과처분 사유설명서

※ [ ]에는 해당하는 곳에 √표를 합니다.

소속	직위(직급)	성명

주문	징계 종류, 징계부가금 대상금액 및 부과 배수 등을 기재
이유	붙임의 징계 의결서 또는 징계부가금 부과 의결서 사본과 같음

「교육공무원 징계령」 제17조에 따라 위와 같이 처분하였음을 통지합니다.

년   월   일

처분권자(처분제청권자)   직인

붙임: 징계 의결서 또는 징계부가금 부과 의결서 사본

유의사항

이 처분에 대한 불복이 있을 때에는 교원 및 교육감 소속의 교육전문직원의 경우에는 「교원의 지위 향상 및 교육활동 보호를 위한 특별법」 제9조제1항에 따라 그 처분이 있었던 것을 안 날부터 30일 이내에 교원소청심사위원회에 소청심사를 청구할 수 있으며, 그 밖의 교육공무원의 경우에는 「국가공무원법」 제76조제1항 또는 「지방공무원법」 제67조제3항에 따라 이 사유설명서를 받은 날부터 30일 이내에 소청심사위원회에 심사를 청구할 수 있습니다.

210mm×297mm[백상지 80g/㎡]

서식17 수령증

수 령 증

건 명   1. 징계의결서 1부
       2. 징계의결처분사유설명서 1부
       3. 인사발령통지서 1부

위의 문서를 정히 수령함.

20   년   월   일

수령자   (인)

전달확인자   소 속 :
            직 :
            성 명 :

나. 징계 등 기록 말소

1) 관련 규정: 국가공무원 복무·징계 관련 예규(인사혁신처 예규 제188호 2024.12.20., 일부개정)

2) 총 칙
  가) 목적
    말소는 징계 등 처분을 받은 공무원이 법령상 규정된 각종 불이익이나 제한을 받은 후 일정기간 성실하게 근무하고 있음에도 인사 및 성과관리카드에 등재된 관계기록 때문에 장래에 대한 인사상의 사실상 불이익을 받게 될 소지를 제거하는데 목적이 있음
  나) 제도의 근거
    「공무원인사기록·통계 및 인사사무처리 규정」(이하 '규정'이라 함) 제9조
  다) 적용범위
    본 예규의 적용대상이 되는 공무원은 예규시행일 현재 공무원신분을 보유중인 자이나, 시행일 이후 퇴직한 자도 포함됨
  라) 말소대상기록
    (1) 징계기록
      (가) 규정 제9조 제1항의 징계처분은 규정 제8조 제1항에 따라, 당해 공무원의 인사 및 성과기록 카드 '징계·형벌'란에 등재된 강등·정직·감봉·견책을 말함
      (나) 다만, 규정 제9조 제1항 제2호에 따라 징계처분이 무효·취소로 확정된 경우에는 파면이나 해임도 말소대상에 포함됨
    (2) 직위해제기록
      규정 제9조 제2항의 직위해제는 국가공무원법(이하 '법'이라 함) 제78조의2제1항 각 호의 직위해제 사유를 불문하고 동 규정 제8조 제1항에 의거 당해 공무원의 인사 및 성과 기록('인사기록')에 등재된 직위해제 처분을 말함
    (3) 불문 경고 및 경고·주의기록
      징계위원회의 의결에 의한 불문경고, 행정기관의 장에 의한 경고·주의도 인사 및 성과 기록 '감사결과'란에 기록하게 되는 바, 이에 관한 기록도 말소대상임
  마) 말소제한기간
    (1) 규정 제9조 제1항 제1호 및 제2항 제1호 및 제4항의 규정에 따른 징계 등 처분기록의 말소제한 기한은 다음과 같음

처분	강등	정직	감봉	견책	직위해제	불문경고
말소제한기간	9년	7년	5년	3년	2년	1년

   (2) 말소제한기간은 제도의 취지상 실제로 직무에 종사한 기간을 의미하므로 휴직기간 등 직무에 종사하지 않은 기간은 제외되나, 「교육공무원 승진규정」제11조제1항 각호에 의한 경력은 포함하도록 함

바) 말소권자

임용권자 또는 임용제청권자가 말소권자가 됨. 다만, 이 예규시행 이후 퇴직공무원에 대하여는 당해 공무원의 인사 및 성과 기록을 보관하는 퇴직당시의 임용권자 또는 임용제청권자가 말소권자가 됨

3) 처분별 말소사유 및 시기

가) 징계처분 기록

(1) 말소제한기간의 경과

(가) 단일처분의 경우

규정 제9조 제1항 제1호 본문에서 규정된 바와 같이 징계처분의 집행이 끝난 날로부터 위 같은 호 각 목에 규정된 기간(말소제한기간) 동안 더 이상의 다른 징계처분이 없을 때, 강등은 9년, 정직은 7년, 감봉은 5년, 견책은 3년이 경과하게 되면 말소함

(예시1) 정직처분의 말소
- 2000.5.7. 정직1월 처분시 2000.6.7.부터 기산 7년 뒤인 2007.6.7. 말소

(예시2) 견책처분의 말소
- 2003.2.7. 견책 처분시 3년 뒤인 2006.2.7. 말소

(예시3) 법 제80조제6항에 따라 휴직으로 정직 처분의 집행이 정지된 경우
- 2024.7.1. 휴직
- 2024.12.1. 정직3월 처분(집행 정지)
- 2025.7.1. 복직 및 정직3월 처분 집행
☞ 2025.7.1.부터 정직3월 처분 집행 시, 2025.10.1.부터 기산하여 7년 뒤인 2032.10.1. 말소

(나) 중복처분의 경우

규정 제9조 제1항 제1호 단서의 규정에 의거 징계처분의 말소제한 기간 내에 또 다른 징계처분을 받은 때는 각각의 징계처분에 대한 해당기간(처분기간+말소제한기간)을 합산한 기간이 경과하여야 하는 바, 선행 징계처분일로부터 기산하여 각각의 징계처분기간과 말소제한기간을 합산한 기간이 경과한 후 전·후 처분을 동시에 말소함

(예시1)
- 2003. 11. 7. 정직3월 처분   - 2003. 12. 5. 견책처분
☞ 선행 징계처분일인 2003. 11. 7.부터 기산하여 각각의 징계처분기간(3월+0월)과 말소제한기간(7년+3년)을 합산한 기간인 10년 3월이 경과한 2014.2.7.에 정직3월과 견책이 동시에 말소

(예시2)
- 2002.2.1. 견책처분   - 2005.1.10. 감봉1월 처분
- 2006.9.25. 정직3월 처분
☞ 선행 징계처분일인 2002. 2. 1.부터 기산하여 각각의 징계처분기간(0월+1월+3월)과 말소제한기간(3년+5년+7년)을 합산한 기간인 15년 4월이 경과한 2017.6.1.에 견책·감봉1월·정직3월이 동시에 말소

4) 징계처분의 무효·취소

가) 소청심사위원회나 법원에서 징계처분의 무효 또는 취소의 결정이나 판결이 확정된 때는 원 징계처분일자로 말소함

나) 법 제83조의2제3항에 의거 재징계를 한 경우에는 선행처분은 원 처분일자로 말소되고, 후행처분은 후행처분일부터 기산하여 말소제한기간이 경과한 때 말소함

   (예시)
   - 2004.3.5. 정직3월 처분   - 2004.5.10. 무효 또는 취소 확정
   - 2004.7.7. 감봉3월(재징계) 의결   - 2004.7.14. 감봉3월 처분
   ☞ 선행처분인 정직3월은 2004.3.5.자로 말소하고, 후행처분인 감봉3월은 2004.10.14.부터 기산하여 5년이 지난 2009.10.14.자로 말소

5) 징계처분에 대한 사면

   가) 일정기준 시점 이전의 징계처분에 대하여 일반사면 및 특별사면 조치를 단행한 때
   (예시1)
   - 2004.2.5. 견책처분
   - 2006.8.15. 특별사면
   - 2006.10.1. 감봉1월 처분
   ☞ 견책은 2006.8.15.자로 말소하고, 감봉1월은 2006.11.1.부터 기산하여 5년이 지난 2011.11.1.자로 말소

   (예시2)
   - 2003.2.5. 견책처분
   - 2005.1.10. 감봉1월 처분
   - 2006.12.2. 일반사면
   ☞ 중복처분에 해당되어 각각의 징계처분기간(0월+1월)과 말소제한기간(3년+5년)을 합산한 기간인 8년 1월이 경과한 2011. 3. 5.에 견책과 감봉1월이 모두 말소되어야 하나, 말소예정일 이전에 일반사면이 있었으므로 사면일인 2006.12.2.자로 견책과 감봉1월이 모두 말소

   (예시3)
   - 2003.2.5. 견책처분(사면대상이 아님)
   - 2005.1.10. 감봉1월 처분
   - 2006.12.2. 특별사면
   ☞ 선행처분인 견책은 사면되지 않고 후행처분인 감봉 1월만 사면되었을 경우, 사면일 이전에 선행처분이 단일처분으로서의 말소제한기간을 경과하였을 경우에는 사면일인 2006.12.2.자로 견책과 감봉 1월 모두 말소

   (예시4)
   - 2003.2.5. 정직3월 처분(사면대상이 아님)
   - 2005.1.10. 감봉1월 처분
   - 2006.12.2. 특별사면
   ☞ 선행처분인 정직3월은 사면되지 않고 후행처분인 감봉1월만 사면되었을 경우, 사면된 감봉 1월은 사면일인 2006.12.2.자로 말소, 사면일 이전에 선행처분이 단일처분으로서의 말소제한기간을 경과하지 아니하였을 경우에는 2003.5.5.부터 기산하여 7년이 지난 2010.5. 5.자로 정직 3월 말소

나) 직위해제 처분기록
 (1) 말소제한 기간의 경과
  (가) 단일처분의 경우
   ① 규정 제9조 제2항 제1호의 '직위해제처분이 끝난 날'이란 직위해제처분 후 복직명령을 받은 날을 말함.
   ② 직위해제처분의 종료일부터 2년 동안 다른 직위해제처분이 없을 때는 2년이 경과한 때 말소함.
  (나) 중복처분의 경우
   ① 규정 제9조 제2항 제1호의 단서에 규정된 바와 같이 복직된 날로부터 2년 내에 또다른 직위해제처분을 받은 때에는 선행 직위해제 처분 후 복직된 날로부터 기산하여 각 직위해제처분마다 2년을 더한 기간이 경과한 때 전·후 처분을 동시에 말소함
  (예시)
   - 2002.5.9. 직위해제
   - 2002.8.9. 복직
   - 2004.2.27. 직위해제
   - 2004.5.27. 복직
   ☞ 선행 직위해제 처분의 종료 시점인 2002.8.9.부터 기산하여 두 직위해제 처분의 말소제한기간을 합한 4년이 경과된 때인 2006.8.9.자로 전·후 처분을 동시에 말소

   ② 다만, 합산한 기간이 경과할 때까지 최종 직위해제처분에 대한 복직이 되지 않을 경우에는 복직된 날을 기준으로 말소함
  (예시)
   - 2003.4.15. 직위해제
   - 2003.7.15. 복직
   - 2005.4.1. 직위해제
   - 2010.7.4. 복직
   ☞ 2010.7.4.자로 전·후 처분을 동시에 말소

 (2) 직위해제처분의 무효·취소
  소청심사위원회나 법원에서 직위해제처분의 무효 또는 취소의 결정이나 판결이 확정된 때는 원 직위해제처분일자로 말소함

다) 불문경고 처분기록
 (1) 징계위원회의 불문경고 통고를 받은 소속기관의 장이 당해 공무원에게 경고처분을 한 날로부터 1년이 경과한 때 말소함
 (2) 불문경고처분을 받은 후 1년 내에 또 다른 불문경고처분을 받은 때는 각 말소제한기간을 합산한 기간이 경과한 때 전·후 처분을 동시에 말소함

6) 말소효과
   가) 기성(既成)효과의 회복 여부
   (1) 징계 등 처분기록이 말소되었다고 하더라도 기성의 효과에는 영향을 미치지 않으므로, 징계 등 처분으로 인하여 받은 법령상의 각종 불이익이나 제한사항이 회복되지는 않음
   (2) 다만, 공무원보수규정 제15조에 따라 견책·감봉·정직·강등처분이 말소된 경우, 징계처분기간을 제외한 승급제한기간은 다시 회복되므로 승급기간에 산입하여야 함

   나) 승진·보직관리 등 인사운영 전반
   (1) 승진, 보직관리 등 모든 인사관리에 영역에 있어서 말소된 징계처분 등을 이유로 합리적인 근거없이 불리한 처우를 해서는 아니됨
   (2) 근무성적평정시 말소된 징계처분 등을 이유로 불리한 평정을 해서는 아니됨

   다) 포상
   (1) 각종 포상대상자 선정시 말소된 징계처분 등을 이유로 불리한 처우를 해서는 아니됨
   (2) 다만, 징계처분기록이 말소되었다 하더라도 「정부포상 업무지침」(행정안전부) 등 관련규정의 근거에 따라 포상추천을 제한할 수 있음

   라) 징계양정결정시
   (1) 공무원징계령 제17조 및 동 법령 시행규칙 제2조 규정에 의한 징계양정 결정시 말소된 징계처분을 이유로 부당하게 무거운 징계를 의결하여서는 아니됨
   (2) 징계의결요구권자는 징계의결요구를 위한 '확인서' 작성시 이전 징계처분이 말소된 경우, 말소된 징계기록은 기재하지 않는 것을 원칙으로 하되, 비위 횟수에 따라 징계양정이 가중되는 경우(예 : 음주운전 비위 2회 시 징계 가중)등 징계의결에 참고할 필요성이 있는 경우에는 아래와 같은 방법으로 말소사실을 기재하도록 함

(예시)

확 인 서

① 공 적 사 항			② 징 계 사 항 [불문(경고) 포함]		
포상일자	포상종류	시행청	일자	종류	발령청
			2008.9.2. 2011.9.2.	견 책 위 기록의 말소	○○○ ○○○

   마) 전력조사 통보 및 경력증명서 발급시
   재직자 또는 퇴직한 공무원(본 예규 시행일 이전에 퇴직한 공무원도 포함)에 대하여 규정 제11조 및 제32조 제2항의 규정에 의한 전력조사 통보 및 경력증명서 발급시 말소된 징계 등 처분기록을 기재하지 않도록 함

바) 기타 사실상의 불이익 금지
  말소제도의 취지에 부합하도록 말소된 징계처분 등을 이유로 합리적인 근거 없이 신분·처우 상 어떠한 불리한 대우를 하여서는 아니됨

7) 인사 및 성과기록의 정리 등
 가) 말소 방법
  (1) 규정 제9조 제3항에 의거, 징계·직위해제·불문경고 등 처분의 기록 말소는 인사 및 성과기록의 당해 처분기록란의 여백에 다음의 예시와 같이 기록함
   (예시1) "2008.1.1.자로 말소함"(말소제한기간 도과)
   (예시2) "대통령특별사면(2008.8.15.)에 의거 사면"
   (예시3) "일반사면령(대통령령 제14818호, 1995.12.2.)에 의거 사면"
  (2) 규정 제9조 제3항 단서규정에 의거, 소청심사위원회나 법원에서 징계·직위해제·불문경고 등 처분의 무효 또는 취소의 결정이나 판결이 확정되고, 무효·취소된 해당 처분 이전에 다른 징계처분이나 직위해제처분을 받은 사실이 없을 때에는 당해 사실이 나타나지 아니하도록 인사 및 성과 기록의 해당란을 삭제함

 나) 말소 기한
  (1) 말소권자는 말소사유가 발생하면 당해 사유가 발생한 날로부터 14일 이내에 위 말소방법에 따라 말소조치를 완료하고, 해당공무원에게 [서식 18징계등처분기록말소통지서]로 말소 사실을 통보하여야 함
  (2) 다만, 14일 이내에 이와 같은 조치가 없을 경우에는 징계 등 처분을 받은 자는 [서식 19 징계등처분기록말소신청서]를 작성하여 말소권자에게 말소신청을 할 수 있음

 다) 징계 등 처분기록 말소대장 정리
  말소권자는 [서식 20징계등처분기록말소대장]을 작성·관리하여야 함

| 서식18 | 징계등처분기록말소통지서 |

징계등처분기록말소통지서

1. 소　　　속 :
2. 직위(직급) :
3. 성　　　명 :

　공무원인사기록 및 인사사무처리 규정 제9조 제　항의 규정에 의거 귀하의 아래 처분기록을 　년　월　일자로 말소하였음을 통보하니 더욱 능동적이고 적극적인 자세로 업무에 정려하시기 바랍니다.

───────── 아　　래 ─────────

1.　　년　　　월　　　일자　　　처분
2.　　년　　　월　　　일자　　　처분
3.　　년　　　월　　　일자　　　처분

년　　월　　일

소속기관의 장　　　　지인

귀하

서식19 징계등처분기록말소신청서

징계등처분기록말소신청서

1. 소　　속 :
2. 직위(직급) :
3. 성　　명 :

공무원인사기록 및 인사사무처리 규정 제9조 제　항의 규정에 의거 본인의 아래 처분기록의 말소를 신청합니다.

―――――――― 아　래 ――――――――

1.　　년　　월　　일자　　처분
2.　　년　　월　　일자　　처분
3.　　년　　월　　일자　　처분

년　　월　　일

신 청 인　　　　　인
소속기관의 장　　　귀하

서식20 징계등처분기록말소대장

징계등처분기록말소대장

연번	①인적사항			징계등처분 기록사항		말 소 사 항				결재사항	
	소속	직위(직급)	성명	②처분 종류	③처분일 (복직일)	④말소 사유	⑤말소 일자	⑥통보 일자	⑦말소 방법	담당자	인사 담당관

(작성요령)
 ① 말소사유발생시점 기준 현 소속기관(퇴직자의 경우는 퇴직당시 소속기관)
 ② 징계(정직1~3월, 감봉1~3월, 견책, 불문경고), 직위해제(2~6호)로 구분
 ③ 징계 및 불문경고는 처분일자, 직위해제는 복직일자
 ④ 말소제한기간 도과, 소청(법원)에서 무효·취소(확정일자 기재), 사면(일반사면, 특별사면)으로 구분
 ⑤ 말소사유 발생일자(소청·법원에서 무효·취소한 경우는 원 처분일자)
 ⑥ 당해공무원에게 말소사실을 통보한 일자
 ⑦ 말소표기, 기록삭제로 구분

다. 경고 · 주의 등 처분

1) 관련 규정: 국가공무원 복무·징계 관련 예규(인사혁신처 예규 제188호 2024.12.20., 일부개정)

2) 목적: 비위의 정도가 경미하여 국가공무원법상 징계책임을 물을 정도에 이르지 아니한 사항에 대한 경고·주의 처분에 대한 지침을 마련하여 기관별 형평성을 확보하고 공직내 적극행정(積極行政)* 공직문화 조성에 기여하고자 함
   * 공무원이 불합리한 규제를 개선하는 등 공공의 이익을 위해 창의성과 전문성을 바탕으로 적극적으로 업무를 처리하는 행위

3) 처분의 종류 및 요건
   가) 경고
      (1) 징계책임을 물을 정도에 이르지 아니한 사항이나 비위의 정도가 주의 보다 중하여 해당 공무원에게 과오를 반성하도록 경고할 필요가 있는 경우
      (2) 시효의 완성으로 징계사유가 소멸되어 다른 조치가 곤란할 때
      (3) 주의 처분을 받은 자가 1년 이내에 동일 사유 또는 다른 비위 사유로 다시 주의에 해당되는 비위를 저질렀을 경우 중 이에 대하여 엄중 경고할 필요가 있는 경우
   나) 주의
      (1) 비위의 정도가 경미하다고 판단되어 그 잘못을 반성하게 하고 앞으로는 그러한 행위를 다시 하지 않도록 해당 공무원을 지도할 필요가 있는 경우

4) 처분 및 기록방법
   가) 경고·주의 처분 대상자에게 별지 제5호 서식의 경고·주의장을 교부
   나) 행정기관의 장은 경고·주의 처분을 한 경우에는 별지 제6호 서식의 경고·주의 처분대장을 비치하고 그 처분일로부터 1년 동안 처분상황에 대한 기록을 유지 하여야 함

5) 기록의 말소
   가) 경고·주의 처분의 말소제한기간은 1년으로 하며, 실제 직무에 종사하였는지 여부와 무관하게 처분 일로부터 기산함. 경고·주의 처분을 받은 후 말소제한기간 내에 다시 경고·주의 처분을 받거나 징계·직위해제·불문경고처분을 받더라도, 말소제한기간을 합산하지 않고 각 처분일로부터 말소 제한기간을 기산함
   나) 처분권자가 경고·주의 처분일로부터 1년이 경과한 때 처분기록을 말소하며, 경고·주의 처분대장의 여백에 예시와 같이 기록함
   다) 다만, 경고·주의 처분 이후 처분권자를 달리 하는 기관으로 소속이 변경된 경우(A기관→B기관)에는 변경된 행정기관의 장(B기관장)은 경고·주의 처분대장에 대상자가 변경 전 소속 행정기관(A기관)에서 받은 처분상황에 대하여 기록하고, 처분일로부터 1년이 경과한 때 경고·주의 처분대장의 처분 기록을 말소함
      (예시1) "2024. 3. 1.자로 말소함"(말소제한기간 도과)
      (예시2) "특별사면(징계사면) 시행에 따른 '인사처리지침'(인사혁신처공고 제2024-42호)에 의거 2024. 2. 7. 자로 말소함"

서식 | 국가공무원 복무·징계 관련 예규 [별지 제5호서식]

제 호

경고(주의)장

소속	
직급	
성명	

위반 및 처분내용	

년   월   일

처분권자   직위   [직인]

210mm×297mm[백상지 80g/㎡]

서식 국가공무원 복무·징계 관련 예규 [별지 제6호서식]

경고·주의 처분 대장

연번	처분일자	처분대상자			처분사유	처분내용	비고 (처분번호)
		소속	직급	성명			
						경고 주의	경고장 제○○호

210mm×297mm[백상지 80g/㎡]

2 직위해제

가. 직위해제

1) 관련 규정

가) 직위해제(국가공무원법 제73조의3)

(1) 임용권자는 다음 각 호의 어느 하나에 해당하는 자에게는 직위를 부여하지 아니할 수 있다.
1. 삭제(1973.2.5.)
2. 직무수행 능력이 부족하거나 근무성적이 극히 나쁜 자
3. 파면·해임·강등 또는 정직에 해당하는 징계 의결이 요구 중인 자
4. 형사사건으로 기소된 자(약식명령이 청구된 자는 제외한다)
5. 고위공무원단에 속하는 일반직공무원으로서 제70조의2제1항제2호부터 제5호까지의 사유로 적격심사를 요구받은 자
6. 금품비위, 성범죄 등 대통령령(공무원임용령 제60조(직위해제 대상 비위행위)으로 정하는 비위행위로 인하여 감사원 및 검찰·경찰 등 수사기관에서 조사나 수사 중인 자로서 비위의 정도가 중대하고 이로 인하여 정상적인 업무수행을 기대하기 현저히 어려운 자

※ 기   소: 기소라 함은 검사가 특정한 형사사건에 대하여 법원의 심판을 구하는 행위이다. 이를 공소의 제기라고도 한다. 현재는 검사가 행하도록 되어 있다.

※ 약식명령: 지방법원이 그 관할에 속하는 사건에 대하여 통상의 공판절차를 거치지 아니하고 약식명령이라는 재판에 의하여 벌금, 과료 또는 몰수를 처할 수 있는 간이한 절차를 말한다. 약식명령의 청구는 지방법원의 관할에 속하는 사건으로 벌금이하의 형에 해당하는 죄 및 선택형으로서 벌금이 정해져 있는 죄에 대하여만 할 수 있음. 검사가 공소를 제기하면서 서면으로 약식명령을 청구(구약식)하면 법원은 14일 이내에 약식명령을 할 수 있음.

(2) 제1항에 따라 직위를 부여하지 아니한 경우에 그 사유가 소멸되면 임용권자는 지체 없이 직위를 부여하여야 한다.
(3) 임용권자는 제1항제2호에 따라 직위해제된 자에게 3개월의 범위에서 대기를 명한다.
(4) 임용권자 또는 임용 제청권자는 제3항에 따라 대기명령을 받은 자에게 능력 회복이나 근무성적의 향상을 위한 교육훈련 또는 특별한 연구과제의 부여 등 필요한 조치를 하여야 한다.
(5) 공무원에 대하여 제1항제2호의 직위해제 사유와 같은 항 제3호·제4호 또는 제6호의 직위해제 사유가 경합(競合)할 때에는 같은 항 제3호·제4호 또는 제6호의 직위해제 처분을 하여야 한다. 〈개정 2015.5.18.〉

나) 직위해제(교육공무원법 제44조의2)

제44조의2(직위해제) ① 임용권자는 다음 각 호의 어느 하나에 해당하는 자에게는 직위를 부여하지 아니할 수 있다.

1. 직무수행 능력이 부족하거나 근무성적이 극히 나쁜 자
2. 파면·해임·강등 또는 정직에 해당하는 징계의결이 요구 중인 자
3. 형사사건으로 기소된 자(약식명령이 청구된 자는 제외한다)
4. 금품비위, 성범죄 등 다음 각 목의 비위행위로 인하여 감사원 및 검찰·경찰 등 수사기관에서 조사나 수사 중인 자로서 비위의 정도가 중대하고 이로 인하여 정상적인 업무수행을 기대하기 현저히 어려운 자
   가. 「국가공무원법」 제78조의2제1항 각 호의 행위
   나. 「성폭력범죄의 처벌 등에 관한 특례법」 제2조에 따른 성폭력범죄 행위
   다. 「성매매알선 등 행위의 처벌에 관한 법률」 제4조에 따른 금지행위
   라. 「아동·청소년의 성보호에 관한 법률」 제2조제2호에 따른 아동·청소년대상 성범죄 행위
   마. 「아동복지법」 제17조에 따른 금지행위
   바. 교육공무원으로서의 품위를 크게 손상하여 그 직위를 유지하는 것이 부적절하다고 판단되는 행위
② 제1항에 따라 직위를 부여하지 아니한 경우 그 사유가 소멸되면 임용권자는 지체 없이 직위를 부여하여야 한다.
③ 임용권자는 제1항제1호에 따라 직위해제된 자에게 3개월의 범위에서 대기를 명한다.
④ 임용권자 또는 임용제청권자는 제3항에 따라 대기명령을 받은 자에게 능력 회복이나 근무성적의 향상을 위한 교육훈련 또는 특별한 연구과제의 부여 등 필요한 조치를 하여야 한다.
⑤ 교육공무원에 대하여 제1항제1호의 직위해제 사유와 같은 항 제2호부터 제4호까지의 직위해제 사유가 경합(競合)할 때에는 같은 항 제2호부터 제4호까지의 직위해제 처분을 하여야 한다.
   [본조신설 2021. 9. 24.]

다) 인사발령 통지서 등(교육공무원 인사기록 및 인사사무처리규칙 제18조)
  (1) 전보, 강임, 면직, 징계, 직위해제, 휴직, 복직, 호봉 재획정, 승급, 전출, 전입의 발령을 하거나 각종 위원회의 위원으로 임용, 위촉 또는 해임, 위촉 해제하는 교육공무원에게 소속 기관의 장은 별지 제22호서식의 인사발령 통지서를 교부하여야 한다.
  (2) 제1항에 따른 인사발령 통지서를 교부할 때 직위해제, 직권에 의한 면직·강임 또는 휴직 처분의 경우에는 별지 제23호서식의 처분 사유 설명서를 첨부하여야 하며, 징계처분의 경우에는 「교육공무원 징계령」 별지 제5호서식의 징계처분사유 설명서를 첨부하여야 한다.
  (3) 소속 교육공무원에 대한 국내연수, 국내출장 및 휴가명령은 통보로써 할 수 있다.
  (4) 처분사유설명서의 교부(국가공무원법 제75조)
  (5) 발령 대장(교육공무원 인사기록 및 인사사무 처리 규칙 제19조)
  (6) 인사 보고(교육공무원 인사기록 및 인사사무 처리 규칙 제20조)
  (7) 인사발령 통지(교육공무원 인사기록 및 인사사무 처리 규칙 제22조)

2) 처리과정 및 절차

직위해제 대상	학교	공문	교육지원청
교사·교감 (처분권자-교육장)	• 해당 사안 확인 • 해당 사안 보고 • 직위해제 여부 의견서(학교장)	→	• 직위해제 타당성 여부 검토 후 결정 • 결정 결과에 따른 회신
	• 인사발령 및 통지 • 결과 처리	←	(직위해제 처분 시) • 인사기안 및 결재 • 인사발령통지서 교부 • 직위해제 나이스 등록

직위해제 대상	교육지원청	공문	도교육청
교장 (처분권자-교육감)	• 해당 사안 확인 • 해당사안 보고 • 직위해제 여부 의견서(교육장)	→	• 직위해제 타당성 여부 검토 후 결정 • 결정 결과에 따른 회신
	• 인사발령 및 통지 • 결과 처리	←	(직위해제 처분 시) • 인사기안 및 결재 • 인사발령통지서 교부 • 직위해제 나이스 등록

※ 위 절차에 준하여 처리하되 긴급한 사안일 경우, 처분권자가 즉시 직위해제 처분할 수 있음
※ 감사과(감사관)에서 직위해제 처분 여부에 대한 회신 요청 시에도 위 절차에 준하여 처리 후 결과 회신
※ 아동학대 피신고 교원 보호 방안 마련(교육활동 보호 강화 종합대책 관련)
 - 교원이 아동학대로 피신고 시 교권 보호를 위해 학교와 교육지원청에서 아동학대 사안에 대한 철저한 검증을 통해 직위해제 여부 신중 검토

학교(1차) - 인사자문위원회
• 직위해제 필요성 및 적절성 검토
 - 관련 학생 및 교원 개인정보 보호 철저
 - 객관적 자료 기반 사안 검토
 - 직위해제 필요성 검토

》

학교(2차) - 학교장
• 학교장 의견서 제출
 - 인사자문위원회 의견 검토
 - 사안 및 필요성 추가 검토
 - 피신고자 보호 방안 마련

》

교육지원청(3차) - 직위해제 발령
• 직위해제 인사 발령 및 추후 관리
 - 사안 및 직위해제 필요성 신중 검토 후 시행
 - 사안 지속 모니터링을 통한 피신고 교원 지원
 - 관련 사안 지속 검증

3) 직위해제 인사발령 구비서류

가) 인사기안문
나) 인사발령통지서(교육공무원인사기록및인사사무처리규칙 제18조 [별지 제22호 서식])
다) 직위해제처분사유설명서 1부
라) 기타 서류

4) 서식

> 서식21 직위해제 내부결재

경기도○○교육지원청

수신자 내부결재
(경유)
제 목 교육공무원(초등학교 교사) 직위해제

1. 관련: 경기도○○교육지원청 초등교육지원과-○○○○(20**. **. **.)
2. 교육공무원(초등학교 교사) 직위해제 발령을 다음과 같이 시행하고자 합니다.

소 속	직위	성 명 (생년월일)	발령사항
○○초	초등학교 교사	○○○ (**.**.**.)	교육공무원법 제44조의2제1항제○호의 규정에 의하여 그 직위를 해제함.

20**.**.**.
경기도○○교육지원청교육장

붙임 1. 직위해제처분사유설명서 1부.
     2. 증빙서류 1부. 끝.

장학사   초등교육지원과장   교육국장   교육장
시행 초등교육지원과- (20**.**.**.)   접수
우
전화   전송   /   /   비공개(1,4,5,6)

※ 대기명령 수반 직위해제의 발령 문안

> 교육공무원법 제44조의2제1항제○호의 규정에 의하여 그 직위를 해제함.
> (20 년 월   일부터 20 년 월   일까지) ○○기관 대기근무를 명함.

| 서식22 | 직위해제처분사유설명서 |

■ 교육공무원 인사기록 및 인사사무 처리 규칙 [별지 제23호서식] 〈개정 2013.11.13〉

(   )처분 사유 설명서

① 소속	② 직위(직급)	③ 성명
④ 주문		
⑤ 이유	별도 붙임과 같음	

위와 같이 처분하였음을 통지합니다.

년   월   일

처분권자

귀 하

참고: 이 처분에 대한 불복이 있는 때에는 '교원 지위 향상 및 교육활동 보호를 위한 특별법' 제9조제1항의 규정에 의하여 이 설명서를 받은 날부터 30일 이내에 교육부 교원소청심사위원회에 소청심사를 청구할 수 있습니다.

190mm×268mm(백상지 80g/㎡)

> [서식23] 직위해제발령 통지

경기도○○교육지원청

수신자   ○○초등학교장
(경유)
제 목   교육공무원(초등학교 교사) 인사발령 알림

1. 관련: 경기도○○교육지원청 초등교육지원과-○○○○(20**. **. **.)
2. 교육공무원(초등학교 교사) 인사발령 사항을 다음과 같이 알려드립니다.

소 속	직위	성 명 (생년월일)	발령사항
○○초	초등학교 교사	○○○ (**.**.**.)	교육공무원법 제44조의2제1항제○호의 규정에 의하여 그 직위를 해제함.

20**. **. **.
경기도○○교육지원청교육장

붙임   1. 직위해제처분사유설명서 1부.
       2. 인사발령통지서 1부. 끝.

경기도○○교육지원청교육장

전결 **/**

장학사   초등교육지원과장   교육국장
시행   초등교육지원과-   (20**.**.**.)   접수
우
전화   전송   /   /   비공개(1,4,5,6)

서식24 직위해제발령 보고

경기도○○교육지원청

수신자   경기도교육감(교원인사정책과장)
(경유)
제 목   교육공무원(초등학교 교사) 직위해제발령 보고

1. 관련: 경기도○○교육지원청 초등교육지원과-○○○○(20**. **. **.)
2. 교육공무원 인사기록 및 인사사무처리규칙 제20조의 규정에 따라 교육공무원(초등학교 교사)의 직위해제발령 사항을 다음과 같이 보고합니다.

소 속	직위	성 명 (생년월일)	발령사항	처 분 일
○○초	초등학교 교사	○○○ (**.**.**.)	교육공무원법 제44조의2제1항제○호의 규정에 의하여 그 직위를 해제함.	20**.**.**

붙임   1. 직위해제처분사유설명서 1부.
       2. 직위해제결과보고양식 1부. 끝.

경기도○○교육지원청교육장

전결 **/**

장학사		초등교육지원과장		교육국장	
시행	초등교육지원과-	(20**.**.**.)		접수	
우				/	
전화		전송	/	/	비공개(1,4,5,6)

| 서식25 | 복직발령 내부결재 |

경기도○○교육지원청

수신자   내부결재
(경유)
제 목   교육공무원(초등학교 교사) 직위해제 교사 복직

1. 관련: 경기도○○교육지원청 초등교육지원과-○○○○(20**. **. **.)
2. 교육공무원(초등학교 교사) 직위해제 복직발령을 다음과 같이 시행 하고자 합니다.

소 속	직위	성 명 (생년월일)	발령사항
○○초	초등학교 교사	○○○ (**.**.**.)	복직을 명함. ○○초등학교 근무를 명함.

20**.**.**.
경기도○○교육지원청교육장

끝.

장학사		초등교육지원과장		교육국장		교육장
시행	초등교육지원과-	(20**.**.**.)		접수		
우					/	
전화		전송	/		/ 비공개(1,4,5,6)	

| 서식26 | 복직발령 통지 |

경기도○○교육지원청

수신자   ○○초등학교장
(경유)
제 목   교육공무원(초등학교 교사) 인사발령 알림

1. 관련: 경기도○○교육지원청 초등교육지원과-○○○○(20**. **. **.)
2. 교육공무원(초등학교 교사) 인사발령사항을 다음과 같이 알려드립니다.

소 속	직위	성 명 (생년월일)	발령사항
○○초	초등학교 교사	○○○ (**.**.**.)	복직을 명함. ○○초등학교 근무를 명함.

20**.**.**.
경기도○○교육지원청교육장

끝.

경기도○○교육지원청교육장

| 장학사 | | 초등교육지원과장 | | 교육국장 | |
시행 초등교육지원과- (20**.**.**.)   접수
우
전화   전송   /   / 비공개(1,4,5,6)

> [서식27] 복직발령 보고

경기도○○교육지원청

수신자　경기도교육감(교원인사정책과장)
(경유)
제　목　교육공무원(초등학교 교사) 직위해제 복직발령 보고

1. 관련: 경기도○○교육지원청 초등교육지원과-○○○○(20**. **. **.)호
2. 「교육공무원인사기록및인사사무처리규칙」제20조에 따라 교육공무원(초등학교 교사)의 직위해제 복직발령 사항을 다음과 같이 보고합니다.

소 속	직위	성 명 (생년월일)	발령사항	발령일
○○초	초등학교 교사	○○○ (**.**.**.)	복직을 명함. ○○초등학교 근무를 명함.	20**.**.**.

끝.

경기도○○교육지원청교육장

장학사　　　　　　　　초등교육지원과장　　　　　교육국장
시행　초등교육지원과-　(20**.**.**.)　　　　　　접수
우
전화　　　　　　전송　　　　　／　　　　　／　비공개(1,4,5,6)

2025 교육공무원
인사실무편람

2025 교육공무원 인사실무편람

초등
유아

GYEONGGIDO OFFICE OF EDUCATION

제7장

호봉획정 및 승급

1. 호봉 개요 ··· 459
2. 초임호봉 획정 ·· 461
3. 정기 승급 ··· 482
4. 호봉 재획정 ··· 490
5. 호봉 정정 ··· 503
6. 호봉 업무의 서식 및 용례 ································· 504
7. 교육공무원 등의 경력 환산율표 적용 기준 ·········· 511
8. 교육공무원 호봉 관련 FAQ ································ 521

미래교육의 중심 새로운 경기교육
GYEONGGIDO OFFICE OF EDUCATION

1 호봉 개요

가. 근거

1) 「교육공무원법」 및 「국가공무원법」
2) 「공무원보수규정」(대통령령)
3) 「공무원보수 등의 업무지침」(인사혁신처예규)
4) 「교육공무원 호봉획정시 경력환산율표의 적용 등에 관한 예규」(교육부예규)
   ※ 교육공무원 호봉획정(경력기간의 계산 제외)과 관련된 내용을 제외하고는 「공무원보수 등의 업무지침」(인사혁신처예규)을 따른다.

나. 호봉 요소

환산 경력 연수

> 환산 경력연수 + (학령-16) + 가산연수 + 기산호봉 = 호봉

1) 호봉획정을 위한 3대 요인: 학력, 자격, 경력(병역, 임용 전 경력 등)
2) 호봉획정 및 승급시행권자: 교육장(「경기도교육감 행정권한 위임에 관한 규칙」 제6조)

다. 호봉 획정 절차

1) 「호봉경력 평가 심의회」 구성·운영(「공무원보수규정」 제10조 제1항)
   가) 목적: 호봉경력 평가 절차의 공정성·객관성 확보
   나) 단위: 호봉획정권자(위임받은 자 포함) 단위로 구성(단위 기관)
   다) 구성: 의장 포함 5인 이상으로 구성(심사 시 구성 또는 임기제 가능)
      - 의장: 호봉업무담당관, 간사: 호봉획정업무 담당자
      - 정족수: 출석위원 과반수 찬성으로 의결
   라) 기능: 초임호봉 획정 또는 호봉 재획정, 호봉 정정 등 호봉 경력 인정에 필요한 제반 사항 심의
      - 동일분야, 상당계급, 경력 환산율, 비정규직 경력 인정에 관한 사항 등
      ※ 개인별 호봉 획정 시마다 개최하는 것이 원칙이나 승급제한기간을 승급기간에 산입하는 재획정 및 통상적인 직·정직·직위해제자의 복직에 따른 호봉 재획정 시에는 심의회를 거칠 필요가 없음.
   마) 기준
      - 심의회는 유사경력에 대한 호봉획정 시마다 개최하여야 함.
      - 공무원 경력 반영 등 명확한 사항 또는 환산율만의 상향조정 등 단순·경미한 사항에 대해서는 생략 가능

2) 절차

① 경력합산 신청 (경력합산신청서 및 증빙서류 제출)	② 전력조회 실시 (경력증명서 발급기관 대상)	③ 동일분야, 경력인정 비율, 상당계급 등 사전검토 및 심의	④ 호봉획정
신규채용자 호봉재획정자	호봉담당자	호봉담당자	호봉경력평가 심의회	호봉획정권자

 memo

2 초임호봉 획정

가. 대상: 신규로 채용되는 교육공무원

나. 시기: 신규 채용일

다. 절차 및 방법

경력환산율표 적용	• 경력기간 합산신청서 배부 (「공무원보수 등의 업무지침」 인사혁신처예규 별지 제1호 서식) • 경력의 증명 및 조회(경력인정 여부 결정) • 「교육공무원 등의 경력환산율표」 적용
학령 가감 산정 및 가산연수 적용	• 유치원·초·중등학교 교원 등 학령가감 산정(「공무원 보수규정」 별표23) • 가산연수 판단 적용: 사범계, 특수학교(학급) 등 구분
기산호봉 적용	• 유치원·초·중등학교 교원의 자격별 기산호봉(「공무원 보수규정」 별표25) • 교(원)장, 교(원)감, 교육전문직원은 정교사(1급)의 호봉을 적용
호봉경력 평가·심의	• 기관별 「호봉경력 평가 심의회」 개최 • 동일분야, 상당계급 등 인정대상 심의 후 경력인정 여부 결정
초임호봉 획정	• 「공무원 보수규정」 별표15의 초임호봉표 적용 • 잔여기간 계산(호봉계산)

1) 경력환산율표의 적용
  가) 경력의 증명 및 전력 조회
    (1) 경력의 증명
      • 호봉획정권자는 신규채용자의 초임호봉 획정 전에 『호봉획정을 위한 경력기간 합산신청서』(「공무원보수 등의 업무지침」 인사혁신처예규 별지 제1호 서식)를 배부하여 호봉합산 대상 경력이 있는 경우 신청할 수 있도록 안내한다.
        ※ 『호봉획정을 위한 경력기간 합산신청서』는 호봉정정 등의 사유가 발생할 경우 증빙자료로 사용되므로 반드시 구비·보존하여야 한다.
      • 경력의 증명은 인사발령을 위한 구비서류로 제출된 경력증명서(주당 근무시간 포함 발급)에 의한다.
        ※ 외국경력의 증명은 발급권한이 있는 자가 발급한 경력증명서도 가능하다.
      • 호봉획정권자가 호봉획정 대상공무원의 개인별 인사기록(「공무원 인사기록·통계 및 인사사무 처리 규정」 제4조 및 「교육공무원 인사기록 및 인사사무 처리 규칙」 제4조 참고)을 보관하고 있는 경우에는 별도의 경력 증명 없이 이에 의할 수 있다.

- 경력증명기관에서 경력을 증명할 수 있는 근거서류가 없는 경우
  - 당사자와 경력증명기관은 최대한 상호 협조하여 재직사실과 재직기간을 입증할 수 있는 증빙자료를 수집하여 객관적으로 인정할 수 있다고 판단되면 경력증명기관의 장은 증빙자료를 근거로 경력증명서를 발급할 수 있다.
    - ※ 증빙자료: 임용장, 승급발령기록, 면직기록 등
    - ※ 인우증명은 객관적 자료로 볼 수 없으나, 국민건강보험공단 자료, 금융기관 보수 입금내역, 세무서 근로소득납세증명 등은 객관적 증빙자료로 인정할 수 있다.

(2) 전력조회(「공무원보수규정」제10조)
- 공무원 경력(군복무경력 별도)
  - 공무원 경력의 전력조회는 경력증명서의 내용이 불확실한 경우 등 필요한 경우에 한하여 실시한다.
- 군복무 경력
  - 다음에 해당되는 경우에는 이를 당해 지방병무청 또는 각 군 본부 등에 전력조회하여 승급제한기간 또는 무관후보생기간을 확인하되, 경력합산신청서를 제출한 후 3월 이내에 완료한다.

  > ▸ 복무기간이 불명확한 경우
  > ▸ 복무기간이 현저하게 장기인 경우
  > ▸ 전역근거가 불명확한 경우
  > ▸ 부사관(본인의 지원에 의하지 아니하고 임용된 부사관 제외)·준사관·장교로서 무관후보생기간이 부사관·준사관 또는 장교의 복무기간에 포함되어 있거나 기타 무관후보생기간을 확인할 필요가 있는 경우
  > ▸ 기타 병적사항이 불명확한 경우

- 유사경력
  - 유사경력은 반드시 전력조회를 실시하여 경력을 확인해야 한다.
  - 유사경력(외국경력 포함)의 조회확인은 임용일로부터 3월 이내에 완료함을 원칙으로 한다.
- 전력조회 절차 및 방법
  - 전력조회 대상기관: 경력증명서(기타 증빙자료) 발급 기관
  - 전력조회 시 확인사항: 담당업무, 경력기간, 직위, 정규직원, 유급·주당 근무시간 등 경력 인정과 관련된 사항
    (예) 공공법인 경력의 경우: 법인의 설립근거, 담당업무(행정·경영·연구·기술 분야) 및 유급·상근 등

나) 경력환산율표 적용에 대한 예외(「공무원보수규정」제8조제4항)
퇴직한 공무원이 퇴직일부터 30일 이내에 퇴직 당시의 경력환산율표와 같은 경력환산율표를 적용받는 공무원으로 다시 임용되어 초임호봉을 획정하는 경우 퇴직 당시의 경력환산율표가 다시 임용되어 초임호봉을 획정할 때에 적용받는 경력환산율표보다 유리한 경우에는 퇴직 당시의 경력환산율표를 적용

다) 경력환산율표
※ 「교육공무원 호봉획정시 경력환산율표의 적용 등에 관한 예규」(교육부예규) 참고

라) 교육공무원 경력기간의 계산 적용
 (1) 같은 수준의 2개 이상의 학교를 졸업한 경우에는 1개 학교 외의 수학연수는 80퍼센트의 비율을 적용한다.

> 「공무원보수규정」 [별표 22]
> 비고 2. 같은 수준의 2개 이상의 학교를 졸업한 경우에는 1개 학교 외의 수학연수는 80퍼센트의 비율을 적용한다.

> 「교육공무원 호봉획정시 경력환산율표의 적용 등에 관한 예규」 [별표 3]
>
> 1. [비고 2] 동등정도의 학교 졸업
>   (비고 2) 같은 수준의 2개 이상의 학교를 졸업한 경우에는 1개 학교 외의 수학연수는 80퍼센트의 비율을 적용한다.
>
> ※ 수학연수는 학위를 취득하는데 필요한 법정최저연수로, 「고등교육법」 제31조 및 제48조의 수업연한 내에서의 실제로 수학한 연수를 뜻한다.
>   (예시) 편입생은 편입학년에서 학위 취득까지의 법정최저연수, 조기졸업생은 실제 수학연수(학기단위 계산), 추가 학기 이수자는 법정 수업연한을 기준으로 계산
> • 영 별표 22 비고 2에 해당하는 같은 수준의 학교란, 「초·중등교육법」 및 「고등교육법」 에서 규정하고 있는 학교 중 수업연한, 교육과정, 학력인정 등을 종합적으로 고려하여 동등하다고 인정되는 학교를 의미한다.
>
> | 취득한 학위 | | 환산율 |
> |---|---|---|
> | 종류 | 개수 | |
> | 「고등교육법」 제35조제1항에 따른 학사학위 또는 관련 법률에 따라 이와 같은 수준의 학력을 인정하는 학사학위 | 2개 이상 | 1개 학교 외의 수학연수의 80퍼센트 |
> | 「고등교육법」 제50조제1항에 따른 전문학사학위 또는 관련 법률에 따라 이와 같은 수준의 학력을 인정하는 전문학사학위 | 2개 이상 | 1개 학교 외의 수학연수의 80퍼센트 |
>
> ※ 전문학사학위를 취득하고, 4년제 대학에 편입하여 학사학위를 취득한 경우(전문학사학위 1개, 학사학위 1개)에는 동등 정도의 학교 졸업으로 볼 수 없다.(학점은행제를 통해 전문학사학위를 취득하고, 4년제 대학에 편입학하여 학사학위를 취득한 경우도 동일)
> • 동등정도의 학교 졸업 인정은 교원자격 취득을 위한 학력 외 사범계학교(대학에 설치하는 교육계 학과 포함) 졸업자 또는 임용된 교원자격증 표시과목과 동일한 분야의 학위를 취득한 자에 한하여 인정

 (2) 학력과 경력이 중복되는 경우에는 그 중 하나만 산입한다.
  • 학력: 법정수학연한과 관계없이 해당 교원이 실제 학교를 다닌 기간(입학일~졸업일, 휴학기간 제외)을 의미한다.
  • 학력과 경력의 중복을 판단함에 있어 기간의 계산은 학기단위로 한다.
    ※ 1학기: 3월 1일~8월 31일, 2학기: 9월 1일~2월 28일(말일)
    ※ 입학일(예시: 3월 4일)과 졸업일(예시: 2월 14일)이 있을지라도 3월 1일과 2월 말일을 기준으로 학령기간(학력기간)을 계산하며, 경력과 중복여부 판단 시에도 동일하게 계산한다.
  • 학기별로 계산할 때에는 휴학, 유급 등을 제외하고 실제로 수학한 기간만으로 계산한다.
    ※ 실제 수학기간이 법정 수학연한을 초과할 경우에는 최초 입학일을 기준으로 휴학 등을 제외한 법정 수학연한을 학령기간(수학기간)으로 본다.

> **예시**
>
> 〈학력과 경력의 중복〉
> - 학력과 경력이 중복되는 경우 1개만 산입
>   ① 2019. 2. 21. 대학 졸업
>   ② 2019. 1. 20. 회사 입사
>   ☞ 대학은 2월 말까지 다닌 것으로 계산, 회사는 3월 1일부터 근무한 것으로 간주하여 계산
>   (2019. 1. 20.~2019. 2. 28.은 학·경력 중복으로 봄)

(3) 임용일은 산입하고 퇴직일은 제외하되, 군복무기간의 퇴직(전역)일 또는 근무기간이 정해진 계약직 공무원(기간제교사 포함) 등의 계약기간 만료일은 산입한다.

> **예시** 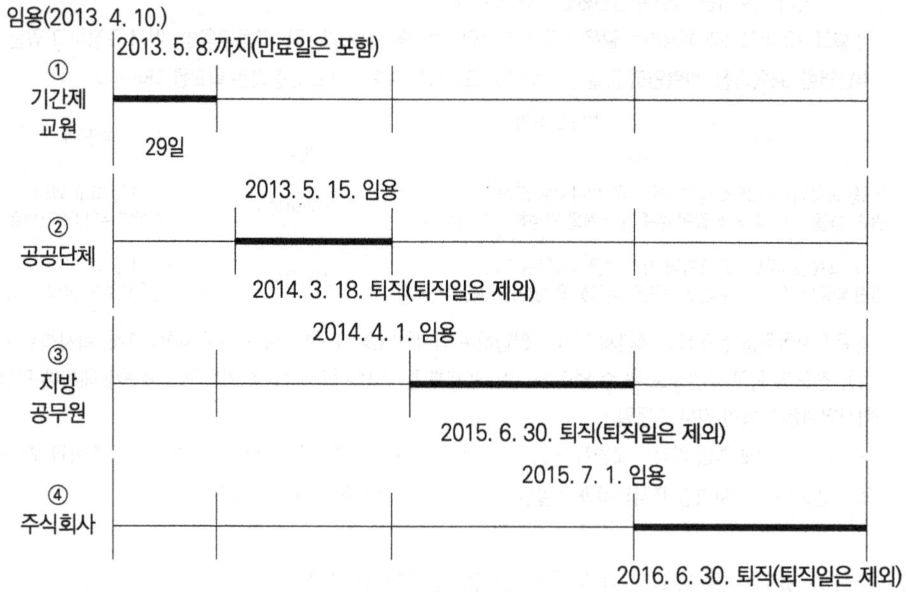
>
> 임용(2013. 4. 10.)
> ① 기간제 교원: 2013. 5. 8.까지(만료일은 포함) — 29일
> ② 공공단체: 2013. 5. 15. 임용 ~ 2014. 3. 18. 퇴직(퇴직일은 제외)
> ③ 지방공무원: 2014. 4. 1. 임용 ~ 2015. 6. 30. 퇴직(퇴직일은 제외)
> ④ 주식회사: 2015. 7. 1. 임용 ~ 2016. 6. 30. 퇴직(퇴직일은 제외)
>
> ☞ 환산율 10할: ①경력(29일) + ③경력(1년 2월 29일) = 1년 2월 58일
>   환산율 5할: ②경력(10월 3일) ⇒ 10월 3일 × 50% = 5월 1일(소수점 이하 절사)
>   환산율 4할: ④경력(11월 29일) = (11월 29일) × 40%
>   = (11월 × 40%) + (29일 × 40%) = 4.4월 + 11.6일
>   = 4월 + 0.4월 + 11.6일 = 4월 + 12일(0.4월×30일) + 11.6일
>   = 4월 23.6일 ⇒ 4월 23일(소수점 이하 절사)
>   ∴ 총합계: 1년 11월 82일 = 2년 1월 22일
>   ※ 환산율 적용 후의 경력기간은 12월은 1년으로, 30일은 1월로 각각 계산

예시

〈초임호봉 획정시 임용전 경력의 가감〉
• A교사
  ① 2000.3.1. 교원임용,   ② 2002.1.1~2002.12.31. 국내연수휴직,
  ③ 2003.1.1. 복직,   ④ 2004.8.31. 면직 ⇒ 이후 재임용에 따른 초임호봉 획정 문제

• B교사
  ① 2000.3.1. 교원임용,   ② 2002.1.1~2002.12.31. 육아휴직,
  ③ 2003.1.1. 복직,   ④ 2004.8.31 면직 ⇒ 이후 재임용에 따른 초임호봉 획정 문제
      ☞ A교사 : 임용전 경력을 인정에 있어 교원경력 중 국내연수휴직 기간을 제외
        B교사 : 교육공무원법의 개정('00년)으로 육아휴직 기간 중 최초 1년 이내의 기간은 호봉승급기간에 산입
              (단, 셋째이후 자녀는 전 기간 산입-공무원보수규정 제15조6항)
              ⇒ 육아휴직기간 1년은 임용전 경력기간에 포함.
      ※ 초임호봉 획정시 인정되는 임용전 경력 중에서 승급제한 등의 사유가 있는 때에는 이를 가감함.

예시

〈시간강사 경력 인정 방법〉
※ 시간강사 경력 = 근무기간 × (주당 실 근무시간 ÷ 평균 주당 근무시간)
  (단, 초·중등 교원 평균 주당 근무시간은 '05.2.28. 이전(44시간),'05. 3. 1.~ '06. 2. 28.(43시간), '06. 3. 1.~
   '12. 2. 29.(42시간), '12. 3. 1.이후(40시간)임

1. 연속된 경력기간과 총 수업시수만 있는 경우
   • 2004. 3. 4. ~ 2004. 5. 21.(2개월 18일까지 연속하여 총 120시간을 근무한 경우)
   - 총 수업시수를 근무일로 나누어 일일 평균 근무시간으로 환산
     120 ÷ 78 = 1.53(소수 셋째자리 절사)
   - 일일 평균 근무시간을 주당 평균 근무시간으로 환산
     1.53 × 7 = 10.7(소수점 이하 절사)
   - 주당 평균 근무시간(2005.2.28.이전 44시간)이 산출되면 이를 경력기간 계산방법에 적용
     2월 × (10÷44) = 0.45월 = 13.5일(0.45월×30일=13.5)
     18일 × (10÷44) = 4.09일(소수점 이하 절사)
     ☞ 인정일수 : 17일

2. 비연속된 경력기간으로 하루나 이틀 단위로 계약이 반복된 경우
   • 2003. 2.13(6시간), 2.14(5시간), 2.20(6시간), 3.3(5시간), 3.6(5시간),3.7(5시간), 3.18(4시간),
     3.19(6시간), 3.20(7시간), 3.21(5시간) 등으로 총 10일간 54시간을 근무한 경우의 계산방법
   - 총 수업시수를 주당 평균 근무시간으로 나누어 6일을 곱함.
     6일 × (54÷44) = 7.3일(소수점 이하 절사)
     ☞ 인정일수 : 7일
   • 2017. 2.15(5시간), 2.20(6시간), 3.3(5시간), 3.6(5시간), 3.8(6시간), 3.22(5시간), 3.23(4시간),
     4.19(6시간) 등으로 총 8일간 42시간을 근무한 경우의 계산방법
   - 총 수업시수를 주당 평균 근무시간으로 나누어 5일을 곱함.
     5일 × (42÷40) = 5.2일(소수점 이하 절사)
     ☞ 인정일수 : 5일

> **예시**
>
> 〈시간강사 근무경력 환산 예시〉
> - 2002. 4. 1.~2002. 7. 20.까지 주당 22시간의 계약으로 근무한 경력을 가진 시간강사가 교원으로 채용될 경우: 3월 20일
>   ※ '05. 2. 28. 이전 경력으로 주당평균근무시간 44시간 기준 적용
>   - 3월 × (22시간÷44시간) = 1.5월 = 1월 15일(0.5월×30일 = 15일)
>   - 20일 × (22시간÷44시간) = 10일
>   ☞ 경력기간 : 1월 25일
>
> - 2005. 4. 4.~2005. 7. 19.까지 주당 22시간의 계약으로 근무한 경력을 가진 시간강사가 교원으로 채용될 경우 : 3월 16일
>   ※ '05. 3. 1. 부터 '06. 2. 28. 사이의 경력이므로, 주당평균근무시간 43시간 기준 적용
>   - 3월 × (22시간÷43시간) = 1.5월 = 1월 15일(0.5월×30일 = 15일)
>   - 16일 × (22시간÷43시간) = 8일(소수점이하 절사)
>   ☞ 경력기간 : 1월 23일
>
> - 2011. 3. 1.부터 2011. 7. 11.까지 A학교(주당 6시간), B학교(주당 10시간), C학교(주당 6시간) 시간강사로 근무한 경력을 가진 사람이 교원으로 채용될 경우 : 4월 11일
>   ※ '06. 3. 1. 이후의 경력이므로, 주당평균근무시간 42시간 기준 적용
>   동일 기간 중 여러 학교에서 시간강사로 근무한 경력은 경력의 중복으로 볼 수 없으므로 각 학교에서의 강의 시간을 합산하여 계산
>   - 4월 × (22시간÷42시간) = 2.1월 = 2월 3일 (0.1월×30일=3일)
>   - 11일 × (22시간÷42시간) = 5일(소수점이하 절사)
>   ☞ 경력기간 : 2월 8일
>   ∴ 총 경력환산기간 : 4월 56일 ⇒ 5월 26일

2) 학령 가감 산정

　가) 개념

　　(1) 학령: 학교를 단계적으로 수학하여 최종학교를 졸업할 때까지의 법정 수학연한을 통산한 연수(年數)
　　　※ 학력: 학교를 다닌 경력. 학력이 인정되지 않는 경력사항은 학령 가감의 대상이 되지 않음.
　　(2) 학령 가감: 유·초·중·고 교원의 학령을 호봉에 가산하거나 감산하는 것

　나) 법정 수학연한

　　(1) 초등학교: 6년(「초·중등교육법」 제39조)
　　(2) 중학교: 3년(「초·중등교육법」 제42조)
　　(3) 고등학교: 3년(「초·중등교육법」 제46조)
　　　※ 고등학교 과정 중 전일제가 아닌 시간제 또는 통신제의 과정은 4년(방송통신고등학교의 수업연한은 3년)으로 하고 있으나, 호봉획정시 인정하는 학령으로는 3년을 인정
　　(4) 특수학교: 동등정도의 교육과정(초·중·고)을 이수한 경우에는 해당학력의 법정 수학연한을 적용한다.

※ 수학연한이 법정되어 있지 아니한 고등교육 수학연한은 학위의 종류에 따라 2년(전문학사) 또는 4년(학사) 인정
※ 복수의 동등학위를 취득하더라도 학령계산은 1개의 학위에 대해서만 인정
(기타 중복되는 동등학위의 취득 기간은 경력기간(80%)으로 인정)

> **예시**
> - 4년제 대학 졸업 또는 학사학위과정(기술대학 제외) 이수 = 초(6)+중(3)+고(3)+대학(4) = 16
> - 2년제 전문대학 졸업 또는 전문학사학위과정 이수 = 초(6)+중(3)+고(3)+대학(2) = 14

다) 학령 계산방법
 (1) 독학사 취득으로 인한 학령 계산

> 독학사 취득을 위한 구체적인 수학연한이 존재하지 않고, 개인별 독학사 취득에 소요되는 기간이 상이하지만, 정규대학 졸업자와의 형평성 등을 고려하여 학위취득시점(매년 2월 28일 기준)부터 역산하여 학령을 인정함.

 - 고졸 또는 이와 동등한 학력소지자가 독학사를 취득한 경우에는 학령을 4년으로 인정한다.
 - 전문대학 졸업 또는 이와 동등한 학력소지자(법정 수학연한 2년을 인정받은 사람)가 독학사를 취득한 경우에는 학령 2년을 추가 인정한다.
 - 법정 수학연한 4년을 인정받은 사람이 독학사를 취득한 경우에는 학령을 인정하지 않는다.

 (2) 학점은행제 학위 취득으로 인한 학령 계산

> 학점은행제 학위 취득을 위한 구체적인 수학연한이 존재하지 않고, 개인별 학위 취득에 소요되는 기간이 상이하지만, 정규대학 졸업자와 동등한 학력 인정 또는 학위를 수여하는 제도임을 고려하여 해당학령을 인정함

 - 고졸 또는 이와 동등한 학력소지자가 학점은행제 학사학위를 취득한 경우에는 학령을 4년, 전문학사 학위를 취득한 경우에는 해당학위에 따라 2년 또는 3년으로 인정한다.
 - 전문대학 졸업 또는 이와 동등한 학력소지자(법정 수학연한 2년 또는 3년을 인정받은 사람)가 학점은행제 학사학위를 취득한 경우에는 법정 수학연한 4년의 범위 내에서 학령 1~2년을 추가 인정한다.
 - 법정 수학연한 4년을 인정받은 사람이 학점은행제 학위를 취득한 경우에는 학령을 인정하지 않는다.

 (3) 공무원 재직 중의 대학 졸업
 - 공무원 등으로 근무한 기간 중의 대학(통학이 가능한 거리 안에서의 야간대학은 제외) 졸업은 학력으로 인정하지 않는다.
 - 공무원 재직 중 통학이 가능한 거리 안의 야간대학을 졸업한 경우에는 학력은 인정되나 학력과 경력(공무원 경력)이 중복되므로 호봉에는 변동이 없으며, 야간 사범계학교(대학에 설치하는 교육계학과 포함) 졸업자에 대해 학령에 사범계 가산연수 산정기준에 따른 가산연수를 더한다.

(4) 편입으로 인한 학령 계산
- 전문대학을 졸업하고, 4년제 대학 3학년으로 편입하여 졸업한 경우 학령은 16으로 인정한다.

(5) 연수휴직 기간 중의 학위취득
- 연수휴직 기간은 승급기간에 산입되지 않으나, 이 기간 동안 상위자격 또는 학위취득 등의 사유가 있을 때에는 복직 후 호봉을 재획정 한다.

(6) 학령 계산시 주의사항
- 중퇴자(졸업하지 않은 사람)는 기간에 관계없이 졸업자로 볼 수 없으며, 따라서 학령에도 포함되지 않음. 대학에서 연구에 종사한 경력으로도 인정할 수 없다.

3) 가산연수
가) 개념: 수학연한 2년 이상인 사범계학교(대학에 설치하는 교육계학과 포함) 졸업자, 특수교사 자격을 소지한 특수학교(학급) 교원의 경우에는 학령에 가산연수를 더함.

나) 사범계 가산연수: 1년
(1) 수학연한 2년 이상인 사범계학교(대학에 설치하는 교육계학과 포함) 졸업자에 대해 학령에 가산연수 1년을 더한다.
※ 사범계 가산연수는 2개 이상의 사범계학교를 졸업했더라도 1회만 인정
※ 대학원 및 교육대학원 졸업자는 사범계 가산연수 인정대상에 포함되지 않음.

(2) 가산연수 인정기준

교원자격증	적용법령	적용기준
중등학교 2급 정교사	「초·중등교육법」 별표2 교사자격기준	중등학교 2급 정교사 기준 제1호, 제4호 해당 교원
초등학교 2급 정교사		초등학교 2급 정교사 기준 제1호, 제2호, 제7호 해당 교원
특수학교 2급 정교사		특수학교 2급 정교사 기준 제1호 해당 교원
유치원 2급 정교사	「유아교육법」 별표2 교사자격기준	2급 정교사 기준 제1호 해당 교원

※ '사서교사 2급' 제4호 포함.

- 산업대학 또는 전문대학에 설치된 교육계학과 졸업자 및 사범계 부전공과 복수전공자는 가산연수를 인정하지 않는다.
- 전문대학, 방송통신대학, 개방대학의 교육계학과(전문대학의 유아교육과, 방송통신대학의 유아교육과 등)는 사범계 학교로 보지 않는다.

(3) 한국방송통신대학교 학과 중 '초등교육과' 졸업생 가산연수
- 방송대 초등교육과 학사과정(4년제 또는 5년제)을 졸업한 경우에는 4년제 대학졸업으로 인정하고 '89년 신입생까지는 사범계 가산연수를 인정한다.
※ 1989. 12. 11. '초등교육과'에서 '교육과'로 명칭 변경 : 한국방송통신대학교 교육과 및 유아교육과는 교사양성의 목적으로 설립한 학과가 아니므로 '90년 이후의 교육과(유아교육과 포함) 신입생은 사범계 가산연수 인정 불가

- 단, 편입생의 경우에는 해당 교원자격증을 취득한 사람에 한하여, 1990~1991년 편입생까지 가산연수를 인정한다.

다) 특수학교(학급) 가산연수
  (1) 특수학교 교원자격증을 가지고 특수학교에 근무하는 교원 및 일반학교의 특수학급을 담당하는 교원, 특수교육지원센터에 근무하는 교원에 대하여 다음과 같이 가산연수를 인정한다.
    - 수학연한이 2년 이상인 사범계학교(대학에 설치된 교육계학과를 포함) 졸업자: 2년 인정
    - 수학연한 1년 이상 2년 미만인 사범계로 인정된 교원양성기관 수료자: 1년 인정
    - 비사범계 학교 졸업자: 1년 인정
  (2) 위 대상자가 일반학교 근무 또는 일반학급을 담당하는 경우에는 호봉을 재획정하여 특수학교(특수학급)·특수교육센터 가산연수를 배제해야 한다.
  (3) 특수학교 2급 정교사 자격증과 일반 1급 정교사 자격증을 소지한 교원이 일반학급을 담당하다가 특수학급을 담당하게 된 경우에는 특수학교 2급 정교사 자격증을 기준으로 호봉을 재획정한다.

> **예시**
>
> - 교육대학을 졸업하고 초등학교 정교사(1급) 자격증을 소지한 교원이 특수학교 2급 정교사 자격증을 취득하고 특수학급을 담당하는 경우 호봉획정 방법은?
>   ☞ 특수학교 2급 정교사 자격을 취득하고 특수학급을 담당하는 경우에는 기산호봉을 8호봉으로, 교육대학을 졸업했으므로 가산연수는 2년을 적용하여 호봉을 획정한다.

4) 기산호봉
 가) 기산호봉의 적용
  (1) 교원의 처우 우대를 위해 영 [별표 11]의 봉급표를 적용받는 교육공무원은 영 [별표 25]의 기산호봉을, 영 [별표 12]의 봉급표를 적용받는 공무원은 영 [별표 26]의 기산호봉을 각각 적용한다.
  (2) 2개 이상의 교원자격증을 소지한 경우에는 특별한 사유가 없는 한 실제 임용된 과목의 소지 자격증을 기준으로 가산호봉을 적용한다.

나) 기산호봉의 종류

구 분	호봉	구 분	호봉
정교사(1급)	9	실기교사	5
정교사(2급)	8	보건교사(1급)	9
준교사	5	보건교사(2급)	8
전문상담교사(1급)	9	영양교사(1급)	9
전문상담교사(2급)	8	영양교사(2급)	8
사서교사(1급)	9		
사서교사(2급)	8		

라. 초임호봉 획정 사례

사례	호봉 산정

【초임호봉획정-임용전 경력 가산】
• '10.2.25. ○○교육대학교 4년 졸업
• '10.5.1 ~ '10.11.20 학원강사(교육청 등록)
• '11.3.1 ~ '12.2.16 □□초등학교 기간제교사
• '12.3.1. △△초등학교 신규 임용
	※ 호봉=환산경력년수+(학령-16)+가산년수+기산호봉
	• 기산호봉(2급정교사): 8
	• 가산년수(사범계): 1
	• 학령: 16
	• 환산경력년수: 1년 2월 26일
	  - 학원강사(50%): 3월 10일
	  - 초등학교 기간제(100%): 11월 16일
	
	※ 호봉=1.02+(16-16)+1+8=10.02
	▶ 10호봉(잔여 2월, 차기승급일 2013.1.1)

【초임호봉획정-복직 및 유사경력 가산】
• '00.02.25. ○○교육대학교 4년 졸업
• '00.05.04. ○○초등학교 신규발령
• '05.4.1. ~ '06.2.28 육아휴직(첫째)
• '06.03.01. ○○초등학교 복직
• '08.08.20. 초등학교 1급정교사 자격취득
• '09.03.01. 의원면직
• '09.03.01. ~ '12.1.18 △△중공업(주)
• '12.03.01. △△초등학교 신규 임용
	※ 호봉=환산경력년수+(학령-16)+가산년수+기산호봉
	• 기산호봉(1급정교사): 9
	• 가산년수(사범계): 1
	• 학령: 16
	• 환산경력년수: 9년 11월 22일
	  - 초등학교근무경력: 7년 10월 27일
	  - 육아휴직(첫째)(100%): 11월
	  - 주식회사(40%): 1년 1월 25일
	
	※ 호봉=9.11+(16-16)+1+9=19.11
	▶ 19호봉(잔여 11월, 차기승급일 2012.4.1)

 memo

마. 초임호봉 획정의 NEIS 처리

1) 메뉴위치: 교원인사-호봉-초임호봉관리
2) 작업순서
   ① 정기승급개요 등록 ② 정기승급대상자관리 ③ 정기승급산정작업 ④ 정기승급작업마감
   ⑤ 임용기안문작성을 거쳐 상신 후 결재권자의 결재가 끝나면 [시행] 처리를 해야 반영됨
   ※ 획정기준일과 교육지원청 조직명 포함하여 개요명을 작성하면, 본청담당자가 개요명에 맞는 지원청별 대상자 지정

3) 초임호봉 작업의 실제

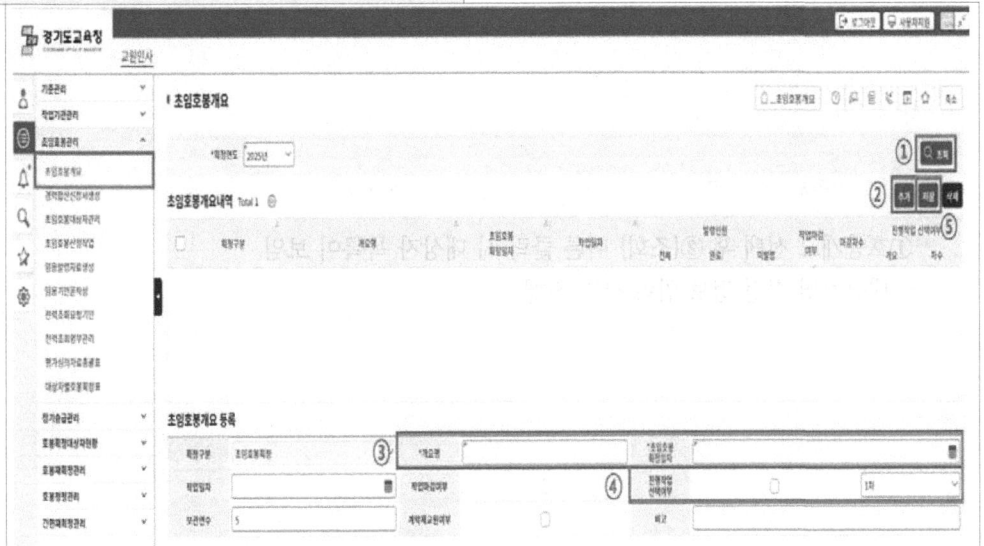

메뉴 교원인사 → 호봉 → 초임호봉관리 → 초임호봉개요

- 획정연도 확인 후 ①{조회} 버튼 클릭
- ②{추가} 버튼 클릭하여 ③개요명과 초임호봉 획정일자 등록
  ※ 개요명 작성 시, 획정기준일과 교육지원청 조직명 포함하면 본청담당자가 지원청별 대상자 지정
- ④진행작업 선택여부를 체크하면 다음 메뉴에서도 해당 개요가 불러와짐
- ⑤내용 {저장}

3) 초임호봉관리
　3-2) 초임호봉대상자관리

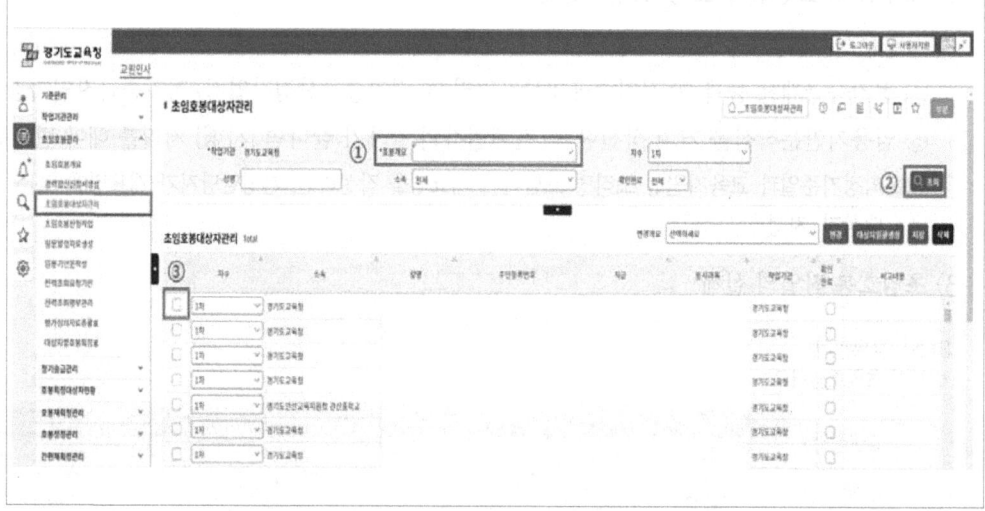

메뉴 교원인사 → 호봉 → 초임호봉관리 → 초임호봉대상자관리

- ①호봉개요 선택 후 ②{조회} 버튼 클릭 시 대상자 목록이 보임
- ③대상자별 획정 정보 입력 작업 진행

3) 초임호봉관리
  3-2) 초임호봉대상자관리
    3)-2-① 전임경력신청정보

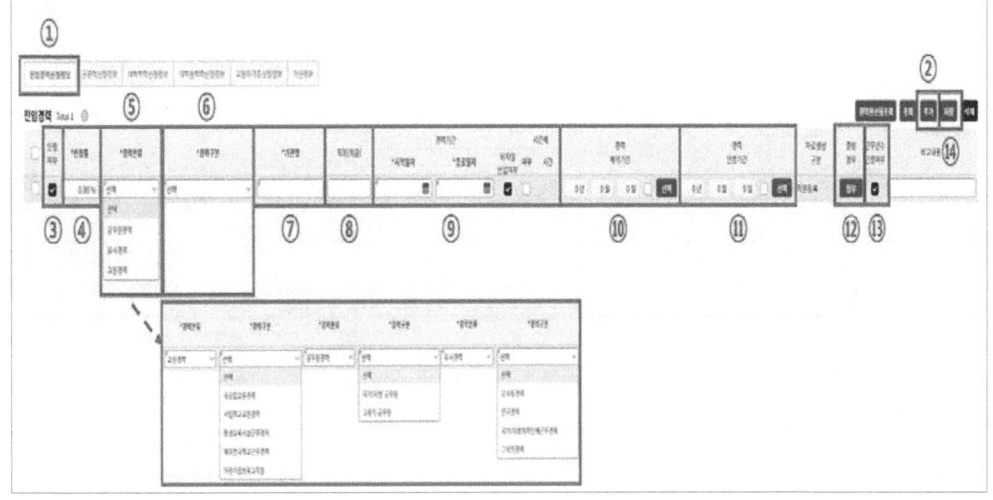

메뉴 교원인사 → 호봉 → 초임호봉관리 → 초임호봉대상자관리[전임경력신청정보]

- 대상자를 선택하고 ①{전임경력신청정보} 탭을 누르면 전임경력 목록이 조회됨
- ②{추가}를 클릭하면 행이 추가됨
- 호봉산정에 인정한다면 ③인정여부를 체크함
- ④인정률, ⑤경력분류, ⑥경력구분, ⑦기관명, ⑧직위(직급), ⑨경력기간, ⑩경력제외기간, ⑪경력인정기간 입력 후 ⑫{첨부}를 클릭해 증빙 첨부
- ⑬근무년수 인정여부 등 등록된 정보를 확인하고 ⑭{저장}

memo

3) 초임호봉관리
   3-2) 초임호봉대상자관리
      3)-2-② 군경력신청정보

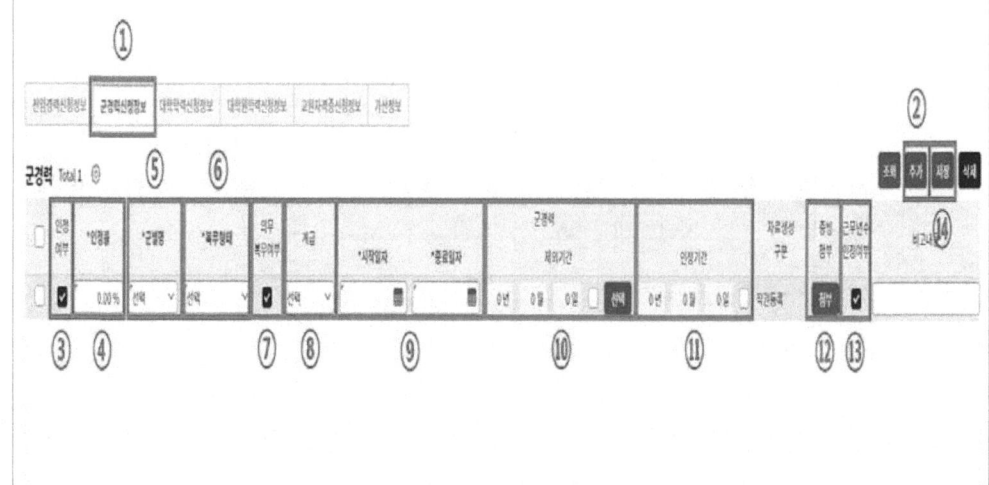

> **메뉴** 교원인사 → 호봉 → 초임호봉관리 → 초임호봉대상자관리[군경력신청정보]

- 대상자를 선택하고 ①{군경력신청정보} 탭을 누르면 군경력 목록이 조회됨
- ②{추가}를 클릭하면 행이 추가됨
- 호봉산정에 인정한다면 ③인정여부를 체크함
- ④인정률, ⑤군별명, ⑥복무형태, ⑦의무복무여부, ⑧계급, ⑨군경력, ⑩군경력제외기간, ⑪군경력인정기간 입력 후 ⑫{첨부}를 클릭해 증빙 첨부
- ⑬근무년수 인정여부 반드시 확인
- 등록된 정보를 확인하고 ⑭{저장}

memo

3) 초임호봉관리
　3-2) 초임호봉대상자관리
　　3)-2-③ 대학학력신청정보

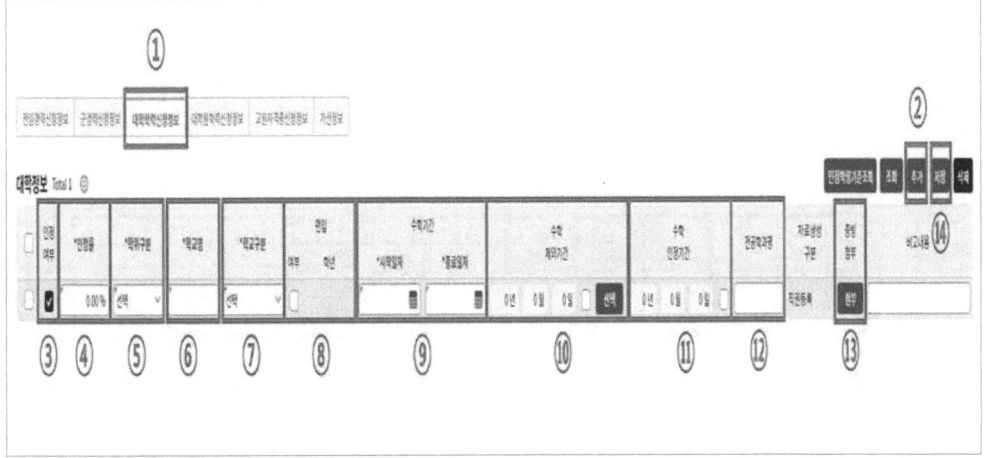

메뉴 교원인사 → 호봉 → 초임호봉관리 → 초임호봉대상자관리[대학학력신청정보]

- 대상자를 선택하고 ①{대학학력신청정보} 탭을 누르면 대학정보, 독학사&학점은행제 목록이 조회됨
- ②{추가}를 클릭하면 행이 추가됨
- 호봉산정에 인정한다면 ③인정여부를 체크함
- ④인정률, ⑤학위구분, ⑥학교명, ⑦학교구분, ⑧편입, ⑨수학기간, ⑩수학제외기간, ⑪수학인정기간, ⑫전공학과명 입력 후 ⑬{첨부}를 클릭해 증빙 첨부
- 등록된 정보를 확인하고 ⑭{저장}

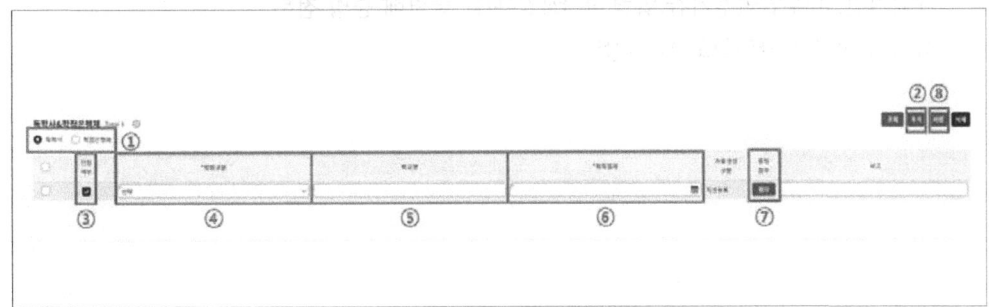

- 독학사&학점은행제 목록에서 ①{독학사}, {학점은행제} 선택
- ②{추가}를 클릭하면 행이 추가됨
- 호봉산정에 인정한다면 ③인정여부를 체크함
- ④학위구분, ⑤학교명, ⑥취득일자 입력 후 ⑦{첨부}를 클릭해 증빙 첨부
- 등록된 정보를 확인하고 ⑧{저장}

3) 초임호봉관리
   3-2) 초임호봉대상자관리
      3)-2-④ 대학원학력신청정보

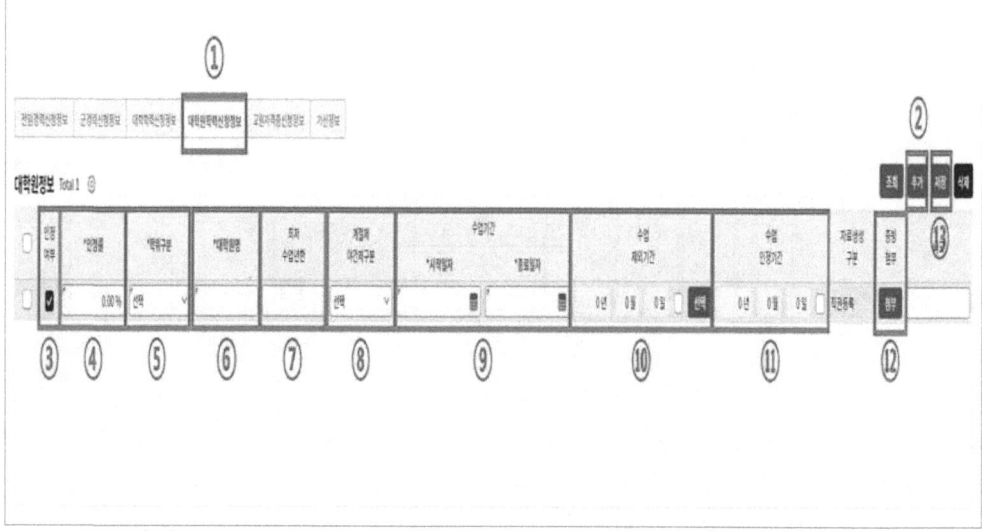

메뉴 교원인사 → 호봉 → 초임호봉관리 → 초임호봉대상자관리[대학원학력신청정보]

- 대상자를 선택하고 ①{대학원학력신청정보} 탭을 누르면 대학원정보 목록이 조회됨
- ②{추가}를 클릭하면 행이 추가됨
- 호봉산정에 인정한다면 ③인정여부를 체크함
- ④인정률, ⑤학위구분, ⑥대학원명, ⑦최저수업연한, ⑧계절제야간제구분, ⑨수업기간, ⑩수업제외기간, ⑪수업인정기간 입력 후 ⑫{첨부}를 클릭해 증빙 첨부
- 등록된 정보를 확인하고 ⑬{저장}

💡 memo

제7장 호봉획정 및 승급

3) 초임호봉관리
   3-2) 초임호봉대상자관리
      3)-2-⑤ 교원자격증신청정보

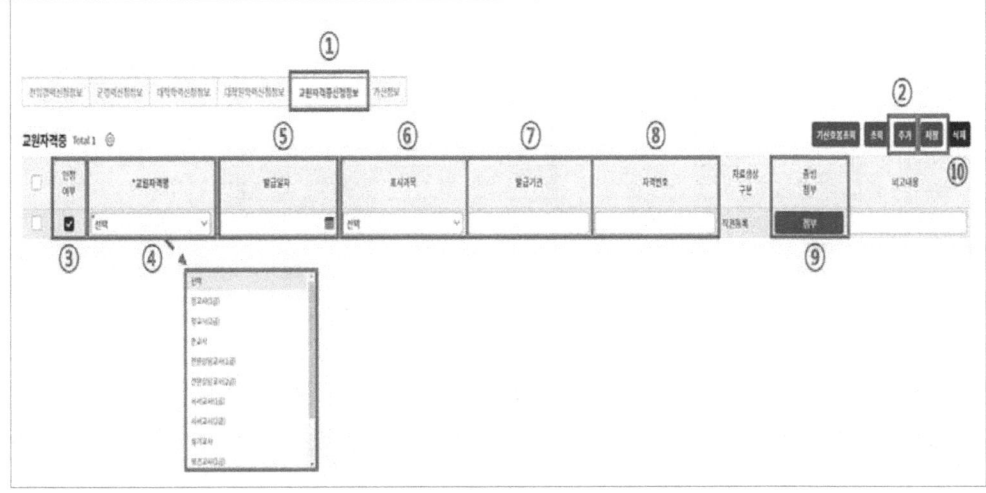

메뉴 교원인사 → 호봉 → 초임호봉관리 → 초임호봉대상자관리[교원자격증신청정보]

- 대상자를 선택하고 ①{교원자격증신청정보} 탭을 누르면 교원자격증 목록이 조회됨
- ②{추가}를 클릭하면 행이 추가됨
- 호봉산정에 인정한다면 ③인정여부를 체크함
- ④교원자격명, ⑤발급일자, ⑥표시과목, ⑦발급기관, ⑧자격번호 입력 후 ⑨{첨부}를 클릭해 증빙 첨부
- 등록된 정보를 확인하고 ⑩{저장}

3) 초임호봉관리
   3-2) 초임호봉대상자관리
      3)-2-⑥ 가산정보

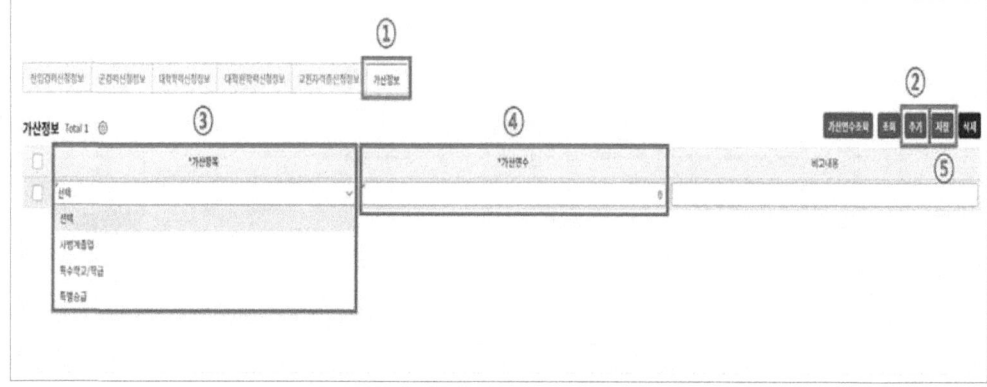

[메뉴] 교원인사 → 호봉 → 초임호봉관리 → 초임호봉대상자관리[가산정보]

- 대상자를 선택하고 ①{가산정보} 탭을 누르면 가산정보 목록이 조회됨
- ②{추가}를 클릭하면 행이 추가됨
- ③가산항목, ④가산연수 입력
- 등록된 정보를 확인하고 ⑤{저장}
  ※ {가산연수조회}를 클릭하면 가산연수기준을 확인할 수 있음

- ①검토가 끝나면 확인완료 체크 후 ②{저장}

3) 초임호봉관리
3-3) 초임호봉산정작업

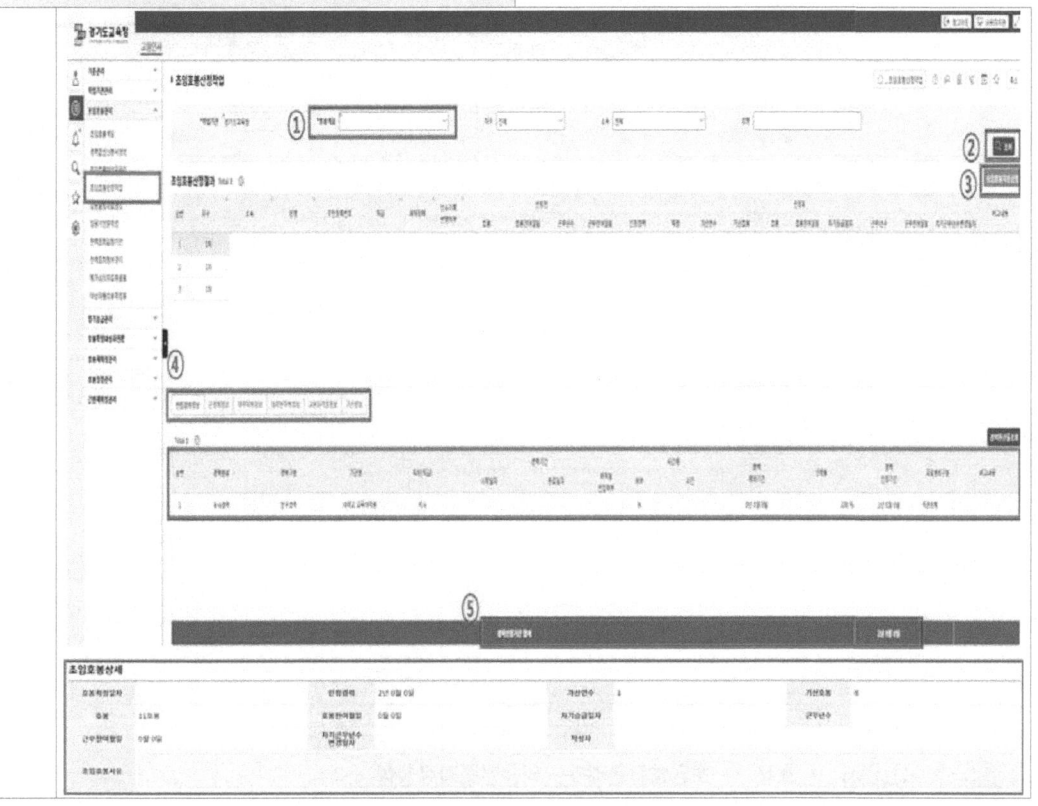

메뉴 교원인사 → 호봉 → 초임호봉관리 → 초임호봉산정작업

- ①호봉개요의 해당 개요명 확인 후 ②{조회} 버튼 클릭 시 개요의 대상자 목록이 조회됨
- ③{초임호봉자동산정} 클릭하여 초임호봉대상자의 정보에 따라 호봉을 산정함
- ④초임호봉산정결과에서 대상자를 선택하면 산정된 상세 정보가 {전입경력정보}, {군경력정보}, {대학학력정보}, {대학원학력정보}, {교원자격증정보}, {가산정보} 탭별로 조회
- ⑤경력인정기간 합계가 맞는지 확인
- 초임호봉상세에 산정된 상세 결과가 조회됨

3) 초임호봉관리
   3-4) 임용발령자료생성

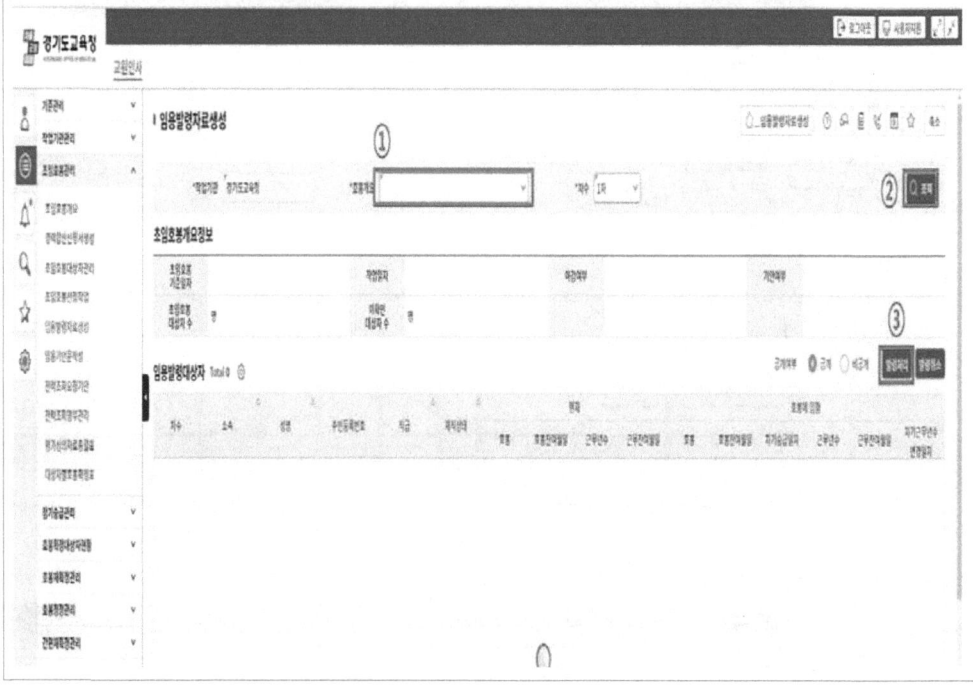

[메뉴] 교원인사 → 호봉 → 초임호봉관리 → 임용발령자료생성

- ①호봉개요 확인 후 ②{조회}하면 개요의 대상자 목록이 보임
- ③{발령처리} 버튼을 클릭하여 대상자를 임용발령기안 정보로 전달
    ※ {발령취소}를 클릭하면 회수되고 이전 메뉴로 가서 수정할 수 있으나, 발령처리로 기안여부가 'Y'가 되면 수정 불가
    ※ 공개여부의 기본 설정은 공개임. 비공개로 설정하면 인사권한 유무와 관련 없이 기안자 외의 후임자, 대행자 등은 내용 확인이 불가능하므로 반드시 공개 처리

💡 memo

3) 초임호봉관리
  3-5) 임용발령기안(호봉)

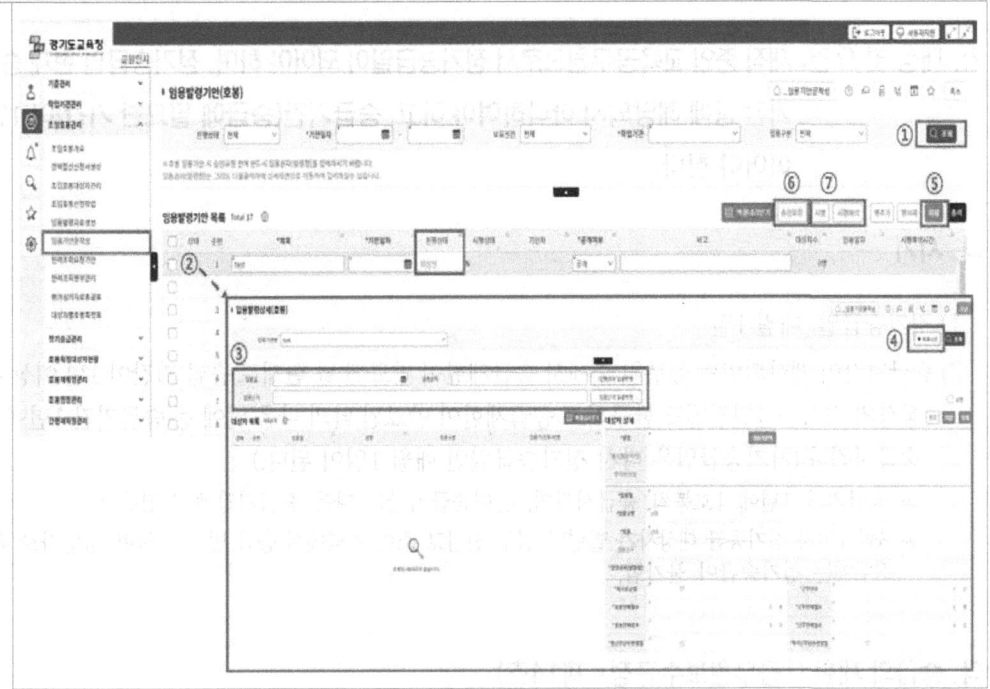

메뉴 교원인사 → 호봉 → 초임호봉관리 → 임용기안문작성

- ①{조회} 후 ②해당 임용발령기안 목록을 더블클릭하여 상세 화면으로 이동함
- ③임명권자 입력 후 임명권자 일괄반영하거나, 임명권자(발령청) 입력 저장함
- ④{목록으로} 돌아가 ⑤{저장}함
- 임용발령할 대상을 선택 후 ⑥{승인요청} 클릭해 결재가 나면 진행상태가 완료로 됨
- ⑦{시행} 또는 {시행예약} 버튼을 클릭해 인사에 반영

memo

3 정기 승급

가. 대상 및 요건: 재직 중인 교육공무원으로서 정기승급일이 되어야 하며, 정기승급일 현재 승급제한 기간 중에 해당되지 아니하여야 하고, 승급기간(승급에 필요한 기간)이 1년 이상 이어야 한다.

나. 시기

1) 정기승급일: 매월 1일
2) 승급기간이 제한되었던 공무원 중에서 승급제한이 만료된 날 현재로 승급 기간이 1년 이상 된 경우
   - 통상의 정기승급일임에도 불구하고 승급제한이 만료된 날의 다음 날에 동 승급기간 1년에 대하여 승급시킨다.(차기승급일은 다시 정기승급일인 매월 1일이 된다.)
   ※ 승급기간 1년에 1호봉씩 승급시키며, 잔여승급기간은 다음 승급기간에 산입한다.
   ※ 3월 1일자 정기승급 대상자가 발령난 경우 신임교 소속 지역에서 승급 발령을 하며, 동일자로 휴직하는 경우에는 정기승급이 불가함.

다. 승급의 제한 (「공무원보수규정」 제14조)

1) 징계처분기간, 직위해제 또는 휴직(공무상 질병휴직 제외) 중인 자
2) 징계처분의 집행이 끝난 날(강등의 경우에는 직무에 종사하지 못하는 3개월이 끝난 날을 말한다)부터 승급제한기간(국가공무원법 제78조의2 제1항 각 호의 어느 하나의 사유로 인한 징계처분과 소극행정, 음주운전(음주측정에 응하지 않은 경우를 포함한다), 성폭력, 성희롱 및 성매매로 인한 징계처분의 경우에는 각각 6개월을 가산)이 지나지 아니한 자
3) 법령의 규정에 따른 근무성적평정점이 최하등급에 해당되는 자
4) 승급제한기간 중에 있는 자가 다시 징계처분이나 그 밖의 사유로 승급을 제한받게 되어 승급제한이 중복되는 경우, 당초 승급제한기간이 끝나는 날부터 다음 승급제한 기간을 기산한다.
5) 징계처분을 받은 후 훈장, 포장, 국무총리 이상의 표창, 모범공무원 포상 또는 제안의 채택으로 포상을 받은 경우에는 최근에 받은 가장 중한 징계처분에 대해서만 승급제한 기간의 2분의 1을 단축할 수 있다.
   ※ 승급제한기간 중에 있는 자가 다시 징계처분이나 기타의 사유로 승급을 제한받게 되어 승급제한이 중복되는 경우
   - 당초의 승급제한기간이 만료된 날로부터 다음의 승급제한이 시작되는 것으로 한다.

라. 승급기간의 특례 (「공무원보수규정」 제15조)

1) 병역법이나 그 밖의 법률에 따른 의무를 수행을 위해 직무를 이탈하게 되어 휴직한 기간
2) 징계처분을 받은 자가 징계처분의 집행이 끝난 날로부터 징계기록말소기간(강등: 9년, 정직: 7년, 감봉: 5년, 견책: 3년)이 경과한 경우, 처분기간을 제외한 승급제한기간(강등·정직: 18월, 감봉: 12월, 견책: 6월)
   - 단, 국가공무원법 제78조의2 제1항 각 호의 어느 하나의 사유로 인한 징계처분과 소극행정, 음주운전(음주측정에 응하지 않은 경우를 포함한다) 성폭력, 성희롱 및 성매매로 인한 징계처분의 경우에는 각각 6개월을 가산)
3) 근무성적평정점이 최하등급에 해당되어 승급제한을 받은 자가 승급제한기간(6월)이 끝난 날로부터 2년이 지난 경우 그 승급제한기간
   ※ 징계기록말소기간이 경과하기 전에 또 다른 징계처분을 받은 경우에는 각각의 징계처분에 대한 징계기록말소기간을 합산한 기간이 경과하여야 한다.
4) 국제기구, 외국기관, 국내외 대학, 국내외 연구기관, 재외국민교육기관, 다른 국가기관, 민간기업 또는 그 밖의 기관에서 근무하기 위하여 휴직한 경우 그 휴직기간(비상근 기간: 5할), 외국 유학을 위한 휴직 기간
5) 노동조합 전임자로 종사하기 위하여 휴직한 경우 그 휴직기간
6) 육아휴직한 경우 그 휴직기간. 다만, 자녀 1명에 대한 총 휴직기간이 1년을 넘는 경우에는 최초의 1년(「공무원수당 등에 관한 규정」 제11조의3제7항 각 호의 어느 하나에 해당하는 경우에는 최초의 1년 6개월)만 산입하되, 셋째 이후 자녀에 대한 휴직기간은 전 기간을 산입)
7) 징계의결요구·형사사건 기소로 직위해제 되었다가 징계의결 요구가 기각되거나 직위해제처분 또는 징계처분이 소청심사위원회 또는 법원의 결정이나 판결에 의하여 무효, 취소되거나 무죄 선고를 받은 경우 그 직위해제 처분기간
8) 직무수행 능력 부족 또는 근무성적 불량 등의 사유로 직위해제 처분을 받은 자 또는 법령상의 징계 사유로 징계처분을 받은 자가 소청심사위원회 또는 법원의 결정이나 판결로 직위해제처분 또는 징계처분이 무효, 취소된 경우 그 처분 기간(처분으로 인한 승급제한기간 포함)
9) 면직(전역 및 제적 포함), 해임 또는 파면 처분이 소청심사위원회 또는 법원의 결정이나 판결로 무효 또는 취소된 경우 그 면직, 해임 또는 파면 처분으로 인한 퇴직 기간
10) 국가기관이나 지방자치단체 추천에 의해 인사혁신처장이 인정하는 국제기구나 외국기관에 취업하기 위해 면직되어 해당 기관에 근무한 경우의 그 근무기간

마. 정기승급의 NEIS 처리

1) 메뉴위치: 교원인사-호봉-정기승급관리
2) 작업순서
　　① 정기승급개요 등록 ② 정기승급대상자관리 ③ 정기승급산정작업 ④정기승급작업마감 ⑤ 임용발령자료생성 ⑥ 임용기안문작성을 거쳐 상신한 후 결재권자의 결재가 끝나면 [시행] 처리를 해야 반영됨

3) 정기승급 작업의 실제

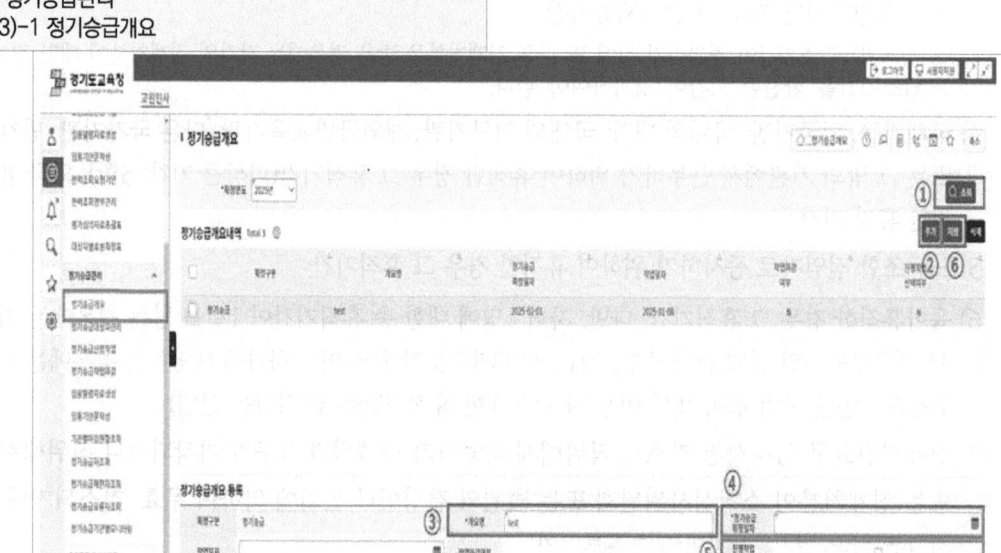

　　메뉴　교원인사 → 호봉 → 정기승급관리 → 정기승급개요

- 획정연도 확인 후 ①{조회} 버튼 클릭
- ②{추가} 버튼 클릭하여 ③개요명과 ④정기승급 획정일자 등록
- ⑤진행작업 선택여부를 체크하면 다음 메뉴에서도 해당 개요가 불러와짐
- ⑥내용 {저장}
　※ 누락자가 있는 경우 개요를 등록하고 재차 작업할 수 있음

3) 정기승급
 3)-2 정기승급대상자관리

메뉴 교원인사 → 호봉 → 정기승급관리 → 정기승급대상자관리

- ①호봉개요 선택 후 ②{조회} 버튼을 누름
- ③{정기승급대상자일괄생성} 버튼을 클릭하면 ④자동 생성 팝업이 나타남
- 확인을 누르면 ⑤완료 알림이 뜨며 정기승급 대상자를 불러올 수 있음
- 호봉획정 필요여부가 'Y'인 대상자는 호봉획정내역을 확인하여 이상이 없는 경우 확인완료 체크 후 ⑥내용 {저장}
- 필요한 경우 {대상자개별생성} 버튼을 클릭하여 대상자를 추가할 수 있음

알아두기

- 대상자가 아닌 사람이 있는 경우에는 제외여부를 체크 후 승급 제외사유를 입력 "저장"하거나 "삭제"할 수 있다.
- 월중 복직자는 정기승급대상자관리에서 생성 시 호봉획정 필요여부 'Y'로 표기되며, 이외의 일반적인 정기승급 대상자는 'N'으로 표기된다.
- 호봉획정 필요여부가 'Y'인 경우에 한해 가장 최근 호봉획정 정보를 가져오는 가져오기 [조회] 버튼이 활성화되며, 클릭 시 이전호봉개요 팝업창이 생성된다. 가장 최근 호봉작업을 선택 시, 입력데이터를 불러온다.(수정, 삭제, 추가등록 가능) [현경력 가져오기]에서 해당 경력을 선택 후 저장하면 변경 내용이 반영된다.

3) 정기승급
3)-3 정기승급산정작업

[메뉴] 교원인사 → 호봉 → 정기승급관리 → 정기승급산정작업

- ①호봉개요 선택 후 ②{조회} 버튼을 클릭함
- ③{정기승급자동산정}을 눌러 대상자들의 정보에 따른 호봉산정 결과가 맞는지 확인함

3) 정기승급
　3)-4 정기승급작업마감

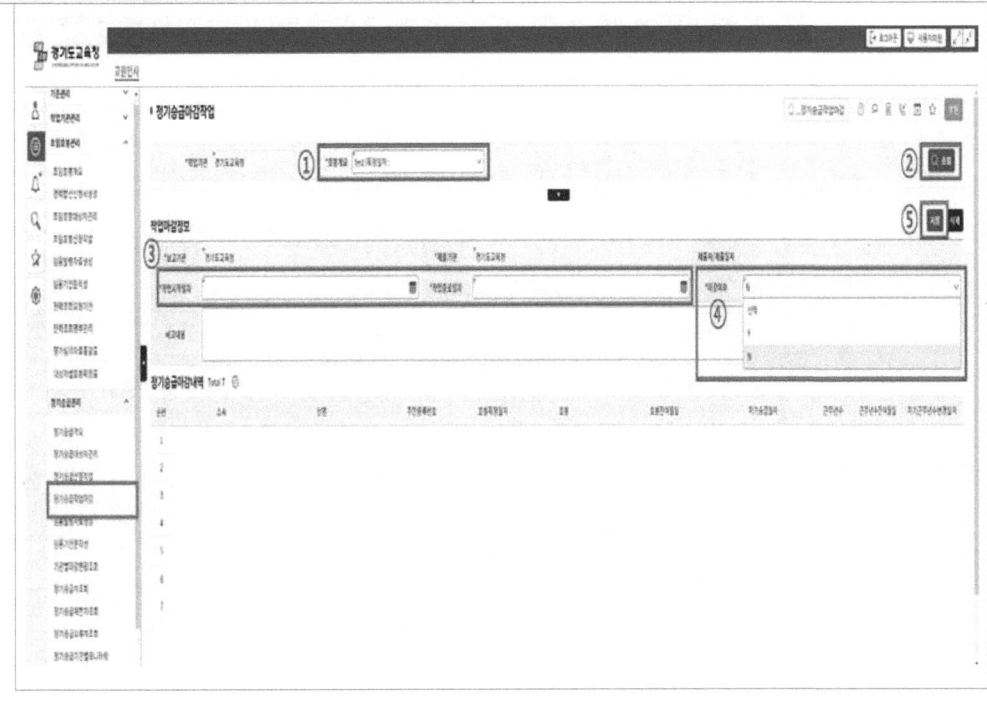

메뉴 교원인사 → 호봉 → 정기승급관리 → 정기승급작업마감

- ①호봉개요 선택 후 ②{조회} 버튼을 클릭함
- ③작업시작일자와 종료일자를 확인하고, ④마감여부를 'N'에서 'Y'로 두고 ⑤{저장}함
※ 마감처리를 하면 이전 메뉴는 수정 불가

3) 정기승급
   3)-5 임용발령자료생성

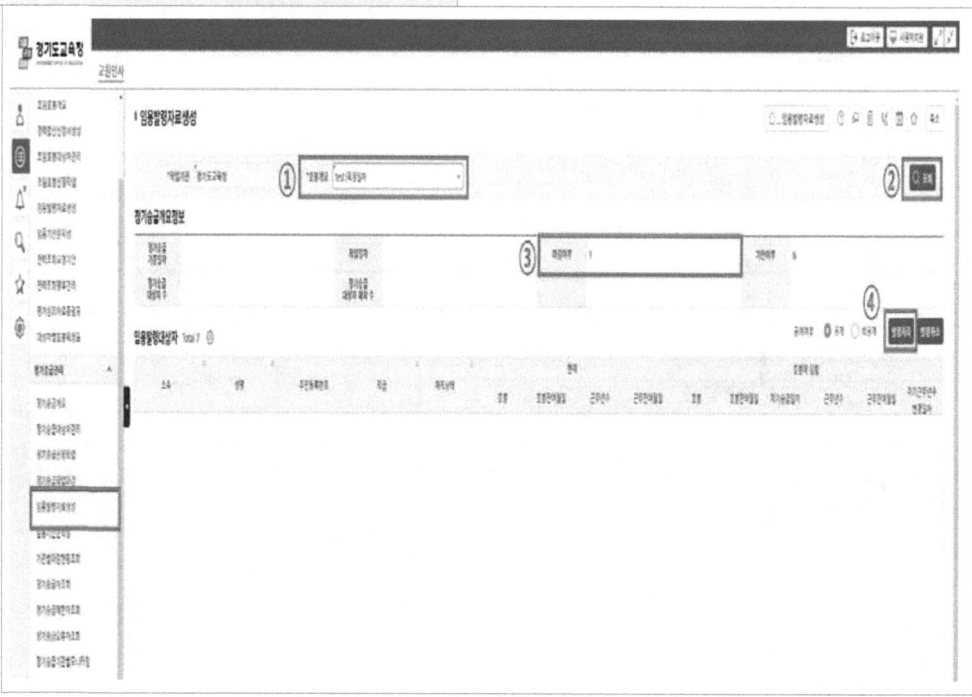

메뉴 교원인사 → 호봉 → 정기승급관리 → 임용발령자료생성

- ①호봉개요 확인 후 ②{조회}하면 ③마감여부가 'Y'로 보임
- ④{발령처리} 버튼을 클릭하여 대상자를 임용발령기안 정보로 전달
  ※ {발령취소}를 클릭하면 회수되고 이전 메뉴로 가서 수정할 수 있으나, 발령처리로 기안여부가 'Y'가 되면 수정 불가
  ※ 공개여부의 기본 설정은 공개임. 비공개로 설정하면 인사권한 유무와 관련 없이 기안자 외의 후임자, 대행자 등은 내용 확인이 불가능하므로 반드시 공개 처리

memo

3) 정기승급
3)-6 임용발령기안(호봉)

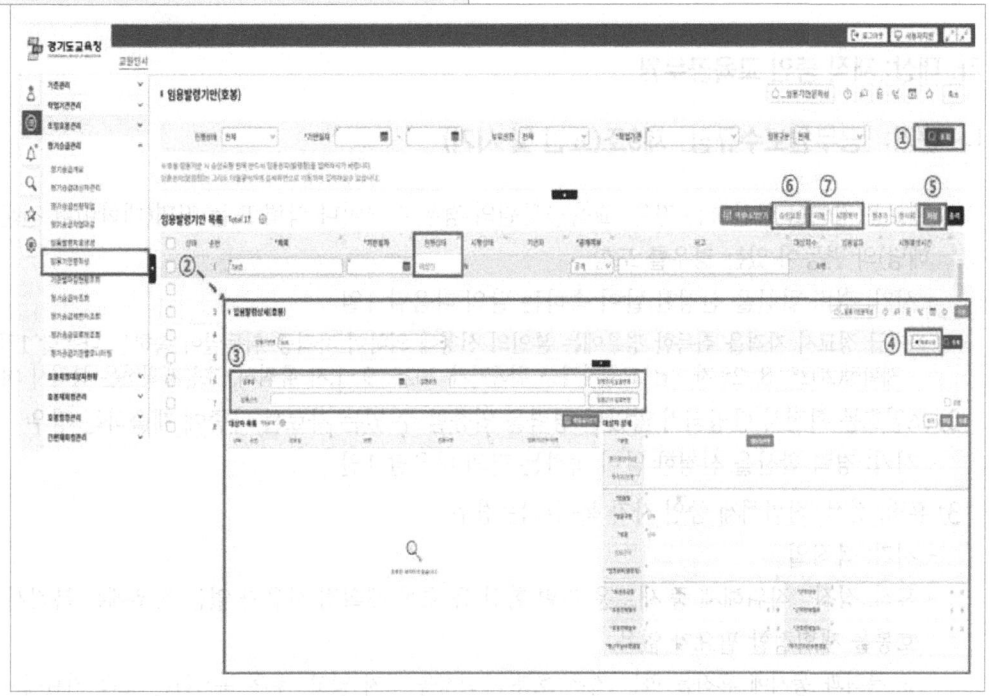

메뉴 교원인사 → 호봉 → 정기승급관리 → 임용기안문작성

- ①{조회} 후 ②해당 임용발령기안 목록을 더블클릭하여 상세 화면으로 이동함
- ③임명권자 입력 후 임명권자 일괄반영하거나, 임명권자(발령청) 입력 저장함
- ④{목록으로} 돌아가 ⑤{저장}함
- 임용발령할 대상을 선택 후 ⑥{승인요청} 클릭해 결재가 나면 진행상태가 완료로 됨
- ⑦{시행} 또는 {시행예약} 버튼을 클릭해 인사에 반영

💡 memo

4 호봉 재획정

가. 대상: 재직 중인 교육공무원

나. 근거: 「공무원보수규정」 제9조(요건 및 시기)

1) 새로운 경력을 합산하는 경우: 교육공무원의 경우 자격이나 학력 또는 직명(대학이나 전문대학만 해당)의 변동이 있는 경우를 포함
   - 시기: 경력 합산을 신청한 날이 속하는 달의 다음달 1일
   ※ 1급 정교사 자격을 취득한 경우에는 본인의 신청에 의하여 자격증 취득일이 속하는 다음달 1일에 호봉 재획정(2025. 8. 25.자 1급 교원자격증 취득자가 2025. 9. 1.자 휴직시, 호봉재획정은 복직시 처리)
2) 초임호봉 획정시 반영되지 않았던 경력을 입증할 수 있는 자료를 나중에 제출하는 경우
   - 시기: 경력 합산을 신청한 날이 속하는 달의 다음달 1일
3) 휴직, 정직, 직위해제 중인 자가 복직하는 경우
   - 시기: 복직일
   - 휴직, 정직, 직위해제 중 새로운 경력 합산 등 호봉 재획정 사유가 없는 경우에는 복직시 별도로 호봉을 재획정할 필요가 없음.
   ※ 복직과 동시에 휴직을 하는 경우 호봉 재획정을 하지 않고, 추후 복직하는 소속 기관에서 재획정

   ※ 휴직자가 타교 복직하는 경우 반드시 나이스 복직 발령 후 호봉 재획정 처리하여야 함.
   나이스 복직 발령 처리 전에 호봉 재획정 처리를 먼저 하는 경우 호봉 재획정 처리가 나이스에 반영되지 않아 오류가 발생함.

4) 승급제한기간을 승급기간에 산입하는 경우: 「공무원보수규정」 제15조(승급기간의 특례)
   - 징계처분을 받은 경우: 「공무원보수규정」 제15조제2호 또는 제3호에 따른 기간(강등 9년, 정직 7년, 감봉 5년, 견책 3년)이 경과한 날이 속하는 달의 다음달 1일
   - 징계기록이 말소된 경우, 처분기간을 제외한 승급제한기간 산입
   ※ 징계 처분기간은 승급기간에 산입하지 않음.
   - 승급제한 기간: 강등·정직 18월, 감봉 12월, 견책 6월
   - 금품 및 향응수수, 공금의 횡령·유용, 성폭력, 성희롱 및 성매매로 인한 징계의 경우 승급제한 6개월 가산
   - 승급이 제한되는 사람이 다시 징계처분이나 그 밖의 사유로 승급이 제한되는 경우, 먼저 시작되는 승급제한기간이 끝나는 날부터 다음 승급제한을 기산함.
   ※ 질병휴직으로 승급이 제한되는 사람이 다시 정직처분으로 승급이 제한되는 경우, 먼저 시작되는 승급제한이 끝나는 날부터 정직 승급제한 기간을 기산함.

   ※ 정기승급에 해당되지만 NEIS에서 대상자 조회가 되지 않아 담당자가 직접 처리해야 하는 경우
   ○ 승급이 제한되었던 공무원 중에서 승급제한이 만료된 날 현재로 승급 기간이 1년 이상 되는 경우
   - 통상의 정기승급일에 불구하고 승급제한이 만료된 날의 다음 날에 동 승급기간 1년에 대하여 승급시키며, 차기승급일은 다시 정기승급일(매월 1일)이 됨.

5) 해당 공무원에게 적용되는 호봉획정 방법이 변경된 경우: 개정된 법령의 적용일 또는 그에 대한 지침, 전직일 등 해당 공무원에게 적용되는 호봉획정 방법이 변경된 날

※ 호봉재획정은 기준일까지 호봉 재획정에 반영되는 경력(임용전·후 경력), 학력, 가산연수, 기산연수 등을 모두 다시 계산하는 과정이다. 흔히 휴직기간만을 더하거나 1급 정교사 자격연수를 받아 1호봉을 올려준다는 개념으로 접근하면 호봉 재획정이 어렵게 된다.

다. 재획정 방법

1) 현재까지 인정된 총경력 + 새로운 경력(초임호봉 획정방법에 의함) = 재획정 호봉
2) 호봉 재획정에 반영되지 아니한 잔여기간은 다음 승급 기간에 산입함
3) 특별승급 또는 승급제한 등의 사유가 있을 때는 이를 가감함

라. 처리 절차

1) 호봉 재획정 요구 접수(호봉재획정요구서, 경력합산신청서, 전력조회 및 증빙자료 등)
2) NEIS 승급처리 기안 및 결과 시행
3) 승급 발령 통보 및 본인확인

마. 호봉재획정 NEIS 처리

1) 메뉴위치: 교원인사-호봉-호봉재획정관리
2) 작업 순서
   ① 호봉재획정개요 등록 ② 호봉재획정대상자관리 ③ 호봉재획정산정작업 ④ 임용발령자료생성
   ⑤ 임용기안문작성을 거쳐 상신한 후 결재권자의 결재가 끝나면 [시행] 처리를 해야 반영됨

memo

3) 호봉재획정 작업의 실제

> 3) 호봉재획정관리
> 3)-1 호봉재획정개요

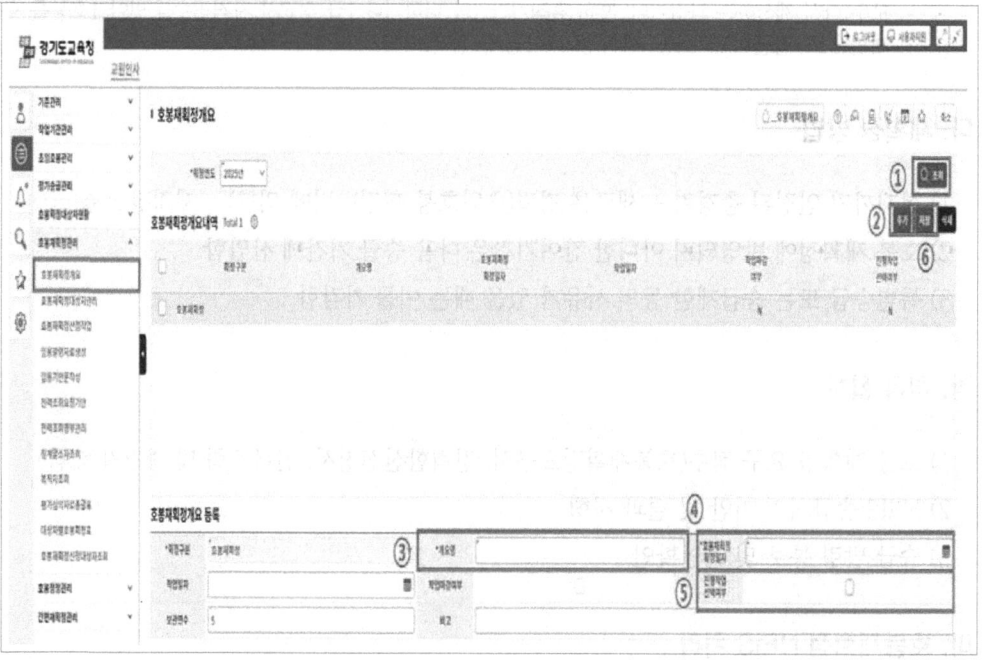

[메뉴] 교원인사 → 호봉 → 호봉재획정관리 → 호봉재획정개요

- 획정연도 확인 후 ①{조회} 버튼 클릭
- ②{추가} 버튼 클릭하여 ③개요명과 ④호봉재획정일자 등록
  ※ 획정일자가 호봉산정의 기준이 됨
- ⑤진행작업 선택여부를 체크하면 다음 메뉴에서도 해당 개요가 불러와짐
- ⑥내용 {저장}

💡 memo

3) 호봉재획정관리
3)-2 호봉재획정대상자관리

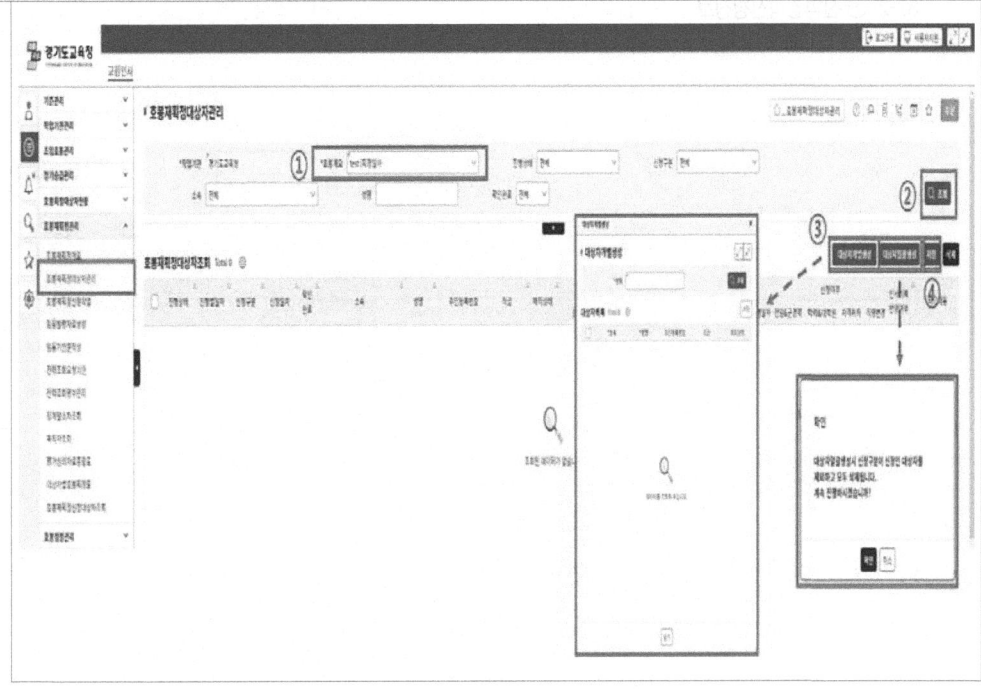

메뉴 교원인사 → 호봉 → 호봉재획정관리 → 호봉재획정대상자관리

- ①호봉개요 선택 후 ②{조회} 버튼 클릭 시 대상자 목록이 보임
- ②{대상자개별생성} 버튼을 클릭하면 알림창이 나타나고, 성명을 조회한 후 대상자목록에서 해당자를 체크하여 저장함
- ④내용 {저장}

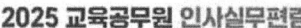

3) 호봉재획정관리
3)-2 호봉재획정대상자관리
3)-2-① 전임경력신청정보

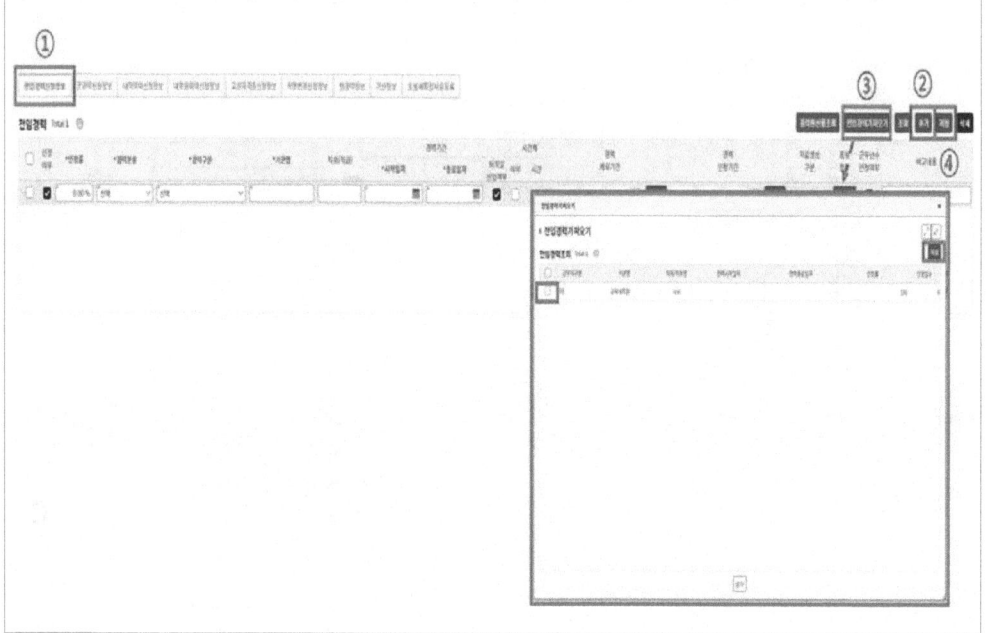

메뉴 교원인사 → 호봉 → 호봉재획정관리 → 호봉재획정대상자관리[전임경력신청정보]

- 대상자를 선택하고 ①{전임경력신청정보} 탭을 누르면 전임경력 목록이 조회됨
- ②{추가}를 클릭하면 행이 추가됨
  ※ 경력정보는 {전임경력가져오기} → {추가} 순으로 입력하는 것이 좋음
- ③{전임경력가져오기}를 누르면 팝업이 떠서 인사에 등록된 전임경력이 조회되며, 선택하여 저장함
- 등록된 정보를 확인하고 ④{저장}

💡 memo

3) 호봉재획정관리
 3)-2 호봉재획정대상자관리
  3)-2-② 군경력신청정보

메뉴 교원인사 → 호봉 → 호봉재획정관리 → 호봉재획정대상자관리[군경력신청정보]

- 대상자를 선택하고 ①{군경력신청정보} 탭을 누르면 군경력 목록이 조회됨
- ②{추가}를 클릭하면 행이 추가됨
  ※ 경력정보는 {군경력가져오기} → {추가} 순으로 입력하는 것이 좋음
- ③{군경력가져오기}를 누르면 팝업이 떠서 인사에 등록된 군경력이 조회되며, 선택하여 저장함
- 등록된 정보를 확인하고 ④{저장}

memo

```
3) 호봉재획정관리
  3)-2 호봉재획정대상자관리
    3)-2-③ 대학학력신청정보
```

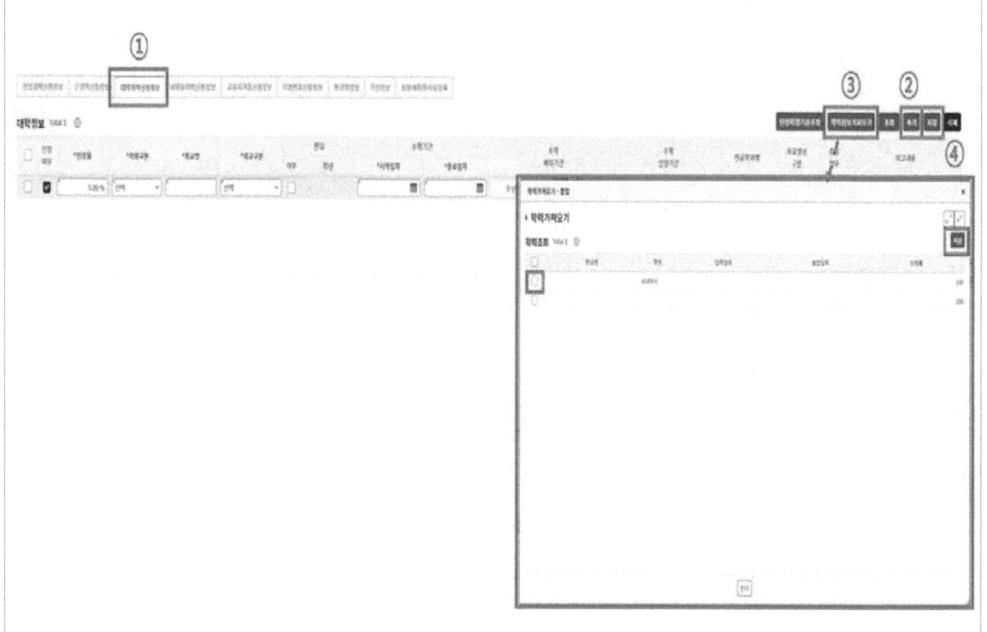

메뉴 교원인사 → 호봉 → 호봉재획정관리 → 호봉재획정대상자관리[대학학력신청정보]

- 대상자를 선택하고 ①{대학학력신청정보} 탭을 누르면 대학정보, 독학사&학점은행제 목록이 조회됨
- ②{추가}를 클릭하면 행이 추가됨
   ※ 대학정보는 {학력정보가져오기} → {추가} 순으로 입력하는 것이 좋음
- ③{학력정보가져오기}를 누르면 팝업이 떠서 인사에 등록된 학력이 조회되며, 선택하여 저장함
- 등록된 정보를 확인하고 ④{저장}

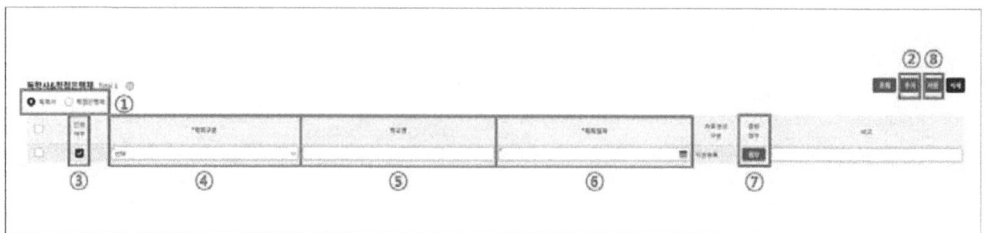

- 독학사&학점은행제 목록에서 ①{독학사}, {학점은행제} 선택
- ②{추가}를 클릭하면 행이 추가됨
- 호봉산정에 인정한다면 ③인정여부를 체크함
- ④학위구분, ⑤학교명, ⑥취득일자 입력 후 ⑦{첨부}를 클릭해 증빙 첨부
- 등록된 정보를 확인하고 ⑧{저장}

3) 호봉재획정관리
  3)-2 호봉재획정대상자관리
    3)-2-④ 대학원학력신청정보

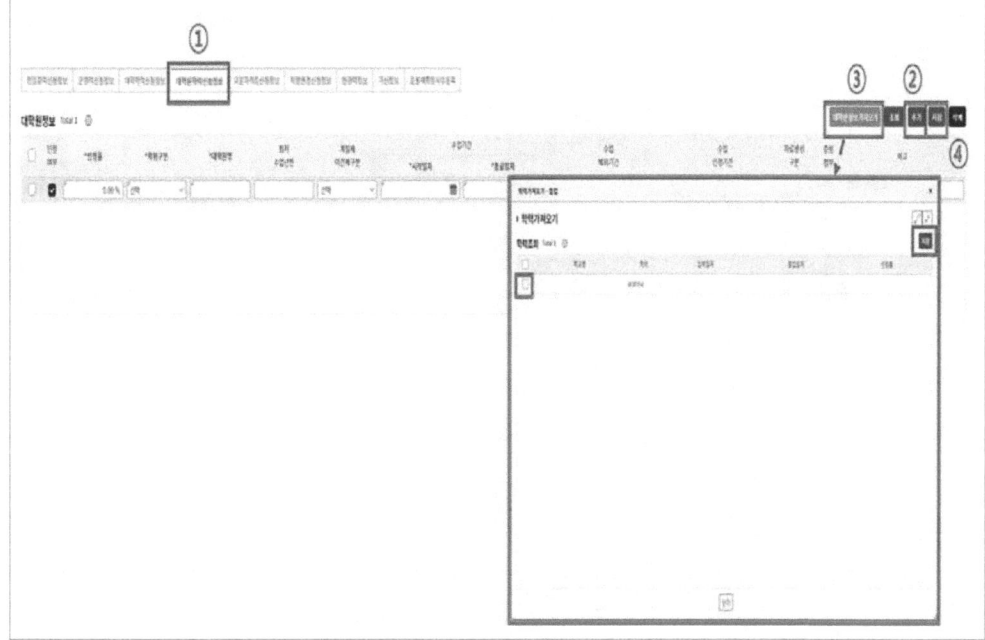

메뉴 교원인사 → 호봉 → 호봉재획정관리 → 호봉재획정대상자관리[대학원학력신청정보]

- 대상자를 선택하고 ①{대학원학력신청정보} 탭을 누르면 대학원정보 목록이 조회됨
- ②{추가}를 클릭하면 행이 추가됨
  ※ 대학원정보는 {대학원정보가져오기} → {추가} 순으로 입력하는 것이 좋음
- ③{대학원정보가져오기}를 누르면 팝업이 떠서 인사에 등록된 대학원정보가 조회되며, 선택하여 저장함
- 등록된 정보를 확인하고 ④{저장}

💡 memo

3) 호봉재획정관리
　3)-2 호봉재획정대상자관리
　　3)-2-⑤ 교원자격증신청정보

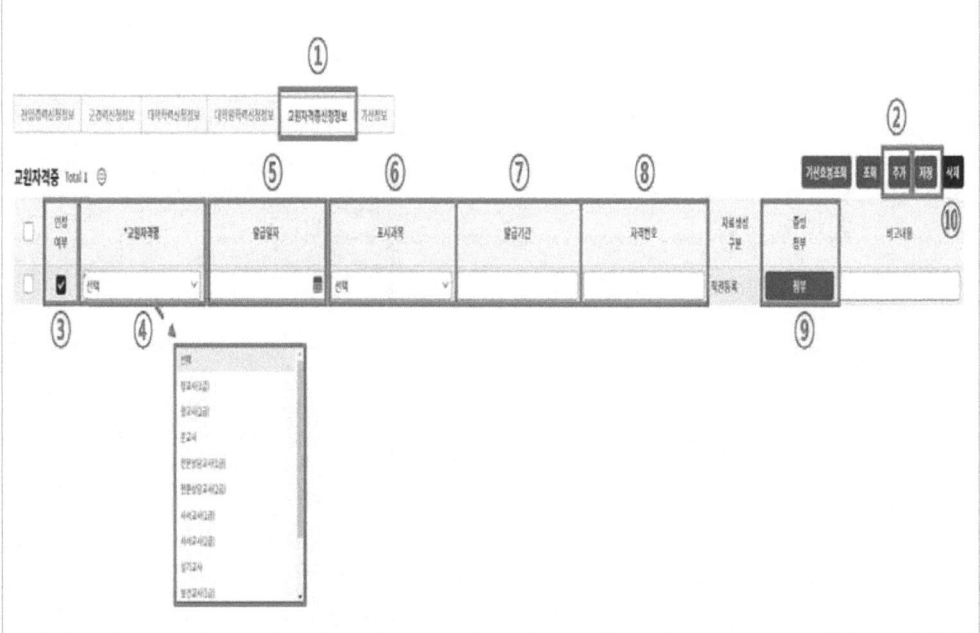

[메뉴] 교원인사 → 호봉 → 호봉재획정관리 → 호봉재획정대상자관리[교원자격증신청정보]

- 대상자를 선택하고 ①{교원자격증신청정보} 탭을 누르면 교원자격증 목록이 조회됨
- ②{추가}를 클릭하면 행이 추가됨
- 호봉산정에 인정한다면 ③인정여부를 체크함
- ④교원자격명, ⑤발급일자, ⑥표시과목, ⑦발급기관, ⑧자격번호 입력 후 ⑨{첨부}를 클릭해 증빙 첨부
- 등록된 정보를 확인하고 ⑩{저장}

💡 memo

3) 호봉재획정관리
3)-2 호봉재획정대상자관리
3)-2-⑥ 직명변경신청정보

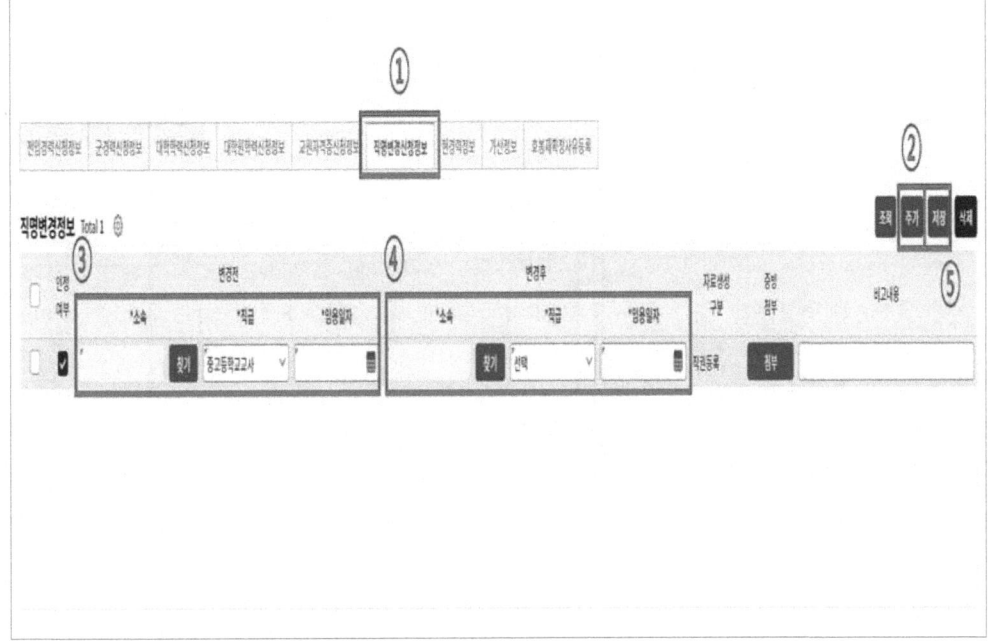

메뉴 교원인사 → 호봉 → 호봉재획정관리 →호봉재획정대상자관리[직명변경신청정보]

- 대상자를 선택하고 ①{직명변경신청정보} 탭을 누르면 직명변경정보 목록이 조회됨
- ②{추가}를 클릭하면 행이 추가됨
- ③변경전은 현재 인사정보로 뜨며, ④변경후를 입력
- 등록된 정보를 확인하고 ⑤{저장}

3) 호봉재획정관리
   3)-2 호봉재획정대상자관리
      3)-2-⑦ 현경력정보

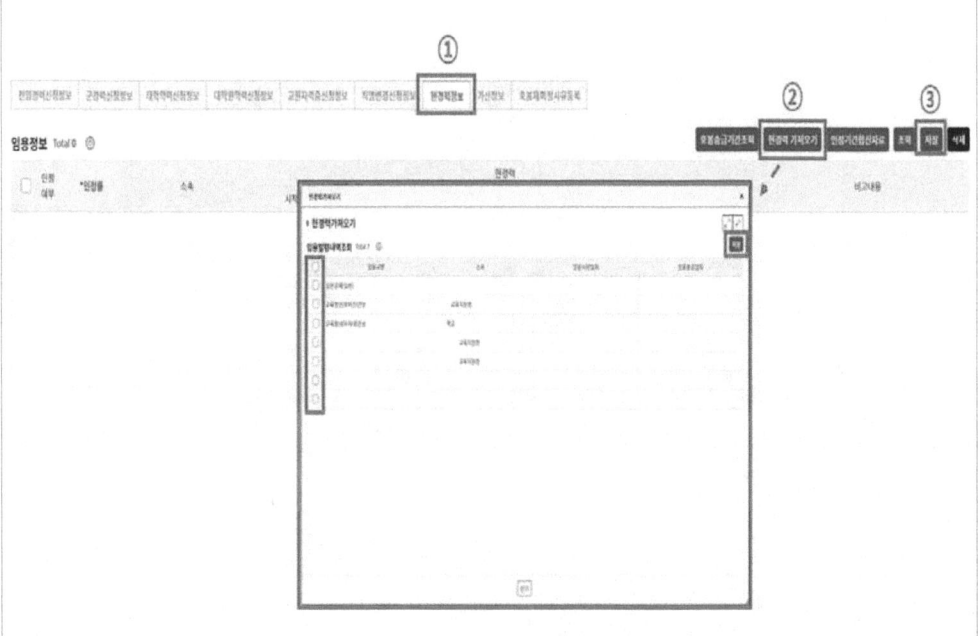

메뉴 교원인사 → 호봉 → 호봉재획정관리 → 호봉재획정대상자관리[현경력정보]

- 대상자를 선택하고 ①{현경력정보} 탭을 누르면 임용정보 목록이 조회됨
- ②{현경력 가져오기}를 누르면 팝업이 떠서 임용발령내역이 조회되며, 선택하여 저장함
- 등록된 정보를 확인하고 ③{저장}

💡 memo

3) 호봉재획정관리
  3)-2 호봉재획정대상자관리
    3)-2-⑧ 가산정보

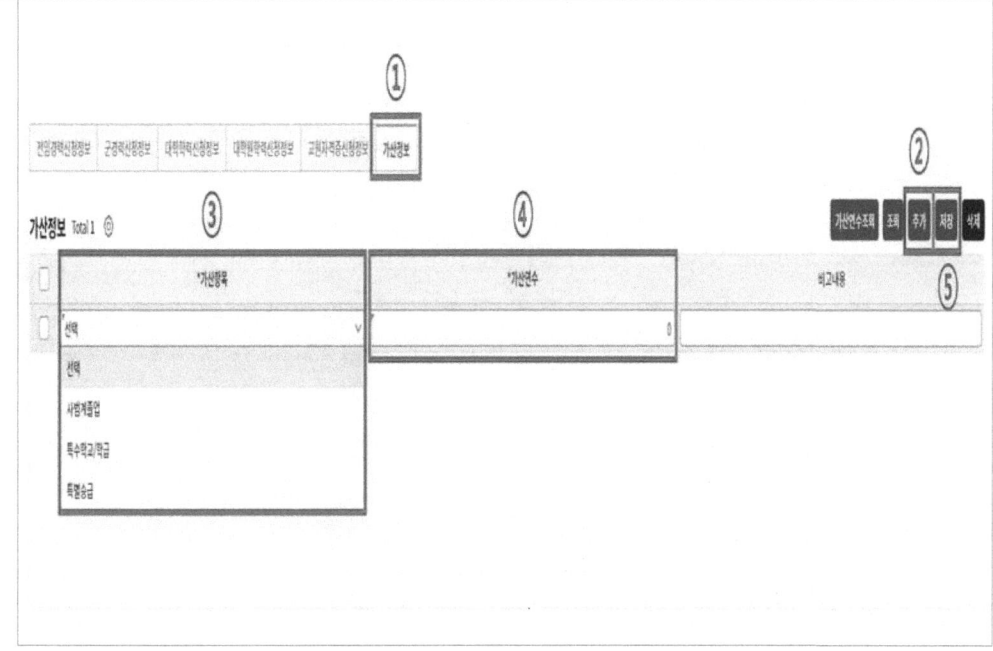

메뉴 교원인사 → 호봉 → 호봉재획정관리 → 호봉재획정대상자관리[가산정보]

- 대상자를 선택하고 ①{가산정보} 탭을 누르면 가산정보 목록이 조회됨
- ②{추가}를 클릭하면 행이 추가됨
- ③가산항목, ④가산연수 입력
- 등록된 정보를 확인하고 ⑤{저장}
  ※ {가산연수조회}를 클릭하면 가산연수기준을 확인할 수 있음

> 💡 memo

3) 호봉재획정관리
  3)-2 호봉재획정대상자관리
   3)-2-⑨ 호봉재획정사유등록

메뉴 교원인사 → 호봉 → 호봉재획정관리 → 호봉재획정대상자관리[호봉재획정사유등록]

- 대상자를 선택하고 ①{호봉재획정사유등록} 탭을 누름
- ②호봉재획정사유 입력
- 등록된 정보를 확인하고 ③{저장}

이후 단계는 초임호봉관리와 같으므로 참고

💡 memo

5 호봉 정정

가. 근거: 「공무원보수규정」 제18조

나. 대상: 호봉 획정 또는 승급이 잘못된 자

다. 시기: 호봉 획정 또는 승급의 잘못된 것이 발견된 때

라. 시행: 해당 공무원의 현재 호봉획정 또는 승급시행권자

※ 호봉정정 시행자는 호봉 정정의 사유 및 근거를 명확히 하여야 하며 필요한 경우에는 종전의 호봉 획정 및 승급시행권자에게 호봉정정을 위하여 필요한 사항을 확인할 수 있다.

마. 절차 및 방법

1) 당초의 잘못된 호봉발령일자로 소급하여 정정한다.

> ※ (예시) 2010. 3. 1.의 호봉획정 건이 잘못된 것을 2020. 4. 1.에 발견, 확인 결과 호봉정정이 필요한 경우 나이스 상의 호봉 획정기준일은 2020. 4. 1.으로 처리해야 함. ☞호봉 획정기준일을 2010. 3. 1.로 잘못 입력하지 않도록 주의

2) 호봉정정에 따른 급여정산도 호봉발령일자로 소급하여 정산한다.
3) 호봉정정 후 다음 승급기간에 산입하는 잔여기간을 계산한다.
4) 호봉정정에 따른 보수는 보수지급일 현재의 소속기관에서 정산한다.

※ 필요 시 종전의 호봉획정 및 승급시행권자에게 호봉정정을 위하여 필요한 사항을 확인할 수 있다.

바. 호봉 정정의 NEIS 처리

1) 메뉴위치: 교원인사-호봉-호봉정정관리
2) 작업순서
   ① 호봉정정개요 등록 ② 호봉정정대상자관리 ③ 호봉정정산정작업 ④ 임용발령자료 생성
   ⑤ 임용기안문작성을 거쳐 상신한 후 결재권자의 결재가 끝나면 [시행] 처리를 해야 반영됨
3) 호봉정정 작업의 실제: 호봉재획정관리와 같으므로 참고

💡 memo

6 호봉 업무의 서식 및 용례

가. 호봉획정표: 각 기관에 보급된 엑셀 양식 활용

<table>
<tr><td colspan="10" align="center">호 봉 획 정 표</td></tr>
<tr><td>① 소속</td><td colspan="2">OO초등학교</td><td colspan="2">② 직 위(급)</td><td colspan="2">③ 소지 자격</td><td colspan="2">※97년이전15일잔여
경력 적용 대상여부</td><td>관련
정보</td></tr>
<tr><td>⑤ 성명</td><td colspan="2">백 두 산</td><td colspan="2">교사</td><td colspan="2">1급 정교사</td><td colspan="3">해당없음</td></tr>
<tr><td>⑥ 학력</td><td colspan="2">사범대학(4년)졸</td><td colspan="2">⑦ 현 호 봉</td><td colspan="2"></td><td colspan="2">⑧ 자격구분</td><td>일반</td></tr>
<tr><td colspan="2">⑨ 경력기간</td><td rowspan="2">⑩ 경력내용</td><td colspan="3">⑪ 경력년수</td><td>⑫ 환산율</td><td colspan="2">⑬ 환산년수</td><td rowspan="2">⑭ 비고</td></tr>
<tr><td>년월일부터</td><td>년월일까지</td><td colspan="3"></td><td></td><td colspan="2"></td></tr>
<tr><td>1990-11-20</td><td>1994-06-27</td><td>현대정유㈜</td><td>3년</td><td>7월</td><td>8일</td><td>40%</td><td>1년</td><td>5월 9일</td><td></td></tr>
<tr><td>1994-06-28</td><td>1996-02-29</td><td>한국피앤지㈜</td><td>1년</td><td>8월</td><td>2일</td><td>40%</td><td></td><td>8월</td><td></td></tr>
<tr><td>2000-03-01</td><td>2002-02-28</td><td>수원 지동초</td><td>2년</td><td></td><td></td><td>100%</td><td>2년</td><td></td><td></td></tr>
<tr><td>2002-03-01</td><td>2004-02-29</td><td>성남서초</td><td>2년</td><td></td><td></td><td>100%</td><td>2년</td><td></td><td></td></tr>
<tr><td>2004-03-01</td><td>2005-02-28</td><td>육아휴직(둘째)</td><td>1년</td><td></td><td></td><td>100%</td><td>1년</td><td></td><td></td></tr>
<tr><td>2005-03-01</td><td>2006-02-28</td><td>육아휴직(셋째)</td><td>1년</td><td></td><td></td><td>100%</td><td>1년</td><td></td><td></td></tr>
<tr><td>2006-03-01</td><td>2008-02-29</td><td>육아휴직(셋째)</td><td>2년</td><td></td><td></td><td>100%</td><td>2년</td><td></td><td></td></tr>
<tr><td>2008-03-01</td><td>2011-01-31</td><td>성남서초</td><td>2년</td><td>11월</td><td></td><td>100%</td><td>2년</td><td>11월</td><td></td></tr>
<tr><td colspan="3" align="center">계</td><td>16년</td><td>2월</td><td>10일</td><td></td><td>13년</td><td>9일</td><td></td></tr>
<tr><td>자격별
기산호봉</td><td>경력
반영년수</td><td>가산년수</td><td colspan="2">계산된
총경력</td><td colspan="2">호봉획정에
사용되는 년수</td><td colspan="3">⑮ 계산된 호봉</td></tr>
<tr><td>9</td><td>13</td><td>1</td><td colspan="2">14년 0월</td><td colspan="2">14년</td><td colspan="3">23호봉</td></tr>
<tr><td>본인</td><td colspan="2">직 성명 : 교사</td><td colspan="2"></td><td>(인)</td><td>잔여월수</td><td colspan="3">0개월 9일</td></tr>
<tr><td>작성자</td><td colspan="2">직 성명 : 교감</td><td colspan="2"></td><td>(인)</td><td>차기승급
년월일</td><td colspan="3">2012년 10월 1일</td></tr>
<tr><td>확인자</td><td colspan="2">직 성명 : 교장</td><td colspan="2"></td><td>(인)</td><td>호 봉
획정일</td><td colspan="3">2011-10-01</td></tr>
</table>

나. 학교 → 교육지원청 기안(K-에듀파인 사용 시)

1) 호봉 재획정

제목   교육공무원(초등학교 교사) 호봉 재획정 처리 요청

「공무원보수규정」 제9조제1항제1호에 의거 교육공무원의 호봉을 다음과 같이 재획정 처리 요청하고자 합니다.

소 속	직위(급)	성 명	재획정 근거	재획정 내용	재획정일자	비 고
○○ 초등학교	교사	○○○	「공무원보수규정」 제9조 제1항 제1호 (새로운 경력 합산)	○○초 기간제교사 근무 (2021. 3. 1.~2022. 2. 28.)	2022. 3. 1.	

붙임 1. 호봉 재획정 요구서 1부.
      2. 호봉 합산신청서 1부.
      3. 증빙서류 1부. 끝.

2) 호봉 정정

제목   교육공무원(초등학교 교사) 호봉 정정 요청

「공무원보수규정」 제18조에 의거 교육공무원의 호봉을 다음과 같이 정정 요청하고자 합니다.
  가. 사유: 임용 전 시간강사 근무 경력 인정률 산정 오류의 소급 정정
  나. 내용

소 속	직위(급)	성 명	정정 내용	정정 일자	비 고
○○ 초등학교	교사	○○○	시간강사 근무 경력 환산율 인정 오류 (인정률 100%→80%)	2022. 3. 1.	

붙임 1. 호봉정정 요구서 1부.
      2. 증빙서류 1부. 끝.

 memo

다. 교육지원청 → 학교 기안(K-에듀파인 사용 시)

1) 초임호봉 획정

| 제목 | 교육공무원(초등학교 교사) 초임호봉 획정 처리 결과 안내 |

「공무원보수규정」제8조에 의거 초임호봉 처리에 대한 결과를 다음과 같이 안내하오니 업무에 참고하여 주시기 바랍니다.

소 속	직위(급)	성 명	초임획정호봉	획정일자	비 고
○○초등학교	교사	○○○	9호봉 (잔여 2월 13일)	2022. 3. 1.	

붙임 호봉획정표 1부. 끝.

2) 호봉 재획정

| 제목 | 교육공무원(초등학교 교사) 호봉 재획정 처리 결과 안내 |

「공무원보수규정」제9조제1항제1호에 의거 교육공무원의 호봉 재획정 처리에 대한 결과를 다음과 같이 안내하오니 업무에 참고하여 주시기 바랍니다.

　가. 근거: 교육공무원 호봉획정시 경력환산율표의 적용 등에 관한 예규
　　　　 [별표1] 1. 교원경력 가. 국공립학교 교원 근무 경력
　나. 사유: 국공립학교 교원(기간제교사) 근무 경력 합산
　나. 내용

소 속	직위(급)	성 명	재획정호봉	재획정일자	획정전호봉	비 고
○○초등학교	교사	○○○	10호봉 (잔여 3월)	2022. 3. 1.	9호봉	

붙임 호봉획정표 1부. 끝.

3) 호봉 정정

제목   교육공무원(초등학교 교사) 호봉 정정 처리 결과 안내

「공무원보수규정」 제18조에 의거 교육공무원의 호봉 정정 처리 결과를 다음과 같이 알려드리니 업무에 참고하여 주시기 바랍니다.

　가. 근거: 「교육공무원 호봉획정시 경력환산율표의 적용 등에 관한 예규」 [별표 1] 3. 유사경력 가. 강사 등 경력
　나. 사유: 임용 전 시간강사 근무 경력 인정률 산정 오류의 소급 정정
　다. 내용

소 속	직위(급)	성 명	정정 호봉	정정 일자	획정전호봉	비 고
○○ 초등학교	교사	○○○	14호봉 (잔여 1월 19일)	2022. 3. 1.	16호봉	

붙임   호봉획정표 1부.   끝.

라. 호봉 재획정(정정) 요구서

○○초등학교

제목: 교육공무원 호봉재획정(정정) 요구

20 . . .자 임용된 아래 교육공무원에 대하여 증빙서류를 첨부하여 호봉재획정(정정)을 신청합니다.

①소속	②직위(급)	③성명	④사유	비고

- 획정사유:

- 증빙서류 O부

20 년 월 일

소속:
직위:
성명(신청자 본인):   (인)

( )교육지원청 교육장 귀하

마. 호봉획정을 위한 경력기간 합산신청서 (「공무원보수 등의 업무지침」 제1장 별지 제1호 서식)

호봉획정을 위한 경력기간 합산신청서

[ ]공무원경력, [ ]군복무경력, [ ]유사경력

소속		직명		성명	

업체명	직종 및 직급	경력 기간 (연·월·일)			1주간 근무시간	면직일	승급제한사유 및 승급제한기간 (연·월·일)	특별승급사유 및 특별승급 (○급○호→○호)
		부터	까지	기간				

「공무원보수규정」 제8조 및 제9조제2항의 규정에 의하여 초임호봉의 획정과 새로운 경력을 합산하고자 경력증명서를 첨부하여 신청합니다.

년 월 일

신청인 (서명 또는 인)

( )교육지원청 교육장 귀하

첨부서류	경력증명서 (병적증명서)

바. 호봉획정을 위한 전력조회 요청서 (「공무원보수 등의 업무지침」제1장 별지 제2호 서식)

〈 호봉획정을 위한 전력조회 요청서 〉

행 정 기 관 명

수신자

(경유)

제 목   공무원 전력조회

「공무원보수규정」 제8조 및 제9조제2항에 의하여 아래 공무원에 대한 전력을 조회하니 협조하여 주시기 바랍니다.

소속	성명(직급)	경력 내용					담당직무
		근무처	직급	경력기간(년·월·일)	채용형태(정규직여부)	근무시간(주당 근무시간/주당 통상 근무시간)	

※ 위의 전력조회결과는 공무원 보수책정의 근거자료가 되오니 사실관계를 정확히 기재하여 주시기 바랍니다. 끝.

발 신 명 의   [직인]

기안자(직위/직급) 서명   검토자(직위/직급) 서명   결재권자(직위/직급) 서명
협조자(직위/직급) 서명
시행   처리과명-일련번호(시행일자)   접수   처리과명-일련번호(접수일자)
우   주소   / 홈페이지 주소
전화( )   전송( )   / 공무원의 공식 전자우편주소/공개구분

7. 교육공무원 등의 경력환산율표 적용 기준

■ 「교육공무원 호봉획정시 경력환산율표의 적용 등에 관한 예규」 [별표 1]

교육공무원 등의 경력환산율표 적용 기준

1. 교원경력(환산율 5~10할 이내)

경력구분	인정대상기관	인정대상경력
가. 국·공립학교 교원(기간제 교원 및 기간제 교사 포함) 근무 경력	○「교육공무원법」 제2조제3항제1호에 따른 교육기관 ※ 교원임용기간 중 교육행정기관, 교육연구연수기관에 발령·파견되어 근무한 경력을 포함한다.	○「유아교육법」 제22조, 「초·중등교육법」 제21조 및 「고등교육법」 제16조에 따른 자격을 갖추고, 교원(기간제교원 및 기간제교사 포함)으로 근무한 경력(10할 이내) ※ 단, 소지한 교원자격증의 종류와 근무한 학교가 일치하지 않는 기간제교원 (중등 교원자격증 → 초등학교 근무)의 경우에는 8할 이내로 인정한다
나. 사립학교 교원(기간제교원 및 기간제교사 포함) 근무 경력	○「교육공무원법」 제2조제3항제1호에 따른 교육기관	○「유아교육법」 제22조, 「초·중등교육법」 제21조 및 「고등교육법」 제16조에 따른 자격을 갖추고, -「사립학교법」 제54조에 따라 관할청에 임면이 보고된 교원(기간제교원 및 기간제교사 포함)으로 근무한 경력(10할 이내) - 관할청에 임면이 보고되지 않은 교원(기간제교원 및 기간제교사 포함)으로 근무한 경력(5할 이내) ※ 단, 소지한 교원자격증의 종류와 근무한 학교가 일치하지 않는 기간제교원 (중등 교원자격증 → 초등학교 근무)의 경우에는 8할 이내로 인정한다.
다. 학교형태의 평생교육시설 교원 근무 경력(10할 이내)	○「평생교육법」 제31조제2항에 따라 학력이 인정되는 학교형태의 평생교육시설	○「초·중등교육법」 제21조에 따른 자격을 갖추고 교원으로 근무한 경력
라. 한국학교 근무 경력 (10할 이내)	○「재외국민의 교육지원 등에 관한 법률」 제5조에 따라 설립된 한국학교	○「초·중등교육법」 제21조에 따른 자격을 갖추고, 「재외국민의 교육지원 등에 관한 법률」 제21조에 따라 임용된 교원으로 근무한 경력
마. 어린이집 근무 경력 (10할 이내)	○「영유아보육법」 제10조에 따른 어린이집	○「유아교육법」 제22조에 따른 자격 또는 「초·중등교육법」 제21조에 따른 특수학교 교원 자격(유치원 과정만 해당한다)을 갖추고 「영유아보육법」 제19조 제2항에 따라 시장·군수·구청장에게 임면이 보고된 보육교직원으로 근무한 경력

2. 교원 외의 공무원 경력(환산율 8~10할)

경력구분	인정대상경력
가. 국가공무원 또는 지방공무원 경력(10할)	○「공무원보수규정」 [별표 22] 교육공무원 등의 경력환산율표 제2호 교원 외의 공무원 경력 가목에 규정된 경력
나. 고용직공무원(8할)	○「공무원보수규정」 [별표 22] 교육공무원 등의 경력환산율표 제2호 교원 외의 공무원 경력 나목에 규정된 경력

3. 유사경력(환산율 3~10할 이내)
가. 강사 등 경력

경력구분	인정대상기관	인정대상경력
1), 2) 유치원, 초·중등학교 강사 등 경력 (3~10할)	• 「유아교육법」 제2조 제2호에 따른 유치원 • 「초·중등교육법」 제2조에 따른 학교	• 「유아교육법」 제22조에 따른 자격을 갖추고 같은 법 제23조에 따른 강사 등 (기간제교사 제외)으로 근무한 경력 • 「초·중등교육법」 제21조에 따른 자격을 갖추고, 같은 법 제22조에 따른 산학겸임교사 등으로 근무한 경력 ※ 강사 근무 경력에 대한 환산율은 - 전일제 또는 종일제(1일 8시간 이상) 강사로 근무한 경력은 10할을 인정하고, - 시간제 강사로 근무한 경력은 다음의 계산방법에 따르되, 주당 실근무시간이 명확하지 않거나 12시간 이하인 경우에는 3할을 인정한다. 근무기간 × (주당 실근무시간* / 유치원 및 초·중등교원 평균 주당 근무시간) **초·중등교원 평균 주당 근무시간** | '05.2.28. 이전 | '05. 3. 1.~'06. 2. 28. | '06. 3. 1.~'12. 2. 29. | '12. 3. 1. 이후 | | 44시간 | 43시간 | 42시간 | 40시간 | * 주당 실근무시간은 계약으로 정한 주당 수업시간을 말하며, 계약으로 정해져 있지 않는 경우에는 평균으로 계산한다. ※ 「유아교육법」 제23조 및 「초·중등교육법」 제22조에 따른 강사의 종류는 유치원 방과후 과정 강사, 영어회화강사, 스포츠강사, 수준별 이동수업 강사, 특수교육지원센터 순회강사, 방과후학교 강사, 인턴교사 등이 있다. ※ 소지한 교원자격증의 종류와 근무한 학교가 일치하지 않는 경우 (중등 교원자격증 → 초등학교 근무 등)에는 근무시간에 따라 계산된 환산율의 8할을 인정한다.
3) 대학 시간강사 경력 (5~10할)	• 「고등교육법」 제2조에 따른 학교	• 「고등교육법」 제17조에 따른 시간강사로 근무한 경력으로 수업시수에 따라 다음과 같이 인정하되, 수업시수가 명확하지 않은 경우에는 5할을 인정한다. | 주당 수업시수 | 환산율 | |---|---| | 5시간 이하 | 5할 | | 6시간 | 6할 | | 7시간 | 7할 | | 8시간 | 8할 | | 9시간 | 9할 | | 10시간 이상 | 10할 |

나. 연구경력

경력구분	인정대상기관	인정대상경력
1) 대학 및 대학원의 연구원 경력 (10할 이내)	• 대학(전문대학 포함) 또는 대학원 • 대학(전문대학 포함) 또는 대학원의 부속시설	• 임용권자의 임명을 받아 연구원으로 근무한 경력 • 대학의 부속시설규정 중 연구원 보직에 대한 근거규정이 있고, 그 규정에 따라 정원 내에서 유급으로 임용되어 근무한 경력 ※ 연구지원, 연구보조업무 및 외부용역의 연구프로젝트를 추진하는 기관에서 임시로 채용된 경력은 제외
2) 교육부장관이 인정하는 연구기관의 연구원 경력 (10할 이내)	• 교육부장관이 인정하는 연구기관 - 「정부출연 연구기관 설립·운영 및 육성에 관한 법률」에 의해 설립된 연구기관 - 「과학기술분야 정부출연 연구기관 등의 설립·운영 및 육성에 관한 법률」에 의해 설립된 연구기관 - 「특정연구기관육성법」 및 동 시행령에 따라 지정된 연구기관 - 기타 법률에 의해 주무관청의 설립허가를 받은 법인체로서의 연구기관	• 교원 또는 연구원으로 근무한 경력
3) 대학(대학원)의 연구전담 조교 경력(10할 이내)	• 대학(대학원)	• 연구전담 조교로 근로계약을 체결하고 정기적인 보수를 지급받으며 근무한 경력
4) 대학원에서 학위취득 경력(10할)	• 대학원(법령에 의해 석사 또는 박사학위를 수여할 수 있는 기관 포함)	• 석사 또는 박사학위를 취득하는데 필요한 수업연한으로 실제 등록하여 수학한 연한 - (석사) 각 대학원에서 학칙으로 정한 최저 수업연한을 인정한다. - (박사) 3년의 범위에서 인정한다. ※ 경력기간은 학기단위로 계산함. (1학기: 3. 1. ~ 8. 31. / 2학기 : 9. 1. ~ 2. 28.) ※ 학기제를 달리하는 대학원 및 계절학기제 대학원의 석사학위는 2년의 범위에서 인정한다.

다. 국가 또는 지방자치단체 등에서의 근무경력

경력구분	인정대상기관	인정대상경력
1-① 「잡급직원규정」(대통령령 제7265호) 및 「지방잡급직원규정」(대통령령 제7976호)에 따른 잡급직원 근무 경력(8할 이내)	• 국가 또는 지방자치단체의 기관	• 「잡급직원규정」('75.1.1.~'81.12.31.)에 의한 잡급경력 (예산과목상 상용잡급이라 하였음) • 「지방잡급직원규정」('76.1.1.~'82.3.4.)에 의한 잡급경력 (예산과목상 상용잡급이라 하였음)
1-② 「잡급직원규정」 및 「지방잡급직원규정」 시행일 전의 임시직, 촉탁, 잡급 등 근무 경력(8할 이내)	• 국가 또는 지방자치단체의 기관	• 「잡급직원규정」 및 「지방잡급직원규정」 시행일 전, 임시직, 촉탁, 잡급 등으로 2월 이상 근무하고 봉급이 인건비에서 지급된 경력
2) 국가 또는 지방자치단체 등의 기관에서 임시직, 촉탁, 잡급 등으로 근무한 경력 중 3. 다. 1) 외의 경력으로 교육부장관이 인사혁신처장과 협의하여 인정하는 경력(5할~8할 이내)	• 국가 또는 지방자치단체 등의 기관	• 「잡급직원규정」 및 「지방잡급직원규정」 시행일 전, 임시직, 촉탁, 잡급 등으로 3월 이상 근무하고 봉급이 인건비 이외의 예산에서 지급된 경력(5할 이내) • 「잡급직원규정」 및 「지방잡급직원규정」 시행일 후, 임시직, 촉탁, 잡급 등으로 3월 이상 근무한 경력(5할 이내) • 국공사립 유초중등학교 육성회 및 대학의 기성회 직원으로 3월 이상 근무한 경력(5할 이내) • 기타 국가 또는 지방자치단체 등의 기관에서 사실상 공무를 수행하고 3월 이상 근무한 경력(5할 이내) • 국·공·사립의 유·초·중등학교 및 대학·대학원에서 「학교회계직원 관리규칙」 등의 규정에 따라 근로계약을 체결하고 정기적인 보수를 지급받으며 근무한 경력 (5할 이내). 다만, 방학 등으로 일을 하지 않고 보수를 지급받지 않은 기간은 제외한다. - 위의 경력 중 다음의 표와 같이 업무분야와 동일한 교원자격증 취득 후의 근무경력은 8할 이내를 인정한다. <table><tr><td>직종</td><td>교원자격증(표시과목)</td></tr><tr><td>영양사</td><td>영양교사</td></tr><tr><td>전산보조</td><td>초·중등교사(전산)</td></tr><tr><td>과학실험보조</td><td>초·중등교사(과학과)</td></tr><tr><td>사서, 사서보조</td><td>사서교사</td></tr><tr><td>유치원교육보조</td><td>유치원교사</td></tr><tr><td>전임코치(체육)</td><td>초·중등교사(체육)</td></tr><tr><td>특수교육보조원</td><td>특수교사</td></tr><tr><td>상담사</td><td>전문상담교사</td></tr></table>※ 단, 이 지침의 시행 전(2011.9. 이전), 개별 지침(IMF 실업구제책 등)에 의해 표시과목에 관계없이 교원자격증을 소지하고, 과학실험보조, 전산보조, 수업보조, 초등영어보조교사 등으로 근무한 경력을 8할로 인정받은 경우에는 당해 경력환산율(8할) 적용을 인정한다.

라. 그 밖의 경력

경력구분	인정대상기관	인정대상경력
1) 「병역법」에 따른 예술·체육요원, 산업기능요원, 전문연구요원, 승선근무예비역으로 복무한 경력(10할)	• 「병역법」에 따른 복무기관	• 「병역법」에 따른 예술·체육요원, 산업기능요원, 전문연구요원, 승선근무예비역으로 복무한 경력(단, 의무복무기간이 3년을 초과하는 경우에는 의무복무기간을 3년으로 산정)
2) 변호사 또는 법무사 근무 경력(7할 이내)	• 국가, 지방자치단체, 공공기관 및 그 밖의 법인 또는 개인사무소	• 변호사 또는 법무사 자격을 갖추고 법률에 관한 사무에 근무한 경력
3) 교원 노동조합 근무 경력 (7할 이내)	• 「교육기본법」 제15조제1항에 따른 교원단체 • 「교원의 노동조합 설립 및 운영 등에 관한 법률」 제4조에 따라 설립된 노동조합	• 교원단체에서 근무한 경력 • 「교원의 노동조합 설립 및 운영 등에 관한 법률」(1999.1.29. 공포, 1999.7.1. 시행) 제정 이후 노동조합에서 근무한 경력
4) 대안교육 위탁교육기관 근무 경력(7할 이내)	• 「초·중등교육법 시행령」 제54조제2항에 따라 교육감이 지정한 대안교육 위탁교육기관	• 「초·중등교육법」 제21조에 따른 자격을 갖추고 소지한 자격과 동일한 분야의 학생교육을 전담하면서 근무한 경력
5) 종교법인에서 교육활동 관련 직무에 종사한 경력 (6할 이내)	• 기독교 • 천주교 • 불교 • 원불교	• 교회의 목사, 부목사, 강도사, 전도사, 전임전도사, 선교사로 근무한 경력 • 성당의 신부, 수녀, 수사로 근무한 경력 • 불교의 승려, 총무원 임명 주지로 근무한 경력 • 원불교의 교역자(교무, 도무, 덕무)로 근무한 경력 ※ 주일학교 등에서 학생부 선생님으로 활동한 것은 제외한다.
6) 공공기관 등 근무 경력 (5할 이내)	• 인사혁신처장이 인정하는 기관으로 다음과 같다. - 「공공기관의 운영에 관한 법률」에 의한 공기업 및 준정부기관 - 「지방공기업법」에 의해 설립된 공사 및 공단 - 개별법에 근거한 공공법인으로서 인사혁신처장이 인정하는 법인 • 기타 교육부장관이 인정하는 기관은 다음과 같다. - 「사립학교법」 제2조제1호 및 제2호에 규정된 사립학교 또는 학교법인 - 학교법인, 의료법인 등 법인체 병원 - 기타 교육부 산하(유관)단체 및 공공기관으로 오른쪽 표와 같다.	• 행정·경영·연구·기술분야에서 근무한 경력 ※ 교육부 관련 공공기관 및 산하(유관) 단체 | 공공기관 (준정부 기관)	사립학교교직원연금공단, 한국교육학술정보원, 한국과학창의재단, 한국연구재단, 한국원자력안전기술원, 한국장학재단
기타 공공 기관	(과기원)고등과학원, 광주과학기술원, 국립대병원, 동북아역사재단, 대구경북과학기술원, 평생교육진흥원, 한국고전번역원, 한국과학기술원, 한국사학진흥재단, 한국원자력통신기술원, 한국학중앙연구원,
산하 (유관) 단체	과학기술연합대학원대학교, 과학기술인공제회, 과학기술인총연합회, 과학기술한림원, 대학교육협의회, 연구개발인력교육원, 유네스코한국위원회, 전문대학교육협의회, 한국교육개발원, 한국교육방송공사, 한국교육과정평가원, 한국교직원공제회, 한국직업능력개발원	

경력구분	인정대상기관	인정대상경력
7) 재외교육기관 및 재외교육단체 근무 경력(5할 이내)	○「재외국민의 교육지원 등에 관한 법률」 제30조에 따라 등록된 재외교육기관 및 재외교육단체 ※ 한국학교 또는 교육원은 제외한다.	○ 근무한 경력
8) 학원 강사 근무 경력 (5할 이내)	○ 교육감에게 등록된 학원 또는 교육감에게 신고한 교습소	○「학원의 설립·운영 및 과외교습에 관한 법률」에 따라 등록된 학원의 강사 또는 신고된 교습소의 교습자로 근무한 경력 ※ 교습자 근무 경력은 관할 세무서에 사업자 등록, 소득세 및 부가세 신고 내역을 확인 ※ 교육감에게 등록 또는 신고하지 않은 학원/교습소의 강사/교습자 경력은, 근로소득세 납입증명서 등 객관적 증명자료를 제출한 경우에 한하여 3할 이내로 인정한다.
9) 회사 근무 경력(4할 이내)	○「상법」 제169조에 따라 상행위나 그 밖의 영리를 목적으로 하여 설립한 같은 법 제170조에 규정된 합명회사,합자회사,주식회사,유한회사(외국회사 또는 외국 사설연구소 포함)	○ 점원, 외교인(보험판매원, 외판원 등)이 아닌 직원으로 근무한 경력 ○ 선박에서 근무한 경력
10) 그 밖의 직업에 종사한 경력으로 교육부장관이 인사혁신처장과 협의하여 정하는 경력(3할 이내)	○ 민법에 따라 설립된 재단법인 및 사단법인 ○ 개별법에 의한 연구기관 등 법인체 ○ 법인격이 없는 개인회사 ○ 개인병원 또는 의료법인이 아닌 종합병원 ○「정당법」에 의해 설립된 정당의 사무처 ○ 학생을 직접 방문·지도를 목적으로 설립된「상법」 제170조에 규정된 회사 ○ 기타	○ 근로계약을 체결하고, 정기적인 보수를 지급받으며 근무한 경력 ○ 근로계약을 체결하고, 정기적인 보수를 지급받으며 근무한 경력 ○ 근로계약을 체결하고, 정기적인 보수를 지급받으며 근무한 경력 ○ 간호사 자격(면허)증을 가지고 간호사로 정기적인 보수를 지급받으며 상근한 경력 ○「정당법」 제30조에 규정된 유급사무직원으로 근무한 경력 ○ 정기적인 보수를 지급받으며 학생을 직접 방문하여 학습지 지도교사로 근무한 경력 ○ 2011년 12월 31일 이전 신규 임용된 교육공무원 중, 농업에 종사한 사람으로 다음에 해당하는 경우에만 인정한다. -「농지법」 제49조에 의한 농지원부에 명의 등록된 사람 -「농업협동조합법」 제19조에 의한 조합원 자격을 가진 사람 - 농업인 건강보험료 지원대상자 ※ 본인 명의의 농지세 납입증명서 및 영수증, 농지등기부등본, 당시 현지에 거주했던 주민등록등본 등을 검토하여 농업에 종사한 사실이 확인되는 경우에 한해 인정하며, 농지원부 명의 등록자와 부부관계이며 농지원부에 세대원으로 등록된 여성 농업인은 면장이 발급한 경작사실 확인서를 통해서도 인정 가능(인우증명, 사실증명 등은 제외)

비고: 위 표 제1호 및 제3호의 경력(제1호에 따른 경력 중 공무원으로 근무한 경력 및 제3호가목의 경력은 제외한다) 중 통상적인 근무시간보다 짧게 근무한 경력(1주 동안 15시간 미만 근로한 경력은 제외한다)에 대해서는 통상적인 근무시간에 비례하여 환산한다. 이 경우 통상적인 근무시간 및 환산 방법 등에 관한 구체적인 사항은 인사혁신처장이 정하는 바(공무원보수 등의 업무지침)에 따른다.

■ 「교육공무원 호봉획정시 경력환산율표의 적용 등에 관한 예규」 [별표 2]

교육공무원 등의 경력환산율표 비고1에 따른 경력환산율 상향 인정 기준

1. 실업(전문)계 교원의 임용 전 산업체 등 근무 경력(환산율 7~10할 이내)
   (구 「산업체 등 근무경력 교사의 임용전 경력환산율 상향 인정 기준」)

   1) 상향 인정 원칙
      가. 이 항목에 따라 산업체 근무경력을 인정하여 호봉을 상향 인정(재획정)하는 경우에는 그 상통여부(동일분야) 및 인정비율을 엄격하게 적용하되, 상통여부 판단은 「공무원보수 등의 업무지침」(인사혁신처 예규 제132호, 22.1.18.)에서 정한 기준을 준용하여 기관별 「호봉경력 평가심의회」를 거쳐 결정한다.
      나. 이 항목에 따른 산업체 근무경력의 상향 인정은 근무경력과 동일한 분야 담당과목 교사로 임용되는 경우에 한하여 인정하며, 이 항목에서 명시한 대상경력 외의 산업체 근무 경력은 경력 상향 인정 대상에서 제외한다.
      다. 과목 변경, 전직, 전과, 승진 등으로 해당 과목을 담당하지 않는 경우에는 원래의 경력환산율표(「공무원보수규정」 별표 22)를 적용하여 호봉을 재획정 하여야 한다.
         ※ 다만, 산업체 근무경력을 상향 인정받던 교원이 승진하여 특성화고, 마이스터고에 근무하는 경우에 한하여 상향된 경력을 인정한다(중학교, 일반고 등으로 발령받는 경우에는 상향된 경력을 인정할 수 없음)
      라. 비정규직 경력에 대한 환산율은 해당 경력별로 정해진 환산율에서 2할을 감하여 적용한다.

   2) 세부 적용 기준

합산대상교원	인정대상기관 (환산율)	인정대상경력
가. 중등학교 및 특수학교에서 실업(전문)계 교과 및 기술·가정, 기술, 가정을 담당하는 정교사, 준교사, 실기교사	• 법령에 의해 설립된 법인, 연구기관 (10할 이내) • 「상법」에 의한 합명회사, 합자회사, 주식회사, 유한회사(10할 이내) • 사업자등록이 된 개인사무소 등 (9할 이내)	• 고등교육과정 이수에 상응하는 국가기술자격증 취득 후 또는 대학(전문대학) 졸업 후의 경력으로, 교원자격증 표시 과목과 동일한 분야의 업무에 근무한 경력 ※ 이 항목에 따라 산업체 근무경력을 상향 인정받던 교원이 진로진학상담 교사로 발령받은 경우에는 특성화고, 마이스터고에 근무하는 경우에 한하여 상향된 경력을 인정한다. (중학교, 일반고등으로 발령받는 경우에는 상향된 경력을 인정할 수 없음)
나. 특수학교에서 의료·치료교육을 담당하는 정교사, 준교사, 실기교사	• 법령에 의해 설립된 법인, 연구기관 (10할 이내) • 「상법」에 의한 합명회사, 합자회사, 주식회사, 유한회사(10할 이내) • 사업자등록이 된 개인사무소 등 (9할 이내)	• 대학(전문대학) 졸업 후의 경력으로, 교원자격증 표시 과목과 동일한 분야의 업무에 근무한 경력

합산대상교원	인정대상기관 (환산율)	인정대상경력
다. 사서교사	• 법령에 의해 설립된 법인, 연구기관(10할 이내) • 「상법」에 의한 합명회사, 합자회사, 주식회사, 유한회사(10할 이내) • 사업자등록이 된 개인사무소 등(9할 이내)	• 대학(전문대학) 졸업 후의 경력으로, 사서자격증 소지 후 경력 또는 이에 상응하는 경력으로서 동일한 분야의 업무에 근무한 경력
라. 보건교사	• 학교법인, 의료법인 등 법인체 소속 종합병원(10할 이내) • 「지방공기업법」에 의해 지방공사로 설립된 병원(10할 이내) • 「지역보건법」 제10조 및 제13조에 따른 보건(지)소, 「농어촌 등 보건의료를 위한 특별조치법」 제15조에 따른 보건진료소(10할 이내) • 법령에 의해 설립된 법인(10할 이내) • 「상법」에 의한 합명회사, 합자회사, 주식회사, 유한회사(10할 이내) • 사업자등록이 된 개인사무소 등(9할 이내)	• 대학(전문대학) 졸업 후의 경력으로, 교원자격증 표시과목과 동일한 분야의 업무에(간호사, 물리치료사 또는 작업치료사 등) 근무한 경력
마. 영양교사	• 법령에 의해 설립된 법인, 연구기관(10할 이내) • 「상법」에 의한 합명회사, 합자회사, 주식회사, 유한회사(10할 이내) • 사업자등록이 된 개인사무소 등(9할 이내)	• 대학(전문대학) 졸업 후의 경력으로, 교원자격증 표시과목과 동일한 분야의 업무에 영양사로 근무한 경력
바. 전문상담교사	• 법령에 의해 설립된 법인, 연구기관(10할 이내) • 「상법」에 의한 합명회사, 합자회사, 주식회사, 유한회사(10할 이내) • 사업자등록이 된 개인사무소 등(9할 이내)	• 고등교육과정 이수에 상응하는 상담관련 국가기술자격증* 취득 후 또는 대학(전문대학)졸업 후의 경력으로 교원자격증 표시과목과 동일한 분야의 업무에 상담사로 근무한 경력 * 고등교육과정 이수에 상응하는 상담관련 국가자격증(전문상담교사, 청소년상담사, 임상심리사, 정신보건임상심리사)

2. 기타 경력환산율 상향 인정 기준(환산율 7~10할 이내)

1) 유·초·중등 각급학교에서 교원 업무를 수행한 것으로 볼 수 있는 경력

합산대상교원	인정대상기관	인정대상경력
가. 사립학교 교원	• 「초·중등교육법」 제3조에 규정된 사립학교(10할 이내)	• 「사립학교법」 제54조에 따라 교원의 임면을 승인 또는 보고하기 위해 일시적으로 소요된 기간으로, 정규교원의 업무를 수행했다고 입증되는 경력
나. 초등 보수교육과정 대상자로 모집된 중등교원	• 「초·중등교육법」 제2조에 규정된 초등학교(10할 이내)	• 초등 보수교육과정 수료 전, 초등학교 교원자격증 없이 초등학교에서 근무한 경력
다. 공립학교 교원	• 「초·중등교육법」 제3조에 규정된 공립학교(10할 이내)	• 교육대학 부설 교원양성소를 수료하고, 교원자격증 미발급 상태에서 강사로 근무하다가 자격증 발급 후에 정식으로 임용된 교원으로, 교원자격증 미발급 상태에서 강사로 근무한 경력

2) 대학교원의 상통직 경력(환산율 7~10할 이내)
　　가. 상통여부(동일분야)에 대한 판단은 엄격히 하되,「보수지침」에서 정한 기준을 준용하여 기관별「호봉경력 평가 심의회」를 거쳐 결정한다.
　　나. 비정규직 경력에 대한 환산율은 해당 경력별로 정해진 환산율에서 2할을 감하여 적용한다.

합산대상교원	인정대상기관	인정대상경력
가. 해양·수산계대학 기관과 담당교원	• 법인체 회사(10할 이내)	• 대학(전문대학) 졸업 후의 경력으로,「선박직원법」제4조에 따른 1급 이상의 해기사 면허 소지 후 경력 또는 이에 상응하는 경력으로서 국제항해에 승선하여 근무한 경력
나. 해양·수산계대학 통신과 담당교원	• 법인체 회사(10할 이내)	• 대학(전문대학) 졸업 후의 경력으로,「선박직원법」제4조에 따른 1급 이상의 해기사 면허 소지 후 경력 또는 이에 상응하는 경력으로서 통신장으로 승선하여 근무한 경력
다. 항공학과 담당교원	• 법인체 회사(10할 이내)	• 대학(전문대학) 졸업 후의 경력으로,「항공법」제29조의3에 따라 지정받은 항공종사자 전문교육기관에서 담당과목과 동일한 비행교육 업무에 근무한 경력
라. 농공학과 교원	• 농촌진흥공사(10할 이내)	• 농공학과 졸업 후의 경력으로, 농무직으로 근무한 경력
마. 의과대학 및 의학전문대학원 교원 (치과, 한의과, 수의과, 간호과 대학 및 전문대학원의 교원을 포함한다.)	• 의료법에 따른 의료기관(10할 이내) • 의료법에 따른 의료기관 중 개인병원 외 기관(10할 이내) • 의료법에 따른 의료기관 중 사업자등록이 된 개인병원(9할 이내)	• 대학(전문대학) 졸업 후의 경력으로, 전문의(전문간호사) 자격 취득 후 정기적인 보수를 지급받으며 근무한 경력 •「의료법」에 따른 전문의 자격 취득전 의사로 근무한 경력 •「의료법」에 따른 전문의 자격 취득전 의사로 근무한 경력
바. 대학 및 전문대학 교원	• 법령에 의해 설립된 법인, 연구기관(10할 이내) •「상법」에 의한 합명회사, 합자회사, 주식회사, 유한회사(10할 이내) • 사업자등록이 된 개인사무소 등(9할 이내)	• 대학(전문대학) 졸업후의 경력으로, 임용후 담당할 전공분야와 관련된 자격증, 면허증 또는 석, 박사학위 취득후 경력 또는 이에 상응하는 경력으로서 동일한 전문분야에서 정기적인 보수를 지급받으면서 근무한 경력

비고: 위 표 중 통상적인 근무시간보다 짧게 근무한 경력(1주 동안 15시간 미만 근로한 경력은 제외한다)에 대해서는 통상적인 근무시간에 비례하여 환산한다. 이 경우 통상적인 근무시간 및 환산 방법 등에 관한 구체적인 사항은 인사혁신처장이 정하는 바(공무원보수 등의 업무지침)에 따른다.

■ 「교육공무원 호봉획정시 경력환산율표의 적용 등에 관한 예규」 [별표 3]

교육공무원 등의 경력환산율표 비고 2 및 비고 3 관련 해설

1. [비고 2] 동등정도의 학교 졸업

(비고2) 같은 수준의 2개 이상의 학교를 졸업한 경우에는 1개 학교 외의 수학연수는 80퍼센트의 비율을 적용한다.

※ 수학연수는 학위를 취득하는데 필요한 법정최저연수로, 「고등교육법」 제31조 및 제48조의 수업연한 내에서의 실제로 수학한 연수를 뜻한다.
(예시) 편입생은 편입학년에서 학위 취득까지의 법정최저연수, 조기졸업생은 실제 수학연수(학기단위 계산), 추가학기 이수자는 법정 수업연한을 기준으로 계산

- 영 별표 22 비고 2에 해당하는 같은 수준의 학교란, 「초·중등교육법」 및 「고등교육법」에서 규정하고 있는 학교 중 수업연한, 교육과정, 학력인정 등을 종합적으로 고려하여 동등하다고 인정되는 학교를 의미한다.

취득한 학위		환산율
종류	개수	
「고등교육법」 제35조제1항에 따른 학사학위 또는 관련 법률에 따라 이와 같은 수준의 학력을 인정하는 학사학위	2개 이상	1개 학교 외의 수학연수의 80퍼센트
「고등교육법」 제50조제1항에 따른 전문학사학위 또는 관련 법률에 따라 이와 같은 수준의 학력을 인정하는 전문학사학위	2개 이상	1개 학교 외의 수학연수의 80퍼센트

※ 전문학사학위를 취득하고, 4년제 대학에 편입하여 학사학위를 취득한 경우(전문학사학위 1개, 학사학위 1개)에는 동등정도의 학교 졸업으로 볼 수 없다.(학점은행제를 통해 전문학사학위를 취득하고, 4년제 대학에 편입학하여 학사학위를 취득한 경우도 동일)

- 동등정도의 학교 졸업 인정은 교원자격 취득을 위한 학력 외 사범계학교(대학에 설치하는 교육계 학과 포함) 졸업자 또는 임용된 교원자격증 표시과목과 동일한 분야의 학위를 취득한 자에 한하여 인정

2. [비고 3] 학력과 경력의 중복

(비고 3) 학력과 경력이 중복되는 경우에는 그 중 하나만 산입한다.

- 학력: 법정수학연한과 관계없이 해당 교원이 실제 학교를 다닌 기간(입학일~졸업일, 휴학기간 제외)을 의미한다.
- 학력과 경력의 중복을 판단함에 있어 기간의 계산은 학기단위로 한다.
  ※ 1학기: 3월 1일~8월 31일, 2학기: 9월 1일~2월 28일(말일)
  ※ 입학일(예시: 3월 4일)과 졸업일(예시: 2월 14일)이 있을지라도 3월 1일과 2월 말일을 기준으로 학령기간(학력기간)을 계산하며, 경력과 중복여부 판단 시에도 동일하게 계산한다.
  - 학기별로 계산할 때에는 휴학, 유급 등을 제외하고 실제로 수학한 기간만으로 계산한다.
  ※ 실제 수학기간이 법정 수학연한을 초과할 경우에는 최초 입학일을 기준으로 휴학 등을 제외한 법정 수학연한을 학령기간(수학기간)으로 본다.

1. 독학사, 학점은행제는 취득에 소요되는 기간을 산정하기 곤란하나, 영 별표 23 비고에 따라 인정되는 학령만큼 학력으로 인정한다.
2. 독학사, 학점은행제의 학력과 경력 중복 기간 계산방법
   : 학위취득 시점부터 역산하여 인정되는 학령 기간만큼 학력으로 인정하여, 해당 학령 기간 내 중복되는 경력이 있는 경우 그 중 1개만 산입한다.
   ※ 학위취득 시점: 독학사 학위(2. 28. 기준), 학점은행제 학위(2. 28. 또는 8. 31. 기준)

8 교육공무원 호봉 관련 FAQ

🔹 **교육공무원의 호봉획정 시「공무원보수규정(이하 '영'이라 함)」과「교육공무원 호봉획정시 경력환산율표의 적용 등에 관한 예규(이하 '예규'라 함)」의 내용이 다른 경우 유리하게 적용되는 것으로 계산하면 되는지?**

☞ 「국가공무원법」 및 「지방공무원법」에 대한 특례 규정인 「교육공무원법」에 따른 교육공무원은 영과 예규에 의하여 호봉획정을 시행하여야 함. 다만, 예규는 영에서 위임하거나 영 [별표 22]의 구체적인 해석과 적용 기준을 정하고 있으므로 호봉획정 시 영과 예규의 내용이 불일치할 경우 유불리에 관계없이 영의 내용을 적용하여야 하는 것이 타당함.

🔹 **교육공무원의 호봉획정 시 예규의 해석이 불분명하여 예규 제정 이전 교육공무원보수업무편람 등의 해석을 기준으로 적용해도 되는지?**

☞ 예규 부칙〈제42호, 2011. 10. 20.〉 및 〈제43호, 2012. 2. 6.〉에 따라 예규 시행(제정)으로 기존의 '교육공무원 보수업무 편람' 및 각종 지침(공문 포함)의 내용은 효력이 없으며, 호봉획정 시행을 위한 단순 참고 자료로 활용할 수는 있을 것임. 다만, 예규 시행(제정) 이전에 적법하고 적절한 방법으로 인정받은 경력에 대해서는 예규의 내용에도 불구하고, 종래의 호봉을 인정할 수 있을 것임.

🔹 **전력조회와 호봉경력 평가 심의회(이하 '심의회'라 함)는 반드시 거쳐야 하는지?**

☞ 영 제10조 및 「공무원보수 등의 업무지침」(인사혁신처예규, 이하 '보수지침'이라 함), 예규에 따라 유사경력은 반드시 전력조회를 실시하여야 하며, 유사경력 외 경력은 경력증명서 등의 내용이 불명확한 경우 실시함. 또한 유사경력에 대해 호봉 획정하기 전에 심의회를 거쳐야 함.

🔹 **민간기업체가 폐업하여 전력조회나 경력증명서의 발급이 불가능할 경우 경력으로 인정할 수 없는지?**

☞ 보수지침 및 예규에 따라 경력증명기관의 경력증명서를 발급받지 못하거나, 전력 조회가 불가능한 경우 국민건강보험공단 자료, 금융기관 보수 입금내역, 세무서 근로소득납세증명 등의 객관적 증빙자료를 제출받아 경력의 인정 여부 등을 심의할 수 있을 것임.

🔹 대학 졸업 후(2000. 2. 11.) 군에 입대(2000. 2. 15.)한 경우 경력의 인정은?

☞ 영 [별표 22] 비고 3에 따라 학력과 경력이 중복되는 경우 그 중 하나의 경력만 인정할 수 있으며, 예규 [별표 3]에 따르면 학력과 경력의 중복을 판단함에 있어 기간의 계산은 학기 단위로 하여야 함. 따라서 예규 Ⅱ-2-나 예시와 같이 대학은 2월 말까지 다닌 것으로 계산하고 군은 3월 1일 입대한 것으로 간주하여 계산해야 할 것임.

🔹 중등학교 교원자격증을 보유하고 초등학교에서 주당 12시간 이하의 근무 시간으로 근무한 강사 경력의 환산율은?

☞ 영 [별표 22]에 따라 학교에서 근무한 강사 등 경력은 교육부장관이 정하는 바에 따라 30%~100%의 환산율을 적용할 수 있으며, 예규 [별표 1]에 따르면 시간제 강사로 근무한 경력 중 주당 실근무시간이 명확하지 않거나 12시간 이하인 경우 30%의 환산율을 적용하여야 할 것임. 다만 소지한 교원자격증의 종류와 근무한 학교급이 일치하지 않는 경우 주당 근무 시간에 비례하여 계산한 환산율에 추가로 감한 최종 환산율이 30%로 미만일지라도 30%의 환산율을 적용하는 것이 타당할 것임.
  ※ 위 (질의 1)을 참고하시기 바람

🔹 대학원 석사과정 수학 중 임용되어 임용 후 석사학위를 취득한 경우에는 석사학위 취득 기간이 호봉에 반영되는지?

☞ 영 [별표 22]에 따르면 대학원에서 석사학위 또는 박사학위를 취득한 경우는 유사경력 중 연구경력에 해당하며, 영 제8조제2항에 따라 경력과 경력이 중복될 때에는 그 중 유리한 경력 하나에 대하여만 인정할 수 있을 것임. 따라서 임용 후 석사학위를 취득하였다면 임용 전 실제 수학기간에 대해서만 경력으로 인정할 수 있을 것임.

🔹 교육공무원이 동반휴직 중 석사학위를 취득한 경우, 복직 시 석사학위 취득경력(연구경력)으로 호봉에 인정할 수 있는지?

☞ 휴직제도는 공무원이 일정한 사유로 직무에 종사할 수 없음에도 면직시키지 않고 신분을 보장하기 위함이 그 목적이며, 교육공무원은 「교육공무원법」 제44조제1항 각호의 사유에 맞게 휴직을 신청할 수 있음. 교육공무원의 육아휴직 또는 동반휴직 중 석·박사학위 취득은 휴직 사유에 부합되는 것으로 판단할 수 없으며, 「교육공무원법」 제44조제1항제5호에 따라 학위취득을 목적으로 해외유학을 하거나 외국에서 1년 이상 연구 또는 연수를 하게 된 경우 휴직을 신청할 수 있고, 「국가공무원법」 제56조에 따라 모든 공무원은 법령을 준수하며 성실히 직무를 수행하여야 하는 점 등 관계 법령을 종합적으로 고려할 때 동반휴직 중 석사학위 취득은 경력으로 인정하기 어려울 것임.

2025 교육공무원
인사실무편람

2025 교육공무원
인사실무편람

초등
유아

GYEONGGIDO OFFICE OF EDUCATION

제8장

NEIS 교원인사관리

1. NEIS 인사기록 관리 527
2. NEIS 교원인사 임용발령 534
3. NEIS 교원인사 권한부여 545
4. 발령대장 554

미래교육의 중심 새로운 경기교육

GYEONGGIDO OFFICE OF EDUCATION

1 NEIS 인사기록 관리

2009. 3. 1.자 기준으로 교육공무원 인사기록을 NEIS로 전환하였으므로, 「교육공무원 인사기록 및 인사사무 처리 규칙」에 의해 기존 수기 인사기록 카드에서 관리하던 내용을 NEIS에서 정확히 기록 및 관리해야 한다.

[NEIS 인사기록 세부 항목별 담당]

담당자	인사기록 항목	내 용
각 개인	개인신상	• 개인신상 변경 시 개인이 직접 수정(사진, 주소, 생활근거지, 한자/영문 성명 등)
도교육청 및 교육지원청 인사담당자	자격취득, 연수, 포상/서훈, 연구실적	• 추기기간에 본인이 NEIS [개인정보변경신청]메뉴를 통해 신청 후 신청서 및 증빙서류 제출, 관할 기관에서 승인 • (자격취득) 국가기술자격법에 의거 시행된 기능계·기술계·서비스계 자격증 관리 • (연수) 연수기관으로부터 보고된 연수결과는 도교육청 연수담당부서에서 일괄 등록하고 있음(누락, 오기 사항은 추기기간에 처리) • (포상/서훈) 포상/서훈에 관련된 사항 관리 – 연구실적으로 받은 상(1등급 등)은 등록사항 아님(연구실적에 등록) • (연구실적) 연구실적 사항 관리

도교육청 및 교육지원청 인사담당자	근무사항, 외국어해득, 외국시찰수학, 징계/형벌, 경력	• 추기기간에 본인이 추기신청서 및 증빙서류 제출, 관할 기관에서 직접 입력
		• (근무사항) 개인근무사항과 관련된 사항 관리
		• (외국어능력) 외국어 능력 수준 관리
		• (외국시찰수학) 외국시찰 및 수학에 관련된 사항 관리
		• (징계/형벌) 징계 사항 발생 시 관할 기관에서 등록
		• (경력) 임용, 전보 등 발령사항 발생 시 관할 기관에서 등록
		  – 신규채용 이후의 모든 발령사항 등록
		  – 타시도에서 전입한 교원은 타시도 경력을 이어서 사용
		  – 사립특채자의 사립교원 경력은 [임용전경력]탭에 등록
		  – 보직교사(부장교사), 담임교사, 순회교사 임용은 학교 인사업무담당자가 등록

	비고	• 개명 시 관할 기관에 개명한 내용 등록 요청 • 불문경고 기재 • 기타 특이사항 기재

	자격면허	• 소지한 교원 자격증 조회([자격면허] 탭에서 입력 불가)
		• 발급기관에서 교원자격 등록 시 자동으로 등재
		• 누락 자격이 있을 경우 먼저 발급 기관에 연락하여 자격등재여부 확인 후, 등재하지 않았으면 해당 기관에 등록요청
		  – 2정은 출신대학에 문의
		  – 1정은 교원자격증을 발급 받은 해당 시도교육청 교원자격담당부서로 문의

도교육청 및 교육지원청 인사담당자	가산점	• 학교폭력예방유공교원 가산점 일괄등록 • 학교폭력예방유공교원 명단 및 내용 정정은 학교폭력예방담당부서로 직접 문의
	승급기록	• [승급기록] 탭에 직접 입력하여 처리 하지 않음 • 호봉메뉴에서 처리(초임호봉획정, 정기승급, 재획정, 정정)한 내용이 자동반영

학교별 업무담당자	병역, 가족, 학력 (학위취득 포함)	• 증빙서류 및 추기신청서 학교 업무담당자에게 제출
		• 학교 담당자가 인사기록(인사권한)에서 직접 등록
		• (학력(학위취득포함))
		  – 고등학교 이상의 학력은 모두 등록
		  – 학위취득은 별도 입력 작업 없음
		    (학력에 석사과정졸업 이상 등록 시 학위취득 항목에 자동으로 반영)

가. NEIS 인사기록 주요 탭 설명

1) 근무사항

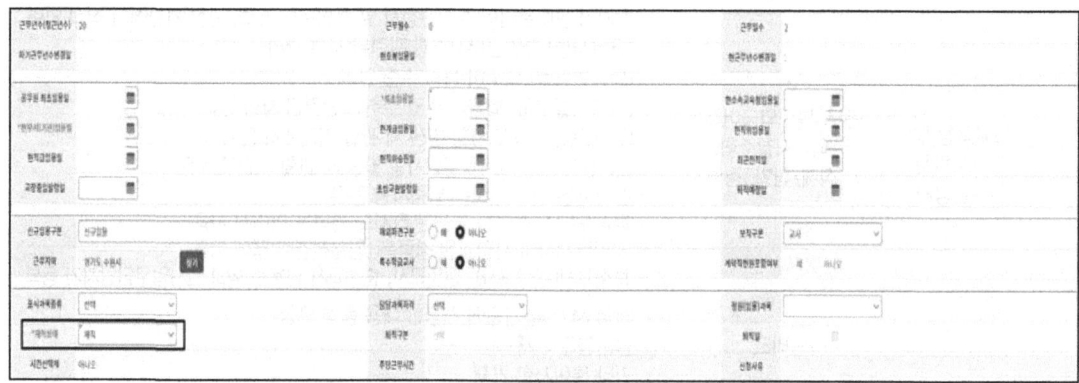

- 개인근무사항과 관련된 사항 관리
- 담당과목자격 및 정원(임용)과목은 현임교 발령과목을 입력
- 근무사항의 초중구분, 교원구분, 공사립구분, 재직상태는 [교원인사]-[인사기록]-[인사권한등록]의 권한분류 인사기록(인사권한) 설정과 관련됨
- 공무원구분 '행정부국가공무원', 직종 '특정직', 직종세부 '교육'으로 입력
- 호봉잔여일수, 현호봉임용일 등 호봉과 관련된 내용은 수정 불가 ([승급기록] 탭의 내용이 반영됨)

> ※ 호봉업무처리 시 정기승급대상자는 [근무사항] 탭의 내용을 참고하여 선정됨
> ☞ [승급기록] 탭에 올바르게 들어가 있더라도 [근무사항] 탭에 반영되어 있지 않으면 대상자 선정 안 됨
> ☞ [승급기록] 탭의 {근무사항반영}버튼을 눌러 [근무사항]탭과 [승급기록]탭의 내용이 일치되도록 하여야 함

- 공무원최초임용일 : 임용전경력을 포함한 공무원 최초 임용일
- 최초임용일 : 현 경력에서의 공무원 최초 임용일

- 보직구분 : 원 소속교에서 [교원인사]-[임용발령]-[퇴직예정 및 겸임자관리]-[보직구분설정(학교)]에서 설정 가능
- 사용자의 재직상태는 '재직'이나 나이스 및 업무포털에 로그인이 불가능 한 경우 {연계재전송} 버튼을 눌러줌
    - ☞ 학교에서는 인사기록(인사권한-조회)에서 가능
    - ☞ 임용 전 사립교사나 기간제교사로 재직하고 있던 신규임용자의 경우, 임용 전 재직교에서 <u>신규임용 발령일 이후 퇴직 처리하면, 퇴직정보가 신규임용 후의 재직정보와 연계되어 나이스 로그인이 불가능하므로 {연계재전송}버튼을 눌러줌</u>

> [개명 시 업무 처리 방법]
> ① 관할 교육지원청으로 증빙서류 첨부 (초본, 법원판결문 등)
> ② 교육지원청 인사담당자가 [근무사항]탭의 이름 정정 및 [비고]탭에 개명전후 이름 기재 (개명 후 [개인신상]의 영문이름, 한자등은 신청인이 직접 수정)
> ③ 개명 후 [자격면허]의 내용은 삭제되며, 해당 자격면허발급기관에 연락하여 본인의 교원자격증의 이름도 정정해야 자격면허도 다시 불러와짐
> ④ 계약직 교원의 개명 시 위 ①,②에서 교육지원청을 소속학교로 교체하여 적용

※ 퇴직교육공무원: 「공공기록물법」 제5조에 의거 퇴직교육공무원 인사기록 변경 불가(교육부 교원정책과-1428 (2020.3.10.))
「공공기록물법」 제5조(기록물관리의 원칙) 공공기관 및 기록물관리기관의 장은 기록물의 생산부터 활용까지의 모든 과정에 걸쳐 진본성(眞本性), 무결성(無缺性), 신뢰성 및 이용가능성이 보장될 수 있도록 관리하여야 한다.

2) 개인신상
- 개인이 직접 수정 가능. 나이스 로그인 후 왼쪽 [기본메뉴]-[인사]-[인사기록]-[기본사항]-[개인신상]에서 사진등록 및 내용 수정 가능(생활근거지는 전보내신서 작성 시 활용됨)

3) 병역

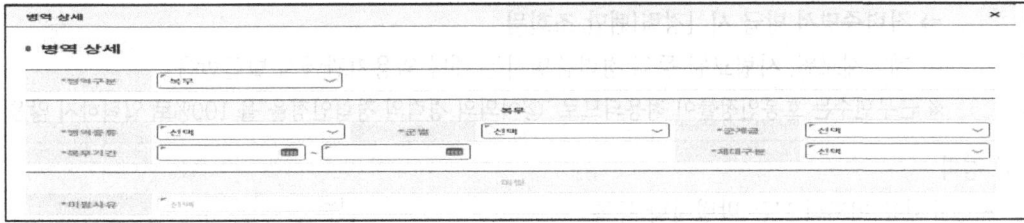

- 병역구분을 선택(복무, 미필)하여 내용을 입력 후, 저장

4) 가족

- 관계, 성명, 생년월일 입력 후, 저장

5) 학력(학위취득)
    - 고등학교 이상의 학력은 모두 등록
    - [학위취득] 탭에서 입력·수정할 수 없으며, 석사과정 이상 등록된 내용이 자동으로 조회

6) 임용 전 경력

- 교육공무원으로 임용되기 이전의 계약제교원, 사립교원 등의 경력을 입력
- 임용전 군경력은 [병역]탭에만 기재, 임용후 군경력은 [병역]탭 기재 및 [경력]탭에 병역휴직 기재
- 호봉인정률 : 초임호봉획정 시 교육공무원 등의 경력환산율표에 따라 인정되는 호봉환산율을 입력
- 사학연금가입여부 : 사립학교 교직원의 경우 해당 경력의 사학연금가입여부를 표시함(연가 산출용 재직기간 산정 시 활용됨)
- 경력인정률 : 경력증명서 발급 시 사용되는 부분임
    ① 경기도교육공무원으로 근무한 경력(경기도교육공무원으로 근무하다 퇴직하고 다시 임용시험 등을 거쳐 재임용된 경우)는 경력인정률을 100%로 입력
        ⇒ 경력증명서 발급 시, [경력]탭과 [임용전경력]탭의 내용이 함께 조회됨
    ② 이 외의 경력(계약제교원, 사립교원 경력 등)은 경력인정률을 0%로 입력
        ⇒ 경력증명서 발급 시, [경력]탭만 조회됨
        ⇒ 계약제교원, 사립교원 등의 경력증명서는 해당 임용기관에서 발급받음
    ※ 근무년수는 호봉인정률이 적용되므로 "②이외의 경력의 경력인정율"을 100%로 입력하지 않음

7) 경력
    - 신규채용 이후의 모든 발령사항 등록
    - 타시도에서 전입 온 교원은 타시도 경력을 이어서 사용
    - 사립특채자의 사립교원 경력은 [임용전 경력] 탭에 등록
    - 보직교사, 담임교사 발령은 각 학교의 교감이 [교원인사]-[임용발령]-[임용기안문작성]-[보직(담임)교사]에서 발령함
        ☞ 부장담임 발령 시 [경력] 탭에서는 보직교사로 등록되며, 부장교사·담임교사 외에는 경력에 보직을 등록하지 않음

- 질병, 육아 및 가족돌봄 휴·복직은 학교장발령이나 나이스 처리는 관할 교육지원청에서 함

8) 연수

- 종료일 기준 2012.08.31. 이전 학점화 대상 연수이면서 연수시간이 15시간 이상인 연수만 15시간마다 1학점으로 계산하여 인정 (예: 15~29시간은 1학점, 60~74시간은 4학점)
- 종료일 기준 2012.09.01 이후 학점화 대상 연수는 연간 누적 연수시간에 대해 15시간 이상마다 1학점으로 환산하여 인정되며 평정학점은 입력란 비활성화, 자동 기입됨 (연도별 연수종료일 기준 마지막 연수에만 연도별 연수시간누계에 따른 평정학점이 기재됨)
- 직무연수담당부서(경기도교육청 교육역량정책과)로 결과보고 된 연수결과는 일괄등재하며 그 외에는 인사기록 추기기간에 개별 추기함

9) 포상/서훈
- 모범수당 적용을 받는 경우 모범수당여부 '예' 체크, 모범수당적용기간 입력
- 연구실적으로 받은 상(1등급 등)은 [포상/서훈]이 아닌 [연구실적] 탭에 등록

10) 징계/형벌
- [징계/형벌] 탭에서 입력·수정할 수 없으며, [교원인사]-[징계] 메뉴에서 처리함
- [교원인사]-[임용발령]-[임용기안문작성(직위해제)]에서 임용발령 낸 사항은 경력 탭에 기재됨

11) 자격면허
- [자격면허] 탭에서 입력·수정할 수 없으며, 발급기관에서 교원자격증 등록 후 자동으로 조회
- 누락 자격이 있을 경우는 ① 먼저 해당 교원자격증 발급기관에 연락하여 자격증 등재 여부를 확인한 후 ② 등재하지 않았으면 등록을 요청하고, ③ 발급기관에서 등록했음에도 조회되지 않은 경우는 교원자격담당부서(경기도교육청 교원인사정책과 자격면허담당자)로 문의

12) 승급기록
- [승급기록] 탭에서 직접 입력·수정하지 않으며, [교원인사]-[호봉] 메뉴에서 처리해야 함
- 최근 승급기록의 내용이 [근무사항] 탭과 다를 경우, 해당 내용 체크 후 {근무사항반영}버튼 클릭 (관할 교육지원청 인사담당자와 협의하여 처리)
  ※ 휴직복직자의 호봉재획정 시 나이스 복직처리 전에 미리 호봉재획정을 하였다면, 승급기록의 내용이 [근무사항]탭에 반영되지 않으므로, 호봉재획정은 반드시 나이스 복직발령 후 실시

나. NEIS 인사기록 정정

1) 관리자별 정정가능 항목
   가) 본인이 관리하는 항목
      - 개인신상: 개인별로 수시로 나이스 [기본메뉴]-[인사]-[인사기록]-[기본사항]-[개인신상]에서 사진등록 및 내용 수정 가능

   나) 학교업무담당자가 관리하는 항목
      - 병역, 가족, 학력 : [교원인사]-[인사기록]-[인사기록관리]-[인사기록(인사권한)] 메뉴의 해당 항목에 등록
        ※ 현임교 재직 시의 경력 중 순회교사겸임발령, 보직교사발령은 학교업무담당자가 관리하고, 누락된 전임교의 발령사항은 현임교 관할 교육지원청으로 추기신청(증빙서류 첨부)

   다) 교육지원청 담당자가 승인하는 항목
      - 자격취득, 연수, 포상/서훈, 연구실적 : 개인별로 추기기간에 추기신청 후, [기본메뉴]-[인사]-[인사기록]-[개인정보변경신청]메뉴에서 추가, 변경, 삭제 신청하면 관할 교육지원청 담당자가 승인/반려 처리
      - 외국어능력, 외국시찰수학, 징계/형벌, 경력, 근무사항, 비고 : 개인별로 추기기간에 추기신청 하면, 관할 교육지원청 담당자가 [교원인사]-[인사기록]-[인사기록관리]-[인사기록(인사권한)] 메뉴의 해당 항목 탭에 등록, 수정
        ※ 보충기재란은 현재 사용하지 않으며 자격면허는 자동 기입됨
      - 임용전경력 : 개인별로 추기기간에 추기신청하면, 관할 교육지원청 ①호봉업무담당자가 증빙 서류 확인 후 인사기록 업무담당자에게 등록 요청하고, ② 인사기록 업무담당자가 [교원인사]-[인사기록]-[인사기록관리]-[인사기록(인사권한)] 메뉴의 해당 항목에 등록
      - 호봉, 승급기록 : [교원인사]-[호봉]메뉴에서 초임호봉획정, 정기승급, 재획정, 정정함

2) 추기기간 내 추기방법 안내 (추기는 연중 5월, 10월 2회 진행함)
   가) 개인 인사기록 추가, 변경, 삭제 신청
      - 메뉴 : [기본메뉴]-[인사]-[인사기록]-[개인정보변경신청] 메뉴에서 추가, 변경, 삭제 신청

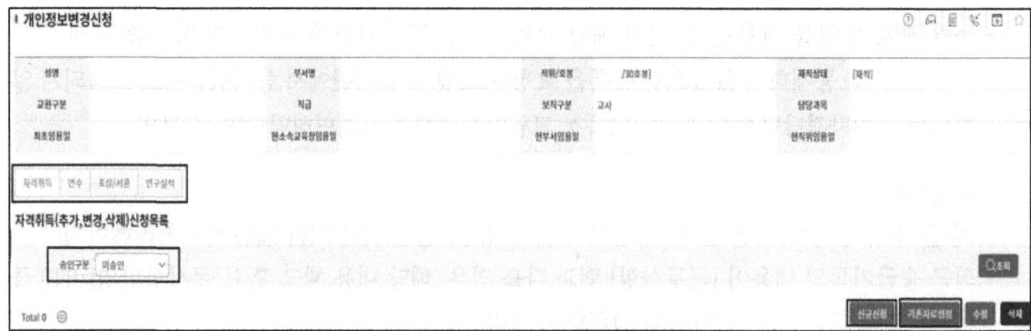

      - 자격취득, 연수, 포상/서훈, 연구실적만 개인정보변경신청
      - 신규신청 : 인사기록에 누락된 내용을 "추가" 신청

- 기존자료정정 : 인사기록에 등록된 내용을 "변경" 또는 "삭제" 신청
- 수정, 삭제 : 신규신청 및 기존자료정정 신청한 내용을 수정하거나 삭제
 (교육지원청 인사담당자가 승인처리 하기 전에 가능)
- 미승인, 승인완료, 반려, 전체 : 교육지원청 인사담당자의 승인현황 확인 가능

나) 관할 교육지원청 업무담당자 승인, 반려
- 메뉴 : [교원인사]-[인사기록]-[개인정보변경관리]-[개인정보변경승인]클릭
- 신청기간, 학교명 조회하여 인사기록 탭별 신청내용 확인
- 추기 신청내용과 증빙서류를 비교 대조하여, 해당 자료를 선택하고, {승인}버튼을 클릭하여 NEIS 인사기록카드를 추기
- 반려할 경우 반려사유를 입력

다) 관할 교육지원청 업무담당자(개인정보변경승인자관리) 설정 안내
- 메뉴 : [교원인사]-[인사기록]-[개인정보변경관리]-[개인정보변경승인자관리] 클릭
- 승인자명 조회, 해당탭명 체크 후 저장, 체크되어진 항목만 보임

2 NEIS 교원인사 임용발령

전보, 휴직, 복직, 파견 등 교원의 임용사항을 발령은 기안문작성-기안문상신-결재처리-기안문시행의 절차를 거친다.

가. 휴·복직 NEIS 발령

1) 휴직 NEIS 발령
   가) 기안문 작성
   (1) 메뉴: [교원인사] - [임용발령] - [임용발령기안문작성(휴복직)] - [휴직]

   (2) {행추가} 버튼을 클릭 후, 제목 박스란에 기안문 제목을 입력하고 {저장} 버튼을 클릭한 다음, 기안세부내용을 작성하기 위해 해당 기안문 제목을 클릭

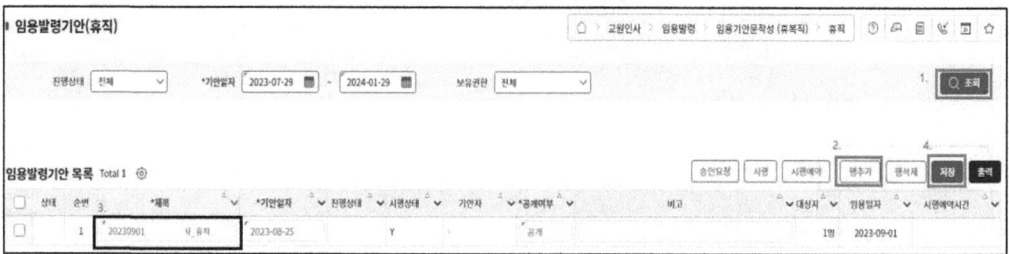

   (3) {추가}버튼을 눌러 성명은 {대상자선택} 버튼을 이용해 입력하고, 임용일 입력, 임용구분 선택, 임명권자 입력, 휴직기간에서 종료일 입력 후, {저장} 버튼을 클릭
   - 임용구분이 학교장에게 재위임된 사항인 1호:질병휴직, 7호:육아휴직, 9호:가족돌봄휴직인 경우는 임명권자가 학교장임
   - 육아휴직인 경우, 휴직사유에 양육대상자 정보를 입력(질병휴직은 질병명, 가족돌봄휴직은 돌봄대상자 정보를 휴직사유에 입력)
     예시) 첫째: 홍○○(2011.03.01) 또는 첫째: 출산예정일(2011.05.01)
   - 임용일, 임명권자를 입력 후 {고정} 버튼을 클릭하면, 아래 임용일, 임명권자를 매번 입력하지 않아도 되므로 여러 명을 입력 시 편리함

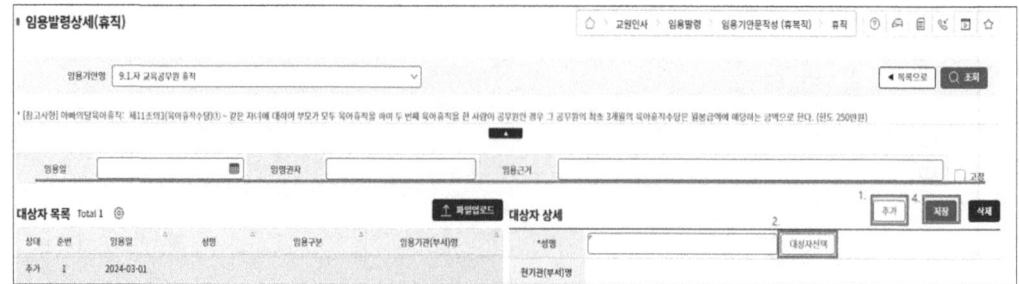

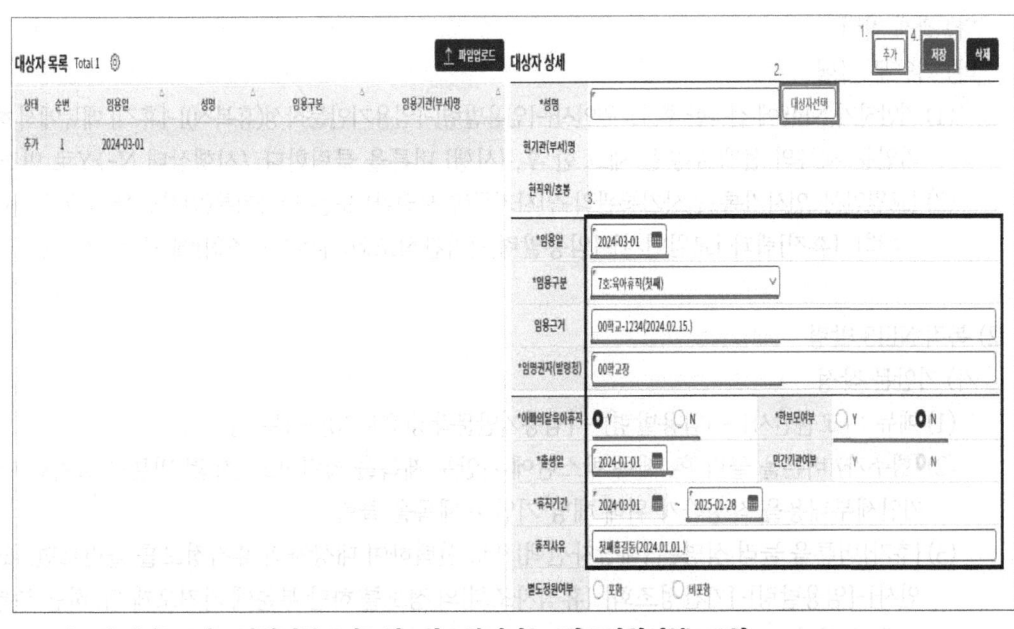

※ 본교복직자는 별도정원여부: 비포함, 타교복직자는 별도정원여부: 포함
※ 아빠의달 육아휴직 대상자는 **아빠의달육아휴직유무**를 "예"로 선택(두번째 휴직자 1명만 선택)

(4) {저장} 버튼을 클릭하면 입력된 내용이 왼쪽에 표시되며, 이러한 방법으로 다른 대상자들을 입력하여 {저장}한 후, {목록으로} 버튼을 클릭

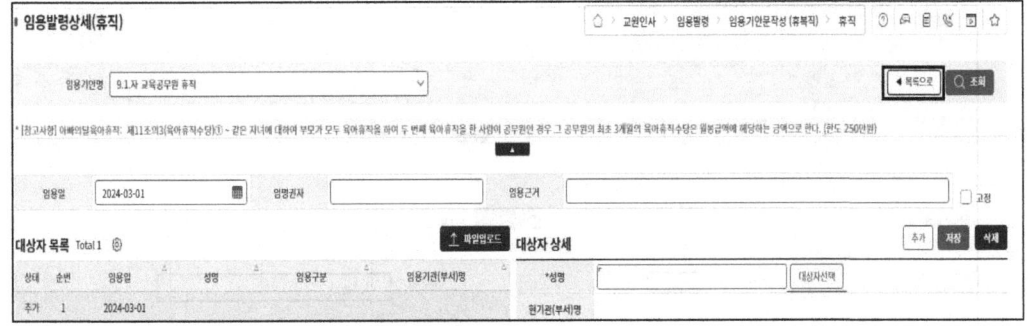

나) 기안문 상신 : 해당 기안문 제목의 선택 부분을 체크 한 후, {승인요청} 버튼을 클릭하여 상신

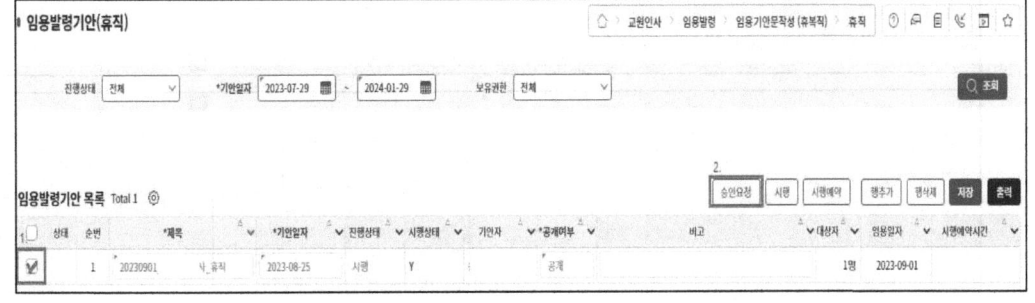

다) 결재 처리
라) 기안문 시행
   (1) 기안자가 NEIS에 접속한 후, [교원인사]-[임용발령]-[임용기안문작성(휴복직)]-[휴직] 메뉴에서 해당 기안문 제목의 선택 부분을 체크 한 후, {시행} 버튼을 클릭한다. (시행상태 N->Y로 변경됨)
   (2) [교원인사-인사기록-인사기록관리-인사기록(인사권한) 또는 인사기록(인사권한-조회)] 메뉴의 [경력], [휴직]탭과 [교원인사]-[임용발령]-[기간성조회]-[휴직자조회]에 자동 입력됨

2) 복직 NEIS 발령
   가) 기안문 작성
      (1) 메뉴 : [교원인사] - [임용발령] - [임용기안문작성(휴복직)] - [복직]
      (2) {행추가} 버튼을 클릭 후, 제목 박스란에 기안문 제목을 입력하고 {저장} 버튼을 클릭한 다음, 기안세부내용을 작성하기 위해 해당 기안문 제목을 클릭
      (3) {추가}버튼을 눌러 성명은 {대상자선택}으로 선택하여 대상자의 휴직정보를 불러오면, [교원인사]-[임용발령]-[기간성조회]-[휴직자조회]의 정보를 하단 부분에 가져오게 됨. 하단 부분의 내용이 없거나 다른 경우는 복직처리가 불가하며 [경력]탭과 [기간성조회]의 휴직 내용을 검토·정정해야 함
   나) 기안문 상신 : 해당 기안문 제목의 선택 부분을 체크 한 후, {승인요청} 버튼을 클릭하여 상신
   다) 결재 처리
   라) 기안문 시행

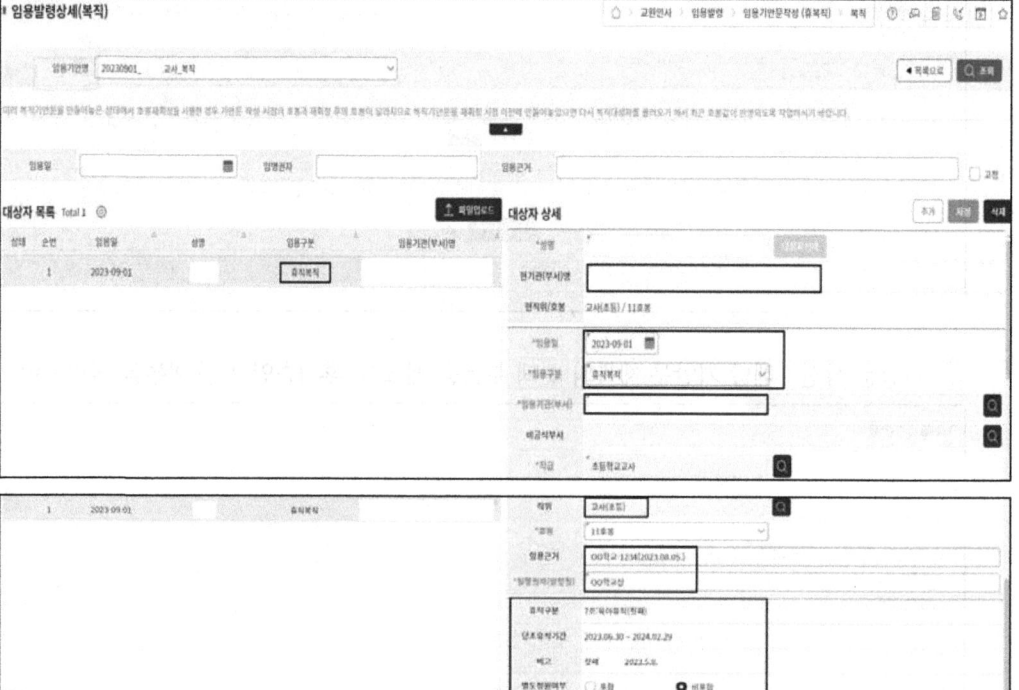

3) 휴직/복직 발령처리 수정 및 삭제
   가) 메뉴: [교원인사]-[인사기록]-[인사기록관리]-[인사기록(인사권한)]의 [경력]탭 및 [교원인사]-
       [임용발령]-[기간성조회]-[휴직자조회]
   나) [경력]탭의 수정내역을 올바르게 정정하고, 반드시 [교원인사-임용발령-기간성조회-휴직자
       조회]의 내용도 정정함 (급여작업 시 휴직수당은 기간성조회-휴직자조회의 내용을 참고함.
       [경력]탭과 [휴직자조회]의 내용이 상이할 경우 급여작업 시 문제가 됨)

- 복직일자는 복직 발령 시행 후 입력됨
- 복직예정일자는 [교원인사]-[임용발령]-[임용발령기안문작성(휴복직)]-[휴직]의 휴직기간의 종료일이 입력됨
- 휴직연장 임용일자는 가장 마지막 휴직연장의 임용일 입력됨
- 정정을 완료하면 자동으로 연계 재전송됨

※ 육아휴직 후 유산, 사산으로 복직을 한 경우 처리 방법
  ① [교원인사-임용발령-임용발령기안문작성(휴복직)-복직] 메뉴에서 시행
  ② [교원인사-인사기록-인사기록관리-인사기록(인사권한)] 메뉴의 [경력]탭에서 해당 육아휴직사항을 선택 후 임용구분을
     7호:육아휴직으로 변경하고 '비고'란에 유산 또는 사산 등으로 수정·저장

나. 전보 NEIS 발령

1) 전보 NEIS 발령
   가) 기안문 작성
      (1) 메뉴 : [교원인사] - [임용발령] - [임용기안문작성] - [전보]
      (2) {행추가} 버튼을 클릭 후, 제목 박스란에 기안문 제목을 입력하고 {저장} 버튼을 클릭한 다음, 기안세부내용을 작성하기 위해 해당 기안문 제목을 클릭

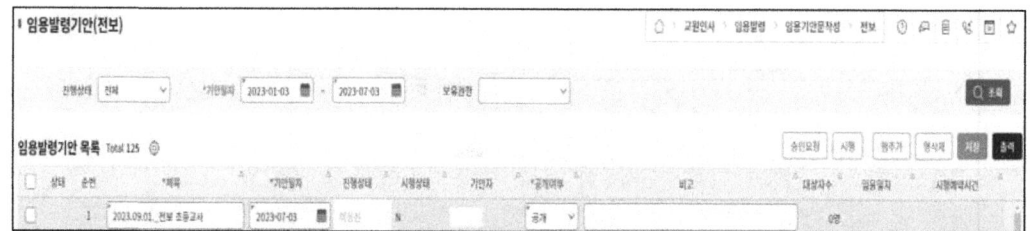

      (3) {추가}버튼을 눌러 성명은 {대상자선택} 버튼을 이용해 내용을 입력하고, {저장} 버튼 클릭
         - 임용구분은 교육청내(부처내)전보로만 함 (부처간전보는 도교육청에서 시행)
         - 부서, 직급, 직위, 임명권자, 정원(임용)과목, 담당과목자격 확인함

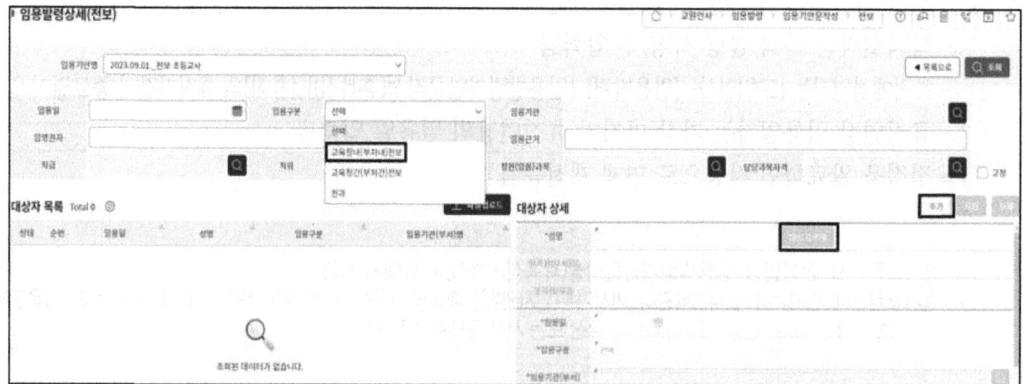

         - 대상자가 다수이고 개인번호(또는 주민번호), 임용기관코드를 알 경우 {파일업로드} 가능

   나) 기안문 상신 : 해당 기안문 제목의 선택 부분을 체크 한 후, {승인요청} 버튼을 클릭하여 상신

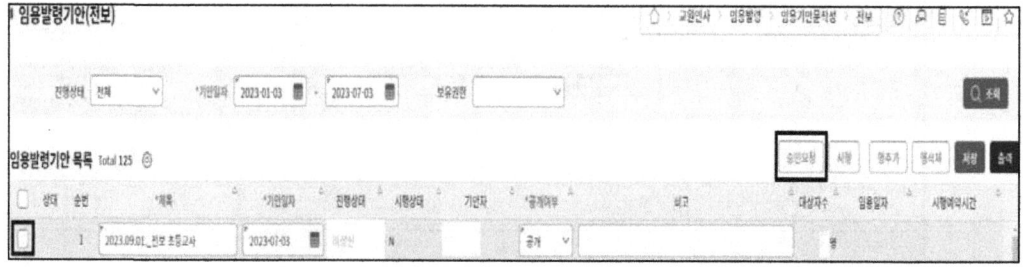

다) 결재 처리 후 권한자동삭제
※ 권한 자동 삭제 발령 : 퇴직, 휴직, 직위해제, 전직, 전보, 파견, 시도간전출입
※ 도교육청에서 타시도전입, 파견복귀, 휴직복직, 승진, 교육청간(부처간)전보 처리를 한 후 교육지원청에서 교육청내(부처내)전보 처리함

다. 교원초빙 NEIS 발령

1) 기안문 작성 - 기안문 상신 - 결재처리 - 기안문 시행 으로 기본 방법은 동일함
2) 메뉴 : [교원인사] - [임용발령] - [임용기안문작성] - [교원초빙]
   ※ [교원인사] - [임용발령] - [임용기안문작성] - [전보]에서 교육청내(부처내)전보 후 교원초빙 시행
3) 교원을 추가하면 직급, 직위 부분은 안 가져오므로 반드시 초빙하는 직급, 직위(필수사항이 아니여도 기재해야 함), 임용일, 임용근거, 임명권자 확인해서 기재
4) 관외초빙인 경우 도교육청에서 교육청간(부처간)전보 시행후 지역교육지원청에서 신임교로 "교육청내(부처내)전보"하고 "교원초빙"시행

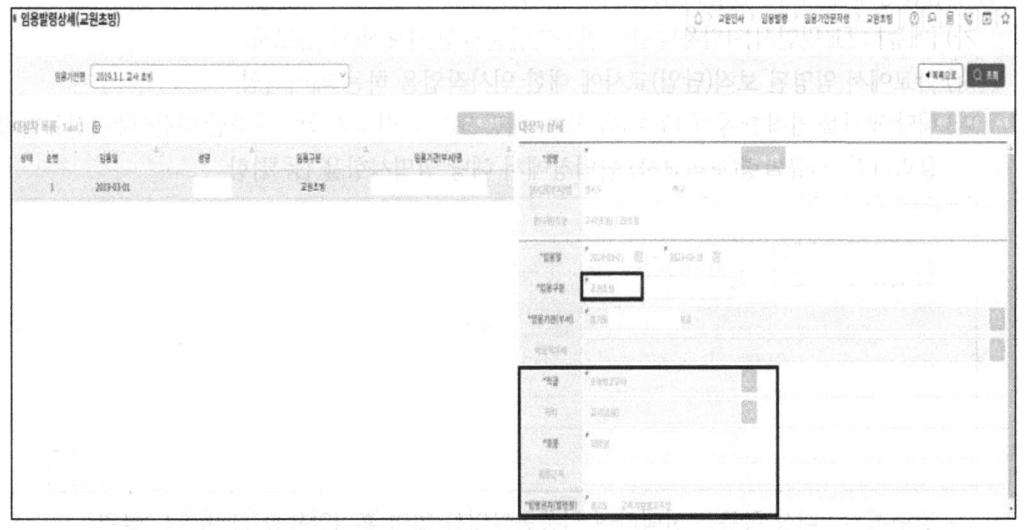

라. 직위해제 NEIS 발령

1) 직위해제 NEIS 발령
   가) 기안문 작성
   (1) 메뉴 : [교원인사] - [임용발령] - [임용기안문작성(직위해제)] - [직위해제]
   (2) {행추가} 버튼을 클릭 후, 제목 박스란에 기안문 제목을 입력하고 {저장} 버튼을 클릭한 다음, 기안세부내용을 작성하기 위해 해당 기안문 제목을 클릭
   (3) {추가}버튼을 눌러 성명은 {대상자선택} 버튼을 이용해 내용을 입력하고, {저장} 버튼 클릭

나) 기안문 상신 : 해당 기안문 제목의 선택 부분을 체크 한 후, {승인요청} 버튼을 클릭하여 상신
다) 결재 처리
라) 기안문 시행 : 해당 기안문 제목의 선택 부분을 체크 한 후, {시행} 버튼을 클릭

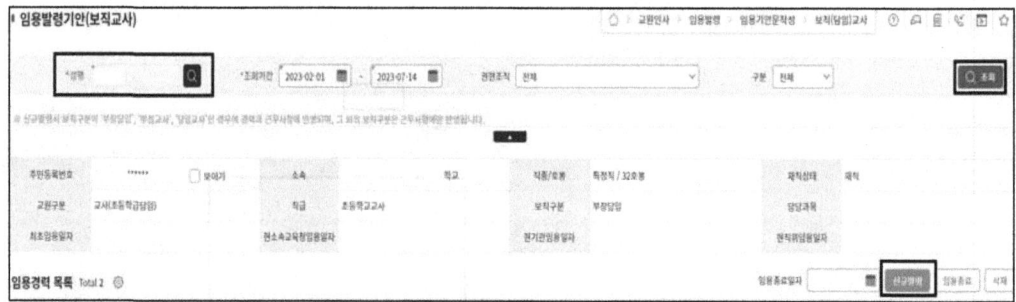

마. 보직교사 발령

1) 임용발령에서 처리 : 담임교사, 부장교사, 부장담임
   가) [메뉴] : [교원인사]-[임용발령]-[임용기안문작성]-[보직(담임)교사]
   나) 학교에서 임명된 보직(담임)교사에 대한 인사작업을 하는 페이지임
   다) 해당 교사를 입력한 후에 {조회}를 하여, 해당 교사의 인사기록이 나타난 다음에는 {신규발령}을 클릭하면, 신규발령(보직교사) 팝업창에서 해당 임명사항을 {등록}함

   - 발령해지 : 대상 항목을 선택하여 임용종료일을 입력 후, {임용종료} 버튼을 클릭
   - 오류삭제 : 발령처리를 잘못하여 삭제하는 경우, 대상 항목을 선택하여 {삭제} 버튼을 클릭
   라) 보직교사에 대한 임명사항을 아래의 팝업창에서 입력하여 {등록}함
   - 성명, 임용일, 임용종료일, 임용기관, 교원구분, 보직구분, 임용정보를 필수 입력하여 등록
   - 보직구분별 임용정보 입력 예시(담임교사 : O학년 O반, 보직교사 : OOOOO부장)

제8장 NEIS 교원인사관리

[신규발령(보직교사) 화면]

※ 부장담임의 경우, ① "담임교사" ② "부장담임" 순서대로 각각 발령내야 하며, 두 번째 발령(부장담임 발령) 완료 후 [교원인사]-[임용발령]-[퇴직예정 및 겸임자관리]-[보직구분 설정(학교)]에서 부장담임으로 되어 있는지 반드시 확인

※ 담임 및 부장교사 임용발령이 학기 중 각각 달라질 경우 담임 및 부장교사 경력 근거를 구분하여 확인하기 위함

2) 보직구분설정에서 설정
 가) [메뉴] : [교원인사]-[퇴직예정 및 겸임자관리]-[보직구분 설정(학교)]
 나) 교원들의 보직을 설정하는 페이지로 담임교사를 설정하며 학기초와 인사이동 시 학교 내 보직발령사항을 확인함
 다) 해당 메뉴를 설정하면 나이스 급여에서 보직수당(부장수당, 담임수당 등)이 자동으로 반영됨
   ※ 학급담임교사와 부장교사를 겸할 경우 보직구분을 부장교사가 아닌 부장담임을 선택해야 부장수당과 담임수당이 모두 처리됨에 유의

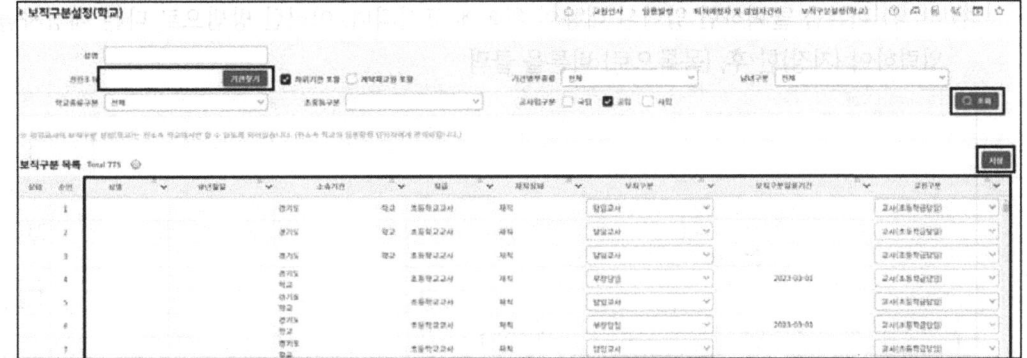

바. 순회교사 발령

1) 기안문 작성

   가) 메뉴 : [교원인사] - [임용발령] - [임용기안문작성(겸임)] - [겸임-학교]

   나) {행추가} 버튼을 클릭 후, 제목 박스란에 기안문 제목을 입력하고 {저장} 버튼을 클릭한 다음, 기안세부내용을 작성하기 위해 해당 기안문 제목을 클릭

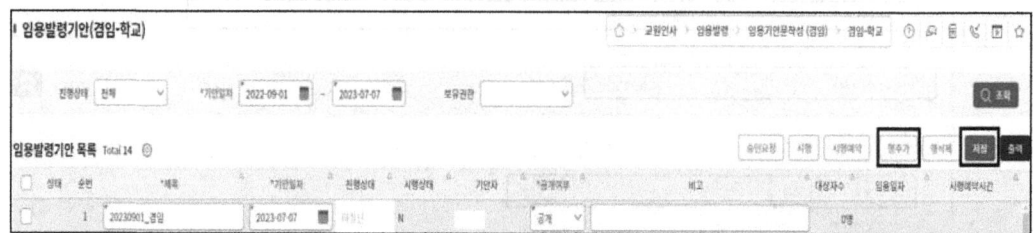

   다) {추가}버튼을 눌러 성명은 {대상자선택} 버튼을 이용해 입력하고 임용일 입력, 임용구분은 겸임(순회교사)를 선택, 임명권자 입력, 겸임기관(부서) 및 겸임직위는 {찾기} 버튼을 이용해 입력, 겸임기간에서 종료일을 입력 한 후, {저장} 버튼을 클릭

   ※ 임용기안문에는 동일인이 중복해서 들어가지 않으므로 두 곳을 순회하면 기안문을 두 개 생성

   Tip 임용일, 임명권자를 입력 후 {고정} 버튼을 클릭하면, 아래 임용일, 임명권자를 입력하지 않아도 되므로 여러 명 입력 시 편리함

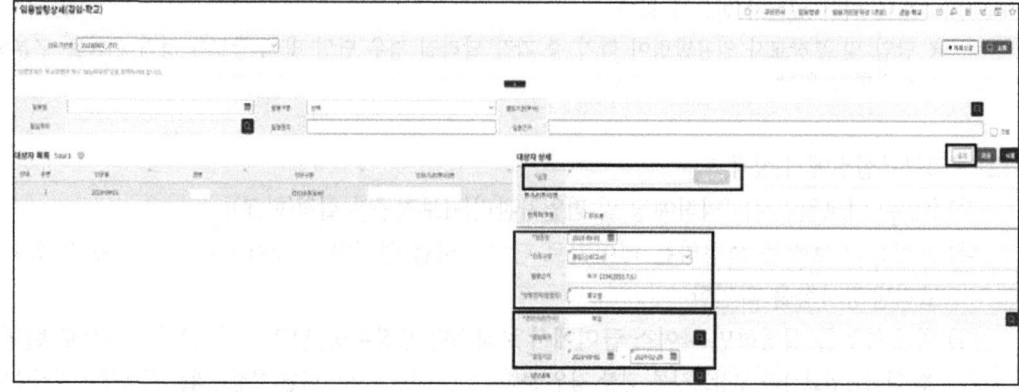

   라) {저장} 버튼을 클릭하면 입력된 내용이 왼쪽에 표시되며, 이러한 방법으로 다른 대상자들을 입력하여 {저장}한 후, {목록으로} 버튼을 클릭

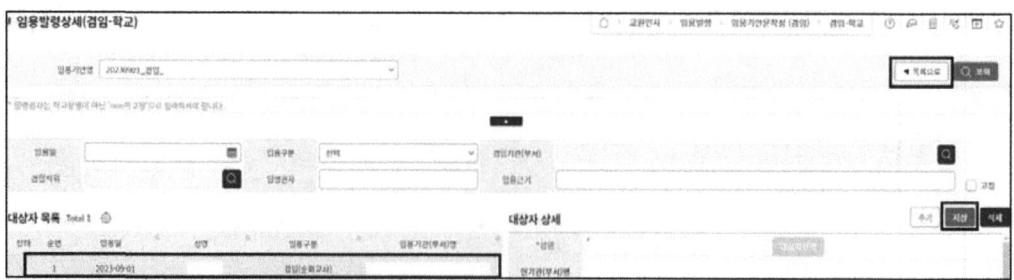

2) 기안문 상신
   가) 해당 기안문 제목의 선택 부분을 체크 한 후, {승인요청} 버튼을 클릭

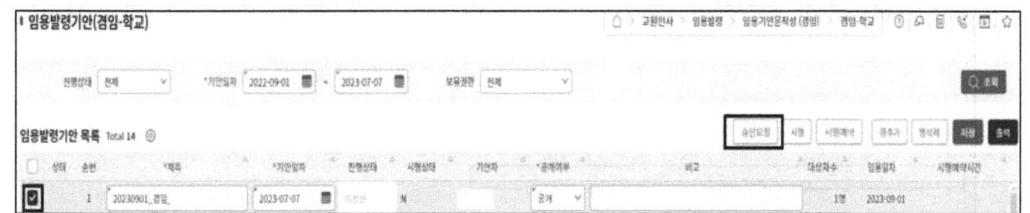

   나) {결재자지정} 버튼을 클릭하여 결재자를 지정한 후, {상신} 버튼을 클릭
   다) 결재 처리

3) 기안문 시행
   가) 기안자가 NEIS에 접속한 후, [교원인사-임용발령-임용기안문작성(겸임)-겸임-학교] 메뉴에서 해당 기안문 제목의 선택 부분을 체크 한 후, {시행} 버튼을 클릭

   > **Tip** 시행이 되면, 진행상태는 완결에서 "시행"으로, 시행상태는 N에서 "Y"로 변경되고, 인사기록의 경력에 반영이 된다. 반영된 내용은 [교원인사-인사기록-인사기록관리-인사기록(인사권한-조회)] 메뉴의 [경력]탭에서 확인 가능

4) 겸임자 현황 출력
   • 메뉴 : [교원인사] - [임용발령] - [퇴직예정 및 겸임자관리] - [겸임자현황(출력)]

5) 순회교사 발령해지
   ※ 겸임발령 시 겸임종료일이 입력되므로 겸임종료일이 변경되지 않으면 따로 겸임해제 NEIS 발령처리를 할 필요는 없음
   가) 기안문 작성
     (1) 메뉴 : [교원인사] - [임용발령] - [임용기안문작성(겸임)] - [겸임해제]
     (2) {행추가}버튼을 클릭 후, 제목 박스란에 기안문 제목을 입력하고 {저장}버튼을 클릭한 다음, 기안세부내용을 작성하기 위해 해당 기안문 제목을 클릭

(3) {추가}버튼을 눌러 성명은 {대상자선택} 버튼을 이용해 입력하고 임용일 입력(겸임해제일 자동입력), 임명권자 입력 후 아래의 겸임내용 중 수정하고자하는 겸임내용을 선택하여 저장

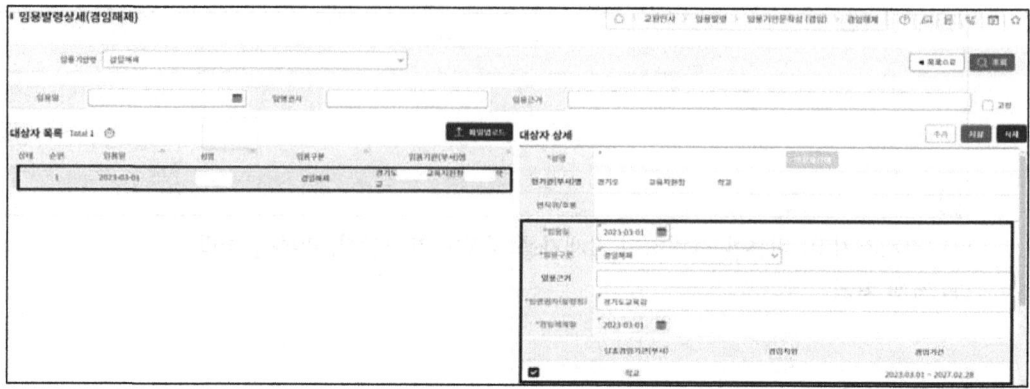

나) 기안문 상신 : 해당 기안문 제목의 선택 부분을 체크한 후, {승인요청} 클릭 → {결재자지정} 버튼을 클릭하여 결재자를 지정 후 {상신}

다) 결재처리

라) 기안문 시행 : 해당기안문 제목의 선택부분을 체크 한 후 {시행}

> Tip 반영된 내용은 [교원인사-인사기록-인사기록-인사기록(인사권한-조회)] 메뉴의 [경력]탭에서 확인 가능

3 NEIS 교원인사 권한부여

가. 권한부여 흐름

1) 교원인사 권한은 반드시 경기도교육청이나 교육지원청 등의 인사권한 관리자를 통해서만 부여 가능
2) 권한 관리자는 필요 이상의 권한이 부여되지 않도록 수시로 권한부여 상태를 점검
3) 시스템관리의 권한관리 외에도 인사기록탭관리, 인사권한등록에서도 올바른 내용을 적용하여야 함(최소한의 업무에 필요한 내용을 적용)

나. 권한부여 개요

1) 교육지원청 인사담당자의 개인ID로 로그인하였을 때,「시스템관리」와「교원인사」두 가지 메인 메뉴가 있어야 소속(부서포함) 및 학교에 교원인사 권한 부여 가능
2) 교육지원청 인사담당자는 도교육청 인사담당자로부터 교원인사 단위업무별 권한관리자로 지정받음
   -「시스템관리」권한은 교원인사 단위업무별 권한관리자 지정 시 자동 부여됨
3) 공립 초·중등학교 인사업무담당자는 교육지원청 인사담당자부터 다음과 같이 교원인사 관련 업무그룹 권한을 부여받음

대상자	업무그룹 목록
교장	교원 인사기록조회(공립학교), 계약제교원인사기록조회(기관/학교장))
교감	[경기]교원 인사기록담당(공립학교), [경기]임용발령담당(공립학교), 연수(학교), 계약제교원근로계약서담당(학교/직속기관), 계약제교원인사담당(학교/직속기관), 계약제교원인력풀담당(학교/직속기관), 초(중)등전보관리(학교/직속기관)

다. 권한부여 대상 및 절차

대상기관	권한부여 대상	권한부여 절차
교육지원청	권한관리자	1. 교육지원청의 권한관리자 변경시 [제1호서식] 참고, 교원인사 권한관리자 지정 내부 결재 후 본청 권한관리책임자에게 권한관리자 등록 신청([제2호서식] 제출) 2. 본청 권한관리자는 교육지원청 권한관리자를 등록 3. 교육지원청 권한관리자는 소속(부서 포함) 및 학교 인사업무담당자에게 인사권한 부여 ※ 소속(부서 포함) 인사업무담당자(호봉 등)에게 권한 부여 시 [제3호서식]을 제출 받아 부여
공립 초,중등학교	교장·교감	1. 공립 초·중등학교 교장·교감 발령 시 교육지원청 권한관리자는 [제3호 서식]을 제출 받지 않고 임용사항에 따라 구분하여 사용자그룹의 권한을 관할 교육지원청에서 일괄 부여

라. 권한부여 방법

1) 개인별권한등록
   가) 메뉴 : [시스템관리] - [사용자권한관리] - [개인별권한등록]
   나) 방법 : 우측상단 [나의 업무]에서 경기도**교육지원청 선택 → [개인별권한등록] 클릭 → 사용자명 찾기/조회
   　(1) 업무그룹 등록 : {업무그룹등록} 버튼 클릭 -> 권한 부여할 업무그룹명 선택 후, 저장

⇩

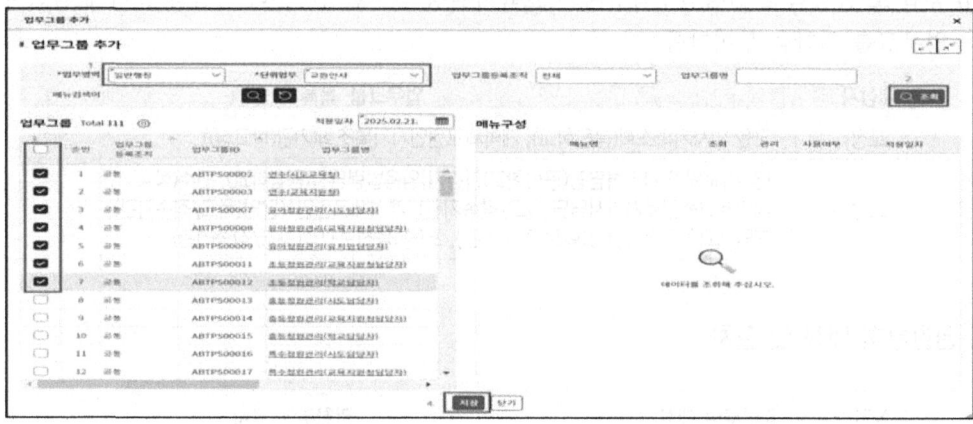

(2) 단위업무별 자료권한 등록 : {자료권한등록} 버튼 클릭 → 권한 부여할 조직명 선택 후, 저장
  - 학교 인사담당자는 {업무그룹등록} 시 소속기관 자료권한 자동 부여되므로 추가등록 불필요
  - 교육지원청 인사담당자는 **교육지원청의 자료권한을 부여함(하위조직포함 체크)

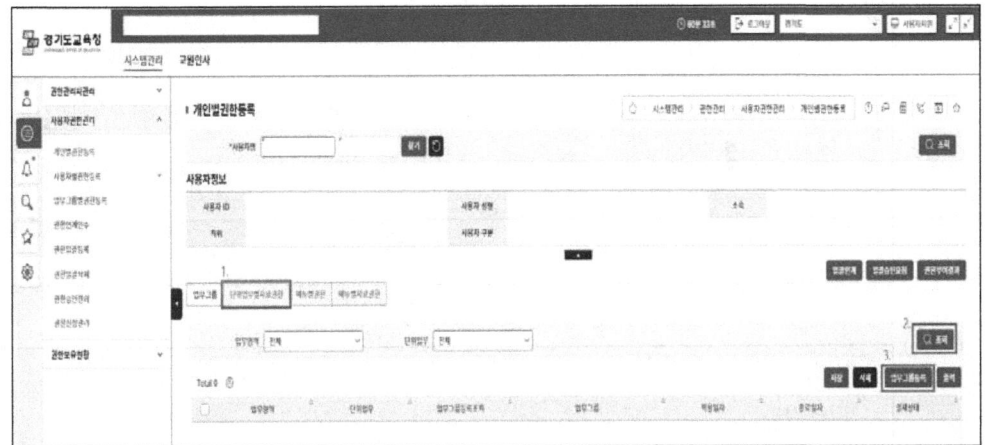

⇩

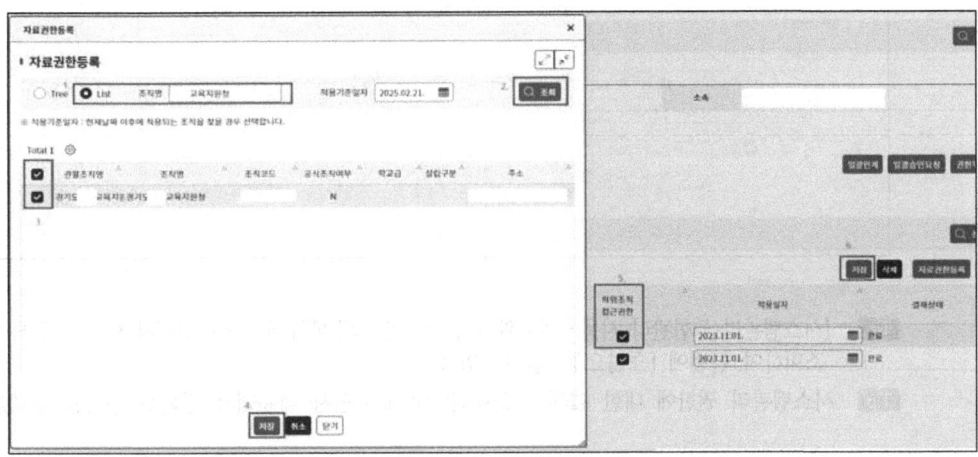

(3) 승인요청 : {일괄승인요청} 버튼 클릭 → 기안문상신 → 결재완료 후 교원인사 권한등록 가능

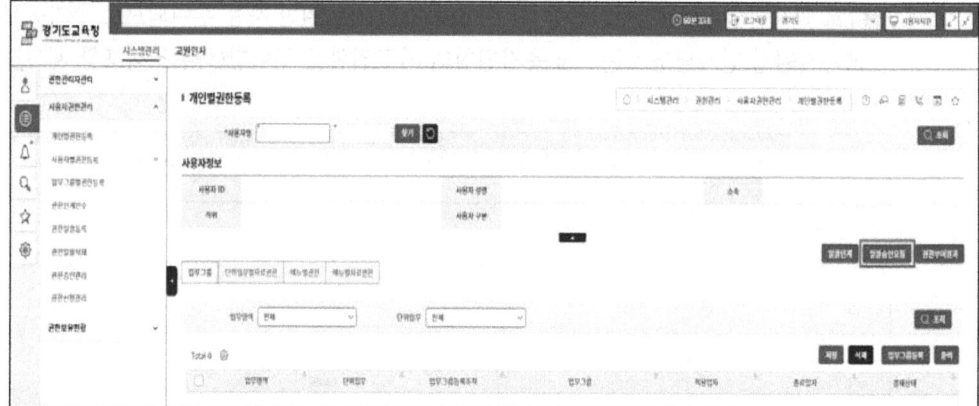

⇩

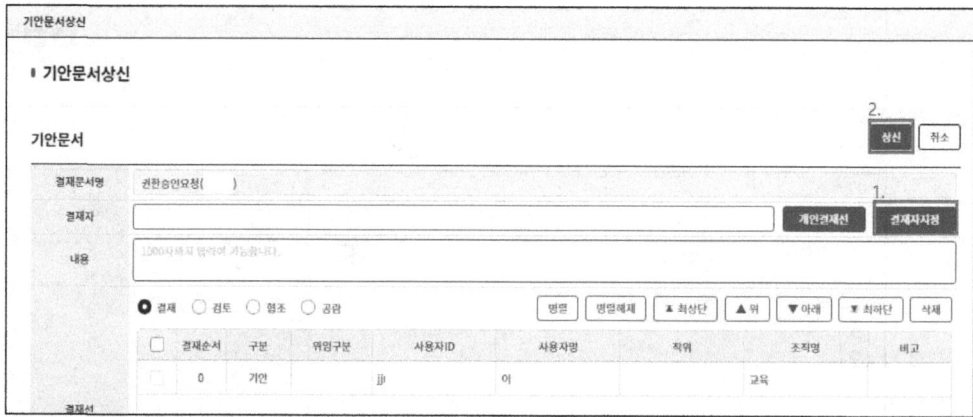

- Tip [시스템관리-권한관리-사용자권한관리-권한승인관리] 메뉴에서 권한관리자(자신)이 등록한 권한을 조회하여 한번에 [승인요청] 할 수 있음
- Tip 시스템관리 권한에 대한 결재가 완료되어야 교원인사 메뉴에서 권한을 부여할 수 있음

2) 인사기록탭관리
   : 인사기록(인사권한) 및 인사기록(인사권한-조회)메뉴에서 보이는 인사기록카드의 22개 탭 및 출력권한에 대해 설정하는 메뉴
   : 공립학교 교감 권한 부여 후에는 "인사기록탭관리"를 반드시 함

   가) 메뉴 : [교원인사] - [인사기록] - [인사권한관리] - [인사기록탭관리]
   나) 방법 : 메뉴명 "인사기록(인사권한)" 선택 -> 사용자명 조회 -> 인사와 관련된 ①병역, ②가족, ③학력 만 체크를 한 뒤 저장
   ※ 체크한 영역은 학교에서 인사담당자가 인사기록을 직접 수정할 수 있는 항목이므로, 다른 영역은 체크하지 않도록 주의!!

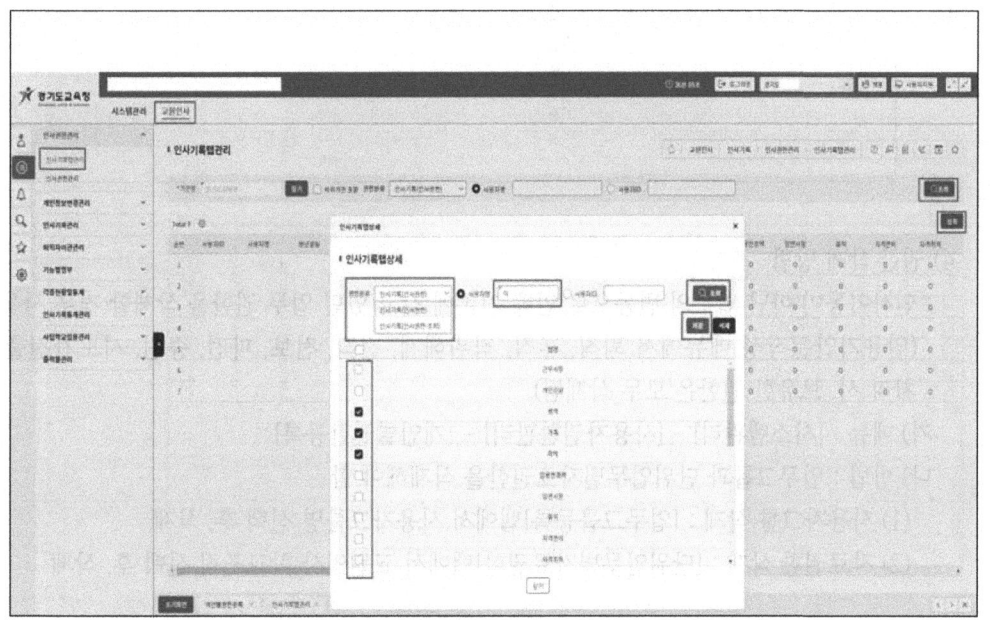

3) 인사권한관리등록
   : 사용자에게 네가지 권한분류[인사기록(인사권한), 인사기록(인사권한-조회), 임용발령, 호봉] 각각에 대하여 권한을 설정하며, 재직상태, 공사립 및 교원구분별 인사권한 설정이 가능
   : 교원인사 업무담당자에게 해당 기관에 대한 교원인사 권한을 부여했으나, 특정 사용자가 조회되지 않는다고 하면 해당 메뉴의 체크사항을 확인하여야 함
   가) 메뉴 : [교원인사] - [인사기록] - [인사권한관리] - [인사권한관리] 클릭
   나) 방법 : 사용명 {조회}하여 권한분류(인사기록(인사권한), 인사기록(인사권한-조회), 임용발령, 호봉)에 따라 각각 재직상태, 공사립구분, 교원구분, 초중구분을 구분하여 체크함
   - 본인에게 체크된 부분에 대해서만 타인에게 권한을 부여할 수 있음(교원구분의 체크부분이 회색음영이나 재직상태, 공사립구분이 비활성화 된 부분은 체크 불가함)

- 학교인사업무담당자는 교원구분 전체에 체크하고, 도교육청, 교육지원청 및 직속기관 사용자의 경우는 각각의 권한관리부서로 대상 교원구분에 대해 체크 요청

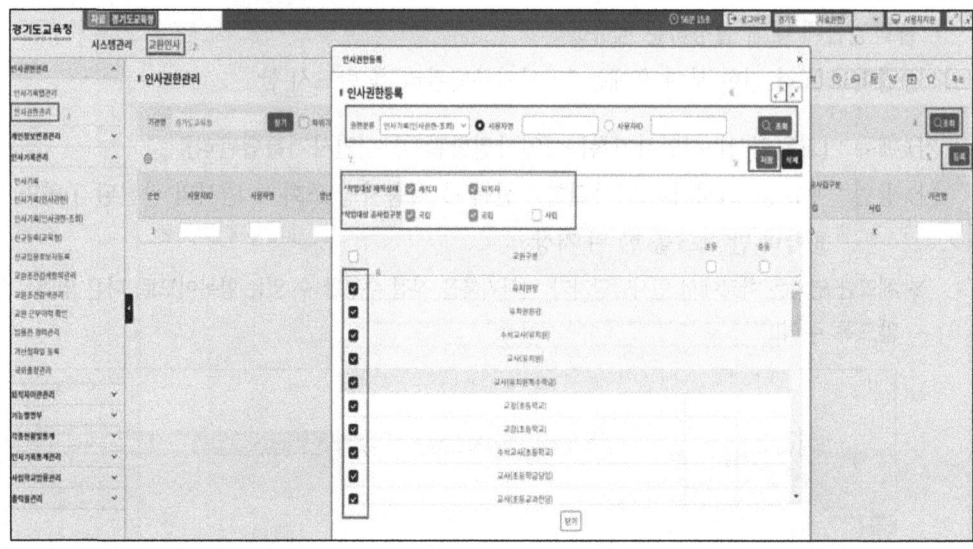

4) 권한 삭제 방법
 : 인사이동이 아닌 업무의 변동으로 인해 기존에 갖고 있던 업무 권한을 삭제할 경우 사용
   (임용기안문작성 메뉴에서 퇴직, 휴직, 직위해제, 전직, 전보, 파견, 승진, 시도간전출입 발령 처리 시, 보유한 권한은 모두 삭제됨)
 가) 메뉴 : [시스템관리] - [사용자권한관리] - [개인별권한등록]
 나) 방법 : 업무그룹과 단위업무별자료권한을 삭제해야 함
   (1) 사용자그룹 삭제 : [업무그룹등록]탭에서 사용자그룹명 선택 후, 삭제
   (2) 자료권한 삭제 : [단위업무별자료권한]탭에서 교원인사 학교조직 선택 후, 삭제

●● 제1호 서식

교원인사 단위업무 권한관리자 지정

(경기도교육청 및 교육지원청 권한관리자용)

1. 관련
    가. 경기도교육청 나이스(NEIS) 사용자 ID 및 권한관리 지침
    나. 나이스(NEIS) 교원인사(공립 초·중등) 권한 부여 가이드라인

2. 교원인사 단위업무 권한관리자를 다음과 같이 지정하여 운영하고자 합니다.

담당업무		직급 (직위)	성명	아이디	지정일자	전임자	
						직급(직위)	성명
예시)권한관리자	정	장학사	△△△	BBB	2024.09.01.	장학사	≡≡≡
	부	주무관	●●●	CCC	2024.09.01.	주무관	◎◎◎

끝.

2025 교육공무원 인사실무편람

■● 제2호 서식

나이스교원인사 단위업무 권한관리자 등록(해제) 신청서
(교육지원청 권한관리자용)

■ 기관명 : *예시) 경기도○○교육지원청 초등교육지원과*

업무영역	단위업무	교원구분(초/중등)	부서별 권한관리자(신규)							부서별 관리자(전임)							지정(종료)일자	사유
			권한관리자(정)			권한대행자(부)			권한관리자(정)			권한대행자(부)				
			직급(직위)	성명	업무포털ID	직급(직위)	성명	업무포털ID	직급(직위)	성명	업무포털ID	직급(직위)	성명	업무포털ID		
예시) 일반행정	*예시) 교원인사*	*예시) 초등*	장학사	○○○	abc1234	주무관	○○○	df5678	장학사	○○○	ghi4321	주무관	○○○	jkl8756	2024. 4.1.	인사발령

※ 작성요령
① 업무영역 및 단위업무 : 일반행정, 교원인사 기재
   ※ 부서 내 동일 단위업무별 권한관리자 2명 이내로 지정 가능
② 전임 단위업무별 권한관리자 : 전임 권한관리업무 담당자
③ 지정일자(종료일자) : 권한관리자 부서임용일자 또는 업무 종료일자
   - 신규 권한관리자가 없는 경우 종료일자로 작성
④ 사유 : 요청하는 사유 구체적으로 작성

●● 제3호 서식

나이스 사용자 권한 부여(삭제) 요청서

(교육행정기관 각 부서/직속기관 업무담당자용)

1. 권한부여대상자 정보

성명	예시)○○○	직급(위)	예시)교육행정주사보
아이디	예시)AAA	전화번호	예시)249-0000
기관명	예시)경기도교육청	부서명	예시)교육역량정책과

2. 권한부여 요청 사항(선택): □ 권한이행 □권한부여

□ 권한 이양	성명	※ 이전 권한인계자 있을 시		직급(위)		
	소속	※ 현재 소속으로 기재				
	사유					

	단위업무	업무그룹 또는 메뉴명	자료권한 (데이터접근범위)	교원구분 (데이터접근범위)	적용일	사유
□ 권한 부여	교원인사	예시)연수	경기도교육청	초중등 전체	2024.7.1.	교육공무원 연수 NEIS 등재 담당자로 연수 전체 메뉴 관리

※ 작성요령
1. 권한부여대상자 정보 사항
2. 권한부여 요청 사항
   • 권한이양 또는 권한부여 중 선택
      - 권한이양 : 전임자의 업무 권한을 그대로 인계받고자 하는 경우
      - 권한부여 : 신설되거나 업무 조정된 경우 권한부여 사항을 지정하여 받고자 하는 경우
   • 권한부여 사항 입력
      - 단위업무 : 교원인사
      - 업무그룹 또는 메뉴명 : 업무그룹명 또는 특정 메뉴만 부여받을 시 메뉴명 기재(예)교원 인사기록담당(직속기관)
         ※ "첨부 나이스 교원인사 업무그룹" 참고
      - 자료권한(데이터접근범위) : 조회 가능한 자료범위의 기관(부서) 기재(부서명 또는 기관명, 경기도교육청 등)
      - 사유 : 권한부여를 받고자 하는 사유를 구체적으로 기재

4 발령대장

교육공무원 인사기록 및 인사사무 처리 규칙 제6조의2에 따라 임용권자나 임용제청권자는 제4조, 제5조에 따른 인사기록자료를 교육정보시스템(NEIS)으로 작성·유지·보관할 수 있으며, NEIS로 작성·유지·보관된 발령대장에서 확인되지 않는 경우에 아래의 인사서류로 관리한다.

가. 관계규정 (교육공무원 인사기록 및 인사사무 처리 규칙 제19조)

1) 임용권자 또는 임용제청권자는 소속 교육공무원에 대한 인사발령사항을 기록하기 위하여 발령대장[별지 제24호 서식]을 갖추고, 보관하여야 한다. 다만, 승급발령의 경우 그 발령인원이 많으면 기록을 생략할 수 있다.
2) 제1항의 규정에 의한 발령대장은 필요하다고 인정할 때에는 직위별 또는 발령의 내용별로 구분하여 작성할 수 있으며 임용제청권자가 작성하는 발령대장에 있어서는 이외에 임용권자별로 작성할 수 있다.

교육공무원 인사기록 및 인사사무 처리 규칙 [별지 제24호서식]

발령대장

① 발령일자	② 소속	③ 직위(급)	④ 성명	⑤ 발령사항	⑥ 발령권자	⑦ 발령근거	⑧ 기재자 날인	⑨ 확인자 날인	비고

나. 발령대장 기재요령

1) 발령일자 : 교육공무원 인사발령에 따른 발령 년, 월, 일을 일자 순으로 기재한다.
2) 소속 : 당해 교육공무원의 근무부서가 소속된 직제상의 최초 단위기관명이나 학교명을 기재한다.
3) 직위 : 교육공무원 직제에 의한 직위명을 기재한다.
4) 성명 : 한글로 기재한다.
5) 발령사항 : 교육공무원 인사발령에 의한 발령사항을 기재한다.(인사발령 기재예문 참조)
6) 발령권자 : 교육공무원 인사발령에 따른 발령권자를 기재한다.
7) 발령근거 : 교육공무원 인사발령 시행문의 문서번호 및 시행 년, 월, 일을 기재한다.
8) 기재자 날인 : 발령대장 기록 책임자가 날인한다.
9) 확인자 날인 : 발령대장의 결재권자가 기재사항 확인후 날인한다.
10) 비고 : 기재사항의 정정 등 특기사항이나 참고할 사항을 기입한다.

다. 발령대장 기재예시

① 발령일자	② 소속	③ 직위(급)	④ 성명	⑤ 발령사항	⑥ 발령권자	⑦ 발령근거	⑧ 기재자 날인	⑨ 확인자 날인	비고
20**. **. **.	○○ 초등 학교	초등 학교장	○○○	교육공무원법 제44조 제1항 제2호 및 동법 제45조 1항 제2호의 규정에 의거 정년퇴임함	경기도 교육감	교원인사정책과 -123 (20**.**.**.)	인	인	
20**. **. **.	○○ 초등 학교	초등 학교 교사	○○○	경기도○○교육지원청교육장이 지정하는 초등학교 근무를 명함	경기도 교육감	교원인사정책과 -234 (20**.**.**.)	인	인	관외전출 (수원 ○○초)
20**. **. **.	○○ 초등 학교	초등 학교 교사	○○○	○○초등학교 근무를 명함	경기도 ○○교육 지원청 교육장	초등교육지원과 -234 (20**.**.**.)	인	인	관외전입 (용인 ○○초)
20**. **. **.	○○ 초등 학교	초등 학교 교사	○○○	○○초등학교 근무를 명함	경기도 ○○교육 지원청 교육장	초등교육지원과 -236 (20**.**.**.)	인	인	관내전보 (○○초)
20**. **. **.	○○ 초등 학교	초등 학교 교사	○○○	○○광역시교육청 전출을 명함	경기도 교육감	교원인사정책과 -237 (20**.**.**.)	인	인	타시도전출 (서울 ○○초)
20**. **. **.	○○ 초등 학교	초등 학교 교사	○○○	보직교사에 임함 (교무기획부장에 보함) (20**.3.1.~20**.2.28.)	○○ 초등 학교장	○○초-123 (20**.**.**.)	인	인	
20**. **. **.	○○ 초등 학교	초등 학교 교사	○○○	교과전담교사(영어과)에 명함 (20**.3.1.~20**.2.28.)	○○ 초등 학교장	○○초-123 (20**.**.**.)	인	인	
20**. **. **.	○○ 초등 학교	초등 학교 교사	○○○	6학년 담임교사에 명함 (20**.3.1.~20**.2.28.)	○○ 초등 학교장	○○초-123 (20**.**.**.)	인	인	
20**. **. **.	○○ 초등 학교	초등 학교 교사	○○○	교육공무원임용령 제7조의3 제1항 제○호 의거 ○○○○ 파견근무를 명함. (20**.**.**. ~ 20**.**.**.)	경기도 교육감	교원인사정책과 -234 (20**.**.**.)	인	인	경기도교육청 남부연수원
20**. **. **.	○○ 초등 학교	초등 기간제 교사	○○○	초등계약제 기간제교사를 명함 (임용)14호봉 (20**.3.1.~20**.2.28.)	○○ 초등 학교장	○○초-123 (20**.**.**.)	인	인	

2025 교육공무원 인사실무편람

초등
유아

GYEONGGIDO OFFICE OF EDUCATION

부록

교육공무원
인사업무 관련 법령

미래교육의 중심 새로운 경기교육

GYEONGGIDO OFFICE OF EDUCATION

교육공무원 인사업무 관련 법령

구분	내용	법령
정원	결원보충방법	국가공무원법 제27조
	별도정원이 인정되는경우	국가공무원법 제43조 제1항
	휴직·파견으로 인한 결원보충	국가공무원법 제43조, 교육공무원임용령 제7조의 4
임용	겸임의 근거 및 범위	교육공무원법 제18조, 교육공무원임용령 제7조의2
	겸직금지	국가공무원법 제64조, 교육공무원법 제19조, 국가공무원복무규정 제25조
	겸직허가	국가공무원복무규정 제26조
	공립 교원 임면의 교육장 위임	경기도교육감 행정권한 위임에 관한 규칙 제6조 제1호
	교원·교육전문직원간의 전직	교육공무원인사관리규정 제16조
	교원의 교육전문직원으로의 전직	교육공무원인사관리규정 제14조
	교육전문직원의 교원으로의 전직	교육공무원인사관리규정 제15조
	교장공모제	교육공무원법 제29조의 3 교육공무원임용령 제12조의5, 6
	교장의 임기, 임용	교육공무원법 제29조의 2, 교육공무원임용령 제9조의 5
	교장중임 심의사항	교육공무원 인사관리규정 제31조 제2항
	발령대장	교육공무원인사기록 및 인사사무처리규칙 제19조
	보직관리 기준	교육공무원임용령 제7조
	보직교사 임용 학교장 재위임	경기도교육감 행정권한 위임에 관한 규칙 제7조 제1호
	신규임용교사의 배치	교육공무원 인사관리규정 제3조
	신규임용후보자 순위명부 작성	교육공무원임용령 제10조, 교사임용후보자 명부작성규칙 제3조~제6조
	신규임용후보자 임용유예	교사임용후보자 명부작성규칙 제8조
	신규채용	교육공무원법 제11조, 교육공무원임용령 제11조
	신규채용 교육공무원의 결격사유	국가공무원법 제33조, 교육공무원법 제10조의 4
	신규채용자의 구비서류	교육공무원인사기록 및 인사사무처리규칙 제11조 제1항 별표4
	원로교사의 배치	교육공무원 인사관리규정 제4조
	원로교사의 임용 및 우대	교육공무원법 제29조의 2 제6항~제7항, 교육공무원임용령 제9조의 6
	인사발령 통지	교육공무원인사기록 및인사사무처리규칙 제18조~제22조
	인사발령에 따른 행정적 처리	교육공무원 인사기록 및 인사사무 처리규칙 제17조~제20조
	임용일자 소급의 금지와 예외 규정	교육공무원임용령 제6조
	전직 등의 제한	교육공무원법 제21조, 교육공무원임용령 제13조의 2, 교육공무원 인사관리규정 제17조
	특별채용	교육공무원법 제12조
	파견근무, 사유, 기간, 복귀	국가공무원법 제32조의4, 교육공무원임용령 제7조의 3
퇴직, 면직	당연퇴직 사유	국가공무원법 제33조 제69조, 교육공무원법 제10조의 4
	명예퇴직 수당 지급액	국가공무원 명예퇴직수당 등 지급규정 제4조
	명예퇴직 수당지급 대상	국가공무원 명예퇴직수당 등 지급규정 제3조
	명예퇴직 자격	국가공무원법 제74조의 2, 교육공무원법 제36조
	명예퇴직자의 특별승진	국가공무원법 제40조의4, 교육공무원법 제15조 제1항 4호, 교육공무원임용령 제15조 제1항 4호
	의원면직 제한	공무원비위사건 처리규정 제5조
	정년퇴직 시기	교육공무원법 제47조
	직권면직 사유및 절차	국가공무원법 제70조

구분	내용	법령
휴복직	2년 이상 휴직한 교원의 연수	교육공무원법 제45조 제3항
	휴복직 발령권자	경기도교육감 행정권한 위임에 관한 규칙 제6조~제7조
	휴직기간	국가공무원법 제72조, 교육공무원법 제45조
	휴직의 요건 및 사유	국가공무원법 제71조, 교육공무원법 제44조
	휴직의 효력	국가공무원법 제73조
복무	공가	국가공무원복무규정 제19조
	공무외의 국외여행	국가공무원복무규정 제23조
	공무원의 근무시간	국가공무원복무규정 제9조~제12조
	공무원의 신분상 의무	국가공무원법 제63조~제66조
	공무원의 직무상 의무	국가공무원법 제56조~제61조
	교원의 휴가에 관한 특례	국가공무원복무규정 제24조의2
	병가	국가공무원복무규정 제18조
	연가	국가공무원복무규정 제15조~제17조
	특별휴가	국가공무원복무규정 제20조
계약제 교원	기간제교원의 임용 사유	교육공무원법 제32조 제1항, 교육공무원임용령 제13조 제1항
	임용기간	교육공무원법 제32조 제3항, 교육공무원임용령 제13조 제3항
승진	가산점 평정	교육공무원승진규정 제41조
	교감자격연수 대상자 선정 면접시험 근거	교원 등 연수에 관한 규정 시행규칙 제4조 제4항
	근무성적 평정 결과의 활용	교육공무원승진규정 제27조
	동점자 순위 결정 기준	교육공무원승진규정 제45조
	승진의 근거	국가공무원법 제40조, 교육공무원법 제13조
	승진임용 경력평정 근거	교육공무원승진규정 제3조
	승진임용의 방법(3배수)	국가공무원법 제40조의2, 교육공무원법 제14조 제2항, 교육공무원임용령 제14조
	승진임용의 원칙	국가공무원법 제26조, 교육공무원법 제13조
	승진임용의 제한 조건	교육공무원임용령 제16조
	승진후보자 명부 작성	교육공무원법 제14조 제1항, 교육공무원승진규정 제40조
	연구실적 평정	교육공무원승진규정 제35조
	우수 공무원의 특별승진	국가공무원법 제40조의4, 교육공무원법 제15조, 교육공무원임용령 제15조
	평가결과의 공개	교육공무원승진규정 제26조
	평정의 시기	교육공무원승진규정 제6조, 제19조
자격	교사 자격 기준	교육공무원법 제6조, 초·중등교육법 제21조 제2항 (별표2)
	교육전문직원의 자격	교육공무원법 제9조 (별표 1)
	교장, 교감 자격기준	교육공무원법 제7조, 초·중등교육법 제21조 제1항 (별표1)
	수석교사 자격 기준	교육공무원법 제6조의 2, 초·중등교육법 제21조 제3항
	자격증의 박탈	교원자격검정령 제6조
	자격증의 재교부 및 정정	교원자격검정령 제7조, 교원자격검정령 시행규칙 제6조~제7조
징계, 직위해제	비밀누설 금지	교육공무원징계령 제19조
	소청심사 청구	교원 소청에관한 규정 제2조
	소청심사위원회 결정	교원 소청에 관한 규정 제16조
	제척 및 기피	교육공무원징계령 제13조
	직위해제 기간 중 봉급감액	공무원보수규정 제29조
	직위해제 기간의 경력 계산	교육공무원 승진규정 제11조 제1항 제3호

구분	내용	법령
징계, 직위해제	직위해제 사유	국가공무원법 제73조의3
	징계 등처분기록의 말소	교육공무원 인사기록 및 인사사무처리규칙 제8조의2
	징계양정기준	교육공무원 징계양정 등에 관한 규칙 제2조(별표)
	징계위원회 종류 및 관할	교육공무원징계령 제2조
	징계의 감경	교육공무원 징계양정 등에 관한 규칙 제4조
	징계의 집행	교육공무원징계령 제17조
	징계의결	교육공무원징계령 제10조
	징계의결의 기한	교육공무원징계령 제7조
	징계의결의 요구	교육공무원징계령 제6조
	징계처분이 취소된 공무원의 보수지급	공무원보수규정 제30조
	징계혐의자 출석	교육공무원징계령 제8조
	해임, 파면자의 후임 보충 발령	국가공무원법 제76조 제2항~제4항
	형벌 등에의한 퇴직급여의 제한	공무원연금법 제65조, 공무원연금법시행령 제61조
	회의의 공개	교육공무원징계령 제18조
보수 및 호봉	교원의 봉급	공무원보수규정 제5조(별표11)
	보수결정의 원칙	국가공무원법 제46조, 교육공무원법 제34조
	보수에 관한 규정	국가공무원법 제47조, 교육공무원법 제35조
	봉급감액	공무원보수규정 제26조~제29조
	승급기간의 특례	공무원보수규정 제15조
	승급제한	공무원보수규정 제14조
	정기승급	공무원보수규정 제13조
	초임호봉의 획정	공무원보수규정 제8조
	특별승급	공무원보수규정 제16조
	호봉의 재획정	공무원보수규정 제9조, 제11조
	호봉의 정정	공무원보수규정 제18조
기타	공무상재해 인정기준	공무원재해보상법 제4조, 공무원재해보상법시행령 제5조
	교감의 임무	초·중등교육법 제20조 2항
	교원인사자문위원회	교육공무원 인사관리규정 제34조~제35조
	교장의 임무	초·중등교육법 제20조 1항
	교직원의 구분	초·중등교육법 제19조
	근무장소 이외에서의 연수	교육공무원법 제41조
	수석교사의 임무	초·중등교육법 제20조 3항
	인사위원회 조직	교육공무원 인사관리규정 제28조
	재직증명서 및 경력증명서 발급	교육공무원 인사기록 및 인사사무처리규칙 제23조
	초빙교사제	교육공무원임용령 제12조의7

편찬

- 위원장 홍정표 (경기도교육청 부교육감)
- 위 원 최종철 (경기도교육청 교원인사정책과장)
- 위 원 백창훈 (경기도교육청 교원인사정책과 초등유아인사담당장학관)

자문위원

- 위 원 고아영 (경기도교육청 학교교육국 국장)
- 위 원 이현숙 (경기도고양교육지원청 교육장)

심의 · 검토위원

- 문이희 (성안초등학교 교장)
- 김희정 (하안초등학교 교감)
- 박수완 (김포한가람초등학교 교감)
- 오은진 (잠원초등학교 교감)
- 오주영 (신리초등학교 교감)
- 이원주 (태을초등학교 교감)
- 장태영 (언동초등학교 교감)
- 임지수 (경기도안산교육지원청 장학사)
- 기여은 (경기도고양교육지원청 주무관)
- 김소희 (경기도용인교육지원청 주무관)

집필위원

- 송원석 (경기도교육청 교원인사정책과 장학사)
- 최혜윤 (경기도교육청 교원인사정책과 장학사)
- 장지연 (경기도교육청 교원인사정책과 장학사)
- 하강수 (경기도교육청 교원인사정책과 장학사)
- 양샛별 (경기도교육청 교원인사정책과 장학사)
- 허윤선 (경기도교육청 교원인사정책과 장학사)
- 윤지혜 (경기도교육청 교원인사정책과 주무관)
- 장윤숙 (경기도교육청 교원인사정책과 주무관)

2025 교육공무원 인사실무편람 - 초등, 유아 -

초판 인쇄 2025년 07월 17일
초판 발행 2025년 07월 22일

저 자 경기도교육청
발행인 김갑용

발행처 진한엠앤비
주소 서울시 서대문구 독립문로 14길 66 205호(냉천동 260)
전화 02) 364 - 8491(대) / 팩스 02) 319 - 3537
홈페이지주소 http://www.jinhanbook.co.kr
등록번호 제25100-2016-000019호 (등록일자 : 1993년 05월 25일)
ⓒ2025 jinhan M&B INC, Printed in Korea

ISBN 979-11-290-6054-9 (93370)   [정가 55,000원]

☞ 이 책에 담긴 내용의 무단 전재 및 복제 행위를 금합니다.
☞ 잘못 만들어진 책자는 구입처에서 교환해 드립니다.
☞ 본 도서는 [공공데이터 제공 및 이용 활성화에 관한 법률]을 근거로 출판되었습니다.